U0940847

《中国人民政治协商会议年鉴》（1997 年卷）

编辑委员会

主　编: 郑万通

副主编: 王巨禄　梁金泉（常务）　陈进玉

赵喜明　郑质英　张道诚

编　委: **(以姓氏笔画为序)**

卞晋平　王胜洪　卢昌华　乐美真

庄国荣　刘　明　孙怀山　伊德尔

汪　涛　李　劼　张启祥　杜亚利

杜沛才　范西成　金瑞英　侯玉珍

原冬平　梁志平　梁澄宇　康　健

傅志煌

编辑部: 主　任　卞晋平

副主任　梁澄宇

编　辑: 曹　军

中国人民政治协商会议
年　鉴
1997

中国文史出版社

中國人民政治協商會議會徽

EMBLEM OF THE CHINESE PEOPLE'S POLITICAL CONSULTATIVE CONFERENCE

1997年2月27日，中国人民政治协商会议第八届全国委员会第五次会议在京开幕。江泽民、李鹏、乔石、李瑞环、朱镕基、刘华清、胡锦涛、荣毅仁等党和国家领导人步入会场。

中国人民政治协商会议第八届全国委员会第五次会议会场

1997年2月28日，中共中央总书记、国家主席江泽民，中共中央政治局常委、全国政协主席李瑞环等到贵宾楼看望出席全国政协八届五次会议的香港同胞、澳门同胞界的委员，并同他们座谈。

1997年1月1日，全国政协举行新年茶话会。中共中央总书记、国家主席江泽民作重要讲话。

1997年3月2日，中共中央政治局常委、国务院总理李鹏看望出席全国政协八届五次会议的中国科协、科技界委员，并参加联组讨论。

1997年3月3日，中共中央政治局常委、全国政协主席李瑞环到出席全国政协八届五次会议的文化艺术界、教育界和特别邀请界委员驻地看望政协委员并参加他们的联组讨论。

1997年3月12日，李瑞环主席在全国政协八届五次会议闭幕会上讲话。

1997年2月27日，叶选平副主席在全国政协八届五次会议上作常委会工作报告。

1997年6月27日，吴学谦副主席出席全国政协八届常委会第21次会议。

叶选平、吴学谦、阿沛·阿汪晋美、钱伟长、孙孚凌、马万祺、万国权、何鲁丽副主席在休息室。

杨汝岱、胡绳副主席在一起。

赛福鼎·艾则孜副主席和外国朋友在一起。

钱正英、朱光亚副主席在一起。

董寅初、马万祺副主席在一起。

丁光训、霍英东副主席在主席台。

沉痛悼念、深切缅怀新时期人民政协事业的奠基人邓小平

1997年2月27日，出席全国政协八届五次会议的全体政协委员为全党、全军和全国各族人民公认的享有崇高威望的卓越领导人、政协第五届全国委员会主席邓小平逝世默哀。

1997年2月23日，全国政协八届19次常委会议开始时，全体起立为邓小平默哀。

1997年2月22日，全国政协举行深切缅怀邓小平同志丰功伟绩座谈会。

洪学智副主席缅怀邓小平对人民军队建设做出的伟大贡献。

彭友今（六届全国政协秘书长）缅怀邓小平对人民政协事业做出的伟大贡献。

喜迎和欢庆香港回归

1997年6月26日，全国政协举行迎接香港回归座谈会。

1997年6月24日，全国政协民族和宗教委员会、中央统战部、国务院宗教事务局联合举行首都宗教界喜迎香港回归座谈会。

赵朴初副主席在首都宗教界喜迎香港回归座谈会上讲话，并赋诗一首。

钱其琛副总理亲切问候安子介、霍英东副主席，感谢香港地区的政协委员为香港回归做出的贡献。

学习贯彻中共十五大精神

1997年9月22日，全国政协八届22次常委会议开幕。会议的主要议题是学习贯彻中共十五大精神。

中共中央政治局委员、书记处书记温家宝同志在全国政协八届22次常委会议上介绍中共十五大精神。

1997年10月，全国政协机关中心学习组集中学习讨论中共十五大精神。

1997年11月，全国地方政协主席座谈会在京举行。

1997年9月28日，全国政协办公厅、中央统战部联合举行国庆招待会。

李瑞环主席访问葡萄牙、希腊、德国、越南、新西兰、澳大利亚

1997 年 5 月 26 日，李瑞环主席会见葡萄牙总统古特雷斯。

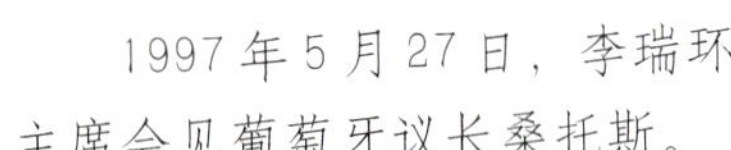

1997 年 5 月 27 日，李瑞环主席会见葡萄牙议长桑托斯。

1997 年 5 月 28 日，李瑞环主席向葡萄牙总统桑帕约赠礼。

1997年6月2日，李瑞环主席会见希腊议长卡克拉马尼斯。

1997年6月3日，李瑞环主席会见希腊总统斯特凡诺普洛斯。

1997年6月10日，李瑞环主席会见德国总理科尔。

1997年6月11日，李瑞环主席会见德国总统赫尔佐克。

1997年6月10日，李瑞环主席会见德国议长聚斯穆特。

1997年12月8日，李瑞环主席向越共中央总书记杜梅赠送国画。

1997年12月8日，李瑞环主席与越南政府总理潘文凯合影。

1997 年 12 月 11 日，李瑞环主席向新西兰总理希普利赠送国画。

1997年12月17日，李瑞环主席在澳大利亚总理霍华德为欢迎李主席访澳和庆祝中澳建交25周年而举行的招待会上。

1997 年 12 月 16 日，李瑞环主席与澳大利亚总督迪恩合影。

1997年3月12日，李瑞环主席等会见参加全国政协八届五次会议的地方政协领导同志。

1997年8月下旬，人民政协的理论与实践研讨会在广州举行。

1997年8月19日，人民政协秘书工作座谈会在北戴河开幕。

1997年11月11日，人民政协后勤工作经验交流会在北京开幕。

（以上图片资料由机关档案室提供，摄影 张海霞 等）

目　录

重要文献

全国委员会篇

领导人讲话

决议决定

制度建设

重要会议活动

经常性工作

政协第五届全国委员会主席邓小平逝世

组织情况

机关建设

报刊社论、专题报道

1997年大事记

地方委员会篇

重　要　文　献

中 国 共 产 党 中 央 委 员 会
中华人民共和国全国人民代表大会常务委员会
中 华 人 民 共 和 国 国 务 院
中国人民政治协商会议全国委员会
中国共产党和中华人民共和国中央军事委员会

告全党全军全国各族人民书

中国共产党中央委员会、中华人民共和国全国人民代表大会常务委员会、中华人民共和国国务院、中国人民政治协商会议全国委员会、中国共产党和中华人民共和国中央军事委员会,极其悲痛地向全党全军全国各族人民通告:我们敬爱的邓小平同志患帕金森病晚期,并发肺部感染,因呼吸循环功能衰竭,抢救无效,于1997年2月19日21时零8分在北京逝世,享年93岁。

邓小平同志是我党我军我国各族人民公认的享有崇高威望的卓越领导人,伟大的马克思主义者,伟大的无产阶级革命家、政治家、军事家、外交家,久经考验的共产主义战士,我国社会主义改革开放和现代化建设的总设计师,建设有中国特色社会主义理论的创立者。

邓小平同志是中国共产党早期的党员和积极活动家。第一次国内革命战争时期,在西北革命军队中负责政治工作,后来到武汉,参加决定对国民党反动派实行武装反抗方针的中共中央紧急会议即八七会议。第二次国内革命战争时期,发动和领导百色起义和龙州起义,创建红军第七军、第八军和右江、左江革命根据地;到中央革命根据地后,由于拥护毛泽东同志的正确路线而被当时党内"左"倾领导者撤职;随后到红军总政治部工作,参加了二万五千里长征,长征途中参加了党的历史上具有伟大转折意义的中共中央政治局扩大会议即遵义会议。抗日战争时期,同刘伯承同志一起,率部创建晋冀豫等根据地,任一二九师政治委员和中共中央北方局太行分局书记,后来代理北方局书记,并主持八路军总部的工作,担负起领导华北敌后抗日根据地的重任;在党的第七次全国代表大会上,被选为中央委员。解放战争时期,任晋冀鲁豫军区政治委员、中共中央中原局书记和后来辖区扩大了的中原局第一书记,以大无畏的英雄气概,坚决执行毛泽东同志关于从内线作战转向外线作战的战略决策,同刘伯承同志一起率领大军强渡黄河,千里跃进大别山,揭开了人民解放战争全国性战略进攻的序幕;在战略决战阶段,担任统一指挥中原野战军、华东野战军的总前委书记和中共中央华东局第一书记,同这两个野战军的领导同志一起,领导了三大战役中规模最大的淮海战役,领导了渡江战役,解放南京、上海及东南诸省,宣告国民党反动统治的覆灭;然后又率部进军大西南,参加领导了和平解放西藏,完成中国大陆的解放。邓小平同志为民族独立和人民解放,为新中国的诞生，建立了不可磨灭的功勋。

中华人民共和国成立后，邓小平同志任中共中央西南局第一书记，领导了西南全区的政权建设、社会改造和经济恢复。不久调到北京参加中央领导工作，1954年任中共中央秘书长，1955年被增选为中央政治局委员。1956年在党的第八次全国代表大会上作关于修改党章的报告，提出和深刻论述了党在执政条件下加强自身建设的任务。在八届一中全会上当选为中共中央政治局常委、总书记，成为以毛泽东同志为核心的中央领导集体的重要成员。在担任总书记的十年间，他主持中央书记处的工作，为社会主义制度的建立和社会主义建设的展开，为探索适合中国国情的建设社会主义的道路，为总结经验、调整政策、克服困难，担负着繁重的任务，进行了卓有成效的工作。他还多次率代表团去莫斯科同苏联共产党进行谈判，坚决维护中国共产党独立自主的原则立场，反对党与党之间的不平等关系。"文化大革命"中，邓小平同志受到错误批判和斗争，被剥夺一切职务。1973年复出，1975年担任中共中央副主席、国务院副总理、中央军委副主席、中国人民解放军总参谋长，主持党、国家和军队的日常工作。他力挽狂澜，对"文化大革命"以来所造成的严重困难局面开始了大刀阔斧的整顿，同"四人帮"进行了针锋相对的斗争。这种整顿和斗争，反映了广大干部和群众的愿望，代表了党的正确领导，在短时间内就取得显著成效，得到了全国人民的拥护。虽然不久他再度被错误地撤销一切职务，但已经为粉碎"四人帮"准备了党内外广泛的群众基础。

粉碎"四人帮"、结束"文化大革命"后，在广大党员和人民的迫切要求下，邓小平同志恢复了原来担任的职务。当时中国面对的局势十分严峻，任务极为艰巨，不仅需要从"文化大革命"造成的深重灾难中摆脱出来，而且需要总结历史经验和教训，面对世界形势的发展，重新思考中国社会主义发展的道路，为中国在未来岁月中如何前进规划出新的蓝图。邓小平同志没有辜负党和人民的期望，他从千头万绪中首先抓住决定性的环节，从思想路线的拨乱反正入手，强调实事求是是毛泽东思想的精髓，反对"两个凡是"的错误观点，支持开展真理标准问题的讨论，重新确立解放思想、实事求是的思想路线。思想路线的拨乱反正，成为党的十一届三中全会的先导。

党的十一届三中全会，标志着建国以来历史的伟大转折，开辟了改革开放和集中力量进行社会主义现代化建设的历史新时期。经过这次全会，邓小平同志成为第二代中央领导集体的核心。在新时期中，邓小平同志和中央领导集体一起，作出了关系党和国家前途命运的两大历史性贡献。一个是领导全党总结建国以来的历史经验，纠正"文化大革命"的错误，坚持科学地认识和评价毛泽东同志的历史地位和毛泽东思想的科学体系。另一个是创立和发展了建设有中国特色社会主义理论，制订了党在社会主义初级阶段"一个中心、两个基本点"的基本路线，确立了党在经济、政治、外交、教育、科技、文化、军事、祖国统一、党的建设等方面的一整套方针政策，成功地开辟了在改革开放中实现社会主义现代化的新道路。

在邓小平建设有中国特色社会主义理论和党的基本路线指引下，从拨乱反正到全面改革，从农村改革到城市改革，从经济体制改革到各方面体制改革，从在沿海兴办经济特区到形成全国范围对外开放格局，社会主义物质文明和精神文明建设一起抓，18年来中国的经济发展取得了前所未有的成就，人民生活得到很大提高，国家面貌发生深刻变化，广大群众衷心拥护。80年代末、90年代初国内国际发生政治风波，党和政府在邓小平同志和其他老同志坚决有力的支持下,依靠人民,旗帜鲜明地坚持四项基本原则,坚持维护国家的独立、尊严、安全和稳定,同时毫不动摇地坚持经济建设这个中心,坚持改革开放。由于党和政府坚定清醒的立场,由于改革开放和社会主义现代化建设的成就深入人心,我们经受住了严峻考验,有中国特色的社会主义显示出更加蓬勃的生机和活力,使人民高兴,世界瞩目。

邓小平建设有中国特色社会主义理论的一个重大创造,是按照"一国两制"的构想实现祖国的和平统一。根据中英、中葡协议,香港即将回归祖国,澳门将在1999年回归祖国。台湾问题也终将得到解决,祖国的完全统一必定会实现。

邓小平建设有中国特色社会主义理论的一个重要内容,是关于国际形势的分析和中国国际战略的决策。调整对日、对美、对苏关系,发展同周边国家和第三世界国家的友好关系,打开中国对外关系新局面,为集中力量进行现代化建设争取和创造了有利的国际环境。

邓小平建设有中国特色社会主义理论,是在和平与发展成为时代主题的历史条件下,在我国改革开放和社会主义现代化建设的实践过程中,在总结我国社会主义胜利和挫折的历史经验并借鉴其他社会主义国家兴衰成败历史经验的基础上,逐步形成和发展起来的。从世界范围来说,无产阶级领导人民取得政权以后如何建设社会主义,是一个需要很好总结和探索的重大历史性课题。社会主义在中国的新局面和新成就,使我们从历史的比较和国际的观察中认识到,邓小平建设有中国特色社会主义理论是正确的。这个理论,科学地把握社会主义的本质,第一次比较系统地初步回答了中国这样的经济文化比较落后的国家如何建设社会主义、如何巩固和发展社会主义的一系列基本问题。它是马克思列宁主义基本原理与当代中国实际和时代特征相结合的产物,是毛泽东思想的继承和发展,是当代中国的马克思主义。它是全党全国人民集体智慧的结晶,是中国共产党的指导思想和中华民族的精神支柱。没有邓小平同志创立的这个理论,就不会有今天中国改革开放的新局面和中国社会主义现代化的光明前景。

邓小平同志早就主张废除干部领导职务终身制。他本人几次恳切地表达了退休的愿望。党的十三大决定同意他不进入新的中央委员会和中央顾问委员会,留任中央军事委员会主席。十三届五中全会又决定同意邓小平同志辞去中央军事委员会主席的职务。邓小平同志为第二代中央领导集体向以江泽民同志为核心的第三代中央领导集体顺利过渡,保持党和国家的稳定,创造了充分的条件,发挥了决定性的作用。

从领导岗位退下来的邓小平同志,仍然以高度的历史责任感,关注着改革开放和现代化建设事业。1992年初他视察南方发表重要谈话,科学地总结了十一届三中全会以来党的基本实践和基本经验,从理论上深刻地回答了长期困扰和束缚人们思想的许多重大认识问题,特别是社会主义与市场经济的关系问题,不仅对开好党的十四大具有重要指导作用,而且对整个社会主义现代化建设事业具有深远意义。以邓小平同志南方谈话和十四大为标志,中国社会主义改革开放和现代化建设进入新的阶段。1993年,89岁高龄的邓小平同志亲自主持编辑并逐篇审定《邓小平文选》第三卷。《邓小平文选》第三卷和第二卷,汇集了邓小平同志在形成和发展建设有中国特色社会主义理论中富有独创性的重要著作,是引导我们胜利前进的科学指南。

十四大以后,以江泽民同志为核心的党中央高举邓小平建设有中国特色社会主义理论的旗帜,领导全党全军全国各族人民按照十四大的部署,抓住机遇,深化改革,扩大开放,促进发展,保持稳定,在以经济建设为中心的同时一贯坚持物质文明和精神文明建设两手抓,实现了国民经济持续、快速、健康发展,提前达到了邓小平同志为我们确定的"三步走"发展战略中的第二步战略目标,经济和社会发展取得了重大新成就。现在,正在为迎接党的十五大的召开,努力做好各方面的工作。

邓小平同志在长期的革命实践中锤炼出鲜明的革命风格。他尊重实践,敏锐把握时代发展的脉搏和契机,既继承前人又突破陈规,既借鉴世界经验又不照搬别国模式,总是从中国的现实和当代世界发展的特点出发去总结新经验,创造新办法,寻找新路子。他尊重群众,时刻关注最广大人民的利益和愿望,总是把是否有利于发展社会主义社会的生产力、是否有利于增强社会主义国家的综合国力、是否有利于提高人民的生活水平作为制订路线、方针、政策的出发点和归宿。他目光远大,胸襟开阔,总是从大局着眼来观察和处理各种重大问题。他崇尚实干,行动果断,在关键时刻作出重大决策更是表现出非凡的胆略和勇气。他无私无畏,不屈不挠,把自己的一切献给党和人民,献给社会主义和共产主义事业。他的光辉一生充分表明,他不愧是中国人民的伟大儿子。他深情地爱着自己的祖国和人民,祖国人民也深情地爱戴他。

邓小平同志的逝世,对我党我军我国各族人民是不可估量的损失,定将在我国人民心中引起极大的悲痛。中央号召全党全军全国各族人民,化悲痛为力量,继承邓小平同志的遗志,以更加努力地做好各方面工作的实际行动,来表达我们的悼念。

我们一定要坚持十一届三中全会以来邓小平同志为我们确立的党的基本路线不动摇,坚持以经济建设为中心,坚持把经济体制改革和其他方面体制改革进行下去,坚持对外开放,坚持四项基本原则,在这条路线指引下,开拓创新,战胜一切困难,经受住各种风险,把社会主义现代化建设不断推向前进。

我们一定要坚持和维护党的团结和统一,更加自觉地团结在以江泽民同志为核心的党中央周围,加强党的思想建设、组织建设和作风建设。

我们一定要巩固工人阶级领导的、工农联盟为基础的人民民主专政,发展广大的爱国统一战线,加强全国各族人民的大团结,维护社会稳定,艰苦奋斗,勤俭建国。

我们一定要坚持独立自主的和平外交政策,在和平共处五项原则的基础上积极发展同世界各国的友好关系,为维护世界和平,促进世界发展,反对霸权主义和强权政治,建立国际政治新秩序和国际经济新秩序,作出自己的贡献。

我们一定要努力学习邓小平建设有中国特色社会主义理论,学习邓小平同志的革命风格,学习他运用马克思主义立场、观点和方法研究新情况、解决新问题的科学态度和创造精神,为把我国建设成为富强、民主、文明的社会主义现代化国家而奋斗。

在以江泽民同志为核心的党中央坚强领导下,全党全军全国各族人民高举邓小平建设有中国特色社会主义理论的旗帜,坚定不移,满怀信心,一定能够把邓小平同志开创的社会主义改革开放和现代化建设的伟大事业坚持下去,胜利地达到我们的目的地。

邓小平同志永垂不朽!

高举邓小平理论伟大旗帜,
把建设有中国特色社会主义事业全面推向21世纪

——在中国共产党第十五次全国代表大会上的报告

(1997年9月12日)

江 泽 民

同志们:

现在,我代表第十四届中央委员会向大会作报告。

中国共产党第十五次全国代表大会是一次极为重要的大会,是在世纪之交,承前启后,继往开来,保证全党继承邓小平同志遗志,坚定不移地沿着十一届三中全会以来正确路线胜利前进的大会。

大会的主题是:高举邓小平理论伟大旗帜,把建设有中国特色社会主义事业全面推向21世纪。

旗帜问题至关紧要。旗帜就是方向,旗帜就是形象。坚持十一届三中全会以来的路线不动摇,就是高举邓小平理论的旗帜不动摇。邓小平同志逝世后,全党在这个问题上尤其要有高度的自觉性和坚定性。

把我们的事业全面推向21世纪,就是要抓住机遇而不可丧失机遇,开拓进取而不可因循守旧,围绕经济建设这个中心,经济体制改革要有新的突破,政治体制改革要继续深入,精神文明建设要切实加强,各个方面相互配合,实现经济发展和社会全面进步。

确定这样的主题,是时代的要求,人民的愿望。

一、世纪之交的回顾和展望

在20世纪即将过去的时候,举行党的全国代表大会,大家有一种共同的认识:我们党对中华民族的命运担负着崇高的历史责任。

从1900年八国联军占领北京,中华民族蒙受巨大屈辱,国家濒临灭亡边缘,到2000年中国在社会主义基础上进入小康,大踏步走向繁荣富强,是中国发生翻天覆地变化的一百年。

鸦片战争后,中国成为半殖民地半封建国家。中华民族面对着两大历史任务:一个是求得民族独立和人民解放;一个是实现国家繁荣富强和人民共同富裕。前一任务是为后一任务扫清障碍,创造必要的前提。

一个世纪以来,中国人民在前进道路上经历了三次历史性的巨大变化,产生了三位站在时代前列的伟大人物:孙中山、毛泽东、邓小平。

第一次是辛亥革命，推翻统治中国几千年的君主专制制度。这是孙中山领导的。他首先喊出"振兴中华"的口号，开创了完全意义上的近代民族民主革命。辛亥革命未能改变旧中国的社会性质和人民的悲惨境遇，但为中国的进步打开了闸门，使反动统治秩序再也无法稳定下来。

第二次是中华人民共和国的成立和社会主义制度的建立。这是中国共产党成立后，在以毛泽东为核心的第一代领导集体的领导下完成的。经过北伐、土地革命、抗日战争和解放战争，推翻了帝国主义、封建主义、官僚资本主义三座大山，中国人民从此站起来了，并且从新民主主义走上社会主义道路，取得建设社会主义的巨大成就。这是中国从古未有的人民革命的大胜利，也是社会主义和民族解放的具有世界意义的大胜利。

第三次是改革开放，为实现社会主义现代化而奋斗。这是在以邓小平为核心的第二代领导集体的领导下开始的新的革命。在建国以来革命和建设成就的基础上，我们党总结历史经验和教训，成功地走出了一条建设有中国特色社会主义的新道路。社会主义在中国显示的蓬勃生机和活力，为全世界所瞩目。

百年巨变得出的结论是：只有中国共产党才能领导中国人民取得民族独立、人民解放和社会主义的胜利，才能开创建设有中国特色社会主义的道路，实现民族振兴、国家富强和人民幸福。

在新世纪将要到来的时刻，我们面对着严峻的挑战，更面对着前所未有的有利条件和大好机遇。必须清醒地看到：国际竞争日趋激烈，经济、科技上同发达国家的差距给我们很大压力，我们自身还有许多困难。同时必须充分地看到：第一，和平与发展已成为当今时代的主题，世界格局正在走向多极化，争取较长时期的国际和平环境是可能的。世界范围内科技革命突飞猛进，经济继续增长。这为我们提供了有利的外部条件。第二，建国后特别是近20年来我国已经形成可观的综合国力，改革开放为现代化建设创造了良好的体制条件，开辟了广阔的市场需求和资金来源，亿万人民新的创造活力进一步发挥出来。第三，更重要的是，我们党确立起已被实践证明是正确的建设有中国特色社会主义的基本理论和基本路线。这些都是今天拥有而过去不曾或不完全具备的条件。

能否抓住机遇，历来是关系革命和建设兴衰成败的大问题。过去我们抓住了重要历史机遇，也丧失过某些机遇。现在全党一定要高度自觉，牢牢抓住世纪之交的历史机遇，迈出新的步伐。

展望下世纪，我们的目标是，第一个十年实现国民生产总值比2000年翻一番，使人民的小康生活更加宽裕，形成比较完善的社会主义市场经济体制；再经过十年的努力，到建党一百年时，使国民经济更加发展，各项制度更加完善；到世纪中叶建国一百年时，基本实现现代化，建成富强民主文明的社会主义国家。正如邓小平所说："现在，我们国内条件具备，国际环境有利，再加上发挥社会主义制度能够集中力量办大事的优势，在今后的现代化建设长过程中，出现若干个发展速度比较快、效益比较好的阶段，是必要的，也是能够办到的。我们就是要有这个雄心壮志！"

二、过去五年的工作

1992年邓小平南方谈话和党的十四大以来的五年,是很不寻常的五年。这是我们党领导全国各族人民,经受住80年代末、90年代初国际国内政治风波的严峻考验,继续沿着有中国特色社会主义道路阔步前进的五年;是进一步解放思想,开拓进取,改革开放和现代化建设事业进入新阶段的五年;是在建立社会主义市场经济体制的深刻变革进程中,妥善处理改革、发展、稳定的关系,在各个领域取得巨大成就的五年;也是在世界格局的剧烈变动中,我国国际地位显著提高的五年。

党的十四大作出三项具有深远意义的决策:一是抓住机遇,加快发展;二是明确我国经济体制改革的目标是建立社会主义市场经济体制;三是确立邓小平建设有中国特色社会主义理论在全党的指导地位。为贯彻十四大精神,中央先后召开七次全会,分别就建立社会主义市场经济体制、加强党的建设、制定国民经济和社会发展"九五"计划和2010年远景目标、加强社会主义精神文明建设等一系列关系全局的重大问题,作出了规划和部署。五年来全党工作的突出特点是,全面贯彻党的基本理论和基本路线,认真实施十四大的重要决策,提出并牢牢把握"抓住机遇、深化改革、扩大开放、促进发展、保持稳定"的基本方针,物质文明和精神文明建设全面推进。我国的社会生产力、综合国力和人民生活水平,又上了一个新的台阶。

五年来,经济发展取得显著成绩。从1992年到1996年,国内生产总值年均增长12.1%,既实现了经济快速增长,又有效抑制了通货膨胀,避免了大起大落。经济结构调整取得明显进展。农业得到加强,粮食等农产品稳定增长。水利、交通、通信等基础设施和钢铁、能源等基础工业迅速发展。东部地区经济快速增长,中西部地区经济发展加快。"八五"计划胜利完成,"九五"计划的实施有了良好开端。

改革开放取得新的突破。按照建立社会主义市场经济体制的要求,大步推进了财政、税收、金融、外贸、外汇、计划、投资、价格、流通、住房和社会保障等体制改革,市场在资源配置中的基础性作用明显增强,宏观调控体系的框架初步建立。国有企业改革在试点基础上积极推进。以公有制为主体、多种经济成分共同发展的格局进一步展开。对外经济、技术合作与交流继续扩大,对外贸易和利用外资大幅度增长,国家外汇储备显著增加。

精神文明建设迈出新的步伐。科技、教育、文化、卫生、体育和计划生育等各项社会事业取得可喜成绩。宣传舆论工作和思想道德建设进一步加强。社会主义民主和法制建设取得重大进展,制定了一系列适应社会主义市场经济发展的法律和法规,加强了执法和司法工作。爱国统一战线发展壮大,各民族的大团结进一步巩固和发展。团结稳定的社会政治局面为改革和发展提供了重要保证。

国防现代化建设取得新的进展。军队战斗力进一步提高。在保卫国家安全、维护祖国统一和参加国家经济建设、完成抢险救灾等任务中,人民军队作出了重要贡献。

人民生活水平显著提高。城镇居民人均生活费收入年均实际增长7.2%,农村居民人均纯收入年均实际增长5.7%,是增长最快的时期之一。市场商品丰富,人民的衣食住用行条件明显改善。城乡居民储蓄大幅度增长。全国农村贫困人口减少了3 200

万。

五年来,我们为实现祖国和平统一做了大量卓有成效的工作。我国政府恢复对香港行使主权,洗雪了中华民族的百年屈辱,可以告慰无数的革命先烈和前辈。这是每个中国人都感到欢欣鼓舞的盛事,也受到国际社会的普遍赞扬。

我们坚定不移地贯彻独立自主的和平外交政策,进一步改善了我国改革开放和现代化建设的外部环境。我国的国际影响日益扩大。

我们大力加强了党的建设。全党学习邓小平建设有中国特色社会主义理论逐步深入。领导班子建设和干部队伍建设取得新进展,大批优秀年轻干部走上领导岗位。党风廉政建设和反腐败斗争的力度加大,取得了阶段性成果。基层组织建设得到加强,广大共产党员发挥了先锋模范作用。党内生活向制度化、规范化迈出新的步伐。

我们清醒地看到,在前进道路上还有不少矛盾和困难,工作中也有缺点和不足。主要是:国民经济整体素质和效益不高,经济结构不合理的矛盾仍然比较突出,特别是部分国有企业活力不强;党风、政风、社会风气和社会治安的状况人民群众还不满意,贪污腐化、奢侈浪费等现象仍在蔓延滋长,官僚主义、形式主义、弄虚作假的问题较为严重;收入分配关系尚未理顺,地区发展差距还明显存在,城乡部分群众生活比较困难;人口增长、经济发展给资源和环境带来巨大的压力等等。我们要高度重视存在的问题,扎扎实实地加以解决。

回顾五年的工作,总的看这是改革和发展都比较好的时期。我们党的领导集体顺利实现了新老交替,保持了路线、方针、政策的连续性和全国社会政治稳定的局面,妥善处理了国内和对外关系中的一系列重大问题,巩固和发展了十一届三中全会以来的大好形势,全国人民高兴,也获得国际舆论的普遍好评。五年的实践证明,党的十四大作出的决策是正确的,我们党具有在国内外复杂形势下驾驭局势的能力。五年来的成就,是全党和全国人民团结奋斗的结果。这为今后继续前进打下了更为坚实的基础,积累了十分宝贵的新鲜经验,必将极大地鼓舞我们以更大的信心和热情去夺取新的胜利。

三、邓小平理论的历史地位和指导意义

在社会主义改革开放和现代化建设的新时期,在跨越世纪的新征途上,一定要高举邓小平理论的伟大旗帜,用邓小平理论来指导我们整个事业和各项工作。这是党从历史和现实中得出的不可动摇的结论。

中国共产党是非常重视理论指导的党。中国人民找到了马克思列宁主义,中国革命的面貌为之一新。马克思列宁主义同中国实际相结合有两次历史性飞跃,产生了两大理论成果。第一次飞跃的理论成果是被实践证明了的关于中国革命和建设的正确的理论原则和经验总结,它的主要创立者是毛泽东,我们党把它称为毛泽东思想。第二次飞跃的理论成果是建设有中国特色社会主义理论,它的主要创立者是邓小平,我们党把它称为邓小平理论。这两大理论成果都是党和人民实践经验和集体智慧的结晶。

党从诞生之日起,就把马克思列宁主义确立为自己的指导思想。经过遵义会议和延安整风,党的七大又把马克思列宁主义的理论与中国革命的实践之统一的思想——毛泽东思想,确立为党的指导思想。这是总结建党 24 年经验作出的历史性决策。现

在,在十一届三中全会和十二大、十三大、特别是十四大的基础上,中央建议十五大在党章中把邓小平理论确立为党的指导思想,明确规定:中国共产党以马克思列宁主义、毛泽东思想、邓小平理论作为自己的行动指南。这是我们党经过近20年改革开放和社会主义现代化建设的成功实践作出的历史性决策。作出这个决策,表明中央领导集体和全党把邓小平开创的建设有中国特色社会主义事业全面推向新世纪的决心和信念,也反映了全国人民的共识和心愿。

实践证明,作为毛泽东思想的继承和发展的邓小平理论,是指导中国人民在改革开放中胜利实现社会主义现代化的正确理论。在当代中国,只有把马克思主义同当代中国实践和时代特征结合起来的邓小平理论,而没有别的理论能够解决社会主义的前途和命运问题。邓小平理论是当代中国的马克思主义,是马克思主义在中国发展的新阶段。

邓小平理论之所以能够成为马克思主义在中国发展的新阶段,是因为:

第一,邓小平理论坚持解放思想、实事求是,在新的实践基础上继承前人又突破陈规,开拓了马克思主义的新境界。实事求是是马克思列宁主义的精髓,是毛泽东思想的精髓,也是邓小平理论的精髓。1978年邓小平《解放思想,实事求是,团结一致向前看》这篇讲话,是在"文化大革命"结束以后,中国面临向何处去的重大历史关头,冲破"两个凡是"的禁锢,开辟新时期新道路、开创建设有中国特色社会主义新理论的宣言书。1992年邓小平南方谈话,是在国际国内政治风波严峻考验的重大历史关头,坚持十一届三中全会以来的理论和路线,深刻回答长期束缚人们思想的许多重大认识问题,把改革开放和现代化建设推进到新阶段的又一个解放思想、实事求是的宣言书。在走向新世纪的新形势下,面对许多我们从来没有遇到过的艰巨课题,邓小平理论要求我们增强和提高解放思想、实事求是的坚定性和自觉性,一切以是否有利于发展社会主义社会的生产力、有利于增强社会主义国家的综合国力、有利于提高人民的生活水平这"三个有利于"为根本判断标准,不断开拓我们事业的新局面。

第二,邓小平理论坚持科学社会主义理论和实践的基本成果,抓住"什么是社会主义、怎样建设社会主义"这个根本问题,深刻地揭示社会主义的本质,把对社会主义的认识提高到新的科学水平。新时期的思想解放,关键就是在这个问题上的思想解放。我国社会主义在改革开放前所经历的曲折和失误,改革开放以来在前进中遇到的一些困惑,归根到底都在于对这个问题没有完全搞清楚。拨乱反正,全面改革,从以阶级斗争为纲到以经济建设为中心,从封闭半封闭到改革开放,从计划经济到社会主义市场经济,近20年的历史性转变,就是逐渐搞清楚这个根本问题的进程。这个进程,还将在今后的实践中继续下去。

第三,邓小平理论坚持用马克思主义的宽广眼界观察世界,对当今时代特征和总体国际形势,对世界上其他社会主义国家的成败,发展中国家谋求发展的得失,发达国家发展的态势和矛盾,进行正确分析,作出了新的科学判断。世界变化很大很快,特别是日新月异的科学技术进步深刻地改变了并将继续改变当代经济社会生活和世界面貌,任何国家的马克思主义者都不能不认真对待。邓小平理论正是根据这种形势,确定我们党的路线和国际战略,要求我们用新的观点来认识、继承和发展马克思主义,强调只有这样才是真正的马克思主义,墨守成规只能导致落后甚至失败。这是邓小平理论鲜明的时代精神。

第四,总起来说,邓小平理论形成了新的建设有中国特色社会主义理论的科学体系。它是在和平与发展成为时代主题的历史条件下,在我国改革开放和现代化建设的实践中,在总结我国社会主义胜利和挫折的历史经验并借鉴其他社会主义国家兴衰成败历史经验的基础上,逐步形成和发展起来的。它第一次比较系统地初步回答了中国社会主义的发展道路、发展阶段、根本任务、发展动力、外部条件、政治保证、战略步骤、党的领导和依靠力量以及祖国统一等一系列基本问题,指导我们党制定了在社会主义初级阶段的基本路线。它是贯通哲学、政治经济学、科学社会主义等领域,涵盖经济、政治、科技、教育、文化、民族、军事、外交、统一战线、党的建设等方面比较完备的科学体系,又是需要从各方面进一步丰富发展的科学体系。

邓小平是伟大的马克思主义者。他为中华民族的独立和解放,为中国社会主义制度的建立,为中国改革开放和现代化建设,建立了不朽的功勋。他把毕生心血都献给了中国人民,一切以人民的利益为出发点和归宿。他对党、对人民、对马克思主义的最大贡献,他留给我们的珍贵遗产,就是邓小平理论。这个理论,集中体现在十一届三中全会以来邓小平著作以及党和国家的重要文献中。

马克思主义是科学,它始终严格地以客观事实为根据。而实际生活总是在不停的变动中,这种变动的剧烈和深刻,近一百多年来达到了前人难以想象的程度。因此,马克思主义必定随着时代、实践和科学的发展而不断发展,不可能一成不变。对待马克思主义,有个学风问题:究竟是从本本出发,还是用马克思主义的立场观点方法来研究和解决中国的现实问题。毛泽东在延安整风时就强调:“应确立以研究中国革命实际问题为中心,以马克思列宁主义基本原则为指导的方针,废除静止地孤立地研究马克思列宁主义的方法。”现在提出用邓小平理论武装全党,提出学习马克思列宁主义、毛泽东思想,中心内容是学习建设有中国特色社会主义理论,就是发扬这个优良传统。马克思列宁主义、毛泽东思想一定不能丢,丢了就丧失根本。同时一定要以我国改革开放和现代化建设的实际问题、以我们正在做的事情为中心,着眼于马克思主义理论的运用,着眼于对实际问题的理论思考,着眼于新的实践和新的发展。离开本国实际和时代发展来谈马克思主义,没有意义。静止地孤立地研究马克思主义,把马克思主义同它在现实生活中的生动发展割裂开来、对立起来,没有出路。在当代中国,马克思列宁主义、毛泽东思想、邓小平理论,是一脉相承的统一的科学体系。坚持邓小平理论,就是真正坚持马克思列宁主义、毛泽东思想;高举邓小平理论的旗帜,就是真正高举马克思列宁主义、毛泽东思想的旗帜。

四、社会主义初级阶段的基本路线和纲领

十一届三中全会以来,党正确地分析国情,作出我国还处于社会主义初级阶段的科学论断。我们讲一切从实际出发,最大的实际就是中国现在处于并将长时期处于社会主义初级阶段。我们讲要搞清楚“什么是社会主义、怎样建设社会主义”,就必须搞清楚什么是初级阶段的社会主义,在初级阶段怎样建设社会主义。十一届三中全会前我们在建设社会主义中出现失误的根本原因之一,就在于提出的一些任务和政策超越了社

会主义初级阶段。近20年改革开放和现代化建设取得成功的根本原因之一，就是克服了那些超越阶段的错误观念和政策，又抵制了抛弃社会主义基本制度的错误主张。这样做，没有离开社会主义，而是在脚踏实地建设社会主义，使社会主义在中国真正活跃和兴旺起来，广大人民从切身感受中更加拥护社会主义。

这次大会进一步强调这个问题，是因为：面对改革攻坚和开创新局面的艰巨任务，我们解决种种矛盾，澄清种种疑惑，认识为什么必须实行现在这样的路线和政策而不能实行别样的路线和政策，关键还在于对所处社会主义初级阶段的基本国情要有统一认识和准确把握。

社会主义是共产主义的初级阶段，而中国又处在社会主义的初级阶段，就是不发达的阶段。在我们这样的东方大国，经过新民主主义走上社会主义道路，这是伟大的胜利。但是，我国进入社会主义的时候，就生产力发展水平来说，还远远落后于发达国家。这就决定了必须在社会主义条件下经历一个相当长的初级阶段，去实现工业化和经济的社会化、市场化、现代化。这是不可逾越的历史阶段。

在党的纲领中明确提出社会主义初级阶段的科学概念，这在马克思主义历史上是第一次。邓小平在谈到建设初级阶段的社会主义时特别强调："我们现在所干的事业，是一项新事业。马克思没有讲过，我们的前人没有做过，其他社会主义国家也没有干过，所以，没有现成的经验可学。我们只能在干中学，在实践中摸索。"这就是说，在中国，真要建设社会主义，那就只能一切从社会主义初级阶段的实际出发，而不能从主观愿望出发，不能从这样那样的外国模式出发，不能从对马克思主义著作中个别论断的教条式理解和附加到马克思主义名下的某些错误论点出发。

社会主义初级阶段，是逐步摆脱不发达状态，基本实现社会主义现代化的历史阶段；是由农业人口占很大比重、主要依靠手工劳动的农业国，逐步转变为非农业人口占多数、包含现代农业和现代服务业的工业化国家的历史阶段；是由自然经济半自然经济占很大比重，逐步转变为经济市场化程度较高的历史阶段；是由文盲半文盲人口占很大比重、科技教育文化落后，逐步转变为科技教育文化比较发达的历史阶段；是由贫困人口占很大比重、人民生活水平比较低，逐步转变为全体人民比较富裕的历史阶段；是由地区经济文化很不平衡，通过有先有后的发展，逐步缩小差距的历史阶段；是通过改革和探索，建立和完善比较成熟的充满活力的社会主义市场经济体制、社会主义民主政治体制和其他方面体制的历史阶段；是广大人民牢固树立建设有中国特色社会主义共同理想，自强不息，锐意进取，艰苦奋斗，勤俭建国，在建设物质文明的同时努力建设精神文明的历史阶段；是逐步缩小同世界先进水平的差距，在社会主义基础上实现中华民族伟大复兴的历史阶段。这样的历史进程，至少需要一百年时间。至于巩固和发展社会主义制度，那还需要更长得多的时间，需要几代人、十几代人，甚至几十代人坚持不懈地努力奋斗。

从50年代中期我国进入社会主义初级阶段开始到现在，经过40多年特别是近20年的发展，我国生产力有了很大提高，各项事业有了很大进步。然而总的说来，人口多、底子薄，地区发展不平衡，生产力不发达的状况没有根本改变；社会主义制度还不完善，社会主义市场经济体制还不成熟，社会主义民主法制还不够健全，封建主义、资本主义腐朽思想和小生产习惯势力在社会上还有广泛影响。我国社会主义社会仍然处在初级阶段。

社会主义的根本任务是发展社会生产力。在社会主义初级阶段,尤其要把集中力量发展社会生产力摆在首要地位。我国经济、政治、文化和社会生活各方面存在着种种矛盾,阶级矛盾由于国际国内因素还将在一定范围内长期存在,但社会的主要矛盾是人民日益增长的物质文化需要同落后的社会生产之间的矛盾,这个主要矛盾贯穿我国社会主义初级阶段的整个过程和社会生活的各个方面。这就决定了我们必须把经济建设作为全党全国工作的中心,各项工作都要服从和服务于这个中心。只有牢牢抓住这个主要矛盾和工作中心,才能清醒地观察和把握社会矛盾的全局,有效地促进各种社会矛盾的解决。发展是硬道理,中国解决所有问题的关键在于依靠自己的发展。

在社会主义初级阶段,围绕发展社会生产力这个根本任务,要把改革作为推进建设有中国特色社会主义事业各项工作的动力。改革是全面改革,是在坚持社会主义基本制度的前提下,自觉调整生产关系和上层建筑的各个方面和环节,来适应初级阶段生产力发展水平和实现现代化的历史要求。把社会主义同市场经济结合起来,是一个伟大创举。这就需要积极探索,大胆试验,尊重群众的首创精神;需要深化改革,解决体制转变中的深层次矛盾和关键问题;需要扩大开放,吸收和借鉴世界各国包括资本主义发达国家的先进技术和管理经验。

在社会主义初级阶段,正确处理改革、发展同稳定的关系,保持稳定的政治环境和社会秩序,具有极端重要的意义。没有稳定,什么事也干不成。必须坚持党的领导和人民民主专政,坚持物质文明和精神文明两手抓、两手都要硬的方针,排除一切破坏稳定的因素,反对资产阶级自由化,警惕国际国内敌对势力的渗透、颠覆和分裂活动。必须把改革的力度、发展的速度和社会可以承受的程度统一起来,在社会政治稳定中推进改革、发展,在改革、发展中实现社会政治稳定。

在把我们的事业全面推向 21 世纪的历史时刻,必须郑重指出:全党要毫不动摇地坚持党在社会主义初级阶段的基本路线,把以经济建设为中心同四项基本原则、改革开放这两个基本点统一于建设有中国特色社会主义的伟大实践。这是近 20 年来我们党最可宝贵的经验,是我们事业胜利前进最可靠的保证。要警惕右,但主要是防止"左",保持清醒头脑,克服各种干扰,坚持邓小平理论和基本路线不动摇。根据这个理论和基本路线,围绕建设富强民主文明的社会主义现代化国家的目标,进一步明确什么是社会主义初级阶段有中国特色社会主义的经济、政治和文化,怎样建设这样的经济、政治和文化,是必要的。

——建设有中国特色社会主义的经济,就是在社会主义条件下发展市场经济,不断解放和发展生产力。这就要坚持和完善社会主义公有制为主体、多种所有制经济共同发展的基本经济制度;坚持和完善社会主义市场经济体制,使市场在国家宏观调控下对资源配置起基础性作用;坚持和完善按劳分配为主体的多种分配方式,允许一部分地区一部分人先富起来,带动和帮助后富,逐步走向共同富裕;坚持和完善对外开放,积极参与国际经济合作和竞争。保证国民经济持续快速健康发展,人民共享经济繁荣成果。

——建设有中国特色社会主义的政治,就是在中国共产党领导下,在人民当家作主的基础上,依法治国,发展社会主义民主政治。这就要坚持和完善工人阶级领导的、以工农联盟为基础的人民民主专政;坚持和完善人民代表大会制度和共产党领导的多党合作、政治协商制度以及民族区域自治制度；发展民主，健全法制，建设社会主义法治国家。实现社会安定，政府廉洁高效，全国各族人民团结和睦，生动活泼的政治局面。

——建设有中国特色社会主义的文化，就是以马克思主义为指导，以培育有理想、有道德、有文化、有纪律的公民为目标，发展面向现代化、面向世界、面向未来的，民族的科学的大众的社会主义文化。这就要坚持用邓小平理论武装全党，教育人民；努力提高全民族的思想道德素质和教育科学文化水平；坚持为人民服务、为社会主义服务的方向和百花齐放、百家争鸣的方针，重在建设，繁荣学术和文艺。建设立足中国现实、继承历史文化优秀传统、吸取外国文化有益成果的社会主义精神文明。

上述建设有中国特色社会主义的经济、政治、文化的基本目标和基本政策，有机统一，不可分割，构成党在社会主义初级阶段的基本纲领。这个纲领，是邓小平理论的重要内容，是党的基本路线在经济、政治、文化等方面的展开，是这些年来最主要经验的总结。

五、经济体制改革和经济发展战略

从现在起到下世纪的前十年，是我国实现第二步战略目标、向第三步战略目标迈进的关键时期。我们要积极推进经济体制和经济增长方式的根本转变，努力实现“九五”计划和2010年远景目标，为下世纪中叶基本实现现代化打下坚实基础。在这个时期，建立比较完善的社会主义市场经济体制，保持国民经济持续快速健康发展，是必须解决好的两大课题。要坚持社会主义市场经济的改革方向，使改革在一些重大方面取得新的突破，并在优化经济结构、发展科学技术和提高对外开放水平等方面取得重大进展，真正走出一条速度较快、效益较好、整体素质不断提高的经济协调发展的路子。

（一）调整和完善所有制结构。公有制为主体、多种所有制经济共同发展，是我国社会主义初级阶段的一项基本经济制度。这一制度的确立，是由社会主义性质和初级阶段国情决定的：第一，我国是社会主义国家，必须坚持公有制作为社会主义经济制度的基础；第二，我国处在社会主义初级阶段，需要在公有制为主体的条件下发展多种所有制经济；第三，一切符合“三个有利于”的所有制形式都可以而且应该用来为社会主义服务。

十一届三中全会以来，我们党认真总结以往在所有制问题上的经验教训，制定以公有制为主体、多种经济成分共同发展的方针，逐步消除所有制结构不合理对生产力的羁绊，出现了公有制实现形式多样化和多种经济成分共同发展的局面。继续调整和完善所有制结构，进一步解放和发展生产力，是经济体制改革的重大任务。

要全面认识公有制经济的含义。公有制经济不仅包括国有经济和集体经济，还包括混合所有制经济中的国有成分和集体成分。公有制的主体地位主要体现在：公有资产在社会总资产中占优势；国有经济控制国民经济命脉，对经济发展起主导作用。这是就全国而言，有的地方、有的产业可以有所差别。公有资产占优势，要有量的优势，更要注重质的提高。国有经济起主导作用，主要体现在控制力上。要从战略上调整国有经济布局。对关系国民经济命脉的重要行业和关键领域，国有经济必须占支配地位。在其他领域，可以通过资产重组和结构调整，以加强重点，提高国有资产的整体质量。只要坚持公有制为主体,国家控制国民经济命脉,国有经济的控制力和竞争力得到增强,在这个前提下,国有经济比重减少一些,不会影响我国的社会主义性质。

集体所有制经济是公有制经济的重要组成部分。集体经济可以体现共同致富原则,可以广泛吸收社会分散资金,缓解就业压力,增加公共积累和国家税收。要支持、鼓励和帮助城乡多种形式集体经济的发展。这对发挥公有制经济的主体作用意义重大。

公有制实现形式可以而且应当多样化。一切反映社会化生产规律的经营方式和组织形式都可以大胆利用。要努力寻找能够极大促进生产力发展的公有制实现形式。股份制是现代企业的一种资本组织形式,有利于所有权和经营权的分离,有利于提高企业和资本的运作效率,资本主义可以用,社会主义也可以用。不能笼统地说股份制是公有还是私有,关键看控股权掌握在谁手中。国家和集体控股,具有明显的公有性,有利于扩大公有资本的支配范围,增强公有制的主体作用。目前城乡大量出现的多种多样的股份合作制经济,是改革中的新事物,要支持和引导,不断总结经验,使之逐步完善。劳动者的劳动联合和劳动者的资本联合为主的集体经济,尤其要提倡和鼓励。

非公有制经济是我国社会主义市场经济的重要组成部分。对个体、私营等非公有制经济要继续鼓励、引导,使之健康发展。这对满足人们多样化的需要,增加就业,促进国民经济的发展有重要作用。

要健全财产法律制度,依法保护各类企业的合法权益和公平竞争,并对它们进行监督管理。

(二)加快推进国有企业改革。国有企业是我国国民经济的支柱。搞好国有企业改革,对建立社会主义市场经济体制和巩固社会主义制度,具有极为重要的意义。

建立现代企业制度是国有企业改革的方向。要按照“产权清晰、权责明确、政企分开、管理科学”的要求,对国有大中型企业实行规范的公司制改革,使企业成为适应市场的法人实体和竞争主体。进一步明确国家和企业的权利和责任。国家按投入企业的资本额享有所有者权益,对企业的债务承担有限责任;企业依法自主经营,自负盈亏。政府不能直接干预企业经营活动,企业也不能不受所有者约束,损害所有者权益。要采取多种方式,包括直接融资,充实企业资本金。培育和发展多元化投资主体,推动政企分开和企业转换经营机制。

把国有企业改革同改组、改造、加强管理结合起来。要着眼于搞好整个国有经济,抓好大的,放活小的,对国有企业实施战略性改组。以资本为纽带,通过市场形成具有较强竞争力的跨地区、跨行业、跨所有制和跨国经营的大企业集团。采取改组、联合、兼并、租赁、承包经营和股份合作制、出售等形式,加快放开搞活国有小型企业的步伐。要推进企业技术进步,鼓励、引导企业和社会的资金投向技术改造,形成面向市场的新产品开发和技术创新机制。要加强科学管理,探索符合市场经济规律和我国国情的企业领导体制和组织管理制度,建立决策、执行和监督体系,形成有效的激励和制约机制。要建设好企业领导班子,发挥企业党组织的政治核心作用,坚持全心全意依靠工人阶级的方针。

实行鼓励兼并、规范破产、下岗分流、减员增效和再就业工程,形成企业优胜劣汰的竞争机制。随着企业改革深化、技术进步和经济结构调整,人员流动和职工下岗是难以避免的。这会给一部分职工带来暂时的困难,但从根本上说,有利于经济发展,符合工人阶级的长远利益。党和政府要采取积极措施,依靠社会各方面的力量,关心和安排好下岗职工的生活,搞好职业培训,拓宽就业门路,推进再就业工程。广大职工要转变就业观念,提高自身素质,努力适应改革和发展的新要求。

积极推进各项配套改革。建立有效的国有资产管理、监督和营运机制,保证国有资产的保值增值,防止国有资产流失。建立社会保障体系,实行社会统筹和个人账户相结合的养老、医疗保险制度,完善失业保险和社会救济制度,提供最基本的社会保障。建立城镇住房公积金,加快改革住房制度。

深化国有企业改革,是全党重要而艰巨的任务。要坚定信心,勇于探索,大胆实践,力争到本世纪末大多数国有大中型骨干企业初步建立现代企业制度,经营状况明显改善,开创国有企业改革和发展的新局面。

(三)完善分配结构和分配方式。坚持按劳分配为主体、多种分配方式并存的制度。把按劳分配和按生产要素分配结合起来,坚持效率优先、兼顾公平,有利于优化资源配置,促进经济发展,保持社会稳定。依法保护合法收入,允许和鼓励一部分人通过诚实劳动和合法经营先富起来,允许和鼓励资本、技术等生产要素参与收益分配。取缔非法收入,对侵吞公有财产和用偷税逃税、权钱交易等非法手段牟取利益的,坚决依法惩处。整顿不合理收入,对凭借行业垄断和某些特殊条件获得个人额外收入的,必须纠正。调节过高收入,完善个人所得税制,开征遗产税等新税种。规范收入分配,使收入差距趋向合理,防止两极分化。

集中财力,振兴国家财政,是保证经济社会各项事业发展的重要条件。要正确处理国家、企业、个人之间和中央与地方之间的分配关系,逐步提高财政收入占国民生产总值的比重和中央财政收入占全国财政收入的比重,并适应所有制结构变化和政府职能转变,调整财政收支结构,建立稳固、平衡的国家财政。

(四)充分发挥市场机制作用,健全宏观调控体系。要加快国民经济市场化进程。继续发展各类市场,着重发展资本、劳动力、技术等生产要素市场,完善生产要素价格形成机制。改革流通体制,健全市场规则,加强市场管理,清除市场障碍,打破地区封锁、部门垄断,尽快建成统一开放、竞争有序的市场体系,进一步发挥市场对资源配置的基础性作用。

宏观调控的主要任务,是保持经济总量平衡,抑制通货膨胀,促进重大经济结构优化,实现经济稳定增长。宏观调控主要运用经济手段和法律手段。要深化金融、财政、计划体制改革,完善宏观调控手段和协调机制。实施适度从紧的财政政策和货币政策,注意掌握调控力度。依法加强对金融机构和金融市场包括证券市场的监管,规范和维护金融秩序,有效防范和化解金融风险。

(五)加强农业基础地位,调整和优化经济结构。要根据我国经济发展状况,充分考虑世界科学技术加快发展和国际经济结构加速重组的趋势,着眼于全面提高国民经济整体素质和效益,增强综合国力和国际竞争力,对经济结构进行战略性调整。这是国民经济发展的迫切要求和长期任务。总的原则是:以市场为导向,使社会生产适应国内外市场需求的变化;依靠科技进步,促进产业结构优化;发挥各地优势,推动区域经济协调发展;转变经济增长方式,改变高投入、低产出,高消耗、低效益的状况。

坚持把农业放在经济工作的首位,稳定党在农村的基本政策,深化农村改革,确保农业和农村经济发展、农民收入增加。要多渠道增加投入,加强农业基础设施建设,不断改善生产条件。大力推进科教兴农,发展高产、优质、高效农业和节水农业。积极发展农业产业化经营,形成生产、加工、销售有机结合和相互促进的机制,推进农业向商品化、专业化、现代化转变。综合发展农林牧副渔各业,继续发展乡镇企业,形成合理的产业结构。搞好小城镇规划建设。长期稳定以家庭联产承包为主的责任制,完善统分结合的双层经营体制,逐步壮大集体经济实力。改革粮棉购销体制,实行合理的价格政策。建立健全农业社会化服务体系、农产品市场体系和国家对农业的支持、保护体系。要尊重农民的生产经营自主权,保护农民的合法权益,切实减轻农民负担,使广大农民从党在农村的各项政策和工作中得到实惠。

改造和提高传统产业,发展新兴产业和高技术产业,推进国民经济信息化。继续加强基础设施和基础工业,加大调整、改造加工工业的力度,振兴支柱产业,积极培育新的经济增长点。把开发新技术、新产品、新产业同开拓市场结合起来,把发展技术密集型产业和劳动密集型产业结合起来。鼓励和引导第三产业加快发展。

促进地区经济合理布局和协调发展。东部地区要充分利用有利条件,在推进改革开放中实现更高水平的发展,有条件的地方要率先基本实现现代化。中西部地区要加快改革开放和开发,发挥资源优势,发展优势产业。国家要加大对中西部地区的支持力度,优先安排基础设施和资源开发项目,逐步实行规范的财政转移支付制度,鼓励国内外投资者到中西部投资。进一步发展东部地区同中西部地区多种形式的联合和合作。更加重视和积极帮助少数民族地区发展经济。从多方面努力,逐步缩小地区发展差距。各地要从实际出发,发展各具特色的经济,加快老工业基地的改造,发挥中心城市的作用,进一步引导形成跨地区的经济区域和重点产业带。加快改革投融资体制,完善国家产业政策,切实解决"大而全"、"小而全"和不合理重复建设问题。

(六)实施科教兴国战略和可持续发展战略。科学技术是第一生产力,科技进步是经济发展的决定性因素。要充分估量未来科学技术特别是高技术发展对综合国力、社会经济结构和人民生活的巨大影响,把加速科技进步放在经济社会发展的关键地位,使经济建设真正转到依靠科技进步和提高劳动者素质的轨道上来。要从国家长远发展需要出发,制订中长期科学发展规划,统观全局,突出重点,有所为、有所不为,加强基础性研究和高技术研究,加快实现高技术产业化。强化应用技术的开发和推广,促进科技成果向现实生产力转化,集中力量解决经济社会发展的重大和关键技术问题。有重点有选择地引进先进技术,增强自主创新能力。我国是发展中国家,应该更加重视运用最新技术成果,实现技术发展的跨越。

深化科技和教育体制改革,促进科技、教育同经济的结合。充分发挥市场和社会需求对科技进步的导向和推动作用,支持和鼓励企业从事科研、开发和技术改造,使企业成为科研开发和投入的主体。有条件的科研机构和大专院校要以不同形式进入企业或同企业合作,走产学研结合的道路,解决科技和教育体制上存在的条块分割、力量分散的问题。鼓励创新、竞争和合作。实施保护知识产权制度。人才是科技进步和经济社会发展最重要的资源,要建立一整套有利于人才培养和使用的激励机制。积极引进国外智力。鼓励留学人员回国工作或以适当方式为祖国服务。

我国是人口众多、资源相对不足的国家,在现代化建设中必须实施可持续发展战略。坚持计划生育和保护环境的基本国策，正确处理经济发展同人口、资源、环境的关系。资源开发和节约并举，把节约放在首位，提高资源利用效率。统筹规划国土资源开发和整治，严格执行土地、水、森林、矿产、海洋等资源管理和保护的法律。实施资源有偿使用制度。加强对环境污染的治理，植树种草，搞好水土保持，防治荒漠化，改善生态环境。控制人口增长，提高人口素质，重视人口老龄化问题。

（七）努力提高对外开放水平。对外开放是一项长期的基本国策。面对经济、科技全球化趋势，我们要以更加积极的姿态走向世界，完善全方位、多层次、宽领域的对外开放格局，发展开放型经济，增强国际竞争力，促进经济结构优化和国民经济素质提高。

以提高效益为中心，努力扩大商品和服务的对外贸易，优化进出口结构。坚持以质取胜和市场多元化战略，积极开拓国际市场。进一步降低关税总水平，鼓励引进先进技术和关键设备。深化对外经济贸易体制改革，完善代理制，扩大企业外贸经营权，形成平等竞争的政策环境。积极参与区域经济合作和全球多边贸易体系。

积极合理有效地利用外资。有步骤地推进服务业的对外开放。依法保护外商投资企业的权益，实行国民待遇，加强引导和监管。鼓励能够发挥我国比较优势的对外投资。更好地利用国内国外两个市场、两种资源。完善和实施涉外经济贸易的法律法规。正确处理对外开放同独立自主、自力更生的关系，维护国家经济安全。

进一步办好经济特区、上海浦东新区。鼓励这些地区在体制创新、产业升级、扩大开放等方面继续走在前面，发挥对全国的示范、辐射、带动作用。

（八）不断改善人民生活。提高人民生活水平，是改革开放和发展经济的根本目的。在经济发展的基础上，使全国人民过上小康生活，并逐步向更高的水平前进。努力增加城乡居民实际收入，拓宽消费领域，引导合理消费。在改善物质生活的同时，充实精神生活，美化生活环境，提高生活质量。特别要改善居住、卫生、交通和通信条件，扩大服务性消费。逐步增加公共设施和社会福利设施。提高教育和医疗保健水平。实行保障城镇困难居民基本生活的政策。国家从多方面采取措施，加大扶贫攻坚力度，到本世纪末基本解决农村贫困人口的温饱问题。

同志们！我们提出的经济改革和发展的目标和任务，反映了人民的根本利益，要依靠人民的积极性和创造精神，依靠人民的艰苦奋斗来实现。只要我们坚持正确的政策，把各方面的积极性引导好、保护好、发挥好，就一定能够在我国成功地建立起社会主义市场经济体制，实现国民经济持续快速健康发展。

六、政治体制改革和民主法制建设

我国经济体制改革的深入和社会主义现代化建设跨越世纪的发展，要求我们在坚持四项基本原则的前提下，继续推进政治体制改革，进一步扩大社会主义民主，健全社会主义法制，依法治国，建设社会主义法治国家。

发展社会主义民主政治，是我们党始终不渝的奋斗目标。没有民主就没有社会主义，就没有社会主义现代化。社会主义民主的本质是人民当家作主。国家一切权力属于人民。我国实行的人民民主专政的国体和人民代表大会制度的政体是人民奋斗的成果和历史的选择，必须坚持和完善这个根本政治制度，不照搬西方政治制度的模式，这对于坚持党的领导和社会主义制度、实现人民民主具有决定意义。

发展民主必须同健全法制紧密结合，实行依法治国。依法治国，就是广大人民群众在党的领导下，依照宪法和法律规定，通过各种途径和形式管理国家事务，管理经济文化事业，管理社会事务，保证国家各项工作都依法进行，逐步实现社会主义民主的制度化、法律化，使这种制度和法律不因领导人的改变而改变，不因领导人看法和注意力的改变而改变。依法治国，是党领导人民治理国家的基本方略，是发展社会主义市场经济的客观需要，是社会文明进步的重要标志，是国家长治久安的重要保障。党领导人民制定宪法和法律，并在宪法和法律范围内活动。依法治国把坚持党的领导、发扬人民民主和严格依法办事统一起来，从制度和法律上保证党的基本路线和基本方针的贯彻实施，保证党始终发挥总揽全局、协调各方的领导核心作用。

推进政治体制改革，必须有利于增强党和国家的活力，保持和发挥社会主义制度的特点和优势，维护国家统一、民族团结和社会稳定，充分发挥人民群众的积极性，促进生产力发展和社会进步。当前和今后一段时间，政治体制改革的主要任务是：发展民主，加强法制，实行政企分开、精简机构，完善民主监督制度，维护安定团结。

（一）健全民主制度。共产党执政就是领导和支持人民掌握管理国家的权力，实行民主选举、民主决策、民主管理和民主监督，保证人民依法享有广泛的权利和自由，尊重和保障人权。发展社会主义民主，制度更带有根本性、全局性、稳定性和长期性。坚持和完善人民代表大会制度，保证人民代表大会及其常委会依法履行国家权力机关的职能，加强立法和监督工作，密切人民代表同人民的联系。要把改革和发展的重大决策同立法结合起来。逐步形成深入了解民情、充分反映民意、广泛集中民智的决策机制，推进决策科学化、民主化，提高决策水平和工作效率。坚持和完善共产党领导的多党合作和政治协商制度。坚持“长期共存、互相监督、肝胆相照、荣辱与共”的方针，加强同民主党派合作共事，巩固我们党同党外人士的联盟。继续推进人民政协政治协商、民主监督、参政议政的规范化、制度化，使之成为党团结各界的重要渠道。巩固和发展广泛的爱国统一战线。全面贯彻党的民族政策，坚持和完善民族区域自治制度，切实加强民族工作，巩固和发展平等、团结、互助的社会主义民族关系，促进各民族共同繁荣进步。认真贯彻党的宗教政策、侨务政策。工会、共青团、妇联等群众团体要在管理国家和社会事务中发挥民主参与和民主监督作用，成为党联系广大人民群众的桥梁和纽带。

扩大基层民主，保证人民群众直接行使民主权利，依法管理自己的事情，创造自己的幸福生活，是社会主义民主最广泛的实践。城乡基层政权机关和基层群众性自治组织，都要健全民主选举制度，实行政务和财务公开，让群众参与讨论和决定基层公共事务和公益事业，对干部实行民主监督。坚持和完善以职工代表大会为基本形式的企事业民主管理制度，组织职工参与改革和管理，维护职工合法权益。坚决纠正压制民主、强迫命令等错误行为。

（二）加强法制建设。坚持有法可依、有法必依、执法必严、违法必究，是党和国家事业顺利发展的必然要求。加强立法工作，提高立法质量，到2010年形成有中国特色社会主义法律体系。维护宪法和法律的尊严，坚持法律面前人人平等，任何人、任何组织都没有超越法律的特权。一切政府机关都必须依法行政，切实保障公民权利，实行执法责任制和评议考核制。推进司法改革，从制度上保证司法机关依法独立公正地行使审判权和检察权,建立冤案、错案责任追究制度。加强执法和司法队伍建设。深入开展普法教育,增强全民的法律意识,着重提高领导干部的法制观念和依法办事能力。法制建设同精神文明建设必须紧密结合,同步推进。

(三)推进机构改革。机构庞大,人员臃肿,政企不分,官僚主义严重,直接阻碍改革的深入和经济的发展,影响党和群众的关系。这个问题亟待解决,必须通盘考虑,组织专门力量,抓紧制定方案,积极推进。要按照社会主义市场经济的要求,转变政府职能,实现政企分开,把企业生产经营管理的权力切实交给企业;根据精简、统一、效能的原则进行机构改革,建立办事高效、运转协调、行为规范的行政管理体系,提高为人民服务水平;把综合经济部门改组为宏观调控部门,调整和减少专业经济部门,加强执法监管部门,培育和发展社会中介组织。深化行政体制改革,实现国家机构组织、职能、编制、工作程序的法定化,严格控制机构膨胀,坚决裁减冗员。深化人事制度改革,引入竞争激励机制,完善公务员制度,建设一支高素质的专业化国家行政管理干部队伍。

(四)完善民主监督制度。我们的权力是人民赋予的,一切干部都是人民的公仆,必须受到人民和法律的监督。要深化改革,完善监督法制,建立健全依法行使权力的制约机制。坚持公平、公正、公开的原则,直接涉及群众切身利益的部门要实行公开办事制度。把党内监督、法律监督、群众监督结合起来,发挥舆论监督的作用。加强对宪法和法律实施的监督,维护国家法制统一。加强对党和国家方针政策贯彻的监督,保证政令畅通。加强对各级干部特别是领导干部的监督,防止滥用权力,严惩执法犯法、贪赃枉法。

(五)维护安定团结。随着改革开放的深入和经济关系的调整,经济和社会生活中的各种矛盾,出现了不少新情况和新变化,其中一些涉及群众切身利益的矛盾比较突出。各级党委和政府必须认真负责、满腔热情地解决人民群众生活和工作中的实际问题。对人民内部矛盾,要深入实际,调查研究,做好思想政治工作,区别不同情况,正确运用经济、行政和法律等手段加以处理,防止矛盾激化。

搞好社会治安,是关系人民群众生命财产安全和改革、发展、稳定的大事。要加强政法工作,依法严厉打击各种犯罪活动,坚决扫除黄赌毒等社会丑恶现象。加强社会治安综合治理,打防结合,预防为主,加强教育和管理,落实责任制,创造良好的社会治安环境。

建设社会主义民主政治,是逐步发展的历史过程,需要从我国的国情出发,在党的领导下有步骤、有秩序地推进。社会主义愈发展,民主也愈发展。我们要在实践中积极探索规律,不断推进有中国特色社会主义民主政治的发展,使它在21世纪展现出更加蓬勃的生命力。

七、有中国特色社会主义的文化建设

有中国特色社会主义的文化,就其主要内容来说,同改革开放以来我们一贯倡导的社会主义精神文明是一致的。文化相对于经济、政治而言。精神文明相对于物质文明而言。只有经济、政治、文化协调发展,只有两个文明都搞好,才是有中国特色社会主义。

社会主义现代化应该有繁荣的经济，也应该有繁荣的文化。我国现代化建设的进程，在很大程度上取决于国民素质的提高和人才资源的开发。面对科学技术迅猛发展和综合国力剧烈竞争，面对世界范围各种思想文化相互激荡，面对小康社会人民群众日益增长的文化需求，全党必须从社会主义事业兴旺发达和民族振兴的高度，充分认识文化建设的重要性和紧迫性。

有中国特色社会主义的文化，是凝聚和激励全国各族人民的重要力量，是综合国力的重要标志。它渊源于中华民族五千年文明史，又植根于有中国特色社会主义的实践，具有鲜明的时代特点；它反映我国社会主义经济和政治的基本特征，又对经济和政治的发展起巨大促进作用。建设有中国特色社会主义，必须着力提高全民族的思想道德素质和科学文化素质，为经济发展和社会全面进步提供强大的精神动力和智力支持，培育适应社会主义现代化要求的一代又一代有理想、有道德、有文化、有纪律的公民。这是我国文化建设长期而艰巨的任务。

在全社会形成共同理想和精神支柱，是有中国特色社会主义文化建设的根本。要始终不渝地用邓小平理论教育干部和群众。深入持久地开展以为人民服务为核心、集体主义为原则的社会主义道德教育，加强民主法制教育和纪律教育，引导人们树立正确的世界观、人生观、价值观。大力弘扬爱国主义、集体主义、社会主义和艰苦创业精神。提倡共产主义思想道德，同时把先进性要求和广泛性要求结合起来，鼓励一切有利于国家统一、民族团结、经济发展、社会进步的思想道德。发扬社会主义的人道主义精神。青少年是祖国的未来、民族的希望，要十分重视青少年思想道德建设。

发展教育和科学，是文化建设的基础工程。培养同现代化要求相适应的数以亿计高素质的劳动者和数以千万计的专门人才，发挥我国巨大人力资源的优势，关系 21 世纪社会主义事业的全局。要切实把教育摆在优先发展的战略地位。尊师重教，加强师资队伍建设。发挥各方面的积极性，大力普及九年义务教育、扫除青壮年文盲，积极发展各种形式的职业教育和成人教育，稳步发展高等教育。优化教育结构，加快高等教育管理体制改革步伐，合理配置教育资源，提高教学质量和办学效益。认真贯彻党的教育方针，重视受教育者素质的提高，培养德智体等全面发展的社会主义事业的建设者和接班人。努力提高科技水平，普及科技知识，引导人们树立科学精神，掌握科学方法，鼓励创造发明。消除愚昧，反对封建迷信活动。积极发展哲学社会科学，这对于坚持马克思主义在我国意识形态领域的指导地位，对于探索有中国特色社会主义的发展规律，增强我们认识世界、改造世界的能力，有着重要意义。

发展文学艺术、新闻出版、广播影视等事业，是文化建设的重要内容。新闻宣传必须坚持党性原则，坚持实事求是，把握正确的舆论导向。对新闻出版业要加强管理，优化结构，提高质量。深化文化体制改革，落实和完善文化经济政策。坚持为人民服务、为社会主义服务的方向，贯彻百花齐放、百家争鸣的方针，弘扬主旋律，提倡多样化，创作出更多思想性和艺术性统一的优秀作品。

营造良好的文化环境，是提高社会文明程度、推进改革开放和现代化建设的重要条件。要深入持久地开展群众性精神文明创建活动，大力倡导社会公德、职业道德和家庭美德。一手抓繁荣，一手抓管理，促进文化市场健康发展。加强文化基础设施建设。重视科学、历史、文化的遗产和革命文物的保护。积极推进卫生体育事业的改革和发展。

提倡健康文明的生活方式，不断提高群众精神文化生活的质量。

我国文化的发展，不能离开人类文明的共同成果。要坚持以我为主、为我所用的原则，开展多种形式的对外文化交流，博采各国文化之长，向世界展示中国文化建设的成就。坚决抵制各种腐朽思想文化的侵蚀。

知识分子是工人阶级的一部分，在现代化建设中起着重要作用。要认真贯彻党的知识分子政策，充分发挥他们的积极性和创造性。知识分子要加强学习，提高自己，努力成为先进思想的传播者、科学技术的开拓者、"四有"公民的培育者和优秀精神产品的生产者，同广大工人、农民一起，为中华民族的振兴建功立业。

中国文化有着辉煌的历史。在社会主义现代化建设的伟大实践中，我们一定会创造出更加绚丽多彩的有中国特色社会主义的文化，对人类文明作出应有的贡献。

同志们！在讲了经济、政治和文化任务之后，这里要专门讲一讲国防和军队建设。加强国防和军队建设，是国家安全和现代化建设的基本保证。邓小平新时期军队建设思想，是对毛泽东军事思想的继承和发展，是我军建设和国防建设的科学指南。要按照政治合格、军事过硬、作风优良、纪律严明、保障有力的总要求，积极推进军队的建设和改革，把人民解放军的革命化、现代化、正规化建设提高到一个新水平。我军在70年的光辉历程中，所以能够经受住各种考验，不断发展壮大，最根本的是靠党的坚强领导。在新的历史条件下，军队必须始终不渝地坚持党的绝对领导，在思想上、政治上同党中央保持一致，一切行动听从党中央指挥，坚持人民军队的性质和宗旨。贯彻积极防御的军事战略方针，加强质量建设，走有中国特色的精兵之路。从严治军，大力加强思想政治建设，发扬我军优良传统，在精神文明建设方面走在全社会前列。适应世界军事领域的深刻变化，加强教育训练，提高现代技术特别是高技术条件下的防卫作战能力。在80年代裁减军队员额100万的基础上，我国将在今后三年内再裁减军队员额50万。要重视科技强军，加强国防科技研究，建立和完善与社会主义市场经济体制相适应的国防工业运行机制，逐步更新武器装备。军队要服从和服务于国家经济建设大局，勤俭建军，积极支持和参加国家经济建设。各级党组织、政府和人民群众要关心、支持国防和军队建设。加强国防教育，增强全民国防观念。要深入持久地开展拥政爱民、拥军优属工作，进一步巩固军政、军民团结。加强民兵、预备役部队建设，完善国防动员体制。继续加强中国人民武装警察部队和公安、国家安全等部门的建设。

八、推进祖国和平统一

实现祖国完全统一，是海内外全体中国人的共同心愿。中国共产党人把完成祖国和平统一大业作为自己的历史重任，并为此进行了长期不懈的努力。邓小平"一国两制"的科学构想，有力地推动了祖国和平统一的进程。

香港回归祖国，标志着"一国两制"构想的巨大成功，标志着中国人民在完成祖国统一大业的道路上迈出了重要一步。香港回归后，"一国两制"、"港人治港"、高度自治的方针得到切实贯彻执行，保持了繁荣稳定的局面。事实必将证明，香港特别行政区政府和香港同胞一定能够依照香港特别行政区基本法治理好香港。

澳门将于1999年回到祖国怀抱，这是中华民族的又一盛事。澳门回归的各项准备工作正在积极有序地进行。澳门完全可以实现平稳过渡、顺利交接,并保持长期发展和稳定。

“一国两制”构想是邓小平理论的重要组成部分。其基本内容是在祖国统一的前提下,国家的主体坚持社会主义制度,同时在台湾、香港、澳门保持原有的资本主义制度和生活方式长期不变。这一构想,既体现了实现祖国统一、维护国家主权的原则性,又充分考虑台湾、香港、澳门的历史和现实,体现了高度的灵活性,是推进祖国和平统一大业的基本方针。实行“一国两制”,有利于祖国统一和民族振兴,有利于世界的和平与发展。

在“和平统一、一国两制”的基本方针和各项政策的推动下,海峡两岸关系有了很大发展。香港顺利回归并保持长期繁荣稳定,必将为解决台湾问题创造有利的条件。但是,台湾岛内分裂倾向的发展和某些外国反华势力的干涉,严重地阻碍着和平统一的进程,理所当然地遭到包括台湾同胞在内的中国人民的坚决反对。

要坚持“和平统一、一国两制”的基本方针和发展两岸关系、推进祖国和平统一进程的八项主张。要坚持一个中国的原则,反对分裂,反对“台独”,反对制造“两个中国”、“一中一台”,反对外国势力干涉,绝不允许任何势力以任何方式改变台湾是中国一部分的地位。要努力用和平方式实现统一,但不能承诺放弃使用武力,这决不是针对台湾同胞,而是针对外国势力干涉中国统一和搞“台湾独立”图谋的。要大力发展两岸经济交流与合作,加速实现两岸直接通邮、通航、通商,继续加强两岸人员往来和科技、文化等各个领域的交流。我们寄希望于具有光荣爱国主义传统的台湾同胞。除了极少数顽固坚持“台独”立场的人以外,欢迎台湾各党派、各界人士同我们交换有关两岸关系与和平统一的意见。

我们再次郑重呼吁:作为第一步,海峡两岸可先就“在一个中国的原则下,正式结束两岸敌对状态”进行谈判,并达成协议;在此基础上,共同承担义务,维护中国的主权和领土完整,并对今后两岸关系的发展进行规划。希望台湾当局认真回应我们的建议和主张,及早同我们进行政治谈判。在一个中国的前提下,什么问题都可以谈。只要是有利于祖国统一的意见和建议,都可以提出来。祖国统一的问题,应当由两岸中国人自己解决。

台湾的前途系于祖国统一,分裂是绝对没有出路的。我们完全有决心、有能力最终解决台湾问题。不管在实现祖国完全统一的道路上还有多少艰难险阻,海峡两岸全体中国人和所有中华儿女,从中华民族的根本利益出发,携手共进,祖国的完全统一和民族的全面振兴,一定能够实现。

九、国际形势和对外政策

当前国际形势总体上继续趋向缓和。和平与发展是当今时代的主题。多极化趋势在全球或地区范围内,在政治、经济等领域都有新的发展,世界上各种力量出现新的分化和组合。大国之间的关系经历着重大而又深刻的调整。各种区域性、洲际性的合作组织空前活跃。广大发展中国家的总体实力在增强。多极化趋势的发展有利于世界的和平、稳定和繁荣。各国人民要求平等相待、友好相处的呼声日益高涨。要和平、求合作、促发展已经成为时代的主流。维护世界和平的因素正在不断增长。在相当长的时期内,避免新的世界大战是可能的,争取一个良好的国际和平环境和周边环境是可以实现的。

但是,冷战思维依然存在,霸权主义和强权政治仍然是威胁世界和平与稳定的主要根源。扩大军事集团、加强军事同盟,无助于维护和平、保障安全。不公正、不合理的国际经济旧秩序还在损害着发展中国家的利益。贫富差距不断扩大。利用"人权"等问题干涉他国内政的现象还很严重。因民族、宗教、领土等因素而引发的局部冲突时起时伏。世界仍不安宁。

要坚持邓小平的外交思想,始终不渝地奉行独立自主的和平外交政策。对于一切国际事务,我们都要从中国人民和世界人民的根本利益出发,根据事情本身的是非曲直,决定自己的立场和政策,不屈从于任何外来压力,不同任何大国或国家集团结盟,不搞军事集团,不参加军备竞赛,不进行军事扩张。

要反对霸权主义,维护世界和平。国与国之间应通过协商和平解决彼此的纠纷和争端,不应诉诸武力或以武力相威胁,不能以任何借口干涉他国内政,更不能恃强凌弱,侵略、欺负和颠覆别的国家。我们不把自己的社会制度和意识形态强加于人,也决不允许别国把他们的社会制度和意识形态强加于我们。

要致力于推动建立公正合理的国际政治经济新秩序。这种国际新秩序是以和平共处五项原则为基础的,符合联合国宪章的宗旨和原则,反映了和平与发展的时代潮流。

要尊重世界的多样性。当今世界是丰富多彩的。各国都有权选择符合本国国情的社会制度、发展战略和生活方式。各国的事情要由各国人民自己作主,国际上的事情要由大家商量解决。

要坚持睦邻友好。这是我国的一贯主张,决不会改变。对我国同邻国之间存在的争议问题,应该着眼于维护和平与稳定的大局,通过友好协商和谈判解决。一时解决不了的,可以暂时搁置,求同存异。

要进一步加强同第三世界国家的团结与合作。发展中国家维护国家独立、实现经济发展的根本目标是一致的,中国将一如既往,同广大发展中国家在各个方面相互支持,密切配合,共同维护正当权益。

要在和平共处五项原则的基础上,继续改善和发展同发达国家的关系。国与国之间应超越社会制度和意识形态的差异,相互尊重,友好相处。要寻求共同利益的汇合点,扩大互利合作,共同对付人类生存和发展所面临的挑战。对彼此之间的分歧,要坚持对话,不搞对抗,从双方长远利益以及世界和平与发展的大局出发,妥善加以解决,反对动辄进行制裁或以制裁相威胁。

要坚持平等互利的原则,同世界各国和地区广泛开展贸易往来、经济技术合作和科学文化交流,促进共同发展。

要积极参与多边外交活动,充分发挥我国在联合国以及其他国际组织中的作用。

要坚持在独立自主、完全平等、互相尊重、互不干涉内部事务原则的基础上,同一切愿与我党交往的各国政党发展新型的党际交流和合作关系,促进国家关系的发展。

中国是维护世界和平和地区稳定的坚定力量。我们进行社会主义现代化建设,需要一个长期的和平国际环境特别是良好的周边环境。中国的发展不会对任何国家构成威胁。今后中国发达起来了,也永远不称霸。中国人民曾经长期遭受列强侵略、压迫和欺凌,永远不会把这种痛苦加之于人。

世界的前途是光明的,道路是曲折的。中国人民愿意同世界各国人民一道,为促进和平与发展的崇高事业,为开创人类更加美好的未来,作出不懈的努力。

十、面向新世纪的中国共产党

高举邓小平理论伟大旗帜,实现这次大会确定的任务,把我们的事业全面推向21世纪,关键在于坚持、加强和改善党的领导,进一步把党建设好。

中国共产党是全国各族人民的领导核心。党的领导地位是由党的工人阶级先锋队性质决定的,是经过长期斗争考验形成的。在中国,从来没有任何一个政治组织像我们党这样集中了那么多先进分子,组织得那么严密和广泛,为中华民族作出了那么多牺牲,同人民保持着密切的联系,在前进中善于总结经验、郑重对待自己的失误,以形成并坚持正确的理论和路线。历史把重大责任赋予我们党,人民对我们党寄予厚望。党领导人民在20世纪写下了光辉篇章,也一定能在21世纪写下新的光辉篇章。

党的领导和党的建设,历来是同党的历史任务,同党为实现这些任务而确立的理论和路线联系在一起的。以毛泽东为核心的第一代领导集体,以马克思列宁主义为指导,联系党的政治路线,成功地实施党的建设的伟大工程,建设了一支领导人民夺取新民主主义革命胜利、建立社会主义制度的工人阶级先锋队。以邓小平为核心的第二代领导集体,把马克思列宁主义、毛泽东思想创造性地运用于当代中国,围绕在改革开放和现代化建设条件下建设一个什么样的党、怎样建设党的问题,开创了党的建设新的伟大工程。面向新世纪,党中央领导全党正在继续推进这个新的伟大工程,就是要把党建设成为用邓小平理论武装起来、全心全意为人民服务、思想上政治上组织上完全巩固、能够经受住各种风险、始终走在时代前列、领导全国人民建设有中国特色社会主义的马克思主义政党。全党要按照新的伟大工程的总目标,从思想上、组织上、作风上全面加强党的建设,不断提高领导水平和执政水平,不断增强拒腐防变的能力,以新的面貌和更强大的战斗力,带领人民完成新的历史任务。

加强党的思想建设,根本的是坚定不移地用邓小平理论武装全党,充分发挥党的思想政治优势。邓小平理论为我们党认识世界和改造世界提供了新的强大思想武器。全党要重视学习,善于学习,兴起一个学习马列主义、毛泽东思想特别是邓小平理论的新高潮。高举邓小平理论伟大旗帜,各级领导干部尤其是几百名中央委员、几千名省部级干部负有特殊重要的责任,首先要带头学好邓小平理论,完整、准确地把握理论的科学体系,从总体上领会理论的基本观点和基本精神,又从各自工作的领域对理论的有关内容进行系统钻研和理解。继续在县级以上领导干部中深入进行以讲学习、讲政治、讲正气为主要内容的党性党风教育。在全党造成认真学习的风气,民主讨论的风气,积极探索的风气,求真务实的风气。坚持理论联系实际,学以致用,提高马克思主义的理论水平,提高解决实际问题的能力,在改造客观世界的同时改造主观世界。

加强党的组织建设,根本的是把党建设成坚强的领导核心,充分发挥党的组织优势。我们党有5 800万党员,有340万个基层党组织,在马克思主义指导下按照民主集中制组成统一的整体，为实现共同的目标而奋斗，这是巨大的组织优势。在改革开放和发展社会主义市场经济的条件下，民主集中制不仅不能削弱，而且必须完善和发展。要进一步发扬民主，保障党员的民主权利，疏通和拓宽党内民主渠道，充分发挥全党的积极性和创造性；要维护中央权威，在思想上、政治上同中央保持一致，保证党的路线和中央的决策顺利贯彻执行；要完善党的代表大会制度，健全各级党委集体领导和个人分工负责相结合的制度，更好地发挥地方党委在同级各种组织中的领导核心作用。领导干部要带头遵守民主集中制的各项规定，维护大局，严守纪律，防止个人专断和各自为政，反对有令不行、有禁不止。按照革命化、年轻化、知识化、专业化方针，建设一支适应社会主义现代化建设需要的高素质干部队伍，是我们的事业不断取得成功的关键。要以思想政治建设为重点，把各级领导班子建设成为坚决贯彻党的基本理论和基本路线、全心全意为人民服务、具有领导现代化建设能力、团结坚强的领导集体。加快干部制度改革步伐，扩大民主、完善考核、推进交流、加强监督，使优秀人才脱颖而出，尤其要在干部能上能下方面取得明显进展。选拔干部，必须全面贯彻德才兼备原则，坚持任人唯贤，反对任人唯亲，防止和纠正用人上的不正之风。要把群众公认是坚决执行党的路线、实绩突出、清正廉洁的干部及时选拔到领导岗位上来。那些背离党的路线的人，那些贪图私利、弄虚作假、跑官要官的人，决不能进入领导班子。培养和选拔大批能够跨世纪担当重任的优秀年轻干部，是一项战略任务，必须抓紧做好。要重视培养和选拔妇女干部、少数民族干部和非党干部。完善干部离退休制度，更好地从政治上关心、生活上照顾老干部，发挥他们的作用。党的基层组织是党的全部工作和战斗力的基础。加强和改进党的基层组织建设，要围绕党的基本路线，为党的中心任务服务；用改革的精神研究新情况新问题，改进工作方法、工作作风和活动方式；认真做好对党员的教育、管理和监督，增强解决自身矛盾的能力。党的基层组织都要从各自的特点出发，认真履行党章规定的职责，努力成为贯彻党的路线方针政策、团结和带领群众完成本单位任务的坚强战斗堡垒。

加强党的作风建设，根本的是坚持全心全意为人民服务的宗旨，充分发挥党密切联系群众的优势。党在长期斗争中形成的理论联系实际、密切联系群众、批评和自我批评的优良作风，是党的性质和宗旨的体现，一定要结合新的实践在全党发扬光大。我们党来自人民，植根于人民，服务于人民。建设有中国特色社会主义全部工作的出发点和落脚点，就是全心全意为人民谋利益。共产党员要倾听群众呼声，关心群众疾苦，为群众办实事、办好事。党的干部特别是领导干部，必须认真执行党的路线方针政策，决不能有任何偏离；必须正确行使人民赋予的权力，决不能以权谋私；必须把对上级负责和对群众负责统一起来，决不能把二者割裂开来、对立起来；必须在工作中坚持群众路线，深入实际调查研究，决不能搞官僚主义、形式主义、强迫命令。一切为了群众，一切相信群众，一切依靠群众，我们党就能获得取之不尽的力量源泉。

反对腐败是关系党和国家生死存亡的严重政治斗争。我们党是任何敌人都压不倒、摧不垮的。堡垒最容易从内部攻破，绝不能自己毁掉自己。如果腐败得不到有效惩治，党就会丧失人民群众的信任和支持。在整个改革开放过程中都要反对腐败，警钟长鸣。既要树立持久作战的思想，又要一个一个地打好阶段性战役。要继续抓好领导干部廉洁自律、查处大案要案、纠正部门和行业不正之风的工作。各级党委务必做到旗帜鲜明,态度坚定,工作锲而不舍。坚持标本兼治,教育是基础,法制是保证,监督是关键。通过深化改革,不断铲除腐败现象滋生蔓延的土壤。党委统一领导,党政齐抓共管,纪委组织协调,部门各负其责,依靠群众的支持和参与,坚决遏制腐败现象。领导干部首先是高级干部要以身作则,模范地遵纪守法,自觉接受监督,抵制腐朽思想的侵蚀,做艰苦奋斗、廉洁奉公的表率,带领群众坚决同腐败现象作斗争。要把反腐败斗争同纯洁党的组织结合起来,在党内决不允许腐败分子有藏身之地。

从严治党,是保持党的先进性和纯洁性,增强党的凝聚力和战斗力的保证。我们现在的努力是朝着最终实现共产主义的最高纲领前进的,忘记远大目标,不是合格的共产党员;不为实现党在社会主义初级阶段的纲领努力奋斗,同样不是合格的共产党员。在新的历史条件下,共产党员保持先进性,要体现时代的要求,做到:胸怀共产主义远大理想,带头执行党和国家现阶段的各项政策,勇于开拓,积极进取,不怕困难,不怕挫折;诚心诚意为人民谋利益,吃苦在前,享受在后,克己奉公,多作贡献;刻苦学习马克思主义理论,增强辨别是非的能力,掌握做好本职工作的知识和本领,努力创造一流的成绩;在危急的时刻挺身而出,维护国家和人民的利益,坚决同危害人民、危害社会、危害国家的行为作斗争。各级党委要坚持"党要管党"的原则,把从严治党的方针贯彻到党的建设的各项工作中去,坚决改变党内存在的纪律松弛和软弱涣散的现象。这就要严格按党章办事,按党的制度和规定办事;就要对党员特别是领导干部严格要求,严格管理,严格监督;就要在党内生活中讲党性,讲原则,开展积极的思想斗争,弘扬正气,反对歪风;就要严格按照党章规定的标准发展党员,严肃处置不合格党员;就要严格执行党的纪律,坚持在纪律面前人人平等。全党纪律严明,朝气蓬勃,我们党就能够从胜利走向新的胜利。

同志们!从这次大会到十六大,将是我们经受新的考验、夺取新的胜利的五年;将是用新的实绩显示我们党能够继承邓小平同志遗志,肩负起人民的希望,打开事业新局面的五年;将是全面完成"九五"计划,为实现2010年远景目标奠定基础的五年。现在完全可以有把握地说,我们党在改革开放初期提出的本世纪末达到小康的目标,能够如期实现。在中国这样一个十多亿人口的国度里,进入和建设小康社会,是一件有伟大意义的事情。这将为国家长治久安打下新的基础,为更加有力地推进社会主义现代化创造新的起点。

我们这次大会的灵魂,就是高举邓小平理论的伟大旗帜。十五大无疑将以这一点为标志载入史册。我们已经走出了一条光明大道,但前面的路并不都是平坦的,还会有各种困难和风险,包括可以预料的和难以预料的,来自国内的和来自国外的,经济生活中的和社会政治生活中的。无论什么困难和风险,都不能动摇我们对邓小平理论的坚定信念,而只会使我们更加自觉地运用这个理论去克服困难,战胜风险,胜利前进。坚持邓小平理论,在实践中继续丰富和创造性地发展这个理论,这是党中央领导集体和全党同志的庄严历史责任。

我们这次大会的任务,就是动员全党和全国各族人民团结奋斗,全面推进建设有中国特色社会主义的伟大事业。团结就是大局,团结就是力量。首先是党的团结,全党各级组织都要加强团结,同时要加强党同各民主党派、各方面朋友的亲密合作,加强党同广大群众的紧密联系,巩固和发展全国人民的大团结。这个团结,是建立在中华民族实现全面振兴的共同利益基础之上的，是建立在建设有中国特色社会主义的共同理想基础之上的。全党同志和全国各族人民不断维护和加强这种团结，我们的事业就无往而不胜。

让我们高举邓小平理论伟大旗帜，紧密团结在党中央周围，同心同德，不屈不挠，艰苦奋斗，把建设有中国特色社会主义伟大事业全面推向21世纪！

在中国共产党第十五次全国代表大会闭幕会上的讲话(节选)

(1997年9月18日)

江 泽 民

同志们！

中国共产党第十五次全国代表大会的各项议程到今天已经全部进行完毕。在全体代表的共同努力下，这次大会开得很成功，是一次团结的大会，胜利的大会。

这次代表大会具有重大的历史意义。大会通过的十四届中央委员会的报告，从世纪之交的历史高度，科学地总结过去，筹划未来，对我国改革开放和社会主义现代化建设跨世纪的发展作出了全面部署，对国际国内若干重大问题提出了鲜明主张、指导原则和方针政策。这个报告是集体智慧的结晶，是我们党面向新世纪的政治宣言和行动纲领。大会一致赞成把作为毛泽东思想的继承和发展的邓小平理论确立为我们党的指导思想，明确写进党章。这对于全党全国各族人民在改革开放中胜利实现社会主义现代化，必将长期发挥巨大的指导作用。大会选举产生的新的一届中央委员会，使党的中央领导集体向着革命化、年轻化、知识化、专业化的方向又迈进了一步。这一切，必将极大鼓舞和动员全党、全国各族人民，高举邓小平理论的伟大旗帜，满怀信心地把建设有中国特色社会主义伟大事业全面推向21世纪。

大会期间，许多国家的政党和组织来电来函对我们的大会表示祝贺，国内各民主党派、工商联和各界人士也向大会表示祝贺，广大人民群众通过各种方式向大会表示祝贺，大会主席团谨向他们表示衷心的感谢。

全体起立，奏《国际歌》。

(《国际歌》毕)

现在我宣布，中国共产党第十五次全国代表大会胜利闭幕！

全国委员会篇

领导人讲话

在全国政协新年茶话会上的讲话

（1997年1月1日）

江泽民

同志们、朋友们：

今天是1997年元旦。我们在这里欢聚一堂，共庆佳节。我代表中共中央、国务院、中央军委，向各民主党派、无党派民主人士，向广大工人、农民、知识分子和干部，向人民解放军指战员、武警官兵、公安干警，向台湾同胞、港澳同胞和海外侨胞，向各国朋友们，表示良好的祝愿！祝大家新年好！

在过去的一年里，全国各族人民在中国共产党的领导下，齐心协力，积极奋斗，取得了改革开放和现代化建设的新成就。我们为实施国民经济与社会发展"九五"计划和2010年远景目标纲要开了一个好头。全国经济继续保持快速发展的势头，通货膨胀得到有效控制，宏观经济环境进一步改善，农业在部分地区遭受严重自然灾害的情况下仍然获得丰收，国有企业改革力度加大。沿海地区继续增创新优势，中西部地区发展步伐加快。国际收支平衡状况较好，国家外汇储备突破一千亿美元。社会主义民主和法制建设稳步前进。社会主义精神文明建设提到了更加突出的地位。全国经济繁荣，社会稳定，民族团结，政通人和。

在过去的一年里，我们坚持奉行独立自主的和平外交政策，加强了同世界各国人民的友好往来，增进了同发达国家、发展中国家的经济、科技、文化的交流与合作。我们继续在地区和国际事务中发挥积极作用，支持国际正义事业，反对一切霸权行径和不公正行为，为世界和平与发展作出了新的贡献。

1997年，将是我们党和国家发展史上不寻常的一年。

我们党将召开第十五次全国代表大会，进一步就我国未来的改革、发展和稳定作出战略部署，继续带领全国人民把建设有中国特色社会主义的伟大事业全面推向新世纪。我国政府将恢复对香港行使主权，迈出完成祖国统一的重要一步。这是两件举世瞩目的大事。可以这样说，一个要把有中国特色社会主义事业建设成功，一个要完成祖国统一大业，这是实现中华民族伟大复兴的两个主要标志。

在新的一年里，我们要按照"九五"计划和2010年远景目标纲要的总体要求，努力推进两个根本性转变。要坚持加强农业的基础地位，加快国有企业改革和发展的步伐，加大经济结构调整的力度，继续改善宏观经济环境，提高对外贸易和利用外资的水平。在发展经济的基础上，进一步改善和丰富人民的物质文化生活。

在新的一年里，我们要按照党的十四届六中全会决议的要求，努力推进社会主义精神文明建设。要增强两个文明一起抓的自觉性，积极探索在发展社会主义市场经济和对外开放条件下加强精神文明建设的新路子，采取切实有效的措施，认真解决当前精神文明建设中的重要问题，促进精神文明和物质文明协调发展。

在新的一年里，我们要继续加强社会主义民主和法制建设。充分发扬民主，广泛听取人民群众的意见，把人民群众的智慧和力量更好地集中到建设有中国特色社会主义事业上来。进一步加强立法工作和法律监督、法制教育，提高依法治国的水平。继续加强廉政建设，搞好社会治安，切实维护广大人民群众的利益。

香港回归祖国是一件彪炳史册的大事。每一位中华儿女都为此感到自豪。我们将坚定不移地贯彻“一国两制”的方针，实行“港人治港、高度自治”。有中央政府和全国人民的支持，600多万香港同胞一定能把香港建设得更加繁荣稳定。

台湾是我国的神圣领土。在新的一年里，我们将继续按照“和平统一、一国两制”的方针，积极推动海峡两岸的沟通、交流与合作。我们欢迎台湾各党派、各界人士同我们交换有关两岸关系与和平统一的建设性意见。我们希望台湾当局以民族大义为重，顺应历史潮流，停止一切分裂祖国的活动，为改善两岸关系采取切实的行动。

我们的改革开放和现代化建设需要一个和平、稳定的国际环境。在新的一年里，我们将在和平共处五项原则基础上，继续加强同周边国家和世界各国的友好合作关系。我们将一如既往地为建立公正合理的国际政治经济新秩序作出自己的努力。

同志们、朋友们，在辞旧迎新之际，我们也要清醒地看到，在我们前进的道路上，还存在着许多困难，还会出现这样或那样的新情况新问题，我们的工作还有不尽如人意的地方，需要认真加以克服、解决和改进。居安思危，善始慎终，是中国几千年历史昭示于我们的治理国家、开创事业的一条极为重要的经验。摆在我们面前的改革和建设的任务很重，时代对我们的要求很高，我们的各级干部，一定要加强学习和勤奋工作；一定要坚持解放思想、实事求是的思想路线，坚持理论联系实际、密切联系群众、批评与自我批评的革命作风，发扬谦虚谨慎、不骄不躁、艰苦奋斗、自强不息的优良传统；一定要紧紧依靠全国各族人民的坚强团结，极大地发挥人民群众的积极性和创造性。

人民政协在过去的一年里，积极反映社情民意，为促进国家的改革和发展提出了很多好的意见和建议，工作是很有成效的。希望人民政协继续发挥爱国统一战线组织的特点和优势，推动各方面人士在实现中华振兴、维护祖国统一的共同目标下进一步团结起来，继续发挥各民主党派、人民团体和各界爱国人士在政协中的作用，加强政治协商、民主监督和参政议政，为我国经济发展和社会全面进步作出新的贡献。

大地回春，万象更新。让我们在邓小平建设有中国特色社会主义理论和党的基本路线指引下，更加紧密地团结起来，去争取社会主义现代化事业的新胜利！让我们同世界各国人民一道，去开创人类的美好未来！

在全国政协新年茶话会上的讲话

（1997年1月1日）

丁 石 孙

同志们，朋友们：

在充满希望的1997年到来之际，请允许我代表各民主党派中央、全国工商联和无党派民主人士，向全国各族人民致以新年祝贺，向台湾同胞、港澳同胞和海外侨胞致以良好祝愿，向领导全国人民阔步前进的中国共产党表示崇高敬意。

刚刚过去的1996年是很不寻常的一年。中华民族跨世纪的宏伟蓝图——"九五"计划和2010年远景目标纲要起步实施；国民经济继续保持快速健康发展的良好势头；农业战胜严重的自然灾害取得了丰收；国有企业改革继续推进；国家重点建设捷报频传，特别是纵贯祖国南北的又一条钢铁大动脉京九铁路全线通车，中部地区特别是革命老区、贫困地区大发展的序幕已经揭开；物价涨幅明显回落，宏观调控达到预期目标；对外经济贸易往来进一步扩大，我国在国际社会的威望日益提高；社会主义精神文明建设和民主法制建设得到进一步加强，各项社会事业蓬勃发展。全国各族人民在以江泽民同志为核心的中共中央领导下，在建设有中国特色社会主义道路上阔步前进，社会主义祖国政治稳定，经济繁荣，民族团结，社会进步，人民安居乐业。邓小平同志创立的建设有中国特色社会主义的理论，是团结和凝聚全国各族人民为实现国家富强、民族振兴而奋斗的精神支柱，是引导我们夺取改革开放和社会主义现代化建设事业新胜利的强大思想武器。有了这一思想武器，我们就能够战胜一切艰难险阻，从胜利走向新的胜利。

中共十四届六中全会，是一次意义重大、影响深远的会议。会议通过的《中共中央关于加强社会主义精神文明建设若干重要问题的决议》，依据邓小平建设有中国特色社会主义理论，正确地回答了在发展社会主义市场经济和对外开放的新的历史条件下，如何做到"两手抓，两手都要硬"，明确提出了社会主义精神文明建设的指导思想、目标任务、工作方针和重大措施。这是今后一个时期指导我国两个文明建设协调发展，全面推进有中国特色的社会主义事业的纲领性文件，充分反映了中国共产党对社会主义现代化建设客观规律的认识日益深化，反映了以江泽民同志为核心的中共中央对社会主义现代化事业的领导坚强有力。这使我们对伟大社会主义祖国的壮丽前景充满信心。我们深信，只要坚定不移地按照《决议》和江泽民同志重要讲话的精神去做，经过全社会的共同努力，一定能够在全国范围形成物质文明和精神文明建设相互促进、协调发展的良好局面，在迈向21世纪的征途中，展现中华民族的现代文明风采！

1997年将是我国历史上一个重要的年份。7月1日我国政府将恢复对香港行使主权，一洗中国历史上近百年的耻辱。全国各族人民和全世界的炎黄子孙，无不怀着万分激动的心情翘首盼望着这一天的到来。我们高兴地看到,我国国务院已经作出决定,任命董建华先生为中华人民共和国香港特别行政区第一任行政长官,于1997年7月1日就职;香港特别行政区临时立法会已经过选举产生;香港主权交接的各项准备工作正在顺利进行。当前香港政治、经济局势稳定,人心安定,海外投资不断增加,充分表明了香港同胞和国际社会对香港实行“一国两制”的未来充满信心。事实证明,邓小平同志创建的“一国两制”构想符合人心,切合国情。我国对澳门恢复行使主权的工作也在顺利进行。此时此刻,我们热切盼望台湾海峡两岸早日实现和平统一。我们坚决拥护中国共产党和中国政府在台湾问题上的严正立场,坚决反对制造“两个中国”、“一中一台”和“台湾独立”的任何图谋。我们将遵循“和平统一、一国两制”的方针和江泽民同志1995年1月30日讲话精神,为推进祖国统一大业进行不懈的努力。

我国各民主党派、工商联和无党派民主人士有着同中国共产党长期亲密合作、共同战斗的光荣历史和优良传统。几十年来,在寻求中国独立、民主、富强,致力社会主义事业的道路上,经受了风风雨雨的考验。今后,在改革开放和建设社会主义现代化的征途中,我们将一如既往发扬这一优良传统,坚定不移地贯彻“一个中心,两个基本点”的基本路线,为坚持和完善中国共产党领导的多党合作和政治协商制度,同心同德,共同谱写新的历史篇章。在新的一年中,我们要继续高举爱国主义和社会主义的旗帜,团结海内外一切爱国人士,调动一切积极因素,为贯彻落实中共十四届五中、六中全会精神,为实施“九五”计划和2010年远景目标纲要贡献力量。我们要牢牢把握“抓住机遇、深化改革、扩大开放、促进发展、保持稳定”的大局,在工作中贯彻“讲政治”的精神,更好地发挥政治协商、民主监督、参政议政的作用,为把改革和发展的各项事业继续推向前进献计出力,并且认真做好各民主党派的新老交替和政治交接,用实际行动迎接中国共产党第十五次全国代表大会的召开。

处在世纪之交的中国,肩负着发展自己的重任,肩负着统一祖国的重任,肩负着维护亚洲和世界和平的重任。新年伊始,万象更新,我们伟大祖国的前途充满光明和希望。让我们紧密地团结在以江泽民同志为核心的中共中央周围,以邓小平建设有中国特色社会主义理论为指导,为把一个团结、稳定、繁荣、发展的中国带入21世纪而努力奋斗!

谢谢!

在大型电视文献片《邓小平》座谈会上的讲话

(1997年1月27日)

万国权

大型文献纪录片《邓小平》播出以后,在海内外引起强烈反响。纪录片真实地历史地反映了邓小平同志这位伟人的智慧、胆识才略以及对党和国家的杰出贡献，是当前学习建设有中国特色社会主义理论的好教材。小平同志是一位伟大的马克思主义者，在党的十一届三中全会、党的十二大和十三大上领导全党制定了党和国家进行社会主义现代化建设的马克思主义思想路线、政治路线和组织路线，确定了发展战略和步骤，开始了建设社会主义新历程。经过十几年的努力，在邓小平同志领导下，他以革命家的胆略和远见卓识，领导我们走出了一条有中国特色的社会主义道路，他指引着全党和全国人民开创了中国历史的新局面，进行了新的革命，这是我们永远不能忘记的。

中国共产党领导的多党合作和政治协商制度是我国基本政治制度。人民政协作为实现这一基本政治制度的一种重要组织形式，今后，在过去取得的成绩基础上，在国家政治生活、社会生活和对外友好活动中，在进行社会主义现代化建设、维护祖国的统一和团结的斗争中，将进一步发挥它的重要作用。

今年是香港将要回归、中共十五大将要召开的不同寻常的一年。我认为，我们各级政协委员要继续认真学习邓小平建设有中国特色社会主义理论，紧密团结在以江泽民同志为核心的党中央周围，充分发挥人民政协团结各界、政治协商、民主监督、参政议政和听取意见、协调关系、反映社情民意的作用。我们大家共同努力争取把政协的工作做得更好，更有成效。

中国人民政治协商会议第八届全国委员会常务委员会工作报告

（1997年2月27日）

叶 选 平

各位委员：

我受中国人民政治协商会议第八届全国委员会常务委员会的委托，向大会作工作报告，请予审议。

一

1996年是实施“九五”计划和2010年远景目标纲要的第一年。全国各族人民在邓小平建设有中国特色社会主义理论和中国共产党的基本路线指导下，在以江泽民同志为核心的中共中央领导下，团结奋斗，积极进取，改革开放和现代化建设事业取得新的成就，为实现跨世纪宏伟纲领开了一个好头。国民经济持续快速增长，通货膨胀得到有效抑制，经济体制改革稳步推进，对外开放继续扩大，科技教育和各项社会事业取得新成就，城乡人民生活进一步改善。我国政治稳定，经济繁荣，民族团结，社会进步。尽管在前进道路上还存在一些困难和问题，但中国人民有信心有能力抓住机遇，迎接挑战，克服困难，把建设有中国特色社会主义的伟大事业继续推向前进。

一年来，常务委员会认真贯彻政协第八届全国委员会第四次会议确定的工作方针，在各参加单位与全体委员的共同努力下，在各有关方面的大力支持下，各项工作取得了新的进展，呈现出生动活跃的可喜局面。

围绕中心服务大局，履行职能成效显著

自觉服从和服务于大局，紧紧围绕党和国家的中心工作，找准位置，选好角度，发挥优势，切实履行政治协商、民主监督、参政议政主要职能，是政协工作的一个特点。去年，这方面取得显著成效。

八届四次会议讨论了国民经济和社会发展"九五"计划和2010年远景目标纲要草案、李鹏总理所作的报告以及其他报告。委员们以对国家、对人民高度负责的态度，提出许多很好的意见和建议。在搞好全委会议、常委会议参政议政的同时，注重发挥专门委员会和委员的作用。大会之后，各专门委员会围绕"九五"计划和2010年远景目标纲要的实施，根据自身特点，精心选择课题，有组织有计划地深入实际，调查研究，共提出调研报告或专项建议41份，受到中共中央、国务院及有关部门的高度重视，取得了良好的成效。

在经济建设和社会发展方面，本会提出的《关于实行"两个转变"的动态分析与看法》、《关于贯彻落实"九五"计划大政方针的几个问题》的专题报告，在国务院办公厅有关文件中全文刊载；《关于切实解决农民负担问题的建议》，中共中央和国务院领导同志作了重要批示，其中许多意见，被《中共中央、国务院关于切实做好减轻农民负担工作的决定》所吸收；《关于加快草原畜牧业发展的建议》，受到国务院领导的重视，有关部门正在研究实施方案；《关于卫生事业改革与发展中的若干问题和建议》，许多内容被纳入《中共中央、国务院关于卫生改革与发展的决定》之中。

在精神文明建设和民主法制建设方面，本会提出的《关于进一步加强社会主义精神文明建设的建议》，许多内容已被《中共中央关于加强社会主义精神文明建设若干重要问题的决议》所采纳；《关于查禁"黄、赌、毒"情况的调查报告》、《关于严厉打击制售假冒伪劣商品的违法行为，促进社会主义市场经济健康发展的建议》和《关于制止公款吃喝玩乐行为的建议》，较好地发挥了民主监督的作用，受到中共中央、国务院及有关部门的充分重视；此外，关于加强外事工作的有关建议，受到中共中央和国务院领导的重视。本会第十八次常委会议认真学习讨论了中共十四届六中全会决议和江泽民总书记的重要讲话，在统一思想、增进共识的基础上，为贯彻落实六中全会精神、推动社会主义精神文明建设，积极献计献策。本会还就广大群众普遍关心的社会治安问题举行协商座谈会。中共中央和国务院有关领导同志到会听取了委员们的发言，认为委员们提出的意见和建议非常及时，对继续深入搞好"严打"斗争具有重要意义。

本会通过组成视察团、考察团、参观学习团等多种形式，组织委员跨省区视察、考察、参观学习或就地视察，共提出视察和考察报告18份。委员视察工作的实效进一步增强，不少意见受到国务院和有关部门的重视。在考察和视察过程中，委员们还尽力帮助地方办实事，为促进东西部经济技术合作牵线搭桥，受到当地政府和群众的欢迎。

切实加强提案工作，及时反映社情民意

提案是政协各参加单位和委员履行主要职能的重要形式。本会高度重视各民主党派、人民团体和各界委员的提案，并适应新形势的要求，努力提高提案质量和提案办理质量，充分发挥政协提案在我国政治和经济生活中的作用。八届四次会议以来，共收到提案 2 498 件，立案 2 380 件，总数比上一年度有较大增加，其中各民主党派中央和全国工商联提出提案 30 件。提交提案的委员 1 620 人，占委员总数的 77%。多数提案有分析、有建议、有对策，为党政领导机关把握群众脉搏、了解社会动态、进行科学决策提供了重要参考。提案办理工作更加扎实。对加快南水北调中线工程建设、防治松花江的污染、加速解决少数民族地区人民听广播看电视问题、加大《农业法》和《农业技术推广法》执行情况的检查力度、加快建筑立法等提案，组织承办单位与有关委员一起实地考察、专题调研或协商座谈，推动了提案的办理和落实。本会召开了优秀提案和先进承办单位第二次表彰会，对八届一次会议以来的提案工作进行总结，进一步推动了提案工作的开展。

积极负责地反映社情民意，为党和政府了解实际情况、体察群众情绪发挥桥梁作用，是本届政协新开辟的工作领域。一年来，反映社情民意的工作进一步加强。广大委员积极响应八届三次会议提出的每位委员每年至少提出一条建议、反映一条信息的号召，多形式、多渠道地反映情况，提出建议。各民主党派、各界委员、地方政协以及人民群众提供了大量信息，经过整理，共上报 1 442 条。报送信息的数量和实效明显提高。中共中央和国务院领导同志及有关部委、省市负责人曾多次在反映社情民意的《政协信息》上作了重要批示，引起有关方面的高度重视。为便于委员反映社情民意，还开办了全国政协委员专用语音信箱，试开通了与部分省市政协的信息网络系统。

落实中央《通知》精神，继续推进规范化、制度化建设

本会把贯彻落实中共中央〔1995〕13 号《通知》精神作为本年度的主要工作，逐步将《通知》的各项要求付诸实践，进一步推动了履行职能的规范化、制度化。常务委员会认真学习老一代革命家关于人民政协的论述和以江泽民同志为核心的中共中央关于人民政协的指示，学习党和国家的有关方针政策，进一步提高了坚持和完善中国共产党领导的多党合作和政治协商制度的自觉性。在履行职能的各项活动中，始终坚持李瑞环主席提出的四条原则，即必须坚持中国共产党的领导，必须服从和服务于国家的大局，必须注意从实际出发，必须加强同有关部门的配合。坚持注重实践、用实践经验推动工作的思路，努力探讨在新形势下履行职能的方法和途径。本会进一步健全了有关制度，修订了《政协全国委员会常务委员会工作规则》。

本会还向地方政协及时通报全国政协的工作思路和工作要点，对一些地方政协落实中央《通知》精神、推进规范化、制度化建设的情况组织调研和交流。各专门委员会就一些重要课题同地方政协开展了联合调研。举办了 17 期有 1 400 多名地方政协干部参加的培训班、研讨班。

举办重要纪念活动，弘扬爱国主义精神

在孙中山先生诞辰 130 周年之际，本会举行了一系列纪念活动，缅怀中国民主革命的伟大先行者。首都各界人士 1 万多人隆重集会，中共中央总书记、国家主席江泽民在会上发表重要讲话，号召学习、继承和发扬孙中山先生的爱国思想、革命意志和进取精神。举行西安事变 60 周年纪念大会，江泽民总书记发表重要讲话，高度评价张学良、杨虎城两将军为中华民族解放事业建立的卓越功勋，号召全国人民进一步团结起来，海峡两岸、海内外一切爱国者进一步团结起来,为实现中华民族的全面振兴,为完成祖国统一大业而努力奋斗。同陕西省政协联合举办了纪念西安事变60周年学术讨论会,促进了海内外学者对这一历史事件的科学研究。本会还分别举行了纪念中国人民救国会成立60周年,纪念李维汉同志、李德全同志诞辰100周年等活动,宣传了中华民族团结爱国、英勇奋斗、忘我牺牲的精神和统一战线的光荣传统,在海内外产生了积极的影响。

广泛开展联谊工作,促进祖国和平统一

促进祖国统一大业的早日完成,是参加人民政协的各党派、各团体、各族各界人士的共同心愿。一年来,根据政协特点,按照“和平统一,一国两制”的方针,积极开展了促进祖国统一的多种活动。本会有关部门与国务院台办等7个单位联合举行江泽民主席《为促进祖国统一大业的完成而继续奋斗》重要讲话发表一周年座谈会,李鹏总理在会上发表题为《完成统一祖国大业是全体中国人民的共同愿望》的重要讲话。各民主党派、无党派民主人士的代表在会上发言,拥护中共中央关于促进祖国统一的正确主张,坚决反对任何制造“两个中国”、“一中一台”和“台湾独立”的图谋。本会还加强了与台湾同胞的联系,积极推动海峡两岸经济、文化等各个领域的交流与合作。进一步加强了同港澳地区全国政协委员和广大港澳同胞的联系,及时反映他们的意见和建议。组织港澳地区全国政协委员到内地视察,帮助他们了解国情,了解祖国经济建设和社会发展的成就。开展了港澳的文史资料工作。港澳委员团结各界人士,为促进香港澳门顺利回归、维护港澳地区的长期繁荣稳定做出了贡献。接待台港澳同胞和海外侨胞21个团组来访,促进了相互间的沟通和了解,增进了对祖国和平统一的共识。

根据人民政协特点,扩大对外友好交往

在国家外交总体格局下,根据国家对外工作的总体部署和政协的特点,本会继续拓宽对外交往途径,积极参加为我国现代化建设创造良好国际环境的工作,使人民政协的对外友好交往保持了活跃和发展的良好势头。“展望21世纪论坛”首次会议,是全国政协成立以来第一次举办的高层次国际性学术会议。18个国家的24位著名政治家、专家学者和30位国内知名人士、专家学者与会研讨。江泽民、李鹏、乔石、李瑞环等党和国家领导人分别会见了外方与会者。李鹏总理在开幕式上作了题为《中国的发展和亚洲的崛起对世界未来的影响》的重要讲话。与会人士就世界发展的大趋势特别是21世纪亚洲与中国的发展等问题,进行了广泛的交流和深入的讨论,并认为“论坛”架起了相互沟通与理解的桥梁,希望今后越办越好。会议取得圆满成功,获得与会者的好评,在国内外引起较大反响。

李瑞环主席访问了波兰、荷兰、奥地利、瑞士和俄罗斯,叶选平副主席访问了葡萄牙、埃及和沙特阿拉伯,吴学谦副主席先后赴加拿大出席国际行动理事会第14次年会、赴泰国出席法政大学举办的“21世纪来临:亚洲的崛起”论坛会,王兆国、钱伟长、孙孚凌副主席分别访问了越南、老挝、泰国、阿曼、叙利亚、巴基斯坦。应本会邀请,摩尔多瓦、奥地利、朝鲜、泰国、俄罗斯的议长及其他领导人相继访华,一年中,本会共组织8个团组出访15个国家,邀请6个外国团组来华访问。截至1996年底,本会已同61个国家和4个国际组织的86个机构建立了联系,开展了友好交往。通过这些活动,宣传了中国改革开放和社会主义现代化建设的政策和成就,宣传了中国共产党领导的多党合作和政治协商制度,增进了同世界各国人民的相互了解和友谊,扩大了人民政协在国际上的影响。

搞好政协自身建设，努力创建文明机关

加强自身建设，是适应新的形势与任务、更好地服务大局的需要，也是切实履行政协职能的重要条件。为了配合委员更好地了解情况，熟悉政策，扩大视野，把握全局，不断提高参政议政水平，本会经常组织委员参加各种活动，举行报告会、座谈会、组织参观、视察、调研，印发《政协年鉴》、《政协会刊》和《学习参考资料》等，各专门委员会在完善活动方式、增强活动实效上下功夫，专门委员会作为政协工作基础的重要作用得到进一步发挥。

按照李瑞环主席提出的讲质量、讲效率、讲规范、讲协作和加强机关办公现代化建设的要求，以“搞好服务，当好参谋”为目标，进一步加强和改进了机关工作，提高了为全委会议、常委会议和委员活动服务的质量。召开全国政协机关首次思想政治工作座谈会，作出关于开展创建文明机关活动的决定，大力倡导和弘扬政协工作者的敬业精神、服务精神、协作精神、务实精神和创新精神，配合公务员制度的实施，在机关内部和面向社会公开招聘干部。文史资料征集工作进一步加强，召开了建国后史料专题座谈会。加强对外宣传工作，制订了《政协全国委员会办公厅关于加强对外宣传工作的意见》。继续组织中央新闻单位记者采访地方政协，举办第六届中国共产党领导的多党合作和政治协商制度好新闻评选活动。《人民政协报》从今年1月1日起由周三刊改为日报，加大了人民政协的宣传力度。

各位委员，江泽民总书记在今年新年茶话会上的讲话中指出：“人民政协在过去的一年里，积极反映社情民意，为促进国家的改革和发展提出了很多好的意见和建议，工作是很有成效的。”对我们的工作给予很高的评价。但必须清醒地看到，我们的工作仍然存在许多缺点和不足。政治协商、民主监督、参政议政工作虽有较大进展，但总体上讲还需进一步加强，特别是民主监督仍很薄弱；如何进一步加强同各民主党派、人民团体和地方政协的联系，更好地发挥政协各界别的作用，还需继续进行探索；同京外委员经常性的联系与沟通工作，也需要继续加以改进，等等。我们相信，有中共中央的正确领导，有广大委员的共同努力，有社会各界和有关部门的大力支持，我们能够不断总结经验，扎实工作，把人民政协工作提高到一个新的水平。

二

各位委员：

1997年是我国历史发展上的重要一年。我国将恢复对香港行使主权，迈出和平统一祖国的重要一步；中国共产党将召开第十五次全国代表大会，把建设有中国特色社会主义的伟大事业向新世纪全面推进。这是举世瞩目、具有深远影响的两件大事。人民政协要为顺利圆满地完成这两件大事做出应有的贡献。同时，我们还要为政协全国委员会换届做好准备。我们要在过去四年工作的基础上，把握大局，再接再厉，同心同德，开拓前进，把新一年的各项工作做得更好。

1997年政协全国委员会的工作方针是：高举邓小平建设有中国特色社会主义理论的旗帜，坚持党的基本路线，坚持和完善共产党领导的多党合作和政治协商制度，服从和服务于全国工作的大局，继续推进政治协商、民主监督、参政议政的规范化和制度化，充分发挥人民政协在团结各界、协商问题、听取意见、协调关系中的重要作用，为我国的社会主义物质文明建设、精神文明建设和祖国和平统一大业作出新的贡献。

1997年政协全国委员会工作的主要任务是：巩固发展爱国统一战线，促进在振兴中华、统一祖国共同目标下的大团结、大联合，充分发挥各民主党派、无党派民主人士、人民团体和各族各界代表人士在政协中的作用，努力调动一切积极因素，团结一切可以团结的力量，协助党和政府巩固与发展团结稳定的社会政治局面；发动与组织广大委员围绕实施"九五"计划与2010年远景目标纲要和加强社会主义精神文明建设的决议，选准角度，发挥优势，调查研究，献计献策，切实履行主要职能；对八届一次会议以来的工作进行认真总结，努力探索新形势下切实做好政协工作的新经验；按照中共中央部署，积极做好政协全国委员会换届的有关准备工作。

据此，提出政协全国委员会1997年度工作安排。

(一)高举邓小平建设有中国特色社会主义理论的旗帜，进一步巩固团结合作的共同政治基础

邓小平建设有中国特色社会主义理论，是在和平与发展成为时代主题的历史条件下，在我国改革开放和社会主义现代化建设的实践过程中，在总结我国社会主义胜利和挫折的历史经验并借鉴其他社会主义国家兴衰成败历史经验的基础上，逐步形成和发展起来的。这个理论，科学地把握社会主义的本质，第一次比较系统地初步回答了中国这样的经济文化比较落后的国家如何建设社会主义、如何巩固和发展社会主义的一系列基本问题。它是马克思列宁主义基本原理与当代中国实际和时代特征相结合的产物，是毛泽东思想的继承和发展，是当代中国的马克思主义。它是全党全国人民集体智慧的结晶，是中国共产党的指导思想和中华民族的精神支柱。没有邓小平同志创立的这个理论，就不会有今天中国改革开放的新局面和中国社会主义现代化的光明前景，邓小平同志是政协第五届全国委员会主席，是新时期人民政协事业的奠基人。邓小平同志关于统一战线与人民政协的一系列重要思想是建设有中国特色社会主义理论的重要组成部分，是新时期人民政协工作的理论基础、政策依据和科学指南。我们要积极组织和推动政协委员深入学习邓小平建设有中国特色社会主义理论，并同学习以江泽民同志为核心的中共中央关于统一战线与人民政协的论述相结合，同学习中共十四届五中全会、六中全会特别是将要召开的中共十五大的精神相结合。通过学习，进一步巩固参加人民政协的各党派、团体和各族各界代表人士团结合作的共同政治基础，增强贯彻执行党的基本路线和基本方针的自觉性，增强贯彻执行中国共产党领导的多党合作和政治协商制度的自觉性，在以江泽民同志为核心的中共中央坚强领导下，继续把邓小平同志开创的社会主义改革开放和现代化建设的伟大事业推向前进。

(二)紧紧围绕实施"九五"计划与2010年远景目标纲要和加强社会主义精神文明建设决议，履行职能，建言献策

常委会议、主席会议根据中共中央1997年工作的全局部署，选择国民经济和社会发展中一些重大课题，有计划地组织座谈和调查研究，向中共中央、国务院提出建议案或专题报告。各专门委员会要根据自身特点，选择经济建设、社会发展和精神文明建设中一些重要问题，如加强农业基础地位、国有企业改革、经济结构调整、实施科教兴国战略和可持续发展战略、资源与环境保护、社会保障制度、民族地区经济的全面发展、加大

扶贫力度、思想道德和文化建设、勤政廉政建设等问题，深入调查研究，缜密论证，提出可供党和政府决策参考的意见和建议。继续组织有关民主党派、人民团体就共同关心的课题开展联合调研，进行座谈。进一步做好提案和文史工作。努力提高提案质量和办理质量，使政协提案在国家的政治和经济生活中发挥更大的作用。有重点地抓好建国后史料和港澳文史资料的征集、研究和出版工作。认真组织好委员视察活动，努力提高视察实效。继续在东部地区与西部地区之间、中央有关部门与地方之间牵线搭桥，为两个文明建设多办实事。

（三）继续推进政治协商、民主监督、参政议政的规范化，制度化

进一步贯彻落实中共中央〔1995〕13号《通知》精神和《政协全国委员会关于政治协商、民主监督、参政议政的规定》，有组织有计划地把政治协商引向深入，切实有效地开展民主监督，进一步拓宽参政议政领域。完善同《规定》相配套的制度，逐步将《规定》的各项要求付诸实施。坚持以实践经验推动工作，注意总结交流地方政协落实中共中央通知精神、推动履行职能规范化制度化的成功做法。

（四）更加扎实有效地做好反映社情民意工作

继续加强反映社情民意的工作，运用会议、视察、提案、信访和座谈等多种形式，广辟信息来源。认真听取和如实反映委员及各界人士对我国政治、经济、文化和社会生活中普遍关心的重要问题与热点问题的意见和建议，为中共中央、国务院了解群众要求、体察群众情绪发挥桥梁纽带作用。继续提倡每个委员一年至少提出一条有质量的建议或提案，反映一条有价值的信息。健全反映社情民意的工作机构，抓紧配备现代化的办公设施，逐步形成反应快捷、渠道畅通的信息网络，更好地为委员履行职责服务，为党政机关科学决策服务，为人民群众反映意见服务。

（五）协助党和政府巩固与发展团结稳定的社会政治局面

认真贯彻“长期共存、互相监督、肝胆相照、荣辱与共”的方针，加强同参加政协的各党派、各团体和各族各界代表人士的联系，通过座谈、谈心等形式，沟通思想，交流情况，听取意见，探索更好地发挥界别作用的形式和方法。经常听取出列席全国政协主席会议、秘书长会议的民主党派、无党派民主人士和全国工商联负责人的意见和建议，充分发挥他们在政协中的作用。围绕大目标，促进大团结、大联合，切实做好协调关系、化解矛盾、增进共识的工作。积极协助政府贯彻执行国家的民族宗教政策，促进少数民族地区经济、文化事业的发展。

（六）进一步做好与台湾同胞、港澳同胞和广大侨胞的联谊工作

按照“一国两制”的方针和“港人治港”、“高度自治”的原则，积极支持和协助我国政府做好有关香港政权交接和庆祝回归的工作。加强同港澳地区的全国政协委员的联系，发挥他们参政议政的积极性，鼓励他们团结各界人士，为实现香港和澳门的顺利回归、保持港澳地区的长期稳定繁荣贡献力量。贯彻江泽民主席关于促进祖国和平统一的八项主张，继续开展与台湾同胞的联谊工作，积极推动海峡两岸直接“三通”和在经济、文化等领域的交往与合作。坚决反对任何制造“两个中国”、“一中一台”和“台湾独立”的图谋。协助有关部门维护归侨、侨眷的合法权益。多渠道地开展对广大侨胞的联谊工作。

（七）加强对地方政协工作的指导

通过组织研讨、交流经验、通报信息等多种方式和《人民政协报》、《政协会刊》等多种途径,加强对地方政协工作的指导。有重点地对部分地方政协工作进行调研,运用经验指导、推动工作。密切与地方政协的联系,制定政协全国委员会与地方委员会联系的办法。专门委员会要继续与地方政协就共同关心的重要课题进行联合调研。继续做好地方政协干部培训工作。

(八)积极开展对外友好交往活动

在国家外交总体格局下,根据我国对外工作的总体部署和政协特点,继续有计划、有重点地开展本会主席、副主席同有关国家高层人士的互访。广辟渠道,有计划、有重点、多层次发展同有关国家的相关机构和人士的友好关系,为我国现代化建设创造和平稳定的国际环境作出贡献。加强和改进人民政协的对外宣传工作,扩大人民政协的对外影响。

(九)继续加强政协自身建设

政协委员要保持与群众的密切联系,经常反映群众的愿望和要求。要加强学习,充实知识,了解国家的重大方针政策和法律法规。要认真履行委员职责,积极参加政协组织的各项活动,努力提高自身素质,不断提高参政议政水平。加强同京外全国政协委员的联系,要与地方政协通力合作,切实有效地发挥京外委员的作用。进一步加强专门委员会的建设,完善活动方式,提高活动效果。对专门委员会的工作进行总结,为专门委员会发挥作用创造更好的条件。继续搞好政协机关的思想建设、组织建设、作风建设和制度建设,讲质量、讲效率、讲规范、讲协作,搞好服务,当好参谋。深入开展创建文明机关活动。办好改刊后的《人民政协报》,把握中央精神,了解读者愿望,尊重新闻规律,勇于探索创新,使《人民政协报》成为政协委员参政议政的园地,联系社会各界的桥梁。

(十)认真总结经验,做好换届的准备工作

认真总结八届政协的工作经验,加强人民政协的理论研究。按照中共中央统一部署,积极做好政协全国委员会换届的准备工作。

各位委员:

在新的一年里,我们的任务更为艰巨,我们的责任更加重大。我们要继承邓小平同志的遗志,更加紧密地团结在以江泽民同志为核心的中共中央周围,高举邓小平建设有中国特色社会主义理论的伟大旗帜,同心同德,群策群力,励精图治,扎实工作,满怀信心地实现邓小平同志为我们规划的战略宏图,把邓小平同志开创的社会主义改革开放和现代化建设的伟大事业继续推向前进。

在全国政协民族和宗教委员会全体委员会议上的讲话

（1997年3月5日）

赵 朴 初

各位委员：

在这次"两会"召开的前夕，全世界公认的世纪伟人邓小平同志离开了我们，我和大家都感到无比悲痛。他的丰功伟绩，雄才大略和崇高风范，江泽民总书记在悼词中作了精辟的科学概括。小平同志非常关心和重视民族、宗教工作。他在民族问题上有许多重要的论述。没有小平同志提出的解放思想、实事求是的思想路线，没有他领导的中共十一届三中全会，就没有民族、宗教工作的拨乱反正，就不能在科学总结经验的基础上形成新时期宗教工作的纲领性文献，即中共中央〔1982〕19号文件，就没有民族、宗教政策的全面恢复和贯彻，就没有今天民族工作、宗教工作的大好局面。

我们悼念小平同志，就要化悲痛为力量，继承他的遗志，坚持他创立的建设有中国特色社会主义的伟大理论，更加紧密地团结在以江泽民总书记为核心的中共中央周围，协助党和政府把民族、宗教工作做好，维护社会稳定，增强民族团结，促进祖国统一，推进社会主义改革开放和现代化建设事业，以告慰小平同志的英灵。

下面就政协民族和宗教委员会的工作问题讲几点意见：

一、充分认识政协民族和宗教委员会工作的重要性。在政协履行政治协商、民主监督、参政议政的职能中，各专门委员会及其委员发挥着经常性的重要作用，而民族和宗教委员会又是政协的一个重要的专门委员会，它的活动和工作同党和政府民族、宗教政策的制定和执行，同社会稳定和民族团结，同反对民族分裂、维护祖国统一，同民族地区的发展繁荣，一句话，同全国工作的大局都有着密切的关系。我国有55个少数民族，分布在幅员辽阔的地区，尤其是边境地区。我国的五大宗教，拥有几十个民族数以亿计的信教群众，绝大多数是工人、农民、知识分子等基本群众。政协在履行政治协商、民主监督、参政议政的职能中，应该充分发挥民族和宗教委员会的作用，协助党和政府，把民族、宗教政策贯彻好，把民族、宗教工作做好。所以，政协民族和宗教委员会的工作，不是可有可无，而是大有可为的。

二、要把握特点，发挥优势。政协民族和宗教委员会是政治协商机构的一个专门委员会，不是党和政府的民族、宗教工作部门，彼此在性质和职能上是不同的。政协民族和宗教委员会由民族、宗教方面的政协委员组成，以民族、宗教方面的代表人士为主体，具有广泛的代表性和包容性，这是政协民族和宗教委员会的特点和优势。政协民族和宗教委员会的工作和活动，要在政治协商、民主监督、参政议政上做文章。要就民族、宗教方面的方针政策、法律法规的研究制定和贯彻执行，参与协商。要选准课题，深入实际，进行视察和调研，写出报告，提出建议。要发挥委员联系面广、信息灵通的优势，及时反映有关民族、宗教方面的社情民意。反映社情民意，要有高度负责的精神，坚持从实际出发，既不要偏颇、失真，又不要削足适履，看风向凑材料。

三、要认识民族和宗教的可分性与民族工作和宗教工作的不可分性。民族和宗教属于两个范畴。尽管各民族历史上都出现过宗教这一社会现象，在许多民族中宗教有着长远、广泛、深厚的影响，但宗教毕竟不是民族之为民族的基本特征和决定条件。事实上，在某一民族中，有信仰宗教和不信仰宗教的；就信仰宗教来说，在同一民族中有信仰不同宗教的，在不同民族中有信仰同一宗教的。这些情况的存在，并不否定人们同处在特定的民族共同体中。所以，不能把民族和宗教混同起来。这讲的是民族和宗教的可分性。然而，民族工作和宗教工作却具有不可分性。它们之间的关系是这样的密切，以至不重视少数民族中的宗教问题，不在少数民族宗教中贯彻落实好宗教政策，就处理不好民族关系和群众关系，就会人为地损害少数民族地区的社会安定和边防巩固，少数民族地区的经济、文化建设也会受到影响，甚至会出大乱子。建国以来直到今天，这样的经验教训难道还少吗？所以，做好民族工作，贯彻好民族政策，同做好宗教工作，贯彻好宗教政策是相辅相成、相得益彰的。这绝不是混同了民族和宗教的界限。

四、处理宗教问题要特别慎重。江泽民主席说得好："民族、宗教无小事"。中共中央〔1982〕19号文件强调："各级党委，对于宗教问题，一定要采取列宁所指出的'特别慎重'，'十分严谨'的'周密考虑'的态度"。我想，对基本上是全民信仰宗教的少数民族地区来说，尤须这样要求。在反对民族分裂主义的斗争中，要切实尊重和保护群众的宗教信仰的自由，争取、团结信教群众和爱国宗教界人士，孤立、打击极少数利用宗教进行民族分裂、违法犯罪活动的不法分子。总之，对民族分裂活动要旗帜鲜明、坚决斗争；对群众的宗教信仰要特别慎重，予以尊重和保护，两者相辅相成。即令情况错综复杂，也要冷静分析，区别对待。对宗教简单粗暴，脱离群众，不利于反对民族分裂主义的斗争，客观上为分裂主义分子提供了用以挑拨、煽动的口实。

五、政协民族和宗教委员会的委员和工作人员，要认真学习马列主义、毛泽东思想关于民族、宗教问题的基本理论，学习党和政府的民族、宗教政策，学习宪法和有关法律、法规。要学习邓小平同志对民族问题的精辟论述，提高加强民族团结、维护祖国统一、实行民族平等、促进民族地区繁荣、完善民族区域自治的自觉性。要以中共中央〔1982〕19号文件为基本教材，学习中共中央关于我国社会主义时期宗教问题的基本观点和基本政策。工作人员还要学习民族、宗教知识。只有通过学习，提高我们的理论、政策水平，才能更加有效地发挥政协民宗委的作用。

在政协第八届全国委员会第五次会议闭幕会上的讲话

（1997年3月12日）

李瑞环

各位委员、各位同志：

中国人民政治协商会议第八届全国委员会第五次会议，已经完成各项议程。会议期间，委员们深切悼念敬爱的邓小平同志，缅怀他伟大光辉的一生，决心化悲痛为力量，继承小平同志的遗志，在以江泽民同志为核心的中共中央领导下，把小平同志开创的改革开放和现代化建设事业不断推向前进。会议审议通过了叶选平副主席代表政协第八届全国委员会常务委员会所作的工作报告，听取并讨论了李鹏总理所作的《政府工作报告》及其他重要报告。委员们贯彻了民主、求实、团结、鼓劲的精神，提出了许多宝贵的意见和建议。会议开得圆满成功。

一

落实李鹏总理《政府工作报告》，实施"九五"计划和2010年远景目标纲要，是全国人民面临的宏伟而艰巨的任务。现在条件很好，机遇难得，关键是要抓紧时间，埋头苦干。

改革开放18年来，我国社会生产力有了很大发展，综合国力有了显著增强，人民生活有了明显改善，整个国家充满生机与活力。对我们的成就，广大群众充分肯定，国际社会也评价很高。同时我们必须看到，我国人口多，底子薄，资源相对不足，地区发展不平衡；我国人均国民生产总值在世界上仍处于较低水平，不仅落后于发达国家，即便同有些发展中国家相比也有较大差距；世界各国都在致力于加快发展，经济、科技竞争日趋激烈，我们不加倍努力，差距还有拉大的可能；我们曾经失去许多宝贵时间，错过不少发展良机，今后不能再有丝毫的耽误。我们要始终保持清醒的头脑，充分认识所担负的历史重任，解放思想，大胆实践，抓紧时间，埋头苦干，一年一年地苦干，一代一代地苦干，一刻也不放松地苦干。

当前，我国国民经济持续快速健康发展，宏观调控收到很大成效，各项改革措施平稳出台，社会局面保持稳定，从总体上说，经济和社会发展是顺利的。同时我们必须看到，在前进过程中还存在不少困难和问题，如经济结构不合理，农业基础薄弱，数千万人口尚未脱贫，部分国有企业生产经营困难，下岗失业人员增多，等等。这些都是牵动全局、久拖不利但解决起来难度很大的问题。解决这些问题需要多方努力，需要多种措施，但最基本的是需要抓紧时间，埋头苦干。苦干可以出思路出办法，苦干可以出成绩出经验，苦干可以战胜困难，开拓前进。没有埋头苦干，一切无从谈起。

中共十一届三中全会以来，我们重新确立了解放思想、实事求是的思想路线，举国上下坚持以经济建设为中心，求实务实的精神得到发扬。这是我们的一大进步。同时我们必须看到，现实生活中确实存在着浮躁虚华的风气，存在着不扎实、不艰苦、不谨慎、不负责任、不讲实效、不思进取的现象。这些尽管是局部的，但影响甚坏，危害很大。人民群众希望我们少讲空话，多办实事；希望我们塌下心来，研究问题；希望我们抓紧时间，埋头苦干。

埋头苦干，是老一辈革命家的嘱托。早在革命胜利前夕，毛泽东同志就告诫全党："中国的革命是伟大的，但革命以后的路程更长，工作更伟大，更艰苦。这一点现在就必须向党内讲明白，务必使同志们继续地保持谦虚、谨慎、不骄、不躁的作风，务必使同志们继续地保持艰苦奋斗的作风。"改革开放以来，邓小平同志反复强调要抓紧时间、埋头苦干。他说："从现在起到下世纪中叶，将是很要紧的时期，我们要埋头苦干。我们肩膀上的担子重，责任大啊！"这是《邓小平文选》第三卷最后一段话，是小平同志对我们的殷切叮嘱。埋头苦干，是以江泽民同志为核心的中共中央的一贯要求。

江泽民同志指出："过去干革命需要艰苦奋斗。今天搞社会主义现代化建设，同样要靠艰苦奋斗。衷心希望共产党员特别是我们的领导干部，要自觉地起来大兴艰苦奋斗之风。"埋头苦干，是我们的优良传统，是中国人民自强不息的民族精神。在建设有中国特色社会主义的伟大事业中，我们要大力弘扬这种精神。

二

政协第八届全国委员会已进入第五个即最后一个年头，今年要在继续推进履行主要职能各项工作的同时，把总结经验作为一项重要任务认真抓好。中共中央要求做好召开政协第九届全国委员会的各项准备，认真、全面、深入地回顾总结八届政协以来的工作，找出成绩和不足、经验和教训，就是很有意义的准备。

八届政协的工作，在邓小平建设有中国特色社会主义理论的指引下，在以江泽民同志为核心的中共中央的领导下，在有关部门的大力配合下，经过全体委员的共同努力，取得了多方面进展。我们修改了政协章程并把参政议政列入主要职能，拓宽了政协工作的领域；制定了关于政治协商、民主监督、参政议政的规定，促进了政协工作的规范化制度化；开展了反映社情民意的工作，为党和政府提供了基层和群众的大量实际情况；围绕党和国家的重大决策以及群众关心的问题调查研究，提出了许多重要的意见和建议；扩大同海内外爱国人士的联系，推进了在统一祖国、振兴中华共同目标下的大团结大联合；拓展对外友好交往，增进了同各国人民的相互了解和友谊；深化理论政策研究，增强了工作的自觉性和主动性；加强机关建设，为政协开展工作提供了有效的服务，等等。本届政协在工作过程中，始终坚持解放思想、实事求是，努力探索新形势下履行职能的途径和方法，使各项工作积极、稳步、活跃、有序地向前推进。我们一贯注意发扬政协优良传统，保持政协固有的性质和特点，不比不套，坚持政协就是政协；牢牢把握团结民主两大主题，广泛联系，求同存异，实事求是地推进民主政治建设；强调政协履行职能必须坚持中国共产党的领导，必须服从服务于国家的大局，必须注意从实际出发，必须加强同有关部门的配合；认真选好角度、发挥优势，做到尽职而不越位，帮忙而不添乱，切实而不表面；重视政协组织的界别特点，促进委员同本界群众的联系，把界别活动与政协统一活动结合起来,使政协成为各界各民主党派参政议政的场所;充分尊重政协委员的民主权利,努力探索调动委员积极性的途径,依靠广大委员活跃和深化政协工作,不断提高参政议政的水平;把专委会作为政协工作的重要基础,通过专委会联结和组织各方面人才,收集、整理散见于群众中的见解和建议,发挥下通各界、上达中央的桥梁作用;注重实践经验,加强同地方政协的联系,经常总结交流各级政协的好作法,用经验推动和指导工作。我们的工作还存在一些不足,与中共中央的要求、政协章程的规定和社会各界的期望还有差距。有的工作刚刚开始,还没有真正落实;有的工作缺少必要的制度,还不够规范;在新的历史条件下政协如何更好地发挥作用,还有许多尚待研究的课题。

总结经验是马克思主义认识论的基本要求,是事业兴旺的有效途径,也是个人进步的重要环节。希望各级政协组织和广大政协委员,把几年来做过的事情认真总结一下,冷静、深入地想一想本届政协工作有哪些得失,自己作为委员有哪些收获和缺憾,使我们用心血换来的经验教训,变成今后搞好工作的宝贵财富。同时也希望大家努力养成总结经验的习惯,逐步提高总结经验的本领,使我们的认识日益自觉,工作不断进步。

三

今年是我国历史进程中重要的一年。我国政府将恢复对香港行使主权,中国共产党将召开第十五次全国代表大会。这两件大事,举世瞩目,振奋人心,关系全局,意义深远。顺利圆满地完成这两件大事,需要全国人民共同努力,需要各方面做好工作,特别需要维护团结稳定的局面。惟团结才能稳定,惟稳定才能发展,惟发展才能振兴。团结、稳定、发展、振兴是中华儿女的共同愿望。

当前,我国社会总体上是团结稳定的,但也存在一些妨碍团结、影响稳定的因素。我国正处在建立社会主义市场经济体制的深刻变革之中,会出现一些经济利益的摩擦、思想观念的碰撞,出现一些不公平、不合理的事情,出现一些消极、腐败的东西,我们的工作也会出现这样那样的问题甚至失误。尽管这些是难以完全避免的,但是,它确实给一些人带来生活上的困难,心理上的失衡,情绪上的不顺。对此,决不能忽视、回避、敷衍、推托。我们必须面对现实,负起责任,真心实意地关心群众疾苦,尽心竭力地解决各种问题,耐心细致地做好思想工作,这是保持团结稳定局面的重要基础。

维护团结稳定,最根本的是紧密地团结在以江泽民同志为核心的中共中央周围,高举邓小平建设有中国特色社会主义理论的伟大旗帜。建设有中国特色社会主义理论深刻总结了国际国内社会主义事业胜利与挫折的历史经验,是当代中国的马克思主义。我们之所以能够迅速摆脱“文化大革命”造成的深重灾难,走上强国富民的康庄大道,之所以能够冲破种种障碍,使祖国统一大业取得历史性进展,之所以能够经受住国际风云变幻的严峻考验,巍然屹立于世界东方,靠的就是邓小平同志以非凡胆识创立的正确理论。建设有中国特色社会主义理论代表了广大群众的根本利益,是全国各族人民的最大共识。它着眼于解放和发展社会生产力,把一切为了群众、一切依靠群众作为出发点和归宿,给广大群众施展聪明才智提供了充分的机会,使人民群众获得了实实在在的利益,因而得到了人民群众的由衷拥护。建设有中国特色社会主义理论开辟了一个崭新的时代,是历史发展和社会进步的集中反映。它深刻地影响着我国的政治、经济、文化等各个领域,广泛地渗透到人们的价值观念、思想方法、生活方式等各个方面,已经溶入我们的民族精神之中。坚定地、全面地、创造性地坚持建设有中国特色社会主义理论,顺应历史,顺从民心,顺理成章,一顺百顺,我们的国家就会强盛,人民就会幸福,社会就会长治久安。

维护团结稳定,必须讲大局、讲历史责任感。从香港被占到香港回归。历经150余年。在新中国建立前的一个多世纪里,我们的民族蒙受了多少屈辱,遭受了多少苦难,令人痛心疾首;在新中国建立后的几十年中,我们的国家经历了多少曲折,付出了多少代价,真是刻骨铭心。为了把一个半殖民地半封建的旧中国变成独立自主的新中国,无数志士仁人前仆后继,浴血奋斗;为了找到一条符合中国国情的正确发展道路,我们的党和人民百折不挠,艰辛探索。今天的局面确实来之不易!我们这一代人正处在我国发展的重要时期,肩负着重大的历史责任。我们这一代人也是历史发展过程中的一段,也有一个上对祖先、下对子孙交待的问题。今天我们评价历史,将来历史也会评价我们。只要我们多想想这些,还有什么一己私利不可以割舍,还有什么个人恩怨不可以超越,还有什么缺点毛病不可以抛弃!我们完全应该同心同德,团结奋斗,共同创造更加美好的未来。

各位委员、各位同志:

我国的改革开放和现代化建设,是一项伟大的开创性事业,任重而道远。我们有革命前辈奠定的坚实基业,有邓小平同志创立的科学理论,有社会主义初级阶段的基本路线,有以江泽民同志为核心的中共中央的坚强领导,有亿万人民的团结奋斗,一定能够克服各种艰难险阻,沿着建设有中国特色社会主义的道路胜利前进。我们的事业充满希望,我们的前途无限光明!

现在我宣布:中国人民政治协商会议第八届全国委员会第五次会议闭幕!

加强反映社情民意工作

——在全国政协信息中心信息联系点第二次会议上的讲话

(1997年4月20日)

何　鲁　丽

同志们:

全国政协信息中心信息联系点第二次会议今天就要闭幕了。这次会议是在全国政协八届五次会议后召开的一次专题性座谈会。与会同志认真学习和贯彻以江泽民同志为核心的中共中央关于认真反映社情民意的重要指示和全国政协八届五次会议精神,围绕如何进一步发挥政协信息联系点作用,推进政协反映社情民意工作,进行了广泛交流和深入研讨,会议开得紧凑、务实,很有成效。我代表全国政协向会议表示祝贺,并向参加会议的各省政协、信息联系点政协的负责同志，特别是为这次会议成功举办给予了大力支持和帮助的山东省政协和潍坊市党委、政府、政协的领导同志们表示衷心感谢。借此机会，我讲几点意见：

第一，要进一步提高对政协反映社情民意重要性的认识。八届全国政协认真落实以江泽民同志为核心的中共中央关于加强反映社情民意工作的重要指示精神，把了解和反映社情民意提高到政协履行职能的重要基础和关键环节的高度，并把它作为一项经常性的工作迅速开展起来。由于各级政协组织和广大政协委员的努力，在短短的几年时间里，这项工作搞得有声有色，成效显著。江泽民总书记在今年元旦茶话会的讲话中指出："人民政协在过去的一年里，积极反映社情民意，为促进国家的改革和发展提出了很多好的意见和建议，工作是很有成效的。"这说明，我们在这方面的工作，中央是满意的，广大委员和社会各界反映也是好的。实践证明，了解和反映社情民意是八届政协一项很有特色的工作。要做好反映社情民意的工作，达到"质量高、反映快"的要求，各级政协领导和政协委员以及从事信息工作的同志，就要充分认识反映社情民意的重要意义，不断增强信息意识，努力提高工作水平。了解和反映社情民意，对于帮助委员们知情出力，提高参政议政素质和履行职责水平；对于帮助执政党和政府全面了解实际情况，正确决策，领导工作，确实起到了很大作用。我在北京市工作期间对这点很有体会。北京的《昨日市情》、《当日情况》、《北京信息》、《市长电话》等刊物，基本上能够及时反映全市经济、社会发展和突发事件的情况。市政协的《诤友》发挥政协名人多，专家多，位置超脱，敢讲话，而且讲得有份量的特点，也反映了很多重要信息，对我们的工作帮助很大。

领导同志的精力、活动范围是有限的，靠什么来掌握全局情况呢？很重要的一条是靠信息。如果信息不灵，情况不明，就等于盲人骑瞎马。不掌握社会动态，不了解人们心理状态，靠什么抓安定，又怎么能保持社会稳定，保证经济发展？反映社情民意与抓经济、抓稳定不是对立的，而是紧密相连的。信息是反映群众呼声，为人民群众办好事、办实事，满足群众需要，加强党和政府与人民群众联系的桥梁。信息工作不仅是向领导同志提供几条信息，而且是领导同志正确决策，解决问题，推动工作开展的一种有效手段。希望各级政协组织，特别是参加本次会议的各信息联系点政协要进一步认识政协反映社情民意工作的重要性，再接再厉，把目前良好的工作势头保持下去，使政协反映社情民意工作更加卓有成效地开展起来。

第二，要把信息联系点办得更好。根据《政协全国委员会办公厅关于加强信息工作的若干意见》的精神，经过有关省、自治区政协的推荐，1996 年确定了 8 个地县级政协为全国政协信息中心的首批信息联系点，这是全国政协加强反映社情民意工作的一个新举措。这 8 个信息联系点从东到西，从南到北，从边远经济欠发达地区到沿海经济发达地区，在区域分布、人文环境和统战政协工作等方面各有特点。一年多来，全国政协办公厅从各信息联系点政协直接了解到基层政协开展工作的第一手资料，及时收集到基层政协委员和各族各界群众具有代表性、典型性的重要情况，其中有的信息还引起了中央的重视。不仅有力地推动了各信息联系点政协的工作，而且加强了政协与当地党委、政府的工作配合。当然，这项工作还刚刚起步，许多方面还需要进一步探索和提高。全国政协信息中心要积极为各信息联系点政协了解全局情况，获取多方面信息资料提供帮助和服务。各信息联系点政协要解放思想,实事求是,不断增强大局观念和全局意识,创造性地开展工作。

第三,要进一步加强对反映社情民意工作的领导。反映重大的社会动态和社情民意,反映基层的真实情况和群众的意见情绪,是一项政治性、政策性很强的工作,必须加强领导。各级政协组织要把这项工作放到议程上,主要领导要亲自抓,管导向。要按照李瑞环主席所要求的那样,"使政协的各项工作、各种活动都含有反映社情民意的意义",使广大政协委员和政协工作者都承担了解和反映社情民意的职责。

加强对反映社情民意工作的领导,必须加强信息队伍建设。一方面要选派政治、业务强的专职干部从事这项工作;另一方面要加强学习,不断提高信息工作人员的素质。既要严格要求,又要保护信息工作人员的积极性,想方设法为他们开展工作创造便利条件。信息的生命力是在准确的前提下快速。准而不快要贻误大事,快而不准效果适得其反,既准又快就必须有一个上下通达、反映灵敏的信息网络。因此,希望各地政协要逐步推进办公自动化建设,在经济条件允许的情况下,尽快实现与全国政协信息中心的信息微机联网。

同志们,现在人民政协工作的形势很好,反映社情民意,开展信息工作的形势也很好。今年我们的国家要完成两件大事,一是我国政府将恢复对香港行使主权,雪洗百年耻辱;一是将召开中国共产党第十五次全国代表大会。我们要围绕办好这两件大事开展工作。希望大家通过这次信息联系点会议,进一步总结提高各地反映社情民意工作的经验,结合各自实际,把这项工作做得更好。

加强培训　提高素质

——在全国政协第十一期干部培训班上的讲话

(1997年5月12日)

杨　汝　岱

同志们:

很高兴在干部培训班开学时同大家见面。我代表全国政协和李瑞环主席,向来自全国各地各级政协的学员同志们,表示热烈欢迎和亲切问候,对新一期培训班的开学表示热烈祝贺!我想借这个机会,就加强人民政协的干部培训工作谈几点意见。

一、要充分认识加强干部培训工作的重要性和紧迫性

加强干部教育培训,建设高素质干部队伍,是以江泽民同志为核心的党中央的一个重要决策,是事关社会主义现代化建设全局的一项战略措施。中国革命和建设的历史表明,培训干部,提高素质,始终是增强队伍战斗力,使各项事业取得成功与发展的一条重要经验。从中国革命初期的工人学校、农民运动讲习所,到延安时期的抗大,从建国后的各级学校，到新时期遍布全国各地各部门的干部管理学院、培训基地等，干部教育培训总是随着革命和建设的需要而不断发展。特别是当革命和建设处于重大转折时期，全党全国面临新的形势和任务的时候，党中央总是强调加强干部的学习、教育和培训。当前，我们正面临世纪之交，如何继承邓小平同志的遗志，实施跨世纪的宏伟纲领，把建设有中国特色社会主义的事业全面推向新世纪，这个历史性的任务已摆在全国人民的面前。在这样的关键时刻，以江泽民同志为核心的中共中央发出了“讲学习、讲政治、讲正气”，“努力建设高素质干部队伍”的号召，并制定了《1996～2000年全国干部教育培训规划》，把干部教育培训作为一项治国安邦的战略性、基础性工作摆上日程。人民政协作为我国最广泛的爱国统一战线组织，作为共产党领导的多党合作机构，作为共产党领导的革命和建设事业的一个重要组成部分，必须认清形势，围绕中心，认真贯彻落实中共中央10号文件精神，把搞好干部的教育培训，加强政协的队伍建设，作为一项重要工作抓紧抓好。

二、要总结经验，突出重点，推进培训工作的规范化、制度化

加强干部教育培训，是中共全国政协党组非常重视的一项工作。八届一次会议以来，李瑞环主席把加强政协的理论学习和研究摆到政协工作很重要的地位来强调，作了许多论述。他多次强调，政协委员要履行好政协章程规定的职责，政协机关干部要做好各项服务工作，都必须加强学习，在认真学习建设有中国特色社会主义理论的同时，认真学习有关政协和统战的基本理论和知识。李瑞环主席和叶选平、吴学谦等13位副主席先后亲临全国政协干部培训中心北戴河培训基地指导工作、看望学员，并对干部培训中心的建设和工作给予了具体关心和指导。全国政协机关党组和办公厅的负责同志对干部培训和培训基地的建设抓得很紧、很实。从1992年开始起步，通过机关上下特别是培训基地全体同志几年的艰苦创业，培训基地从小到大，培训中心从无到有，培训工作逐步走向规范。培训基地的建设，还得到香港和澳门政协委员的关心和支持。

据统计，四年多来，由全国政协干部培训中心主办、地方各级政协报名参加的培训班，已有11期，加上其他各类班次，共办了34期，培训学员达3 870名。这是一个不小的成绩。我到培训中心来过几次，虽然对情况了解不多，但确实感到加强政协系统的干部教育培训工作非常必要。培训工作的成效是多方面的：一是推动了政协委员和机关干部对马列主义、毛泽东思想、特别是邓小平建设有中国特色社会主义理论的学习，促进了对统一战线和人民政协这一套基本理论知识的系统钻研，学员们普遍反映收获不小。受训学员中，90%以上是地方各级政协选派的，他们中有的是省、市、县政协的主席、副主席，有的是政协机关的负责人，有的是民主党派或无党派民主人士界的委员。他们的学习成果，对于推动地方各级政协的工作，对于增强各方面的共识，具有很好的促进作用。二是交流了经验。各种培训班的学员来自全国各地，既带来了各级政协的工作经验和体会，又有机会共同商讨新的情况和问题，还通过这种形式反映和汇集了许多社情民意。特别是近年来地方和基层政协工作很活跃，不少经验对全国政协的工作很有启发。三是密切了全国政协与地方政协以及各地政协之间的联系。大家来自五湖四海，相聚一堂，同学习，同吃住，加深了感情，结交了朋友，增强了联系，因此受到地方政协和广大学员的欢迎。

当前，干部教育培训工作面临新的形势。从国家发展全局看，我们要在今年内办好迎接香港回归祖国和中共十五大的召开这两件大事。从政协自身工作看,今年要在本届政协最后一年里,认真履行职能,顺利完成本届政协的使命,迎接明年全国政协九届一次会议的召开。为了适应新形势和高要求,要认真总结近几年来干部培训工作的经验,在此基础上提出改进的措施,我在这里强调两点:一是针对明年全国政协和绝大部分的地方政协换届,各级政协从委员到领导干部的变化较大、新人增多的情况,培训工作的重点要面向政协委员。要分期分批对新委员进行人民政协基本理论、基本知识的教育,提高委员们参政议政的水平,使他们更快更好地适应政协的工作。与此同时,培训工作要与干部队伍建设的总体部署相配套,继续加强对政协机关干部、特别是中层以上领导干部的培训教育,加大对优秀中青年干部培训的比例,大力提高他们的理论水平、知识水平和业务能力,为努力培养造就一支德才兼备、善于做统战和政协工作的干部队伍而努力。二是要推进政协培训工作的规范化、制度化建设。要坚持理论联系实际、分级分类培训、突出重点培训、保证培训质量的原则,认真借鉴其他系统干部教育培训的经验,努力建立健全一套有政协特色的培训制度和规范。要根据不同对象和不同班次的要求,制订规划,编写教材,改进教学,通过若干年的努力,形成符合政协特点、适应政协事业发展要求的教材体系、师资队伍和服务体系。要真正做到李瑞环主席所要求的那样:“年年都要有变化,年年都要有进步。”

三、要精心组织,共同努力,把本期培训班办得生动活泼、富有成效

本期培训班学员有403位,是八届一次会议以来学员人数最多的一期。学员人数的增多,给教学组织和生活服务都会带来困难,希望培训中心的全体同志和全体学员齐心合力,把这个班办得更好。怎样提高教学质量,学员们的努力很重要。我对大家提几点希望:

一是请大家认真读书。一期培训班的时间不长,而学习的内容很多。希望大家能够静下心来,钻得进去,把政协这一套最基本的东西系统地、认真地钻一钻,真正把政协的这一本“经”念熟。平时大家工作很忙,来到这里不容易,又有众多的领导和专家辅导,有共同研讨切磋的机会,请大家珍惜时间和机会。

二是坚持理论联系实际。大家都在政协工作第一线,实际工作的经验、感受、问题和新的情况都不少。一定要针对实际,带着问题学,勇于研究和探索当前遇到的一些突出问题,通过学习建设有中国特色社会主义理论的观点、立场、方法,提高思维水平,增长解决实际问题的能力。

三是加强相互交流。政协工作的一大特点就是联系宽、交流广、朋友多。大家从不同地区、不同岗位走到一起,各有各的经验,也各有各的问题,许多问题可以在交流中解决,在交流中互相启发,在交流中提高认识。大家还可以通过培训班,多反映一些社情民意,供领导决策时参考。

四是要总结经验。今年政协的一项重要工作就是总结八届政协一次会议以来的经验,为九届政协作准备。培训班包括各级各地的同志,有利于大家从不同角度来观察和分析政协的工作。培训班在组织讨论时可结合总结经验来进行。大家运用所学的理论对照实际,找找本届工作以来的得与失、收获与体会,既可以总结自身工作的经验,也可以对全国政协的工作谈看法和建议,对政协今后的工作出思路献良策。

总之,希望大家学习好、总结好、交流好,以优异的学习成绩迎接香港回归和中共十五大召开！

最后，祝大家身体健康，生活愉快！

在全国政协第十二期干部培训班上的讲话

（1997年6月3日）

孙 孚 凌

同志们：

很高兴在干部培训班开学时同大家见面。我代表全国政协和李瑞环主席，对全国政协第12期干部培训班的开学表示热烈祝贺！向参加第12期培训班的学员们表示热烈欢迎和亲切问候。

同志们是做政协工作的，首先要正确看待我们国家的形势和任务，全面、正确地认识政协的性质、地位和作用。这样，才能有做好政协工作的主动性，才能有提高工作水平和工作质量的创造性，也才能更好发挥政协的作用。进一步说，为了提高政协工作水平和工作质量，必须对委员和机关干部加强教育培训，建设高素质的政协委员和干部队伍。以江泽民同志为核心的党中央把这项工作看作事关社会主义现代化建设全局的一项战略措施。最近一个时期来，以江泽民同志为核心的党中央反复强调领导干部要讲政治、讲学习、讲正气，要提高领导干部队伍的素质。5月29日，江总书记在中央党校省部级干部进修班毕业典礼上强调指出，一定要高举邓小平建设有中国特色社会主义理论的伟大旗帜，抓住机遇，开拓进取，把我们的事业全面推向21世纪。去年，中共中央制定了《1996～2000年全国干部教育培训规划》，要求各级、各方面把干部教育培训作为一项治国安邦的战略性、基础性工作摆上日程。李瑞环主席也很重视政协干部的理论学习。人民政协作为我国最广泛的爱国统一战线组织，作为共产党领导的多党合作机构，作为社会主义现代化建设事业的一个重要组成部分，要在热爱中华人民共和国、拥护中国共产党的领导和拥护社会主义事业的政治基础上，尽一切努力，进一步巩固和发展爱国统一战线，调动一切积极因素，团结一切可能团结的人，同心同德、群策群力，以经济建设为中心，维护和发展安定团结的政治局面，促进社会主义民主和法制的建设，促进社会主义精神文明建设，推进社会主义市场经济的发展，为实现我国各族人民的根本任务而奋斗。人民政协肩负着政治协商、民主监督和参政议政的重大责任，应当切实、认真贯彻落实中共中央《1996～2000年全国干部教育培训规划》文件精神，落实李瑞环主席的有关指示，把搞好政协委员和机关干部的教育培训，加强政协的队伍建设，作为一项重要工作抓紧抓好。

全国政协干部培训中心承担对全国政协委员和地方政协干部的培训任务。八届一次会议以来，李瑞环主席很关心培训中心的工作，作了许多指示。他和叶选平、吴学谦副主席等还多次亲临这里看望学员、指导工作,对培训基地建设很关心。叶选平副主席在今年政协八届五次会议上的常委会工作报告中,专门有一大段谈培训中心工作并提出了明确要求。许多委员还主动地慷慨地帮助和支持培训基地建设和教学设施的改善。大家都看得到,我们培训基地规模还在扩大,新的综合楼又要竣工了,将来每期可以400多名学员集聚在这里学习;我们培训中心的干部职工工作热情很高。对此,我心里感到特别高兴。这说明我们全国政协在培训方面形势越来越好。这也说明,随着国家社会主义现代化建设和政协工作的发展。各级政协委员和机关干部学习的积极性也高涨起来。这是好事情。但是,这样一来,光有全国政协的培训中心就不够了,力不从心了。希望有条件的地方政协也加强培训工作。暂时条件不具备的可以与有关方面联合办。总之,希望各级政协都行动起来,切实加强对政协委员和政协机关干部的培训工作,提高我们队伍的素质。

本期培训班学员有400多位,比第十一期人数还要多,是八届一次会议以来学员人数最多的一期。学员人数的增多,教学组织和生活服务的困难会多些,比如,有些学员就只好借宿在邻近的疗养院了。希望培训中心的全体干部职工要更加兢兢业业地工作,工作再细一些,尽量为学员提供方便;同时也希望全体学员理解培训中心的困难,体谅他们,支持他们,有不周到之处,及时提醒他们一下。总之,大家要齐心协力把这个班办好。

对地方政协的学员,我想再说几句。

一是希望大家能够静下心来,好好读一读发给大家的几本书,把政协这一套最基本的东西系统地、认真地钻一钻。有这么多的国家级专家、学者、教授、研究员作报告,有这么多的来自全国各地的同行、朋友一起学习、研讨,机会难得,大家一定要珍惜。

二是希望开动脑筋,理论联系实际。通过学习,弄懂弄通当前遇到的一个或几个突出问题,以便回去后能够解决实际问题,把工作推进一步。

三是希望大家重视社情民意的反映,结合小组讨论,把不同地区、不同单位群众的思想情绪和需要引起上面重视的重要情况、重要问题反映上来,以便培训班通过简报向上反映。同时,还希望大家结合总结自身工作的经验,对全国政协的工作谈看法、提建议、献良策。

最后,祝大家身体健康,学习进步,生活愉快!

在全国政协迎接香港回归座谈会上的讲话

（1997年6月26日）

吴 学 谦

同志们、朋友们：

再过几天，香港就要回归祖国了。为了这一天的到来，中华民族期盼了一百多年。现在，这一时刻就要来到了，海内外所有中华儿女无不为之欢欣鼓舞。香港的历史即将翻开新的一页。1997年7月1日，将作为实现祖国统一大业的重要里程碑而载入史册。

中国人民永远不会忘记，一个半世纪以前，英殖民主义者推行炮舰政策和强权政治，对我国发动侵略战争，强行占领了香港，使我们的国家、民族和人民蒙受了巨大的耻辱。为了洗雪国耻，维护国家的独立和统一，一代又一代中华民族的优秀儿女，抛头颅洒热血，前仆后继，进行了不屈不挠、艰苦卓绝的斗争，终于在中国共产党的领导下，赢得了我们国家在国际上的独立自主地位，赢得了中华儿女同庆香港回归这一扬眉吐气的时刻。

恢复对香港行使主权，是包括台港澳同胞在内的所有华夏子孙的心愿。香港的顺利回归，雄辩地证明："一国两制"的决策是英明正确的。早在1982年，小平同志会见撒切尔夫人时，就坚定地提出："主权问题不是一个可以讨论的问题"，"1997年中国将收回香港"。1984年，小平同志又指出："实现国家统一是民族的愿望，一百年不统一，一千年也要统一的。怎么解决这个问题，我看只有实行'一个国家，两种制度'。"小平同志提出了"一国两制"的伟大构想，并首先用于解决香港问题，保证了香港的平稳过渡和顺利回归，反映了一个伟大的爱国者的宽阔胸襟和政治家的远见卓识，代表了中华各族人民的利益和愿望，体现了尊重历史、尊重现实、着眼未来的实事求是精神。"一国两制"在香港的成功实践，洗雪了中国人民的百年耻辱，使祖国的和平统一大业迈出了令人鼓舞的重要一步。

香港的顺利回归，有力地说明：坚持"一个中心，两个基本点"的基本路线，坚持各民族的牢不可破的大团结，把我们国家建设成为一个富强、民主、文明的社会主义现代化强国，是中华民族屹立于世界民族之林的可靠保证。落后必然挨打，贫弱必遭欺凌。只有新中国成立以后，我们中华民族才走上了国家独立、民族团结、繁荣富强的康庄大道。特别是党的十一届三中全会以来，由于我国的改革开放和现代化建设取得了前所未有的伟大成就，社会生产力快速发展，综合国力显著增强，人民生活不断改善，国际地位日益提高，才为实现香港的顺利回归、为推进祖国统一大业，奠定了坚实的基础。在"一国两制"方针指引下，香港回归之后，必将更加稳定繁荣；香港与内地携手共进，必将为中华民族的伟大复兴谱写更加灿烂的篇章。

香港回归和中国共产党第十五次代表大会的召开,是今年的两件大事。现在,我们正在欢庆香港回归这件大喜事的来临。作为对祖国统一大业、对香港回归一直十分关心并做了许多卓有成效工作的人民政协,将一如既往,继续关心香港的繁荣与发展,进一步加强同香港特区的政协委员的联系,为香港的长期稳定和繁荣,为推进祖国的统一大业,作出自己的应有贡献。

同志们、朋友们:

紫荆花是香港的市花,它色彩艳丽,簇簇相依,同根连理,自古就是团结和睦、骨肉难分的亲情象征。我们相信,在高高飘扬着五星红旗的香港土地上,掌握了自己命运的香港同胞,一定能创造出新的奇迹。香港的明天一定会更加美好,紫荆花一定会开放得更加鲜艳夺目!

谢谢大家。

在全国政协迎接香港回归座谈会上的讲话

(1997年6月26日)

万 国 权

再过几天,我国政府就要对香港恢复行使主权,香港就要回到祖国的怀抱。香港回归,标志着中国人民洗刷了上世纪中叶以来100多年的民族耻辱,标志着祖国统一大业迈出了重要一步。这是中华民族的一件盛事,也是举世瞩目的一件大事。全体中国人民,包括香港同胞、澳门同胞、台湾同胞和海外侨胞,无不为之欢欣鼓舞。香港的回归,是贯彻邓小平同志提出的“一国两制”方针的伟大成果。这一成功的实践,对于推动祖国统一大业的进程必将产生重大而深远的影响。

香港回归了,澳门的回归也已有期。香港、澳门的平稳过渡和回归后的长期繁荣稳定,必将对台湾问题的最终解决起到示范作用。保持香港的长期繁荣稳定,关键是要坚定不移地贯彻执行邓小平同志提出的“一国两制”的伟大构想,坚定不移地贯彻执行“港人治港”、“高度自治”的方针,坚定不移地贯彻执行香港特别行政区基本法。“一国两制”构想最初是为解决台湾问题提出的,但首先被用于解决香港问题。香港特别行政区基本法,是“一国两制”方针和中央关于香港的各项方针政策的具体化、法律化,对保持香港的长期稳定繁荣,维护香港同胞的利益和民主自由权利奠定了坚实的法律基础。基本法将为确保香港长期繁荣稳定发挥重要作用。“一国两制”伟大构想的成功实现和不断完善,既离不开香港各界同胞的共同努力,也需要中央和内地上下坚定不移地按照基本法办事。江泽民同志最近强调指出,“依法治港是我们实施依法治国的重要组成部分;维护香港基本法的权威,就是维护国家法制的权威。这是全国人民的共同责任。”香港基本法是一部全国性的法律,不仅香港要严格遵守,中央各部门和内地各省市都要严格遵守。以江泽民同志为核心的党中央带头学习和贯彻基本法,作出了表率。现在,国际社会和香港同胞都清楚地看到,中国政府对贯彻“一国两制”方针,落实基本法是严肃认真的,不是权宜之计,而是一项基本国策。我们坚信,只要不折不扣地贯彻落实基本法的各项规定,有600万爱国爱港、勤劳智慧的香港同胞的不懈努力,有内地的全力支持,“一国两制”一定会全面贯彻实施,香港的长期繁荣稳定一定能够实现。

香港回归祖国,将极大地增加我们民族的凝聚力,对推动早日实现祖国完全统一是一个难得的历史机遇。结束海峡两岸的分离局面,实现祖国完全统一,是全体中国人民的共同愿望,也是中华民族的根本利益所在。从我本身来说,十分希望在有生之年看到祖国完全统一。我的父亲现在还葬在台湾,我也十分希望能到台湾扫墓。在祖国统一问题上,要抓住香港回归这一历史契机。我们要坚持“和平统一,一国两制”的对台工作基本方针,全面贯彻江泽民主席关于推进祖国统一进程的八项主张,坚持“一个中国”的原则,开展反分裂、反“台独”斗争,充分调动和发挥全中国人民包括台湾同胞、港澳同胞以及海外华侨华人的爱国热情,促进两岸关系向健康的方向发展。香港回归必将使祖国大陆和台湾联系更紧密,也为加强对台工作提供了有利条件,我们既要敦促台湾当局认清形势,停止制造“两个中国”、“一中一台”等分裂祖国的活动,更要切实做好“更寄希望于台湾人民”的工作,积极促进海峡两岸在一个中国原则下进行政治谈判和直接“三通”,促进两岸在经济、文化等领域的交流与合作。通过全体中国人民的共同努力,祖国统一一定会早日实现。

促进祖国统一是人民政协的神圣使命,也是我们台港澳侨联络委员会的光荣任务。我们要认真学习、宣传、贯彻香港基本法,通过各种形式,为香港的长期繁荣稳定多做工作。我们要充分发挥政协的特点和优势,积极开展祖国统一联谊活动,推动祖国统一大业早日完成。

在政协第八届全国委员会常务委员会第二十一次会议开幕会上的讲话

(1997年6月27日)

叶　选　平

主席、各位副主席、各位常委:

这次常委会议的主要议题是:学习邓小平同志关于人民政协的重要论述,进一步推动政协工作的发展。确定这样一个议题,是为了落实中共中央关于努力做好政协换届各项准备工作的要求,贯彻李瑞环主席关于今年要在继续推进履行主要职能的同时把总结经验作为一项重要任务认真抓好的指示。经主席会议决定,这次常委会议印发了邓小平同志和以江泽民同志为核心的党中央领导同志关于人民政协的重要论述,以指导我们继续做好工作和正确总结经验。希望大家在认真学习、深刻领会的基础上,进一步贯彻政协八届五次会议精神,在围绕今年的两件大事、把政协各方面工作做得更好的同时,对八届以来的工作进行回顾和总结,使我们用心血换来的经验教训,成为今后政协工作的宝贵财富。

对于八届政协的工作,应当怎样总结,这是大家很关心的问题。为了把总结经验的指导思想、基本思路搞清楚,今年大会之后,我们连续召开了六次座谈会,参加人员有各民主党派和工商联负责人,政协原秘书长和副秘书长,各专门委员会主任,以及政协现任秘书长、副秘书长。在几次座谈会上,大家回顾了本届政协的工作与经验,并对如何搞好本届工作的总结,包括怎样开好这次常委会议,提出了很好的建议。这里,我根据这几次座谈会上大家的发言先谈些意见,供各位常委参考。

一

八届政协这五年(1993 年 3 月—1998 年 2 月)正处于我们国家发展进程中十分重要的时期。在此期间,我们胜利完成了第八个五年计划,制定和开始实施第九个五年计划与 2010 年远景目标纲要,今年,我国还要对香港恢复行使主权,召开具有重要历史意义的中共十五大。可以说,这五年是改革开放不断深化、取得巨大成就的五年,是祖国统一大业迈出重要步伐的五年,是我们继续沿着有中国特色社会主义道路奋勇前进的五年。在这样的大背景下,八届政协在中共中央领导下,始终坚持围绕中心,服务大局,选准角度,发挥优势,扎扎实实地履行职责,做好工作,使人民政协事业有了新的发展。李瑞环主席在今年大会闭幕会上的讲话中概括了两个“八条”,评价政协“各项工作积极、稳步、活跃、有序地向前推进”,这是实事求是、恰如其分的。参加几次座谈会的同志都认为,八届政协工作至少在以下一些方面取得了新的进展:

1. 进一步巩固和发展了爱国统一战线,促进了社会主义民主政治建设。这主要表现在:牢牢把握团结、民主两大主题,高举大团结、大联合的旗帜,通过政协的各种活动,促进了各党派、各团体和各族各界代表人士对国家的重大决策形成共识,从政治上对中央的全局工作提供了有广泛民主基础的支持;围绕中心议政建言,为国家建设与发展提出一批很有价值的建议,推进了决策的民主化科学化;把民主协商的原则贯彻于政协各项工作之中,形成了畅所欲言、生动活跃、民主团结的氛围,并在协调关系、化解矛盾等方面做了大量工作,为坚持和完善基本政治制度、巩固和发展爱国统一战线、维护社会稳定,发挥了重要作用。

2. 把参政议政列入主要职能,拓宽了政协工作的领域。1994 年八届二次会议通过的政协章程修正案,正式把参政议政列入政协的主要职能,这是本届政协工作的一个重要成果。它丰富了政协工作的内容,为广大政协委员及其所联系的各界人士评议国是、建言献策,提供了更多的机会和更加灵活的形式。

3. 建立和健全规章制度,推进了政协工作的规范化、制度化。与新修订的政协章程相衔接,八届政协进一步修改和完善了与之相配套的有关规定和条例。其中最重要的是 1995 年制定的《政协全国委员会关于政治协商、民主监督、参政议政的规定》。这个规定,进一步明确了政协履行职能的主要任务和基本方法。我们还根据新形势的要求修订了《政协全国委员会提案工作条例》、《政协全国委员会常务委员会工作规则》、《政协全国委员会专门委员会通则》等。从大的方面看,我们各项工作的制度已经基本建立。

4. 提案、视察和专题调研等工作不断改进,各项经常性工作更加活跃。八届政协注意了在会议闭会期间充分发挥委员作用的问题,较好地调动了广大委员的积极性。本届提案数量是历史上最多的,提案质量和办案质量也有很大提高。本届政协注重把专门委员会作为政协工作的基础性环节,围绕党和国家的重大决策以及群众关心的重要问题深入开展调研,为党和政府决策提出许多有价值的意见和建议。八届政协的调研报告不仅数量多,而且有切实、超前、可行性强等特点。

5. 开展了反映社情民意的工作,体现了政协包括各界联系广泛的特点。了解和反映社情民意是八届政协一项具有开创性的工作,也是本届政协一项很有特点的工作。从几年来各方面的反映看,效果很好。它为党和政府提供了基层和群众的大量实际情况和信息,为委员议政建言增添了新的渠道,密切了政协委员同各界群众的联系,起到了下情上达、反映民意的作用。

6. 扩大了同海内外爱国人士的联系,为推进祖国和平统一做了大量有益的工作。几年来,全国政协加强了同港澳地区政协委员的联系,反映他们的意见和建议,充分发挥他们参政议政的积极性,支持他们为香港、澳门的顺利回归和保持港澳地区的长期稳定繁荣贡献力量。按照"和平统一、一国两制"的方针和江泽民主席提出的推进祖国和平统一的八项主张,多渠道、多形式地推进台湾海峡两岸经济、文化等各个领域的交流与合作。

7. 拓展了对外交往领域,活跃了人民外交工作。邓小平同志积极倡导的人民政协对外友好活动,在八届政协期间取得了显著进展。比如包括全国政协主席在内的多层次对外友好活动的开展,"展望二十一世纪论坛"首次会议的成功举办,都具有开拓性的意义。通过政协的人民外交工作,增进了世界各国对我国真实情况的了解,宣传了我国改革开放和经济建设的成就,扩大了有中国特色的社会主义民主政治制度的影响。现在我们已同61个国家和4个国际组织的86个机构建立了联系。

8. 加强了政协自身建设,形成了良好的工作运行机制。八届政协适应新的形势和任务,用较大力量抓了自身的思想建设、组织建设和制度建设,如界别的调整、专门委员会的调整、一批工作制度的制定和完善等。同时,按照李瑞环主席对机关工作提出的讲质量、讲效率、讲规范、讲协作和加强机关办公现代化建设的要求,以"搞好服务,当好参谋"为目标,进一步加强和改进了机关工作,使机关的服务质量和工作效率有了明显提高。

9. 加强了对地方政协工作的指导,同地方政协的联系更加密切。通过邀请地方政协主席列席全国政协有关会议、召开地方政协工作座谈会、及时通报全国政协工作要点和有关信息、推动经验的交流,加强对地方政协的干部培训等多种方式,运用《人民政协报》、《政协会刊》和《地方政协工作通讯》等多种途径,加强了对地方政协工作的指导。还有重点地对部分地方政协工作进行了调研,多次组织中央新闻单位对地方政协工作进行采访报道,并进一步加强了同地方政协工作上的协作和配合。

10. 重视理论政策研究,增强了工作的自觉性和主动性。李瑞环同志担任政协主席不久就明确提出"要开创政协工作的新局面,做到主动、自觉、创造性地开展工作,就必须从基本理论上对政协有一个正确的理解。"并提出要研究"如何用邓小平同志建设有中国特色社会主义理论来指导政协工作”。几年来，我们通过多种形式学习老一代革命家特别是邓小平同志关于新时期人民政协的重要论述和以江泽民同志为核心的中共中央关于人民政协的重要论述，认真研究、探讨新形势下政协工作的新情况、新问题，提出了政协工作必须遵循的一些基本原则和在新的历史条件下做好政协工作的思路，使政协的各项工作建立在更加自觉、主动的基础之上。

总的来说，八届政协的工作领域更加宽广，内容更加丰富，形式更加多样，成效更加显著，在国内外的影响都进一步扩大。人民政协正以积极进取的新姿态迈向21世纪。

二

八届政协之所以取得这些成绩，原因是多方面的：小平同志为新时期人民政协工作奠定了良好基础，提供了科学的理论指导；以江泽民同志为核心的党中央对政协工作的高度重视和正确领导；国务院及有关部门对政协工作的积极支持和配合；政协自身的努力，包括广大委员的积极负责，这些都是我们做好工作，取得成绩的基本原因。

就总结政协自身的工作来讲，综合几次座谈会上的意见，大的方面至少有这样几条经验和体会：

第一，必须始终坚持正确的政治方向。这是我们做好政协工作的一条基本经验。从八届政协工作的实践看，始终注意把握好这样几点：一是坚持对政协性质、地位、作用的正确认识，突出人民政协的固有特色，“不比不套”，按照邓小平同志关于政协工作的重要论述和政协章程的规定，把各项工作积极稳步、生动活跃地推向前进；二是不断巩固人民政协的政治基础，高举爱国主义和社会主义两面旗帜，在中国共产党的领导下，积极落实多党合作和政治协商制度的各项要求；三是在各项工作中切实体现团结和民主两个主题，围绕大目标，促进大联合，努力使政协成为各党派团体、各族各界代表人士团结合作、参政议政的重要场所。

第二，必须始终坚持服从和服务于大局。紧紧围绕党和国家的中心任务开展工作，这是人民政协的性质所决定的。首先，作为中国人民爱国统一战线的组织，人民政协的任务，就是要调动一切积极因素，努力化消极因素为积极因素，团结一切可以团结的力量，同心同德，群策群力，维护和发展安定团结的政治局面，为把我国建设成为现代化的社会主义强国而奋斗。这是我们一切工作的出发点。其次，政协工作是国家全局工作的一部分，离开把握全局、服务全局，政协就不可能有所作为。八届政协之所以能够取得一些成绩，很重要的一条就是自觉地、主动地围绕全国工作的大局协商讨论、建言献策，在经济建设和社会发展中想实招、鼓实劲、办实事，积极贡献力量。再次，在服从和服务于大局方面，人民政协应把维护团结稳定的社会局面摆在突出的位置。建设有中国特色的社会主义，实现跨世纪的宏伟蓝图，必须有一个团结稳定的局面。维护国家稳定、社会安定，是各族人民的根本利益所在。改革开放以来，中华民族的凝聚力、向心力和全国人民根本利益的一致性进一步增强。但是另一方面，在建立社会主义市场经济体制过程中，各种利益关系的调整，也不可避免地会产生一些新的矛盾。因此，从统一战线的角度，人民政协必须积极协助党中央做好协调关系、化解矛盾的工作，巩固和发展团结、稳定、和谐的社会政治局面。

第三，必须始终坚持发挥人民政协的特点和优势。人民政协不是权力机关和行政机关,而是最广泛的爱国统一战线组织和政治协商的重要机构。它包括了我国各民主党派、人民团体和各族各界的代表人士,可以在国家政治、经济和社会生活中发挥重要作用。八届政协一开始就着眼于找准位置、选好角度、发挥优势。李瑞环主席在政协第八届全国委员会常务委员会第二次会议上明确指出:"必须从政协的实际出发,扬长避短,发挥优势。"并将政协的优势概括为:"一是人才荟萃,智力雄厚,能够深入研究一些宏观的、重大的、深层次的问题。二是代表性强,信息量大,能够反映各方面群众的意见、愿望和要求。三是位置超脱,视界宽阔,能够比较客观地提出意见和建议。四是下通各界,上达中央,能够发挥民主渠道作用。"政协的各种活动能否取得成效,政协的各项工作能否有所进展,很大程度上就取决于是否充分发挥了这些优势。

第四,必须始终坚持依靠广大委员活跃和深化政协工作。政协委员来自 34 个界别,代表着各个党派、各个团体和各个方面,是政协工作的主体。帮助委员不断深化对政协性质、地位、作用和职能的认识,是做好政协工作不可缺少的条件。我们在政协工作的各个层面、各个环节上特别注意了调动和发挥全体委员的作用。在全委会议和常委会议期间,切实贯彻"民主、团结、求实、鼓劲"的方针,尊重委员的民主权利,鼓励委员履行职能,畅所欲言。在全委会、常委会闭会期间,把专委会作为开展经常性工作的重要基础,组织委员深入调研,为国家建设建言献策;采取多种形式组织委员视察、考察,为委员知情出力、参政议政提供条件;开辟反映社情民意的渠道,通过政协的组织网络和界别联系,使党政机关听到更多的声音,得到更多的信息;把提高提案质量和办案质量作为工作的一个重点,使各民主党派和委员充分运用这一独特的参政议政形式,为国家的两个文明建设服务。同时,我们还注意用委员和基层政协的经验推动工作,将局部的经验汇合到整体之中。

第五,必须始终坚持用正确的原则规范政协工作。八届以来,我们按照实践和发展的观点,不断总结经验,初步形成了一系列指导政协工作的方针和原则,包括政协履行职能"必须坚持中国共产党的领导,必须服从和服务于国家的大局,必须注意从实际出发,必须加强同有关部门的配合";包括"尽职而不越位,帮忙而不添乱,切实而不表面"和"选好角度,发挥优势";包括"结合新情况,落实老精神","量力而行"、"循序渐进";包括"用经验指导和推动工作",以及机关工作要"讲质量,讲效率,讲规范,讲协作",等等。

在座谈中,同志们在充分肯定八届政协工作的同时,指出了我们对存在的不足也应有清醒的认识,如:在广泛联系、广交朋友方面还做得不够,包括党内委员与党外委员的联系和交友、委员与所代表的界别的联系和交友等都有待加强;政协应进一步加强团结的功能,把统战的氛围搞得更浓一些;为了使委员更广泛地参加政协的各种活动,更充分地发挥作用,可以考虑制定一个委员活动规则;同有关部门的协作和配合还不够,应当多做工作让有关方面更加了解与理解政协,等等。对于这些问题和不足,我们都要很好地研究。凡能够在本届解决和完善的,就要努力解决和完善;在本届暂时不易解决的,也要作出分析,理清思路,为下届的工作提出可供参考的意见。

此外,在总结工作的过程中,我们还要认真研究政协自身建设的问题。比如,政协的界别设置怎样才能既符合国情而又充分体现爱国统一战线的广泛性。现在全国政协的 34 个界别中,一些界别之间有交叉重复,还有一些全国性的团体要求恢复或新增为政协的参加单位。全国政协的界别究竟应当设多少,怎么设置为好?再如,八届政协共有委员 2 000 多人,常委 300 多人,这个规模以及委员与常委的比例如何?又如,现有专门委员会需要不需要进行一些调整?九届全国政协应设哪些专门委员会,名称怎么叫?还有,酝酿九届政协委员人选时应注意些什么问题,对人选的产生程序以及人选的参政议政能力、政治责任感乃至年龄和身体状况应当有一些什么样的要求等等。总之,人民政协的组织建设要与团结各界和服务中心的任务相适应,与政协工作的发展需要相适应。在这方面,我们也应当多走群众路线,多听听各党派、各团体和各族各界代表人士的意见。

各位常委,我们这次会议集中几天时间进行学习和总结,目的就是要通过学习,提高认识,集思广益,总结好八届政协以来的工作,真正找出成绩和不足、经验和教训,以便圆满地做好本届工作,为召开九届政协做好准备。在今年大会期间,曾印发了《老一代革命家论人民政协》,这次会议又给大家印发了邓小平同志关于人民政协的重要论述和江泽民等中央领导同志关于人民政协的重要论述,希望大家认真学习,领会其精神实质,并用以指导我们的总结工作。要发扬民主,畅所欲言,对八届政协工作有什么看法、有什么意见,都充分地发表出来。总之,要依靠大家的智慧,经过大家的努力,把我们这次会议开得圆满成功、富有成效。

学习理论　总结经验　研究工作

——在全国政协八届常委会第二十一次会议闭幕时的讲话

(1997 年 6 月 29 日)

李　瑞　环

这次会议开得很好。开得好,主要是因为大家的努力;开得好,还因为会议的题目选得好。最初提出的会议题目叫总结经验,问我如何,我说很好。后来有的同志提出,总结经验需要提高认识,建议加上学习理论,学习邓小平同志和以江泽民同志为核心的党中央关于政协工作的论述,我说很好,之后又有的同志提出,总结的目的是为了把今后的工作搞得更好,建议加上研究和推进政协工作,我也说很好。我这样是不是随声附和,不是。在我看来,学习理论、总结经验、研究工作,它们是紧密相联的,在一定意义上讲是一码事。

我们历来强调学习理论。因为没有革命的理论就没有革命的运动,因为没有理论指导的实践是盲目的实践,还因为当前我们面临的问题,许多都涉及到理论问题。学习理论,当然要读书。要认真地读,刻苦地读,重点文章要反复地读,读原著,读相关的书籍,读报刊上的文章,学习理论,光读书不行,必须联系实际。离开联系实际,学习理论就失去了目的。为什么学习,不是为了摆样子、给人看。离开联系实际,学习理论就失去了动力。学习见不到实际效果,就很难有兴趣、有劲头。离开联系实际,学习理论也就失去了衡量的标准。学习的成绩如何,不是看背多少书,而是要看实际结果。毛主席讲,如果你能应用马克思列宁主义的观点,说明一个两个实际问题,那就要受到称赞,就算有了几分成绩。被你说明的问题越多,越普遍,越深刻,你的成绩就越大。大量事实证明,只有联系实际,才能真正学懂弄通。有些同志学习时喜欢查书,从这本书查到那本书,从这个词典查到那个词典。现在有一些争论,都引经据典,谁是这样说的,谁是那样说的。你说他引的不对,是断章取义,他说你引的不准,是歪曲原意,来回争,来回查。查书无可非议,是学习理论不可缺少的重要方法。我体会还有一种方法,就是到实际生活中去查一查。实际生活这本大"词典"最丰富、最准确、最生动、最易懂。我举一个例子,我们常说,马克思主义的最本质的东西,马克思主义的活的灵魂,就在于具体地分析具体的情况。什么是具体?列宁讲,具体之所以具体,表现为过程,表现为综合,表现为质的多样性。这话单从字面理解比较费劲,如果从生活中去理解就比较容易。比如,一块木头是什么?就是一块木头,这个回答并没错,但它还是什么?这就要看具体情况。拿它来做家具就是原料,拿它来烧火就是燃料,拿它来挑水就是工具,拿它来和坏人斗争就是武器,拿它来行凶打劫就是凶器,拿到法庭就是证据,但还是那块木头。这就是质的多样性。许多问题用列宁所说的那种最平凡、最常见、每天碰到无数次的小事去理解,用自己最熟悉的实际去理解,就比较容易弄清楚。只有联系实际,理论才是生动活泼的。我们讲马克思主义是活生生的,因为它的特点之一就是实践性,它最容易与实际相结合。实际是丰富的,不断发展、变化的,马克思主义同它一联结,就变成活生生的。僵化教条最主要的毛病是脱离实际,书本很熟,条条很多,不联系实际,有什么用处?毛主席说过,教条主义不如屎,人屎可以喂狗,狗屎可以肥田,教条主义既不能喂狗,也不能肥田。只有联系实际,学习才能长期坚持下去。我们现在都很忙,时间有限,事情很多,加上业余活动丰富多彩,要长期地不间断地坚持学习真不容易,结合实际学习可以较好地解决这个问题。因为,一方面,读书是学习,使用也是学习,而且是更重要的学习;另一方面,由于结合实际,读书的过程就成为研究实际的过程,工作的过程也就成为学习和应用理论的过程。由于工作实际的需要,迫使你研究理论,迫使你读书、查书。这样工作不间断,学习也就不间断。联系实际,有各种各样的实际,总结经验是最经常、最普遍、最重要的联系实际。经验是已往的实际,是被实践检验过的实际,是人们亲身经历、印象深刻的实际。把理论与这种实际相联系、相结合,可以更容易、更准确、更深刻地理解理论。

我们一贯提倡总结经验。因为总结经验是由感性认识到理性认识的一个环节。实践可以产生理论,但必须经过总结这个环节。我们党的历史上两次大的飞跃都得益于总结经验。七大的总结奠定了新民主主义革命胜利的基础,十一届三中全会的总结开创了建设有中国特色社会主义的新局面,因为总结经验是推动工作的重要方法。任何一项工作要想不断地提高,必须坚持及时总结,发扬成绩,纠正错误,深化认识,作到吃一堑长一智,打一仗进一步。还因为总结经验是每个人提高与进步的有效途径。我们周围有许多很好的同志,有的相互之间天赋相近,学历相同,经历相似,实干的劲头也差不多,但他们提高和进步的程度却相差很大,重要的原因就在于如何对待总结经验。提高快的人每做完一项工作,都要琢磨琢磨,总结一下,找出成功包括部分成功的原因,或失败包括部分失败的理由,做到不占糊涂便宜,不吃糊涂亏。提高慢的人说干就干,干完就散,不动脑、不总结,马马虎虎,稀里糊涂,知其然不知其所以然。总结经验有三个条件。第一个条件要有材料,材料要全,不能缺东少西;材料要准,不能虚假差错。材料不全不准不能加工出好的产品。第二个条件要有武器,也可以叫工具,没有工具没法加工。工具是什么?马克思主义理论就是工具。第三个条件要有加工的本事。有了材料、工具,没有手艺不行。同样的工具和材料,手艺不同制作出的产品一定不同。手艺怎么来?就得学,就得练。怎么学,怎么练?就得不断地使用工具加工材料,也就是不断地用马克思主义理论去加工实践中的材料,即不断地用马克思主义去总结工作。总结不是一件简单的事,不是编顺口溜,凑四六句,而是在马克思主义理论指导下,将丰富的材料加以去粗取精、去伪存真、由此及彼、由表及里的改造制作,经过艰苦思考、分析、综合、概括、抽象。科学的抽象不是主观臆造,而是更深刻、更正确、更完全地反映着自然。总结经验的整个过程都是理论与实际相结合的过程,总结经验要应用理论,学习理论要结合总结经验。

我们十分重视研究工作。因为人类与其他动物的区别,在于人有自觉的能动性,人们的重大活动、重要工作,都要通过认真的研究,形成一套构想和思路,形成判断、决心和部署。因为客观世界十分复杂,要正确地认识事物,抓住事物的本质,抓住事物的全体,抓住事物的内部联系,就不能凭主观想象,不能靠一时热情,而必须进行认真的研究。还因为"集中起来,坚持下去"是我们的领导方法,而研究工作正是实行这个方法的结合点。所谓研究,就是集思广益,把分散的、无系统的意见加以集中、条理,然后变成计划、部署,贯彻实行。郑重的、系统的研究工作,一是要找一帮合适的人,这些人应是了解情况和从事这方面工作的人,而不能只是编词作文的人。二是要有必要的材料,现在浮夸造假现象十分严重,要真正把情况搞得实在、明白,很不容易,但这是基础。三是要有正反两方面的经验,经验是人民群众实践的总结,重视经验、解剖典型是研究工作的重要方式,也是唯物论认识论的基本要求。四是要在理论指导下深入地思索,要不间断地思索,方方面面地思索,连贯起来思索。在这个过程中,理论、材料、经验分分合合,难解难分,各种设想、方案、景象不断闪现,浮想联翩,肯定、否定、修正对照比较,反复选择。所谓"一觉醒来,疑团顿解",实际上是一夜未眠,冥思苦索。讲艰苦,这种头脑的加工最艰苦。思想上的艰苦,勤于和善于思考问题,是长期训练而形成的,头脑这个加工厂也需要不断更新和改造,使其能够适应不断发展变化的情况,加工出各种高水平的产品。我们有些同志只看到人家决策时的果断,而看不到人家事前所下的功夫;只看到人家处置问题的自如,而看不到人家平日长期的积累。世界上哪有这样的人,张口就说,说了就对;拿来就拍板,拍板就正确。某项工作干得不错,各方面反映很好,其实都经过了一个相当复杂乃至相当长时间的谋划研究过程。没有"十月怀胎",哪能"一朝分娩"?我们现在有些部门、有些工作,第一缺乏研究,塌不下心来,舍不得时间,豁不出辛苦。第二研究的方法不对,对实际情况了解得不够,对典型经验重视得不够,特别是在理论指导下连贯起来思索不够。我们常讲,"为着领导,必须预见","运筹帷幄、决胜千里","不打无准备之仗"。所谓预见、运筹、准备,都是研究,都需要认真研究,研究工作是领导者和领导机关的基本工作方法。

归总起来说,学习理论、总结经验、研究工作有机结合,三位一体,是学习的方法、总结经验的方法,也是搞好工作的方法。我很相信这个方法,向大家推荐这个方法,希望各位自觉地运用这个方法。

在政协第八届全国委员会常务委员会第二十一次会议闭幕会上的讲话

（1997年6月29日）

叶　选　平

主席、各位副主席、各位常委：

第21次常委会议今天就要结束了。几天来，按照会议预定的议程，各位常委认真学习了老一代革命家特别是邓小平同志关于人民政协的重要论述，学习了以江泽民同志为核心的党中央领导同志关于人民政协的重要论述。在此基础上，大家全面回顾了八届政协的工作，围绕总结经验、进一步推动今后工作展开了热烈讨论。会议期间，先后有19位同志作了大会发言，内容包括学习邓小平同志关于人民政协重要论述的体会，各专门委员会的专题汇报和经验介绍，以及这次会议各小组讨论情况的汇报和交流。这一做法，是政协以前未采用过的。这次常委会议虽然会期不长，但安排很紧凑，各方面准备工作也较充分，可以说许多常委都是有备而来的。由于大家的努力，会议开得很成功，很有成效，不少常委作了高质量的发言，提出了有价值的意见；通过学习、讨论，在许多重要问题上进一步提高了认识。关于八届政协的工作，大家一致认为，在邓小平建设有中国特色社会主义理论指导下，在以江泽民同志为核心的中共中央领导下，八届政协根据自身特点，坚持正确方向，服务国家大局，履行主要职能，加强自身建设，在许多方面取得显著进展，并形成了一些好的经验和做法。对于这些好经验好做法，值得认真地加以分析和总结。

总结八届以来的工作经验，是我们今年的一项重要任务。这次常委会议是整个总结工作中重要的一环，而不是结束，会后还有大量的工作要做。我在开幕会上的讲话，只是结合几次座谈会大家的发言谈了些意见，算是个引子，不是做结论，也不是给总结工作定框框。我们的委员包括各位常委是政协工作的主体，总结工作最终还要靠大家一起来做。李瑞环主席在今年大会闭幕会上的讲话中就曾提出：“希望各级政协组织和广大政协委员，把几年来做过的事情认真总结一下，冷静、深入地想一想本届政协工作有哪些得失，自己作为政协委员有哪些收获和缺憾，使我们用心血换来的经验教训，变成今后搞好工作的宝贵财富。”我们总结工作的全过程中都要贯彻这一指示精神。

为了搞好八届政协的总结，我们考虑，在这次常委会议后还要做以下几方面的工作：第一，把这次会议上各位常委的发言和讨论中提出的意见、建议整理出来，加以系统的概括、总结，进行认真的研究、分析，使之成为八届政协工作总结的一个基本素材。第二，向各位委员发函，征询对八届政协工作的意见。目前，办公厅正在设计题目、印制表格，准备会后发下去，请各位委员就八届政协的工作作出评价、提出意见，调动全体委员一起参与总结。第三，根据各位常委、委员和其他方面的意见抓紧时间形成一个总结草稿，然后由办公厅一些负责同志分几路到各省市区征求地方政协的意见，使总结出的经验更能切合实际，更具普遍意义。同时，希望大家回去以后继续关心常委会的总结工作，有什么意见、建议，欢迎随时提出来。

各位常委，再过不到两天的时间，香港就要回归了。让我们满怀欣喜地庆贺这一中华民族的历史盛事，迎接香港的新纪元。希望我们继续共同努力，把八届政协最后一年的工作做好，为我们的国家和人民尽到应尽的责任。

在地方政协文史委员会主任会议上的讲话

（1997年8月12日）

杨汝岱

同志们：

政协文史委员会主任会议今天开幕了。我代表政协全国委员会对这次会议的召开，表示热烈的祝贺，对新疆自治区党委、区政府、区政协对这次会议的大力支持表示感谢。

在今年3月召开的政协全国委员会第五次会议上，李瑞环主席提出："希望各级政协组织和广大政协委员，把几年来做过的事情认真总结一下，冷静、深入地想一想本届政协工作有哪些得失，自己作为委员有哪些收获和缺憾，使我们用心血换来的经验教训，变成今后搞好工作的宝贵财富。"在刚刚结束的八届政协第21次常委会上，李瑞环主席又以"学习理论·总结经验·研究工作"为题，发表了重要讲话，他要求不光是常委们要总结，每一个政协委员都应该好好总结，包括各专门委员会，也要根据自己的工作做好总结。今天大家相聚在一起，召开政协文史委员会主任会议，主要内容之一，就是要根据李主席的指示精神对八届政协以来的文史工作进行一次广泛深入的总结，这次总结也是人民政协整体工作总结的一个很重要的基础部分。希望大家集思广益，把会开好，把总结搞好。

总结首先要看到我们做了哪些工作，取得了哪些成绩。人民政协是建设有中国特色社会主义民主政治体制中的一个重要组成部分，各族人民、各党各派、各个阶层、各界人士通过政治协商达到大团结、大统一的目的。而文史资料工作则是政协组织中一项富有特色的工作。近40年来，你们进行了大量的征集、编辑、出版近现代史资料的工作，取得了突出成绩。这项工作在"存史、资政、团结、育人"方面发挥了很大作用，在扩大统一战线的团结面和联系面方面发挥了独特作用。文史工作已经成为政协工作不可分割的组成部分。在总结成绩的基础上，更重要的一步，就是要从中找出规律性的认识,上升为理论,成为指导性的东西,以推动今后的工作。

文史资料工作任重而道远,作为文史工作者,你们肩负着重任。这次会议还有一项重要议题,就是要在总结以往工作的基础上,研究和落实建国后史料征集出版工作。做好这件事,重要的是对这项工作的重要意义要有明确认识。大家应该有一个共同的起点,共同的目标。叶选平副主席在1995年政协全国文史工作座谈会上指出:"要重视政协工作,重视统战工作,就必须重视做好文史资料工作。"现在全国人民正在以江泽民同志为核心的党中央领导下,昂首阔步奔向新世纪,举国上下为实现中央提出的2010年远景目标而奋斗。文史资料工作必须适应这一新的形势,探索新的路子,选准角度,发挥优势,为更好地发挥人民政协在国家政治生活中的作用,为振兴中华、为祖国统一大业做出新的贡献。

八届政协期间文史部门做了大量工作,取得了显著成绩,特别是在认识上顺利完成了"由征编建国前文史资料向征编建国后史料重点转移"后,适时地展开建国后史料的征编工作。自新中国成立以来,我们国家发生了天翻地覆的变化,各行各业、各条战线取得了史无前例的成就,也走过曲折的道路,有很多经验教训。总结经验,以史为鉴,有着积极的现实意义,能够帮助人们更好地理解邓小平同志建设有中国特色社会主义理论的真理性、必然性,做好当前工作。征编建国后的文史资料是一项新的工作,会出现许多新情况、新问题。但只要我们认识一致,齐心协力,就一定会做出新的成绩、新的贡献。

现在,全国各级政协的文史资料工作已经具备一定的规模:共有2 000多个文史资料工作机构,已经形成了自上而下、互相协作的工作网络;有一支3 000余人的富有活力的文史专业队伍。这是文史资料工作持续发展的重要基础。你们在八届内出版的《中华文史资料文库》,是过去30多年辛勤劳动的结晶,也是对过去工作的总结、检验。你们在沈阳协作会议上所制定的征编建国后文史资料专题协作规划,是一个跨世纪的奋斗目标,也是文史资料工作更上一层楼并取得成功的施工蓝图。有这两条优势作保障,前景肯定是美好的。希望你们再接再厉,艰苦奋斗,编出一部荟萃建国后史料精华的新的《文库》,再创辉煌。

最后,预祝会议取得圆满成功。

在人民政协秘书工作座谈会上的讲话

(1997年8月19日)

钱 正 英

很高兴在秘书工作座谈会上同大家见面。全国政协与各地政协的同志在一起专门研究秘书工作,这是第一次。在全国政协和各级地方政协都在认真总结经验、研究工作的形势下，召开这样的座谈会，是很有意义的。我代表全国政协和李瑞环主席，向来自各地政协的同志们表示问候，对会议的召开表示祝贺！同时也借此机会，对政协秘书工作提一些看法和希望。

一、充分认识政协秘书工作的地位和意义

秘书工作很重要，因为秘书工作始终是领导工作体系中一个不可分离的重要环节。不管是党政机关，还是企事业单位，如果没有秘书工作部门的同志们当参谋搞服务，再高明的领导也难以从繁杂事务中超脱出来，抓住大事，把握全局。无论在革命战争年代，还是在社会主义建设时期，秘书工作始终是党领导下各项事业的重要组成部分。秘书工作部门的这支特殊队伍兢兢业业，无私奉献，立下了功劳，创造了业绩。讲秘书工作重要，还因为它是社会实践的客观需要。作为社会分工的产物，至少在有了国家以后就产生了。随着社会的发展，社会管理日益复杂，秘书工作作为一种为领导者服务的高度复杂的社会劳动也日益发展。据统计，目前我国社会生活各个领域从事秘书工作的人员已发展到上千万人的专业大军，成为各条战线上的一支重要力量。讲秘书工作重要，还因为我们党一贯重视秘书工作。毛泽东、周恩来、邓小平等伟人都曾经在革命早期专门做过中央的秘书工作。三代中央领导集体都对秘书工作发过许多文件和指示，作过许多重要论述。特别是党的十一届三中会全以来，党中央曾先后多次召开全国秘书长会议或秘书长、办公厅主任座谈会，江泽民总书记等中央领导对秘书工作作了许多重要论述。按照党中央的希望和要求，做好新时期政协的秘书工作，是广大秘书战线同志们的神圣职责和光荣事业。

长期以来，各级政协的秘书工作为人民政协事业的发展发挥了重要作用。人民政协是统战组织和协商机构，政协的秘书工作面对领导和广大政协委员，其工作量大面宽要求高；政协实行会议制度，各种会议和活动的组织服务工作很繁重，闭会期间许多日常事务的落实主要靠秘书长领导下的秘书工作来执行。这些都对政协的秘书工作要求更高、更严。正是这样的特殊事业和特殊环境，造就了一支良好的政协秘书工作队伍。许许多多的同志在这条战线上辛勤工作，甘于淡泊，乐于奉献，功不可没。我们对这条特殊战线上尽职尽责的同志们致以由衷的敬意和感谢！

二、认真总结政协秘书工作的经验

通过总结经验推动工作，是马克思主义认识论的要求，是实事求是的思想路线的体现。总结经验是今年李瑞环主席反复强调的一项重要工作。在第21次常委会议上，许多常委谈到，八届政协的五年，是小平同志南方谈话和党的十四大以来，以江泽民同志为核心的党中央领导各族人民继往开来的不平凡的五年，是各级人民政协在继承传统基础上积极、稳步、活跃、有序向前发展的最好时期之一。在全国政协九届一次会议召开前，大多数省、市政协也将换届的时候，认真地思考过去，展望未来，对于继承小平同志的遗愿，按照党中央的要求，更好地把人民政协事业向新世纪全面推进，具有重要意义。

总结经验包括各个方面。作为秘书部门和秘书干部，既要认真参与全面工作总结，也要认真总结好秘书工作自身的经验。事实上政协秘书工作多年来积累了相当丰富的经验，成绩显著，也有不少的认识体会和得失优劣，值得认真总结。但作为秘书部门，我们过去为领导、为全局工作服务得较好，而从总体上对自身工作进行系统研究还明显不够，我们政协秘书同行内部的交流和与其他系统的交流也较少。这些年地方政协工作很活跃，各地都有不少的经验和思路，也有各自遇到的一些问题。这次大家从不同地方聚到一起开会，可以在交流中互相启发，在研讨中共同提高，认真地在政协秘书工作的特点、规律、方法、艺术等方面下功夫作点研究，在新时期秘书工作的职能、作用、机构、人员上作些探讨，在规范化、制度化建设上多出些思路。过去战争年代我们党有打一仗总结一次的传统，今后政协秘书工作也应该发扬这个传统，经常地开展不同形式的交流与研讨，使我们的“仗”越打越精，工作越干越好。

三、努力把政协秘书工作提高到一个新水平

当前，政协秘书工作面临的形势很好。大家看到，敬爱的小平同志离开我们以后，在以江泽民同志为核心的中共中央的坚强领导下，政治稳定，人民团结，经济发展。香港的胜利回归，党的十五大即将召开，极大地振奋了全民族的精神，坚定了各族人民的信心，我国改革开放和现代化建设的各项事业都在按照小平同志和党中央指引的目标，向21世纪全面推进。世纪之交的形势和任务，推动着政协和统战工作不断向前发展。这些都对政协秘书工作提出了更高的要求，秘书工作部门的担子更重了。政协秘书工作要坚持以邓小平建设有中国特色社会主义理论和党的基本路线为指导，努力学习贯彻以江泽民同志为核心的中共中央关于政协和统战工作的决策和论述，认真落实李瑞环主席关于机关工作要讲质量、讲效率、讲规范、讲协作的要求，在新时期作出新业绩。为此，对政协的秘书工作提出三点希望：

一是切实履行好为领导服务、为委员服务、为机关和各地政协服务的主要职责。秘书工作本质上是一种从属性、服务性的工作。政协的性质和特点，决定了政协秘书工作的要求与其他系统有所不同：既要直接为政协领导服务，还要直接为政协的主体——广大政协委员服务；既要做琐碎事务性的服务，也要为各党派、团体和各界代表人士参政议政做参谋助手性的服务。所以，政协秘书服务要讲政治性、统战性、团结协作性，要讲服务精神、服务质量、服务艺术，把“三服务”工作做得更好。

二是充分发挥参谋助手、督促检查、协调综合的作用。这是江泽民总书记1990年在全国党委秘书长座谈会上对办公厅工作提出的要求。我认为这也是对政协秘书工作的要求。办公厅的工作很大程度上就是秘书工作。秘书工作千头万绪，事无巨细，繁重复杂。工作中一定要围绕中心，把握重点，突出发挥“三个作用”。要在一丝不苟地办会、办文、办事的同时，更加强化为领导和委员出谋献策的功能，积极主动当好参谋助手；要在做好上呈下达、收发传递性事务的同时，更加强化机关枢纽的功能，围绕贯彻领导决策，加强机关内外的综合协调、信息的综合处理，提高机关公文的草拟和规范化管理的水平，组织、保证机关工作协调运转；要在加强同各方面的团结、商量、协作的同时，更加强化领导决策执行中的督促检查，强调务实，狠抓落实，提高工作效率和成果，力戒拖诿虚浮之风。

三是加强秘书工作的科学化、规范化、制度化建设和秘书队伍的素质建设。我们大家都感到现代社会的变化发展越来越快，政协工作的要求也明显地在不断提高，秘书作为一种社会职业，正在向科学化、专业化、智能化方向发展。改革开放和现代化建设的新形势，世界范围新技术革命和信息时代的到来，对秘书工作的内容、方式、程序、条件和秘书人员的素质带来了新的冲击和考验，也带来了新的机遇和动力。我们一定要认真贯彻江泽民同志关于努力建设高素质干部队伍的要求,讲学习、讲政治、讲正气,学理论、学业务、学技能,通过多种形式加强各级秘书人员的教育培训,加强与各级政协和各个领域间秘书工作的相互交流和学习,加强和改进秘书工作的管理和建设,不断提高工作方法科学化、工作程序规范化、工作管理制度化和工作手段现代化的水平。各级领导应亲自抓好"四个建设",特别要经常关心广大秘书人员的学习、工作和生活,切实解决他们的困难和问题,认真听取他们的意见和建议。要充分调动起大家的积极性和责任感,不断改进,不断努力,把政协秘书工作提高到一个新的水平。

在"人民政协的理论与实践"研讨会开幕会上的讲话

(1997年8月27日)

叶 选 平

同志们:

"人民政协的理论与实践"研讨会是全国政协研究室和广州市人民政协理论研究会共同组织的。由于广州市委、市政府和各方面的积极支持,市政协的周到安排,以及今天到会的同志们的踊跃出席,研讨会在今天顺利开始。广东省政协在不久前也召开过"人民政协理论研讨会",有一些省的政协也召开过同样的会议对人民政协的理论问题进行研讨。这些研究工作进一步打开了人民政协理论的研究思路,产生了不少理论研究成果,提出了一些值得进一步探讨的理论观点和理论课题。这些研讨会都很有收获。我相信这次在广州召开的研讨会也会同样开得好,同样会为丰富和深化人民政协理论的研究工作作出贡献。

明年春天,全国政协和一些地方政协都要换届。李瑞环主席指出,政协一定要做好本届最后一年的各项工作;同时也要为政协换届做好自身的准备工作,其中最有意义的工作之一,就是认真总结本届政协工作的经验。为此,全国政协召开了以"学习理论、总结经验、研究工作"为议题的八届第21次常委会议。会议结束时,李瑞环主席作了重要讲话。这次常委会议和这个讲话,对政协工作是很重要的,所提出的认识思路不仅是全国政协总结八届工作的思路,而且是认识政协工作发展规律的思路,符合毛泽东同志所阐述的"认识论"。现在我们进行政协工作的理论研究,也要自觉地遵循这个经无数实践证实了的认识规律去进行,像李瑞环主席在讲话中所具体指出的那样的思路去进行。通过"实践,认识,再实践,再认识",极力丰富对人民政协的理论认识。

自从党的十一届三中全会以来,我国各方面都大踏步向前发展,创造和积累了丰富的实践经验。同时,在邓小平理论指引下,我们党和国家很注意对实际工作进行理论上的总结,不断把我国各项工作推向前进。不久,我们党将召开具有重要历史意义的十五大。我相信,十五大对过去五年以及今后五年的工作会有全面的总结和部署,在理论上也一定会有全面的总结和深入的阐述，把我党我国各项事业推进到又一个新的阶段。同样的道理，对于人民政协的工作，也应当注意和及时从理论上加以总结。全国政协恢复工作以来，经过了第五、第六、第七、第八届，有很大发展，各级地方政协在这时期也同样有很大发展。我们开拓了工作领域，取得了新的成绩和经验，也遇到不少新的问题，这正好给人民政协理论研究提供了丰富的原材料，等待我们“去粗取精，去伪存真，由此及彼，由表及里”进行研究，以便更深刻地领会我们党关于统一战线和人民政协的方针政策。我记得一些大家都关心的问题，例如，对政协的性质，政协章程中规定它“是中国人民爱国统一战线的组织，是中国共产党领导的多党合作和政治协商的重要机构”，“是我国政治生活中发扬社会主义民主的一种重要形式”。李瑞环主席也指出，要保持政协固有的性质和特点，不比不套，坚持政协就是政协。我觉得这些论述很重要，要深刻理解，同时也是将人民政协作为我国社会主义民主政治体制的重要组成部分和重要标志之一来研究的重要课题。再如，对人民政协的地位和作用，我们党在许多正式的文件中已有原则规定，结合到具体工作，瑞环同志提出了“尽职而不越位，帮忙而不添乱，切实而不表面”，这样就将政协性质、地位、作用联系起来，更实际地指导工作，这既是工作方针，又可以说是一条基本的经验，又很有哲理。又例如，政协的三项职能，由来已久，由于历史的推移，对政协职能的提法、理解、执行等，认识上并不十分统一，实际上也确有需要更深入研究和阐述的地方。除了这些，联系到我党一贯的统一战线理论和政策，不同时期的人民政协理论和决策，小平同志和以江泽民同志为核心的第三代领导集体关于统一战线和人民政协的论述和决策，人民政协多届以来的工作体会，就有更多的课题需要我们研究了。

以上所讲的，我相信都是各位同志早已想到的。通过研讨会的相互交流，集思广益，将会使人民政协理论研究的内容更加全面，成果更加丰富。至于理论研究时的指导方针问题，我想人民政协进行工作的指导思想就是政协理论研究的指导思想。应该掌握正确的政治方向，以小平同志的理论和党中央对人民政协的决策为指导；应当从国情出发，从人民政协工作实践出发，联系实际进行理论探讨；应坚持“实事求是”的思想路线，培养健康的学术研究传统，发挥政协的优势。这些我想不必多讲了。

我希望这次研讨会开得成功，多出成果。也希望人民政协的理论研究，不但开研讨会，而且平时更要多方面进行。理论研究的目的，是服务大局，促进工作，解决工作中的实际问题。因此，建议各级政协都有或多或少的专门研究人员，进行经常性的研究工作；也请各级政协的领导重视，为他们创造必要的条件，给他们出题目，责成他们完成一定的研究任务。让我们各级政协共同努力，繁荣人民政协的理论研究园地。

预祝研讨会取得成功！

在全国政协第十三期干部培训班上的讲话

(1997年9月1日)

钱伟长

同志们,朋友们:

在这秋高气爽的时候,我来到这美丽的北戴河海滨,出席全国政协第十三期干部培训班的开学典礼。我首先代表全国政协和李瑞环主席,向来自全国各地政协的同志和朋友,表示热烈的欢迎和亲切的问候!

近几年来,我去过不少地方,对地方政协工作的情况有一些了解。我感觉到,地方政协同志工作非常努力,在履行职责和自身建设方面都有很大进步,地方政协工作在整个人民政协事业中的地位和作用越来越重要。所以,我要借今天这个机会,向所有从事地方政协工作的同志表示我的敬意和问候!

大家知道,中共十五大将于本月12日召开。这是我国今年继香港回归之后的第二件大事。全国、全党期待,世界瞩目。因为这次大会将向全世界、全国人民郑重宣告:中国共产党在社会主义改革开放和现代化建设的新时期,在跨越世纪的新征途上,坚定不移地高举邓小平建设有中国特色社会主义理论的伟大旗帜,用这个理论指导我们的整个事业和各项工作。正如江泽民总书记今年5月29日在中央党校讲话中所指出的,旗帜问题至关重要,旗帜是方向,是形象。邓小平建设有中国特色社会主义理论作为马克思主义同当代中国实践和时代特征相结合的产物,是毛泽东思想在新的历史条件下的继承和发展,是当代中国的马克思主义。这个理论,总结近20年来中国改革开放和社会主义现代化建设的新鲜经验,总结建国以来中国社会主义发展成功和失误的历史经验,总结国际经验,第一次比较系统地初步回答了中国这样经济文化比较落后的国家如何建设社会主义、如何巩固和发展社会主义一系列基本问题,形成了建设有中国特色社会主义理论的科学体系。在当代中国,只有这个理论而没有别的理论能够解决社会主义的前途和命运问题。在当代中国,无论是中共党员,还是民主党派成员、无党派爱国人士,都要学习这个理论。本期培训班已安排了这方面的教学内容。特别值得庆幸的是,我们这期班正好赶上中共十五大召开。因此,希望大家注意收听、收看有关十五大的新闻,及时组织好学习。

邓小平同志是中国改革开放和社会主义现代化建设的总设计师,也是继毛泽东、周恩来之后的第三位全国政协主席,是新时期人民政协事业的奠基人。他以非凡的气度和胆识在探索中国社会主义现代化的发展道路、构建中国特色社会主义理论大厦的同时,对于在新的历史条件下恢复和发展人民政协工作,制定和确立新时期人民政协的理论、方针、政策,作出了历史性的重大贡献。他关于人民政协的一系列重要思想和观点,成为建设有中国特色社会主义理论的不可分割的一部分,是新时期人民政协工作的指南。因此,希望学员们在认真学习邓小平建设有中国特色社会主义理论的同时,要认真钻研邓小平关于人民政协的理论。

如何学习好理论,在今年6月底召开的第21次政协常委会上,李瑞环主席有一篇很好、很重要的讲话。他强调要把学习理论、总结经验、研究工作三者结合起来。我完全赞同他的意见。

我们学习邓小平的理论,不要只是从书本到书本,从词句到词句,一定要结合我们所从事的改革开放和建设现代化的实际。学习邓小平有关人民政协的理论,也一定要联系政协工作的实际,联系巩固、发展爱国统一战线和坚持、完善中国共产党领导的多党合作和政治协商制度的实际。学习成绩大或小,不是看你背了多少词句,主要是看你能不能在政协工作、统战工作的实际中做出成绩。

当然,必要的书籍还是要认真读。培训班已给每个学员发了《敬爱的邓小平同志永远活在我们心中》、《老一代革命家论人民政协》,以及《人民政协简明教程》等几本书。希望大家静下心来,认真仔细地读。特别是一些新到政协工作的同志,更要珍惜这个学习机会。

培训班还为大家广交朋友、交流经验提供了良好的条件。学员们来自五湖四海,政协工作都有自己的特点、经验和难题,希望大家加强交流,互相切磋,深入探讨,共同提高。

今年是八届全国政协最后一年。全国政协目前的重要工作之一是认真总结八届一次会议以来的工作,为明年换届做准备。明年许多地方政协也将换届。热忱欢迎大家就政协工作中的共同性问题,特别是对全国政协工作,提出意见和建议。培训班会负责任地把大家的建议、意见整理上报。

在全国政协领导和政协委员及有关方面的关心、支持和帮助下,全国政协干部培训中心新盖了一座综合楼,教学条件有所改善。希望培训中心的同志继续做好服务工作,使各地政协的同志在这里学习好、休息好。

最后,预祝这期培训班完满成功,祝大家身体健康、学习进步!

在全国政协民族和宗教委员会赴沪、浙、闽参观考察总结会上的讲话

(1997年10月22日)

阿沛·阿旺晋美

这次全国政协民族和宗教委员会组织的赴上海、浙江、福建等地参观考察今天结束了,这次活动取得了圆满成功。现在大家在一起对这次活动作个总结,我先简单地说几

句，然后大家发言。

全国政协民宗委办了一件好事，组织这个由10个少数民族、五大宗教的委员到沿海地区参观考察，给大家创造了一个非常好的机会，使大家进一步了解了沿海地区改革开放的成果，加深了对邓小平理论和十五大精神的理解。虽然考察的时间短，参观内容相当多，安排的比较紧张一些，但大家热情很高，不怕辛苦，在大家的齐心协力下，再加上全国政协民宗委工作人员的辛勤劳动，各地党委、政府、政协的大力支持，使这次参观考察取得了圆满成功。我对大家的通力合作，表示衷心地感谢！

通过这次考察，大家亲眼看到上海、浙江、福建等地的巨大变化。这些地方我曾经来过多次，每次的感受都不一样，尤其这几年变化更大。我记得最早到厦门是1964年，那时没有这样好的宾馆和接待条件。我当时住在鼓浪屿，住房没有这么好。这一点大家也亲眼看到变化是相当大的。这充分说明小平同志建设有中国特色社会主义理论和改革开放的政策是完全正确的。没有改革开放的政策，也就没有今天这些地区的变化。

我们清楚地看到沿海地区确实发展很快，相比之下，我也感到西部和西南的五大自治区、几个民族省的大部分地区与沿海地区差别较大。这些地区地处边疆，各方面的基础差，底子薄，改革开放起步比较晚是落后的重要原因。通过这次考察，非常自然地联想到这样一个问题：如何使民族地区尽快地发展起来。要发展，需要做许多工作，概括起来有这么几个问题需要大家认真地去做：

1. 首先要解放思想，更新观念，加大改革的力度。只有这样，许多束缚手脚的东西丢掉了，才能找到发展的新路子，才会大胆地去闯、去干，这一点也是我们这次考察的主要目的。

2. 要充分重视和培养造就本民族的干部队伍和专业技术人才队伍。经过精心培养之后，要充分相信他们，大胆地使用他们，让他们在各自的工作岗位上发挥作用。这一点是从根本上改变民族地区落后面貌的百年大计。像西藏和平解放40多年来，培养了很多干部，花费了很大的精力，但我们在有些工作方面相信和大胆使用民族干部上还有很大差距，这一点我认为很重要。

3. 要认真贯彻和完善《民族区域自治法》。这个法应根据十五大精神，作一些相应的修改和完善，但基本精神符合民族地区的实际情况，对民族地区的发展和进步是一个法律上的保证。我曾经在人大民委担任过职务，一直致力于落实和完善《民族区域自治法》这项工作，尤其是对五大自治区《自治条例》的出台做过一番努力，但是至今五大自治区的《自治条例》一个都没有出台，这点是个很大的缺陷。制定《自治条例》本身就是为了进一步贯彻《民族区域自治法》，这更能够切合民族地区的实际情况，对民族地区的发展是一个法律保证。所以希望今后在这方面有新的成效。

4. 要想加速民族地区的发展，保证各项工作顺利地开展起来，很重要的一点，就是要创造一个稳定的社会环境。这种稳定的社会环境不能单纯靠经济手段，或者是强制的手段来解决。我认为要进一步认真贯彻党的民族和宗教政策，严格区分两类不同性质的矛盾，正确处理民族和宗教事务。毛主席和周总理在世时，对这方面有许多重要指示，他们一直强调，在处理民族和宗教事务时，一定要谨慎从事，要正确处理好。我认为我国的少数民族虽然人口只占全国人口的8%，但是却居住在62%的国土上，如不能正确处理民族和宗教事务，这些地区就不会有稳定的社会环境，也就是说不能保证社会主义建设顺利进行。在民族地区都有一个处理好民族关系和宗教事务的问题,这是一个感情问题,也是一个信仰问题,必须要慎重从事,否则弄不好就会出乱子,会影响全国的稳定和团结。

因为时间关系,大家还得发言,以上谈一些简单的看法,只供大家参考。最后我给这次参观考察的组织安排提一点小的意见:这次考察时间太短,很紧张,大家都相当的累。因为时间紧,参观的内容不少是走马看花,不能看得特别细致,希望政协的同志能够改进,下一次组织得更好一些,使大家更有收获。

这次活动非常成功,大家都很辛苦。明天大家就要返回各地,希望大家在各自的工作岗位上继续发挥政协委员的作用。最后祝大家身体健康,工作顺利!

在接见人民政协后勤工作经验交流会议代表时的讲话

(1997年11月11日)

李 瑞 环

同志们:

这些年来,人民政协事业有了很大发展,各项工作有了长足进步,这其中饱含着工作在后勤岗位上的广大干部职工的辛勤劳动、无私奉献。借此机会,我向大家表示崇高的敬意和衷心的感谢。

后勤工作是十分光荣、十分重要的工作,是我们做好一切工作的基本保障。不只在今天,历史上也如此;不只在中国,世界各国也如此。我们党历来重视后勤工作,把它作为党的事业一个重要的组成部分。对于政协这样一个多党合作和政治协商的统一战线组织来说,做好后勤服务工作具有特殊重要的意义,是使各级政协和广大委员更好地履行职能、发挥作用的重要保证。所以我希望所有在政协系统工作的同志,首先是各级领导,要充分认识做好后勤工作的重要意义,摆对位置,加强领导,特别是要高度重视队伍建设,对从事后勤工作的同志要从政治上、工作上、生活上给予更多的关怀。

做好后勤工作很不简单,需要有全心全意为人民服务的思想境界,满腔热情的服务态度,甘当无名英雄的奉献精神,还必须讲究科学,深谙业务。我们有些人总觉得后勤工作是一些很琐碎的事情,没有多大的学问,其实不然。后勤工作是一门科学,是一个系统工程,有很多学问。要把后勤工作做得井井有条,有深度,有水平,是需要下很大的功夫。特别是在当今科学技术高度发达、各种交往十分频繁的情况下,如何利用好现代化的手段,提高后勤工作的效率,需要很好地研究,需要有一大批专门的人才。召开这个会议,就是希望大家更加重视这项工作,认真总结这项工作,真正当成一门科学去研究,去抓好。各级政协从事后勤服务工作的同志都要发扬成绩,克服不足,更加爱岗敬业,扎实努力,在自己的岗位上创造一流的工作、一流的水平,共同把人民政协的后勤工作推向前进。

在人民政协后勤工作经验交流会上的讲话

(1997年11月11日)

杨汝岱

同志们:

在各级政协认真学习贯彻党的十五大精神的形势下,人民政协后勤工作经验交流会在这里召开。我首先对会议的召开表示祝贺,对各地政协的同志表示亲切的问候!

一

在座的各位大都是负责或直接从事政协后勤工作的,我和大家都同样感到,政协后勤工作始终是政协事业的重要组成部分,是政协事业发展的重要条件和保证。从政协的重大会议,到委员活动的接待服务,从机关工作的物质条件,到干部职工的生活福利,什么时候都离不了后勤保障。中国有"兵马未到,粮草先行"的古语,讲的是后勤保障对战争胜负的关键作用。其实对其他各项事业而言,又何尝不是如此。马克思主义的理论讲得更透彻,认为人们必须首先解决吃喝穿住的问题,然后才能从事其他一切社会活动。我们后勤部门的工作就是直接为吃喝住行创造条件、提供服务的工作。实践表明,任何一个部门和单位,没有在后勤工作上做得差而全面工作却搞得好的。

这几年,八届全国政协的工作出现了新局面,各级地方政协的工作也很活跃、很有成绩,其中一个重要内容和标志,就是后勤服务保障工作发挥了很好的作用,上了一个新台阶。给人最突出的印象,一是后勤改革步子较大,走在政协机关改革的前列。各省市政协机关的后勤部门正在逐步进行行政管理、后勤服务和企业管理三项职能的分离,向着机关后勤管理科学化和服务社会化迈出了一大步,一部分机构、职能和人员划出行政序列,向社会化、市场化、企业化转变。二是为委员服务、为机关服务、为干部职工服务取得很大成绩,委员活动和机关办公的环境和条件有了较大改善,办公自动化程度提高较快,服务水平和质量有明显改进。三是后勤经济得到发展,取得了较好的经济效益和社会效益,弥补了机关经费不足,增强了保障能力。这些都是党中央、国务院关于后勤改革和发展的方针政策正确指引的结果,是各级政协领导重视后勤、措施得力、工作有方的结果,是后勤战线全体同志敬业爱岗、艰苦奋斗、默默奉献的结果。我到过大多数省、市、区的政协,可能与在座不少同志见过面,深知后勤战线的同志们很辛苦。借此机会,我向政协后勤战线的同志们,向辛勤劳动、作出贡献的后勤部门广大干部职工,致以由衷的感谢和敬意!

二

当前,政协后勤工作面临着新的形势和机遇,特别是今年很不寻常。大家看到,今年初,敬爱的小平同志不幸离开我们后,以江泽民同志为核心的党中央高举邓小平理论的伟大旗帜,向全世界表明了我们党和国家迈向新世纪的方向和道路,正确解决了国际国内一系列大事,合民心,顺民意,保持了国家和社会的安定团结和各项事业的顺利进行。经济发展进入建国以来最好的时期,"九五"计划开局良好,物价涨幅和通货膨胀得到有效抑制,实现了"软着陆"。在最近震惊世界的东南亚金融危机和全球股市狂跌的冲击中,我国仍然保持了经济稳定和健康发展。香港顺利回归祖国,洗雪百年耻辱,屹立起祖国统一大业的重要里程碑。今年9月党的十五大的胜利召开,确定了邓小平理论的历史地位和指导意义,产生了以江泽民同志为核心的跨世纪的中央领导集体,制定了把建设有中国特色社会主义事业向新世纪全面推进的宏伟纲领。我国改革开放和现代化建设事业由此进入了一个承前启后、继往开来的新时期。这些都为政协事业的发展提供了良好的背景和大好的机遇。

从政协工作自身看,各级政协这几年的成绩是显著的。在以江泽民同志为核心的党中央的高度重视和领导下,在李瑞环主席的直接主持下,各级政协在继承历史、发扬传统的基础上,年年都有新变化,年年都有新进步,出现了积极、稳步、活跃、有序发展的好局面。在目前总结经验中都可以看到,从修改章程、制定《规定》,到各级各方面工作的规范化、制度化建设,从把参政议政列入政协的主要职能,到开辟反映社情民意的渠道,从团结联谊逐步扩大,到献计献策发挥优势,从为两个文明建设出力,到为促进祖国统一大业发挥作用,等等,政协的进步都是显著的,受到党中央的肯定和社会各界的好评。这些都是我们继续前进的良好基础,也使我们对今后的工作充满信心。

同时要看到,我们正处在世纪之交,世界变化很快,国家发展很快,政协进步也很快,我们后勤工作的步子也更要加快。新时期的大事多,新事多,难事也很多,需要我们不断学习的东西也更多。党的十五大提出了跨世纪的宏伟目标和任务,规定了人民政协的方向和任务。人民政协的各项工作,包括后勤工作,都要认真研究我们当前的形势和任务,都要围绕十五大提出的奋斗纲领和工作全局,提出跨世纪的工作思路,制订贯彻落实十五大精神的具体措施。各级政协后勤部门应该把这项任务提到突出地位上来,抓紧抓实抓好。

三

新时期人民政协的后勤工作怎样上新水平、上新台阶,这次会议大家要研究,我在这里只提几点希望:

第一,把学习贯彻十五大精神落到后勤工作的实处,使后勤工作更好地服从和服务于全局的需要。十五大精神是全党全国各项工作的指南,也是政协工作包括后勤工作的指南。学习十五大精神,首先要全面学。政协履行职能涉及到十五大提出的目标任务的各个方面,政协的一切工作都要围绕十五大提出的目标任务来展开。只有全面学懂十五大精神,才能掌握政协后勤服务工作的方向,增强搞好后勤服务工作的动力。学习十五大精神,要认真领会十五大报告中关于政协工作的重要论述。这次十五大报告对政协工作的论述很全面,强调要“继续推进人民政协政治协商、民主监督、参政议政职能的规范化、制度化,使之成为团结各界的重要渠道”,要“坚持和完善共产党领导的多党合作和政治协商制度。坚持‘长期共存、互相监督、肝胆相照、荣辱与共’的方针,加强同民主党派合作共事,巩固我们党同党外人士的联盟”,“巩固和发展广泛的爱国统一战线”,等等。这些论述,包括人民政协的团结、民主两大主题,重申了我国的基本政治制度和统战工作基本方针,指明了政协履行职能的方向和重点,这既是政协工作的方向和指南,也是全党的工作任务。我们一定要逐字逐句地领会其含义,掌握其实质。学习十五大精神,还要同继续学习我党三代中央领导集体关于人民政协的论述结合起来,“结合新情况,落实老精神”,坚持政协的性质、职能和特点,明确大的是非原则,不比不套,牢牢掌握正确的政治方向。

学习十五大精神,关键是要密切联系后勤工作的实际。后勤部门作为一个很具体的服务部门,虽然工作很琐细繁杂,但与整个政协的工作中心、工作大局密切关联,要经常提醒后勤战线的干部职工:政协后勤工作服务的对象中领导多、各界代表人物多、老同志多,他们层次高、影响大,其参政议政涉及到国家大政方针和政治、经济、文化生活的各个领域,因此后勤工作的服务质量和水平如何,直接关系到政协作用发挥,具有很强的政治性、政策性、统战性。这就要求后勤工作者要了解工作全局,掌握大的方向路线和形势,自觉地使自己的工作服务于服从于中心和大局。比如说,十五大报告中对今后经济体制改革、政府机构改革作了深刻阐述和全面部署,有许多新的突破,这都是与我们后勤管理和改革直接相关的。认真学习领会好这些论述,才能自觉适应今后的大趋势,掌握主动权。这次大家带来的经验都表明,只有站到全局的高度,在大方向、大目标的指引下来对待后勤工作,才能开阔眼界,搞活思路,才能提高后勤工作的自觉性,才能增强事业心、责任感,才能不断开拓、不断进取。

第二,切实履行好为领导服务、为委员服务、为机关服务的主要职责。服务是政协机关的基本职能,也是机关后勤部门的立身之本。离开了服务,政协后勤工作就没有自己的位置和必要。为了履行好服务职能,首先要讲服务精神、服务质量、服务水平。没有脚踏实地的精神、热情积极的态度,没有想委员、领导和干部职工之所想、急委员、领导和干部职工之所急的精神境界,没有吃苦耐劳的干劲,没有熟练的专业技能,要做好后勤服务工作是不可能的。无论后勤系统的职能如何划分,机制如何转换,都要有利于搞好服务、保证服务。无论面向机关、委员,还是面向社会、市场,最终都要落实到提高后勤服务的保障能力上,不能脱离服务之本。政协后勤部门的一切工作都要以领导、委员和干部职工满意不满意作为工作的出发点和标准。在这方面,政协后勤部门长期以来形成了独特的优良传统和作风,出现了许多先进个人和标兵,在新形势下我们要大力提倡和弘扬。

为了履行好服务职责,关键是要深化后勤改革。长期以来,我们的后勤体制是计划经济体制下的供给制、福利型、封闭型的传统后勤体制,与市场经济和机构改革的要求不适应,跟不上政协工作发展的要求。要在以往改革的基础上,进一步解放思想,转变观念,分离职能,理顺关系,加快运行机制转换,健全配套制度,逐步向管理科学化、服务社会化方向转变。改革涉及到观念转变、利益调整和权力变动,是一个复杂的过程。一定要做好耐心的思想政治工作,教育大家识大体、顾大局,克服个人利益和部门利益的局限,把认识统一到提高服务功能、增强保障能力上来。

第三,加强后勤部门的规范化、制度化建设和干部职工队伍的素质建设。后勤工作是政协机关中一个很庞大的系统,战线长,摊子大,人员多,事务繁杂,工作艰巨。政协事业的不断发展,社会主义市场经济的不断深入,对政协后勤工作的思维观念、工作内容、管理方式、运行程序都带来了新的冲击和考验,也提供了新的机遇和动力。后勤部门的同志一定要按照李瑞环主席关于"讲质量、讲效率、讲规范、讲服务"的要求,全面加强自身建设,大力推进各个部门和各个环节的工作制度化、规范化建设,提高工作运行有序化、管理科学化的程度。

搞好后勤工作,关键在于人的素质。要认真贯彻江泽民同志关于努力建设高素质干部队伍的要求,讲学习、讲政治、讲正气,采取措施、抽出时间组织干部职工学理论、学业务、学技能,特别要深入学习邓小平理论,学习政协知识、市场经济知识、法律知识等,广泛开展多种形式的培训教育。要学习贯彻好《中共中央国务院关于党政机关厉行节约制止奢侈浪费行为的若干规定》,制定具体措施,带头执行和监督落实。要加强职业道德教育、艰苦创业精神教育和廉政教育,切实推进精神文明建设和廉政建设,树立艰苦奋斗、厉行节约、勤俭办一切事业的良好风气和甘当无名英雄的精神。各级领导要把严格要求和热情关怀结合起来,关心后勤部门广大干部职工的学习、工作和生活,切实解决他们的困难和问题,经常听取他们的意见和建议,把大家的积极性、责任感调动和凝聚起来,不断开创政协后勤工作的新局面,为实现十五大提出的目标任务作出贡献。

最后,祝这次会议取得圆满成功!

在全国地方政协主席座谈会上的讲话

（1997年11月24日）

叶　选　平

同志们:

这次把大家请来开个座谈会,主要议题是以党的十五大精神为指导,总结交流八届政协工作经验,重点讨论修改《政协第八届全国委员会工作总结(征求意见稿)》。当然,对今后的政协工作有什么建议也可以提出。工作总结的征求意见稿事先已经印发给各位,大家来前也已准备了发言提纲,我现在主要介绍一下全国政协前一段总结工作的进展情况和起草这个总结稿的基本思路。

在今年3月份召开的全国政协八届五次会议上,李瑞环主席提出要在继续推进履行主要职能各项工作的同时,把总结经验作为召开九届政协的一项重要准备工作认真抓好。八届五次会议闭幕当天,我和学谦同志受李主席委托同参加大会的各省政协主席们进行了座谈,与大家共同商定在今年第四季度召开地方政协主席座谈会,在各地政协各自总结的基础上总结全国政协的工作。大会之后，由我、学谦同志或其他同志主持，分别召开了各民主党派中央、全国工商联负责人，全国政协秘书长、副秘书长，各专门委员会主任，全国政协原秘书长、副秘书长等几次不同范围的总结座谈会。6月，全国政协又召开第21次常委会议，请各位常委们都来对我们的工作进行总结。李瑞环主席在会上作了题为《学习理论，总结经验，研究工作》的讲话，对我们的总结工作有直接的指导意义。在广泛听取各方面意见的基础上，文件起草组于9月份提出一份总结初稿，驻会秘书长们两次进行了认真的讨论。党的十五大召开后，起草组根据十五大的精神特别是十五大对统一战线和人民政协提出的要求，又一次进行了充实和修改，形成了现在这样一个征求意见稿。

起草这个总结稿的基本思路是，本着实事求是的原则，力求准确地反映出五年来全国政协工作的全貌，包括它的成绩、进展和不足，从中总结出对政协工作有长远和普遍意义的经验，为以后的工作提供有益的借鉴。目前这个稿子包括三个部分：第一部分是八届政协工作的时代背景和基本条件；第二部分从十一个方面对八届政协的工作进行归纳概括，这部分最后讲到了五点不足和需要加以改进的地方；第三部分从大的方面总结了五条经验或体会。在座各位都是各省、自治区、直辖市和副省级市政协的领导同志，有领导政协工作的实践经验，多数同志作为全国政协委员还直接参加了八届全国政协的工作，对于如何做好本届政协的工作总结，最有发言权。这个稿子是否充分反映了全国政协五年来的工作情况，所谈经验和体会是否符合我们的实际，希望大家根据党的十五大精神畅所欲言，多提宝贵意见，以便集思广益，共同把全国政协的总结稿修改好。

这次座谈会的会期一共安排了4天。为方便大家的发言与交流，就不再划分小组了。每位同志的意见都在大会上讲，有利于大家互相学习、互相启发，共同提高。

同志们，近五年来，在党中央的关怀和李瑞环主席的领导下，我们同委员们一起，密切协作，共同努力，推动了人民政协事业生机勃勃地向前发展。现在，让我们再接再厉，同心同德，一起把我们共同做过的工作总结好，圆满完成本届政协的使命。

谢谢大家！

在全国地方政协主席座谈会闭幕会上的讲话(摘要)

(1997年11月27日)

李　瑞　环

一

人民政协是具有中国特色的民主形式。八届政协的五年来，我是边干边学，边学边干，对政协的工作，对政协的性质、地位和作用有了新的认识。人民政协这种民主形式，确实具有许多的特点和优点。它在组织上的最广泛的代表性和在政治上的最大限度的包容性,充分体现了全体社会主义劳动者、拥护社会主义的爱国者和拥护祖国统一的爱国者的大团结、大联合;它具有的智力雄厚、位置超脱、下通各界、上达中央的有利条件,使它能够在参与高层次活动和重大决策中提供有价值的意见和建议;它坚持的民主协商、求同存异的原则,使它既能够尊重多数人的共同意愿,又能够照顾少数人的合理要求,广泛地、切实地发扬了人民民主。在我国政治生活中,人民政协具有不可替代的作用。中国共产党领导的多党合作和政治协商制度是我国的基本政治制度,人民政协则是这个基本政治制度的政治形式和组织形式。多党合作的重要性决定了人民政协的重要性,多党合作的长期性决定了人民政协的长期性。半个世纪来,人民政协伴随我国革命与建设的进程,在各个历史时期都发挥了重要作用。现在,虽然各方面的情况发生了很大变化,但人民政协的性质、地位和作用并没有改变,它在推动改革开放和经济发展,加强社会主义民主和法制建设,维护团结稳定和促进祖国统一等方面,仍然具有独特的优势。人民政协是以毛泽东同志为代表的老一辈革命家的伟大创造,经过半个世纪的实践检验,它完全适合中国国情,我们应当高度重视,精心爱护,始终不渝地坚持。

二

在这几天的发言中,大家充分肯定了八届政协的工作成绩,同时也对履行职能,特别是对加强政治协商和民主监督工作提出了不少建议和希望,我同意大家的意见。几年来,我们为此做过多方面的努力,也取得了一定的进展,但实践证明,这个问题不像字面上写的或开始想的那么简单。协商是民主协商,监督是民主监督,都和我国社会主义民主政治建设的程度、进程紧密相连。我国的民主政治建设是一个重大而复杂的问题。我说过,民主是目标,是手段,也是过程。说它是目标,因为民主是历史发展的必然趋势,是社会进步的重要标志,是人民群众的普遍要求,无论是在革命战争时期还是在社会主义建设时期,我们党始终都把民主作为一个伟大目标写在自己的旗帜上。说它是手段,因为只有充分发扬民主,才能调动人民群众建设现代化国家的积极性,才能把各族各界团结成一个整体,才能动员全社会的力量对执政党和国家机关的工作实行有效的监督,从而最终实现我们的宏伟目标。说它是过程,因为民主从来都是历史的、具体的,因而是相对的,民主必然与一定社会的政治、经济、文化发展水平相适应,只能随着社会总体的发展而发展。离开条件和过程讲民主,不仅达不到民主的目的,而且会适得其反,导致经济和社会的不稳定。两千五百年前,希腊人首先提出民主这个概念,并指出民主的基本内核是让人民当家作主。两千五百年来,人类为此进行了多方面的艰苦卓绝的努力,取得了巨大的进步,但严格地说,让人民真正当家作主还远没有实现。我国社会主义制度的建立,从根本上为人民当家作主提供了保证,但中国的民主政治建设经历的时间不长,各方面的制约因素很多,必然是一个复杂的过程,不能单凭良好的愿望,不能企图一蹴而就,不能简单从事。中国的民主政治建设必须有领导、有步骤地进行,必须积极、稳妥地开展,必须随着我国的经济发展、社会进步和全民文化素质的提高而推进。归结起来说,否定民主对社会发展的进步作用、对民主政治建设不积极不热心是错误的,不顾我国具体国情、照抄照搬西方民主模式是危险的,把发展民主看得过于简单、急于求成是会误事的,看不到我国民主政治建设所取得的成就、对前景缺乏信心是没有根据的。我们应当全面理解民主的内涵,准确把握客观情况,积极而适时地开展工作，实事求是地履行政协的职能。

三

在人民政协近50年的历程中，一代又一代的政协工作者付出了辛勤的劳动，积累了很好的经验，也有过深刻的教训。经验和教训都是宝贵的财富，都是后人工作的基础。多年经验特别是八届政协五年工作的经验告诉我们，政协工作必须在前进中开拓，在开拓中前进。首先要前进，就是要把已经看准的、条件成熟的、力所能及的那些事情先干起来，很快形成一个活跃的工作局面，在这个过程中去探索去开拓去创新。我们提倡开拓、创新，因为没有开拓、创新，就不可能持续地前进。但我们不能一开始就把主要精力花费在那些条件尚不具备的事情上。政协工作面临的问题和困难大体有两类，一类是新形势下出现的，需要研究探索，需要有一个解决的过程；一类是历史遗留下来的，其所以长期未能很好解决，一定有内在的理由和根据，两者都不能看得过于简单。我们以往的毛病多在于把问题看得过于简单。由于看得简单，结果反而使问题复杂化。这就是说，能干的要先干、多干；不能干的要探索研究。八届政协的工作正是从继承发扬历届政协的好传统好作风好经验开始的，先易后难，逐步展开，并不断探索，不断总结，从而在思路和方法、在领域和渠道等方面都有不少新的进展。在前进中开拓，在开拓中前进，既是八届政协工作的特色和经验，也是我们今后的努力方向和工作思路。

如果说这几年各地政协工作有成绩，首先是各级党委加强领导、政府大力支持的结果，请你们回去后转达我对各省、市、区委和政府领导的衷心感谢，并希望继续重视、关心和支持政协工作。过去的五年，各地政协对全国政协的工作给予了很多支持，在座各位对我的工作也给予了很多帮助。我在此向大家表示衷心的感谢！五年来，我们在人民政协这个大家庭里，一起研究问题，一起参政议政，一起为国家的建设献计出力，大家对政协事业建立了感情，我们之间也结下了深厚的友谊。明年地方政协换届，有些同志将离开政协的岗位。无论留下的还是离开的，我们之间的友谊都将长久保持下去，五年共事的情景都将在我们心中留下一段美好的回忆。

让我们高举邓小平理论的伟大旗帜，在以江泽民同志为核心的中共中央领导下，认真学习和贯彻中共十五大精神，把人民政协的事业继续推向前进。

决 议 决 定

政协第八届全国委员会第五次会议政治决议

（1997 年 3 月 12 日政协第八届全国委员会第五次会议通过）

中国人民政治协商会议第八届全国委员会第五次会议，赞同李鹏总理所作的《政府工作报告》，赞同《关于 1996 年国民经济和社会发展计划执行情况与 1997 年国民经济和社会发展计划草案的报告》、《关于 1996 年中央和地方预算执行情况及 1997 年中央和地方预算草案的报告》，赞同最高人民法院工作报告和最高人民检察院工作报告。会议认为，过去的一年，全国各族人民坚持以邓小平建设有中国特色社会主义理论为指导，在以江泽民同志为核心的中共中央领导下，团结奋斗，开拓进取，取得了改革开放和现代化建设的新成就，实施国民经济和社会发展"九五"计划和 2010 年远景目标纲要开局顺利。我国经济发展势头良好，政治稳定，民族团结，社会安定。会议对加强农业基础地位、加快国有企业改革步伐、减轻农民负担、加大扶贫力度、促进中西部地区发展、加强精神文明建设、深入开展反腐败斗争、搞好社会治安综合治理等问题深为关注，提出了积极的意见和建议，希望政府继续采取有力措施切实加以解决。

会议对敬爱的邓小平同志逝世表示深切哀悼。邓小平同志是全党、全军和全国各族人民公认的享有崇高威望的卓越领导人，伟大的马克思主义者，伟大的无产阶级革命家、政治家、军事家、外交家，久经考验的共产主义战士，我国社会主义改革开放和现代化建设的总设计师，建设有中国特色社会主义理论的创立者。邓小平同志为中华民族的独立和人民解放，为我国社会主义制度的建立、巩固和发展，建立了不可磨灭的功勋。邓小平同志的丰功伟绩、科学理论和革命风格，将永远激励和鼓舞我们在开创中华民族伟大前程的事业中奋勇前进。

邓小平同志是政协第五届全国委员会主席，是新时期人民政协事业的奠基人。他在探索中国社会主义现代化建设发展道路的同时，对统一战线和人民政协提出一系列重要思想。这些重要思想，是建设有中国特色社会主义理论的重要组成部分，是新时期人民政协工作的科学指南。

参加人民政协的各党派、无党派爱国人士、各人民团体和各族各界代表人士，为我国即将对香港恢复行使主权感到欢欣鼓舞，坚决支持我国政府为实现香港和澳门的顺利回归、保持港澳地区的长期稳定繁荣所作的一切努力；坚决贯彻国家主席江泽民关于发展两岸关系、推进祖国和平统一进程的八项主张，坚持反分裂、反"台独"的斗争，积极促进台湾海峡两岸直接"三通"和在经济、文化等领域的交往与合作。会议坚信，在"一国两制”的正确方针指引下,在海内外所有中华儿女的共同努力下,祖国统一大业一定能够实现。

1997年是我们国家历史发展上十分重要的一年。我国将恢复对香港行使主权,迈出和平统一祖国的重要一步。中国共产党将召开第十五次全国代表大会,把建设有中国特色社会主义的伟大事业向新世纪全面推进。这两件大事,关系全局,举世瞩目,意义深远,政协要为做好这两件大事做出应有的贡献。会议号召,参加人民政协的各党派、无党派爱国人士、各人民团体和各族各界代表人士,继承邓小平同志的遗志,在以江泽民同志为核心的中共中央坚强领导下,高举邓小平建设有中国特色社会主义理论的伟大旗帜,毫不动摇地坚持社会主义初级阶段的基本路线,坚持和完善中国共产党领导的多党合作和政治协商制度,把握大局,再接再厉,同心同德,开拓前进,切实履行政治协商、民主监督和参政议政职能,更好地促进中华民族的大团结、大联合,为把我国建设成为富强、民主、文明的社会主义现代化国家而努力奋斗。

政协第八届全国委员会第五次会议关于常务委员会工作报告的决议

(1997年3月12日政协第八届全国委员会第五次会议通过)

中国人民政治协商会议第八届全国委员会第五次会议,同意叶选平副主席所作的常务委员会工作报告。会议对一年来常务委员会围绕国家中心任务履行政协职能所取得的成效表示满意,并对继续加强和改进今后工作提出了意见。会议同意报告提出的1997年度工作方针、工作任务和工作安排,要求常务委员会认真组织实施。

关于学习贯彻中国共产党第十五次全国代表大会精神的决议

(1997年9月24日政协第八届全国委员会常务委员会第二十二次会议通过)

中国人民政治协商会议第八届全国委员会常务委员会第二十二次会议,完全拥护江泽民同志在中国共产党第十五次全国代表大会上所作的报告和大会通过的各项决议,衷心拥护以江泽民同志为核心的新的中共中央领导机构。

会议认为，中共十五大是在我国改革开放和社会主义现代化建设发展的关键时刻召开的一次承前启后、继往开来的历史性会议。大会把邓小平理论确立为全党的指导思想，写进中国共产党章程，充分反映了时代的要求、人民的心愿，具有重大的现实意义和深远的历史意义。邓小平理论是毛泽东思想的继承和发展，是当代中国的马克思主义。在当代中国，只有把马克思主义同当代中国实践和时代特征结合起来的邓小平理论，而没有别的理论能够解决社会主义的前途和命运问题。高举邓小平理论的伟大旗帜，对于团结和动员全国各族人民进一步解放思想，抓住机遇，开拓进取，把建设有中国特色社会主义的伟大事业全面推向21世纪，必将产生巨大而深远的影响。

会议指出，江泽民同志在中共十五大所作的报告，是带领全国各族人民迈向新世纪的政治宣言和行动纲领，对于各条战线、各个方面的工作具有普遍的指导意义。人民政协的各级组织和广大委员，要把学习贯彻中共十五大精神作为当前和今后一个时期的重要任务，认真学习领会大会的精神实质，牢牢把握大会的主题，明确大会提出的纲领、任务和方针政策，用十五大精神统一认识；要把学习江泽民同志的报告同系统地学习邓小平理论特别是关于统一战线和人民政协的论述结合起来，紧密联系实际，坚持和完善共产党领导的多党合作和政治协商制度，坚持“长期共存、互相监督、肝胆相照、荣辱与共”的方针，继续推进人民政协政治协商、民主监督、参政议政的规范化和制度化，使政协成为中国共产党团结各界的重要渠道，巩固和发展广泛的爱国统一战线；要紧密围绕十五大提出的各项任务，根据政协组织的特点和优势，切实履行职能，积极协助党和政府，为推进社会主义民主政治建设，实现跨世纪的发展战略作出贡献；要用十五大的精神认真总结人民政协工作的经验，切实做好换届的各项准备，把人民政协事业生机勃勃地向前推进。

会议认为，中共十五大的召开，为政协工作的发展提供了新的机遇，展示了良好的前景。会议号召，人民政协的各级组织和广大委员，坚定不移地高举邓小平理论的伟大旗帜，坚持社会主义初级阶段的基本路线，在以江泽民同志为核心的中共中央领导下，团结一致，同心同德，艰苦奋斗，为全面完成十五大提出的各项任务，为实现祖国的完全统一和民族的全面振兴而努力奋斗！

制 度 建 设

政协全国委员会办公厅关于加强对外宣传工作的意见

（1997年1月27日）

党的十一届三中全会以来，在中共中央的领导与关怀下，在邓小平同志建设有中国特色社会主义理论和党的基本路线指导下，政协全国委员会认真贯彻党的方针政策，在对外宣传中国共产党领导的多党合作和政治协商制度及人民政协的性质、职能方面，在促进国际交往与合作，改善国际舆论环境，树立我国社会主义民主形象方面，在促进大团结、大联合，推进祖国和平统一大业等方面，积极开展工作，取得了一定的成效。特别是每年政协全会期间的对外宣传，产生了较大影响。但从整体上看，对外宣传仍是政协工作的一个薄弱环节，其工作力度、工作手段、队伍状况与机构设置，同人民政协的地位、作用及其承担的任务还不相适应。随着我国对外开放的进一步扩大、国际交往的不断增多，以及人民政协在国家政治生活和对外交往总格局中作用的日益发挥，进一步加强人民政协的对外宣传工作就成为一项迫切的任务，愈来愈突出地提上了日程。

一、充分认识做好政协外宣工作的重要意义

向国际社会宣传中国共产党领导的多党合作和政治协商制度，向世界介绍中国社会主义民主政治建设的成就，在当前具有重要的政治意义。人民政协是我国最广泛的爱国统一战线组织，是中国共产党领导的多党合作和政治协商的机构。这种广泛团结与民主协商的方式，是我国民主政治建设的一大创造，也是我国社会主义民主制度的一大特色和优势。积极开展对我国基本政治制度的宣传，有利于增进国际社会对我国人民民主制度的了解，有利于提高各国人民对我国的政党体制、基本人权、言论自由等方面真实情况的认识，有利于为我国改革开放和社会主义现代化建设争取更好的国际舆论环境。

人民政协在组织上最广泛的代表性，是我们做好外宣工作的有利条件。发挥人民政协的特有优势做好外宣工作，既是服从和服务于全党全国工作大局的需要，也是人民政协履行政治协商、民主监督、参政议政主要职能的需要；既是为顺利实施跨世纪宏伟蓝图创造良好国际环境的需要，也是人民政协发展对外友好往来的需要；既是主动配合全国外宣工作的需要，也是我们做好本职工作的应有之义。我们应当进一步提高认识，理直气壮地宣传有中国特色的社会主义民主，理直气壮地宣传共产党领导的多党合作和政治协商制度，应当进一步创造条件，扎扎实实地做好人民政协的对外宣传工作。

二、政协外宣工作的指导思想及工作重点

人民政协外宣工作,要以邓小平同志建设有中国特色社会主义理论和党的基本路线为指导,服从和服务于"抓住机遇、深化改革、促进发展、保持稳定"的工作大局,按照中央外宣工作的统一部署,宣传我国改革开放、经济发展、社会主义民主政治建设和精神文明建设的成就,重点突出对中国共产党领导的多党合作和政治协商制度的宣传,包括我国新型的社会主义政党关系,我国各党派、各团体、各族各界人士在共同大目标下实行的大团结大联合,统一战线各个方面围绕国家中心任务参政议政和人民政协的性质、地位、职能和作用等。为实现我国社会主义现代化建设目标创造良好的国际舆论环境服务。

人民政协外宣工作的思路是,根据政协性质,选好工作角度,发挥自身优势,加大宣传力度,重在取得实效。

当前和今后一个时期全国政协对外宣传工作的重点内容是:

(1)我国各民主党派、各人民团体、各族各界人士在中国共产党领导下,同心同德地致力于建设有中国特色社会主义的伟大事业,并在改革开放和现代化建设中作出重要的贡献。

(2)中国共产党领导的多党合作和政治协商制度是符合中国国情的社会主义政党制度。"长期共存,互相监督,肝胆相照,荣辱与共"是我国执政党和参政党团结合作的基本方针。

(3)人民政协的性质、地位、职能和作用。政治协商、民主监督、参政议政是我国人民享有充分民主权利的重要体现。

(4)"和平统一、一国两制"的方针以及中华儿女大团结大联合促进实现祖国统一大业的思想。

(5)我国的民族、宗教政策及其他重要政策。在人权问题、西藏问题、港澳和台湾等问题上,配合中央的部署和政府的工作,积极表达参加政协的各党派、各团体和各族各界人士的声音,在对外舆论宣传上发挥政协组织和民主党派、人民团体的作用。

(6)全国政协的重要会议和重大活动。

(7)配合全国政协主席出访的有关宣传内容。

三、积极拓展政协外宣工作的渠道

人民政协的外宣工作,要在统一规划、集中领导的原则下,充分调动各方面的力量,积极拓宽宣传渠道,主要依靠和运用我国对外新闻媒体,尽可能地借用境外新闻传媒,主动地开拓宣传领域。

(1)加强与新华社对外部、人民日报海外版、中央电视台海外中心、中国国际广播电台、中新社、中国日报社、北京周报社、《今日中国》编辑部等外宣新闻单位的联系,主动通报政协宣传报道计划,定期与他们研究政协对外宣传报道的选题及具体措施,征求他们对做好政协外宣工作的意见和建议,逐步使人民政协的对外宣传工作经常化、系列化、专题化。

(2)加强对外国主要新闻机构和台港澳新闻媒体驻北京记者的了解与联系。精心组织好外国记者和台港澳记者对全国政协重要会议和重要活动的采访;掌握这些新闻媒体的政治态度、影响范围及记者的报道倾向,注意做好重点记者的工作,同他们交朋

友,根据需要提供采访机会或信息;邀请外国记者和台港澳记者参加政协组织的一些活动,或有选择地举行情况通报会、联谊会。

(3)加强与我驻外机构、驻外记者的联系。经常、及时、准确地为他们提供人民政协在履行职能、发挥作用方面的重要情况,请他们支持做好人民政协的外宣工作。

(4)认真做好每年全体大会期间的集中宣传和每次重大活动的报道。

(5)建立对外新闻发布会制度。

(6)制做简明介绍政协及中国多党合作和政治协商制度的音像、文字材料,请我驻外使领馆向外赠送,并在政协对外交往中使用。

(7)在政协的对外交往中注意做好宣传工作。

(8)积极扩大《人民政协报》的对外宣传。

(9)充分发挥各省、自治区、直辖市与副省级市政协在对外宣传中的作用。

四、把握舆论导向,严守外宣纪律

外宣工作是一项政策性很强又比较敏感的工作,必须在党组的统一领导下,严守纪律,牢牢把握正确的舆论导向。在工作中,既要尊重新闻规律,又要坚持党的原则;既要根据宣传的内容和对象,增强针对性,又要采取适宜的方式和方法,讲求实效性;既要加大宣传力度,又要谨慎从事、循序推进。必须始终以国家利益为最高准则,在涉及国家主权、国家利益、民族尊严、党的领导等问题上,要旗帜鲜明,坚持原则,有利于树立我国国际形象的就积极去做,有损于我国国际形象的就坚决不做。必须始终贯彻执行党和国家的有关方针、政策和规定,坚持内外有别,新闻报道力求生动活泼。要严格规范外宣工作的程序和工作纪律,认真落实岗位责任制,做到及时请示,及时汇报,有章可循,逐级负责,防止差错。

五、加强政协外宣队伍建设,创造良好的外宣工作条件

外宣工作专业性强,需要有政治素质和业务水平较高的同志来做这项工作。目前,全国政协机关尚无专门从事外宣工作的机构和人员,这种状况应尽快改变。第一,尽快选调一定数量的、比较熟悉外宣工作或政治文化素质好的干部,着手建立政协的外宣工作队伍。第二,建立外宣工作制度,逐步使这项工作做到规范化、制度化。第三,在每年预算经费中,为外宣工作列出专项,专款专用。第四,政协机关各部门要增强外宣意识,积极配合,形成以新闻宣传部门为主,各个部门齐心协力,共同做好人民政协外宣工作的局面。第五,搞好外宣干部的培训。外宣干部队伍基本配齐后,应采取内外结合、多种渠道的办法尽快轮训一次。第六,从事外宣工作的同志,要以高度的政治责任感和事业心,加强政治、业务学习,努力提高政治素质和业务水平,积极适应新形势新任务的要求,出色地做好人民政协的外宣工作。

关于政协全国委员会办公厅承办提案工作的若干规定(试行)

(1997年7月18日)

第一条　为了进一步做好政协全国委员会办公厅承办政协提案工作,根据《中国人民政治协商会议章程》、《政协全国委员会关于政治协商、民主监督、参政议政的规定》和《中国人民政治协商会议全国委员会提案工作条例》,制定本规定。

第二条　政协全国委员会办公厅(以下简称本会办公厅)承办提案工作在主管副秘书长领导下进行,由秘书局组织协调,督查落实。

第三条　本会办公厅对本会提案委员会交付的提案按规定程序进行认真承办,为政协委员履行职能搞好服务。

第四条　本会办公厅责成秘书局参加提案交办会,接收提案;平时提案随交随收。核阅后确不属于本会办公厅承办的,在规定时限内退回提案委员会。

第五条　接收提案后,秘书局根据各局级单位的职能拟订交办方案,由主管副秘书长召开有关局级单位参加的交办会进行交办。平时提案及时交办。

第六条　各局级单位的承办提案工作,须有领导分管,明确专人负责,严格按规定程序认真研究承办。凡是有条件解决的,要集中力量及时落实;因条件所限一时不能实施的,要列入规划,创造条件,逐步落实;确实不可行的,要实事求是地说明原由,解释清楚。要加强与提案者的联系,及时沟通情况,共同研究落实提案的措施。对提案交办意见有异议的,在一星期内向秘书局提出,不得自行转办。

第七条　对重要或疑难提案的答复,承办单位要提出初步答复意见交秘书局汇总,提请秘书长办公会议研究审定。各承办单位根据审定意见,再作正式答复。

第八条　根据提案委员会的审查意见,由本会办公厅与其他部门会办提案时,本会办公厅作为主办部门,有关局级单位要主动与会办部门联系,汇总意见后办复;作为会办部门,有关局级单位应主动将答复意见交秘书局,由秘书局以本会办公厅名义转送主办部门。

第九条　属本会办公厅一个局级单位单独承办的,由该局级单位以本会办公厅名义起草答复稿。答复稿须按统一格式拟写,由承办单位领导审阅后,交秘书局统一承办。属本会办公厅内部二个以上局级单位会办的,会办单位应主动将答复意见交主办单位汇总答复。

第十条　复文应分别寄送每一位提案人,同时抄送本会提案委员会办公室一式三份;对党派、团体及专门委员会提案的复文应寄提案者一式三份;对政协全体委员会议期间的小组提案应寄送联系人三份。以上凡是主办的,应同时抄送各会办部门一份。

第十一条 在提案复文的右上角,应按照问题的解决程度分别注明"A"、"B"、"C"、"D"。其中A表示问题已经解决或基本解决;B表示正在解决或列入计划准备解决;C表示因条件限制或其他原因待以后解决;D表示不可行或留作参考。

第十二条 承办单位要在本会办公厅规定的答复期限内提交答复稿。因故在规定时限内不能答复的,应提前商秘书局同意并向提案者说明情况。

第十三条 承办工作结束后,秘书局应向本会提案委员会报送承办工作总结,并推荐优秀提案。

第十四条 在向提案者寄送复文的同时,应附寄一份《办理情况征询意见表》。

第十五条 提案者对答复如有不同意见,原承办单位要作进一步研究和答复。

第十六条 承办提案工作的立卷归档由秘书局负责。每卷提案的归档文件包括:提案复文、承办工作请示及领导批示、提案复文初稿、提案原件等。每年的承办工作总结单存一卷。

第十七条 本会办公厅对全国人大代表建议的承办工作,参照本规定执行。

第十八条 本规定由秘书局负责解释。

第十九条 本规定自印发之日起施行。

政协全国委员会办公厅关于组织京外委员参加活动的意见(试行)

(1997年6月27日)

为了贯彻李瑞环主席有关活跃政协工作的讲话精神,丰富京外全国政协委员活动的内容,中国人民政治协商会议全国委员会(以下简称政协全国委员会)委托各省、自治区、直辖市政协,结合当地实际情况,采取多种形式,组织居住在当地的全国政协委员开展活动。可供选择的形式如下:

一、按照政协全国委员会办公厅的统一安排,请地方政协每五年组织当地的全国政协委员进行一次跨省视察;每年组织一次在本省、自治区、直辖市内的视察。

二、应当地党委、政府及有关部门的邀请,地方政协可组织当地的全国政协委员进行视察或专题调研,以及听取他们关于"社情民意"的反映,发挥他们在地方两个文明建设中的作用。

三、请地方政协组织政协委员视察、专题调研和参观活动时,邀请当地有关的全国政协委员参加。

四、请各省、自治区、直辖市政协举行全体会议和常委会议时,邀请当地有关的全国政协委员列席,享有发言权。

五、请地方政协举行重大纪念活动、委员联谊活动时,邀请当地有关的全国政协委员参加。

六、请地方政协组织有关文件的阅读、传达和学习活动时，按规定邀请当地的全国政协委员参加。

七、请地方政协根据情况，将印发政协委员的刊物、资料和专题报告等，同时印发给当地的全国政协委员。

八、请地方政协加强与当地全国政协委员的联系，为委员搞好服务。可代表政协全国委员会办公厅在重大节日时向委员进行慰问活动等。

九、请地方政协，按当地全国政协委员人数和专业情况，有条件的，可组成若干活动小组，由担任全国政协委员的省、自治区、直辖市政协主席或副主席和当地的全国政协常委为小组召集人，根据全国政协的工作安排和当地的实际情况，自行选题，开展活动。对居住过于分散，距省会较远的全国政协委员，组织他们参加所在地政协的有关活动。

京外全国政协委员参加活动除委托地方政协组织的上述形式外，政协全国委员会到地方组织会议、视察、专题调查时，可吸收相关的当地全国政协委员参加。

京外全国政协委员的活动经费，由政协全国委员会办公厅根据国家的有关标准，拨至各省、自治区、直辖市政协。不足部分各地财政部门根据全国政协办公厅、财政部《关于切实解决地方政协活动经费的通知》精神，给予必要保证。

请各省、自治区、直辖市政协指定一位副秘书长或办公厅负责同志分管这项工作，同政协全国委员会办公厅秘书局加强联系，将需要提交中央有关部门和地方领导机关的委员建议和重要信息，及时转给有关部门，并向政协全国委员会办公厅通报。每年12月上旬，请将当年组织当地全国政协委员开展活动的情况，书面告政协全国委员会办公厅。

全国政协机关出国(境)团组和人员审查工作管理试行办法

(1997年9月24日)

一、为加强对出国(境)团组及人员审查工作的管理，规范审批程序，根据中共中央办公厅、国务院办公厅《关于进一步加强出国(境)团组和出国(境)人员管理的通知》〔中办发(96)27号〕和《关于签发〈往来香港特别行政区通行证〉有关问题的通知》〔厅字(1997)20号〕精神，结合政协机关实际情况制定本办法。

二、因公出国(境)团组及人员的审批权限及程序

1. 任务审查

根据团组的级别按照下列程序进行审查：

(1)部级以上代表团(含副部级)出访，在得到国外相应机构或官员的邀请后需征得

我国驻外机构同意;出访任务以及出访人员中的委员名单要先经主管外事的副主席审阅批准,本会工作人员名单经分管副秘书长同意后送人事局会签,外事局以我驻外机构意见和邀请函为附件,起草政协办公厅报中央外事工作领导小组请示件(含出访国家、邀请名义、方针任务、访问时间、出访人员名单),报送主管外事工作的副秘书长签发,经外交部会签后,正式报送中央外事工作领导小组,待批复同意后方可向国外邀请机构或官员表示接受邀请,并据此办理相应手续。

(2)局级以下代表团(含局级)出访,在得到国外相应机构或官员的邀请后,由外事局视情(出访任务性质、国家情况)征求我国驻外机构的意见并取得同意;出访人员中的本会工作人员名单,由受邀局级单位经分管副秘书长同意后送人事局会签,并以邀请函、我驻外机构意见为附件起草请示件(含出访国家、邀请名义、出访任务及时间、出访人员名单),经外事局会签后报送主管该局工作的副秘书长、主管外事工作的副秘书长进行审批,经审批同意后方可向国外邀请机构或官员表示接受邀请,并据此办理相应手续。

赴台港澳地区原则上按以上程序办理。具体事务由台港澳侨联络局按国务院有关规定办理。

2. 人员审查

因公出国(境)人员审查工作按照人事行政隶属关系,根据不同级别分别进行审查。

(1)部级以上干部(含副部级)因公出国(境)时政治审查工作由中央外事工作领导小组在审批出国任务时一并审查;

(2)局、处级干部因公出国(境)的政治审查与出国(境)任务一起审批,不再另行办理审查手续;

(3)科级以下干部(含科级)在任务审查后由机关人事局进行政审(3 年期间内有效)。

(4)本会组织的出访团组中的本机关人员由人事局进行政治审查并办理政审手续;设有人事部门的事业单位人员由其人事部门进行初步政治审查;其他单位人员由其所在单位进行初步政治审查。

3. 审查要求

(1)因公出国(境)人员出国(境)时应持有关单位下达的任务通知书,送人事局办理政审手续。

(2)人事局在接到送审报告或任务通知书后填写《因公出国人员审查表》,表内政治表现一栏由所在单位领导填写并签署意见后,按审批权限审批,并由人事局出具《因公出国及赴港澳人员审查批件》。审查批件有效期 3 年,在有效期内再次出国(境)的人员,须填写《因公出国(境)人员备案表》报送人事局备案。

(3)外事局、台港澳侨联络局分别办理因公出国(境)人员护照、通行证或签证、签注及有关手续。

三、因私出国(境)人员(含离退休人员)的审批权限及程序:

1. 处级以下人员(含处级)因私出国(境)时,由本人向所在单位领导提出书面申请,经本部门领导审核同意后连同邀请信、经济担保证明一并送人事局审批;局级干部因私出国(境)的审批应从严掌握。对符合国家有关探亲规定,申请探望配偶、父母、子女、兄弟、姐妹的,由人事局负责审核并报主管该局工作的副秘书长和分管人事工作的副秘书长审批。待批准后方可到公安部门办理出国(境)手续。

2. 因私出国(境)旅游、探望境外兄弟、姐妹或亲朋好友人员的假期应占用年休假或事假,超期者应按机关年休假管理办法执行。因私出国(境)探亲人员的假期按有关文件规定假期一般为3个月,最多不得超过6个月;短期出访和公派出国(境)进修人员的亲属没有探亲假。

3. 自费留学人员按有关文件规定在出境的下一个月起停发工资,保留公职一年。在办理出境手续时由个人将人事关系转交人才交流中心。

4. 对已免职但尚未办理离(退)休手续的局级干部,因私申请出国(境),原则上在办理离退休手续后才能予以批准,在境外的时间一般限于3个月以内,最长不超过半年。

5. 经批准因私出国(境)人员的费用(包括往返旅费、在境外医疗费等)全部自理,护照、签证由个人到有关部门自行办理。

四、主管部门主要职责

外事局承担本会组织的出国团组任务的归口协调工作;台港澳侨联络局承办本会组织的出境团组任务的归口协调工作;人事局负责本会机关出国(境)人员的政治审查工作;出国(境)人员所在单位负有直接审查责任,应全面掌握出国(境)人员的历史和现实表现及其家庭主要成员的情况,严格依照出国(境)人员条件提出本部门的审查意见。

五、本办法自批准之日起实行。

重要会议活动

新年茶话会 1997年1月1日，全国政协在全国政协机关多功能厅举行新年茶话会。江泽民、李鹏、乔石、李瑞环、朱镕基、刘华清、胡锦涛等党和国家领导人及各民主党派中央、无党派民主人士、全国工商联负责人出席。茶话会由中共中央政治局常委、全国政协主席李瑞环主持。他代表政协全国委员会向出席茶话会的各位同志、各位朋友表示热烈的欢迎。他祝愿大家在新的一年里身体健康、工作顺利、阖家幸福，并向一年来支持关心政协工作的同志和朋友们表示衷心的感谢。中共中央总书记、国家主席江泽民在茶话会上发表了重要讲话。他代表中共中央、国务院和各民主党派、无党派爱国人士向广大工人、农民、知识分子和干部，向人民解放军指战员、武警官兵、公安干警，向台湾同胞、港澳同胞和海外侨胞，向各国朋友们，表示良好的祝愿和新年的问候。他首先指出在过去一年里，全国各族人民在中国共产党的领导下，齐心协力，积极奋斗，取得了改革开放和现代化建设的新成就，为实施国民经济和社会发展“九五”计划和2010年远景目标纲要开了一个好头。1997年，将是我们党和国家发展史上不寻常的一年。我们党将召开第十五次全国代表大会，我国政府将恢复对香港行使主权。这是两件举世瞩目的大事，在新的一年里，我们要按照“九五”计划和2010年远景目标纲要的总体要求，努力推进两个根本性转变；要按照党的十四届六中全会决议的要求，努力推进社会主义精神文明建设；要继续加强社会主义民主和法制建设。他还告诫大家在看到取得成绩的同时，也要清醒地看到，在前进的道路上，还存在着许多困难，还会出现这样或那样的新情况、新问题，我们的工作还有不尽人意的地方，需要认真加以克服、解决和改进。他要求各级干部一定要加强学习、勤奋工作，一定要解放思想，实事求是，一定要依靠人民群众，极大地发挥他们的积极性和创造性。他在讲话中肯定，人民政协在过去的一年里，积极反映社情民意，为促进国家的改革和发展提出了很好的意见和建议，工作是有成效的，希望人民政协继续发挥爱国统一战线组织的特点和优势，为我国经济发展和社会进步作出新的贡献。民盟中央主席丁石孙也在茶话会上讲了话。他代表各民主党派中央、全国工商联和无党派民主人士向全国各族人民致以新年祝贺，向台湾同胞、港澳同胞和海外侨胞致以良好的祝愿，向领导全国人民阔步前进的中国共产党表示崇高的敬意。出席茶话会的还有丁关根、田纪云、李岚清、李铁映、杨白冰、姜春云、钱其琛、尉健行、温家宝、王汉斌、张震、张万年、迟浩田、任建新、倪志福、陈慕华、费孝通、雷洁琼、李锡铭、王丙乾、王光英、程思远、卢嘉锡、布赫、铁木尔·达瓦买提、吴阶平、宋健、李贵鲜、彭珮云、罗干、张思卿、吴学谦、杨汝岱、王兆国、洪学智、钱伟长、钱正英、丁光训、孙孚凌、朱光亚、万国权、何鲁丽等领导同志、各民主党派中央、全国工商联负责人、无党派民主人士以及首都各族各界代表近400人。全国政协原副主席谷牧、马文瑞、王恩茂、刘澜涛、汪锋等也应邀出席。首都文艺工作者在茶话会上表演了精彩的文艺节目。

（薛奋飞　编写）

全国政协深切缅怀邓小平同志丰功伟绩座谈会　1997年2月22日上午在全国政协机关举行。会议由全国政协副主席叶选平主持。王兆国、钱伟长、阿沛·阿旺晋美、万国权、谷牧、洪学智、杨拯民、张洽、朱训、彭友今、卢嘉锡、房维中同志先后发言，他们通过各自的亲身经历和真实感受，从不同侧面缅怀邓小平同志的丰功伟绩，讴歌他为开创新时期统一战线和人民政协工作新局面所作的巨大贡献，表示要化悲痛为力量，以更加努力的工作告慰邓小平同志的英灵。全国政协副主席赛福鼎·艾则孜、钱正英、孙孚凌、何鲁丽，各民主党派中央和全国工商联负责人彭清源、丁石孙、成思危、雷洁琼、杨纪珂、徐采栋、蔡子民、经叔平，全国政协各专门委员会负责人周同善、王厚德、金鉴、杨斯德、钱李仁，全国政协副秘书长朱作霖、赵伟之、吴修平、王巨禄、郑万通、陈进玉、周干峙、朱元成、宋金升、罗豪才、陈益群、潘渊静、胡德平、赵喜明、郑质英、张道诚，七届全国政协秘书长周绍铮等参加了座谈会。

（薛奋飞　编写）

八届19次常务委员会议　1997年2月23日至24日在北京举行。这次会议是在我国各族人民公认的享有崇高威望的卓越领导人邓小平同志逝世后不久，政协第八届全国委员会第四次会议前夕召开的。会议的主要议题是审议政协八届五次会议有关事项。会议由中共中央政治局常委、全国政协主席李瑞环主持。会议开始时，全体起立默哀，对邓小平同志的逝世表示沉痛哀悼。会议听取了朱训秘书长所作的《关于政协第八届全国委员会第五次会议议程、日程(草案)》起草情况的说明和政协第八届全国委员会工作报告(草案)起草情况的说明。会议通过了政协第八届全国委员会第五次会议议程和日程，内容包括1.听取和审议第八届全国委员会常务委员会工作报告；2.列席第八届全国人民代表大会第五次会议；3.听取政协第八届全国委员会提案委员会关于政协八届四次会议以来提案工作情况的报告；4.审议通过政协第八届全国委员会第五次会议的各项决议和提案委员会关于政协八届五次会议提案审查情况的报告。会议还通过了政协八届全国委员会常务委员会工作报告，并决定由叶选平同志为工作报告的报告人；会议通过了政协第八届全国委员会提案委员会关于政协八届四次会议以来提案工作情况的报告；讨论并通过了政协第八届全国委员会第五次会议分组办法和小组召集人名单；会议决定任命吴明熹同志为政协第八届全国委员会副秘书长(兼)，同意罗豪才同志辞去所任全国政协副秘书长职务。全国政协副主席叶选平、吴学谦、杨汝岱、王兆国、阿沛·阿旺晋美、钱伟长、钱正英、丁光训、孙孚凌、安子介、霍英东、马万祺、朱光亚、万国权、何鲁丽及秘书长朱训出席了会议。

（薛奋飞　编写）

第八届全国委员会第五次会议　1997年2月27日至3月12日在北京举行。政协第八届全国委员会第五次会议应出席委员2 081人，实到1 846人。全国政协主席李瑞环主持开幕式。他首先提议全体起立，为人民政协事业的新时期奠基人邓小平的逝世默哀。受政协第八届全国委员会的委托，全国政协副主席叶选平作常委会工作报告。会议组织全体委员列席八届人大五次会议，听取李鹏总理作《政府工作报告》，听取国家计委主任陈锦华《关于1996年国民经济和社会发展计划执行情况与1997年国民经济和社会发展计划(草案)的报告》，听取财政部部长刘仲藜关于1996年中央和地方预算执行情况及1997

年中央和地方预算草案的报告，听取全国人大常委会副委员长田纪云作《全国人民代表大会常务委员会工作报告》，听取全国人大常委会副委员长布赫作关于检查中华人民共和国农业法执行情况的报告，全国人大香港特别行政区筹备委员会主任委员钱其琛作关于香港特别行政区筹备委员会工作报告，听取任建新院长作关于最高人民法院工作报告，听取张思卿检察长作关于最高人民检察院工作报告。会议组织委员对以上报告进行分组讨论。江泽民、李鹏、乔石、李瑞环、朱镕基、刘华清、胡锦涛、李铁映、姜春云、李岚清、尉建行、彭珮云、温家宝、丁关根等党和国家领导人分别到小组看望委员，并参加小组讨论，听取委员们对政协常委会工作报告和对国家大政方针的意见和建议。

江泽民总书记在看望参加政协八届五次会议的港澳委员时说，再过100天，香港就要回归祖国，600万香港同胞就要行使自己当家作主的权利，这是彪炳中华民族史册的大事。他代表中共中央、国务院和全国人民，向港澳委员们为香港回归所做的大量工作表示感谢。他说，香港问题的和平解决，关键是我们坚决执行了邓小平同志“一国两制”的方针。现在，小平同志离开了我们，我们一定要继承他的遗志，把香港、澳门的事情办好。他请港澳委员们放心，香港回归之后，港人参与国家事务的渠道将更加畅通，各方面的事情也将会越办越好。在讨论政协常委会工作报告时，委员们认为，该报告实事求是，恰如其分地总结了一年的工作，报告中关于1997年政协工作的安排，具体可行，操作性强，易于实施。委员们还对今后政协工作提出了一些具体的建议。委员们在讨论李鹏总理所作的《政府工作报告》时一致认为，我国去年经济继续保持了快速增长，而物价得到了有效控制，是一个了不起的成绩。同时对当前经济发展和社会生活中存在的矛盾和问题提出了一些意见和建议。会议组织了4次大会发言，36位委员（或代表单位、或联名、或以个人身份）作口头发言；会议印发书面发言材料408份。丁关根、罗干、李岚清、宋健、彭珮云、姜春云、温家宝、吴邦国、陈俊生、李贵鲜及国务院各部委的负责同志应邀听取了大会发言。委员们就进一步深化经济体制改革、国有企业改革、迎接香港回归、广开就业渠道、推进城市扶贫工程、推进中西部农村经济发展、加强大中城市薄弱学校建设、全面推进素质教育等方面问题发言，提出了许多意见和建议。会议通过了政协第八届全国委员会第五次会议政治决议。决议指出，中国人民政治协商会议全国委员会第五次会议赞同李鹏总理所作的《政府工作报告》，赞同《关于1996年国民经济和社会发展计划执行情况与1997年国民经济和社会发展计划草案的报告》、《关于1996年中央和地方预算执行情况及1997年中央和地方预算草案的报告》、赞同最高人民法院和最高人民检察院的工作报告；会议号召，参加人民政协的各党派、无党派爱国人士、各人民团体、各族各界代表人士，继承邓小平同志的遗志，在以江泽民同志为核心的中共中央领导下，高举邓小平建设有中国特色的社会主义理论伟大旗帜，毫不动摇地坚持社会主义初级阶段的基本路线，坚持和完善中国共产党领导的多党合作和政治协商制度，把握大局、再接再厉、同心同德、开拓前进、切实履行政治协商、民主监督和参政议政职能，更好地促进中华民族的大团结、大联合，为把我国建设成为富强、民主、文明的社会主义现代化国家而努力奋斗。会议还通过了政协第八届全国委员会关于常务委员会工作报告的决议；通过了政协第八届全国委员会提案委员会关于政协八届五次会议提案审查情况的报告。

李瑞环主席在闭幕会上发表了重要讲话。他说，落实李鹏总理《政府工作报告》，实施九五计划和2010年远景目标纲要，是全国人民面临的宏伟而艰巨的任务。现在条件很好，机遇难得，关键是要抓紧时间，埋头苦干。他说，政协第八届全国委员会已进入第五个年头即最后一个年头，各级政协今年要在继续推进履行主要职能各项工作的同时，把总结经验作为一项重要任务认真抓好。他说，今年我国政府将恢复对香港行使主权，中国共产党将召开第十五次全国代表大会，特别需要维护安定团结的政治局面。他号召全体委员同心同德、团结奋斗，共创更加美好的未来。

（薛奋飞　编写）

八届20次常务委员会议　1997年3月10日下午在北京举行。中共中央政治局常委、全国政协主席李瑞环主持会议。会议首先听取了全国政协副秘书长朱作霖关于政协第八届全国委员会第五次会议情况的汇报。他说，政协第八届全国委员会第五次会议自2月27日开幕以来，委员们紧紧围绕“两会”主题，遵循大会的指导思想，畅所欲言，热烈讨论，发表了许多积极的意见和建议：江泽民、李鹏、乔石、李瑞环、朱镕基、刘华清、胡锦涛等67位党和国家领导人出席了大会开幕式；18位中央、国务院领导分别到小组看望委员、进行座谈；17位政协副主席分别到小组参加讨论，听取委员们的意见和建议；60多位国务院的部长、副部长听取了大会发言，整个会议进展顺利，开得是好的。他说，在这次大会召开前夕，我们敬爱的邓小平同志不幸逝世；委员们表示一定要化悲痛为力量，继承邓小平同志的遗志，高举邓小平同志建设有中国特色社会主义的伟大旗帜，按照“民主、求实、团结、鼓劲”的方针，开好这次政协大会，把邓小平同志开创的社会主义改革开放和现代化建设事业继续推向前进；今年大会期间，所有政治局常委、11位中央、国务院其他领导以及政协副主席分别到小组看望委员，参加讨论，是历年来中央领导到政协小组人次最多的一年，委员们感到非常振奋，深受鼓舞。他说，委员们普遍认为，李鹏总理所作的政府工作报告是实事求是、符合民意、开拓进取、催人奋进的报告，对报告表示赞同；同时在讨论中，委员们针对当前工作中存在的几个突出问题，如国有企业改革问题、农业问题、保持社会政治稳定问题、促进中西部发展问题、精神文明建设问题、反腐倡廉问题，提出了许多意见和建议；对于叶选平副主席所作的常委会工作报告，委员们认为有三个特色，一是内容实在，没有花架子，二是方向明确、指导意义大，三是问题抓得准、不掩饰缺点；委员们还就进一步改进和加强政协工作提出了许多意见和建议，如：应围绕今年两件大事开展活动作为工作重点，认真总结八届政协的工作经验，民主监督要规范化、制度化等。他还就政治决议和常委会工作报告决议草案的讨论情况作了汇报。会议通过了根据委员讨论情况修改后的政协第八届全国委员会第五次会议政治决议（草案）、政协第八届全国委员会第五次会议关于常务委员会工作报告的决议（草案）以及政协八届全国委员会提案委员会关于政协八届五次会议提案审查情况的报告（草案）。全国政协副主席叶选平、吴学谦、王兆国、阿沛·阿旺晋美、洪学智、钱伟长、丁光训、董寅初、孙孚凌、马万祺、朱光亚、万国权、何鲁丽出席了会议。

（薛奋飞　编写）

首都宗教界喜迎香港回归座谈会　1997年6月26日由政协全国委员会民族和宗教委员会、中共中央统战部和国务院宗教事务局联合举办。会议由中共中央统战部副部长李德洙主持。全国政协副主席、民族和宗教委员会主任赵朴初出席了座谈会并讲了话。

赵朴初副主席在讲话中指出:由中共中央统战部、国务院宗教事务局和全国政协民族和宗教委员会共同举行座谈会迎接7月1日香港回归。同时,也为庆祝中国共产党成立76周年,这是个大喜的日子,值得我们热烈庆贺。抚今追昔,纪念我们难忘的过去,展望我们更美好的将来。赵朴初说,150年前,英国借口保护英商进行鸦片贸易的所谓利益,两次发动侵略中国的鸦片战争,迫使清王朝先后签订了《南京条约》和《北京条约》把香港和九龙割让给英国。从此,封建的中国变成了半殖民地半封建的中国。香港的被割让,成为了中华民族近代历史屈辱的一个缩影。赵朴初说,150年来,为抗击英帝国主义的侵略,我国人民进行了长期英勇斗争。党的十一届三中全会以后,邓小平同志为维护祖国和全民族的根本利益,从尊重历史和现实的实际出发,以其无产阶级革命家的胆量和气魄,运用其丰富的政治经验和智慧,创造性地提出了"一个国家、两种制度"的伟大构想。根据这一伟大构想,以江泽民为核心的党中央制定了具体实施方针政策。实践证明,这是完全正确的。1997年7月1日,我国政府对香港恢复行使主权,中华民族将洗雪百年耻辱。赵朴初最后说,我们宗教界一定要充分利用中华民族这一盛事,在广大信教群众中进行广泛深入的爱国主义教育和一国两制教育。通过这一伟大事件,鼓舞全国各宗教信众的爱国热忱,把社会主义现代化建设事业继续推向前进!

中国各宗教团体负责人闵智亭、安士伟、宗怀德、石泽生等也发了言。

(王春景　编写)

全国政协迎接香港回归座谈会　1997年6月26日在全国政协礼堂举行。座谈会由全国政协副主席叶选平主持。全国政协副主席吴学谦、万国权,全国政协常委胡鸿烈、吴福,全国政协委员凌青、民革中央常务副主席彭清源、民盟中央秘书长俞泽猷、民建中央副主席陈铭珊、民进中央副主席梅向明、农工党中央副主席方荣欣、致公党中央副主席罗豪才、九三学社中央副主席王文元和台盟中央副主席陈仲颐、全国工商联主席经叔平,全国政协常委、无党派民主人士廖静文、全国总工会副主席方嘉德、共青团中央书记处常务书记刘鹏、全国妇联副主席赵地、全国台联顾问郭平坦、全国侨联副主席何添发共20位同志发了言。他们在发言中从各个方面充分表达了各族各界人民群众对香港回归的愿望与祝贺。他们说,香港回归祖国,洗雪中华民族百年耻辱,是中华民族普天同庆的一桩盛事,标志着祖国统一大业迈出了重要一步。此时此刻,我们更应牢记上个世纪中叶以来,中华民族所蒙受的屈辱和几代中华儿女历经磨难、百折不挠的奋斗历程;更加深刻地认识到:只有坚持中国共产党的领导,坚持走建设有中国特色的社会主义道路,才能有祖国的强盛、民族的振兴;只有国富民强,才能洗雪百年国耻,最终实现祖国的和平统一。香港回归祖国,是党和政府坚决贯彻邓小平同志倡导的"一国两制"方针的结果,对推动祖国统一大业的进程必将产生重大而深远的影响,对台湾问题的最终解决起到示范作用。此时此刻,我们更加怀念敬爱的邓小平同志,他老人家为完成祖国统一大业作出的重大历史性贡献将永铭史册。香港回归以后,保持香港的长期繁荣稳定,是党和政府的根本大计,是包括港人在内的全国人民的共同心愿,也为世界瞩目。香港的繁荣稳定不仅关系到香港自身,而且关系到中华民族的兴旺发展。《香港基本法》对保持香港的长期稳定繁荣,维护香港同胞的利益和民主自由权利奠定了坚实的法律基础。委员们相信,凭着中华民族的聪明才智,港人一定能治理好香港,香港的明天一定会更美好。大家发言之后,叶选平副主席总结说,人民政协是中国人民最广泛的爱国统一战线组织。长期以来,各民主党派、人民团体和各族各界人士,为贯彻“一国两制”方针,实现香港回归祖国,做了大量工作,发挥了积极作用。我们要继续坚持邓小平同志建设有中国特色的社会主义理论,在以江泽民同志为核心的中共中央坚强领导下,充分发挥自身的特点和优势,一如既往地做好各项工作,团结广大海内外爱国同胞,为实现现代化建设的宏伟目标,为保持香港的繁荣稳定,为进一步推动祖国统一大业作出新的贡献。中共中央政治局常委、全国政协主席李瑞环,全国政协副主席杨汝岱、王兆国、阿沛·阿旺晋美、洪学智、赵朴初、钱伟长、丁光训、孙孚凌、霍英东、马万祺、朱光亚、何鲁丽和秘书长朱训出席了会议。各民主党派中央和人民团体的负责人、无党派民主人士,以及出席全国政协第21次常委会的常委也出席了座谈会。

(赵东科　编写)

八届21次常务委员会议　1997年6月27日至29日在北京举行。中共中央政治局常委、全国政协主席李瑞环主持了开幕会。全国政协副主席叶选平在开幕会作了重要讲话。他说,这次常委会的主要议题是:学习邓小平关于人民政协的重要论述,进一步推动政协工作的发展。他说,八届政协在过去的五年里,在中共中央的领导下,始终坚持围绕中心,服务大局,选准角度,发挥优势,扎扎实实地履行职责,做好工作,人民政协事业在多方面取得了新的进展。八届政协的工作领域更加宽广,内容更加丰富,形式更加多样,成效更加显著,在国内外的影响进一步扩大。人民政协正以积极进取的姿态迈向21世纪。他用“五个必须”来概括八届政协五年来的工作经验:既必须始终坚持正确的政治方向,必须始终坚持服从和服务于大局,必须始终坚持发挥人民政协的特点和优势,必须始终坚持依靠广大委员活跃和深化政协工作,必须始终坚持用正确的原则规范政协工作。会议期间,委员们围绕会议主题,进行了热烈的讨论。提案委员会副主任吴修平、经济委员会常务副主任王郁昭、科教文卫体委员会副主任丁石孙、社会与法制委员会常务副主任王厚德、民族和宗教委员会常务副主任金鉴、文史和学习委员会主任杨拯民、台港澳侨联络委员会常务副主任杨斯德、外事委员会主任钱李仁以及全国政协常委徐惟诚、苏星、金开诚分别作了大会发言,从不同的方面总结了八届以来政协工作的经验。会议还审议了《李瑞环主席访问欧洲三国情况的报告》、《吴学谦副主席出席国际行动理事会第十五次年会情况的报告》、《全国政协代表团出席经社理事会国际会议暨访问委内瑞拉和智利的报告》、《全国政协外事委员会代表团访问日本情况的报告》。全国政协副主席吴学谦、杨汝岱、王兆国、阿沛·阿旺晋美、洪学智、赵朴初、钱伟长、胡绳、丁光训、孙孚凌、霍英东、马万祺、朱光亚、万国权、何鲁丽及秘书长朱训出席了会议。

(薛春飞　编写)

八届22次常务委员会议　1997年9月22日至24日在北京举行。中共中央政治局常委、全国政协主席李瑞环主持了开幕会。会议的主要议题是学习和贯彻中共十五大精神。会议听取了温家宝同志就十五大精神所作的辅导报告。报告分三个部分:一、介绍十五大的概况;二、介绍十五大报告的主要内容;三、学习贯彻十五大精神的意见。温家宝同志在报告中说,党的十五大是在我国改革开放和社会主义现代化建设事业承前启后、继往开来的重要时期召开的具有重大意义的会议,是我们党带领全国各族人民把建设有中国特色的社会主义伟大事业向新世纪全面推进的历史性会议。十五大的主题就是高举邓小平理论伟大旗帜，把建设有中国特色的社会主义全面推向21世纪；确定这样的主题，是时代的要求、人民的愿望。旗帜问题至关重要，旗帜就是方向，旗帜就是形象。在邓小平同志逝世以后，我们全党特别是高级领导干部尤其要有高度的自觉性和坚定性。他还对报告的各个部分作了阐释和说明。会议期间，常委们结合温家宝同志关于中共十五大精神的介绍，认真地学习了江泽民同志在中共十五大所作的报告，在小组会上进行了热烈的讨论，并就如何贯彻十五大精神提出了建议。会议审议并通过了《关于学习贯彻中国共产党第十五次全国代表大会精神的决议》。全国政协副主席叶选平、吴学谦、杨汝岱、王兆国、阿沛·阿旺晋美、洪学智、赵朴初、胡绳、孙孚凌、马万祺、朱光亚、万国权、何鲁丽和秘书长朱训出席了会议。

（薛奋飞　编写）

国庆招待会　1997年9月28日，全国政协办公厅、中共中央统战部在北京人民大会堂举行国庆招待会，与来自香港特别行政区、澳门、台湾以及海外的新朋老友欢聚一堂，共同庆祝中华人民共和国成立48周年。中共中央政治局常委、全国政协主席李瑞环出席了招待会。全国政协副主席、中共中央统战部部长王兆国主持了会议，全国政协副主席叶选平在会上致辞。叶选平说，中华人民共和国已经走过48周年的光辉历程。48年来，我们伟大祖国的面貌发生了翻天覆地的变化，特别是中共十一届三中全会以来，在邓小平理论的指导下，我国经济持续增长，各项事业蓬勃发展，人民生活不断改善，综合国力大大增强，国际地位不断提高，改革开放和社会主义现代化建设取得了举世瞩目的伟大成就。不久前结束的中国共产党第十五次全国代表大会，是一次承前启后、继往开来的具有划时代意义的大会。这次大会高举邓小平理论的伟大旗帜，认真总结改革开放近20年特别是十四大以来的丰富经验，系统完整地提出并论述了中国共产党在社会主义初级阶段的基本纲领，对我们国家的跨世纪发展作出了全面部署。这次大会选举产生了以江泽民同志为核心的新的中央领导机构，这是国家保持团结稳定，各项事业蓬勃发展的强有力的组织保证。我们坚信，中国共产党一定能够团结和带领全国各族人民，把建设有中国特色社会主义事业全面推向21世纪！

叶选平指出，今年7月1日，中国政府对香港恢复行使主权，中华人民共和国香港特别行政区正式成立。香港回归，标志着中国人民洗雪了香港被侵占的百年耻辱，开创了香港和祖国内地共同发展的新纪元；标志着我们在完成祖国统一大业的道路上迈出了重要一步；标志着中国人民为世界和平、发展与进步事业作出了新的贡献。海内外的同胞都为这一民族盛事感到欢欣鼓舞。香港回归后，香港特别行政区顺利地行使着基本法赋予的各项职权，社会稳定，经济繁荣。邓小平同志关于“一国两制”的科学构想，在香港已经成为现实。澳门将于1999年回到祖国怀抱，在中葡双方友好合作下，澳门回归前的各项准备工作正在积极进行。我们对于澳门顺利回归和稳定与发展充满信心。

叶选平在致辞中还说，在国庆节到来的时候，我们格外思念台湾同胞。台湾是祖国领土不可分割的一部分，实现祖国统一是中华民族的根本利益所在，是不可阻挡的历史潮流。海内外所有的中国人都希望海峡两岸关系在一个中国的原则基础上健康发展，反对分裂，反对“台独”，反对制造“两个中国”、“一中一台”，反对外国势力干涉。最近,江总书记在中共十五大的报告中再次就海峡两岸和平统一问题发出了郑重呼吁,希望台湾当局能够认真回应。我们寄希望于具有光荣爱国主义传统的台湾同胞。我们将继续坚持“和平统一,一国两制”的基本方针,促进两岸经济合作、人民往来和各项交流,促进两岸直接“三通”。我们相信,海峡两岸全体中国人民和所有中华儿女,从中华民族的根本利益出发,携手共进,祖国的完全统一和民族的全面振兴,一定能够实现。全国人大常委会副委员长费孝通、雷洁琼、程思远、卢嘉锡,全国政协副主席杨汝岱、阿沛·阿旺晋美、钱伟长、万国权、何鲁丽,全国政协秘书长朱训等出席了招待会。

(薛奋飞 编写)

全国地方政协主席座谈会 1997年11月24日至27日在全国政协礼堂举行。座谈会的主要议题是:以中国共产党十五大精神为指导,总结交流八届全国政协五年来的工作经验,讨论修改《政协第八届全国委员会工作总结(征求意见稿)》,对今后政协工作提出建议。中共中央政治局常委、全国政协主席李瑞环和在京各位副主席,中央、国家机关有关部门负责人,全国政协秘书长、副秘书长,各省、自治区、直辖市政协和副省级市政协负责人共100余人出席座谈会。

全国政协副主席叶选平在座谈会开幕会上讲话。他着重介绍了全国政协前一阶段总结工作的进展情况和八届全国政协工作总结稿的基本思路。他说,在今年3月份召开的全国政协八届五次会议上,李瑞环主席提出要在继续推进履行主要职能各项工作的同时,把总结经验作为召开九届政协一次会议的一项重要准备工作认真抓好。大会之后,分别召开了各民主党派中央、全国工商联负责人,全国政协秘书长、副秘书长、各专门委员会主任,全国政协原秘书长、副秘书长等几次不同范围的总结座谈会。在21次常委会议上,常委们又对工作进行了总结。李瑞环主席在会上作了题为“学习理论,总结经验,研究工作”的讲话。在广泛听取各方面意见的基础上,形成了目前这份征求意见稿。总结稿的基本思路是,本着实事求是的原则,力求准确地反映五年来全国政协工作的全貌,包括它的成绩、进展和不足,从中总结出对政协工作有长远和普遍意义的经验,为以后的工作提出有益的借鉴。

接着,座谈会进行大会发言。上海市政协主席陈铁迪介绍了市政协在发挥民主党派参政议政中的经验与体会;北京市政协主席王大明在发言中介绍了市政协以人为本、发挥委员作用的经验;四川省政协主席聂荣贵着重谈了本省政协在履行民主监督职能方面的体会与经验;江苏省政协主席孙颔介绍了本省五年来在反映社情民意方面的工作经验。海南省政协主席陈玉益介绍了本省政协在海南建省立法、招商引资、扶贫脱贫、开展海外联谊及加快海洋经济发展方面积极建言献策的工作经验;河北省政协主席李文珊从“到位、献策、服务、参与”四个方面介绍了本省政协工作五年来的突破与发展;辽宁省政协主席孙奇在发言中提出,八届全国政协五年来工作积极,整体水平提高,并介绍了本省政协在履行职能方面的经验;新疆维吾尔自治区政协主席贾那布尔在发言中介绍了自治区政协为维护民族团结、稳定大局方面,履行政协职能的工作经验;福建省政协主席游德馨在发言中对政协第八届全国委员会工作总结(征求意见稿)提出了意见和建议;广州市政协主席邬梦兆介绍了市政协在履行政治协商、民主监督、参政议政三大职能的规范化、制度化建设中的经验;武汉市政协副主席胡照洲在发言中谈了市政协开展民主评议行业风气工作的经验与体会。天津市政协主席刘晋峰在发言中从九个方面谈了市政协履行职能的体会，他认为切实履行政协职能，是政协发挥作用，取得成效的关键。在履行职能过程中，按照中共中央、中共天津市委的要求，根据政协的特点来确定工作思路和工作重点。

贵州省政协主席龙志毅在发言中强调，围绕中心工作，切实履行职能，关键要做到“六个主动”，即：主动争取党委的领导和政府的支持；主动围绕经济建设中心献计出力；主动发挥政协自身优势；主动加强协商与监督；主动开展调查研究；主动抓好自身建设。

陕西省政协主席周雅光认为，八届全国政协工作勇于探索，求实创新，各项工作充满了生机和活力，上了一个新台阶。受到中央的高度评价和全社会的普遍赞誉，人民政协在国际国内都产生了广泛而深远的影响。实践证明，人民政协是我国政治体制的重要组成部分，在改革开放和现代化建设中发挥着不可替代的重要作用。

江西省政协主席朱治宏在发言中说，过去五年江西省政协在八个方面取得了新的进展，即：积极开展协商监督；不断改进调查、视察工作；进一步提高提案质量和办理质量；广辟信息渠道，开展反映社情民意工作；广泛联谊交友，扩大政协联系面和团结面；建立健全规章制度，加强对地市县政协的指导及加强自身建设。

宁夏回族自治区政协主席刘国范在发言中谈到，本届自治区政协围绕中心工作，认真履行政协职能，积极参政议政，积极推进政协履行职能规范化、制度化建设；重视发挥专门委员会基础作用，认真开展专题调研；组织委员及各界人士开展学习，不断提高认识；反映社情民意工作开始起步；提案工作进一步加强。

吉林省政协副主席胡厚钧在发言中认为，八届全国政协是中共十一届三中全会以来，历届政协工作中最活跃、进展最显著的一届。各方面工作都有了长足的进步。总结八届全国政协工作的《征求意见稿》，基本反映了这个客观进程，是很有特点的一份稿子，即：内容全面，文风平实，观点准确。胡厚钧还建议政协工作要在推进规范化、制度化方面多做努力。

山东省政协主席陆懋曾强调，做好政协工作，既需要一个好的外部环境，更需要一个充满生机与活力的政协工作队伍。山东省政协注重加强对政协委员和机关工作人员的培训，努力提高他们的政治、业务素质，教育和引导机关工作人员牢固树立政协工作的主体是委员的意识，大力提倡真心诚意为委员服务的作风，千方百计地创造各种条件，使更多的委员经常性、高质量地去履行职能。

青海省政协主席韩应选结合青海实际，谈了本届政协工作的两点体会：一，民族地区的经济和社会发展，是民族地区全部工作的核心内容，也是政协工作的中心。政协工作必须牢牢坚持以经济建设为中心，切实关注民族地区各项社会事业的发展。二，维护民族地区的社会稳定，是民族地区全部工作的基础，也是政协工作的重要方面，即：高举大团结、大联合的旗帜，努力增进民族团结；积极协助做好宗教工作。

黑龙江省政协主席周文华强调，要充分发挥政协在推进民主政治建设中的作用。他说，推进民主政治建设，不仅需要党委和政府的高度重视与支持，也需要相对完备的规章制度做保证。正如中共十五大报告指出的，制度更带有根本性、全局性、稳定性和长期性。

湖北省政协副主席程运铁介绍了湖北政协始终注意发挥委员作用的经验，即：通过抓学习、知情和激励三个环节，提高委员参政议政素质和积极性；抓调研、提案和信息三个重点，增强委员作用的实效；抓组织、制度、服务三个保证,为委员发挥作用提供良好条件。西安市政协主席傅继德谈到,八届全国政协突出特点是在找准位置,选准角度的前提下,坚持政协就是政协,不比不套,力求做到尽职而不越位,帮忙而不添乱,切实而不表面,充分发挥政协优势,在办实事,求实效上下功夫,使政协工作一年比一年好,路子一年比一年宽。实践证明这些做法是正确的,对我们地方政协工作有很强的指导作用,使我们理清了工作思路,增强了搞好政协工作的信心。济南市政协主席刘耀华在发言中介绍了本市政协总结工作的情况,他认为,今年总结工作的突出特点是动手较早,上下协同进行,充分体现了本届政协工作的活跃有序、积极主动。他强调,总结工作的主要目的是积累经验,以利会后把工作做得更好。体现在具体工作上,就是虚实并举,就实务虚,从工作实践和体验感受中分析、提出基本的经验和体会,同时,又要以虚带实的精神,阐明政协基本常识。广西壮族自治区政协主席陈辉光在发言中介绍了自治区政协履行职能的经验,并强调,政协履行职能要围绕党和政府的中心工作,抓大事议大事。云南省政协副主席赵廷光在回顾本届云南省政协五年工作时说,云南省是个多民族和经济不发达的边疆省区,帮助全省人民群众脱贫致富,对于搞好民族团结,保持社会稳定具有重要意义。从 1992 年开始,省政协开始在全省民族散杂居地区建立了 234 个科技开发扶贫联系点,派出大批干部深入基层帮贫扶困,并通过各个渠道筹集资金 8 000 万元。经过五年的科技开发扶贫,234 个扶贫联系点发生了不同程度的变化。有的基本实现小康、有的已脱贫,有的虽然尚未完全解决温饱问题,但群众的物质文化生活有了不同程度的改善。重庆市政协主席张文彬在发言中谈到,过去的五年,重庆市政协经历了计划单列市时的第十届和建立直辖市后的第一届两个时期。五年的实践使我们体会到:有为才有位,关键在班子。首先,要树立有为才有位积极进取的思想观念,二、坚持为中心服务的工作方针,三、努力形成民主团结的氛围,四、树立求真务实的工作作风,五、勇于在实践中不断开拓创新,六、做好发挥整体功能的组织工作。西藏自治区政协副主席徐洪森在发言中认为,八届全国政协工作有五个特点对地方政协有指导示范作用。一是理论研究空气浓;二是每年的工作特点突出;三是不比不套,政协就是政协;四是履行职能,既积极又循序渐进;五是高举大团结、大统一的旗帜。他还介绍了五年来自治区政协主要工作及体会。广东省政协副主席康乐书说,这些年,广东省政协坚持围绕中心、服务大局、协商大事的指导思想,运用专题议政、专题协商等形式,收到了较好的效果。仅去年以来,先后进行专题协商 4 次,在此基础上,经主席会议讨论,形成了主席会议建议案报送省委、省政府。由于这些建议案具有很强的针对性和可操作性,得到了省委、省政府领导的重视并全部采纳,转发给各市、县和省直有关部门。杭州市政协常务副主席熊恩生在发言中认为,推进政协工作不断向更高水平发展,必须加强制度建设,规范各项工作。他强调,制度建设是政协履行职能的重要保证。近年来,市政协在推进制度化、规范化方面做了大量工作,做到了协商、监督、参政议政有制度可依,委员活动有章可循,机关办事有规范程序,从而推动了政协工作不断发展。河南省政协主席林英海在总结经验中谈到,五年的经验,最基本的是党委重视,政府支持,政协主动,各方配合。即:切实履行政协基本职能,才能充分发挥政协应有的作用;围绕大局参政议政,政协工作才能有所作为;把握团结和民主两个主题,才能体现政协工作的特色;大力推进规范化、制度化建设,才能提高政协工作水平;重视发挥专门委员会作用,政协工作才能富有成效;坚持和服从党的领导,才能保证政协工作的正确方向。湖南省政协主席刘正在发言中提出,如何履行好政协职能,并努力做到卓有成效,关键在议大事中要集中主要精力抓重点。只有集中力量抓重点,而不是平均使用力量搞面面俱到,专题调查才能比较深透,参政议政才能做到言之有物,言之有理,言之有效,而不致流于一般化。具体做法是:着力抓好对经济建设中重要问题的参政议政;着力抓好对改革开放中重点问题的参政议政;着力抓好对精神文明建设中重大问题的参政议政。浙江省政协副主席陈法文谈了六点经验及体会:政协工作要坚持正确的政治方向,必须以邓小平理论为指导,服从和服务于全国工作的大局;政协工作要积极、稳步、活跃、有序地开展,必须形成党委重视、政府支持、各方配合的良好环境;政协工作要开展得生动活跃、富有成效,必须坚持以经济建设为中心,以中共党委和政府的重大部署为重点;政协工作要具有生机和活力,必须把握特点、发挥优势,认真搞好调查研究;政协工作要发挥整体功能,必须把握团结、民主的主题,充分调动各方面人士的积极性;政协工作要不断提高水平,必须加强自身建设,发挥专委会基础作用。甘肃省政协副主席韩正卿在发言中强调,以经济建设为中心,为改革开放和发展做贡献,是政协履行职能的主要任务。他说,我们深深体会到,要使这方面的建言献策富有成效,一是必须围绕中心,服务大局,按照省委、省政府的工作部署,确定政协工作的任务;二是必须坚持唯物主义的观点,尊重群众的首创精神,善于总结新经验,探索新问题;三是必须求实务实。讲实情,想实招,办实事,求实效。宁波市政协主席叶承垣在发言中强调,应充分利用政协履行职能的已有形式,积极开辟新的活动载体,不断拓宽委员参政议政渠道和领域。成都市政协主席骆隆森在发言中介绍了市政协探索民主评议行风的新形式和拓展政协民主监督新路子的经验。他说,政协进行行风评议是一项新的工作,是政协发挥民主监督职能的一个探索,也是政协民主监督与党内监督、行政监督、群众监督相结合的新尝试。长春市政协主席裴希敏说,近年来长春市政协围绕长春市委、市政府中心工作开展了一系列活动,对于发扬社会主义民主,统一全市各族各界人士的思想,团结全市群众抓住机遇,努力拼搏,真抓实干起到积极作用。深圳市政协主席林祖基指出,近年来,深圳市政协比较注重加强专委会建设,推动了政协工作的深入开展,主要做法有三条:一是加强主席班子对专委会的指导;二是全体委员按界别和专业特长参加专委会;三是努力改善机关办公条件,推进政协工作规范化、制度化建设。哈尔滨市政协副主席王永生在发言中指出,哈尔滨市政协坚持“三在前、三在先”的工作原则,即对重大问题协商在党委决策之前、政府决定之前、人大通过之前,浓厚了协商气氛,提高了协商讨论的质量和效果,促进了市委、市政府决策的民主化和科学化。内蒙古自治区政协主席千奋勇说,五年来,我们自治区政协坚持围绕党政的中心工作确定协商议题和调研课题,注意选择那些在改革开放和两个文明建设中具有宏观性、全局性的重要问题,进行超前调研,提出意见、建议,供党政决策参考。安徽省政协副主席龙念指出,近年来安徽省政协积极参与法制建设,积极推进依法治省,先后参加全省法制检查30多次。省政协还注意提高常委会议质量,把专题调研同常委会议结合起来,受到政协常委们的欢迎。山西省政协主席郭裕怀指出,在推进“两化”建设实践中,省政协特别注意省、市(地)、县三级政协之间与省政协内部领导班子、委员和机关之间形成合力，使全省政协工作形成了党委重视、政府支持、政协主动的喜人局面。厦门市政协主席蔡望怀说，在全国政协的指导下，厦门市政协工作出现了生动活泼的局面，向市委、市政府提出了许多有参考价值的意见和建议。南京市政协主席潘寒操在发言中强调，政协工作必须树立创新的意识和发展观念，始终保持奋发进取的精神状态，抓住机遇，自加压力，埋头苦干，积极主动地开展工作。

李瑞环主席在闭幕会上作了重要讲话。他指出，在我国政治生活中，人民政协具有不可替代的作用。中国共产党领导的多党合作和政治协商制度是我国的基本政治制度，人民政协则是这个基本政治制度的政治形式和组织形式。多党合作的重要性决定了人民政协的重要性，多党合作的长期性决定了人民政协的长期性。半个世纪来，人民政协伴随我国革命与建设的进程，在各个历史时期都发挥了重要作用。现在，虽然各方面的情况发生了很大变化，但人民政协的性质、地位和作用并没有改变，它在推动改革开放和经济发展，加强社会主义民主和法制建设，维护团结稳定和促进祖国统一等方面，仍然具有独特的优势。人民政协是以毛泽东同志为代表的老一辈革命家的伟大创造，经过半个世纪的实践检验，它完全适合中国国情，我们应当高度重视，精心爱护，始终不渝地坚持。

（曹　军　编写）

全国政协无党派界别委员座谈会　1997年即将结束。在辞旧迎新之际，无党派界别委员召开座谈会，总结八届政协五年间无党派界别活动情况，对以后的工作提出建议和设想。李瑞环主席，叶选平、吴学谦、王兆国副主席亲切接见了与会的委员。

委员们在座谈会上畅所欲言，充分肯定了五年来政协工作和无党派界别的活动。他们认为，五年间，人民政协的工作日益活跃，各项工作都有较大进展。无党派界别的委员在认真履行政治协商、民主监督、参政议政的主要职能方面，取得了较大的成绩。在政协大会期间，无党派界别的委员发言踊跃，讨论热烈，参政议政积极性很高。特别是八届四次大会、八届五次大会时，无党派界别委员在深入调研、共同讨论的基础上分别就环保、水利问题作的大会发言，有深度，有力度，反映较好。为了更好地知情出力，议政建言，无党派界别的委员五年间进行了26次调查研究和参观活动，就国家和社会发展的重大问题提出了许多重要的意见和建议。其中，在山西考察时提出的“云岗石窟环境治理的重点是109国道的改道”的建议受到有关部委和山西省政府的重视，推动了这一问题的解决。他们指出，无党派界别的成绩是政协领导重视和关心的结果。政协领导听取了关于无党派界别办公室设置、地方无党派委员活动、经费等问题的汇报后，对无党派界别的活动给予指示，推动了无党派委员活动的开展。

委员们纷纷表示，五年来他们还利用政协和无党派界别这一参政议政的场所学习了不少东西，结交了许多朋友，提高了履行职能的水平，对政协和无党派界别充满了感情。此外，委员们利用业余时间组织的几次聚会，也为活跃气氛、相互了解、达成共识奠定了基础。

座谈会上，委员们对政协及无党派界别以后的工作提出了一些建议，归纳起来有以下几点：

一、政协大会的发言应在大会正式召开前提交给大会有关机构，以便有充裕的时间研究处理。如有可能，也可考虑把大会发言制订成册，便于委员阅看、携带。

二、委员视察、考察时，要多安排一些

深入基层的访问、座谈机会,以便更好地反映社情民意;参加视察的委员要身体健康,以使视察顺利进行。

三、无党派界别委员没有参加任何党派组织,但他们都是在社会上有一定影响、学术上有一定造诣的爱国人士。多年的实践证明,这个界别有其联系的群众和存在的社会基础,能为国家发展、社会稳定起着特殊的作用。中共中央和人民政协应重视和关心这个界别代表人物的培养。

四、明年的大会将产生新的一届政协委员,同时有许多八届政协委员因年龄、身体等原因要退下来。他们已与政协建立了深厚的感情,希望政协继续与他们保持联系。

(薛奋飞 编写)

经 常 性 工 作

【委员视察工作】

1997年全国政协委员视察情况

视察地区	视察时间	视察内容
广东深圳、珠海	4月1日—8日	特区经济建设情况
四川成都、乐山	5月12日—22日	测绘高科技情况
云南、贵州	5月12日—22日	“希望工程”情况
湖南湘西、广西百色	5月15日—26日	“希望工程”情况
海军南海舰队	5月12日—23日	沿海国防建设情况
福建、广东、海南	5月16日—30日	水利基础设施情况
广东珠海、深圳、汕头	5月27日—6月5日	特区经济建设情况
湖北、江西	6月3日—15日	农业科技推广情况
陕西延安、榆林等	6月6日—16日	扶贫开发工作情况
浙江宁波、杭州、绍兴、淳安县	6月16日—25日	社会保障制度改革情况
青海西宁、大通、海东	7月16日—27日	引大济湟水利工程
大庆、胜利、大港油田	7月22日—31日	石油工业建设情况
黑龙江、内蒙古	8月7日—18日	森林防火工作情况
新疆土哈油田	9月3日—12日	石油工业建设情况
河南省郑州、焦作、洛阳	9月8日—19日	农村“小康村”建设情况
云南省昆明、版纳、思茅	10月14日—23日	森林防火工作情况
广西壮族自治区	10月17日—25日	森林防火工作情况
云南省版纳、大理	10月22日—11月1日	民族地区经济发展情况
北京育新花园小区、十三陵、韩村河	11月25日—27日	
海南省海口、三亚、通什	10月15日—23日	京外常委视察特区经济发展情况

1997 年视察报告目录

【专门委员会工作】

提案委员会 政协八届五次会议以来,共收到提案 2 716 件,是八届政协提案数量最多的一年。经审查,立案 2 570 件,占 94.6%,另有 146 件转作委员来信处理。有 1 636 位委员参与提出提案,占全体委员人数的 73%。各民主党派和全国工商联以组织名义提出提案 29 件,政协社会和法制委员会等提出提案 4 件。提案内容涉及我国经济建设和社会发展的各个方面,其中经济建设方面 1 085 件,教科文卫体方面 787 件,政法、人事、统战方面 698 件。经协商,以上提案分别送请中共中央办公厅、国务院办公厅等 183 个承办单位办理。截至 1998 年 2 月 10 日,提案办复2 554件,占 99.4%。其中问题得到解决和计划解决的 2 102 件,占 82.3%;部分确实难以解决的,承办单位实事求是地向提案人讲明了情况;委员在反馈意见中对办理表示不满意的,一些承办单位再次给予了研究答复。

一年来,提案委员会主要做了以下几项工作:一、加强提案办理工作。对八届五次会议提案的办理工作加强督促检查,定期进行催办,同时对八届一次会议以来尚未办结的提案进行督办,并对一些提案进行了跟踪办理。如对四次会议“抢救白音敖包红皮云杉原始林”的提案组织了现场办案,使委员意见得到落实。注重重点提案办理,共组织召开协商办理座谈会 8 次,分别对有关下岗职工再就业工程、打击“血头血霸”整顿血液市场、遏制城乡地下金融活动、加强信息资源建设、建立与实施正规青少年义务社会服务制度等提案,邀请提案人与承办单位共同协商办理;组织了关于将安徽枞阳江堤列入长江重点堤防加固工程、加强再就业工程、婴幼儿出生性比例失调应引起重视、加大整治“三乱”力度、加强对空中电波秩序管理提案的专题调研,以及根据提案对国家高新技术产业开发区、在油田派设公检法机构、利用邮电通讯网传输有线电视、封盖重庆红岩区内铁路、《科研成果鉴定办法》的落实、城市最低生活保障费的发放等情况进行了考察。所形成的调研和考察报告,送中共中央、国务院及有关部门,邹家华同志在《关于当前我国无线电事业管理中存在的问题和建议》的报告上作了批示。二、不断改进服务工作。改革了提案交办会的召开方式,利用二、三天的时间,将各承办单位的同志集中在一起共同协商。由于各单位之间互相见面,及时研究解决问题,提高了工作效率;在日常工作中注意加强与承办部门的联系,勤于了解,主动走访。一年来先后走访了广东省政府、国家计生委、司法部、交通部、新闻出版署和国家环保局,了解办理工作中遇到的困难和问题,推动办理工作的开展;编印了5期《提案工作通讯》,发给各承办单位和地方政协提案工作机构,通报工作情况,交流工作经验。三、全面总结八届政协以来的提案工作。根据李瑞环主席在政协八届五次会议闭幕会上的讲话精神,委员会几次召开会议,对八届政协以来的提案工作进行总结;6月,委员会在鞍山召开了部分省市政协提案工作座谈会,交流对提案工作的认识和体会,总结经验;7月,召开了部分承办单位有办公厅(室)负责同志参加的承办工作座谈会,结合国务院办公厅下发的《关于认真办理人大代表建议和政协委员提案的通知》,从提高认识、领导重视、制度化建设几方面进行了总结交流。通过总结,在委员会内对做好政协提案工作达成共识,在此基础上,吴修平副主任代表委员会在政协八届常委会第21次会议上作了《认真总结经验,进一步做好提案工作》的发言;委员会向常委会第23次会议提交了《政协八届全国委员会提案委员会关于五年提案工作情况的报告》。四、做好换届的准备工作。召开民主党派、有关人民团体、政协专委会提案工作座谈会,就党派团体和专委会通过提案发挥自身优势和政协的整体优势,更好地履行政协职能等问题进行座谈,对下一届政协开展集体提案工作提出建议。筹备了以办公厅名义召开的政协八届五次会议优秀提案表彰会,对五次会议的36件优秀提案进行表彰,孙孚凌副主席出席并讲话。会后选择了部分提案制作了“政协提案案例展板”,供新一届政协委员参考。编印了《政协提案学习参考手册》,收入了七届、八届全国政协期间有关提案工作的领导讲话、规章制度、知识问答等内容;还编印了《政协八届五次会议提案办理情况分类选编》和《提案工作参考手册》,提供给九届的全体委员,帮助委员尽快了解提案这一参政议政的重要形式。

(李　蓉　编写)

经济委员会　在过去的一年里,经济委员会紧紧围绕经济建设中心,做了以下几个方面的工作:一、关于全国大型灌区情况的调查。由钱正英、杨汝岱副主席带队,分南方组和北方组,于四、五月间集中考察了川、皖、鲁、豫、宁、蒙等六省区的大型灌区,形成了《关于大型灌区亟须续建配套和更新改造的建议 》及两个附件:《建议对引黄灌区进行以节水为中心的续建配套和更新改造》、《关于都江堰、淠史航两个大型灌区的调查报告》。《建议》报送中共中央、国务院后,姜春云副总理批示给水利部领导,“政协的调查报告和建议十分重要,对大型灌区状况的分析、提出的对策是很要害的,应当认真考虑,望抓紧研究,商有关部门,提出办理意见。”二、关于首都环境保护问题的调查。委员会组织委员实地考察了北京市大气污染程度、了解垃圾及污水处理现状,与有关部门多次座谈,交换意见,形成了《关于加快治理步伐,迅速改变首都环境污染现状的建议》,报告报送中央后,李瑞环主席作了批示:“健行、庆林同志:报告提出的问题和建议值得重视”。北京市人民政府京政字(1997)39号文件《关于落实政协全国委员会经济委员会加快治理步伐迅速改变首都环境污染现状的报告》,对《建议》也作了比较详尽的答复。三、关于农产品流通体制改革的调查。委员会专题组在与内贸部、全国供销合作总社等有关部门座谈的基础上,在江苏连云港市约请十省、区政协经济委员会的部分委员进行专题研讨,形成《关于深化农产品流通体制改革的几项建议》,报送中共中央、国务院有关部门。四、由钱正英副主席率领的经济委员会调查组,对广西桂中治旱工程的情况进行了考察,向中央有关部门报送了调查组《加快建设桂中"两高一优"农业基地的建议》。五、举办"中日长江水利环境经济技术研讨会"。在钱正英副主席的指导下,与日本自民党长江水利研究会、重庆市人民政府联合主办,于1998年1月在重庆召开了"中日长江水利环境经济技术研讨会"。中、日双方60多位代表深入研讨了长江中上游地区的水利、环境、农业、林业及资源开发利用等诸多方面的问题。会议对增进中日双方在开发长江流域方面的沟通、了解,促进经济技术等各个领域的交流与合作,加深友谊,起到了积极的作用。六、加强与地方政协的联系。1. 在江苏南京召开全国地方政协经济委员会第五次工作会议,全面回顾总结全国各地方政协经济委员会五年的工作和体会,总结经验,找出不足,使新一届政协经济委员会工作有所借鉴。根据各地政协五年来的调研成果,委员会还编撰出版了《经济决策建言集》,送国务院有关部门、全国政协常委,并发地方政协。2. 参加在青岛召开的"全国十三省市区政协经济委员会第五次联系会议暨经济技术协作洽谈会"。七、通过调研和经济协作考察,促进地方经济的发展。1. 为促进中西部地区经济发展牵线搭桥,办实事。委员会办公室在总结1996年开展此项工作经验的基础上,先后组织广东、福建、浙江50多位政协委员企业家分赴湖南、贵州、宁夏进行经济协作考察,共达成协议80多项,协议金额7亿元左右。在总结两年来开展此项活动的成果和存在问题的基础上,形成《关于组织沿海地区经济界政协委员企业家赴甘肃、贵州、云南、湖南、宁夏经济协作考察的报告》,上报主席、副主席和秘书长。2. 应山东莱州市政府和政协的邀请,赴莱州考察黄金生产企业的发展情况及存在的问题,形成《莱州黄金生产企业的考察报告》,报告受到冶金部的重视,就考察报告所提的问题作了详尽的答复,对莱州市黄金产业的发展起到了一定的作用。八、举办经济形势报告会。为了帮助委员及时掌握国家经济形势,了解经济动态,更好地履行参政议政职能。先后邀请中国人民银行、国家计委、财政部等部门向委员介绍情况,并就一些问题进行座谈。

(李小红　编写)

科教文卫体委员会　一年来,科教文卫体委员会主要做了以下工作:

一、围绕党和国家的重大决策以及群众普遍关心的重要问题,为国家经济和社会的可持续发展,实施科教兴国战略建言献策。1.1997年4月,钱伟长副主席率委员会科技组组成海洋专题考察组赴广西、海南和西沙海域考察,提出了《关于"加强海洋管理、开发海洋产业、保护海洋环境"的调查和建议》,姜春云副总理批示:"这是一个重大问题",并责成国家科委等有关部门研究。2. 科技组海洋专题考察组还从如何满足21世纪30年代我国16亿高峰人口对农产品需求这个重大问题入手,赴辽宁、山东、浙江三省,对我国海洋渔业生产情况进行了实地考察,提出了《关于发展我国海洋渔业,挖掘潜力,扩大食物来源的调查和建议》。3.继1995、1996年就大中城市薄弱学校建设问题调研后,教育组于1997年4月、10月,先后赴湖南、福建两省继续进行调研,提出了《关于进一步加强大中城市薄弱学校建设的意见》。4.围绕落实中共十五大精神,文化组就我国文化建设问题进行了专题调查,并邀请部分地方政协提供专题调查报告,在此基础上形成了《关于落实党的十五大精神,加强文化建设的几点建议》。国务委员李铁映批示:“有许多意见是很有针对性的,有助于文化事业的发展和文化艺术的繁荣,应认真考虑。”5.1997年5月,文化组就文物保护问题赴安徽进行调查。6.医卫组围绕全国卫生工作会议精神贯彻落实情况进行调查研究,组成农村卫生合作医疗情况、医院体制改革、中医药发展情况、药品市场管理等四个专题组,最后提出了《关于贯彻落实〈中共中央、国务院关于卫生改革与发展的决定〉的几点建议》。7.1997年4月,体育组就竞技体育后备力量问题赴四川、重庆、湖北进行调查;8月,体育组就竞技体育后备力量问题在大连召开了21省、市、自治区政协专题研讨会。在实地调查和研讨会的基础上,提出了《我国竞技体育后备力量的现状和建议》的调查报告。8.1997年7月,教育组就职业技术教育问题在北京进行了调研。

二、努力为两个文明建设办实事。1.委员会对贫困地区义务教育的调查报告及有关情况引起委员关注,全国政协常委张永珍女士主动连续三年(1995—1997)捐资60万港元,帮助青海、贵州两省发展义务教育。2.教育组牵线搭桥,引进资金,捐赠河北省国家级贫困县——滦平县3万元,用于建立教育科研基金;捐赠青海省撒拉族自治县20万元,用于改建一所希望小学。1997年9月,这所学校建成。

三、加强与地方政协的协作。1997年10月,委员会在重庆市召开部分省、自治区、直辖市政协科教文卫体委员会工作总结交流会,钱伟长副主席出席并讲话。会议认真总结交流了五年来的工作经验,对今后做好专委会工作,具有十分积极的意义。

四、积极开展对外交流活动。1.1997年11月23日至12月2日,科技组以季国标为团长、李振声、孙家栋副主任,张洽副秘书长为团员的访英代表团,赴英国访问。双方就农业、纺织、航天等方面科技项目达成了初步的意向性合作,提出了《全国政协科教文卫体委员会代表团访问英国情况的报告》,对今后人民政协加强对外合作提出建议。国务委员陈俊生批示:“这个报告写得很好。”2.为贯彻落实李瑞环主席“要了解外国科技政策,与我国进行对比研究”的指示精神,1997年12月科技组以胡启恒、唐有祺副主任为团长、徐如镜委员为团员的“中韩科技政策对比研究”专题组,赴韩国进行为期14天的访问,提出了《中韩科技政策对比研究报告》。

五、组织报告会、参观考察等各项活动。办公室组织委员会委员参观了中央教育电视台、中国戏曲学院、恭王府、中央电视台电视转播塔、十三陵水库蓄能电站;组织四次卫生保健讲座。其中参观中央教育电视台后撰写了《中国电教事业困难重重》的信息,受到有关部门的重视。

(翟　波　编写)

社会与法制委员会　一年来,社会与法制委员会主要做了以下工作:

一、开展社会保障制度改革问题的调研。根据下岗职工不断增多、社会保障制度亟待健全、完善的实际情况和李瑞环主席要对退休职工养老保险问题进行研究的指示,社会与法制委员会将社会保障制度改革问题的调研作为1997年的主要任务,在听取劳动部、财政部、国家计委、国家体改委、人事部、中国人民银行等9个部委有关情况介绍的基础上,成立三个调查组分赴辽宁、上海、甘肃三地进行调查研究。与此同时，安徽、宁夏、海南、湖南、四川、新疆等省(自治区)政协相关委员会，根据全国政协社会与法制委员会的建议，在当地就同一问题进行协作调查，并提供了调研报告。除四川、新疆外的上述省(自治区)及上海、辽宁政协还派代表参加全国政协社会与法制委员会召开的专题研讨会。通过半年多的调查、分析、研讨，形成了《进一步加快推进我国城镇职工养老保险和失业保险制度改革》的调查报告。报告上报中央后，朱镕基同志作了批示。李铁映同志批示“这是一份很好的调查报告，有情况，有分析，有建议”。民政部复函认为，报告中的许多意见对有关部门加快推进城镇职工养老保险和失业保险改革很有参考价值；人事部复函认为，报告内容丰富，实事求是，分析深刻，论据充分，对进一步推进社会保险制度改革，实现党的十五大提出的“建立社会保障体系”的要求有重要参考价值。

二、就农村老年人社会保障、加大青年下岗职工再就业工程实施力度、反对和制止执法中的地方和部门保护主义、女童教育等问题进行专题调研。1.1997年6月，赴湖南省调查农村老年人社会保障问题，形成《关于农村社会养老保险工作执行情况的调查报告》。民政部有关负责同志认为，报告很有参考价值，对我们的工作很有启发。2.1997年7—8月，赴黑龙江、吉林两省调查青年下岗职工再就业情况，形成《加大青年下岗职工再就业工程实施力度，努力促进社会稳定和经济发展》的报告。共青团中央第一书记李克强作了批示：这篇调查报告很有参考价值，应该引起我们进一步思考青工下岗问题，对组织下岗青工再就业共青团组织应该也可以有所作为。3.1997年8月，根据中央政法委的建议，赴宁夏回族自治区、甘肃省就两省、区反对和制止执法中的地方和部门保护主义情况进行考察，形成了《关于反对和制止执法中的地方和部门保护主义的几点建议》的报告。4.1997年10月，赴广西壮族自治区调查女童教育问题和春蕾计划的实施情况，就女童教育及进一步实施春蕾计划提出了意见和建议。

三、1997年10月，全国政协人口组在北京召开“农村老年社会保险制度建设”专题研讨会。会议由全国政协人口组组长李赣骝主持，全国政协副主席钱正英出席会议并讲话。出席会议的有全国政协社会与法制委员会部分副主任，全国政协人口组委员，全国人大、民政部、国家计生委的有关负责同志，北京、福建、山东、湖南、海南、广西、陕西等省(市、自治区)政协有关专委会的同志以及中国人民大学人口研究所、首都经贸大学人口所、兰州大学人口所、南京人口管理干部学院、东北财经大学人口所等单位的学者。与会同志一致认为，这次会议开得非常及时与必要，在城镇统一社会保险已有很大进展的情况下，建立和完善农村社会养老保险制度的问题已经越来越紧迫地摆在我们面前，应当引起各级领导的高度重视。会后，形成《“农村老年社会保险制度建设”专题研讨会会议纪要》，上报中央有关部门。

四、积极为社会办实事。1. 全国政协社会与法制委员会、中国妇女发展基金会、中华基督教女青年会筹资10万元，以扶贫周转金的方式帮助河北省清苑县滚动式发展养牛事业。2. 通过中国红十字基金会为全国政协人口组人口长期观测点——河北省怀来县捐赠价值13万元的医疗设备。3. 通过有关单位和部门为全国政协机关扶贫点——安徽省枞阳县办实事：八一电影制片厂捐赠价值60万元的电视广播器材；全国妇联、中国儿童少年基金会支持举办两个女童班，使得102名失学女童重返校园；全国总工会支援10万元修建工人文化宫;团中央支持3万元建设青少年爱国主义教育基地。中共安徽省委、安徽省政府对这些实事给予充分肯定。安徽省电视台、《安徽日报》、《人民日报(海外版)》、《人民政协报》作了报道。

五、报告会、座谈会、参观学习、联谊活动。1. 请国家计生委、民政部、中国计生协有关负责同志介绍当前我国农村养老保险工作开展情况;请中央政法委员会有关负责同志介绍反对和制止执法中的地方和部门保护主义的情况。2. 与全国人大内务司法委员会、国务院妇女儿童工作委员会、全国妇联在人民大会堂举行《中华人民共和国妇女权益保障法》颁布五周年座谈会;与全国青联、欧美同学会等单位联合召开“二十一世纪中国与当代青年的历史使命”研讨会。3. 组织委员参观考察北京市门头沟农业和乡镇企业发展情况;参观北京二七机车厂和车辆厂、北京邮政枢纽中心实行改革的情况;到北京市昌平县人民法院旁听刑事案件的审理并参观乡人民法庭;到海关总署、首都机场海关了解《海关法》的执行情况和打击走私、缉毒等情况。4. 举行1998年迎新联谊会,邀请全国政协各专委会,全国人大、国务院、各民主党派中央、全国工商联、各人民团体和北京市有关部门的领导同志,部分在京女常委、妇女界代表人士等参加。大家畅叙友情,交流情况,增进了相互了解和友谊。

(张武军 编写)

民族和宗教委员会 一年来,民族和宗教委员会主要做了以下工作:一、专题调查。1. 就民族地区在“九五”期间如何抓住国家经济发展战略向中西部转移这一机遇,充分发挥资源优势,加快民族地区发展这一各方面关心的问题分别到广西、新疆调查,形成《关于新疆石油资源开发与少数民族贫困地区经济协调发展情况调查》、《关于广西少数民族地区资源开发情况的调查报告》,建议国家在民族地区资源开发上一定要坚持带动和促进民族地区经济发展的指导思想,坚持放权让利的原则,使少数民族从当地资源开发中得到经济实惠。2. 在前几年连续就草原畜牧业经济发展问题开展调研、取得成效的基础上,又就防止和治理草原沙化、退化,加强科尔沁沙地生态保护和建设问题赴内蒙进行调查,形成《关于加快治理与开发科尔沁沙地的调查报告》。姜春云副总理将《报告》批转国家计委:“调查报告的意见值得重视,请尽量考虑。”3. 根据李瑞环主席有关宗教工作的讲话精神,就我国部分地区宗教发展较快的原因及宗教基本状况分赴四川、江苏进行调查,并商请十省、自治区政协以抽样问卷等方法分头调查。写出了综合调查报告。二、参观考察。1. 为结合党的十五大文件的学习,帮助委员们进一步了解国情,开阔眼界,以“改革开放和经济发展”为题,组织民族和宗教界委员赴上海、浙江、福建参观考察。成员主要以中西部地区的委员为主,五个宗教团体都有委员参加。阿沛·阿旺晋美副主席在活动总结会上指出,活动组织得非常成功,为委员们特别是中西部地区的委员创造了一次很好的学习机会,使大家都很有收获和深受启发。2. 就市场经济条件下,如何做好散杂居少数民族工作,组织部分委员同时邀请部分地方政协民族工作负责同志赴山东考察。3. 组织部分在京委员在密云县参观民族乡建设情况。三、研讨会和座谈会。1. 围绕宗教如何与社会主义社会相适应这个主题,组织部分宗教界委员进行座谈。丁光训副主席主持。座谈会进一步探讨了各教如何继续发扬各自优秀传统伦理道德,为社会主义精神文明建设服务,为社会主义现代化建设服务等问题。2. 邀请部分七届政协民族界委员以及多年从事民族工作的老同志座谈,征求对政协开展民族工作的意见和建议。3. 同有关部委联合举办“首都各民族人士庆香港回归座谈会”、“首都宗教界喜迎香港回归座谈会”、“庆祝内蒙古自治区成立五十周年座谈会”和“少数民族人士学习党的‘十五大’会议文件精神座谈会”。四、委员学习日和联谊活动。在委员学习日活动中,举办了“当前世界民族问题及我国的民族问题”、“新形势下我国的宗教问题和宗教工作”报告会。组织委员参加“首都各民族人士迎春联欢会”、“宗教界人士迎春茶话会”、“97 古尔邦节联欢会”。

(周毅然　编写)

文史和学习委员会　一年来,文史和学习委员会主要做了以下工作:

一、组织庆祝中华人民共和国建国 50 周年和人民政协成立 50 周年专题史料图书的协作。1997 年 8 月在乌鲁木齐召开政协文史委员会主任会议,全面检查了 1996 年全国政协建国后史料专题协作会制定的协作规划的落实情况。目前,近期规划 12 个专题的征编工作正在加紧进行,中期规划中的部分专题也已制定出编辑方案,可望提前完成征编任务;委员会还与政协有关专门委员会、各民主党派中央和全国工商联、国家有关部委等单位合作,协商策划一些新的选题;力争在 1999 年年底之前出版一批反映新中国历程的文史图书,作为人民政协 50 周年及建国 50 周年大庆的献礼。

二、编辑出版了一批新的文史资料图书。工商经济史料方面编辑出版了《工矿泰斗孙越崎》、《晚清企业纪事》、《外商银行在中国》、《回忆中国工合运动》等 4 种,连同此前出版的 11 种,《近代中国工商经济丛书》已出版 15 种。港澳史料方面编辑出版了《香港东华三院 125 年史略》、《马万祺传》。还编辑出版了《陈明侯将军》、《南京大屠杀事实及纪录》等。此外,少数民族史料的专题协作也取得了新的进展,土家族、侗族汇齐稿件,进入审稿工作。

三、组织报告会和编印《学习参考资料》。根据不同界别委员的特点和要求,共组织各类报告会 6 场,到会人数近 2 000 人次。报告会的内容有:《北京市 1996 年严打成果和当前治安形势》、《再就业工程的现状和拟采取的措施》、《关于克隆技术研究情况》、《公有制的多种实现形式》、《中国证券市场情况》、《当前国际形势和我国对外关系》等。这些报告在委员中引起了很好的反响,不少委员对报告会的内容和及时性都给予了充分肯定。除政协委员外,各民主党派中央、中直各单位、解放军三总部、北京市各级政协以及河北省临近市县政协的同志也远道赶来听报告。还帮助上海市和湖北省等地方政协请到国务院港澳办副主任陈滋英分别到两地为委员作“香港回归问题”的报告,受到地方政协同志的欢迎。共编印《学习参考资料》12 期,发行 24 余万册。主要送全国政协委员,同时向全国各省、自治区、市、地、县政协机关发行。《学习参考资料》对于各级政协及委员了解国情和中央有关精神,更好地履行政协职能,产生了一定的效果。

四、召开全国政协学习工作座谈会。1997 年 6 月 3 日至 7 日在南昌市召开,全国政协及 28 个省、自治区、直辖市政协学习委员会及办公室负责人等 70 余人出席了会议。座谈会的主要目的是:沟通情况,交流经验,取长补短,互相学习;探索在新形势下,如何搞好政协的学习工作,开创新局面;加强全国政协学委会同地方政协学委会以及地方政协学委会之间的联系,以推动政协的学习工作迈上一个新台阶。与会同志围绕大局,结合政协工作,畅谈了学习工作的经验和体会,探讨了新时期搞好政协学习工作的思路和方法。

五、组织专题调查。1. 继续组织进城民工思想道德教育专题调研。继 1996 年

“进城民工思想道德建设问题”专题调查之后，由常务副主任徐惟诚带队的调查组，于1997年8月28日至9月9日，再次赴江苏省南京、扬州、常州、苏州四市和上海市进行了调查；10月底和11月初，又在北京市召开了两次座谈会。这次调查的主要目的是在去年调查的基础上，进一步总结经验，探索进城民工思想道德建设的有效方法。在总结了各地一些好的做法和成功经验后，分别向中央和国务院提交调查报告，受到有关部门的重视。通过追踪调查发现，委员们的调研活动，对各地的工作起到一定的推动、促进作用。如一些地方和单位在进城民工的管理、教育和服务上有了很大改进，采取了一些积极措施，取得了可喜的成果。有些经验值得认真总结并加以推广。2.组织文史资料为精神文明建设服务专题调查。调查组赴四川、安徽、江苏、上海等地，听取了有关省、市、县政协的情况介绍，召开汇报会和座谈会，走访了有关学校和乡镇，考察了当地爱国主义教育基地和文明单位。通过调查，我们了解到：10多年来，特别是八届政协以来，文史资料工作已成为社会主义精神文明建设的重要组成部分，各地政协在工作中强化文史读物中有利于精神文明的内涵，努力提高书刊质量；结合重大节日和重大历史事件、重要历史人物的纪念日，开展丰富多彩的系列纪念活动；在征集文史资料的基础上，发掘和保护历史文化遗迹、革命文物，筹建纪念馆，开辟爱国主义教育阵地；采用音像等技术手段，使文史资料更加形象化；开展“读史、讲史、用史”活动；搞好发行工作，做传播精神文明的使者。调查表明：文史资料工作作为有中国特色的社会主义文化建设中的一项具体工作，它在为社会生产优秀精神产品，营造良好的文化环境，提高人们思想道德素质，培育适应社会主义现代化要求的“四有”新人方面，已经做了大量工作，今后在贯彻十五大精神中仍然是大有可为。

六、认真总结八届政协的工作经验。根据李瑞环主席总结八届政协工作的提议，先后召开委员会主任会议、全体委员会议，以及全国政协文史委员会主任会议和全国政协学习工作座谈会，对文史资料工作和学习工作进行了总结。

（王合忠　编写）

台港澳侨联络委员会　一年来，台港澳侨联络委员会主要做了以下工作：一、深入学习贯彻党的十五大精神，积极配合中央的总体部署开展活动。1.组织委员重点学习江泽民总书记在党的十五大报告中关于加强台港澳侨工作，促进祖国统一大业早日完成的重要论述，结合政协实际情况进行座谈讨论，理解和掌握党的台港澳侨工作方针政策，并在实际工作中认真贯彻落实。2.与国务院台办等单位联合举办了江泽民主席为促进祖国统一大业的完成而继续奋斗的重要讲话发表两周年座谈会，进一步学习宣传江主席就发展两岸关系，推进祖国和平统一提出的八项主张。先后与中央统战部、国务院台办等单位联合举行纪念台湾省人民“二·二八”起义50周年座谈会，与台湾研究会联合举办纪念台湾省人民“二·二八”起义50周年研讨会，回顾历史，展望未来，充分肯定台湾人民反“独裁”、争民主的英勇斗争精神，深入揭露李登辉及台湾当局妄图分裂祖国的真实面目。同中国传统文化促进会等单位共同主办海峡两岸“根之情”中秋联谊文艺晚会，邀请台湾文艺工作者同台演出，邀请台湾朋友前来北京共渡佳节，表达海峡两岸人民盼望早日团圆的心情，通过中央电视台实况转播，在海内外产生了较大影响。3.及时传达学习中央领导关于台港澳侨工作的重要讲话和有关会议精神，邀请国务院侨办、台办、港澳办的领导同志介绍台港澳侨形势和新时期开展工作的方针政策，统一思想认识，明确工作的方向和重点，并召开座谈会，抓住新形势下出现的一些新问题，认真分析研究，向中央有关部门提出意见和建议。二、围绕九七香港回归祖国，积极开展形式多样的活动。1.学习宣传《香港基本法》。分发《香港基本法》宣传册，邀请法学专家作“一国两制”与《香港基本法》的专题报告。向香港朋友宣传中央对解决香港问题的政策和贯彻《香港基本法》决心，增强爱国热情和他们对香港回归祖国的信心。2.举办庆祝活动。同文化部联合举办庆祝香港回归祖国的“回归颂”诗词演唱会。参加全国政协举办的庆祝香港回归祖国座谈会，万国权副主席代表委员会发言。安排一些台湾、澳门及海外的知名人士参加“七一”香港回归在北京举行的庆祝活动。3.组织委员学习座谈江泽民主席在香港回归祖国庆典活动上的重要讲话，进一步提高对香港回归祖国重大意义的认识，增强按照《香港基本法》办事的自觉性。三、深入进行专题调研，积极反映社情民意。1.认真组织专题调研。继续就加强对台宣传工作的问题组织专题小组赴福建、上海等地进一步调查研究，向中央写出《关于进一步加强对台宣传工作的建议》的调查报告，受到国务院台办重视。组织部分地方政协相关委员会和政府职能部门与专家学者继续就“新移民”问题进行专题研讨。2.重视反映社情民意。在接待和联系港澳政协委员以及台港澳侨方面的团组、客人时，注意及时整理和反映他们提供的情况、意见和建议。共编发委员会简报和台港澳侨工作简报7期；向政协办公厅报送的信息中有20条被《政协信息》采用。3.为委员“知情出力”创造条件。共举办有关台港澳侨情况的各类专题报告会、座谈会、研讨会8场，播放台情资料片10余场，组织委员参观9次。除定期为委员寄送《台湾动态》和印发有关材料外，还为委员编发《侨情动态》15期，提供台港澳侨报刊资料48期。四、努力拓宽联谊渠道，积极开展联谊活动。一年来共邀请、接待、安排领导接见的台港澳侨方面的团组30个，接待来访客人740多人次，参加联谊活动5次。国庆节期间，继续邀请台港澳同胞和海外侨胞参加国庆观光活动。参加了世界福建闽西客属省亲活动、第三届世界安溪乡亲联谊会和第九届世界潮团联谊年会。同全国人大华侨委、全国侨联和致公党中央共同举办在京侨界人士春节茶话会。这些活动，广泛团结台港澳同胞和海外侨胞，也进一步激发了他们对祖国的热爱，对祖国和平统一事业和祖国经济建设的关心。委员会加强了同港澳地区全国政协委员的联系，组织香港委员分别到山西、浙江进行视察，组织澳门委员到山东省青岛、威海、烟台三地进行视察。五、加强同地方政协的联系。参加了在河北承德召开的沿海省市区政协第10次祖国统一联谊工作研讨会，万国权副主席代表委员会出席会议并讲了话，就新形势下做好政协祖国统一联谊工作问题发表了意见。组织沿海地区10个省、市的负责同志在广东江门市召开政协华侨工作研讨会，交流经验、研究问题，取得了较好效果。在政协北戴河培训中心举办了各省、自治区、直辖市政协台港澳侨工作干部培训班，与地方政协交流开展台港澳侨工作的经验和体会。

（赵东科　编写）

外事委员会　自1993年成立以来，就对如何结合外事工作特点，围绕党和国家的中心工作，努力找准位置，选好角度，为切实履行职能不断进行了探索和尝试。几年来，在全国政协主席会议和常委会的领导下，外委会注意就对外关系和涉外工作中某些重大问题进行调研，建言献策，在参政议政方面取得了新的进展;对外活动方式有所创新,开辟了新的途径。从而在明确外委会的职责和改进工作方法等方面取得了较好效果。从 1993 年 3 月截至 1997 年底,外委会(包括委员个人或联名)共提出建议案、提案并获采纳的有 14 份;举办大型活动 7 次;发起并参与举办有 20 个国家的政治家、学者和专家参加的国际论坛会一次(展望 21 世纪论坛);举办形势报告会、座谈会 33 次,451 人次出席;与 19 个国家的来访团组举行座谈,108 人次参加;先后 6 次派团赴 5 国进行友好访问。组织专题调查 3 次,参观视察 9 次,188 人次参加;配合我对外斗争发表声明和谈话各 1 次。

一、在学习和工作实践中,不断明确外委会工作的指导思想,将履行政治协商、民主监督、参政议政三项职能(下简称履行职能)作为主要工作,并把履行职能同对外交往活动结合起来。1994 年 6 月吴学谦副主席就政协对外交往的性质、对象、形式等重要问题召集外委会负责人多次研讨,最后形成以政协办公厅名义下发的《关于加强和改进政协全国委员会对外交往工作的几点建议》,明确提出政协的对外交往是我国总体外交的重要组成部分,应发挥融官方、民间为一体的优势,积极稳妥地开展对外交往活动。1995 年 2 月,吴学谦副主席邀请国务院副总理兼外交部长钱其琛和国务院外办主任刘华秋就如何进一步开展政协外事工作进行了座谈。会后印发的《关于全国政协外事工作几个问题的请示》报经李瑞环主席批准。上述两个文件,使外委会工作的指导思想得到进一步明确。

二、在履行职能的实践中积极探索,建言献策,对几个重大问题的建议受到重视或采纳。

(一)关于要隆重盛大地举办纪念抗日战争胜利 50 周年活动的建议。1995 年外委会上报了《对抗日战争胜利 50 周年纪念活动的几点建议》,提出了我国纪念活动的规模应更盛大一些,气势更雄壮一些,形式更多样一些的建议。这个建议得到了李瑞环主席的重视,并提供给党中央参考。庆祝方案进行调整后,整个纪念活动安排得隆重而有声色,社会各界反映良好。外委会几位委员联名或个人提出的《建议我国领导人在抗日战争胜利 50 周年时向人民英雄纪念碑敬献花圈》的提案和《建议以全国政协名义召开在京抗战老战士座谈会以纪念抗日战争胜利 50 周年》的提案,均被采纳。关于建立抗日战争胜利纪念碑的建议已在卢沟桥抗日战争纪念馆的二期工程修建计划中落实。(二)适时提出关于加强对非洲工作的建议。1996 年 1 月,外委会部分委员针对台湾当局在非洲进行"弹性外交"的斗争形势作了分析,提出了加强我对非工作的报告。李瑞环主席作了批示。中共中央其他领导同志也很重视。国务院有关部门认为"分析切合实际","建议有重要的参考价值",并为此专门召集会议作了具体部署。(三)针对中日关系的新变化,举行专题研讨会。1997 年,在中日邦交正常化 25 周年之际,外委会举行中日关系研讨会,就日本政治、军事、科技发展形势及中日关系未来的发展进行了专题讨论,并就有关问题提出了建议。李瑞环主席在建议上作了批示。这一建议得到中央及有关部门的肯定和重视。(四)注意跟踪政协领导人出访后续问题的反馈。李瑞环主席于 1993 年 11 月访问尼泊尔时,了解到尼首都加德满都供水设施落后,人民饮水困难,为进一步加强中尼关系,曾建议搞一些我既有能力承担、又能造福于尼人民的项目,如小水电、自来水厂等。外委会据此曾予积极推动并多次催询有关部门。1996 年 3 月、1997 年 4 月对外贸易经济合作部先后复函并口头答复:加德满都供水问题将由世行提供援款解决,具体工作将有数家中国公司参加投标。

三、解放思想，努力创新，发起并参与筹办“展望21世纪论坛”，开辟了政协外事工作的新途径。1994年外委会根据政协对外交往灵活多样的特点，提出了以“论坛”的方式开辟对外活动新途径的设想。1995年外委会经反复研究，提出了筹办“展望21世纪论坛”的建议。1995年6月，中共中央确定了“论坛”的性质和宗旨，批准以政协全国委员会名义发起并主办。“展望21世纪论坛”首次会议于1996年9月在京召开，主题为“展望21世纪的亚洲与中国”。这是全国政协成立以来第一次举办的高层次国际性学术会议。来自新加坡、日本、德国与美国的李光耀、竹下登、施密特、基辛格、舒尔茨5位著名政治家及国外约20位专家学者和30位国内知名人士、专家学者与会研讨。江泽民、李鹏、乔石、李瑞环、荣毅仁等党和国家领导人分别会见了外方与会者。李鹏总理在开幕式上作了题为《中国的发展和亚洲的崛起对世界未来的影响》的重要讲话。与会人士就世界发展的大趋势特别是21世纪亚洲与中国的发展等问题，进行了广泛的交流和认真的讨论。与会者普遍肯定中国政治稳定，经济前景看好，针对“中国粮食危机论”和“中国威胁论”，我方进行了有理有据的辩驳。这项活动获得了国内外广泛的好评，认为“论坛”架起了相互沟通与理解的桥梁。叶选平副主席说：“举办‘论坛’为政协在对外工作方面履行参政议政职能开辟一个新的途径。”吴学谦副主席评价“论坛”既可发挥政协“人才库”的特点和优势，广交朋友，了解国际上新的信息；又可以让更多的外国人士了解中国，了解政协。

四、积极配合我国整体外交，多做工作，外委会的邀请来访和出访活动有所扩大。

出访活动：(一)1993年6月，应日本参议院外务委员会邀请，温业湛主任率全国政协外委会代表团访问了日本，迈出了双方交往的第一步。(二)1995年3月，应美国百人会邀请，外委会副主任钱嘉东出席了美国百人会年会，并在“人权在亚洲论坛”的讨论会上发言，阐述了我在人权问题上的一贯立场和观点。(三)1995年10月，应俄罗斯国家杜马国际事务委员会邀请，钱李仁主任率领外委会代表团访问了俄罗斯。代表团同俄议会上、下两院及有关机构、党派和地方议会进行了接触和座谈，双方同意今后进一步进行交往。(四)1996年7月底至8月初，全国政协常委、副秘书长、外委会副主任、民革中央副主席李赣骝一行3人访问美国。代表团会见了8位美国参众议员，并就中美关系的改善坦率交换了意见，较广泛地接触了美国政界人士和华人，与一些组织建立了初步联系。(五)1997年4月，应日本外务省邀请，钱李仁主任率领外委会代表团出访日本。在总计23场的拜会、会见和座谈中，广泛接触日朝野各界人士，有针对性地介绍了我对中日关系的基本政策，做了一些增信释疑的工作，也对日本各界的想法做了一些调查了解，结识了一批新朋友。(六)1998年1月，应泰国上议院外事委员会邀请，凌青副主任率全国政协外委会代表团访问了泰国。

接待来访：(一)1995年5月接待吉尔吉斯老战士老职工协会代表团。(二)1995年8月接待泰国上议院外委会代表团。(三)1995年11月接待俄罗斯自由民主党代表团。(四)1997年6月接待俄罗斯联邦议会国际事务委员会代表团。(五)1997年7月接待美国百人会代表团，并联系促成政协办公厅、文化部和美国百人会联合在人民大会堂举办“庆祝香港回归交响音乐会”，获得圆满成功。(六)1997年9月接待美国伊利诺伊州议员团。

五、通过举办活动，宣传政协，扩大影响。经外委会提议，李瑞环主席在1993年7月13日会见了出席第八次驻外使节会议的164名驻外大使和总领事及外交部领导，在讲话中提出希望各驻外大使和使、领馆对政协的对外交往活动给予关注和大力支持。钱其琛副总理兼外长在讲话中也要求各驻外使、领馆要把宣传中国共产党领导的多党合作和政治协商制度作为一项重要工作来抓。1993年7月12日外委会提议，全国政协办公厅举行驻华使节招待会，计有96个国家的驻华使节和国际组织代表参加，向首都外交界介绍八届政协新任领导人和专委会负责人。1994年、1995年外委会先后举行有102个国家的159位、106个国家的100多位驻华使节出席的迎春招待会。

六、与各民主党派协作，举办纪念和平共处五项原则发表40周年的活动。1994年6月24日，外事委员会举行纪念和平共处五项原则发表40周年座谈会。吴学谦副主席发表重要讲话，各民主党派负责人，无党派民主人士及当年曾参与这项工作的部分老同志相继发言。纪念活动不仅宣传了和平共处五项原则，而且体现了政协多党合作的特点。

七、在涉外工作方面加强专题调查，建言献策，履行职能。(一)围绕涉外问题进行专题调查。1.1995年11月赴云南调查边贸发展、边境管理和口岸建设问题。外委会将继续关注对这一问题的处理和解决。2.1996年11月，外委会调查组赴福建省就利用外资以及发展外资企业方面的问题进行了专题调查，调查报告建议：将吸引外资更好地同带动我国内企业的发展结合起来；珍惜土地，加强管理，严格控制对外商租用土地的审批；对进口设备免税期适当延长等。上述建议的有些内容现已被中央有关部门采纳。3.1997年5月，外委会调研组赴陕西省调查旅游事业发展情况。调研组针对陕西省旅游业发展不尽平衡的状况，就加强旅游业统一宏观管理的领导体制与改革旅游业的投资经营体制，加强旅游景点连线及网络建设与开放西安作为国际航空港，合理分摊投入及分配收益与扶持贫困地区发展旅游事业等几个方面提出建议。这些建议受到国家旅游局、民航总局和陕西省的高度重视。(二)外委会组织委员172人次先后赴京郊、京津开发区、石家庄和大连等地视察、考察。

八、配合我对外斗争发表声明和谈话。

1993年8月外委会就“银河号”事件邀请参加政协的各党派负责人发表谈话。谴责美国政府的霸权主义行径。1995年5月24日外委会就美国政府宣布允许李登辉到美国进行所谓“私人访问”发表严正声明，对美国政府损害中国主权、破坏中国和平统一大业的恶劣行径表示极大的愤慨和强烈的谴责。

九、适时有计划地举办报告会和座谈会。五年来，就国际热点问题举办30次形势报告会，共有404人次出席。报告内容包括地区形势、经济形势、双边关系和多边外交等问题。报告人有各部门的领导、专家学者，也有外国外交官与学者。1995年为纪念抗战胜利50周年和联合国成立50周年，先后组织了“中日关系”和“联合国问题”的报告会，并于会后举行了座谈会。中美双边关系在我外交战略中处于重要地位，外委会就此多次举行报告会和讨论会。为迎接香港回归，专门组织了《香港基本法和“一国两制”》学习讲座和座谈会。

1997年专项建议和调查报告目录

30. 关于发展我国海洋渔业,挖掘潜力,扩大食物来源的调查和建议 ………………………………………………………………… 科教文卫体委员会
31. 农村老年社会保险制度建设专题研讨会会议纪要 …………… 社会与法制委员会
32. 关于加强进城民工思想道德教育的几点建议 ………………… 文史和学习委员会
33. 关于贯彻落实全国卫生工作会议和《中共中央、国务院关于卫生改革与发展的决定》的几点建议 ……………………… 科教文卫体委员会
34. 关于进一步加强大中城市薄弱学校建设的意见 ……………… 科教文卫体委员会
35. 关于建立城市居民最低生活保障制度工作中有关问题的建议 ……… 提案委员会

【对外交往】

李瑞环主席访问葡萄牙、希腊、德国

1997年5月26日至6月11日,应葡萄牙、希腊议会和德国政府的邀请,中共中央政治局常委、全国政协主席李瑞环对上述三国进行正式友好访问。这是我全国政协主席对这三个国家的首次访问。

访问期间,李主席会见了三国国家元首、政府首脑、议长、外长以及其他重要领导人,同他们就双边关系和共同关心的问题坦诚地交换了看法;参观了工厂、农村和文化设施,探讨了原东德地区经济转轨情况,与各界进行了广泛的接触;在德国接受了记者的采访,就中德关系问题、人权问题、香港和台湾问题以及其他一些重大国际问题回答了记者的提问。李主席还接见了华人、华侨代表,看望了使馆、领馆工作人员及留学生、中资机构人员。三国舆论十分重视李主席此访,作了较多客观正面报道和积极评价。

陪同李主席访问的有:全国政协秘书长朱训,全国政协常委、民建中央主席成思危,全国政协委员、北京市政协主席王大明,全国政协常委、中国藏学研究中心总干事多杰才旦,外交部副部长李肇星以及我驻有关国家的大使。李主席的几位主要陪同也利用访问做了不少工作,多杰才旦常委就西藏问题接受了葡萄牙记者的采访,取得了好的效果。

访问中,李主席积极评价我与三国的友好合作关系,对我与三国关系的发展表示满意,指出双方关系仍有广阔的发展潜力,希望继续加强政治往来,拓展经济合作。李主席赞赏三国坚持台湾、西藏是中国不可分割的一部分和支持我国尽早加入世贸组织的立场,希望他们在欧盟中继续为促进欧盟发展对华关系发挥积极作用。德国总理科尔特地中断参加重要会议从柏林赶回波恩会见李主席。李主席指出,中德之间没有历史遗留的问题,也没有现实的根本利害冲突,中国重视与德国搞好关系,希望双方关系得到长期稳定的发展。德总统、总理和外长都强调,中德关系不断改善和发展符合欧洲和世界人民的利益,希望双方进一步密切在政治、经济和文化等各个领域的合作。德外长针对去年德国议会通过西藏问题决议重申,德国没有人怀疑西藏是中国领土的一部分,德国在台湾问题上坚定不移地奉行一个中国的政策。李主席积极鼓励德经济界与我加强互利合作。

访问中,李主席区别不同国家,有针对性地做了大量工作。

(一)针对三国在邓小平同志去世后对我国国内形势的普遍关注,李主席强调,中国人民坚持邓小平建设有中国特色社会主义理论是坚定不移的。这是因为实践充分证明这一理论是完全正确的,它代表了广大人民群众的利益和愿望,已经渗透到中国政治、经济、文化等各个领域。以江泽民

同志为核心的第三代领导集体是忠于邓小平理论的，是团结一致的，是坚强有力的。他指出，当今中国，坚持邓小平建设有中国特色社会主义理论，不能变；维护团结稳定的社会局面，不能乱；努力解决经济和社会生活中的一些难点问题，不能拖。中国人民有充分信心解决好这三个方面的问题，将一个充满勃勃生机的中国带入新的世纪。

（二）三国特别是德国在香港有重大经济利益，非常关注香港回归后我能否真正实行“一国两制”、保持香港的繁荣稳定。李主席介绍了香港回归情况和我对香港的政策，指出，用“一国两制”解决香港、澳门和台湾问题是邓小平的伟大创造，体现了中国人讲求大度、融和的传统品德，符合中国人民以及世界各有关方面的现实利益。香港回归后，中国将在香港实行“一国两制”、“港人治港”和高度自治，保持香港现行的社会、经济制度不变，生活方式不变；原有的法律基本不变。我们在香港问题上讲两句话，一是满怀信心，二是谨慎小心。李主席赞赏葡萄牙在澳门问题上采取与我合作态度。指出，澳门问题是历史遗留下来的问题，解决此类问题，一要正视历史，以史为鉴；二要面对未来，着眼大局。中葡之间应充分利用处理澳门问题的机会，增进了解，加深理解，消除误解，达成谅解，找到更多的新的利益结合点。借鉴香港回归的经验，加上中葡双方真诚合作，澳门问题的解决一定会更顺利、更圆满。

（三）针对西方国家普遍关注我人权和民主问题的情况，李主席向三国领导人和新闻界全面阐述了我关于民主和人权问题的观点。关于民主问题，李主席指出，民主是目标，是手段，也是过程。中国共产党在长期的革命和建设进程中，始终高举民主的旗帜，为实现人民的民主权利而斗争；一定的民主必然与一定的时代相联系，与一定社会的经济文化发展水平相适应，民主建设是一个永无休止的过程，所有的国家都处在这个过程之中；建设富强、民主、文明的社会主义国家，是中国人民的总体目标，富强、民主、文明三者互相联系、互为条件。关于人权问题，李主席指出，第一，人权普遍性原则应得到尊重，国际社会公认的人权原则是人类文明发展的结果，适用于国际社会所有成员；第二，人权普遍性原则必须与各国具体情况相结合，贯彻这些原则必须从实际出发，必须着眼于多数人的利益，必须坚持循序渐进，必须注重客观效果；第三，人权普遍性原则的实现是一个过程，所有国家都有一个不断提高本国人民享有人权程度的任务；有的人对本国人权状况感觉过于良好，对别国特别是发展中国家动辄横加指责，这无助于人权普遍性原则的实现。中国赞成各国在平等的基础上就人权问题进行对话，但反对以人权为借口干涉别国内政。

（四）结合赞扬古希腊文明，李主席阐述了我对处理各种文明之间关系的基本观点。指出，人类的历史是一部多种文明共同存在、共同发展的历史，各种文明在人类历史上都有其特殊的贡献和地位。要相互尊重，应承认和尊重人类文明的多元性，不能把某一国的做法作为唯一模式强加于人；要相互学习，通过交流合作，认真汲取和借鉴其他国家、民族所创造的优秀文明成果，不断为自己的文明注入新的活力；要保持特色，汲取他人的成果要同本国、本民族实际相结合，发扬自己的长处和优势，增强人民自立于世界民族之林的信心。遵循这些原则，人类社会就能够和平稳定，就能够丰富多彩，就能够发展进步。

（五）针对目前国际上一些人散布的所谓“中国威胁论”，李主席阐述了我国独立自主的和平外交政策。他指出，中国人民历史上饱受外国列强侵略欺侮，并为反抗这种侵略欺侮付出了沉重的血的代价。中国人民憎恶和反对霸权主义。中国将来就是富强了,也不会以霸权主义加害于别的民族,不会欺侮威胁别人。一些人散布"中国威胁论",是因为他们不愿看到中国走自己选择的道路,不希望中国迅速发展,害怕中国强大起来妨碍他们搞霸权主义。

李瑞环主席访问越南、新西兰、澳大利亚 1997年12月7日至19日,应越共中央和越南祖国阵线中央、新西兰政府、澳大利亚政府的邀请,中共中央政治局常委、全国政协主席李瑞环对上述三国进行了正式友好访问。此次访越是今年我领导人对越南进行的最高层访问,出访新西兰和澳大利亚是庆祝中新、中澳建交25周年的一项主要活动。

访问期间,李主席会见了越共中央总书记、国家主席、政府总理、越共中央常委、祖国阵线主席,新西兰总督、总理、副总理兼财政部长、外交贸易部长、反对党副领袖,澳大利亚总督、总理、副总理、外长和参众两院议长等,同他们就双边关系和共同关心的问题深入地交换了看法;参观了工商企业、农林牧场、文体设施等,与地方官员和各界进行了广泛的接触;接见了三国的华人、华侨代表,看望了中国驻三国的使馆、领馆工作人员及留学生、中资机构人员,向他们介绍了祖国政治稳定、经济发展的大好形势,鼓励他们为国内改革开放创造更为有利的周边和国际环境而努力工作。

陪同李主席访问的有:全国政协秘书长朱训,全国政协委员、四川省政协主席聂荣贵,外交部副部长田曾佩,全国政协常委、中国农工民主党中央主席蒋正华,中联部副部长李成仁,全国政协委员、广电部电影局原局长滕进贤以及我驻越、新、澳三国的大使李家忠、黄桂芳、华君铎。

访问中,李主席利用各种场合和机会,区别不同对象,有重点、有针对性地做了大量工作。

(一)在越南,李主席指出,中越山水相连、道路相通、习俗相近,两党、两国都坚持社会主义,都信仰马克思主义,都面临着发展经济、改善人民生活的任务,都需要一个和平稳定的国际环境。进一步发展友好合作关系,不仅符合两国人民的共同愿望和根本利益,也有利于亚洲乃至世界的和平与稳定,有利于推进人类进步事业的发展。至于两国之间存在的一些历史遗留问题,李主席认为应始终以两国人民的根本利益为重,正确对待和妥善处理。在新西兰和澳大利亚,李主席对新、澳奉行"一个中国"的政策,反对遏制中国,积极支持中国加入世界贸易组织、在西方国家中率先参加香港回归庆典等表示赞赏,希望中新、中澳在政治、经贸、科技、文化等领域的友好合作关系在下一个25年结出更加丰硕的成果。李主席指出,中国同澳、新同处亚太地区,同是亚太经合组织和东盟地区论坛的成员,虽然社会制度和历史、文化传统方面有所不同,但彼此没有根本的利害冲突,在维护地区和世界和平、促进经济发展方面存在着广泛的共同利益。中国同新、澳经济各具特色,具有很强的互补性,经贸合作潜力巨大,前景广阔,应以积极务实的态度,把这种潜力挖掘出来,运用起来,为各自的经济发展注入新的活力。

(二)越南正在进行革新开放,与我国有许多相同相近之处,十分关注我党十五大情况,希望借鉴我改革开放经验。李主席向越领导人介绍了十五大情况及我改革开放取得的成绩和主要经验,着重阐述了如何科学对待马克思主义的问题。他指出,近20年,中国之所以取得重大成就,最重要的是因为在新的历史条件下准确地理解马克思主义,科学地坚持马克思主义,始终把马克思主义作为自己指导思想的理论基础。中国改革开放的成功实践说明,马克思主义没有过时,它的许多基本观点,它的辩证唯物主义、历史唯物主义的观点仍然有着现实的重大意义,关键是要科学地对待。坚持马克思主义必须坚持理论和实际相结合,结合是运用,结合是目的,结合是坚持,结合也是发展。邓小平理论就是马克思主义基本原理同中国当代实际相结合的产物,是当代中国的马克思主义。李主席多次阐述中国实行改革开放的必要性,强调改革开放的方针不会变。他说,社会主义是一个相当长的发展过程,在这个过程中有若干阶段,各个阶段有其固有的特点,认识过程、研究阶段、把握特点,并据此制定政策、规范行为,这是社会主义健康发展的根本课题。社会主义需要改革、改进、改善,克服自身的不足,及时调整生产关系和上层建筑,以适应生产力和经济基础的发展变化,这是社会主义永葆活力的基本途径。社会主义国家也需要融人国际社会,参与国际合作,借鉴别人的经验,吸收人类创造的一切文明成果。这是社会主义国家随着世界潮流不断前进的重要条件。李主席在介绍中国政治稳定、经济发展、人民团结、社会进步的大好形势的同时,也指出中国也存在不少需要解决的问题,强调必须高度重视改革和发展中出现的消极现象,采取有力措施实现经济与社会的协调发展,否则我们的社会就会变成畸形的、病态的社会,经济增长也不可能持久。但是对问题要客观分析,不能以偏概全,不能惊慌失措,更不能因噎废食,由于一时的曲折或某些非议而动摇改革、发展的信心。社会主义国家应当集中精力发展经济、改善人民生活,对此要坚定不移。

(三)1997 年是中新、中澳建交 25 周年,李主席抓住这一主题,在同澳、新领导人共同探讨如何发展双边关系时,重点阐述了在当前国际形势下处理国家之间关系必须坚持的平等互利、求同存异原则。他指出,平等的原则,就是说国家不分大小、贫富、强弱,在政治上一律平等,尊重对方的主权,尊重对方的国情,尊重对方的传统,尊重对方人民的意愿和选择。互利的原则,就是说不论是发达国家还是发展中国家,在经贸合作中应当互惠互利,既谋求自己的利益,也考虑别人的利益,既善于利用别人的优势改变自己的劣势,又肯于发挥自己的长处弥补别人的不足,互通有无,取长补短,共同发展。求同的原则,就是说首先要着眼同、重视同,把一致的事情先做起来,在不断合作的过程中增进了解,消除误解,加深理解,达到谅解。各国都面临着发展经济、改善生活、壮大自己的任务,在这个大同的前提下,互相之间应当诚恳相待,协商对话,超越分歧,谋求共识。存异的原则,就是说各国之间都有差异,有些差异可以缩小或消除,对此我们应当满怀信心积极工作,但这要有一个过程,需要大度、容忍、耐心;有些差异不可能缩小或消除,大千世界万事万物不存在绝对相同,否定差异就否定了事物的特质特色。存在差异并不都是坏事,差异使世界丰富多彩,差异使交流与合作成为必需。平等互利、求同存异,是人类文明进步的结果,也是今后人类社会和平相处、继续发展的基础和追求。

(四)李主席还向各国领导人介绍了我国实行的中国共产党领导的多党合作和政治协商制度。指出,人民政协是中国政治体制的重要组成部分,是具有中国特色的民主形式,在推动中国改革开放和现代化建设中发挥着不可替代的作用。人民政协在对外事务中一贯致力于世界的和平与发展,愿进一步加强同世界各国一切爱好和平的组织的交流与合作。各国领导人表示赞赏中国人民政协这种民主形式,希望更多地了解政协,加强同政协的联系。

（钟吉鹏　编写）

重要出访活动

▲1997年3月5日至7日，应委内瑞拉全国经济理事会的邀请，钱正英副主席以观察员身份出席在委内瑞拉召开的经社理事会第五次国际会议，并应委内瑞拉外交部和智利国民议会的邀请，率全国政协代表团于3月7日至14日访问了上述两国。代表团主要成员有：全国政协常委、外委会副主任蒋光化，全国政协委员、团中央书记处书记袁纯清，全国政协委员、香港特别行政区筹委会委员袁武，全国政协委员、中国艺术研究院舞蹈研究所所长资华筠。钱正英副主席在会上发表演讲，介绍了我国改革开放18年来的成就和现代化建设跨世纪的远景规划，赢得了35个国家与地区及有关国际组织与会代表的热烈欢迎和瞩目，并认为这是中国对这次会议的重视和支持。钱副主席一行还分别接触了法、荷、葡、贝宁、科特迪瓦、马里、南非等国及澳门地区的经社理事会负责人。在与会和访问期间，通过广泛接触各方人士，灵活开展工作，宣传了中国，扩大了政协的影响，增进了相互了解，为推动双边关系做了一些实际工作。

▲1997年4月14日至21日，应日本政府外务省的邀请，以主任钱李仁为团长的全国政协外事委员会代表团一行6人访问了日本。代表团同日本朝野各界广泛接触，出席了总计达23场的拜会、会见、座谈。日方先后出面的有：参议院斋藤十朗议长，池田外相，冈野裕劳动大臣，竹下登前首相，后藤田前副首相，经团联会长丰田章一郎，社民党党首土井多贺子，以及包括樱内义雄、河合良一、平山郁夫、林义郎等在内的中日友好七团体的七位会长。

池田外相主动表态要正确对待历史，要教育年轻一代勿忘历史。我方强调，中日之间不仅要坚持原有的共同点，还要探索和扩大在面向21世纪的新形势下的新的共同点，并妥善处理出现的问题，进一步增加信任，使世代友好的愿望成为事实。

访问中的另一个主题是介绍政协的性质和职能，说明政协在我国社会主义民主体制中的地位和作用。

▲1997年6月1日至4日，应荷兰前首相冯·艾格特的邀请，吴学谦副主席作为准会员参加在荷兰诺德维克举行的国际行动理事会第十五届年会。这是吴学谦副主席第二次出席该会。出席会议的前国家元首和政府首脑有18人，比上届年会多4人。除德国前总理施密特、日本前首相宫泽、加拿大前总理特鲁多、澳大利亚前总理弗雷泽等人外，美国前总统卡特和西班牙前首相冈萨雷斯都是首次与会。会议讨论了当前世界形势，世界经济全球化带来的机遇与风险和关于人类责任宣言问题。

荷兰首相科克出席开幕式并发表演讲，女王在海牙皇宫接见了全体与会者。吴学谦副主席在会上就当前国际形势发言，除论述多极化发展趋势等问题外，着重驳斥所谓“中国威胁论”，另外还就世界经济全球化问题提交了书面发言。科克首相在开幕式致辞中欢迎中国派员参加会议，他强调荷政府非常珍视同中国的关系，衷心希望在广泛领域里合作，希望中荷关系尽快得到恢复和发展。

▲1997年6月16日至24日，应澳大利亚“东华节”组委会邀请，钱伟长副主席赴澳参加“东华节”的活动，先后访问了墨尔本、堪培拉、黄金海岸和悉尼等市；重点考察了澳大利亚勒特伯大学和悉尼科技大学。陪同钱伟长副主席访问的有钱副主席夫人孔祥瑛，全国政协委员、副秘书长陈进玉等。澳大利亚′97“东华节”是旅居澳大利亚的华人、华侨举办的。其主要目的，一是为庆祝香港回归；二是通过举办经贸、科技交流活动，宣传在澳华人的科技成就，促

进中澳科技和经济界的交流与合作。钱伟长副主席为开幕式剪彩并讲话。他指出：当今世界科学技术飞速发展，已是促进经济发展的重要因素。在中国即将恢复对香港行使主权之际，举办这样的国际科技交流活动很有意义，必将有助于增进中澳两国经贸、科技界的相互了解与合作，推进中澳两国的友谊不断发展。他勉励华人华侨要团结合作，互谅互让，与澳大利亚人民一起，为澳大利亚的繁荣和进步，为中澳两国的友谊和发展作出新的贡献。

▲1997年8月23日至9月1日，应加拿大外交部亚太事务国务部长陈卓愉和俄罗斯国家杜马邀请，霍英东副主席率全国政协代表团一行12人对上述两国进行友好访问。这是今年7月1日我国政府对香港恢复行使主权后，香港地区我高层领导人首次访问上述国家，是香港地区全国政协副主席首次率本会代表团出访。代表团主要成员有全国政协副秘书长张道诚、全国政协外事委员会副主任唐龙彬、全国政协委员霍震霆和广州市政协副主席刘念祖等。

在加拿大温哥华访问期间，国务部长陈卓愉设盛宴欢迎霍英东副主席一行；霍副主席会见了不列颠哥伦比亚省省长克拉克；接受了记者的联合采访；在加中贸易理事会和港加商会联合举办的午餐会上，以《中加贸易与香港回归》为题发表了演讲并即席回答问题。此外，霍英东副主席还以华商大会创办人和本届大会特别顾问的身份，在温哥华举行的第四届华商大会开幕式上发表了题为《香港的价值》的演讲。在俄罗斯访问期间，霍英东副主席在莫斯科会见了俄第一副总理涅姆佐夫、国家杜马主席谢列兹尼奥夫、副主席尤里耶夫及外委会主席卢金，出席卢金主席举行的欢迎午宴，参观了克里姆林宫和俯首山卫国战争纪念馆并献花篮；在圣彼得堡会见了市议长克拉夫佐夫、副市长安东诺夫，参观了国家博物馆和阿芙乐尔号巡洋舰。霍英东副主席与上述领导人就双边关系和共同关心的问题，特别是邓小平同志关于“和平统一、一国两制”的伟大构想及在香港的成功实践，广泛坦诚地交换了看法。

（钟吉鹏　编写）

重要来访团组情况

▲1997年5月13日至23日，应我会邀请，越南祖国战线中央主席团主席黎光道一行12人来访。李瑞环主席会见；王兆国副主席会见并宴请；杨汝岱副主席主持座谈，全国政协4个专门委员会的负责人程连昌、王厚德、吴武封、陈欣介绍了我会的组织和工作情况；朱作霖副秘书长全程陪同黎光道主席在北京、上海、珠海和广州进行参观访问。

▲1997年6月12日至19日，应我会外事委员会邀请，以俄罗斯联邦委员会国际事务委员会主席普卢萨克为团长的代表团一行6人来访。李瑞环主席会见；吴学谦副主席、北京市政协主席王大明分别会见并宴请；外委会主任钱李仁与普卢萨克主席举行座谈会；外委会副主任于洪亮全程陪同代表团访问了北京和上海。

▲1997年6月13日至23日，应我会邀请，纳米比亚全国委员会（上议院）主席坎迪·内霍瓦访华。国家主席江泽民、全国政协主席李瑞环分别会见；副秘书长潘渊静主持了内霍瓦主席一行与中纪委、中联部、国家体改委等有关部门的座谈会并全程陪同内霍瓦主席一行在北京、广东和海南等地进行参观访问。

▲1997年7月5日至8日，应我会邀请，由总监田长霖和会长邓兆祥率领的美国百人会代表团在香港参加了香港回归祖国的庆祝活动后抵京访问。李瑞环主席会见；钱正英副主席会见并宴请；全国人大常委会副委员长王光英会见；国务院外办主

任刘华秋、全国政协常委经叔平分别会见并宴请;钱李仁主任主持政协外事委员会与百人会代表团进行座谈。全国政协办公厅、文化部和美国百人会在人民大会堂联合举办庆祝香港回归交响音乐会。

▲1997年8月9日至22日,应赛福鼎·艾则孜副主席邀请,土耳其民间研究协会主席伊尔凡·于尔内·纳斯拉廷奥卢来访。赛福鼎副主席会见并宴请;伊尔凡主席参观访问了北京、新疆和甘肃。

▲1997年8月21日至31日,应我会邀请,以瑞士外交部乌尔斯·基斯维勒大使为团长的瑞士代表团一行9人来访,其间赴西藏参观访问一周,同西藏自治区各部门进行座谈,参观寺庙、学校、医院、监狱等。访问期间,李瑞环主席会见;孙孚凌副主席会见并宴请;统战部副部长李德洙介绍中国政府对于西藏问题的基本政策和开展民族、宗教方面工作的情况;全国政协常委、中国藏学研究中心总干事多杰才旦全程陪同代表团在北京和西藏访问。

▲1997年9月1日至8日,应全国政协办公厅邀请,英国“孙中山纪念学会”主席切尼博士夫妇和英国孙中山研究学者、皇家亚洲学会会员阿南德博士来访。何鲁丽副主席会见;梁金泉副秘书长会见并宴请;切尼会见了外交部西欧司、国际司的负责人;切尼、阿南德一行参观访问了北京、广东、江苏等地。

▲1997年9月1日至10日,应我会外事委员会邀请,以美国伊利诺伊州参议员丹尼·雅各布斯为团长一行6人来访。孙孚凌副主席会见;北京市政协主席王大明会见并宴请;外委会与代表团举行座谈;卫生部副部长殷大奎、广电部副部长杨伟光分别会见;代表团访问了北京、杭州和上海。

▲1997年10月21日至27日,应我会邀请,贝宁经社理事会主席瓦朗坦·阿格博一行3人访华。钱其琛副总理兼外长会见;孙孚凌副主席会见并宴请;中国国际贸易促进会会长俞小松会见;北京市政协主席王大明会见并宴请;全国政协外委会副主任温业湛陪同阿格博一行访问了北京、杭州和上海市。

▲1997年11月10日至14日,应我会邀请,印尼最高评议院主席苏多莫率团一行12人访华。李瑞环主席会见并宴请;乔石委员长会见;钱正英副主席与代表团进行了工作会谈;北京市市长贾庆林会见;全国政协副秘书长陈进玉全程陪同代表团在北京、西安和上海访问。

▲1997年11月10日至12日,应全国政协副主席吴学谦邀请,德国前副总理兼外长、联邦议员根舍访华。李瑞环主席会见;吴学谦副主席设宴款待;李岚清副总理、国家计委主任陈锦华、外交部副部长王英凡分别会见。

(钟吉鹏　编写)

【新闻宣传工作】

组织中央新闻单位赴四川采访政协工作　根据全国政协全办(1997)193号文件精神,全国政协新闻办公室邀请新华社、人民日报社等八家新闻单位组成中央新闻单位四川政协工作采访团,全国政协提案委员会副主任孙轶青担任团长,于1997年7月16日至25日赴四川省采访政协工作。采访团在省里采访了省委、省政府、省政协,在成都、泸州采访了两个地级市政协,在锦江、合江采访了两个区、县政协,连同其他共采访了20个单位。这次采访,重点了解了四川省政协贯彻中国共产党中央委员会(1995)13号通知精神,落实《政协全国委员会关于政治协商、民主监督、参政议政的规定》,履行职责,服务四化建设的情况和经验。各新闻单位对采访情况编发稿件30余篇,在《人民日报》、《光明日报》、《法制日报》等主要报纸上作了介绍和宣传。

第七届宣传中国共产党领导的多党合作和政治协商制度好新闻(宏宇杯)评选 1997年6月至11月由全国政协办公厅举办。评委会办公室共收到参评作品229件,其中34家中央新闻单位推荐作品111件;31个省、自治区、直辖市政协选送作品118件。评选委员会按照评选程序和标准,经过严格、认真的评审,共评出获奖作品85件。其中,中央新闻单位43件,地方新闻单位42件;一等奖4件,二等奖27件,三等奖54件。1997年11月28日,颁奖仪式在全国政协礼堂举行。全国政协副主席叶选平、钱伟长,秘书长朱训,副秘书长王巨禄、梁金泉出席并为获奖者颁奖。梁金泉副秘书长代表评选委员会作了评选情况的说明,总结了第七届政协好新闻评选工作。他指出,此次评选的获奖作品有以下特点:一、主题突出,具有鲜明的时代感;二、题材广泛,内容丰富;三、手法新颖,形式多样。

(曹 军 编写)

【理论研究工作】

"人民政协的理论与实践"研讨会 1997年8月27日至29日在广州召开,由全国政协研究室和广州市人民政协理论研究会共同举办。"人民政协的理论与实践"是由全国政协研究室承担的国家"九五"社会科学研究重点课题。参加会议的有全国政协和地方政协的同志,有中央党校、中央统战部、中央社会主义学院等部门的专家,有司法工作者,还有高等院校和社会科学研究方面的专家学者。全国政协副主席叶选平在开幕会上作了重要讲话,对开好这次会议及搞好理论研究工作提出了要求。全国政协副秘书长梁金泉在闭幕会上指出,政协的理论研究工作要从当前的实际和需要出发,并且力争做到有一定的前瞻性,更好地为人民政协开展工作服务。会上共印发了74位同志提交的论文78篇。其中有一批论文对毛泽东、周恩来和邓小平有关人民政协的思想,对以江泽民同志为核心的党中央有关人民政协的论述和指示,进行了比较系统的专题研究;一批领导同志也提交了现实针对性很强的论文,如全国政协秘书长朱训的《学习邓小平人民政协理论,推进新时期政协事业发展》,贵州省政协主席龙志毅的《人民政协的历史发展与中国特色的社会主义民主政治》,辽宁省政协主席孙奇的《浅谈社会主义市场经济条件下人民政协的政治协商与国家政策的民主化科学化》,内蒙古自治区政协主席千奋勇的《做好人民政协工作必须把握和处理好的几个关系》等;还有一些论文显示政协理论研究正向深层次、专题化发展,如《关于人民政协团结和民主问题》、《中国共产党领导的多党合作和政治协商制度及其法律问题研究》、《进一步发挥民主党派在政协参政议政中的作用》等,还有关于民主监督问题、关于反映社情民意以及人民政协在社会主义精神文明建设方面的作用等,此外还产生了一批探讨不同层次和不同地方工作特点及其规律的文章,一些同志对正在走向21世纪的人民政协跨世纪发展趋势也进行了探讨。

(曹 军 编写)

【干部培训工作】

第十一期至第十四期政协干部培训班 在全国政协干部培训中心北戴河基地举行,每期班20天。前两期,1997年5月10日至6月22日;后两期,9月1日至10月12日。27个省、自治区、直辖市的州、盟、县、区、市政协主席或副主席及其他领导干部参加了学习,参加培训班的干部共1 150人。杨汝岱、孙孚凌、钱伟长副主席分别于第十一、十二、十三期培训班看望了全体学员,并讲了话,合影留念。这几期培训班,对《邓小平关于建设有中国特色社会主义理论》、《邓小平关于社会主义市场经济理论》、《邓小平关于‘一国两制’构想和香港回归的重要意义》、国际形势、我国的经济形势、《依法治国》、《邓小平关于新时期人民政协的理论》、《人民政协的形势、任务和基本经验》、《政协委员的权利和义务》、《人民政协的性质、地位和主要职能》、《人民政协的经常性工作》，以及《现代科学的发展及其对人类社会的影响》等专题进行了学习和研讨。第十四期培训班，正值中共十五大召开之际，及时传达了十五大精神，并请中央党校教授辅导学习了《学习中共十五大精神，高举邓小平理论旗帜》的重要课程。

部分省、直辖市政协主席研讨班 1997年7月20日至30日，办公厅举办地方政协主席研讨班。12个省、市的政协领导人出席。在朱训秘书长主持下，研讨班就全国政协八届一次会议以来的政协工作基本经验、如何做好换届工作和今后如何更好地开展政协工作等问题，进行了座谈讨论。李瑞环主席在杨汝岱、朱光亚、何鲁丽副主席的陪同下会见了研讨班的各位省、市政协领导同志，并分别与他们合影留念；对他们来到全国政协干部培训中心表示欢迎和亲切的慰问，鼓励大家为推进政协工作继续努力。

（杨贤芳　编写）

【反映社情民意工作】

政协信息工作 1997年共收到全国政协委员、政协参加单位及地方政协反映社情民意来稿2 262篇，出刊272期/701条，转送信访等单位协办138件，以各种形式进行的反馈达2 800件次。《政协信息》越来越受到从中央到地方的各级党政领导同志和有关部门的重视，在人民政协履行职能中发挥了明显作用并取得较大成效。中共中央总书记江泽民，政治局常委李鹏、朱镕基、李瑞环、李岚清、中央书记处书记丁关根、国务院副总理吴邦国、姜春云、邹家华、钱其琛以及宋健、彭珮云等领导同志对《政协信息》多次批示。公安部、外经贸部、卫生部、水利部、劳动部、广电部、人事部、国家科委、国家教委、国家计生委、国务院扶贫办、国务院宗教事务局、国家环保局等部委办局，以及中央电视台、一些省市的领导同志也有批示。有关单位还分别以正式公函通报对政协信息的办理情况。据不完全统计，全年收到领导同志批示共达53人次，复函27件。1997年4月17日至20日全国政协信息中心信息联系点第二次会议在山东省潍坊市召开。全国政协副主席何鲁丽，副秘书长陈进玉出席会议并讲话。会议传达了全国政协八届五次会议精神，交流了一年来开展反映社情民意工作的经验，讨论了进一步加强和改进信息联系点工作的办法，修改并商定了《全国政协信息中心与信息联系点加强工作联系的试行办法》。山东、江苏、黑龙江、湖北、广东、内蒙古、新疆七省（区）政协分管信息工作的副秘书长（办公室主任），潍坊、泰州、海林、潜江、佛山、伊犁、北海、赤峰8个信息联系点的政协主席（副主席）、秘书长（办公室主任）出席了会议。北京市海淀区政协和四川省泸州市政协的领导列席了会议。

（刘中其　编写）

政协信访工作 1997年共收到各界人民群众来信17 873件（含重复来信3 646件）。其中统战对象来信2 754件，占来信总量的19%（不含重复来信，下同）。全国政协委员、各级地方政协委员、民主党派成员来信1 040件，占7%；提出意见、建议的来信3 390件，占24%；提出申诉的来信2 525件，占18%；要求解决各类实际困难的来信2 006件，占20%；举报各种腐败现象的来信2 197件，占15%；要求落实各项政策的来信501件，占4%。来信较多的有北京、四川、浙江、河南、江苏、辽宁等地。编发《信访简报》24期，《信访摘报》14期，

《要信呈报》67件,发出信访公函296件,收到查报结果的回函154件。接待全国政协委员及统战对象等来访200多人次。并帮助解决实际问题200余件。编发的《信访简报》有的已引起地方党、政机关的高度重视,并派工作组认真查处,还责成将查处结果向本会办公厅报告。《要信呈报》反映了不少重要信息,李瑞环主席均已圈阅,有些还做了重要批示。信访工作年度总结及季度信访情况分析定期报送中央领导同志,使全国政协的信访工作成为反映社情民意的一条重要渠道。

(管　峰　编写)

网络建设　截止1997年,全国政协信息中心已与34个地方政协信息部门实现了计算机联网,其中省级政协有:北京、河北、辽宁、江苏、福建、江西、山东、湖北、湖南、广东、广西、重庆、四川、云南、陕西、宁夏;副省级市政协有:南京、深圳、武汉、长春、杭州、大连、西安、济南、成都、厦门;信息联系点有:北京海淀、黑龙江海林、江苏泰州、山东潍坊、湖北潜江、广东佛山、广西北海、四川泸州。

目前网络应用软件由电子邮件系统升级为数据库查询形式的浏览器系统;网络信息服务内容有全国政协及中央国家机关有关部门的15类信息资料。

(白建新　编写)

政协第五届全国委员会主席邓小平逝世

邓小平追悼大会在北京隆重举行

我党我军我国各族人民公认的享有崇高威望的卓越领导人，伟大的马克思主义者，伟大的无产阶级革命家、政治家、军事家、外交家，久经考验的共产主义战士邓小平同志于1997年2月19日与世长辞，在全国各族人民心中引起无限悲痛。2月25日上午，中共中央、全国人大常委会、国务院、全国政协、中央军委在人民大会堂隆重举行邓小平同志追悼大会。大会实况同时转播全国。辽阔大地，举国上下，12亿各族人民沉痛悼念我国社会主义改革开放和现代化建设的总设计师，建设有中国特色社会主义理论的创立者邓小平同志。

党和国家领导人江泽民、李鹏、乔石、李瑞环、朱镕基、刘华清、胡锦涛、荣毅仁，邓小平同志的夫人卓琳和子女等亲属，首都各族各界人士1万人参加追悼大会。

中共中央总书记、国家主席、中央军委主席江泽民在追悼大会上致悼词时指出，中国人民爱戴邓小平同志，感谢邓小平同志，哀悼邓小平同志，怀念邓小平同志，是因为他把毕生心血和精力都献给了中国人民，他为中华民族的独立和解放、为中国的社会主义现代化事业建立了不朽的功勋。邓小平同志这样说过：如果没有毛泽东同志，我们中国人民至少还要在黑暗中摸索更长的时间。我们今天同样应当说，如果没有邓小平同志，中国人民就不可能有今天的新生活，中国就不可能有今天改革开放的新局面和社会主义现代化的光明前景。

邓小平逝世以后，全国下半旗志哀。当天，全国停止一切娱乐活动。

追悼大会在人民大会堂大礼堂举行。会场庄严肃穆。主席台以银灰色为底色，台口上方悬挂黑底白字横幅："邓小平同志追悼大会"。主席台正中矗立着5米多高、黑色镶框的邓小平同志彩色巨幅遗像，两旁是大型花环、16棵长青树和冬青。邓小平同志的骨灰盒安放在遗像前的白兰花和常青松柏中，骨灰盒上覆盖着中国共产党党旗。邓小平同志的夫人卓琳率子女敬献的花圈摆放在邓小平同志的骨灰盒前。6名人民解放军礼兵持枪肃立，守护在两旁。

主席台两侧摆放着江泽民、李鹏、乔石、李瑞环、朱镕基、刘华清、胡锦涛、荣毅仁同志和中共中央、全国人大常委会、国务院、全国政协、中央军委、中央纪委、最高人民法院、最高人民检察院敬献的花圈。

大礼堂二楼眺台悬挂的黑底黄边白字横幅上写着："全党全军全国各族人民衷心爱戴的邓小平同志永垂不朽！"三楼眺台悬挂的黑底黄边白字横幅上写着："在以江泽民同志为核心的党中央领导下，继承邓小平同志的遗志，把建设有中国特色社会主义伟大事业推向前进！"

大礼堂主席台下两侧和大礼堂外的中央大厅摆放着各民主党派中央、全国工商联、无党派人士,中共中央各部门、中央国家机关各部门、各人民团体、首都各界群众,人民解放军三总部、全军各大单位、各大军区,30个省、自治区、直辖市、新华社香港分社、新华社澳门分社,以及邓小平同志家乡等敬献的300多个花圈。

一大早,中央党政军群机关和首都各族各界代表,邓小平同志生前友好、家乡代表就怀着悲痛的心情,从四面八方络绎不绝地来到人民大会堂,参加追悼大会。

追悼大会由中共中央政治局常委、国务院总理李鹏主持。

上午10时整,李鹏同志宣布追悼大会开始。全场肃立,默哀3分钟。由500人组成的军乐团奏起悲壮的哀乐。现场转播的广播和电视把悲壮的哀乐声传到祖国城乡,传到北国南疆,传到辽阔疆域各个地方的工厂、农村、商店、学校、连队、机关、街道。神州大地在静默,亿万人民含泪肃立,缅怀邓小平同志的丰功伟绩和崇高风范,寄托哀思。与此同时,在奔驰的列车上,在江河湖海的轮船和军舰上,在祖国各地的工厂和矿山,在一切有汽笛的地方,笛声长鸣,震彻云霄。

默哀后,人民大会堂奏起了庄严的国歌。雄壮的旋律,表达着亿万人民共同的心愿:在以江泽民同志为核心的党中央坚强领导下,全党全军全国各族人民高举邓小平同志建设有中国特色社会主义理论的旗帜,坚定不移,满怀信心,一定能够把邓小平同志开创的社会主义改革开放和现代化建设的伟大事业坚持下去,胜利地达到我们的目的地。

接着,江泽民同志含泪致悼词。他在悼词中高度评价了邓小平同志光辉、战斗的一生和建立的丰功伟绩。他指出,在中国共产党历史上,党领导中国人民进行了一场把半殖民地半封建的旧中国变成社会主义新中国的伟大革命,十一届三中全会以来又领导人民开始了一场新的革命,要把中国由不发达的社会主义国家变成富强民主文明的社会主义现代化国家。在这两次伟大革命的进程中,实现了马克思主义同中国实际相结合的两次历史性飞跃,形成了两大理论成果,这就是毛泽东思想和邓小平建设有中国特色社会主义理论。两次伟大革命,两次历史性飞跃,造就了两个伟大人物,这就是毛泽东同志和作为毛泽东同志的战友、事业继承者的邓小平同志。

江泽民说,邓小平同志留给我们的最可宝贵的财富,就是他创立的建设有中国特色社会主义理论和在这个理论指导下制订的党在社会主义初级阶段的基本路线。邓小平建设有中国特色社会主义理论,是在和平与发展成为时代主题的历史条件下,在我国改革开放和社会主义现代化建设的实践过程中,在总结我国社会主义胜利和挫折的历史经验并借鉴其他社会主义国家兴衰成败历史经验的基础上,逐步形成和发展起来的。从世界范围来说,无产阶级领导人民取得政权以后如何建设社会主义,是一个需要很好总结和探索的重大历史性课题。社会主义在中国的新局面和新成就,使我们从历史的比较和国际的观察中认识到,邓小平建设有中国特色社会主义理论是正确的。这个理论,科学地把握社会主义的本质,第一次比较系统地初步回答了中国这样的经济文化比较落后的国家如何建设社会主义、如何巩固和发展社会主义的一系列基本问题。它是马克思列宁主义基本原理与当代中国实际和时代特征相结合的产物,是毛泽东思想的继承和发展,是当代中国的马克思主义。它是全党全国人民集体智慧的结晶,是中国共产党的指导思想和中华民族的精神支柱。

江泽民指出，邓小平同志不仅以他创立的光辉的革命理论指引着我们，而且以他在长期革命实践中锤炼出来的鲜明的革命风格感召着我们。他的风范同他的事业和思想一道，永远铭记在我们心中。

江泽民强调，邓小平同志创立的建设有中国特色社会主义理论和在这个理论指导下制订的党的基本路线，是我们必须遵循的行动指南。在跨越世纪的新征途上，更高地举起邓小平建设有中国特色社会主义理论的伟大旗帜，更好地贯彻执行党的基本路线，是我们党中央领导集体坚定不移的决心和信念，也是全党全军全国各族人民的共识和愿望。我们一定要更加自觉地用这个理论武装头脑，统一认识，同心同德，开拓创新，战胜前进道路上的一切困难，排除各种错误倾向的干扰，在任何情况下坚持党的基本路线不动摇。

江泽民最后说，邓小平同志和我们永别了。他的英名、业绩、思想、风范将永载史册，世世代代铭刻在人民的心中。在党中央坚强领导下，全党全军全国各族人民一定能够继承邓小平同志的遗志，坚定不移，满怀信心，把邓小平同志开创的建设有中国特色社会主义的伟大事业推向前进，把我国建设成为富强、民主、文明的社会主义现代化国家。

江泽民同志致悼词后，全场向邓小平同志深深三鞠躬。

上午10时58分，追悼大会在雄壮的《国际歌》声中结束。随后，江泽民、李鹏、乔石、李瑞环、朱镕基、刘华清、胡锦涛、荣毅仁等与邓小平同志的亲属一一握手，表示亲切的慰问。

参加追悼大会并送花圈的还有中共中央、全国人大常委会、国务院、全国政协、中央军委、最高人民法院、最高人民检察院的领导同志，原中顾委常委，各民主党派中央、全国工商联主要负责人和无党派知名人士，从中央领导岗位上退下来的老同志，曾经和邓小平同志出生入死、共同战斗过的老战友、老部下，他们是：丁关根、田纪云、李岚清、李铁映、杨白冰、吴邦国、邹家华、姜春云、钱其琛、黄菊、尉健行、谢非、温家宝、王汉斌、杨尚昆、万里、宋平、薄一波、宋任穷、张震、张万年、迟浩田、任建新、陈慕华、费孝通、雷洁琼、李锡铭、王丙乾、帕巴拉·格列朗杰、王光英、程思远、卢嘉锡、布赫、铁木尔·达瓦买提、吴阶平、宋健、李贵鲜、陈俊生、司马义·艾买提、彭珮云、罗干、张思卿、叶选平、吴学谦、杨汝岱、王兆国、阿沛·阿旺晋美、赛福鼎·艾则孜、洪学智、赵朴初、钱伟长、钱正英、丁光训、董寅初、孙孚凌、安子介、霍英东、马万祺、朱光亚、万国权、何鲁丽、刘澜涛、李德生、肖克、张劲夫、陈锡联、段君毅、姬鹏飞、黄华、彭冲、叶飞、廖汉生、王芳、谷牧、马文瑞、王恩茂、吕正操、汪锋、郑天翔、刘复之、王鹤寿等。中共中央直属机关和中央国家机关工作人员，各民主党派中央、全国工商联和无党派人士，人民解放军指战员和武警官兵，老同志代表，首都各族各界代表人士参加了追悼大会。

向追悼大会送花圈的还有：彭真、倪志福、孙起孟、杨静仁、邓兆祥、巴金、钱学森、胡绳、苏步青、王平、伍修权、江华、余秋里、张爱萍、耿飚、黄火青、习仲勋、方毅、杨成武、杨易辰等。

根据邓小平同志的遗愿和邓小平同志亲属的意见，邓小平同志的骨灰将撒入祖国的大海。

附件：邓小平伟大光辉的一生

邓小平是全党全军全国各族人民公认的享有崇高威望的卓越领导人，伟大的马克思主义者，伟大的无产阶级革命家、政治家、军事家、外交家，久经考验的共产主义战士，中国社会主义改革开放和现代化建设的总设计师，建设有中国特色社会主义理论的创立者。邓小平的一生，是光辉的战斗的一生。在70多年波澜壮阔的革命生涯中，他为中国新民主主义革命的胜利和新中国的成立，为中国社会主义的创建、巩固和发展，建立了永不磨灭的功勋。

1904年8月22日，邓小平出生在四川省广安县协兴乡牌坊村。原名邓先圣，5岁进私塾发蒙，学名邓希贤，后转入新式小学。高小毕业后，考入广安县中学。1919年秋考入重庆勤工俭学留法预备学校。受五四运动的影响，这时他有了朴素的“工业救国”的爱国思想，他同全校同学一起参加抵制日货、声讨卖国贼的活动。1920年夏，赴法国勤工俭学。

邓小平到法国后，因生活所迫，只在中学学习过几个月，就先后到几个工厂做工，他体验到生活的艰辛，体验到资本家对工人的残酷剥削。当时，他和一批先进的中国留学生，在俄国十月社会主义革命的影响下，先后接受了马克思主义而走上革命道路。1922年他参加旅欧中国少年共产党(后改为中国社会主义青年团旅欧支部)，1924年转为中国共产党党员。从此，他走上无产阶级职业革命家的道路，成为一名共产主义战士。他担任青年团旅欧总支部的领导成员和中共党组织里昂区的特派员。他还作过青年团机关刊物《赤光》杂志的编辑。

1926年初，邓小平离法赴苏，先后在莫斯科东方大学、中山大学学习。他在当时写的自传中说道：“我能留俄一天，便要努力研究一天，务使自己对于共产主义有一个相当的认识”。“我来莫的时候，便已打定主意，更坚决地把我的身子交给我们的党，交给本阶级”。

1927年春，邓小平受党的派遣回国，到西安冯玉祥国民军联军担任中山军事学校政治处处长兼政治教官，并任该校中共组织的书记。蒋介石在上海发动四一二反革命政变后，邓小平于6、7月间转赴汉口，在中共中央机关工作。不久，汪精卫主政的武汉政府也公开反共，严酷的白色恐怖笼罩全国，中国共产党被迫转入地下。为了适应秘密工作环境，他从此改名为邓小平。8月7日他参加中共中央紧急会议(即八七会议)，会议纠正和清算了陈独秀的右倾投降主义，确定了实行土地革命和武装反抗国民党反动派的总方针。年底，他随中共中央机关秘密迁往上海。1928年至1929年，任中央秘书长。1928年中国共产党在莫斯科召开第六次全国代表大会，他协助留在国内的中央领导人，处理中央的日常工作。

大革命失败以后，中国共产党为了挽救革命，发动了一系列的武装起义。1929年夏，邓小平作为中共中央代表前往广西领导起义，他化名邓斌，任中共广西前敌委员会书记，同张云逸等于12月发动百色起义，创建了红军第七军和右江根据地。次年2月，又发动龙州起义，建立了红军第八军和左江根据地。他出任红七军、红八军政治委员和前敌委员会书记。在邓小平等人的领导下，在4个多月的时间里，红军发展到7 000人，红色区域扩展到20多个县，拥有100多万人口，成为当时较大的革命根据地之一。由于党内"左"倾冒险主义错误的影响，部队作战连连受挫，不得不转战7 000里，到江西中央革命根据地同中央红军会合。邓小平对"左"的错误指挥提出过不同意见，但未被采纳。1931年2月，他受前委的委派，到上海向中央汇报工作。在这期间他写了《七军工作报告》，详细叙述了红七军的情况，总结了起义前后的经验教训。

1931年夏，邓小平到达江西中央革命根据地，先后担任瑞金县委书记、会昌中心县委书记、江西省委宣传部长。这时，推行"左"倾冒险主义的中共临时中央从上海迁入中央革命根据地。邓小平同毛泽覃、谢唯俊、古柏等一直坚持从实际情况出发，执行以毛泽东为代表的正确路线。他们反对"城市中心论"，主张向敌人力量薄弱的广大农村发展；反对军事冒险主义，主张诱敌深入；反对用削弱地方武装的办法来扩大主力红军，主张两种武装力量都要发展；反对"左"的土地分配政策。临时中央开展了对邓、毛、谢、古的斗争。邓小平被撤销省委宣传部长的职务，受党内最后严重警告的处分，被派往中央苏区边远的乐安县所属南村区委当巡视员。这是他在党的政治生活中受到的第一次错误处分。后来，在军委政治部主任王稼祥等人的支持下，被调到总政治部担任秘书长。不久，负责主编总政治部机关报《红星》报。

1934年10月，邓小平随中央红军长征，年底任中央秘书长。1935年1月，他参加了在中国共产党历史上具有伟大转折意义的遵义会议，会议确立了以毛泽东为代表的新的中央的正确领导。红一、四方面军会合后，他担任红一军团政治部宣传部长。后任红一军团政治部副主任、主任。

1937年，日本帝国主义向中国发动了全面的侵略战争。大敌当前，国共两党实现了第二次合作。中国工农红军改编为国民革命军第八路军。1937年8月，邓小平任八路军政治部副主任，奔赴华北抗日前线。1938年1月，任八路军一二九师政治委员，师长是刘伯承。

邓小平和刘伯承率一二九师深入日本侵略军占领区的后方，以太行山为中心，依托山区，并向平原发展。他们率部进行了一系列战斗，在太行山站稳了脚跟后，分兵发动群众，组织抗日武装，建立抗日民主政权，创建了晋冀豫抗日根据地。接着，又率部越过平汉铁路，东进冀南平原，开辟了冀南抗日根据地；还先后建立了太岳和由鲁西等根据地合并而成的冀鲁豫抗日根据地。抗日战争进入相持阶段后，1939年12月，国民党顽固派发动了第一次反共高潮，向八路军总部和一二九师所在的太行地区发动大规模军事进攻。1940年3月，刘邓指挥部队，在晋察冀军区部队的配合下，奋起反击，全歼进攻太行地区的国民党顽固派军队一万余人。为粉碎日军对华北抗日根据地的"扫荡"，打击日军的"囚笼政策"，从1940年8月起，八路军向华北日军占领的交通线和据点发动了大规模的破击战役，即"百团大战"。刘邓率领所部38个团参加，进行大小战斗500余次，给日、伪军以很大打击。

从1941年开始，华北敌后抗战进入了最艰苦的阶段。1942年9月，邓小平兼任中共中央太行分局书记。彭德怀、刘伯承回延安参加整风后，他于1943年10月代理中共中央北方局书记，并主持八路军总部的工作，在艰苦的条件下，担负起领导华北敌后抗日根据地党政军的全面工作。他本着面向敌占区、面向交通线、敌进我进的方针，积极主动地开展游击战争，指挥部队粉粹日、伪军一次又一次的残酷“扫荡”，并领导全区进行建党、建军、建政活动，进行整风、精兵简政、减租减息和大生产运动，取得很大成绩。邓小平从实际情况出发，发表了《党与抗日民主政权》、《一二九师文化工作的方针任务及其努力方向》、《五年来对敌斗争的概略总结》、《太行区的经济建设》、《在北方局党校整风动员会上的讲话》等文章和讲话。他提出了对敌斗争的一系列具体的政策和策略，提出了从各方面积蓄力量、为战略反攻和战后建国作准备的方针。他在北方局党校的整风动员会上所发表的讲话，指出毛泽东思想即中国化的马克思列宁主义，党的事业要以毛泽东思想作指导。1945 年 6 月，邓小平在党的第七次全国代表大会上当选为中央委员。1945 年 8 月日本投降时，他和刘伯承率部开创的太行、太岳、冀南、冀鲁豫四块根据地已基本上连成一片，成为拥有 2 400 万人口、30 万军队的全国最大的解放区。同月，中共中央决定成立晋冀鲁豫中央局和晋冀鲁豫军区，邓小平任中央局书记和军区政治委员，刘伯承任军区司令员。

抗日战争胜利以后，国民党在与共产党进行和平谈判的同时，不断地挑起局部战争。由刘邓领导的晋冀鲁豫解放区，横亘中原，正堵住国民党军队向华北、东北解放区进攻的通道，是军事上的战略要地，国民党军队的进攻矛头首先就指向这个地区。1945 年 9 月，邓小平和刘伯承指挥了著名的上党战役，全歼侵入解放区腹地的国民党军队，巩固了晋冀鲁豫解放区。接着，移师东进，阻击沿平汉铁路北犯的国民党军队，取得了邯郸战役的胜利。这两次战役的胜利，有力地遏制了国民党军队对解放区的进攻，大大加强了中国共产党在重庆谈判中的地位，对停战协定的达成，起了重要作用。1946 年 6 月，蒋介石发动全面内战。刘邓率晋冀鲁豫野战军主力在陇海铁路南北开展运动战，大踏步进退，连续进行了陇海、定陶、巨野等较大规模的战役，大量歼灭国民党军队的有生力量。

1947 年 5 月，邓小平任中共中央中原局书记。6 月，根据中共中央和毛泽东决定的由战略防御转入战略进攻，将战争引向国民党区域的战略部署，他和刘伯承率晋冀鲁豫野战军主力 12 万人，强渡黄河天险，在鲁西南地区，经过 28 天连续作战，歼敌 5 万 6 千余人，打开了南下的通路。接着，以迅雷不及掩耳之势，长驱直入，从几十万敌军前堵后追中杀开一条血路，千里跃进到大别山地区，由此揭开了中国人民解放战争战略进攻的序幕。刘邓大军进入大别山地区后，对国民党在长江以南的广大统治区形成了直接威胁，迫使国民党军队调动主力回援。围困大别山地区的敌军增加到约 20 万人，斗争极端艰苦。邓小平激励部队说：我们在大别山背重些，其他部队和地区就能大量歼灭敌人和深入开展工作，这对全局极为有利，我们再削弱再吃苦也要坚持住。刘邓领导大别山根据地军民，积极、灵活地打击敌人，不断粉碎国民党军队对大别山地区的重兵轮番“进剿”。刘邓大军挺进大别山，同相继南下的另外两支野战大军在中原地区布成“品”字形阵势，牵制和吸引了敌军南线 160 多个旅中的 90 个旅的兵力，把战线由黄河南北推进到长江北岸，使中原地区由国民党军队进攻解放区的重要后方变成了人民解放军夺取全国胜利的前进阵地。1948 年 5 月，邓小平任辖区扩大了的中共中央中原局第一书记及中原军区和中原野战军政治委员。

在开辟中原新解放区的过程中，邓小平发表了《跃进中原的胜利形势与今后的政策策略》、《贯彻执行中共中央关于土改与整党工作的指示》、《关于今后进入新区的几点意见》等讲话和指示，根据中共中央的方针，从中原新解放区的实际情况出发，对整党、土改和工商业政策等问题，提出许多重要意见，受到中共中央和毛泽东的肯定和称赞。从1948年春起，中原野战军与华东野战军协同作战，相继发起洛阳、宛西、宛东、豫东、襄樊等战役，粉碎了中原国民党军队的防御体系。

1948年9月至1949年1月，人民解放军按照中共中央和中央军委的战略部署，进行了具有决战性质的辽沈、淮海、平津三大战役，基本上消灭了蒋介石赖以维持其反动统治的主要军事力量。

1948年11月，淮海战役开始。中共中央和中央军委决定，由刘伯承、陈毅、邓小平、粟裕、谭震林组成总前委，邓小平任书记，统一指挥中原野战军(后改称第二野战军)和华东野战军(后改称第三野战军)。淮海战役中，蒋介石先后集结近80万军队，而人民解放军参战部队只有60万人，在武器装备上国民党军队更是占有巨大的优势。总前委执行集中优势兵力，各个歼灭敌人的方针，经过66天的作战，共歼敌55万5千人，取得了淮海战役的完全胜利。1949年3月，邓小平出席中共七届二中全会，受命兼任华东局第一书记。4月21日，遵照毛泽东主席、朱德总司令发布的向全国进军的命令，以邓小平为书记的总前委统率第二、第三野战军发起京沪杭战役，一举突破国民党军队的长江防线，浩浩荡荡渡过长江，解放了南京、上海及苏、皖、浙、赣等省广大地区。南京的解放，宣告了国民党反动统治的覆灭。

1949年9月，中华人民共和国成立的前夕，邓小平在中国人民政治协商会议第一届全体会议上，被选为中央人民政府委员。他参加了开国大典。10月，任中国人民革命军事委员会委员。随后他和刘伯承率部进军大西南，迅速消灭了盘踞在云、贵、川三省的90多万国民党反动武装，把国民党反动统治势力最后逐出中国大陆。在西南期间，他任中共中央西南局第一书记、西南军政委员会副主席、西南军区政治委员。他和刘伯承、贺龙在指挥部队清剿土匪顽敌的同时，注意团结一切可能团结的人，分化争取敌人营垒中一切可能争取的人，调动各方面的积极因素；谨慎稳妥地消除历史遗留的民族隔阂，促成各民族的团结；发动和依靠群众，顺利完成土地改革和其他社会改革，加强各级政权建设；迅速恢复工农业生产，兴修成渝铁路等等，很快改变了那里的混乱的面貌，开创了西南地区稳定、发展的新局面。他参加领导了进军西藏和西藏和平解放的工作，实现祖国大陆的完全解放。

1952年7月，邓小平调到中央，被任命为政务院副总理兼财政经济委员会副主任，后又兼任政务院交通办公室主任和财政部部长。他提出要把国家财政放在经常的、稳固的、可靠的基础上，财政工作要有全面观念。1954年任中共中央秘书长、组织部部长，国务院副总理，国防委员会副主席。在反对高岗、饶漱石阴谋分裂党、篡夺党和国家最高权力的重大斗争中，邓小平作出了重要贡献。1955年4月，在中共七届五中全会上，被增选为中央政治局委员。1956年9月，中国共产党召开第八次全国代表大会，邓小平在会上作了关于修改党的章程的报告，提出和深刻论述了执政党加强自身建设的任务，指出党面临新的考验，必须经常警惕脱离实际和脱离群众的危险，要求全党坚持群众路线和民主集中制，健全各级党组织的集体领导，避免个人专断和个人决定重大问题。在中共八届一中全会上，当选为中央政治局常委、中央委员会总书记，成为以毛泽东为核心的中国共产党第一代领导集体的重要成员。毛泽东在推荐邓小平当总书记时，说他比较顾全大局，比较有才干，比较周到和公道，是个厚道人。1959 年他又担任中共中央军委常委。

邓小平主持中央书记处的工作，长达十年。这十年，是我国开始全面建设社会主义的十年，中国共产党领导全国人民在社会主义经济建设和文化建设中取得很大的成就，积累了重要的经验，同时也有过严重失误。邓小平一直处在中央领导工作的第一线，参加党和国家的重要决策，在许多方面提出过重要的正确主张。这是他工作最繁忙的十年。他积极贯彻八大的路线，指出今后的主要任务是搞建设，共产党要接受监督。1958 年“大跃进”和人民公社化运动发动起来以后，“左”的错误严重泛滥开来，接着是三年国民经济困难时期。为了总结经验教训，恢复国民经济的正常发展，他到农村调查，在公共食堂、供给制等问题上提出了纠正错误的意见。他主持制定了《国营工业企业工作条例》(草案)，这个条例对恢复和建立必要的规章制度及正常的生产秩序，改进和加强企业管理，起了重大作用。他还主持制定了《教育部直属高等学校暂行工作条例》(草案)。1962 年 2 月，为了总结经验，统一认识，加强团结，进一步纠正“大跃进”以来工作中的错误，中共中央召开了有 7 000 人参加的扩大的中央工作会议。邓小平在大会上发表讲话强调，要坚持民主集中制，健全党的民主生活，恢复和发扬党的优良传统。同年 5 月，他提出要做好对受到错误处理的干部的甄别平反工作，用“一揽子解决”的办法，一次解决。由于“大跃进”和人民公社化运动使农村集体经济遭到严重破坏，1962 年，许多农村的干部和群众要求实行包产到户。针对这种情况，邓小平在 1962 年 7 月提出这样一个原则，就是：哪种生产关系的形式在哪个地方能够比较容易比较快地恢复和发展农业生产，就采取哪种形式；群众愿意采取哪种形式，就应该采取哪种形式。

邓小平担任总书记期间，同各国共产党的领导人广泛接触。他曾多次率代表团去莫斯科同苏联共产党进行谈判，坚决维护中国共产党的独立自主的原则立场。

1966 年，毛泽东领导和发动“文化大革命”。邓小平在这场长达十年的动乱中两次受到错误的批判和斗争，并被撤销一切职务，经历了他革命生涯中最艰难、最曲折的时期。1969 年 10 月，他被送到江西省新建县。他每天到县拖拉机修造厂劳动半天，做钳工活。在这期间，他阅读了大量的马列著作和古今中外的书籍。林彪反革命政变阴谋被粉碎后，毛泽东有意让邓小平出来工作，在周恩来支持下，邓小平于 1973 年恢复了国务院副总理职务。1974 年他代表中国政府在联合国第六届特别会议上发言，系统地阐述了毛泽东关于三个世界划分的理论。在筹备四届人大和酝酿国务院领导人选时，毛泽东评价他“人才难得，政治思想强”。邓小平主持起草了周恩来在四届人大一次会议上的《政府工作报告》。1975 年 1 月他担任中共中央副主席、国务院副总理、中央军委副主席、中国人民解放军总参谋长。周恩来病重以后，在毛泽东支持下，主持党、国家和军队的日常工作。在这期间，他力挽狂澜，同“四人帮”进行了针锋相对的斗争，对“文化大革命”以来所造成的严重混乱局面进行大刀阔斧的整顿。他强调全国要安定团结，把国民经济搞上去。他以铁路交通作为经济整顿的突破口。他指示有关部门先后起草了《关于加快工业发展的若干问题》、《关于科技工作的几个问题》(汇报提纲)、《论全党全国各项工作的总纲》等三个文件。在短时间内，包括军队、工业、农业、交通、科教、文艺等在内的全面整顿,收到显著的成效,得到了全国人民的衷心拥护。起初,毛泽东对邓小平的工作是支持的,但是不能容忍他系统地纠正“文化大革命”的错误,又发动了所谓“批邓、反击右倾翻案风”运动。1976年1月周恩来逝世。4月5日,天安门广场发生悼念周总理,反对“四人帮”,拥护邓小平的群众运动,“四人帮”乘机诬陷邓小平,他再一次被错误地撤销党内外一切职务。9月,毛泽东逝世。10月,“四人帮”被粉碎,“文化大革命”结束。

在未来的岁月中,中国应该走怎样的一条路,这是亿万人民十分关切的重大问题。邓小平由于他在长期革命斗争中建立的历史功勋,由于他对“四人帮”的坚决斗争和在动乱中主持全面整顿取得的显著成效,在党和人民中享有很高的威望。在叶剑英、陈云等的积极推动下,1977年7月,中共十届三中全会决定恢复邓小平的中共中央副主席、国务院副总理、中央军委副主席、人民解放军总参谋长的职务。在1977年8月召开的中国共产党第十一次全国代表大会上,他当选为中共中央副主席。1978年3月,他当选为第五届全国政协主席。当时面临的形势十分严峻,整个国家问题成堆,亟待解决。他一出来工作,立即表现出作为战略家的远见卓识,在千头万绪中抓住具有决定意义的环节,首先推动思想路线的拨乱反正,领导和支持开展真理标准问题的讨论。他《在全军政治工作会议上的讲话》、《高举毛泽东思想旗帜,坚持实事求是的原则》等讲话和谈话中,反对“两个凡是”的错误方针,提出必须完整地准确地理解毛泽东思想,“实事求是,是毛泽东思想的出发点、根本点。”长期以来禁锢人们思想的僵化的局面被冲破。

1978年12月召开的中共十一届三中全会,是建国以来党和国家历史上具有深远意义的伟大转折,开创了社会主义事业发展的新时期。邓小平在全会前夕的中央工作会议上作《解放思想,实事求是,团结一致向前看》的讲话,指出:“解放思想是当前的一个重大政治问题。”“一个党,一个国家,一个民族,如果一切从本本出发,思想僵化,迷信盛行,那它就不能前进,它的生机就停止了,就要亡党亡国。”“民主是解放思想的重要条件”。“必须使民主制度化、法律化。”要研究新情况,解决新问题。强调“如果现在再不实行改革,我们的现代化事业和社会主义事业就会被葬送”。他还提出允许一部分地区、一部分人先富裕起来,带动其他地区、其他人,这样就会使整个国民经济不断地波浪式地向前发展,使全国各族人民都能比较快地富裕起来。这是一个大政策。这个讲话实际上是这次全会的主题报告。三中全会重新确立了解放思想、实事求是的思想路线,果断地停止使用“以阶级斗争为纲”的错误口号,把党和国家工作重点转移到社会主义现代化建设上来,并作出实行改革开放的战略决策。经过这次全会,形成了以邓小平为核心的中共第二代领导集体。

邓小平非常重视解决组织路线的问题。他在多次讲话中提出,思想路线、政治路线的实现要靠组织路线来保证。他采取一系列措施,解决干部的革命化、年轻化、知识化、专业化的问题,改变领导职务终身制,实行新老干部的合作和交替。

在拨乱反正、纠正“左”的错误的过程中,出现了摆脱共产党的领导、反对社会主义道路等右的思潮。为了在现代化建设中保持正确方向,1979年3月邓小平在中共中央召开的理论工作务虚会上作《坚持四项基本原则》的讲话,旗帜鲜明地提出必须坚持社会主义道路、坚持人民民主专政、坚持中国共产党的领导、坚持马克思列宁主义、毛泽东思想,“这是实现四个现代化的根本前提”。“如果动摇了这四项基本原则中的任何一项，那就动摇了整个社会主义事业，整个现代化建设事业”。1981年6月中共十一届六中全会，通过由他主持起草的《关于建国以来党的若干历史问题的决议》。这个决议，总结了建国以来的历史经验，根本否定了“文化大革命”，维护了毛泽东的历史地位，科学地评价了毛泽东思想。随着国内局势的发展和国际局势的变化，越来越显示出他作出这个重大决策的勇气和远见。在这次中央全会上，他被选为中央军委主席。

1982年9月，中国共产党召开第十二次全国代表大会。邓小平在开幕词中提出：“把马克思主义的普遍真理同我国的具体实际结合起来，走自己的道路，建设有中国特色的社会主义。”这次大会确定了全面开创社会主义现代化建设新局面的纲领。十二届一中全会选他为中央政治局常委，决定他任中央军委主席。十二大选举产生了中央顾问委员会。在顾问委员会第一次全体会议上，他当选为主任。

十一届三中全会以后，邓小平围绕什么是社会主义、怎样建设社会主义这个主题，第一次比较系统地初步回答了在中国这样的经济文化比较落后的国家，如何建设、巩固和发展社会主义的一系列基本问题，用新的思想、观点、继承和发展了马克思列宁主义、毛泽东思想。

我国处在社会主义初级阶段，是邓小平和中国共产党对当代中国基本国情的科学判断。十一届三中全会以后，他提出，我国底子薄，人口多、耕地少，搞建设，要适合中国情况，走出一条中国式的现代化道路。1980年，他谈到我国社会主义建设的经验时指出：“不要离开现实和超越阶段采取一些‘左’的办法，这样是搞不成社会主义的。”十三大前夕，他指出：“我们党的十三大要阐述中国社会主义是处在一个什么阶段，就是处在初级阶段，是初级阶段的社会主义。社会主义本身是共产主义的初级阶段，而我们中国又处在社会主义的初级阶段，就是不发达的阶段。一切都要从这个实际出发，根据这个实际来制订规划。”中共十三大系统地论述了社会主义初级阶段理论。十三大对邓小平关于社会主义初级阶段的基本路线的论述作了概括，这就是：“领导和团结全国各族人民，以经济建设为中心，坚持四项基本原则，坚持改革开放，自力更生，艰苦创业，为把我国建设成为富强、民主、文明的社会主义现代化国家而奋斗。”

要实现现代化，真正体现社会主义的优越性，必须大力发展生产力。邓小平认为，社会主义阶段最根本的任务就是发展生产力。社会主义要消灭贫穷，贫穷不是社会主义，发展太慢也不是社会主义。1980年他在《目前的形势和任务》的讲话中指出，80年代的三件大事，核心是现代化建设。要求全党要始终如一地搞这件事，扭住不放。一切任务都要服从和围绕经济建设这个中心。在发展生产力中，他非常重视科学技术的地位和作用，提出“科学技术是第一生产力”的新观点。他认为实现现代化，关键是科学技术现代化。要尊重知识，尊重人才。强调科技人才的培养，基础在教育，抓科技必须同时抓教育。教育是一个民族最根本的事业。

邓小平高瞻远瞩，为我国制定了宏伟的经济发展战略。1979年他提出在本世纪末国民生产总值翻两番，实现小康社会的目标。以后他在多次讲话中逐步形成了从80年代初到下世纪中叶分三步走的设想：第一步，从1981年到1990年，人均国民生产总值翻一番，解决人民的温饱问题；第二步，到本世纪末再翻一番，人民生活达到小康水平；第三步，到下个世纪中叶，人均国民生产总值达到中等发达国家水平，人民生活比较富裕，基本实现现代化。中共十三大确认了这一发展战略。

针对旧有体制严重束缚生产力发展的状况,邓小平提出,改革是中国发展生产力的必由之路。他认为,改革具有解放生产力的意义,“改革是中国的第二次革命”。他充分肯定和支持农村率先发起的以家庭联产承包责任制为主的改革,并及时总结经验,把改革的重点转移到城市。1984 年中共十二届三中全会作出经济体制改革的决定,涉及经济、政治、科技、教育等各个领域的改革全面展开。他对这个决定给予了高度评价。对这场前无古人、情况复杂的伟大试验,他确定了胆子要大、步子要稳的指导方针。他强调,“在改革中我们始终坚持两条根本原则,一是以社会主义公有制经济为主体,一是共同富裕”。他突破传统观念的束缚,把市场经济同社会主义联系起来。从 1979 年到 1992 年的多次谈话中,指出社会主义也可以搞市场经济,计划和市场都是手段,不是社会主义与资本主义的本质区别。他的这些谈话,为我们党确定建立社会主义市场经济体制的改革目标奠定了理论基础。

1980 年,邓小平在中共中央政治局扩大会议上作《党和国家领导制度的改革》的重要讲话,从领导制度、组织制度这一带根本性、全局性、稳定性和长期性的问题,来总结“文化大革命”的经验教训,对现行领导制度存在的各种弊端提出必须进行改革。1986 年,随着经济体制改革的深入,他提出,不改革政治体制,会阻碍经济体制改革,阻碍生产力的发展。他明确指出,政治体制改革的目标是:保持党和国家的活力,主要是指领导层干部的年轻化;克服官僚主义,提高工作效率;调动基层和人民群众的积极性。他特别强调,在社会主义现代化建设中,必须大力发展社会主义民主,健全社会主义法制,努力建设社会主义民主政治。

邓小平把对外开放作为我国的一项基本国策。他指出,任何一个国家要发展,孤立起来,闭关自守是不可能的。中国的发展离不开世界。要大胆吸收和借鉴人类社会一切文明成果。他主张全面开放,向所有国家开放。积极发展对外贸易,吸收外国资金、先进技术和管理经验,扩大对外经济合作。引进外国智力,大量派遣留学生到国外学习。他作出设立经济特区,开放十几个沿海港口城市,进而开辟沿海对外经济开放地带和开发开放上海浦东等一系列重大决策。1984 年和 1992 年他两次到特区视察,指出特区是个窗口,是技术的窗口,管理的窗口,知识的窗口,也是对外政策的窗口。特区的高速发展带动了全国的对外开放,形成了全面开放的新格局,有力地促进了改革和现代化建设事业。

搞改革开放,搞社会主义现代化建设,不会是一帆风顺的,会遇到各种干扰。对 1989 年春夏之交发生的政治风波,邓小平和其他老一辈革命家一道,坚决支持党和政府采取果断措施予以平息,维护了国家的独立、尊严、安全和稳定。他特别强调,改革和建设需要有一个稳定的政治环境,稳定压倒一切。他指出,党的十一届三中全会以来所制定的路线、方针、政策是正确的,不能因为这次事件的发生就说我们的战略目标错了。四个坚持和改革开放都没有错,错在四个坚持坚持得不够一贯,教育和思想政治工作太差。一手比较硬,一手比较软。他强调,原来制定的基本路线、基本方针、政策都不变,要坚定不移地干下去。

邓小平十分重视社会主义精神文明建设,强调要在建设高度物质文明的同时,建设高度的社会主义精神文明。两个文明都搞好,才是有中国特色的社会主义。要一手抓物质文明,一手抓精神文明。两手抓,两手都要硬。他指出,要教育全国人民做到有理想、有道德、有文化、有纪律。要发挥我们的优势,用坚定的信念把人民团结起来。1985年在中国共产党全国代表会议上的讲话中,他告诫全党:“不加强精神文明的建设,物质文明的建设也要受破坏,走弯路。光靠物质条件,我们的革命和建设都不可能胜利。”以后他又说:“抓精神文明建设,抓党风、社会风气好转,必须狠狠地抓,一天不放松地抓,从具体事件抓起。”

邓小平作为中国人民解放军统帅,对新时期军队建设提出许多重要思想。他对当今时代和我国安全环境作了科学判断,使军队和国防建设指导思想实行了战略性转变。他提出,要把军队建设成为强大的现代化正规化的革命军队。要求军队以现代化建设为中心,走有中国特色的精兵之路,为保证国家安全,维护祖国统一,不断增强国防实力。军队要服从和服务于国家经济建设的大局,自觉地在这个大局下行动,积极支持和参与国家经济建设。在他领导下,人民解放军裁减员额100万,这是我国维护世界和平的实际行动。1989年在他辞去中央军委主席的时候,向参加中央军委扩大会议的同志深情地说:“我确信,我们的军队能够始终不渝地坚持自己的性质。这个性质是,党的军队,人民的军队,社会主义国家的军队。”

为了解决香港、澳门、台湾的问题,实现祖国统一,邓小平尊重历史和现状,从实际出发,创造性地提出了“一个国家,两种制度”的伟大构想,即在祖国大陆实行社会主义制度,在香港、澳门、台湾地区实行资本主义制度。1982年9月,他在同英国首相会见时,阐述了中国解决香港问题的基本立场,维护了祖国的主权和尊严。在解决香港、澳门问题的整个过程中,他倾注了大量的心血。1997年7月1日,我国将恢复对香港行使主权,他的伟大构想即将实现。1983年他提出解决台湾问题的“六条”方针,强烈表达了和平统一祖国的愿望。他针对分裂中国的图谋,强调不能放弃用非和平方式解决台湾问题。“一国两制”不仅是建设有中国特色社会主义理论的一个重要内容,也为国际上解决类似问题提供了范例。

进行社会主义现代化建设,不仅需要一个稳定的国内环境,也需要一个和平的国际环境。邓小平审时度势,提出了一整套外交战略。他提出,和平和发展是当代世界的两大问题,要坚持独立自主的和平外交政策,反对霸权主义,维护世界和平。他主张以和平共处五项原则作为建立国际政治新秩序和国际经济新秩序的准则。他强调中国永远属于第三世界,永远不称霸。在他的主持下,实现了中美建交,缔结了中日和平友好条约,恢复了中苏两党两国的关系,发展了同周边国家和第三世界国家的友好关系。他对许多国家进行了访问,接待了许多国家的领导人。80年代末90年代初,国际风云变幻,社会主义事业出现严重曲折的局势,他提出要冷静观察,稳住阵脚,沉着应付,要把国家的主权和安全始终放在第一位。邓小平为我国现代化建设争取有利的国际条件,为维护世界和平和人类进步事业,作出了巨大贡献。

邓小平一贯重视党的建设。他提出四个坚持的核心是坚持党的领导,这是实现四个现代化的关键。为了坚持和加强党的领导,必须努力改善党的领导,改善党的工作状况、组织状况和领导制度。要聚精会神地抓党的建设,把党建设成为领导全国人民进行社会主义物质文明和精神文明建设的坚强核心。要重视马克思主义的理论学习,加强工作中的原则性、系统性、预见性和创造性。要坚持和健全民主集中制,维护中央的权威。他强调端正党风是端正社会风气的关键。要发扬艰苦奋斗、密切联系群众的作风。

在整个改革开放过程中,都要反对腐败。廉政建设要作为大事来抓。

邓小平从党和国家的前途着眼,坚决主张废除干部领导职务终身制,并身体力行地作出了表率。他曾多次提出辞去领导职务。1987年11月中共召开十三大,他不再参加中央委员会和中央顾问委员会。1989年11月,在中共十三届五中全会上,他又辞去中央军委主席的职务,实现了他从领导岗位上完全退下来的夙愿。在以他为核心的第二代中央领导集体向以江泽民为核心的第三代领导集体顺利过渡、保持党和国家稳定的过程中,他起了关键的作用。他说,我们党第一代领导集体的核心是毛主席,第二代我算是个领班人,第三代的领导集体也必须有一个核心,就是江泽民同志,大家要维护这个集体和这个集体中的核心,这是我的政治交代。

从领导岗位退下来的邓小平,仍然以高度的历史责任感关注着改革开放和现代化建设事业。1992年初他视察了武昌、深圳、珠海、上海等地并发表重要谈话,总结了中共十一届三中全会以来实行改革开放的基本实践和基本经验,明确回答了经常困扰和束缚人们思想的许多重大认识问题。他指出:“社会主义的本质,是解放生产力,发展生产力,消灭剥削,消除两极分化,最终达到共同富裕。”提出判断各方面工作的是非标准,“应该主要看是否有利于发展社会主义社会的生产力,是否有利于增强社会主义国家的综合国力,是否有利于提高人民的生活水平”。强调改革开放胆子要大一些,抓住时机,发展自己,关键是发展经济。党的基本路线要管一百年,动摇不得。他的这个谈话为开好中共十四大,作了充分的理论准备。1992年10月召开的中国共产党第十四次全国代表大会,提出必须用邓小平建设有中国特色社会主义的理论武装全党,确定以建立社会主义市场经济体制为改革目标。以邓小平南方谈话和十四大为标志,中国的改革开放和现代化建设进入了一个新阶段。

1993年,邓小平以89岁高龄亲自主持编辑和逐篇审定《邓小平文选》第三卷。《邓小平文选》共出版三卷。第二卷和第三卷汇集了邓小平在形成和发展建设有中国特色社会主义理论中富有独创性的重要著作,是我国进行社会主义改革开放和现代化建设的科学指南。

邓小平创立的建设有中国特色社会主义理论,是马克思列宁主义基本原理与当代中国实际和时代特征相结合的产物,是毛泽东思想的继承和发展,是当代中国的马克思主义,成为中国共产党和全国人民最可珍贵的精神财富,成为中华民族振兴与发展的精神支柱。中国人民正在这个理论指导下,在以江泽民为核心的中共中央领导下,胜利迈向21世纪。

组 织 情 况

政协第八届全国委员会常务委员会任命名单

(1997年2月24日政协第八届全国委员会
常务委员会第十九次会议通过)

任命:

吴明熹为政协第八届全国委员会副秘书长(兼)

机关建设

【秘书工作】

人民政协秘书工作座谈会 1997年8月19日至23日在北戴河举行。这是人民政协历史上的首次全国范围的秘书工作座谈会,会议由全国政协办公厅主办。各省、自治区、直辖市和副省级市政协的秘书长或办公厅主任、秘书处长和全国政协秘书局局、处级干部等约100人出席了会议。全国政协副主席阿沛·阿旺晋美、钱正英出席。钱正英副主席在开幕会上作了重要讲话。她说,在全国政协和各级地方政协都在认真总结经验、研究工作的形势下,召开这样的座谈会是很有意义的。她要求同志们要充分认识政协秘书工作的地位和意义,认真总结秘书工作的经验,并希望同志们在新形势下再接再厉,努力把政协秘书工作提高到一个新的水平。全国政协副秘书长梁金泉作题为《认真总结经验,进一步推动人民政协秘书工作的发展》的主题报告。他说,这次秘书工作座谈会的指导思想是:以邓小平建设有中国特色的社会主义理论为指导,认真学习老一代革命家和以江泽民同志为核心的第三代领导人有关人民政协的论述,学习全国政协八届五次会议和八届第21次常委会议的精神,认真学习李瑞环主席关于政协机关工作的指示,总结交流新时期政协秘书工作在为委员履行职能做好服务、推进规范化、制度化建设等方面的经验和体会,促进人民政协工作再上新台阶。梁金泉向与会同志介绍了全国政协办公厅秘书工作的实践经验和认识体会,并就新时期人民政协秘书工作的主要职责和任务作了具体阐述。他在讲话中还强调要建设一支高素质的秘书工作队伍,使新时期人民政协的秘书工作不断得到提高。会议期间,与会人员根据会议的指导思想,围绕钱副主席的重要讲话和梁副秘书长的主题报告进行讨论和交流,就正确认识政协秘书工作的特点和规律、加强秘书工作队伍建设、发挥参谋助手作用、搞好综合协调、提高会务工作质量、组织委员视察以及做好机要保密、公文处理、档案工作、办公现代化建设等方面的工作经验,并对全国政协办公厅的工作提出了一些意见和建议。闭幕会上,朱训秘书长作了总结讲话。他说,这次会议总结出不少有益的经验,其中不乏对今后工作有指导意义的重要建议和意见。他强调,秘书工作是一个不断实践、不断总结、永无止境的过程,并希望多加强各级政协之间的团结协作,多加强同各界政协委员的团结协作,为完成政协履行职能的各项工作,为迎接和贯彻党的十五大,作出新的成绩。

(薛奋飞 编写)

【机关干部人事工作】

职位分类与人员过渡工作 按照中央批准的《全国政协机关参照〈国家公务员暂行条例〉管理实施办法》的实施步骤和要求,在前两年完成的机关工作人员领导职务与非领导职务设置、行政职务与级别对应分级、组织机关工作人员进行全员过渡培训考试和年度考核等工作的基础上,拟定了《政协全国委员会机关职位分类工作方案》和《政协全国委员会机关人员过渡工作方案》,于1997年底全面完成了机关工作人员职位分类和人员过渡工作。至此,全国政协机关参照试行国家公务员制度管理“入轨”工作基本完成。

职位分类工作，是机关工作人员参照试行国家公务员制度管理的重要的基础性工作。职位分类是在机关机构改革落实“三定”方案的基础上，按照内设机构和编制配置，逐一设置相应的工作职位，制定职位说明书。机关共设置参照管理职位321个，其中，局级领导职位37个，处级领导职位104个；编写职位说明书380份，使每个职位在工作项目、工作概述、工作标准和所需的任职资格条件等方面有了明确的要求。职位说明书的制定，有效地规范了机关工作人员的管理程序，也为工作人员的补充、录用、考核、培训、奖惩和晋升提供了依据。

人员过渡工作，在职位分类工作的基础上，在核定的编制限额内，根据职位所需资格条件，坚持德才兼备的原则，对现有在岗干部以局、处为单位，进行民主评议考核，人事局审核后报机关党组审批。共有298人批准过渡，实施参照公务员制度管理。参照试行国家公务员制度管理，有力地促进了机关干部队伍建设。

（王普庆　编写）

【中共全国政协机关委员会的工作】

1997年，机关党委在中直工委领导和机关党组指导下，认真贯彻落实十五大精神和江泽民总书记关于“讲学习、讲政治、讲正气”等重要指示，围绕政协机关的中心任务，从实际出发，组织开展了如下工作和活动。

一、深入开展“双学”和“三讲”教育等活动

年初，对前两年“双学”情况进行了总结检查，并结合新形势和机关实际，继续开展了学习邓小平理论和党章活动。邓小平同志逝世后，及时组织学习中央关于缅怀小平同志的三篇重要文献，并重点学习了邓小平关于人民政协理论。八届全国人大五次会议和全国政协八届五次会议结束后，及时组织学习“两会”精神，认真贯彻落实李瑞环主席在政协八届五次大会上的讲话要求。4月至6月开展了迎接香港回归系列庆祝活动，即中国近代史系列报告会、“全国政协机关迎香港回归书画、摄影、征文展”、“洗雪百年国耻，喜庆香港回归青年座谈会”等。

7月下旬至9月上旬，在处以上党员领导干部中开展了以“讲学习、讲政治、讲正气”为主要内容的党性党风教育活动。

一年来，机关中心学习组先后围绕缅怀邓小平同志的三篇重要文献、江泽民总书记5月29日在中央党校的讲话、“三讲”和十五大精神，带头进行了四次学习讨论。机关党委做好有关服务工作，并及时向各总支、支部通报学习情况，传达领导讲话，并举办了首次机关中心组理论学习成果展。

二、认真宣传、学习和贯彻党的十五大精神

党的十五大召开后，及时传达会议精神并下发了《关于认真学习贯彻党的十五大精神的通知》，组织各总支、支部采取多种形式学习。11月召开机关学习十五大精神体会交流会。会后举办了机关学习十五大精神体会文章展览。

三、切实抓好党的组织工作

年初，根据中直工委的统一部署，采取自下而上推荐提名、上下结合、反复酝酿的办法，推选出朱训、王巨禄、伊丽苏娅3位同志为全国政协机关出席党的十五大代表候选人；4月，召开了中共全国政协机关党代表会议，选举出6位同志为全国政协机关出席中直机关党代表会议的代表；在中直机关党代表会议上，机关推选的3位候选人全部当选为十五大代表。

召开了卸任支部书记、支部组织委员、

宣传委员座谈会。印发《党支部工作手册》给各支部。8月，举办暑期支部书记、局长学习班，就江泽民总书记“5·29”讲话、“三讲”、中纪委八次会议精神和加强领导班子建设等专题进行了学习讨论。召开了部分支部发展党员工作座谈会。举办了有22位入党积极分子参加的党员发展对象培训班。全年共发展党员17名。

1月、7月和12月，先后三次召开民主党派成员座谈会，加强了同政协机关各民主党派组织及成员的联系。

四、组织学习、贯彻中纪委八次会议精神，认真做好党的纪律检查工作

中纪委八次全会后，及时组织学习文件精神，并下发了《关于学习江泽民同志重要讲话及六部法规和召开领导干部廉洁自律专题民主生活会的通知》，组织各总支、支部围绕遵守政治纪律和廉洁从政的执行情况，召开了专题民主生活会。全国纪检监察系统电视电话会议后，及时传达贯彻会议精神。在党组的统一领导下，协助制订《政协全国委员会办公厅关于严格控制各种会议和庆祝纪念活动的暂行规定》、《政协全国委员会办公厅关于严格经费和通讯设施管理的暂行规定》。对群众来信来访所反映的问题进行了妥善处理，查处了个别人的违纪行为。

五、指导、支持工青妇组织在文明机关建设中发挥作用

加强对工青妇等群众组织的领导，支持工青妇等群众组织开展了“天天一小时”跨世纪青年读书活动、“政协青年系列知识讲座”、“五好文明家庭”创建活动、机关女职工家庭美德讲演会；机关第三届职工运动会等。

（李艳华　编写）

【机关精神文明建设委员会的工作】

1997年是机关精神文明建设委员会成立后开展工作的第一年。一年里，机关精神文明建设委员会在中直机关精神文明建设委员会的领导和政协机关党组的指导下，围绕全党工作大局和机关中心工作，以创建文明机关活动为主要载体，大力弘扬政协工作者“敬业、服务、协作、务实、创新”五种精神，努力提高工作人员整体素质，开展了如下工作：

一、组织开展了政协八届五次会议文明创建活动

政协八届五次大会前，机关精神文明建设委员会提出《关于在政协八届五次会议期间开展文明创建活动的意见》，经机关党组批准后，在大会期间开展了以“树文明新风，创优质服务”为主题的大会文明创建活动，并及时通过《工作简报》对各大组开展文明创建活动的措施办法和涌现出的好人好事进行了报道、交流。会后，大会秘书处和机关精神文明建设委员会联合召开总结表彰会，对46个大会文明集体和297个大会文明标兵进行了表彰。

二、深入开展创建文明机关活动

继1996年机关党组作出《关于开展创建文明机关活动的决定》后，制订了《关于继续把创建文明机关活动引向深入的意见》，提出“提高认识、突破难点，加强基层，狠抓服务，提高素质”的整体工作思路。向机关全体工作人员发放了《全国政协机关开展创建文明机关活动有关文件和讲话汇编》，分别听取了机关18个局级单位开展文明创建活动情况的汇报，并通过《工作简报》进行了交流。年初制订并颁布试行了《全国政协机关工作人员文明守则》（试行），主要包括“上班开会准时；遇事马上就办；维护公共秩序；坚持为政清廉；讲究仪表举止；用语文明规范；搞好环境卫生；待客礼貌周全；爱护公共物品；养成节俭习惯”等十条内容。

三、举办了“政协在我心中”演讲比赛

9月至12月组织开展了“政协在我心

中”演讲比赛活动。许多单位都是全体动员、广泛参与。最后，20余人参加预赛，有14人参加决赛，机关领导、干部和职工300多人到场聆听。赛后，还印发了《“政协在我心中”演讲集》，许多人发感慨说，此次活动的效果和影响是始料不及的。

（李艳华　编写）

【后勤工作】

人民政协后勤工作经验交流会　1997年11月11日至14日在京召开。各省、自治区、直辖市和各副省级市政协后勤部门的负责人，各民主党派中央办公厅负责人，全国政协机关事务管理局、机关 服务局、中协服务开发中心的局、处级干部及机关部分局处的负责人170人出席了会议。李瑞环主席接见了与会代表，并作了重要讲话。开幕会由朱训秘书长主持，杨汝岱副主席出席开幕会并讲话，赵喜明副秘书长作主题报告。朱训秘书长在闭幕会上作了总结报告。会议进行一天大会交流，有14位同志做了发言；进行了一天小组讨论，半天专题讨论。国务院事务管理局、中直管理局和机关事务工作协会的负责同志到会祝贺。会议认为，在邓小平理论指导下，政协的后勤工作取得了显著成绩。后勤服务质量和后勤管理水平有明显提高，制度建设有新的进展，后勤改革取得了初步成果，职工素质不断提高，后勤经济有所发展，精神文明建设和党的建设得到加强。同时，政协的后勤工作和后勤改革还存在不少问题和困难，这些问题和困难只有在不断地改革过程中才能逐步加以解决。

（孔　梅　编写）

报刊社论、专题报道

丰碑永铸 伟业长存

《人民政协报》社论

邓小平同志逝世的噩耗传开,长城内外,大江南北,举国同哀。几天来,人民政协各级组织和广大委员,各民主党派、无党派爱国人士、各人民团体和各族各界人士,怀着无尽的哀思,深切悼念这位深受全党全军全国各族人民爱戴的卓越领导人,缅怀他伟大光辉的一生,追思他为中国人民建立的丰功伟绩。"继承小平同志的遗志,推进振兴中华、统一祖国的大业",已成为广大政协委员的共同心愿和自觉行动。

邓小平同志在70多年波澜壮阔的革命生涯中,把自己的一切都献给了党和人民,献给了社会主义和共产主义事业。他为中国新民主主义革命的胜利和新中国的成立,为中国社会主义的创建、巩固和发展,建立了永不磨灭的功勋,在中国革命和建设的各个历史时期,都作出了彪炳史册的巨大贡献。党的十一届三中全会以来,邓小平同志以开辟社会主义建设新道路的巨大政治勇气和开拓马克思主义新境界的巨大理论勇气,领导全党和全国人民实现了举世瞩目的历史大转折,成功地找到了中国实现社会主义现代化的正确道路,创立了建设有中国特色社会主义的理论。在不到20年的时间里,我们之所以能从"文化大革命"造成的深重灾难中重新奋起,我国的改革开放和现代化建设之所以能取得如此辉煌的成就,我国人民的生活之所以能有如此明显的提高,祖国统一大业之所以能取得如此伟大的历史性进展,我们的国家之所以能经受住国际风云变幻的严峻考验而巍然屹立于世界东方,一句话,我们的国家之所以有今天这样生机勃勃的崭新局面和社会主义现代化的光明前景,都是建设有中国特色社会主义理论指引的结果,都和邓小平这一光辉的名字紧紧连在一起。想想我们在社会主义建设中历经的艰辛探索,想想社会主义在有些国家遭到的严重挫折,再看看我们18年所取得的巨大成就,怎能不让人更加怀念我们敬爱的小平同志!邓小平同志的伟大功绩,将与日月同辉,与山河同在,永远铭记在全国各族人民心中。

邓小平同志是新时期人民政协事业的奠基人。他在以非凡的气度和胆识探索中国社会主义现代化建设发展道路、构建有中国特色社会主义理论大厦的同时,对于在新的历史条件下恢复和发展人民政协工作,制定和确立新时期人民政协的理论、方针、政策,起了决定性作用。邓小平同志历来重视人民政协事业,特别是担任政协第五届全国委员会主席以来,他拨乱反正,开拓创新,对新时期人民政协提出一系列具有重大指导意义的思想观点。他科学地分析了我国社会阶级状况的根本变化,提出新时期统一战线已成为全体社会主义劳动者、拥护社会主义的爱国者和拥护祖国统一的爱国者的联盟,是最广泛的爱国统一战线；他深刻地总结了“文化大革命”的历史教训，提出没有民主就没有社会主义，指出人民政协是我国政治体制中发扬社会主义民主的重要形式，应该在民主政治建设中发挥重要作用；他进一步阐明了统一战线的本质是团结大多数，提出新时期人民政协的任务就是要团结一切可以团结的力量，为维护和发展安定团结的政治局面服务，为改革开放和社会主义现代化建设服务；他亲自主持修订了人民政协章程，明确规定了人民政协的性质和主要职能，指出在中国共产党领导下实行多党派的合作，这是我国具体历史条件和现实条件所决定的，也是我国政治制度中的一个特点和优点；他十分重视同党外人士的合作共事，提出一定要坚持“长期共存、互相监督、肝胆相照、荣辱与共”的方针，加强同各民主党派、无党派民主人士和一切爱国的党外朋友们的合作；他反复强调中国共产党对人民政协的领导，指出共产党的领导是人民政协在我国政治生活中正确发挥作用的根本保证，也是我们所实行的社会主义民主区别于西方议会民主的主要标志，并把“热爱中华人民共和国，拥护中国共产党的领导和拥护社会主义事业”确定为人民政协的政治基础；他注重从发展战略的高度思考人民政协的地位和前景，提出人民政协“前程远大，大有可为”。邓小平同志对人民政协的一系列重要论述，是他创立的建设有中国特色社会主义理论的重要组成部分，是新时期人民政协工作的理论基础、政策依据和科学指南。我们永远不会忘记，有多少历经磨难的党外民主人士在他的亲切关怀下得到彻底平反，获得政治上的新生；有多少次他同民主党派领导人和无党派人士坦诚交谈，共商国是；又有多少日日夜夜他殚精竭虑，呕心沥血，为巩固与扩大新时期的爱国统一战线辛勤操劳。政协第八届全国委员会的工作之所以在许多方面取得重大进展，呈现出生动活跃的可喜局面，最根本的就是坚定、全面地贯彻了小平同志关于新时期政协工作的理论、方针和政策。我们相信，新时期的人民政协事业，有邓小平同志的开创奠基，有邓小平同志的理论指导，必将与时俱进，焕发新的生机，取得新的业绩。

邓小平同志在全党全军全国各族人民心中享有崇高的威望。他的逝世，对中华民族和12亿中国人民是不可估量的损失。在这无比悲痛时刻，我们感到欣慰的是，以江泽民同志为核心的党中央高举邓小平建设有中国特色社会主义理论的旗帜，领导全国人民奋力开拓，不断取得经济和社会发展的重大新成就。伟大的中华民族，伟大的社会主义中国，前途光明，充满希望！我们深切悼念敬爱的邓小平同志，就要积极响应党中央的号召：化悲痛为力量，继承邓小平同志的遗志，以更加努力地做好各方面工作的实际行动，来表达我们的悼念。我们要更加自觉地高举邓小平建设有中国特色社会主义理论的旗帜，毫不动摇地坚持党的基本路线，坚持以经济建设为中心，坚持改革开放，坚持四项基本原则，战胜各种困难，经受住各种风险，胜利地达到我们的目的地。我们要始终不渝地坚持和完善中国共产党领导的多党合作和政治协商制度，巩固各党派、各团体和各族各界人士的团结，努力开创人民政协工作的新局面。我们要在以江泽民同志为核心的中共中央坚强领导下，同心同德，群策群力，满怀信心地实现邓小平同志为我们规划的战略宏图，把邓小平同志开创的社会主义改革开放和现代化建设的伟大事业继续推向前进！

敬爱的邓小平同志永远活在我们心中！

（1997年2月24日《人民政协报》）

发展大团结 实现大目标

——祝贺全国政协八届五次会议开幕

《人民日报》社论

今天,中国人民政治协商会议第八届全国委员会第五次会议在北京开幕。

此时此刻,我们深切怀念新时期统一战线和人民政协工作的开创者、我国各族人民敬爱的邓小平同志。1978年,在全国政协五届一次会议上,邓小平同志当选十年浩劫后第一任全国政协主席。他为恢复人民政协的工作,建立和发展新时期的统一战线,做出了重大贡献。他科学地分析了党的十一届三中全会实现伟大历史转折以后的新形势,指出:我们的国家进入了以实现四个现代化为中心任务的新的历史时期,我们的革命统一战线也进入了一个新的历史发展阶段。他对新时期统一战线和人民政协的性质、地位、作用、任务以及各方面的方针政策,作出了一系列科学的深刻的论述。这些重要论述,继承和发展了马列主义、毛泽东思想关于统一战线的理论,是建设有中国特色社会主义理论的重要组成部分。改革开放18年来,我们的统一战线之所以不断发展壮大,我们的人民政协工作之所以成绩斐然,是同邓小平同志的英明指导分不开的。悼念邓小平同志,就要更好地学习他关于新时期统一战线的理论,更好地坚持中国共产党领导的多党合作和政治协商制度,更好地发挥人民政协在我国政治生活中的重要作用。

全国政协八届一次会议以来,在邓小平同志建设有中国特色社会主义理论的指引下,在以江泽民同志为核心的党中央领导下,人民政协积极推进政治协商、民主监督和参政议政的规范化、制度化,围绕中心,服务大局,选准角度,发挥优势,开展了多方面的工作,迈出了新的步伐。几年来,人民政协为社会主义经济建设,为深化改革、扩大开放,为加强民主法制建设和精神文明建设;为加强同台港澳同胞、海外侨胞的联系,促进祖国和平统一大业;为加强同世界各国的友好交往,增进同各国人民的友谊;为"八五"计划的胜利完成,为跨世纪宏伟蓝图的制定,为"九五"计划第一年初战告捷,都发挥了重要的作用,显示出独特的优势和旺盛的活力。事实有力地证明,只要坚持以邓小平同志关于新时期统一战线的理论为指导,兢兢业业,求实创新,人民政协这个中国共产党领导的多党合作和政治协商的重要机构,就能够为建设有中国特色社会主义的伟大事业不断增添新的光彩。

今年,我国政府将对香港恢复行使主权,中国共产党将召开第十五次全国代表大会。这是我国发展史上具有重要意义的两件大事。为迎接两件大事,人民政协大有可为。由各党派、各团体、各族各界人士组成的人民政协,在组织上具有最广泛的代表性,在政治上具有最大的包容性,是大联合的象征。发挥这一优长,集思广益,群策群力,多做有利于团结的工作,积极促进海内外中华儿女的大团结大联合,就能够为办好两件大事创造良好的条件、营造祥和的氛围。围绕大目标,建立大联合,发展大团结,是邓小平新时期统一战线思想的核心内容。邓小平同志明确提出,在新的历史时期,我国的统一战线具有空前的广泛性,要调动一切积极因素,团结一切可以团结的力量,把一切能够联合的都联合起来,为把我国建设成为现代化的社会主义强国,完成祖国统一大业而共同奋斗。深刻理解、牢牢把握、切实贯彻这个核心内容,是做好政协工作,不断巩固发展新时期统一战线的关键所在。实现祖国统一、民族强盛,是空前艰巨伟大的事业,是海内外中华儿女的共同愿望。为了实现这个伟大目标,人民政协要更加卓有成效地开展工作,最大限度地把一切可以团结、可以联合的力量都团结起来、联合起来,组成浩浩荡荡的队伍,形成千军万马共创大业的振奋人心的局面。

"团结起来开好会议,开好会议促进团结。"我们相信,在全体委员的共同努力下,这次会议一定能够开成民主、求实、团结、鼓劲的会议,达到预期的目的。预祝会议圆满成功!

(1997年2月27日《人民日报》)

同心同德　再谱新篇

——祝贺全国政协八届五次会议隆重开幕

《人民政协报》社论

中国人民政治协商会议第八届全国委员会第五次会议,今天在京隆重开幕!我们预祝大会圆满成功!

这次大会是在我国改革开放和社会主义现代化建设事业取得巨大成就,人民政协工作取得新的进展的形势下召开的。1996年,是我国在实现跨世纪宏伟目标的进程中阔步前进的一年。国民经济继续保持快速健康发展的良好势头,社会主义精神文明建设深入发展,社会主义民主法制建设取得明显进步。当前,我国政治稳定,经济繁荣,民族团结,社会进步,各项事业呈现出蓬勃生机。这是在邓小平建设有中国特色社会主义理论的指引下,以江泽民同志为核心的中共中央带领全国各族人民团结奋斗的结果。过去的一年,政协工作认真落实八届四次会议确定的工作方针,在政协各参加单位与全体委员的共同努力下,紧紧围绕党和国家的中心工作,选好角度,发挥优势,建言献策,为建设有中国特色社会主义伟大事业做出了积极贡献。

今年是我国历史发展的重要一年。我国将恢复对香港行使主权,迈出统一祖国的重要一步;中国共产党将召开第十五次全国代表大会,把建设有中国特色社会主义的伟大事业向新世纪全面推进。这是举世瞩目的两件大事。同时,我们还要为政协全国委员会换届做好准备。开好这次大会,对于做好今年的政协工作,更好地发挥政协团结各界、协商问题、听取意见、协调关系的作用,巩固和发展全国各族人民以巨大努力赢得的大好形势,促进办好今年的两件大事,都具有十分重要的意义。

这次会议开幕前夕,敬爱的邓小平同志离我们而去。邓小平同志是我国社会主义改革开放和现代化建设的总设计师,是新时期人民政协事业的奠基人。邓小平同志创立的建设有中国特色社会主义理论,是当代中国发展了的马克思主义,是全党全军全国各项工作的根本指针,是指引我国社会主义现代化建设事业不断取得胜利的光辉旗帜。他对新时期的人民政协提出的一系列重要思想,是新时期人民政协的理论基础、政策依据和科学指南。我们要深入学习邓小平建设有中国特色社会主义理论,学习邓小平同志关于新时期统一战线和人民政协工作的论述,以邓小平同志的理论为指导,开好大会,做好工作,把邓小平同志开创的新时期人民政协的伟大事业继续推向前进。

民主、求实、团结、鼓劲,是开好政协会议的指导方针。参加这次会议的广大政协委员表现出很高的参政议政积极性,在会前已经作了认真的准备。我们相信,与会委员一定会以高度的政治责任感,服从和服务于全党全国工作的大局,积极履行政协委员的职责,为"九五"计划和2010年远景目标的顺利实施,为落实中共中央关于加强社会主义精神文明建设若干重要问题的决定,发扬民主,畅所欲言,献计献策。同时,通过协商讨论,增进共识,为发展团结稳定的政治局面作出积极努力。团结起来开好大会,开好大会促进团结。

本次大会是八届政协最后一次例会。政协八届一次会议以来,在以江泽民同志为核心的中共中央领导下,在李瑞环主席的主持下,人民政协工作有了长足进步。同时,在如何更好地坚持共产党领导的多党合作和政治协商制度,如何推进履行政治协商、民主监督、参政议政职能的规范化、制度化,如何加强政协自身建设等方面,积累了丰富的经验。这些经验是人民政协工作的宝贵财富。我们要通过这次大会,认真加以总结,推动政协工作不断向前发展。

"铁马金戈催战鼓,满怀信心启新程"。在新的一年里,我们的任务更为艰巨,责任更加重大。让我们更加紧密地团结在以江泽民同志为核心的中共中央周围,高举邓小平建设有中国特色社会主义理论的旗帜,坚持党的基本路线,同心同德,振奋精神,扎实工作,稳中求进,以实际行动迎接中国共产党第十五次全国代表大会的胜利召开,为统一祖国、振兴中华,把我国建设成为富强、民主、文明的社会主义现代化国家做出新的贡献!

(1997年2月27日《人民政协报》)

同心同德　共创伟业

——祝贺八届全国人大五次会议、全国政协八届五次会议闭幕

《人民日报》社论

八届全国人大五次会议、全国政协八届五次会议完成了预定的各项议程,相继胜利闭幕。我们对"两会"的圆满成功表示热烈祝贺!

今年的"两会"是在敬爱的邓小平同志刚刚离开我们之后召开的。代表和委员们化悲痛为力量,以对国家对民族高度负责的精神,认真履行自己的神圣职责,使"两会"取得了丰硕成果。八届全国人大五次会议审议、批准了李鹏总理的政府工作报告,审查批准了1997年国民经济和社会发展计划及中央预算,审议通过了修订的《中华人民共和国刑法》、《中华人民共和国国防法》,通过了关于第九届全国人民代表大会代表名额和选举问题的决定、香港特别行政区选举第九届全国人大代表的办法、关于批准设立重庆直辖市的决定等一系列重要文件。全国政协八届五次会议积极发挥政治协商、民主监督、参政议政作用,集思广益,建言献计,为这些文件的制定做出了重要的贡献。"两会"取得的这些丰硕成果,对于促进社会主义经济建设、民主法制建设、国防建设和社会全面进步,对于保证香港平稳过渡、回归祖国,必将发挥重大的作用。"两会"的圆满成功,是一个鲜明的标志,表明全国各族人民有决心、有信心更紧密地团结在以江泽民同志为核心的党中央周围,把邓小平同志开创的建设有中国特色社会主义伟大事业胜利推向前进!

今年是实施"九五"计划和2010年远景目标纲要的第二年,我国政府将恢复对香港行使主权,中国共产党将召开第十五次全国代表大会,这是我们党和国家发展史上的盛事。我们要在去年"开局之年"取得成就的基础上,更好地坚持党的基本理论、基本路线、基本方针,把握大局,再接再厉,同心同德,开拓前进,办好两件大事,夺取社会主义改革开放和现代化建设的新胜利。

我们要全面落实政府工作报告提出的各项任务,切实推进经济体制和经济增长方式的转变,稳中求进,保持国民经济持续、快速、健康发展,促进社会全面进步。要保持宏观经济政策的连续性、稳定性和必要的灵活性,继续实行适度从紧的财政货币政策,控制物价上涨幅度;加强农业基础地位,加快改革特别是国有企业改革步伐,加大结构调整力度,积极开拓市场,提高对外开放水平;坚持"两手抓、两手都要硬"的方针,加强社会主义精神文明建设,努力开创各项工作的新局面。

我们要在党的领导下,坚定不移地推进依法治国、建设社会主义法制国家的进程。要进一步加强立法和执法监督,全面建立起社会主义市场经济所必需的法律体系,并严格依照宪法和法律的规定办事。对八届全国人大五次会议审议通过的修订的《刑法》和

《国防法》,我们一定要认真学习,广为宣传,坚决贯彻执行。我们要以《刑法》为武器,打击犯罪,保护人民,维护国家的统一和安全,维护社会秩序,维护人民民主专政的政权和社会主义制度。要通过贯彻执行《国防法》,加快国防现代化建设,保障改革开放和现代化建设顺利进行,保证国家的长治久安。

实现香港回归祖国,是一百多年来无数志士仁人奋斗牺牲的崇高目标,是海内外中华儿女的共同愿望。我们一定要按照业已确定的法律、步骤,有条不紊地做好过渡期最后百余天的各项准备工作,迎接香港按时回归,保持香港长期的稳定和繁荣。我们要抓住有利时机,更加努力工作,使"和平统一、一国两制"的方针更加深入人心,推进祖国统一大业。中国政府和中国人民有决心、有能力维护国家领土和主权的完整,决不允许把台湾从祖国分裂出去,任何分裂祖国的图谋都是注定要失败的!

人民代表大会制度是我国的根本政治制度。中国共产党领导的多党合作和政治协商制度是我国的基本政治制度。事实证明,坚持这两项重要政治制度,对于保证和促进建设有中国特色社会主义事业的胜利发展具有重大意义。今年是本届人大和本届政协工作的最后一年,我们相信,各级人大和各级政协一定能够再接再厉,奋发努力,更好地行使自己的权力,发挥自己的职能,为迎接两件大事、全面完成今年的各项任务做出积极的贡献,为明年全国人大和全国政协的换届创造良好的条件。

我们的事业是伟大的,我们的任务是艰巨的,我们的前途是光明的。在以江泽民同志为核心的党中央领导下,全党同志特别是各级领导干部更高地举起邓小平建设有中国特色社会主义理论的伟大旗帜,发扬密切联系群众和艰苦奋斗等优良作风,励精图治,勤政廉政,就一定能把全国各族人民更紧密地团结起来,为实现跨世纪的宏伟目标而奋斗!

(1997年3月13日《人民日报》)

同心承遗志　协力启新程

——祝贺全国政协八届五次会议胜利闭幕

《人民政协报》社论

中国人民政治协商会议第八届全国委员会第五次会议,经过全体委员的共同努力,完成了预定的各项议程,昨日在京胜利闭幕。我们热烈祝贺大会取得圆满成功!

这次大会是又一次民主、求实、团结、鼓劲的盛会。以江泽民同志为核心的中共中央第三代领导集体,不仅亲临大会祝贺,而且分别到驻地看望委员,参加小组讨论,与委员亲切交谈,共商国是。党和国家其他领导人,中共中央、国务院各部门的负责同志,也都频频与会,直接听取委员的意见和建议。广大政协委员不负人民的重托,坦诚建言,畅抒己见,提出了许多宝贵的意见和建议。大会的委员提案、书面发言数量之多,均创历史最高纪录。会议开得隆重热烈,生动活跃,富有成果,将对我国社会主义改革开放和现代化建设事业起到促进作用。所有这些,显示了我国政治的稳定和人民的团结,表明我国社会主义民主政治建设正在稳步推进,中国共产党领导的多党合作和政治协商制度充满生机和活力。

大会闭幕以后,委员们将回到各自岗位上去。如何学习宣传大会的精神,贯彻落实大会的决议,是大家共同关心的问题。“两会”期间,江泽民总书记的重要指示,李鹏总理的《政府工作报告》,李瑞环主席在政协闭幕会上的重要讲话,党和国家其他领导同志的重要讲话,科学地分析了当前我国面临的形势和任务,阐明了党与政府的方针和政策,提出了今年的工作部署和安排,同时对新形势下人民政协的工作提出了新的要求。我们要认真学习,深刻领会,准确把握,联系实际,把大会精神落到实处。

贯彻大会精神,就要深入学习邓小平同志的科学理论。邓小平建设有中国特色社会主义理论是马克思主义基本原理与中国实际和时代特征相结合的产物,是毛泽东思想的继承和发展,是中国共产党和全国人民最可宝贵的精神财富。悼念邓小平同志的重要文献,是我们学习邓小平同志光辉业绩、科学思想和革命风范的极好教材。在学习中,要特别注意领会和掌握邓小平同志分析问题、解决问题所持的马克思主义的立场、观点、方法。通过学习,更加自觉地坚持党的基本理论和基本路线不动摇,更加坚定地在思想上、政治上和行动上同以江泽民同志为核心的中共中央保持一致。

贯彻大会精神,就要围绕实施“九五”计划与2010年远景目标纲要和加强社会主义精神文明建设的决议,认真履行职能,继续调查研究,建言献策。叶选平副主席所作的常委会工作报告对今年参政议政的工作已提出了明确要求和部署。大会期间,委员们对加强农业基础地位、深化国有企业改革、减轻农民负担、加大扶贫力度、促进中西部地区发展、加强精神文明建设、深入开展反腐败斗争、搞好社会治安综合治理等问题,提出了一批很好的意见和建议。但这些问题的解决要有个过程,有相当的难度,而且新情况、新问题会不断出现。因此,各级政协组织和广大政协委员要以对人民高度负责的精神,从本界别、本地区的实际情况出发,选择其中一个或几个问题,继续进行深入系统的调查研究,进一步提出和完善解决上述问题的方案、办法、措施,以促进经济健康发展和社会全面进步。

贯彻大会精神,就要发挥政协优势,努力维护团结稳定的社会政治局面。人民政协是大团结的象征,团结是政协工作的一个主题。我们要按照中共中央的要求,更好地团结各界,协商问题,听取意见,协调关系,为巩固和发展团结稳定的大好局面发挥应有的作用。特别是对当前存在的妨碍团结、影响稳定的因素,要及时了解和反映,主动协助党和政府作好化解矛盾、理顺情绪、增进团结、促进稳定的工作。各民主党派、各人民团体和各族各界人士要做好自己所联系的那部分群众的思想工作,引导他们顾全大局,自觉维护安定团结。要努力促进爱国统一战线的不断发展,推动海内外全体中华儿女的大团结、大联合。

贯彻大会精神,就要认真总结经验,不断提高政协工作水平。全国政协八届一次会议以来,在以江泽民同志为核心的中共中央领导下,在李瑞环主席的主持下,经过全体委员的努力,人民政协工作取得了多方面的进展,积累了丰富的新鲜经验。总结好和运用好这些经验,有利于政协工作不断适应新形势,取得新进展。邓小平同志对人民政协的一系列重要论述,是他创立的建设有中国特色社会主义理论的重要组成部分,是新时期人民政协工作的理论基础、政策依据和科学指南。在总结经验过程中,我们要重温和牢牢掌握这些理论。要遵循邓小平同志倡导的解放思想、实事求是、实践是检验真理的唯一标准这一思想路线,把总结经验同促进政协工作紧密结合起来,边总结、边实践,边提高,在实践——总结——再实践——再总结的循环往复中,使人民政协的工作更加生动活泼,更有实效。

贯彻大会精神,就要振奋精神,埋头苦干。我们的奋斗目标已经确定,大政方针已经明确,关键是抓紧时间,埋头苦干。面对宏伟而艰巨的任务,不仅党政机关需要埋头苦干,政协组织也必须大力提倡这种精神状态和工作作风。各地方、各单位情况千差万别,推进政治协商、民主监督、参政议政,做好政协的各项工作,必须艰苦奋斗,奋发进取;必须精心准备,精心组织;必须严格要求,一丝不苟;必须不怕困难,锲而不舍。那种无所作为、不思进取的消极态度,只图形式、不计效果的浮躁作风,都是同政协的新形势、新任务不相适应的,都是应当坚决克服的。“积力之所举,则无不胜也;众智之所为,则无不成也。”今年我国将恢复对香港行使主权,中国共产党将召开第十五次全国代表大会。这两件大事关系全局,举世瞩目,意义深远。全国政协还要为换届作准备。新的形势、新的使命,向人民政协提出了更高的要求。让我们坚定不移地高举邓小平建设有中国特色社会主义理论的伟大旗帜,坚定不移地执行党的基本路线,更加紧密地团结在以江泽民同志为核心的中共中央周围,坚持和完善中国共产党领导的多党合作和政治协商制度,切实履行政协职能,为完成这次大会提出的各项任务,为把我国建设成为富强、民主、文明的社会主义现代化国家而努力奋斗。

(1997年3月13日《人民政协报》)

喜庆香港回归　共创美好未来

《人民政协报》社论

公元1997年7月1日,是中国历史上一个具有特殊纪念意义的日子。

从今天起,我国恢复对香港行使主权;今天,又是中国共产党诞生76周年纪念日。历史把香港回归和中国共产党诞生日重合在一起,既是历史的巧合,又是历史的必然。没有共产党就没有新中国的建立,历史已经作出了结论;没有共产党就没有香港的顺利回归,历史也同样作出了结论!

华夏今圆归璧梦,红星普照紫荆花。中国的各党派、各人民团体及各族各界代表人士,在同全国人民一道欢庆的日子里,热烈祝贺伟大的中国共产党诞生76周年!衷心祝愿伟大的祖国更加繁荣富强!祝愿祖国的东方明珠更加璀璨夺目!

在喜庆香港回归、百年耻辱得以洗雪的时刻,我们更加怀念敬爱的邓小平同志。新中国建立前后,毛泽东、周恩来等第一代领导人十分关心香港的前途,关怀香港同胞,先后提出了一系列解决香港问题的战略决策。邓小平同志作为第二代中央领导集体的核心,为完成祖国统一大业,创造性地提出了"一国两制"的伟大构想,并为实现这一伟大构想作出了一系列英明的决策,终于使香港顺利、平稳地回到祖国的怀抱,实现了中国人民百年来梦寐以求的夙愿。江泽民总书记说过,历史上遗留下来的香港问题和澳门问题,能够以这样一种和平方式顺利解决,关键是我们坚决执行了邓小平同志亲自确定的方针政策。邓小平同志生前最大的愿望就是亲眼看到香港回归,到香港的土地上走一走。虽然他没能等到这一天,但是,他的心是永远和祖国人民、香港同胞的心连在一起的。邓小平同志为香港回归和实现祖国统一所建立的丰功伟绩,永远镌刻在中华民族的历史丰碑上。

香港回归祖国,有力地证明了中国共产党是一个伟大、光荣、正确的党。香港从被迫割让到回归祖国,这一百多年的历史再次告诉我们,贫穷落后就要挨打,就要丧权辱国;只有在中国共产党的领导下,坚定不移地走建设有中国特色的社会主义道路,我国的现代化建设才能蓬勃发展,综合国力才能大大增强,国际地位才能迅速提高,才能维护国家的主权和民族的尊严,才能自立于世界民族之林。

香港顺利回归谱写了一部雄伟的爱国主义乐章。为了这一天,无数中华儿女进行了不屈不挠、矢志不渝的斗争,香港同胞和内地人民同根同祖,血脉相连,风雨同舟,共御外侮。无论是在我国新民主主义革命还是社会主义建设时期,香港同胞对祖国都怀着无限的向往,都表现出爱国报国的拳拳之心。正是这种爱国主义精神,把香港的命运同祖国的命运紧密联系在一起。在爱国爱港的旗帜下,广大香港同胞积极拥护"一国两制"、"港人治港"、高度自治的方针,积极支持香港回归和平稳过渡,对保持香港的稳定和繁荣作出了宝贵贡献。香港地区的政协委员以高度的历史责任感,切实履行职责,团结各界人士,对促进香港顺利回归和平稳过渡发挥了重要的作用。我们相信,香港回归后,广大香港同胞和香港地区政协委员、各界代表人士一定会继续发扬爱国主义光荣传统,认真贯彻、执行《基本法》,创造香港更加美好的未来。

当前,我们的国家和民族正处于世纪交替的重要历史时期,面临着新的机遇和挑战。在实现跨世纪宏伟目标的伟大征程中,我国各族人民一定要坚定不移地高举邓小平同志建设有中国特色社会主义的旗帜,坚定不移地团结在以江泽民同志为核心的中共中央周围。这是国家兴旺、民族振兴的根本所在,是把改革开放和社会主义现代化建设事业全面推向新世纪的根本所在。各级政协组织和广大委员要认清形势,服从大局,牢牢把握团结和民主两大主题,认真总结经验,切实履行职能,把新时期人民政协的伟大事业继续推向前进,为中国的完全统一,为中华民族的全面振兴做出更大的贡献。

神州大地,喜庆香港回归;中华儿女,共创美好未来。新的世纪在召唤着我们,新的目标在等待着我们。英姿勃发的中华儿女将同心同德,群策群力,奋发进取,去夺取新的胜利!

(1997 年 7 月 1 日《人民政协报》)

团结民主　再谱新篇
十四大以来人民政协工作生机勃勃

新华社北京8月31日电　党的十四大以来，以江泽民同志为核心的党中央坚持和发展中国共产党领导的多党合作和政治协商制度，加强和改善中国共产党对人民政协的领导，重视和发挥人民政协在团结各界、协商问题、听取意见、协调关系中的重要作用，使人民政协事业充满了生机和活力，使政协的各项工作取得了显著成绩和进展。

八届政协修改了政协章程，把参政议政列入主要职能，拓宽了政协工作的领域，参政议政列入政协的主要职能，有利于调动各方面的积极性，为各民主党派、无党派民主人士、各人民团体和各族各界代表人士评议国是、建言献策，提供了更多的机会和更灵活的形式。几年来，参政议政在实践中已成为各级政协最经常、最活跃、最有实效的工作领域之一。

八届政协制定了关于政治协商、民主监督、参政议政的规定，促进了政协工作的规范化制度化。与新修订的政协章程相衔接，全国政协进一步建立和完善了与之相配套的各项工作制度，其中最重要的是1995年制定的《政协全国委员会关于政治协商、民主监督、参政议政的规定》。这个规定，进一步明确了政协履行职能的主要任务和基本方法。同时，还根据新形势的要求，修订了《政协全国委员会常务委员会工作规则》、《政协全国委员会提案工作条例》、《政协全国委员会专门委员会通则》，制定了《政协全国委员会秘书长副秘书长工作规则》、《全国政协办公厅关于全国政协委员视察工作的暂行规定》等。各级地方政协也都把推进政协工作的规范化制度化作为本届政协的一项重要任务来抓。为落实《政协全国委员会关于政治协商、民主监督、参政议政的规定》，各省、自治区、直辖市以及副省级市都结合当地实际情况，制定了相应的实施细则，建立了相关的工作制度。

八届政协开辟了反映社情民意这一新的工作渠道，为党和政府了解实际情况、体察群众情绪发挥了桥梁作用。在李瑞环主席的积极倡导下，全国政协常委会把了解和反映社情民意作为一项重要的经常性工作认真开展起来，号召每个政协委员每年至少提一条建议、反映一条信息。全国政协办公厅创办了《政协信息》刊物，设置了语音信箱，建立了信息工作机构。各地政协同样积极开展了反映社情民意的工作，形成覆盖全国的政协信息网络。从1993年至今年政协大会期间，各级政协委员、各级政协组织、各民主党派中央以及其他单位共反映各类信息3 597条，采用1 818条。《政协信息》反映的情况和问题受到有关方面的高度重视，党和国家领导人及中央各部委、各省市的领导同志先后作出批示达100多人次。

八届政协围绕党和国家的重大决策以及群众关心的问题调查研究，提出了许多重要的意见和建议。各级政协组织委员积极参政议政,就国家及地方经济建设和社会发展规划、社会主义精神文明建设、国有大中型企业改革、基础教育和环境保护等许多重大问题开展专题调研,进行考察、视察,提出提案、建议,为各级党政领导机关正确决策提供了重要的参考和支持。从全国政协的情况看,八届一次会议以来,共提出提案10 979件,其中各民主党派中央和全国工商联提出92件;组织视察团72个,参加视察的委员1 740人次,形成视察报告62份;在专题调研的基础上形成调查报告或专项建议160余件。所提意见和建议受到中共中央、国务院和有关部门的重视,许多被采纳。

八届政协扩大同海内外爱国人士的联系,推进了在统一祖国、振兴中华共同目标下的大团结大联合。人民政协是中国人民最广泛的爱国统一战线组织,目前县以上基层组织已达3 000多个,全国和各地方政协委员达50万余人。八届政协发挥政协联系面广的优势,在努力促进统一战线两个联盟和全体中华儿女大团结大联合的基础上,多领域、多形式、多渠道地开展了促进祖国统一活动,进一步加强了同台湾同胞、港澳同胞和海外侨胞的联系。5年来,共邀请接待了台港澳同胞及一些国家和地区的华侨华人团组80余个,促进了各方面的沟通和了解。

八届政协拓展对外友好交往活动,增进了同各国人民的相互了解和友谊。八届期间,全国政协共组织了45个团组出访73个国家,邀请了46个团组来访。截至1996年底,全国政协已同61个国家和国际组织的86个机构建立了联系开展了友好交往。全国政协还根据新的时代特点,积极探索对外交往的新形式。1996年9月成功举办了"展望二十一世纪论坛"首次会议,在国内外引起较大反响。

八届政协重视理论和政策研究,增强了工作的自觉性和主动性。本届政协坚持以邓小平建设有中国特色社会主义理论,特别是邓小平关于新时期人民政协的理论为指导,积极开展了理论政策研究。几年来,编印了《老一代革命家论人民政协》、《邓小平同志关于人民政协的重要论述》、《中共中央领导同志关于人民政协的重要论述》等一系列重要学习资料,并通过常委会议等形式组织了认真的学习和研究;结合新形势下政协工作的新情况、新问题,提出了政协工作必须遵循的一些基本原则和在新的历史条件下做好政协工作的基本思路;举办了两次全国性的理论研讨会,总结交流了各级政协理论研究的成果。

八届政协加强了机关建设,为政协开展工作提供了有效的服务。全国各级政协机关按照李瑞环主席提出的讲质量、讲效率、讲规范、讲协作和加强机关办公现代化建设的要求,以"搞好服务,当好参谋"为目标,全面加强机关建设,提高了机关干部队伍素质,改善了委员活动条件,提高了工作效率和为政协履行职能、开展活动服务的水平。

十四大以来,人民政协工作在取得显著成绩的同时,也形成了一些成功的经验。各级政协高举邓小平建设有中国特色社会主义理论的伟大旗帜,始终坚持正确的政治方向,保持政协固有的性质和特点,不比不套,坚持政协就是政协;始终坚持团结和民主两大主题,积极努力地多做团结统一工作,实事求是地推进民主政治建设;始终坚持围绕中心、服务大局、选好角度、发挥优势,做到尽职而不越位、帮忙而不添乱、切实而不表面,强调政协履行职能必须坚持中国共产党的领导,必须服从服务于国家的大局,必须注意从实际出发,必须加强同有关部门的配合;始终坚持依靠广大委员活跃和深化政协工作,重视政协组织的界别特点,尊重政协委员的民主权利,发挥专委会的基础作用;始终坚持实践和发展的观点,注重实践经验,加强全国政协同地方政协的联系,经常总结交流各地政协的好做法,用经验推动和指导工作。

目前,我国各民主党派、无党派民主人士、各人民团体和各族各界人士团结合作的政治基础不断巩固,人民政协的各项工作正在生机勃勃地向前发展。各级政协组织和广大政协委员决心在邓小平建设有中国特色社会主义理论指引下,在以江泽民同志为核心的党中央坚强领导下,同心同德,群策群力,开拓进取,扎实工作,以实际行动迎接党的十五大召开。

(1997年9月2日《人民日报》)

1997 年大事记

1月

1日

上午,全国政协在多功能厅举行新年茶话会。李瑞环主席主持。中共中央总书记、国家主席、中央军委主席江泽民发表重要讲话。党和国家领导人李鹏、乔石、朱镕基、刘华清、胡锦涛出席。民盟中央主席丁石孙代表各民主党派中央、全国工商联和无党派民主人士讲话。出席茶话会的还有丁关根、田纪云、李岚清、李铁映、杨白冰、姜春云、钱其琛、尉健行、温家宝、王汉斌、张震、张万年、迟浩田、任建新、倪志福、陈慕华、费孝通、雷洁琼、李锡铭、王丙乾、王光英、程思远、卢嘉锡、布赫、铁木尔·达瓦买提、吴阶平、宋健、李贵鲜、彭珮云、罗干、张思卿、吴学谦、杨汝岱、王兆国、洪学智、钱伟长、钱正英、丁光训、孙孚凌、朱光亚、万国权、何鲁丽等领导同志。全国政协原副主席刘澜涛、谷牧、马文瑞、王恩茂、汪锋等也应邀出席。朱训秘书长,副秘书长及在京常委,各民主党派中央、全国工商联负责人、无党派民主人士以及首都各族各界代表近400人参加。

6日

社会与法制委员会请公安部、文化部、国家工商局介绍扫除“黄、赌、毒”的情况。王厚德、关涛、俞雷、华联奎、巫昌祯副主任等出席。

外事委员会召开各工作小组组长会议,讨论各组1997年工作设想。钱李仁主任主持,李鹿野常务副主任等参加。

下午,钱正英副主席会见加拿大CIPM公司前总裁庄刚勇先生。

7日

上午,李瑞环主席,张道诚副秘书长到八宝山革命公墓大礼堂参加北京建工集团总公司党委书记罗文章同志遗体送别仪式。

经济委员会举行全体会议,讨论1996年工作总结和1997年工作计划。房维中主任主持。

社会与法制委员会请最高人民法院、最高人民检察院、司法部有关负责同志介绍扫除“黄、赌、毒”的情况。王厚德、关涛、俞雷、王庆淑、巫昌祯副主任等出席。

民族和宗教委员会召开座谈会,邀请部分七届政协民族界委员以及多年从事民族工作的老同志,征求对政协开展民族工作的意见和建议。常务副主任金鉴主持,卓加、陈欣副主任、张道诚副秘书长出席。

外事委员会赴福建专题调查组召开会议,讨论调查报告。李鹿野常务副主任主持,温业湛、钱嘉东、于洪亮、唐龙彬副主任等参加。

7日、8日

办公厅召开京外全国政协委员参加政协活动试点省、区、市座谈会。梁金泉副秘书长出席。天津市、河北省、内蒙古自治区政协办公厅负责同志参加。

8日

上午,吴学谦副主席在人民大会堂会见中国台北奥委会主席张丰绪先生。

社会与法制委员会请北京市公安局、市高级人民法院、市人民检察院、市工商行政管理局、市文化局有关负责同志介绍扫除“黄、赌、毒”的情况。王厚德、关涛、俞雷、王庆淑、华联奎副主任等出席。

下午，钱伟长副主席在友谊宾馆会见“台湾大专香港校友会总会”访京团。

万国权副主席在多功能厅会见并宴请香港地区全国政协委员高敬德和夫人。

9 日

下午，万国权副主席在接见厅会见并宴请香港“台湾大专香港校友会总会”访京团一行。张治副秘书长、台港澳侨联络委员会副主任杨斯德、郭平坦参加。

10 日

上午，社会与法制委员会举行迎春联谊茶话会。钱正英副主席，李赣骝、张道诚副秘书长，关涛、俞雷、华联奎、王文元、王仲方、王庆淑、康泠副主任，人口组副组长林佳楣、邬沧萍及各有关部委负责人约 100 人出席。常务副主任王厚德主持。

朱训秘书长主持召开第 35 次秘书长会议，主要议题为：研究政协第八届全国委员会第五次会议和常务委员会第 19 次会议的准备工作。朱作霖、张治、吴修平、王巨禄、梁金泉、郑万通、陈进玉、周干峙、李赣骝、朱元成、宋金升、罗豪才、陈益群、赵喜明、郑质英、张道诚副秘书长出席。

外事委员会对发展中国家工作小组召开会议，请外交部非洲司负责人介绍我国援外工作改革和对非洲工作情况。蒋光化副主任主持，凌青、温业湛副主任出席。

12 日

上午，李瑞环主席主持召开八届政协第 42 次主席会议。主要议题：一、审议政协全国委员会 1997 年工作要点（草案）；二、审议中国人民政治协商会议第八届全国委员会第五次会议的召开日期和议程（草案）；三、审议中国人民政治协商会议第八届全国委员会第五次会议秘书长、副秘书长和新闻发言人名单（草案）；四、审议中国人民政治协商会议第八届全国委员会常务委员会第 19 次会议议程（草案）和日程（草案）；五、审议政协第八届全国委员会常务委员会工作报告（草案）及报告人建议名单。叶选平、吴学谦、王兆国、洪学智、赵朴初、钱正英、孙孚凌、朱光亚、何鲁丽副主席，朱训秘书长出席。

14 日

上午，叶选平、吴学谦副主席听取朱训秘书长，朱作霖、赵喜明副秘书长工作情况汇报。

钱伟长副主席在中国美术馆出席“海峡两岸书画家作品展”开幕式。

经济委员会召开座谈会，讨论国有企业问题。房维中主任主持，李刚、程连昌、路明副主任出席。

社会与法制委员会召开部分委员会议，讨论《刑法》修改草案。王厚德、王庆淑副主任等出席，张道诚副秘书长主持。

15 日

上午，王兆国副主席在中央统战部接见人民政协报社有关负责同志，对政协报改为日报以来的工作给予充分肯定，并对进一步办好日报做了重要指示。

全国政协科教文卫体委员会、中国科学技术协会联合举行首都科技界新春茶话会。全国人大常委会副委员长雷洁琼，国务委员、国家科委主任宋健，全国政协副主席洪学智、钱伟长、钱正英、朱光亚，朱训秘书长，中央、国务院有关部委、各民主党派中央、全国工商联的负责同志以及首都科技界人士 400 余人参加。国务委员宋健、政协副主席钱伟长、中国科协副主席庄逢甘分别讲话。与会的 13 位科技界知名人士发言。李振声副主任主持。

张道诚副秘书长主持召开各民主党派中央、全国工商联秘书长会议，研究政协八届五次会议大会发言有关事宜，宋金升、陈益群副秘书长出席。

17日

孙孚凌副主席在广东汕头出席中国社会经济文化交流协会举办的“香港与内地文化关系研讨会”。

18日—25日

上午,以全国人大代表徐信、全国政协委员孙铁青为组长的联合视察组一行12人离京,就铁路路风建设和京九铁路开通运营情况进行视察。

20日

经济委员会举行座谈会,邀请部分委员就国有企业问题进行座谈。房维中主任主持。

经济委员会农业组举行会议,研究1997年农业问题工作安排。王郁昭副主任主持。

社会与法制委员会“反对公款吃喝玩乐”专题调查组召开会议,讨论本委提交八届五次大会的发言稿。吴庆彤副主任主持。

晚,吴学谦副主席在人民大会堂会见并宴请菲华商联总会访华团一行。王兆国、万国权副主席,朱训秘书长,张洽、梁金泉副秘书长,台港澳侨联络委员会副主任马庆雄、肖岗、罗豪才、陈白皋、郑鸿业等参加。

21日

经济委员会请中国人民银行行长戴相龙作“1996年金融基本情况和1997年金融工作要点”的报告。房维中主任主持。

下午,吴学谦、万国权副主席,朱训秘书长在人民大会堂陪同江泽民主席会见菲律宾菲华商联总会访华团主要成员。张洽副秘书长,台港澳侨联络委员会副主任马庆雄参加。

孙孚凌副主席在人民大会堂陪同江泽民主席会见瓦努阿图总理沃豪。

社会与法制委员会“扫除黄、赌、毒”专题调查组召开会议,讨论本委提交八届五次大会的发言稿。关涛、俞雷副主任出席。

21日—31日

钱伟长副主席应海南省政府科技厅邀请,对海南省科技进行考察。

23日

下午,钱正英副主席在人民大会堂出席接见全国优秀留学回国人员、留学工作先进单位、全国留学工作会议代表。

24日

上午,钱正英副主席主持召开社会与法制委员会主任会议,讨论本委提交五次大会的发言材料和1996年度工作总结、1997年度工作计划。

经济委员会举行全体会议,邀请国家计委副主任甘子玉介绍1996年我国宏观经济形势和1997年工作要点。赵维臣副主任主持,范康、阎颖、程连昌副主任出席。

民族和宗教委员会举办第一季度委员学习日活动,请国家民委政研室负责人介绍社会主义市场经济与民族问题。陈欣副主任主持,卓加副主任,张道诚副秘书长出席。

文史和学习委员会举行报告会,请北京市公安局领导作《北京市1996年严打成果和当前治安形势》的报告。

下午,万国权副主席,张洽副秘书长在北京饭店出席台盟中央、全国台联举办的“在京台胞新春同乐会”。

27日

万国权副主席出席文史和学习委员会举行的大型电视文献片《邓小平》专题座谈会并讲话。苏星常务副主任主持,黄森、叶至善、张楚琨、卢之超副主任,陈进玉副秘书长参加。

经济委员会举行形势报告会,邀请国家经贸委主任王忠禹介绍当前国有企业改革与发展情况。王郁昭副主任主持。

28日

上午,办公厅在多功能厅举行已故党

外全国政协委员、知名人士的夫人春节茶话会。全国人大常委会副委员长王光英、程思远、卢嘉锡,全国政协副主席王兆国、万国权出席,钱正英副主席讲话,朱训秘书长主持。朱作霖、赵伟之、吴修平、王巨禄、郑万通、陈进玉、周干峙、李赣骝、朱元成、罗豪才、陈益群、潘渊静、胡德平、赵喜明、郑质英、张道诚副秘书长等参加。

外事委员会对发展中国家工作小组听取进出口银行负责人介绍我国对发展中国家援助情况。蒋光化副主任主持,钱李仁主任等出席。

受国家土地管理局党组委托,刘文甲副局长一行来机关感谢全国政协对土地管理工作的关心和支持。张洽副秘书长代表办公厅接待客人并就有关工作情况交换意见。

29日

上午,吴学谦副主席,朱训秘书长在京西宾馆出席中共中央纪律检查委员会第八次全体会议。

经济委员会举行全体会议,王郁昭副主任传达中央农村工作会议精神。范康、李刚、阎颖副主任出席。

台港澳侨联络委员会组织委员参观台资企业——北京育青食品开发有限公司。

下午,民族和宗教委员会与中共中央统战部、全国人大民委、国家民委、北京市政府在人民大会堂联合举办"首都各民族人士迎春联欢会。王兆国副主席主持,全国人大常委会副委员长布赫讲话。全国人大常委会副委员长费孝通、程思远出席,金鉴、安士伟、卓加、陈欣、严克强,张声作副主任,郑万通,张道诚副秘书长等参加。

30日

上午,王兆国副主席代表全国政协党组和中共中央统战部看望何鲁丽副主席。张洽副秘书长陪同。

万国权副主席出席台港澳侨联络委员会与台湾研究会联合举行的纪念台湾人民"二·二八"起义五十周年研讨会。

信息中心邀请北京市部分区、县政协主席、秘书长座谈信息协作问题。朱训秘书长,朱作霖、陈进玉副秘书长会见到会人员。

台港澳侨联络委员会副主任杨斯德、贾亦斌、马庆雄等参加在人民大会堂举行的江泽民主席《为促进祖国统一大业的完成而继续奋斗》发表二周年座谈会。

下午,孙孚凌副主席,张道诚副秘书长在长城饭店出席北京市政协和市委统战部举行的统战系统各界人士联谊会。

民革中央主席何鲁丽,副主席彭清源、李赣骝,秘书长朱培康来政协机关祝贺春节并与秘书长朱训,副秘书长朱作霖、张洽、王巨禄、周干峙、赵喜明、郑质英进行交谈。

31日

上午,李瑞环主席到北京医院看望杨静仁、赵朴初副主席和方毅同志。朱训秘书长陪同。

万国权副主席在宴会厅会见并宴请香港地区全国政协委员廖自强、蔡德河一行。朱训秘书长、张洽副秘书长,台港澳侨联络委员会副主任杨斯德参加。

办公厅与中共中央统战部、国务院宗教事务局联合举办宗教界人士迎春茶话会。全国政协副主席赵朴初,副秘书长张道诚,国务院宗教事务局局长叶小文,全国政协民族和宗教委员会常务副主任金鉴、安士伟以及佛教、道教、伊斯兰教、天主教、基督教的负责人、法师、道长、主教等180余人出席。中共中央统战部副部长李德洙主持。

下午,王兆国副主席代表全国政协党组看望钱学森副主席,张洽副秘书长陪同。

台港澳侨联络委员会与全国人大华侨委员会、中国致公党中央委员会、中国侨联在人民大会堂联合举行侨界新春茶话会。全国人大常委会副委员长雷洁琼、王光英，全国政协副主席孙孚凌、万国权，副秘书长张洽，台港澳侨联络委员会副主任杨斯德、马庆雄、肖岗、罗豪才、陈白皋等出席。

朱训秘书长主持召开第36次秘书长会议。主要议题：研究政协第八届全国委员会第五次会议准备工作。

2月

2日

下午，朱作霖副秘书长代表李瑞环主席，朱训秘书长和办公厅在南京看望丁光训副主席并拜年。

3日

上午，朱光亚副主席代表全国政协党组看望钱伟长副主席及汪锋同志。赵喜明副秘书长陪同。

提案委员会召开座谈会，协商办理鲍奕珊等委员关于"调查'水变油'诈骗活动"提案。陈秉权副主任主持。

经济委员会举行全体会议，邀请财政部部长刘仲藜作"关于1996年财政收支情况及1997年财政工作安排"的报告。赵维臣副主任主持，王郁昭、李刚、程连昌副主任出席。

4日

上午，吴学谦副主席代表全国政协党组看望邓兆祥、胡绳副主席。朱作霖、赵喜明副秘书长陪同。

召开在京常委座谈会，讨论《政府工作报告(征求意见稿)》。朱训秘书长及在京常委出席。

5日

上午，江泽民总书记到北京医院看望杨静仁副主席。

机关举行春节团拜会。王兆国副主席代表全国政协领导、朱训秘书长代表办公厅向机关离退休老同志、机关干部职工及其家属致以节日的问候。吴学谦、孙孚凌、万国权副主席及驻会副秘书长出席。朱训秘书长主持。

6日

上午，李瑞环主席，吴学谦、王兆国、洪学智、钱伟长、孙孚凌、朱光亚、万国权、何鲁丽副主席，朱训秘书长，副秘书长和部分在京委员在人民大会堂出席春节团拜会。

9日

谭惕吾委员逝世。

13日

上午，经济委员会农产品流通组召开会议，讨论下阶段工作。谢华副主任出席。

经济委员会与北京市政协经济科技委员会在北京市政协举行新春联谊座谈会，交流1996年度工作情况和1997年度设想，并对北京市经济建设提出意见和建议。房维中主任，王郁昭、赵维臣、马仪、范康、谢华、经叔平、李刚、阎颖、程连昌、潘蓓蕾副主任，北京市政协主席王大明出席。

14日

上午，台港澳侨联络委员会副主任杨斯德、贾亦斌会见并便宴招待台湾"中国文化大学美国研究所"所长陈毓钧先生。

外事委员会召开会议，讨论召开中日关系内部研讨会事宜。钱李仁主任、李鹿野常务副主任等参加。

15日

上午，孙孚凌副主席，朱作霖副秘书长在京西宾馆出席北京市政协八届五次会议开幕式。

下午，万国权副主席在宴会厅会见并宴请泰国顺和成集团公司总裁张锦程先生一行。张洽、罗豪才副秘书长，台港澳侨联络委员会副主任肖岗参加。

刘靖基副主席在上海逝世。

17日

万国权副主席在宴会厅会见并宴请台湾国民党“国策顾问”郝侃曾先生一行。张治副秘书长,台港澳侨联络委员会副主任杨斯德陪同。

外事委员会主任钱李仁、常务副主任李鹿野等研究召开中日关系内部研讨会有关事宜。

外事委员会对发展中国家工作小组召开会议,讨论如何加强我国对非洲的工作。蒋光化、温业湛副主任等出席。

下午,钱伟长、孙孚凌、万国权、何鲁丽副主席在中南海出席李鹏总理召集的征求对《政府工作报告》的意见座谈会。

18日

下午,经济委员会常务副主任赵维臣在接见厅会见法国前财政部长、现任参议员米歇尔·卡拉塞。

张道诚副秘书长代表朱训秘书长和办公厅,在上海看望巴金、苏步青、董寅初副主席和侯御之同志。

19日

上午,钱正英副主席主持召开社会与法制委员会全体会议,讨论1996年工作总结、1997年工作计划和提交八届五次会议的发言稿。何鲁丽副主席,李赣骝副秘书长,社会与法制委员会副主任王厚德、关涛、袁纯清、俞雷、吴庆彤等出席。

经济委员会“农产品流通组”召开座谈会,邀请国内贸易部、中华全国供销合作总社、中国农业科学院等有关部门负责同志介绍我国农产品流通体制的现状及改革发展思路等问题并座谈讨论。

晚,政协第五届全国委员会主席邓小平逝世。

19日—23日

朱训秘书长在中南海参加邓小平同志治丧委员会办公室会议。

20日

朱作霖副秘书长在京西宾馆出席北京市政协八届五次会议闭幕式。

21日

上午,李瑞环主席主持召开八届政协第43次主席会议。主要议题是:一、审议政协第八届全国委员会常务委员会第19次会议日程(草案);二、听取朱训秘书长关于政协第八届全国委员会第五次会议筹备工作情况的汇报;三、审议政协第八届全国委员会第五次会议日程(草案);四、审议政协第八届全国委员会第五次会议分组办法和小组召集人名单(草案);五、审议政协第八届全国委员会第五次会议列席人员名单(草案);六、审议政协第八届全国委员会第五次会议执行主席建议名单(草案);七、审议政协第八届全国委员会各专门委员会1996年工作总结(书面)等。叶选平、吴学谦、杨汝岱、王兆国、洪学智、钱伟长、钱正英、孙孚凌、朱光亚、万国权、何鲁丽副主席,朱训秘书长出席。

下午,钱伟长副主席邀请国家海洋局负责同志谈我国海洋资源开发和保护问题。

22日

上午,政协全国委员会召开“深切缅怀邓小平同志丰功伟绩座谈会”。叶选平副主席主持。全国人大常委会副委员长卢嘉锡,全国政协副主席王兆国、阿沛·阿旺晋美、洪学智、钱伟长、万国权,原政协副主席谷牧,秘书长朱训,六届秘书长彭友今,专委会负责人房维中、杨拯民,无党派民主人士代表张治等同志分别发言。出席会议的还有:赛福鼎·艾则孜、钱正英、孙孚凌、何鲁丽副主席,七届秘书长周绍铮,各民主党派中央、全国工商联负责人彭清源、丁石孙、成思危、杨纪珂、徐采栋、蔡子民、经叔平,专门委员会负责人周同善、王厚德、金鉴、杨斯德、钱李仁,副秘书长朱作霖、赵伟之、吴修平、王巨禄、郑万通　陈进玉、周干峙、朱元成、宋金升、陈益群、潘渊静、胡德平、赵喜明、郑质英、张道诚。

23日

上午,常委会第19次会议在常委会议厅举行开幕会。李瑞环主席主持。会议主要议题:一、审议本次常委会议议程(草案);二、听取关于政协第八届全国委员会第五次会议议程、日程(草案)的说明;三、听取关于政协第八届全国委员会常务委员会工作报告(草案)起草情况的说明。叶选平、吴学谦、杨汝岱、王兆国、阿沛·阿旺晋美、洪学智、钱伟长、钱正英、丁光训、孙孚凌、朱光亚、万国权、何鲁丽副主席,朱训秘书长及241名常委出席。各专门委员会负责人、政协副秘书长等列席。开幕会后,常委们分组阅读文件。

下午,常委会第19次会议进行分组讨论。

朱训秘书长接受新华社、人民日报、中央人民广播电台、中央电视台、中国国际广播电台、中新社、人民政协报记者采访,就政协八届五次会议筹备情况回答记者提问。

24日

上午,李瑞环主席,叶选平、吴学谦、杨汝岱、王兆国、阿沛·阿旺晋美、赛福鼎·艾则孜、洪学智、赵朴初、钱伟长、胡绳、钱正英、丁光训、董寅初、孙孚凌、安子介、霍英东、马万祺、朱光亚、万国权、何鲁丽副主席,政协原副主席谷牧、马文瑞、王恩茂、吕正操、汪锋,朱训秘书长在解放军总医院参加为邓小平同志送别仪式。之后,李瑞环主席,朱训秘书长护送邓小平同志遗体到八宝山火化。

万国权副主席在人民大会堂出席江泽民主席为葡萄牙总统桑帕约访华举行的欢迎仪式,并出席晚上的欢迎宴会。

常委会第19次会议继续分组讨论。

下午,李瑞环主席主持第44次主席会议,听取各小组讨论情况的汇报。叶选平、吴学谦、杨汝岱、王兆国、阿沛·阿旺晋美、钱伟长、钱正英、丁光训、孙孚凌、安子介、霍英东、马万祺、朱光亚、万国权、何鲁丽副主席出席。副秘书长及各小组召集人代表列席。

常委会第19次会议举行闭幕会。李瑞环主席主持。主要议题为:一、通过政协第八届全国委员会第五次会议议程(草案)和日程;二、通过政协第八届全国委员会常务委员会工作报告;三、通过政协第八届全国委员会常务委员会工作报告的报告人;四、通过政协第八届全国委员会提案委员会关于政协八届四次会议以来提案工作情况的报告;五、通过政协第八届全国委员会第五次会议分组办法和小组召集人名单;六、通过政协第八届全国委员会常务委员会任命名单。叶选平、吴学谦、杨汝岱、王兆国、阿沛·阿旺晋美、洪学智、钱伟长、钱正英、丁光训、孙孚凌、安子介、霍英东、马万祺、朱光亚、万国权、何鲁丽副主席及233名常委出席。专委会负责人、政协副秘书长等列席。

朱训秘书长在中南海参加邓小平同志治丧办公室会议。

晚,朱训秘书长参加邓小平同志治丧办公室去八宝山革命公墓迎接邓小平同志骨灰并护送到人民大会堂的活动。

25日

上午,中共中央、全国人大常委会、国务院、全国政协、中央军委在人民大会堂隆重举行邓小平同志追悼大会。李瑞环主席,叶选平、吴学谦、杨汝岱、王兆国、阿沛·阿旺晋美、赛福鼎·艾则孜、洪学智、赵朴初、钱伟长、钱正英、丁光训、董寅初、孙孚凌、安子介、霍英东、马万祺、朱光亚、万国权、何鲁丽副主席,政协原副主席谷牧、马文瑞、王恩茂、吕正操、汪锋,朱训秘书长及常委、副秘书长，专委会负责人在人民大会堂参加邓小平同志追悼大会。

26日

上午，中共中央政治局委员、上海市委书记黄菊代表中共中央，王兆国副主席代表李瑞环主席、全国政协和中央统战部，在上海参加刘靖基副主席遗体送别仪式。张道诚副秘书长参加。

钱正英副主席听取外交部拉美司负责人关于拉美和委内瑞拉、智利情况的汇报。外委会副主任蒋光化、社会与法制委员会副主任袁纯清出席。

下午，台港澳侨联络委员会与中央统战部、中央台办、国务院台办、台盟中央、全国台联、海协会、中国和平统一促进会联合举行纪念台湾省人民“二·二八”起义50周年座谈会。李瑞环主席出席，王兆国副主席主持，钱伟长、万国权副主席，朱训秘书长，张治副秘书长，台港澳侨联络委员会副主任杨斯德、贾亦斌、郭平坦、郑鸿业参加。

政协八届五次会议新闻发言人梁金泉副秘书长，在人民大会堂举行新闻发布会，中外记者约300人出席。其中外国记者17人，港澳记者48人，外国新闻官5人。

晚，政协八届五次会议举行委员小组召集人会议。叶选平副主席主持并讲话。朱训秘书长就大会指导思想和任务、大会组织领导和主要安排等问题讲话。吴学谦、安子介副主席，朱作霖、张治、陈进玉、周干峙、赵喜明、郑质英副秘书长出席。

27日

上午，中共全国人大、全国政协党组在人民大会堂联合召开“两会”中共党员负责人会议。江泽民总书记出席并作重要讲话。李瑞环主席，叶选平、吴学谦、王兆国、洪学智、钱正英、朱光亚副主席，朱训秘书长出席。

下午，政协第八届全国委员会第五次会议在人民大会堂举行开幕会。李瑞环主席主持。会议议题：一、审议通过政协八届五次会议议程；二、听取叶选平副主席关于政协第八届全国委员会常务委员会工作报告。吴学谦、杨汝岱、王兆国、阿沛·阿旺晋美、赛福鼎·艾则孜、洪学智、赵朴初、钱伟长、胡绳、钱正英、丁光训、董寅初、孙孚凌、安子介、霍英东、马万祺、朱光亚、万国权、何鲁丽副主席，朱训秘书长等1 846名委员出席。党和国家领导人江泽民、李鹏、乔石、朱镕基、刘华清、胡锦涛、荣毅仁、丁关根、田纪云、李岚清、李铁映、杨白冰、吴邦国、邹家华、姜春云、钱其琛、黄菊、尉健行、谢非、温家宝、王汉斌、张震、张万年、迟浩田、任建新、陈慕华、费孝通、雷洁琼、王丙乾、帕巴拉·格列朗杰、王光英、程思远、卢嘉锡、布赫、铁木尔·达瓦买提、吴阶平、宋健、李贵鲜、陈俊生、司马义·艾买提、彭珮云、罗干、张思卿及有关领导同志曾庆红、曹志、胡光宝、杨景宇、贾庆林应邀参加。国务院30个部委领导等旁听会议。

晚，中共各委员党小组召开会议，传达和讨论江泽民总书记在“两会”中共党员负责人会议上的讲话。

何凤祖委员在京逝世。

28日

各委员小组讨论政协常委会工作报告。

下午，中共中央总书记、国家主席江泽民，中共中央政治局常委、全国政协主席李瑞环，中共中央政治局委员、国务院副总理钱其琛到贵宾楼饭店看望香港同胞、澳门同胞界委员。江泽民同志作重要讲话。之后，李瑞环同志也作了重要讲话。王兆国、安子介、霍英东、马万祺副主席，朱训秘书长，朱作霖、张治、郑万通、郑质英副秘书长陪同。

中共中央政治局常委、全国人大常委会委员长乔石到妇女活动中心看望民进、农工、致公、台盟界委员并作重要讲话。全国人大常委会副委员长、民进中央主席雷洁琼，全国人大常委会副委员长、农工党中央主席卢嘉锡及台盟中央主席蔡子民随同参加。叶选平、董寅初副主席，梁金泉副秘书长，中央统战部副部长刘延东陪同。

中共中央政治局常委、中央军委副主席刘华清到京丰宾馆看望军队、省市特邀界委员并作重要讲话。吴学谦、洪学智副主席，陈进玉、周干峙副秘书长陪同。

中共中央政治局常委、书记处书记胡锦涛到二十一世纪饭店看望共青团、青联、台联、社会福利、侨联界委员并作重要讲话。杨汝岱、万国权副主席，赵喜明副秘书长陪同。

中共中央政治局委员、国务委员李铁映到燕翔饭店看望体育界委员并参加小组讨论。孙孚凌副主席，张道诚副秘书长陪同。国家体委主任伍绍祖随同参加。

中共中央政治局候补委员、书记处书记温家宝到燕翔饭店看望科协界委员并参加小组讨论，之后又看望了科技界委员。朱光亚副主席，王巨禄副秘书长陪同。中国科协第一书记张玉台随同参加。

按照会议日程安排，各委员小组讨论政协常委会工作报告。

3月

1日

上午，委员列席八届全国人大五次会议开幕大会，听取李鹏总理《政府工作报告》。李瑞环主席，叶选平、吴学谦、杨汝岱、王兆国、阿沛·阿旺晋美、赛福鼎·艾则孜、洪学智、赵朴初、钱伟长、胡绳、钱正英、丁光训、董寅初、孙孚凌、安子介、霍英东、马万祺、朱光亚、万国权、何鲁丽副主席，朱训秘书长在主席台就座。

下午，按照会议日程安排，委员分组阅读文件。

杨汝岱副主席以“发挥政协优势，积极为实现《‘八七’扶贫攻坚计划》做贡献”为题，接受新华社、人民日报社、中央电视台、中央人民广播电台、中国国际广播电台、中新社、人民政协报社等七家主要新闻单位专访。

2日

上午，委员列席八届全国人大五次会议第二次全体会议。听取国家计委主任陈锦华关于1996年国民经济和社会发展计划执行情况与1997年国民经济和社会发展计划草案的报告；财政部部长刘仲藜关于1996年中央和地方预算执行情况及1997年中央和地方预算草案的报告。叶选平、吴学谦、杨汝岱、王兆国、阿沛·阿旺晋美、洪学智、钱伟长、钱正英、丁光训、董寅初、孙孚凌、安子介、霍英东、马万祺、朱光亚、万国权副主席在主席台就座。

下午，中共中央政治局常委、国务院总理李鹏到燕翔饭店看望科技、科协界委员并作重要讲话。中共中央政治局委员、国务院副总理李岚清，国务委员宋健出席。叶选平、吴学谦、朱光亚副主席，王巨禄副秘书长陪同。国家计委主任陈锦华、财政部部长刘仲藜、国家科委副主任朱丽兰、国务院副秘书长李树文随同参加。

中共中央政治局常委、全国政协主席李瑞环到京丰宾馆看望中共、省市特邀界委员并作重要讲话。洪学智副主席，朱作霖、郑质英副秘书长陪同。

中共中央政治局常委、国务院副总理朱镕基到京燕饭店看望经济界委员并作重要讲话。全国政协副主席王兆国，副秘书长张道诚陪同。

中共中央政治局委员、国务院副总理姜春云到京燕饭店看望农林界委员并参加讨论。全国政协副主席孙孚凌，副秘书长张洽陪同。

“两会”新闻中心在人民大会堂举行中

外记者招待会,民革中央主席何鲁丽、民盟中央主席丁石孙和民建中央主席成思危以“多党合作”为主题回答了中外记者的提问。147名中外记者到会。

按照会议日程,委员分组讨论《政府工作报告》。

3日

上午,李瑞环主席到西郊宾馆看望教育、文艺及政协特邀44组委员,参加联组讨论并作重要讲话。钱伟长副主席,朱训秘书长,郑质英副秘书长陪同。文化部部长刘忠德参加。

叶选平副主席到京丰宾馆看望宗教界委员并参加讨论。丁光训副主席参加,梁金泉副秘书长陪同。

应委内瑞拉经济理事会主席阿丹·塞利斯邀请,钱正英副主席离京赴加拉加斯出席7日、8日召开的经济与社会理事会与其相应组织第五次国际会议。会后,应委内瑞拉外交部和智利众议院的邀请,率全国政协代表团对上述两国进行友好访问。代表团主要成员有:外事委员会副主任蒋光化,社会与法制委员会副主任袁纯清和袁武、资华筠委员等。

下午,国务院副总理李岚清到西郊宾馆看望教育、文艺及特邀44组委员并参加联组讨论。钱伟长副主席,郑质英副秘书长陪同。国家教委主任朱开轩,文化部部长刘忠德,广播电影电视部部长孙家正随同参加。

国务委员李铁映到京燕饭店看望社科、部委特邀界委员并参加联组讨论。万国权副主席,周干峙、赵喜明副秘书长陪同。

中共中央政治局委员、中华全国总工会主席尉健行到中协宾馆看望工会界委员并参加讨论。洪学智副主席,郑万通、张道诚副秘书长陪同。

国务委员、国家民委主任司马义·艾买提到京丰宾馆看望少数民族界委员并参加联组讨论。

国务委员彭珮云到京燕饭店看望医卫界委员并参加联组讨论。何鲁丽副主席,陈进玉副秘书长陪同。

叶选平副主席到京丰宾馆看望少数民族界委员并参加联组讨论。梁金泉副秘书长陪同。

按照会议日程,委员分组讨论《政府工作报告》。

4日

上午,中共中央政治局委员、书记处书记丁关根到中协宾馆看望新闻出版界委员并参加讨论。钱伟长副主席,梁金泉副秘书长陪同。中央外宣办主任曾建徽,中宣部常务副部长徐光春、国务院副秘书长刘奇葆,新闻出版署署长于友先随同参加。

下午,全国人大常委会副委员长陈慕华,何鲁丽副主席看望妇联组委员并参加讨论。

吴学谦副主席到二十一世纪饭店看望对外友好界委员并参加讨论。周干峙副秘书长陪同。

钱伟长副主席到燕翔饭店看望科协、体育界委员并分别参加讨论。

中台办、国台办主任陈云林、副主任唐树备,应邀参加台盟、台联组下午联组讨论,介绍海峡两岸关系情况。

办公厅举行向京外委员优秀提案获奖者颁发证书座谈会。孙孚凌副主席出席并讲话。王巨禄副秘书长介绍了先进承办单位和优秀提案表彰会的情况。提案委员会常务副主任张文寿主持,副主任周同善、陈秉权、孙轶青、赵炜、吴修平、李毅参加。

5日

上午,叶选平副主席到妇女活动中心看望九三学社组委员并参加讨论。朱训秘书长陪同。

王兆国副主席到二十一世纪饭店看望

无党派民主人士组委员并参加讨论。张治副秘书长陪同。

"两会"新闻中心在人民大会堂举行记者招待会,江苏省政协主席孙颔、广东省政协主席郭荣昌、福建省政协主席游德馨以"团结与民主"为主题,回答了中外记者的提问。到会采访的国内外记者共108人。

民族和宗教委员会召开全体会议,赵朴初副主席讲话,丁光训副主席主持。常务副主任金鉴汇报本委1996年度工作和1997年度工作计划,委员们进行了认真的讨论。张道诚副秘书长参加。

下午,政协第八届全国委员会第五次会议举行第二次全体会议。何鲁丽副主席主持。会议首先听取提案委员会副主任张文寿作《政协全国委员会提案委员会关于政协八届四次会议以来提案工作情况的报告》。之后,成思危、王郁昭、徐展堂、胡政光、金鉴、经叔平、辜胜阻委员先后作大会发言。李瑞环主席,叶选平、吴学谦、王兆国、阿沛·阿旺晋美、洪学智、钱伟长、丁光训、董寅初、马万祺、朱光亚、万国权副主席,朱训秘书长等1 515名委员出席。国务院副总理吴邦国,国务委员李贵鲜及国务院15个部委的领导同志应邀到会听取大会发言。

提案组在妇女活动中心召开"下岗职工再就业工程"委员提案办理座谈会。提案委员会部分委员,劳动部副部长林用三,副秘书长王巨禄等出席。

6日

上午,按照会议日程,委员分组讨论。

八届全国人大五次会议举行第三次全体会议,马万祺副主席出席,叶选平、王兆国、钱伟长、朱光亚、万国权、何鲁丽副主席应邀列席并在主席台就坐。

国务院侨办副主任张伟超应邀参加致公组讨论,介绍侨务工作情况。

大会提案组举行政协八届五次会议农工民主党中央关于"婴儿出生性比例失调引起足够重视案"协商办理座谈会。会议达成共识:希望国家计生委、卫生部、公安部、司法部、全国妇联等有关部门联合行动,齐抓共管,促进问题的解决。提案委员会副主任陈秉权主持,农工民主党中央副主席蒋正华和国家计生委副主任李宏规参加。

下午,政协第八届全国委员会第五次会议举行第三次全体会议。霍英东副主席主持。周铁农、梅向明、邬沧萍、金开诚、王蒙、徐萌山、朱相远、周畅、关涛、徐惟诚委员先后作大会发言。叶选平、吴学谦、王兆国、阿沛·阿旺晋美、钱伟长、丁光训、董寅初、孙孚凌、马万祺、朱光亚、万国权、何鲁丽副主席,朱训秘书长等1 429名委员出席。中共中央政治局委员、书记处书记丁关根,国务委员罗干及中央、国务院21个部委的领导同志应邀到会听取大会发言。

"两会"新闻中心在人民大会堂举行国内记者集体采访,香港地区政协委员徐四民、何世柱、朱莲芬、谭惠珠、施祥鹏就"中国恢复对香港行使主权后,保持香港繁荣稳定的信心与展望"接受记者采访。有60余名国内记者到会采访。

7日

上午,政协第八届全国委员会第五次会议举行第四次全体会议。钱伟长副主席主持。丁石孙、乐寿长、阎洪臣、刘诗白、杨乐天、段存华、方嘉德、刘正、王连芳委员先后作大会发言。李瑞环主席,叶选平、吴学谦、王兆国、阿沛·阿旺晋美、丁光训、孙孚凌、马万祺、朱光亚、万国权、何鲁丽副主席和朱训秘书长等1 388名委员出席。中共中央政治局委员、国务院副总理李岚清,国务委员宋健、彭珮云及国务院16个部委的领导同志应邀到会听取发言。

下午,举行政协八届五次会议委员活动日。

8日

上午，政协第八届全国委员会第五次会议举行第五次全体会议。王兆国副主席主持。孙孚凌副主席，黄其兴、陆懋曾、施宁苏、王连铮、陈宗德、路明、马有礼、林东海、胡鸿烈委员分别作大会发言。李瑞环主席，叶选平、吴学谦、阿沛·阿旺晋美、赵朴初、钱伟长、丁光训、霍英东、马万祺、朱光亚、万国权、何鲁丽副主席，朱训秘书长等1 402名委员出席。中共中央政治局委员、国务院副总理姜春云，中共中央政治局候补委员、书记处书记温家宝，国务委员陈俊生及国务院16个部委的领导同志应邀到会听取发言。

下午，李瑞环主席主持召开第45次主席会议，主要内容：一、听取政协八届五次会议情况的综合汇报；二、审议政协八届五次会议政治决议(草案)和政协八届五次会议关于常务委员会工作报告的决议(草案)；三、审议政协八届全国委员会提案委员会关于政协八届五次会议提案审查情况的报告(草案)。叶选平、吴学谦、王兆国、阿沛·阿旺晋美、钱伟长、丁光训、董寅初、孙孚凌、霍英东、马万祺、朱光亚、万国权、何鲁丽副主席，朱训秘书长出席。

下午，按照会议日程，委员分组阅读文件。

朱训秘书长到妇女活动中心委员驻地检查工作。

梁金泉副秘书长在妇女活动中心委员驻地向各民主党派中央负责人通报八届政协总结工作的有关情况。

9日

上午，出席“两会”的全国政协委员、人大代表及在京著名书画家60余人，在政协礼堂举行书画联谊会。朱训秘书长，朱作霖、王巨禄、郑质英、张道诚副秘书长参加。赵喜明副秘书长主持。

晚，中共中央政治局委员、国务院副总理钱其琛在钓鱼台国宾馆宴请出席“两会”的港澳地区全国人大代表和政协委员。吴学谦副主席，朱训秘书长，朱作霖、张洽副秘书长出席。

中国宗教界和平委员会召开全体会议。赵朴初副主席出席，丁光训副主席主持。张道诚副秘书长参加。

10日

上午，委员列席八届全国人大五次会议第四次全体会议。吴学谦、王兆国、阿沛·阿旺晋美、洪学智、钱伟长、丁光训、孙孚凌、马万祺、朱光亚、万国权、何鲁丽副主席在主席台就坐。

下午，李瑞环主席主持召开政协第八届全国委员会常务委员会第20次会议。主要议题：一、听取各组讨论情况的综合汇报；二、通过政协第八届全国委员会第五次会议政治决议(草案)；三、通过政协第八届全国委员会第五次会议关于常务委员会工作报告的决议(草案)；四、通过政协第八届全国委员会提案委员会关于政协八届五次会议提案审查情况的报告(草案)。叶选平、吴学谦、王兆国、阿沛·阿旺晋美、洪学智、钱伟长、丁光训、董寅初、马万祺、孙孚凌、朱光亚、万国权、何鲁丽副主席等241名常委出席。大会副秘书长、委员各组负责人及秘书处各大组负责人列席。

按照日程，委员继续进行分组讨论。

11日

上午，委员列席八届全国人大五次会议第五次全体会议。叶选平、吴学谦、王兆国、阿沛·阿旺晋美、洪学智、钱伟长、丁光训、董寅初、孙孚凌、马万祺、朱光亚、何鲁丽副主席在主席台就座。

万国权副主席在宴会厅接见以澳门立法会议员高开贤先生为团长的澳门中华总商会青年委员会访京团一行。

晚，中共中央统战部，全国人大民族委员会，国家民族事务委员会，全国政协民族和宗教委员会联合在人民大会堂举行茶话会，招待出席“两会”的少数民族代表和委员。李瑞环主席，王兆国、阿沛·阿旺晋美副主席，朱训秘书长等出席。

12日

上午，举行政协八届五次会议委员活动日。

纪念孙中山先生逝世72周年仪式在中山公园中山堂举行，叶选平副主席代表政协全国委员会向孙中山先生像敬献花篮。洪学智、钱伟长、董寅初、孙孚凌、万国权副主席，朱训秘书长等出席。

下午，政协第八届全国委员会第五次会议举行闭幕会。李瑞环主席出席并作重要讲话，叶选平副主席主持。会议通过了政协第八届全国委员会第五次会议政治决议；政协第八届全国委员会第五次会议关于常务委员会工作报告的决议；政协第八届全国委员会提案委员会关于政协八届五次会议提案审查情况的报告。吴学谦、王兆国、阿沛·阿旺晋美、洪学智、赵朴初、钱伟长、胡绳、丁光训、董寅初、孙孚凌、霍英东、马万祺、朱光亚、万国权、何鲁丽副主席，朱训秘书长等1 773名委员出席。江泽民、李鹏、乔石、朱镕基、刘华清、胡锦涛、荣毅仁、丁关根、田纪云、李岚清、李铁映、杨白冰、吴邦国、邹家华、姜春云、钱其琛、黄菊、谢非、温家宝、王汉斌、张震、张万年、迟浩田、任建新、陈慕华、费孝通、雷洁琼、王丙乾、帕巴拉·格列朗杰、王光英、程思远、卢嘉锡、布赫、铁木尔·达瓦买提、吴阶平、宋健、李贵鲜、陈俊生、司马义·艾买提、彭珮云、罗干、张思卿以及曾庆红、曹志、何椿林、贾庆林、胡光宝、国务院办公厅及36个部委的负责同志应邀参加闭幕会。

叶选平、吴学谦副主席主持召开省级地方政协主席座谈会，商讨如何总结本届政协工作，征求对《政协全国委员会办公厅关于组织京外委员参加活动的意见（试行）》的意见。孙孚凌、万国权副主席，朱训秘书长及驻会副秘书长出席。

晚，李瑞环主席宴请出席地方政协主席座谈会的同志并与他们合影留念。叶选平、孙孚凌、万国权副主席，朱训秘书长及驻会副秘书长参加。

14日

下午，八届全国人大五次会议举行闭幕会。李瑞环主席，霍英东、马万祺副主席出席。叶选平、吴学谦、王兆国、阿沛·阿旺晋美、洪学智、赵朴初、钱伟长、孙孚凌、朱光亚、万国权、何鲁丽副主席，朱训秘书长应邀列席并在主席台就座。

17日—19日

政协八届五次会议提案交办会在中协宾馆举行。王巨禄副秘书长讲话，提案委员会常务副主任张文寿主持会议，陈秉权、赵炜、吴修平、李毅副主任出席。130个在京承办单位办公厅（室）负责同志到会。

18日

上午，李瑞环主席到医院先后看望邓兆祥、胡绳、赛福鼎·艾则孜副主席。朱训秘书长陪同。

叶选平副主席主持召开各民主党派中央、全国工商联负责人座谈会，商讨总结本届政协工作。吴学谦副主席，朱训秘书长及驻会副秘书长出席。

19日

上午，叶选平副主席主持召开全国政协原秘书长、部分原副秘书长座谈会，商讨政协工作。吴学谦副主席，朱训秘书长及驻会副秘书长出席。

20日

上午，叶选平副主席主持召开各专门委员会主任座谈会，商讨总结本届政协工作。吴学谦、万国权副主席，朱训秘书长及驻会副秘书长出席。

下午，最高人民法院与办公厅在人民大会堂联合举行纪念杨秀峰同志诞辰100

周年座谈会。李瑞环主席出席。叶选平副主席主持。最高人民法院院长任建新,全国政协副主席王兆国,国家教委副主任周远清及杨秀峰同志亲属代表杨为民同志分别讲话。吴学谦副主席,朱训秘书长,朱作霖、梁金泉副秘书长,有关单位负责同志及杨秀峰同志生前好友、亲属代表百余人出席。

21 日

上午,叶选平副主席主持召开秘书长、副秘书长座谈会。议题是八届政协以来工作总结和体会;商讨如何总结本届政协工作。吴学谦副主席出席。

王巨禄副秘书长在中南海出席由国务委员、中编委副主任李贵鲜主持召开的征求对重庆直辖市组织机构等有关问题意见的会议。

24 日

上午,万国权副主席在宴会厅会见以香港青年联会主席李宗德先生为团长的"香港青年访问团一行"。张治副秘书长参加。

25 日

外事委员会组织委员参观北京市公安局强制戒毒所和北京市监狱,常务副主任李鹿野带队。

27 日

下午,叶选平副主席主持召开秘书长、驻会副秘书长座谈会。学习座谈邓小平关于人民政协的理论,继续推进人民政协工作。朱训秘书长,朱作霖、张治、王巨禄、梁金泉、陈进玉、周干峙、郑质英、张道诚副秘书长出席。

27 日—4 月 3 日

以程连昌副主任为组长的经济委员会企业考察组一行在广东,就经济发展和企业改革情况进行考察。

28 日

上午,钱伟长、万国权副主席在中国大饭店出席"迎回归香港博览会"开幕式。

社会与法制委员会召开全体会议,传达专委会主任会议精神,讨论通过社会保障制度改革调研提纲,并安排近期工作。钱正英副主席主持,王厚德、俞雷、吴庆彤、王庆淑、王仲方、方掬芬、康泠副主任,人口组组长李赣骝、副组长林佳楣等出席。

下午,叶选平副主席继续主持召开秘书长、驻会副秘书长座谈会,商讨关于总结八届政协工作问题。朱训秘书长,朱作霖、张治、王巨禄、梁金泉、陈进玉、周干峙、郑质英、张道诚副秘书长出席。

万国权副主席会见香港旅游协会会长罗旭瑞先生。张道诚副秘书长陪同。

万国权副主席会见并宴请以台湾中兴大学教授乔育彬为团长的台湾"行政科学交流参访团"一行。张治副秘书长、台港澳侨联络委员会副主任罗豪才、郭平坦陪同。

易礼容委员逝世。

4 月

1 日

经济委员会"首都环保调查组"举行座谈会,邀请国家环保局、北京市环保局和北京市政协有关部门负责同志,就首都环保问题进行座谈。马仪副主任主持,范康、阎颖副主任等出席。

外事委员会赴陕西考察组听取国家旅游局政策法规司负责人介绍情况。李鹿野、蒋光化、唐龙彬副主任等出席。

张治副秘书长代表办公厅到 301 医院看望邓兆祥副主席并祝他 94 华诞。

晚,马万祺副主席主持召开澳门同胞庆祝香港回归筹备委员会成立大会及第一次全体会议。大会推选马万祺副主席为筹委会主席团执行主席。

1 日—8 日

全国政协兼职副秘书长参观团视察、

参观广东省深圳、珠海市。吴修平副秘书长任团长。

2日

社会与法制委员会和全国人大内务司法委员会、国务院妇女儿童工作委员会、全国妇联在人民大会堂联合召开纪念《中华人民共和国妇女权益保障法》颁布五周年座谈会。

黄启章常委逝世。

3日

文史和学习委员会(学习)召开全体会议,研究1997年度工作。徐惟诚常务副主任主持,苏星常务副主任、沈求我、徐崇华副主任出席。

中午,张洽副秘书长在机关会见并便宴招待台湾“中国统一联盟”秘书长金鸿文先生。

3日、4日

钱正英副主席在京西宾馆出席南水北调工程审查委员会第二次全体会议。

4日

孙孚凌副主席在天津就经济问题进行考察。

提案委员会就《关于傅莱委员住房问题》的提案与北京市政府办公厅举办现场办案会,赵炜副主任参加。

经济委员会召开主任会议,研究国有企业问题。房维中主任主持,范康、程连昌、马仪、范敬宜、阎颖、李刚副主任出席。

文史和学习委员会(文史)召开全体会议,总结本委工作。杨拯民主任主持。黄森、卢之超、张楚琨副主任出席。

台港澳侨联络委员会组织委员观看台情参考录相片。

下午,张洽、梁金泉副秘书长在宴会厅会见并宴请台湾客人苏秋镇先生一行。

7日

上午,叶选平副主席在珠海会见全国政协兼职副秘书长赴深圳、珠海参观考察团并进行座谈。

7日—11日

社会与法制委员会在中协宾馆举行社会保障制度改革问题研讨会。会议分别听取了人事部、国务院法制局、国家计委、全国总工会、卫生部、中国人民银行、国家体改委、财政部、劳动部有关情况介绍并座谈研讨。钱正英副主席,张道诚副秘书长,王厚德、袁纯清、俞雷、王庆淑、王仲方、方掬芬、巫昌祯、康泠副主任,提案委员会部分委员,部分民主党派中央和全国工商联有关同志等出席。

8日

上午,经济委员会首都环保调查组举行会议,商议调查组下一步工作方案。马仪副主任主持,范康、程连昌副主任及部分委员出席。

文史和学习委员会(学习)举行报告会,邀请劳动部副部长林用三同志作《再就业工程的现状与拟采取的措施》的报告。

下午,孙孚凌副主席在中国科技会堂出席庆祝中国民营科技实业家协会成立10周年大会。

9日

上午,提案委员会召开第29次全体会议,研究本委1997年度工作要点及专题调研、座谈会计划。周绍铮主任主持,周同善、陈秉权、赵炜副主任出席。

文史和学习委员会召开民主党派建国后史料征编座谈会,通报文史委工作情况,商讨建国后史料专题协作事宜。杨拯民主任,各民主党派中央及全国工商联史料部门负责人出席,常务副主任黄森主持。

外事委员会举行报告会。请外交部副部长李肇星介绍中美关系情况。钱李仁主任主持。朱作霖、张洽、陈进玉副秘书长,李鹿野、蒋光化、温业湛、钱嘉东、李赣骝、于洪亮、宋文中,唐龙彬副主任等出席。

10日

上午，钱伟长副主席主持召开科教文卫体委员会主任会议，研究总结八届一次会议以来的政协工作和本委几年来的工作。15位副主任参加。

文史和学习委员会(文史)召开全体会议，继续总结八届政协及本委工作。杨拯民主任主持，黄森、卢之超副主任出席。

外事委员会对发展中国家工作小组开会讨论具体工作。蒋光化、温业湛副主任等参加。

11日

经济委员会"首都环保调查组"举行会议，讨论首都环境保护有关问题。马仪、范康、程连昌副主任等出席。

科教文卫体委员会组织部分委员到中国戏曲学院参观考察，并与学院有关同志进行座谈。王济夫常务副主任带队。

科教文卫体委员会科技组与国家科委成果司，就科技成果转化有关条例的问题进行座谈。

台港澳侨联络委员会召开主任扩大会议，传达钱其琛副总理，中央台办陈云林主任在全国台办主任会议上的讲话精神。潘渊静副秘书长，杨斯德、马庆雄、肖岗、郭平坦副主任出席。

外事委员会访日代表团听取外交部亚洲司负责同志介绍中日关系。钱李仁主任，李鹿野、唐龙彬副主任等参加。

下午，科教文卫体委员会体育组召开会议，请国家体委有关司局负责同志介绍"竞技体育后备力量情况及问题"，何振梁常务副主任主持，国家体委副主任徐寅生到会。

晚，朱训秘书长在礼堂会见并宴请香港地区全国政协委员朱树豪、蔡德河。朱作霖副秘书长陪同。

13日—22日

应安徽省政协邀请，郑质英副秘书长赴皖参加辽宁、山东、天津、浙江、安徽五省(市)政协工作经验交流活动。

14日

下午，钱伟长、马万祺、万国权副主席等在人民大会堂出席"澳门基本法颁布4周年及中葡联合声明签署10周年"座谈会。

14日—21日

应日本外务省邀请，以钱李仁主任为团长的外事委员会代表团一行对日本进行友好访问。代表团主要成员有甘肃省政协副主席应中逸，刘山、王效贤委员等。

14日—25日

科教文卫体委员会教育组"薄弱学校问题"调查组一行4人离京赴湖南省进行专题调查。王明达委员带队。

15日—24日

朱作霖副秘书长在香港参加"香港友好协进会"庆祝香港回归暨该会成立八周年纪念活动，看望在港全国政协委员，并赴澳门看望在澳全国政协委员。

以常务副主任王郁昭为组长的经济委员会"大型水利灌区考察组"(南方组)一行17人在四川、安徽考察。阎颖副主任参加。杨汝岱副主席参加了有关活动。

15日、16日

洪学智副主席在天津视察平津战役纪念馆工程情况，并看望天津市政协机关干部。

16日

提案委员会与北京市政协提案委员会联合召开办理关于"打击血头血霸、整理血液市场管理"提案的协商座谈会，赵炜副主任主持。

钱正英副主席率经济委员会"大型水利灌区考察组"(北方组)一行赴山东、河南考察。谢华副主任等参加。

18日

文史和学习委员会(学习)举行报告

会，邀请中科院有关人员作《关于克隆技术研究情况》的报告。徐崇华副主任主持，约300人参加。杨拯民主任、王巨禄副秘书长出席。

下午，台港澳侨联络委员会台港澳组召开主任会议，讨论研究关于如何进一步加强对台宣传工作问题 。杨斯德、贾亦斌、郭平坦、郑鸿业副主任出席。

19日

下午，台港澳侨联络委员会副主任肖岗会见并宴请匈牙利华侨华人联合会会长张曼新先生一行。

20日

下午，何鲁丽副主席在山东潍坊出席信息中心第二次信息联系点会议闭幕会并讲话，陈进玉副秘书长作会议小结。

20日—29日

社会与法制委员会社会保障制度改革问题专题组在上海进行调查。王庆淑副主任带队。

20日—30日

钱伟长副主席率科教文卫体委员会科技组与国家海洋局联合组织的海洋专题调查组一行13人在广西、海南、西沙等地，就我国海洋权益维护、海洋资源开发、利用以及环境保护等情况进行调研。

20日—5月6日

科教文卫体委员会体育组“竞技运动后备力量问题”专题组在重庆、四川、湖北等地进行调查。何振梁常务副主任带队。

21日

上午，朱光亚副主席在人民大会堂东门外广场出席江泽民主席为乌拉圭总统桑吉内蒂访华举行的欢迎仪式，并出席晚上的欢迎宴会。

21日—28日

民族和宗教委员会组织部分委员在山东济南等地，就杂散居少数民族经济发展和民族工作情况进行参观考察。金鉴常务副主任带队，卓加、陈欣副主任等参加。

22日

下午，马万祺副主席在新华社澳门分社出席“传达贯彻全国人大和全国政协会议精神座谈会”并讲话。

经济委员会首都环保调查组考察高碑店污水处理厂，并在中央电视塔上观察北京市大气污染情况。马仪副主任带队，程连昌副主任及科教文卫体委员会陈明绍副主任参加。

22日—30日

社会与法制委员会社会保障制度改革问题专题组在辽宁进行调查。王厚德副主任带队。

23日

上午，何鲁丽副主席在广州出席廖仲恺先生诞辰120周年纪念活动。

提案委员会召开第26次主任会议，总结八届政协提案工作。周绍铮主任主持，张文寿、周同善、陈秉权、孙轶青、赵炜、吴修平副主任出席。

下午，吴学谦副主席会见美国前国务卿舒尔茨。梁金泉副秘书长陪同。

外事委员会赴陕西调研组请国家旅游局有关部门负责同志介绍情况。常务副主任李鹿野，副主任蒋光化、唐龙彬等参加。

梁黄胄常委逝世。

24日

上午，叶选平副主席听取朱训秘书长，梁金泉、周干峙、赵喜明、张道诚副秘书长近期工作安排的汇报。

吴学谦副主席听取朱训秘书长关于近期工作安排的汇报。

民族和宗教委员会（宗教组）赴四川、江苏专题调查组召开会议，讨论研究此次调查的方法、材料汇总及调研报告的写法等。张声作副主任主持。

经济委员会首都环保调查组考察大屯垃圾转运站、阿苏卫垃圾卫生填埋场及昌平垃圾综合处理厂。马仪副主任带队。

24日—30日

提案委员会就办理“将安徽枞阳江堤列入长江重点防险加固工程”提案在安徽进行调研。赵炜副主任带队。

24日—5月5日

社会与法制委员会社会保障制度改革问题专题组在甘肃省进行调查。陈卓、章明委员带队。

25日—5月9日

提案委员会就办理“加强再就业工程的建议”提案在江西、浙江省进行专题调研。陈秉权副主任带队。

28日

上午,李瑞环主席,叶选平、洪学智、马万祺副主席,朱训秘书长,梁金泉副秘书长在人民大会堂出席纪念叶剑英同志诞辰100周年座谈会。霍英东副主席发言。

下午,朱训秘书长会见美籍华人时从诺先生一行。

29日

上午,朱训秘书长主持召开第37次秘书长会议,会议主要议题是:一、审议全国政协口1997年党派、团体补助费预算分配方案(草案);二、审议政协第八届全国委员会常务委员会第21次会议议程和日程(草案);三、审议1997年全国政协委员视察工作计划(草案)。四、人事问题。朱作霖、吴修平、王巨禄、陈进玉、周干峙、朱元成、宋金升、陈益群、潘渊静、郑质英、张道诚、吴明熹副秘书长出席。

提案委员会就“关于加强广播电视广告管理”提案在中央电视台召开协商办理座谈会,周同善副主任主持。

科教文卫体委员会组织委员到中国教育电视台参观考察。常务副主任王济夫带队。

阿沛·阿旺晋美、洪学智、何鲁丽副主席,朱训秘书长在人民大会堂出席庆祝“五一”国际劳动节大会。

30日

上午,李瑞环主席主持召开第46次主席会议。审议政协第八届全国委员会常务委员会第21次会议议程和日程(草案)。叶选平、吴学谦、杨汝岱、王兆国、阿沛·阿旺晋美、洪学智、钱正英、孙孚凌、霍英东、朱光亚、万国权、何鲁丽副主席,朱训秘书长出席。朱作霖、吴修平、王巨禄、梁金泉、郑万通、陈进玉、周干峙、李赣骝、潘渊静、胡德平、郑质英、张道诚、吴明熹副秘书长列席。

30日—5月12日

台港澳侨联络委员会调查组在福建、上海等地,就“加强对台宣传工作”问题进行专题调查。杨斯德、郭平坦、郑鸿业副主任参加。

5月

3日

上午,杨汝岱副主席参加为李鹏总理出访非洲七国举行的送行仪式。

4日

下午,万国权副主席在人民大会堂参加江泽民主席为科特迪瓦总统贝迪埃访华举行的欢迎仪式,并出席晚上的欢迎宴会。

5日

上午,彭真同志遗体送别仪式在八宝山革命公墓礼堂举行。吴学谦、杨汝岱、王兆国、阿沛·阿旺晋美、赛福鼎·艾则孜、洪学智、钱伟长、胡绳、钱正英、孙孚凌、朱光亚、万国权、何鲁丽副主席,朱训秘书长,在京政协常委,政协副秘书长等参加。之前,李瑞环主席,赵朴初副主席,朱训秘书长在北京医院为彭真同志送别。

钱伟长副主席在港澳中心会见暨南大

学、华侨大学香港访京团一行。

朱训秘书长参加彭真同志骨灰护送安放仪式。

郝守本委员逝世。

5日—9日

受办公厅委托，全国政协研究室（人民政协《年鉴》编辑部）在江苏省南京市召开第六次政协《年鉴》编辑工作会议暨全国政协研究室特约调研员会议。会议通报了全国政协研究室有关工作情况，总结了政协《年鉴》1995年卷的编辑出版工作情况，对1996年卷文稿进行了会稿，安排了1997年政协《年鉴》组稿、编辑事宜。全国政协研究室和各省、自治区、直辖市政协办公厅或研究室有关负责同志40人出席。

朱训秘书长出席中华职业教育社成立80周年纪念活动。

社会与法制委员会赴上海调查组开会，研讨社会保障制度改革问题。王庆淑副主任主持。

下午，张治副秘书长在宴会厅会见并宴请台湾原新竹市市长施性忠先生一行。

6日—14日

全国政协经济委员会组织沿海地区经济界政协委员在湖南省考察经济技术合作情况。

6日—15日

经济委员会"国有大型水利灌区问题"调查组（北方组）在宁夏、内蒙进行调查。钱正英副主席，谢华副主任参加。

7日

上午，朱训秘书长主持召开专门委员会副主任会议。通报常委会第21次会议的议程、日程（草案），研究常委会议的有关准备工作。赵炜、马仪、吴武封、王厚德、安士伟、徐惟诚、李鹿野出席。朱作霖、张治、王巨禄、梁金泉、陈进玉、郑质英、张道诚副秘书长等参加。

提案委员会召开《关于遏制城乡"地下金融"活动的建议案》协商办理座谈会。周同善副主任主持。

经济委员会召开主任会议，讨论本委在常委会第21次会议上的发言和八届政协以来工作总结。房维中主任主持，王郁昭、赵维臣、马仪、刘鸿儒、范康、经叔平、李刚、阎颖、程连昌、路明副主任等出席。

8日

上午，杨汝岱副主席出席经济委员会"国有大型水利灌区问题"调查组（南方组）总结会，王郁昭副主任等参加。

经济委员会农产品流通组商讨下一步工作。

文史和学习委员会（文史）召开主任会议，讨论八届政协文史资料工作总结。杨拯民主任主持，黄森、叶至善、张楚琨、卢之超、高兴民副主任出席。

梁金泉副秘书长主持召开各民主党派中央、全国工商联及有关单位协调会。通报全国政协举办庆祝香港回归座谈会的准备情况，研究座谈会发言的有关事宜。

中午，外事委员会主任钱李仁会见并宴请日本驻华大使佐藤嘉恭及日驻华使馆其他官员。梁金泉副秘书长，唐龙彬副主任等出席。

9日

李文宜委员逝世。

12日

上午，杨汝岱副主席在北戴河参加全国政协第十一期干部培训班开学典礼并讲话。

提案委员会召开第三十次全体会议，总结八届政协的提案工作。周绍铮主任主持。副主任张文寿、周同善、陈秉权、孙铁青、赵炜、李毅参加。

12日—18日

以张文驹、常捷委员为正、副团长的全国政协委员考察团一行18人在四川省考察测绘高科技情况。

12日—22日

以孙孚凌副主席为团长，任务之、严宏谟委员为副团长的全国政协委员考察团一行19人在云南、贵州省，考察希望工程发展情况。

外事委员会专题调查组在陕西省，就国家旅游业发展情况进行调研。李鹿野、蒋光化、唐龙彬副主任等参加。

科教文卫体委员会“文物保护问题”调查组在安徽省进行调研。常务副主任王济夫带队。

12日—23日

以杨永斌、高振家为正、副团长的全国政协委员参观团一行18人在海南省，参观考察沿海国防建设情况。

13日

上午，李瑞环主席在礼堂会见以霍英东为团长，余国春为副团长的“香港广东社团庆回归委员会访京团”一行。王兆国副主席，朱训秘书长，朱作霖、张洽、郑万通副秘书长陪同。

科教文卫体委员会召开主任会议，总结八届政协以来本委工作的经验和体会，并提出对下届政协专委会工作的意见、建议。常务副主任丁石孙主持。

民族和宗教委员会召开在京委员会议，研究八届政协本委的工作总结。金鉴常务副主任主持，安士伟、卓加、陈欣、张声作副主任等参加。

社会与法制委员会召开主任会议，传达专委会常务副主任会议精神，研究关于社会保障制度改革问题调查的下一步工作。王厚德副主任主持。李赣骝副秘书长，关涛、袁纯清、俞雷、王庆淑、方掬芬、冯梯云副主任等出席。

晚，王兆国副主席在钓鱼台国宾馆会见并宴请应我会邀请于下午抵京的越南祖国阵线中央委员会主席黎光道一行。朱训秘书长，朱作霖、梁金泉副秘书长，北京市政协副主席卢松华出席。

14日

上午，李瑞环主席在人民大会堂会见越南祖国阵线中央委员会主席黎光道一行。朱训秘书长，朱作霖、梁金泉副秘书长，外交部副部长唐家璇出席。

社会与法制委员会召开会议，研究讨论《社团登记管理条例(修改稿)》，王厚德副主任出席。

下午，杨汝岱副主席与越南祖国阵线中央委员会主席黎光道举行座谈，并于晚上设便宴招待。朱作霖副秘书长，经济委员会副主任程连昌，社会与法制委员会常务副主任王厚德，科教文卫体委员会常务副主任吴武封，民族和宗教委员会副主任陈欣等出席。

15日

杨汝岱副主席主持召开中国扶贫基金会会长会议，研究扶贫工作。国务院扶贫开发领导小组同志参加。

万国权副主席在人民大会堂新疆厅分别会见洪都拉斯国民党代表团和塞舌尔人民进步阵线代表团。

经济委员会召开“国有大型灌区问题”调查组(南方组)会议，讨论“川皖两省国有大型灌区调查报告和建议”。王郁昭副主任主持。

外事委员会副主任会见由外交学会接待的马达加斯加前外长、科学院长拉贝努卢夫妇。

下午，杨汝岱副主席出席江泽民总书记在人民大会堂为欢迎法国总统希拉克访华举行的欢迎仪式，并出席晚上的欢迎宴会。

晚，杨汝岱副主席在人民大会堂参加李鹏总理出访非洲六国回国迎接仪式。

15日—26日

全国政协委员考察团在湖南、广西，考察希望工程发展情况。阎颖委员带队。

16日—31日

应水利部邀请，以张洽副秘书长为团长的全国政协委员（无党派）考察团在福建、广东、海南省，考察水资源开发情况。

19日—29日

提案委员会会同有关部委在江西、浙江省，就“婴儿出生性别比例失调应引起足够重视案”进行专题调研。张文寿副主任带队。

19日—6月3日

科教文卫体委员会（医卫）“药品市场专题组”在山东、山西省进行调查。刘永纲委员带队。

20日

上午，李瑞环主席，王兆国副主席，郑万通、张道诚副秘书长在人民大会堂出席纪念胡子昂先生诞辰100周年座谈会。

钱正英副主席在宴会厅会见以郑苏薇为团长、潘以和为副团长的“香港慈善界人士访京团”一行。台港澳侨联络委员会副主任杨斯德、郑鸿业出席。

陈进玉副秘书长主持召开在京部分委员座谈会，委员们就如何加强信息工作和反映社情民意工作提出意见和建议。

张志公常委逝世。

21日

上午，台港澳侨联络委员会召开主任扩大会，研究讨论八届政协本委工作总结。潘渊静副秘书长，李梦华、杨斯德、马庆雄、贾亦斌、郭平坦、郑鸿业副主任参加。

23日

中午，陈进玉副秘书长在宴会厅会见并宴请澳门可口可乐公司董事长李宝田先生。“海协会”秘书长张金成参加。

26日

上午，应葡萄牙议长桑托斯、希腊议长卡克拉马尼斯和德国政府的邀请，李瑞环主席离京对上述三国进行正式友好访问。陪同李主席出访的有：朱训秘书长，民建中央主席成思危，北京市政协主席王大明，中国藏学研究中心总干事多杰才旦，外交部副部长李肇星等。送行仪式在人民大会堂举行，中共中央政治局常委、书记处书记胡锦涛，全国政协副主席吴学谦、王兆国、阿沛·阿旺晋美，中共中央办公厅副主任胡光宝，国务院外办副主任吕聪敏，外交部副部长王英凡，全国政协副秘书长朱作霖、梁金泉、郑质英，民建中央副主席冯克煦，北京市政协副主席封明为和往访三国驻华使馆的官员出席送行仪式。

钱正英副主席主持召开经济委员会“国有大型灌区问题”调查组（北方组）会议，讨论调查报告。

应日本霞山会邀请，全国政协副主席、中国国际交流协会副会长万国权率交流协会代表团离京对日本进行友好访问。全国政协副秘书长周干峙、中联部副部长戴秉国到机场送行。

下午，王兆国副主席出席国家主席江泽民为尼日尔总统迈纳萨拉访华举行的欢迎仪式，并出席晚上的欢迎宴会。

26日—30日

赛福鼎·艾则孜副主席在广东江门出席海外新移民问题研讨会。台港澳侨联络委员会副主任马庆雄、肖岗、罗豪才、陈白皋等出席。部分省、自治区、直辖市政协有关负责人参加。

26日—6月4日

民族和宗教委员会“民族地区资源开发与脱贫致富”调查组在广西进行专题调查。卓加副主任带队。

27日

经济委员会赴山东莱州黄金企业考察组召开会议，讨论调研有关事宜。王郁昭副主任主持，程连昌副主任等参加。

张君秋常委逝世。

27日—6月5日

以贾亦斌常委为团长的各民主党派中

央负责人(全国政协委员)参观考察团,在广东汕头、深圳、珠海等地了解特区经济建设发展情况。

28日

钱正英副主席出席社会与法制委员会全体会议。会议听取社会保障制度改革问题三个调查组关于调查情况的汇报,并研究下步工作安排。王厚德副主任主持,关涛、袁纯清、俞雷、王庆淑、巴音朝鲁、康泠副主任等出席。

外事委员会举行报告会,请驻联合国大使秦华孙介绍联合国改革等有关情况。钱李仁主任主持,李鹿野、蒋光化、钱嘉东、于洪亮、唐龙彬副主任等出席。

28日—6月2日

经济委员会黄金企业考察组一行4人在山东莱州考察。王郁昭副主任带队,程连昌副主任参加。

29日

上午,应国际行动理事会第15次年会主席、荷兰前首相范阿赫特邀请,吴学谦副主席作为国际行动理事会准成员离京前往荷兰诺德韦克市出席第15次年会。主要随行人员有周干峙副秘书长等。

6月

3日

提案委员会就协商办理冯梯云等委员提出的《关于加大培养力度,提高国有大中型企业领导人员的思想素质和现代经营管理水平》等提案召开座谈会。朱光亚副主席出席,王巨禄副秘书长参加,陈秉权副主任主持。会议还邀请国家经贸委、中组部、中宣部和国家教委有关负责同志及提案人参加。

3日—5日

全国政协学习工作座谈会在江西南昌开幕。文史和学习委员会常务副主任徐惟诚主持,徐崇华副主任致开幕词,28个省、自治区、直辖市政协有关负责人出席。江西省委书记舒惠国、省政协主席朱治宏、副主席叶学龄等到会。

3日—11日

经济委员会办公室组织广东、江苏两省政协经济界委员在贵州进行经济技术合作考察。

4日

上午,钱正英副主席主持召开社会与法制委员会主任会议,研究本委八届工作总结和在常委会第21次会议上的发言稿。王厚德、关涛、袁纯清、俞雷、王庆淑、方掬芬副主任和人口组副组长邬沧萍出席。

提案委员会召开第27次主任会议,讨论本委在常委会第21次会议上的发言稿。周绍铮主任主持,张文寿、周同善、陈秉权、孙轶青、赵炜、李毅副主任出席。

5日

上午,杨汝岱副主席出席全国政协委员赴陕西省视察团组团会,并就近年全国扶贫工作情况讲话。

经济委员会召开主任会议,讨论本委在常委会第21次会议上的发言和八届以来工作总结。房维中主任主持,王郁昭、马仪、谢华、李刚、阎颖、程连昌、路明副主任出席。

民族和宗教委员会召开在京委员会议,讨论拟向常委会第21次会议提交的《八届全国政协民族和宗教委员会工作经验和体会》(征求意见稿)。常务副主任金鉴主持,常务副主任安士伟,副主任陈欣、宗怀德等出席。

5日、6日

社会与法制委员会组织部分委员在河北省青苑县考察妇女脱贫情况。关涛副主任带队。

6日—12日

提案委员会与邮电部等单位就办理

"利用邮电通讯网络传输有线电视"提案在海南、上海进行调研。

6日—16日

以杨汝岱副主席为团长的全国政协委员视察团在陕西省延安、榆林等地区,就扶贫开发工作情况进行视察。

9日

钱正英副主席在礼堂出席长江口治理问题的专家会议。

社会与法制委员会召开会议,请国家计生委、民政部、中国计生协有关部门负责同志介绍当前我国农村养老保险工作开展情况。王厚德、关涛、俞雷、王庆淑、方掬芬副主任,人口组副组长林佳楣、邬沧萍等出席。

下午,王兆国副主席在人民大会堂出席江泽民主席为马其顿总统格利戈罗夫访华举行的欢迎仪式和宴会。

许政润委员逝世。

10日

何鲁丽副主席在人民大会堂出席荣毅仁副主席为阿曼苏丹特别代表赛义德访华举行的欢迎仪式、会见和宴会。

台港澳侨联络委员会和外事委员会联合举办《"一国两制"与香港基本法》学习讲座。

10日—12日

提案委员会在辽宁鞍山召开部分省市政协提案工作座谈会,总结八届政协提案工作。张文寿、陈秉权副主任主持。

10日—22日

提案委员会就张华康等委员提出的《加大整治"三乱"力度,切实减轻企业负担》等有关提案与国家经贸委组成调查组在四川、重庆、广东进行专题调查。

11日

上午,何鲁丽副主席会见以蒙盖拉夫人为团长的坦桑尼亚妇女代表团。

经济委员会举行主任会议,讨论本委在常委会第21次会议上的发言稿。房维中主任主持,王郁昭、马仪、刘鸿儒、谢华、李刚、阎颖、程连昌副主任等出席。

12日

上午,李瑞环主席结束对葡萄牙、希腊和德国的正式友好访问回到北京。

科教文卫体委员会召开主任会议,讨论本委在常委会第21次会议上的发言稿。丁石孙、马大猷、王济夫、吴武封、宋鸿钊、何振梁、陈明绍、陈益群、郭子恒、唐有祺、黄辛白、傅庚辰副主任,张洽副秘书长出席。

社会与法制委员会召开全体会议,讨论本委在常委会第21次会议上的发言稿。王厚德、关涛、俞雷、王庆淑、方掬芬、冯梯云副主任等参加。

文史和学习委员会(文史)召开主任会议,讨论本委在常委会第21次会议上的发言稿。杨拯民主任主持,黄森、叶至善、张楚琨、卢之超、高兴民副主任出席。

应外事委员会邀请,普卢萨克主席率领的俄罗斯联邦委员会(上院)国际事务委员会代表团一行抵达北京,对我国进行友好访问。

下午,外事委员会与俄罗斯联邦委员会国际事务委员会代表团进行座谈。钱李仁主任,李赣骝、于洪亮副主任等出席。

晚,吴学谦副主席会见并宴请普卢萨克主席率领的俄罗斯联邦委员会(上院)国际事务委员会代表团一行。外事委员会主任钱李仁,副主任李赣骝、于洪亮,朱作霖副秘书长等出席。

13日

上午,钱伟长副主席主持召开科教文卫体委员会"海洋"专题组会议,讨论修定考察报告。常务副主任吴武封,张洽副秘书长,国家海洋局局长张登义等出席。

经济委员会举行全体会议,讨论并原则通过本委在常委会第21次会议上的发言稿。房维中主任主持，王郁昭、马仪、李刚、阎颖、程连昌副主任出席。

下午，万国权副主席主持召开台港澳侨联络委员会主任会议。研究讨论本委八届工作总结，张洽副秘书长，杨斯德、马庆雄、贾亦斌、郭平坦、郑鸿业副主任参加。

晚，李瑞环主席在人民大会堂会见俄罗斯联邦委员会国际事务委员会代表团一行。朱作霖副秘书长，外事委员会主任钱李仁，副主任李赣骝、于洪亮出席。

应我会邀请，纳米比亚全国委员会主席内霍瓦一行抵达广州，开始对我国进行友好访问。

15 日

上午，应津巴布韦议会和肯尼亚非洲民族联盟(执政党)邀请，钱正英副主席率对外友协代表团离京对上述两国进行友好访问。

中午，万国权副主席会见“香港企业家研修团”一行。陈进玉副秘书长，社会与法制委员会副主任王厚德参加。

15 日—23 日

社会与法制委员会人口组就农村老年人社会保障问题在江苏省进行调查。林佳楣、邬沧萍副组长带队。

16 日

上午，李瑞环主席，王兆国、万国权副主席，朱作霖、梁金泉、郑质英副秘书长在八宝山革命公墓大礼堂参加张君秋常委遗体送别仪式。

16 日—24 日

下午，应澳大利亚“东华节”组委会邀请，钱伟长副主席一行离京前往悉尼出席“东华节”科技经贸交流大会。主要随行人员有陈进玉副秘书长等。

16 日—25 日

以季国标委员为团长，叶宝珊常委、张镰斧、王庆淑委员为副团长的全国政协委员赴浙江省视察团一行 46 人在杭州、绍兴、宁波等地，就社会保障制度改革情况进行视察。

提案委员会组织部分委员就关于在油田派设公检法机构，确保国家资源不受侵害问题进行考察。程连昌常委带队。

17 日

晚，万国权副主席会见并宴请以台湾“立法委员”蔡胜邦为团长的台湾中华两岸经贸文化交流发展协会访问团。梁金泉副秘书长，台港澳侨联络委员会常务副主任杨斯德、马庆雄参加。

18 日

上午，吴学谦、万国权副主席在中国美术馆出席《庆祝香港回归书画展》开幕式。

经济委员会召开会议，讨论丘陵山岗的综合开发问题。王郁昭副主任主持，阎颖副主任等出席。

晚，李瑞环主席在人民大会堂会见并宴请纳米比亚全国委员会(上议院)主席内霍瓦一行。朱作霖、潘渊静副秘书长等参加。

19 日

晚，朱作霖、梁金泉副秘书长会见并宴请台湾中国青年党大陆委员会主委毛进财先生一行。

20 日

上午，江泽民主席在中南海会见纳米比亚全国委员会(上议院)主席内霍瓦一行。吴学谦副主席，朱训秘书长，朱作霖、潘渊静副秘书长等出席。

下午，孙孚凌副主席在人民大会堂出席中国和平统一促进会召开的迎香港回归促祖国统一座谈会。

马万祺副主席出席澳门中华总商会为庆祝香港回归举行的酒会并致词。

何鲁丽副主席在中国妇女活动中心出席“歌颂祖国，欢庆回归”活动。

晚，李瑞环主席，万国权副主席在礼堂出席观看台港澳侨联络委员会和中国文学艺术界联合会等单位联合举行的"庆回归"中华诗词演唱会。杨斯德、马庆雄副主任，王巨禄、赵喜明、郑质英副秘书长等参加。

21日

下午，杨汝岱副主席在圆明园出席"百面大鼓庆回归，盛和宝鼎献祖国"活动。

王兆国、孙孚凌、万国权、何鲁丽副主席在人民大会堂出席各民主党派中央、全国工商联举行的迎接香港回归座谈会。

梁金泉副秘书长在北戴河出席全国政协第十二期干部培训班开学典礼。

董寿平委员逝世。

22日

上午，梁金泉副秘书长在北戴河出席四川省第二期政协干部培训班开学典礼。

晚，万国权副主席出席深圳市各界人士庆香港回归联欢会。

23日

上午，朱训秘书长主持召开第38次秘书长会议。主要议题：一、听取常委会第21次会议及香港回归座谈会筹备工作的汇报；二、讨论换届前后主要工作安排。朱作霖、赵伟之、张治、王巨禄、梁金泉、周干峙、李赣骝、陈益群、胡德平、赵喜明、张道诚、吴明熹副秘书长出席，机关各局室主要负责同志列席。

下午，民族和宗教委员会与中央统战部等单位联合召开"首都各民族人士庆香港回归座谈会"。王兆国副主席，金鉴、卓加、陈欣、严克强副主任等出席。

杨立委员逝世。

24日

上午，民族和宗教委员会、中央统战部、国务院宗教局联合举行"首都宗教界喜迎香港回归座谈会"。赵朴初副主席出席并讲话。国务院宗教局局长叶小文，民族和宗教委员会副主任安士伟、宗怀德、张声作及各宗教团体负责人共60余人出席。

经济委员会农产品流通组召开会议，继续讨论农产品流通体制改革问题。

下午，叶选平副主席听取朱训秘书长，朱作霖副秘书长关于近期工作的汇报。

办公厅举办迎"七一"庆回归委员活动日。

25日

上午，李瑞环主席主持召开第47次主席会议，听取常委会第21次会议及全国政协迎接香港回归座谈会筹备工作情况的汇报。叶选平、吴学谦、杨汝岱、王兆国、阿沛·阿旺晋美、钱伟长、孙孚凌、马万祺、朱光亚、万国权、何鲁丽副主席，朱训秘书长出席。朱作霖、张治、王巨禄、梁金泉、陈进玉、周干峙、李赣骝、宋金升、陈益群、潘渊静、赵喜明、郑质英、张道诚副秘书长列席。会后，与会人员参观了全国政协庆祝香港回归书画展。

下午，在人民大会堂举行出席香港回归政权交接仪式中央代表团赴港送行活动，中央领导同志接见代表团成员并合影留念。李瑞环主席，叶选平、吴学谦、杨汝岱、王兆国、阿沛·阿旺晋美、洪学智、赵朴初、钱伟长、丁光训、董寅初、孙孚凌、霍英东、马万祺、朱光亚、万国权、何鲁丽副主席，朱训秘书长出席。

26日

上午，李瑞环主席，叶选平、杨汝岱、孙孚凌、马万祺、万国权副主席，朱训秘书长，朱作霖副秘书长在北京通县出席"回归殿"落成典礼，霍英东副主席讲话。

下午，李瑞环主席出席全国政协迎接香港回归座谈会。叶选平副主席主持，吴学谦、万国权副主席以及各民主党派中央、人民团体负责人、无党派民主人士等20位同志在会上发言。出席座谈会的还有杨汝岱、王兆国、阿沛·阿旺晋美、洪学智、赵朴初、钱伟长、丁光训、孙孚凌、霍英东、马万祺、朱光亚、何鲁丽副主席，朱训秘书长及副秘书长。

27 日

上午,政协第八届全国委员会常务委员会第 21 次会议在礼堂举行开幕会。李瑞环主席主持。在通过议程后,叶选平副主席讲话。吴学谦、杨汝岱、王兆国、阿沛·阿旺晋美、洪学智、赵朴初、钱伟长、胡绳、丁光训、孙孚凌、霍英东、马万祺、朱光亚、万国权、何鲁丽副主席,朱训秘书长等 240 位常委出席。

下午,常委会第 21 次会议进行大会发言。吴学谦副主席主持,吴修平、王郁昭、丁石孙、王厚德、金鉴、杨拯民、杨斯德、钱李仁常委分别代表八个专门委员会作汇报发言。李瑞环主席,叶选平、杨汝岱、王兆国、阿沛·阿旺晋美、钱伟长、丁光训、孙孚凌、马万祺、朱光亚、万国权、何鲁丽副主席,朱训秘书长等 211 位常委出席。

何鲁丽副主席在接见厅会见瑞典社会民主党代表团一行。

宗怀德常委逝世。

28 日

常委会第 21 次会议进行分组讨论。杨汝岱、孙孚凌、万国权、何鲁丽副主席分别参加。

下午,文史和学习委员会主任杨拯民、副主任黄森与吴福常委商谈澳门地区文史资料征集工作。陈进玉副秘书长等参加。

29 日

上午,常委会第 21 次会议进行大会发言。丁光训副主席主持。徐惟诚、苏星、金开诚常委先后作学习邓小平同志关于人民政协理论体会的发言,李赣骝、刘存智、成思危、王蒙常委分别汇报小组讨论情况。叶选平、杨汝岱、王兆国、阿沛·阿旺晋美、洪学智、钱伟长、孙孚凌、马万祺、朱光亚、万国权副主席及 201 名常委出席。

下午,常委会第 21 次会议举行闭幕会。李瑞环主席主持并作重要讲话,叶选平副主席作本次会议小结。田光涛、张宝顺、徐崇华、陈仲颐常委分别汇报小组讨论情况。杨汝岱、王兆国、阿沛·阿旺晋美、洪学智、钱伟长、孙孚凌、朱光亚、万国权副主席及 210 名常委出席。

30 日

下午,杨汝岱副主席在接见厅会见以孟加拉人民联盟主席团成员阿米尔·侯赛因·阿穆为团长的孟人民联盟代表团一行。

晚,吴学谦、董寅初、安子介、霍英东、马万祺、何鲁丽副主席,朱训秘书长作为中央代表团成员在香港出席中英香港政权交接仪式等有关活动。

7 月

1 日

下午,马万祺副主席出席新华社澳门分社庆祝香港回归祖国暨香港特别行政区成立酒会。

晚,李瑞环主席,叶选平、杨汝岱、王兆国、阿沛·阿旺晋美、洪学智、钱伟长、胡绳、钱正英、丁光训、孙孚凌、朱光亚、万国权副主席及部分常委在人民大会堂出席国务院举行的庆祝香港回归招待会。

李瑞环主席,叶选平、杨汝岱、王兆国、阿沛·阿旺晋美、赛福鼎·艾则孜、洪学智、钱伟长、钱正英、孙孚凌、朱光亚、万国权、何鲁丽副主席及部分常委在北京工人体育场出席首都各界庆祝香港回归祖国大会。

马万祺副主席出席澳门同胞庆祝香港回归祖国大会并致词。之后观看中央民族歌舞团演出的大型歌舞《情系香港》。

2 日

晚,李瑞环主席,杨汝岱、王兆国、阿沛·阿旺晋美、洪学智、钱伟长、钱正英、孙孚凌、朱光亚、万国权、何鲁丽副主席及部分常委在人民大会堂观看《回归颂》大型文艺晚会。

万国权副主席会见并宴请以佐佐木十四雄为名誉团长，石原健一为团长的日本民间庆祝香港回归友好访中团一行。张治、赵喜明副秘书长出席。

3日

上午，经济委员会“农产品流通组”召开会议，讨论农产品流通体制改革的问题。姜习委员主持。

朱作霖副秘书长出席中直工委召开的庆香港回归座谈会。

王巨禄副秘书长代表办公厅到中国天主教爱国会吊唁宗怀德常委。

傅元天常委逝世。

4日

上午，叶选平副主席听取朱训秘书长，朱作霖副秘书长关于换届前工作的汇报。

经济委员会国有大中型灌区问题调查组召开会议，讨论调查报告。杨汝岱、钱正英副主席，王郁昭、谢华、阎颖副主任等出席。

中午，张治副秘书长在宴会厅会见并宴请台湾客人苏秋镇先生及夫人。

4日、5日

钱伟长副主席在广东东莞市出席中华民族振兴学术研讨会。

5日

上午，何鲁丽副主席在丰台体育中心出席北京市第十一届卢沟桥“醒狮杯”越野跑比赛开幕。

下午，钱正英副主席在人民大会堂会见并宴请美国百人会代表团。朱训秘书长，外事委员会主任钱李仁，全国工商联主席经叔平，张治、梁金泉副秘书长，台港澳侨联络委员会副主任李梦华、罗豪才，外事委员会副主任李鹿野、李赣骝、钱嘉东、唐龙彬等出席。

晚，钱正英、孙孚凌副主席在人民大会堂观看“庆祝香港回归大型交响音乐会”并会见演职人员和美国百人会代表团主要成员。朱训秘书长、外事委员会主任钱李仁、全国工商联主席经叔平、张治副秘书长和外事委员会副主任唐龙彬参加。

6日

上午，外事委员会与美国百人会代表团举行座谈会，钱李仁主任，李鹿野、钱嘉东、李赣骝、唐龙彬副主任等出席。

7日

上午，何鲁丽副主席在卢沟桥中国人民抗日战争纪念馆出席北京市纪念七·七事变60周年暨抗战纪念馆二期工程竣工仪式。

朱训秘书长代表李瑞环主席和办公厅到八宝山革命公墓参加董寿平委员遗体送别仪式。张道诚副秘书长参加。

下午，李瑞环主席在人民大会堂会见美国百人会代表团一行。钱正英副主席，朱训秘书长，朱作霖、梁金泉副秘书长，外事委员会主任钱李仁，副主任唐龙彬等出席。

台港澳侨联络委员会举行全体会议，学习座谈江泽民主席关于香港回归的讲话。万国权副主席主持，张治副秘书长，贾亦斌、肖岗、郭平坦副主任等出席。

8日

上午，外事委员会主任钱李仁会见日本国际问题研究所所长松永信雄。

科教文卫体委员会体育组召开全体会议，研究体育专题研讨会的有关事宜。常务副主任何振梁主持，曲绵域副主任等出席。

台港澳侨联络委员会与美国百人会代表团举行座谈会。张治副秘书长，台港澳侨联络委员会副主任肖岗、贾亦斌、罗豪才、陈白皋、唐树备、郑鸿业等出席。

下午，部分全国政协委员与美国百人会代表团举行专题座谈会，民族和宗教委员会副主任张声作等出席。

9日、10日

科教文卫体委员会组织在京部分委员对北京市的职业技术教育情况进行调查。孙孚凌副主席等参加。

10日

上午,钱正英副主席主持召开社会保障制度改革问题研讨会。社会与法制委员会副主任王厚德、俞雷、王庆淑、方掬芬、巴音朝鲁及辽宁、上海、安徽、湖南、海南、宁夏六省(区、市)政协有关负责同志等出席。

全国政协委员"希望工程"考察团召开座谈会。孙孚凌副主席出席并讲话,团中央及中国青少年发展基金会的有关领导参加。

民族和宗教委员会听取云南省迪庆藏族自治州赴京向国务院汇报团的有关情况介绍。卓加、陈欣、张声作副主任,张道诚副秘书长出席。

下午,李瑞环主席,王兆国副主席,朱训秘书长,张道诚副秘书长到八宝山革命公墓参加宗怀德常委的遗体送别仪式。

10日、11日

外事委员会举办中日关系内部研讨会。请有关方面负责人介绍日本政治、经济、社会、安全防卫及中日关系等情况。钱李仁主任、李鹿野常务副主任分别主持,朱作霖、梁金泉副秘书长,凌青、蒋光化、温业湛、钱嘉东、于洪亮、宋文中、唐龙彬副主任等出席。

11日

上午,部分在京全国政协委员(无党派)到国家地震局参观,张洽副秘书长参加。

民族和宗教委员会召开座谈会,听取国家民委有关负责同志介绍民族地区资源开发的情况。金鉴常务副主任主持,卓加副主任等出席。

下午,杨汝岱副主席在接见厅会见尼泊尔新闻访华团。

14日

钱正英副主席主持召开关于非洲维多利亚湖浮游生物处理问题研讨会。张洽副秘书长、科教文卫体委员会副主任吴武封、外事委员会副主任蒋光化等出席。

朱训秘书长主持召开第50次秘书长办公会。主要议题是:传达李瑞环主席关于加强机关建设的指示精神,审议政协全国委员会关于会徽、铭牌、印章的规定,审议政协全国委员会办公厅关于提案办理工作的若干规定等。

15日

上午,民族和宗教委员会与中央统战部、全国人大民委、国家民委在人民大会堂联合举办"庆祝内蒙古自治区成立五十周年座谈会"。国务委员、国家民委主任司马义·艾买提主持。全国政协副主席、中央统战部部长王兆国,全国人大常委会副委员长布赫等发表讲话。全国政协副主席赛福鼎·艾则孜,全国人大常委会副委员长程思远、铁木尔·达瓦买提,民族和宗教委员会副主任金鉴、安士伟、卓加、陈欣、严克强等出席。

经济委员会召开会议,邀请中华全国供销合作总社和农业部有关负责同志介绍我国丘陵山地综合开发利用情况。王郁昭副主任主持,程连昌副主任等出席。

16日

上午,经济委员会召开会议,邀请林业部有关负责同志介绍关于我国经济林发展和山区综合开发示范情况。王郁昭副主任主持。

下午,何鲁丽副主席出席第三次全国"打假"工作电话会议。

16日—27日

全国政协委员赴青海省视察团离京,就"引大济湟"水利工程情况进行视察。

17日

晚,在北京站举行中央代表团赴内蒙

古参加自治区成立50周年庆祝活动送行仪式。万国权副主席，王巨禄副秘书长作为代表团成员出席。梁金泉副秘书长参加送行仪式。

20日

艾知生常委逝世。

20日—30日

办公厅在北戴河干部培训中心举办部分省、自治区、直辖市政协主席研讨班。黑龙江、辽宁、上海、山东、安徽、河南、广东、海南、云南、贵州、四川、重庆等10省、直辖市政协主要领导同志出席。期间，李瑞环主席，杨汝岱、朱光亚副主席等会见了各位地方政协领导同志；朱训秘书长主持座谈讨论了全国政协八届一次会议以来政协工作的基本经验和换届工作的有关问题。

22日

东噶·洛桑赤列委员逝世。

22日—31日

以蒋正华、浦山常委为正、副团长的全国政协委员考察团一行17人在胜利、大庆油田，就石油工业建设情况进行考察。

23日

孙孚凌副主席接见并宴请以澳门岭南中学校长区金蓉女士为团长的台湾大专院校澳门校友会访问团一行13人。张治副秘书长，台港澳侨联络委员会副主任杨斯德、郭平坦、郑鸿业参加。

下午，提案委员会组织部分委员走访广东省政府，了解办理全国政协提案的情况。陈秉权副主任带队，赵炜副主任等参加。

24日

上午，张治副秘书长会见台湾国际龙安集团总公司董事长、基督教海外传道会总会牧师宫斐然先生和美国罗林斯公司亚太地区总经理王可济先生。

25日

上午，杨汝岱副主席在深圳出席提案委员会召开的提案承办工作座谈会并讲话。赵炜副主任主持，陈秉权副主任讲话。

张治副秘书长会见在北京大学研修的香港大学学生，向他们介绍了人民政协的情况。

梁金泉副秘书长受李瑞环主席委托，向启功常委敬献花篮，祝贺他85华诞，同时转达全国政协办公厅及朱训秘书长对他的祝贺。

27日

陈岱孙委员逝世。

28日

下午，钱正英副主席在接见厅会见由水利部和水利协会邀请的台港水利界专家访问团。

张治副秘书长会见台湾“中国文化经济发展协会”会长林竹松先生。

晚，钱正英副主席会见并宴请由长江技术协会邀请访华的日本众议员木部佳昭一行。

马万祺副主席在珠海市出席珠澳名人庆祝香港回归，展望澳门未来联谊会暨艺术展，并为艺术展剪彩。

29日—31日

叶选平副主席在上海考察工作。

30日—8月13日

社会与法制委员会调查组在黑龙江省，就青年在社会保障中的作用问题进行调查。袁纯清副主任带队。

31日

上午，李瑞环主席，杨汝岱、王兆国、赛福鼎·艾则孜、洪学智、钱伟长、孙孚凌、朱光亚、万国权、何鲁丽副主席，朱训秘书长在人民大会堂出席庆祝中国人民解放军建军70周年大会。

经济委员会召开会议，邀请农业部有关部门负责同志介绍中央、国务院《关于切实做好减轻农民负担工作的决定》下发后，各地落实情况。王郁昭副主任主持。

晚，李瑞环主席，杨汝岱、洪学智、朱光亚副主席在人民大会堂出席庆祝建军70周年招待会。

8月

1日

叶选平副主席在苏州市考察。

晚，李瑞环主席，杨汝岱副主席在首都体育馆观看庆祝建军70周年《我们的队伍向太阳》大型文艺晚会。

2日

下午，叶选平副主席与上海市政协领导座谈。陈铁迪主席汇报了市政协工作情况。

4日—6日

社会与法制委员会考察组就"反对、制止地方和部门保护主义"问题在甘肃、宁夏考察。俞雷副主任带队。

5日

上午，何鲁丽副主席，朱作霖副秘书长在八宝山革命公墓参加艾知生常委遗体送别仪式。

科教文卫体委员会组织科技界部分委员到国家专利局就我国专利事业的发展情况进行参观考察，并听取高卢麟局长的情况介绍。常务副主任吴武封带队。

下午，王兆国副主席代表李瑞环主席看望邓兆祥副主席。张道诚副秘书长陪同。

6日—18日

民族和宗教委员会组织部分委员就民族地区资源开发与经济发展情况在新疆进行专题调研，常务副主任金鉴带队。

7日

上午，经济委员会主任房维中、常务副主任王郁昭、马仪与山东省政协副主席兼经济委员会主任王裕晏交流工作情况。

7日、8日

陈进玉副秘书长应邀在宁波和舟山两市政协以"国家大局与政协工作"为题作辅导报告，并考察当地政协工作。

7日—9日

钱伟长副主席在大连出席科教文卫体委员会召开的"体育专题研讨会"。

7日—18日

以何鲁丽副主席为团长，刘广运常委、李赣骝副秘书长为副团长的全国政协委员考察团一行29人在黑龙江、内蒙古，就森林防火工作情况进行考察。

9日

陈进玉副秘书长代表李瑞环主席，朱训秘书长及办公厅到上海看望董寅初副主席。

9日、10日

社会与法制委员会青年组与全国青联、欧美同学会等单位在中国科技会馆联合召开"二十一世纪中国与当代青年的历史使命"研讨会。张道诚副秘书长出席。

10日—21日

杨汝岱副主席在新疆视察工作。

11日—19日

经济委员会组织沿海经济界政协委员赴宁夏进行经济协作考察。程连昌副主任带队。

晚，朱训秘书长会见并便宴招待香港地区全国政协委员施祥鹏。

台港澳侨联络委员会副主任杨斯德在政协礼堂会见并宴请台湾客人杨士豪。

12日—18日

政协全国文史委员会主任会议在新疆乌鲁木齐召开。杨汝岱副主席出席会议并讲话，杨拯民主任主持并作总结。

13日

上午，台港澳侨联络委员会部分委员与台湾"公职人员助理工会参访团"举行座谈会。杨斯德、郭平坦、郑鸿业副主任，张道诚副秘书长出席。

14日

下午,赵朴初副主席在人民大会堂会见韩国天主教金寿焕枢机。

15日

上午,朱训秘书长出席炎黄艺术馆理事会议并讲话。

下午,台港澳侨联络委员会常务副主任肖岗,张道诚副秘书长等在宴会厅会见并宴请旅外青年学者中华发展促进会回国访问团一行7人。

18日

陈进玉副秘书长在深圳出席人民政协报社深圳记者站成立仪式并讲话。

19日—22日

办公厅在北戴河全国政协干部培训中心召开人民政协秘书工作座谈会。阿沛·阿旺晋美副主席出席,钱正英副主席讲话,朱训秘书长主持,梁金泉副秘书长作主题报告。河北省政协主席李文珊,秦皇岛市政协主席朱桂英以及各省、自治区、直辖市及副省级市政协主管秘书工作的负责同志出席。最后,朱训秘书长作总结讲话。

19日—26日

驻澳门地区全国政协委员视察团赴山东省进行视察。

20日—28日

民族和宗教委员会在山西省召开"宗教如何与社会主义社会相适应问题"研讨会并进行考察。丁光训副主席,嘉木样·洛桑久美·图丹却吉尼玛副主任参加。

21日

上午,王兆国副主席在人民大会堂出席为李鹏总理出访马来西亚和新加坡举行的送行仪式。

孙孚凌副主席会见并宴请瑞士代表团,朱作霖副秘书长、全国政协常委多杰才旦等出席。

21日—9月1日

科教文卫体委员会常务副主任郭子恒率农村卫生专题组一行4人赴吉林、黑龙江省进行调查。

23日—9月1日

应加拿大外交部国务部长陈卓愉先生和俄罗斯国家杜马邀请,霍英东副主席率全国政协代表团对上述两国进行友好访问。代表团主要成员有全国政协副秘书长张道诚,全国政协外事委员会副主任唐龙彬,全国政协委员霍震霆和广州市政协副主席刘念祖等。

25日

科教文卫体委员会召开会议,听取文化部常务副部长李源潮介绍当前文化建设情况。常务副主任丁石孙主持,王济夫、王枫、黄辛白、陈明绍副主任等出席。

25日—30日

提案委员会组织部分委员在内蒙古赤峰地区,就办理八届四次会议关于"抢救白音敖包红皮云杉原始林"的提案进行专题调研。

25日—9月5日

科教文卫体委员会海洋专题调查组在辽宁、山东、浙江三省进行调查,李振声副主任带队。

26日

王兆国副主席在人民大会堂出席为李鹏总理结束访问马来西亚、新加坡回国举行的迎接仪式。

27日

外事委员会部分委员与美国国会议员助理代表团举行座谈。凌青副主任主持,温业湛、李赣骝、宋文中副主任等出席。

科教文卫体委员会邀请新闻出版署领导介绍关于落实党的十四届六中全会精神的情况。常务副主任王济夫主持,王枫、陈明绍、陈益群副主任等出席。

27日—29日

全国政协研究室、广州市人民政协理论研究会在广州联合举办“人民政协的理论与实践研讨会”。叶选平副主席、梁金泉副秘书长到会并讲话;朱训秘书长,广州市政协主席、广州市人民政协理论研究会会长邬梦兆,部分省、自治区、直辖市和副省级市政协领导,中央有关部门和高等院校、研究机构的专家学者向研讨会交了论文或在会上发言。

28日

上午,钱正英副主席听取全国政协委员赴青海省视察团关于“引大济湟”水利工程情况的汇报,并作重要讲话。蒋光化、程连昌常委,赵喜明副秘书长,水利部和中国国际工程咨询公司有关负责人出席。

科教文卫体委员会召开会议,请广电部副部长田聪明介绍有关文化建设情况。常务副主任王济夫主持,王枫、黄辛白、陈明绍副主任等出席。

28日—9月9日

文史和学习委员会“进城民工思想道德建设问题”调查组在江苏、上海进行调查。常务副主任徐惟诚带队。

29日

上午,何鲁丽副主席在中国人民大学出席“海峡两岸谭嗣同思想学术研讨会”。

30日

下午,李瑞环主席在人民大会堂会见瑞士代表团。朱训秘书长,朱作霖副秘书长,多杰才旦常委等陪同。

9月

1日

上午,钱伟长副主席在北戴河出席全国政协第十三期干部培训班开学典礼并讲话。陈进玉副秘书长参加。

2日

上午,王兆国副主席在中央社会主义学院出席秋季开学典礼并讲话。梁金泉副秘书长参加。

中午,万国权副主席在礼堂宴请台湾“中国文化经济发展协会”会长林竹松先生、澳门新建业集团主席吴立胜先生一行。张洽副秘书长参加。

何鲁丽副主席会见英国友人切尼博士一行。梁金泉副秘书长,北京市政协副主席张廉云等出席。

晚,受李瑞环主席委托,朱训秘书长设便宴欢迎霍英东副主席率领的全国政协访加、俄代表团圆满结束访问回国。朱作霖、张道诚副秘书长,外事委员会副主任唐龙彬出席。

2日—9日

以胡鸿烈、刘浩清为正副团长的驻香港特区全国政协委员赴山西省视察团一行21人,就“两个文明”建设情况进行视察。赵喜明副秘书长陪同。

3日—12日

以袁木、范康为正副团长的全国政协委员考察团一行18人,就石油工业建设情况在新疆土哈油田进行考察。

4日

下午,外事委员会与美国伊州议员团举行座谈,常务副主任李鹿野主持,钱嘉东、李赣骝、唐龙彬副主任等出席。

晚,孙孚凌副主席会见并宴请美国伊州议员团。外事委员会主任钱李仁,副主任钱嘉东、李赣骝、唐龙彬等参加。

4日、5日

杨汝岱副主席在四川省眉山地区视察。

5日

上午,朱训秘书长主持召开第39次秘书长会议。主要议题:一、听取关于政协八届常委会第22次会议准备工作情况的汇报;二、研究换届请示,酝酿换届准备工作;三、研究《庆祝人民政协成立50周年方案(征求意见稿)》;四、人事问题。朱作霖、吴修平、王巨禄、梁金泉、陈进玉、周干峙、李赣骝、宋金升、陈益群、潘渊静、张道诚、吴明熹副秘书长出席,机关各局级单位主要负责同志列席。

万国权副主席,张洽副秘书长在河北承德出席沿海12省区市祖国统一研讨会第十次会议。

下午,钱伟长副主席在人民大会堂会见旅美华侨华人专业人士考察交流团一行。

8日

万国权副主席会见并宴请以梁披云先生为团长的澳门归侨总会访京团一行。张洽、梁金泉副秘书长,台港澳侨联络委员会副主任马庆雄、肖岗、罗豪才参加。

万国权副主席在人民大会堂出席江泽民主席为罗马尼亚总统康斯坦丁内斯库访华举行的欢迎仪式,并出席晚上的欢迎宴会。

何鲁丽副主席在人民大会堂会见日本东京青年会议所代表团。

8日—19日

孙孚凌副主席率全国政协委员视察团一行27人在河南省,就农村"小康村"建设情况进行视察。

9日、10日

科教文卫体委员会与民进中央联合组成慰问团到河北省滦平县慰问教师。陈益群副秘书长带队。

9日—19日

经济委员会丘陵山地综合开发问题调查组在山西、河南省进行调查。王郁昭副主任带队。

10日

上午,钱伟长、钱正英副主席在礼堂出席首都教育界庆祝教师节茶话会。

钱正英副主席参加"欢送中国红十字基金会赴藏医疗队暨捐赠仪式"。

万国权副主席会见并宴请以毕明会长为团长的澳门房地产联合商会访京团一行。张洽、周干峙副秘书长,台港澳侨联络委员会副主任杨斯德、郑鸿业参加。

下午,万国权副主席,张洽副秘书长在礼堂出席'97在京台胞中秋茶话会。

10日—24日

民族和宗教委员会"关于加快治理科尔沁沙地"调查组一行5人在内蒙古进行调研。巴图巴根副主任带队。

11日

晚,霍英东副主席听取朱作霖、张道诚副秘书长,外事委员会副主任唐龙彬关于出访加拿大和俄罗斯工作的总结汇报。

11日—16日

经济委员会副主任程连昌在青岛参加"十三省区市政协经济委员会第五次联系会议暨经济技术协作洽谈会"。

12日

上午,李瑞环主席,叶选平、吴学谦、杨汝岱、王兆国、阿沛·阿旺晋美、赛福鼎·艾则孜、洪学智、胡绳、钱正英、朱光亚副主席,朱训秘书长,王巨禄副秘书长在人民大会堂出席中国共产党第十五次全国代表大会开幕式,赵朴初、钱伟长、丁光训、孙孚凌、安子介、霍英东、马万祺、万国权、何鲁丽副主席,张洽副秘书长列席。

12日—16日

以凌青副主任为团长的外事委员会考察团一行20人在大连,就改革开放和精神文明建设情况进行考察。李鹿野、钱嘉东、于洪亮、唐龙彬副主任等参加。

15日

中午,杨汝岱副主席会见并宴请法国经社理事会主席马泰奥利及夫人一行。朱作霖、梁金泉副秘书长陪同。

15日—24日

以张声作副主任为组长的民族和宗教委员会专题调查组一行6人在江苏，就群众信教情况进行调查。

张法、蔡端委员逝世。

16日

上午，钱伟长、万国权副主席出席海峡两岸“根之情”中秋联谊活动欢迎会。张治副秘书长，台港澳侨联络委员会副主任杨斯德、贾亦斌参加。

下午，钱伟长副主席出席海峡两岸“根之情”中秋联谊活动座谈会。

晚，钱伟长、万国权、何鲁丽副主席出席海峡两岸“根之情”中秋联谊文艺晚会。

16日—21日

经济委员会“农产品流通体制改革”调研组一行10人在江苏连云港市参加“农产品流通体制改革研讨会”。

17日

下午，台港澳侨联络委员会常务副主任肖岗宴请旅美学者、证券专家、华裔经纪协会会长邱晓萱和其父邱庆铭先生（七届委员）。

17日—22日

社会与法制委员会副主任王厚德在乌鲁木齐市参加“西部十一省区政协第三次法制工作座谈会”。

18日

上午，李瑞环主席，叶选平、吴学谦、杨汝岱、王兆国、洪学智、胡绳、钱正英、朱光亚副主席，朱训秘书长，王巨禄副秘书长等在人民大会堂出席中国共产党第十五次全国代表大会闭幕会。阿沛·阿旺晋美、赵朴初、钱伟长、丁光训、孙孚凌、霍英东、马万祺、万国权、何鲁丽副主席，张治副秘书长应邀列席。

19日

台港澳侨联络委员会副主任杨斯德会见并宴请台湾客人翁丽莲女士一行。

20日

上午，陈进玉副秘书长代表办公厅在上海祝贺董寅初副主席82华诞。

下午，陈进玉副秘书长代表办公厅在上海出席庆祝苏步青副主席执教70周年座谈会暨祝贺他95华诞。

22日

上午，政协八届常委会第22次会议举行开幕会。李瑞环主席主持。在通过议程后，听取中共中央政治局委员、书记处书记温家宝同志介绍中国共产党第十五次全国代表大会精神。叶选平、吴学谦、杨汝岱、王兆国、阿沛·阿旺晋美、洪学智、赵朴初、钱伟长、胡绳、钱正英、孙孚凌、马万祺、朱光亚、万国权、何鲁丽副主席，朱训秘书长等239名常委出席。部分副秘书长及各专门委员会负责同志列席。

李瑞环主席主持召开第48次主席会议，审议《关于学习和贯彻中国共产党第十五次全国代表大会精神的决议（草案）》。叶选平、吴学谦、杨汝岱、王兆国、阿沛·阿旺晋美、洪学智、赵朴初、胡绳、钱正英、孙孚凌、马万祺、朱光亚、万国权、何鲁丽副主席，朱训秘书长出席。朱作霖、张治、吴修平、王巨禄、梁金泉、郑万通、陈进玉、周干峙、李赣骝、朱元成、陈益群、潘渊静、胡德平、赵喜明、郑质英、张道诚副秘书长列席。

下午，政协八届常委会第22次会议分组阅读文件。

钱正英副主席会见湖北省荆州市政协主席等，听取有关工作情况的汇报。

外事委员会与美国青年政治领袖理事会代表团座谈。凌青副主任主持，钱嘉东、李赣骝、唐龙彬副主任等出席。

23日

政协八届常委会第22次会议全天进行小组讨论。杨汝岱、孙孚凌、万国权、何鲁丽副主席参加。

24日

上午,政协八届常委会第22次会议进行小组讨论。万国权、何鲁丽副主席参加。

下午,李瑞环主席主持召开第49次主席会议,听取各小组讨论《关于学习和贯彻中国共产党第十五次全国代表大会精神的决议(草案)》的综合汇报和起草小组对《决议(草案)》的修改意见;研究筹备九届一次会议的有关问题。叶选平、吴学谦、杨汝岱、王兆国、阿沛·阿旺晋美、洪学智、赵朴初、胡绳、孙孚凌、马万祺、朱光亚、万国权、何鲁丽副主席,朱训秘书长出席。朱作霖、张治、吴修平、王巨禄、梁金泉、郑万通、陈进玉、周干峙、李赣骝、朱元成、陈益群、潘渊静、胡德平、赵喜明、郑质英、张道诚、吴明熹副秘书长列席。

政协八届常委会第22次会议举行闭幕会。李瑞环主席出席,叶选平副主席主持。杨永斌,张媛贞、蒋正华、李刚、刘广运、梅向明、关涛、胡鸿烈常委分别汇报小组讨论情况;通过《关于学习和贯彻中国共产党第十五次全国代表大会精神的决议》。吴学谦、杨汝岱、王兆国、阿沛·阿旺晋美、洪学智、赵朴初、胡绳、孙孚凌、马万祺、朱光亚、万国权、何鲁丽副主席,朱训秘书长等226名常委出席。部分副秘书长及各专门委员会负责人列席。

25日

上午,赵朴初副主席出席民族和宗教委员会、中央统战部联合举行的学习党的“十五大”会议文件精神座谈会。

万国权副主席会见以台湾台展集团公司总经理廖汉明为团长的广东省南海市台商赴京访问团一行。张治副秘书长,台港澳侨联络委员会副主任杨斯德参加。

下午,办公厅举办第18次委员活动日。

26日

上午,阿沛·阿旺晋美副主席出席民族和宗教委员会、中央统战部联合举行的少数民族人士学习党的“十五大”会议文件精神座谈会。

28日

中午,何鲁丽副主席在人民大会堂会见美国宾夕法尼亚访华代表团。

朱训秘书长宴请来京参加国庆观光活动的部分台港澳侨客人。朱作霖、张治、梁金泉副秘书长,台港澳侨联络委员会副主任马庆雄、郑鸿业参加。

下午,万国权副主席在中国大酒店会见美国英语学会访华代表团。

晚,办公厅与中央统战部在人民大会堂联合举行1997年国庆招待会。李瑞环主席出席,叶选平副主席致辞,王兆国副主席主持。杨汝岱、阿沛·阿旺晋美、钱伟长、万国权、何鲁丽副主席,朱训秘书长,朱作霖、赵伟之、张治、吴修平、王巨禄、梁金泉、郑万通、陈进玉、李赣骝、朱元成、宋金升、陈益群、潘渊静、胡德平、赵喜明、张道诚副秘书长,台港澳侨联络委员会部分副主任出席。

29日

下午,马万祺副主席与全国各省、区、市驻澳门地区人大代表、政协委员座谈中共“十五大”会议精神,并通报了政协八届常委会第22次会议情况。

晚,李瑞环主席,王兆国、阿沛·阿旺晋美、钱伟长、孙孚凌、万国权、何鲁丽副主席,张治、梁金泉副秘书长在人民大会堂出席国务院侨办、港澳办、台办联合举行的国庆招待会。

30日

上午,台港澳侨联络委员会与德国华侨华人联合会筹委会代表团座谈。马庆雄、肖岗副主任出席。

万国权副主席接见以会长林保森为团长的海南省台资企业协会’97国庆赴京参访团一行。张治副秘书长,台港澳侨联络委员会副主任杨斯德、郑鸿业等参加。

晚，李瑞环主席，杨汝岱、王兆国、阿沛·阿旺晋美、洪学智、钱伟长、钱正英、孙孚凌、朱光亚、万国权、何鲁丽副主席、朱训秘书长、朱作霖副秘书长等在人民大会堂出席李鹏总理举行的1997年国庆招待会。

赛福鼎·艾则孜、钱伟长、朱光亚、万国权副主席及部分京内常委等同首都各界群众一起在人民大会堂观看庆祝中华人民共和国成立48周年国庆文艺晚会。

10月

1日

下午，吴学谦副主席在人民大会堂会见香港青年国庆访京团主要成员，并出席访京团举行的答谢宴会。朱作霖、赵喜明副秘书长陪同。

马万祺副主席在澳门分别主持澳门同胞、澳门中华总商会庆祝中华人民共和国成立48周年大会和酒会并讲话。

晚，马万祺副主席在澳门出席澳门同胞庆祝中华人民共和国成立48周年国庆文艺晚会。

4日

下午，何鲁丽副主席在人民大会堂会见叙利亚作家代表团。

5日—22日

文史和学习委员会“文史资料为社会主义精神文明建设服务“专题调查组在四川、安徽、江苏进行调查。高兴民副主任带队。

6日

下午，经济委员会常务副主任王郁昭会见来访的日本国会议员木部佳昭，商谈举办“中日长江水利环保技术研讨会”有关事宜。

6日—12日

科教文卫体委员会“医院改革”专题组在上海进行调研。常务副主任郭子恒带队。

7日

上午，钱正英副主席在杭州出席钱塘江大桥通车60周年纪念活动和纪念茅以升先生座谈会。

提案委员会与北京市政协提案委、国务院信息办就“加强信息资源、网络安全建设”等提案进行协商座谈。

社会与法制委员会部分委员到门头沟区参观考察农业和乡镇企业发展情况。关涛、俞雷、吴庆彤、王庆淑、华联奎、康泠副主任等参加。

中午，张治副秘书长，台港澳侨联络委员会副主任杨斯德会见并宴请台湾客人黄培先生。

外事委员会主任钱李仁会见新上任的日本驻华大使馆公使宫本雄仁。

7日—18日

科教文卫体委员会“文体建设问题”专题组在山东进行调研。常务副主任王济夫带队。

8日

孙孚凌副主席在人民大会堂出席中国老龄协会等单位主办的“特困老人助养活动”座谈会。

下午，何鲁丽副主席在天津出席“民革环渤海地区组织促进经济发展’97研讨会”开幕式。

8日—22日

民族和宗教委员会部分委员就“改革开放与经济发展”在上海、浙江、福建进行参观考察。阿沛·阿旺晋美副主席带队，金鉴、嘉木样·洛桑久美·图丹却吉尼玛副主任等参加。

张治副秘书长接见中国国家行政学院第四期澳门高级公务员培训班全体成员。

9日

上午，提案委员会召开第29次主任会

议,讨论关于八届政协以来提案工作情况报告的提纲。周绍铮主任主持,张文寿、陈秉权、赵炜、吴修平副主任参加。

文史和学习委员会(学习)举行报告会,邀请国家体改委副主任洪虎作《公有制的多种实现形式》的报告。徐崇华副主任主持,杨拯民主任,机关中心学习组朱作霖、张洽、王巨禄、梁金泉、陈进玉、周干峙、赵喜明、张道诚副秘书长等到会。

10日

孙孚凌副主席在人民大会堂会见塞内加尔代表团一行。

提案委员会走访国家计生委,了解提案办理工作情况、征求对政协提案工作的意见。张文寿副主任带队。

经济委员会召开"中日长江水利环境经济技术研讨会"中方有关单位协调会。钱正英副主席主持,王郁昭副主任汇报会议筹备工作情况。阎颖、路明副主任及水利部、农业部、林业部、电力部等单位负责同志出席。

10日—19日

社会与法制委员会"女童教育问题"调查组在广西壮族自治区进行调查。关涛副主任带队。

14日

上午,李瑞环主席在人民大会堂会见法国驻华大使毛磊。朱训秘书长,朱作霖副秘书长,外交部副部长王英凡等参加。

李瑞环主席在人民大会堂会见安提瓜和巴布达总理莱斯特·伯德。朱训秘书长参加。

晚,李瑞环主席,孙孚凌、朱光亚副主席在国际展览中心参观'97国际石油天然气及石油化工展览会。

14日—23日

钱正英副主席率"桂中丘陵地区干旱问题"调查组一行3人在广西进行考察。

以万国权副主席为团长,陈难先常委,蔡延松、王珉委员为副团长的全国政协委员赴云南省考察团一行39人在昆明、景洪、思茅等地,就"森林防火工作情况"进行考察。

以傅锡寿常委为团长,白纪年、杨堤、巴岱常委为副团长的全国政协常委(京外)参观考察团一行43人在海口、三亚、通什等地,就"海南经济发展情况"进行参观考察。

15日

梁金泉副秘书长会见俄罗斯新闻代表团。

16日

全国政协委员赴广西考察团召开会议,听取林业部副部长祝光耀介绍森林防火工作情况。何鲁丽副主席出席并讲话。

何鲁丽副主席会见以王东源为团长的香港博爱医院董事局考察访问团一行。张洽副秘书长等参加。

下午,台港澳侨联络委员会副主任杨斯德、张洽、郑鸿业接见以吴振昌为团长的广州台资企业协会访京团一行。

晚,孙孚凌副主席在礼堂会见厅会见并宴请以郭晏先生为团长的中国文化经济发展协会台湾知名人士大陆交流考察团一行25人。台港澳侨联络委员会副主任杨斯德、贾亦斌、郑鸿业、郭平坦,副秘书长张洽参加。

16日—25日

吴学谦副主席在江苏考察工作。

17日

上午,李瑞环主席到北京医院看望方毅同志,朱训秘书长陪同。

杨汝岱、王兆国、何鲁丽副主席在京西宾馆出席中国民主同盟第八次全国代表大会开幕式。

17日—25日

以何鲁丽副主席为团长,刘广运常委为副团长的全国政协委员考察团一行13

人离京赴广西，就“森林防火工作情况”进行考察。

下午，孙孚凌副主席在人民大会堂会见沙特阿拉伯中国友好代表团。

七届政协副主席方毅同志逝世。

朱训秘书长主持召开秘书长碰头会，酝酿专委会设置问题。朱作霖、张洽、王巨禄、梁金泉、陈进玉、赵喜明、张道诚副秘书长出席。

18日

李瑞环主席察看常委会议厅休息室扩建工程。朱作霖、赵喜明副秘书长陪同。

19日

晚，朱作霖、梁金泉、赵喜明副秘书长会见香港界政协委员何志平及其夫人。

20日

下午，孙孚凌副主席在人民大会堂会见赞比亚政府文化代表团一行。

20日—24日

科教文卫体委员会在重庆召开全国暨部分省区市政协科教文卫体委员会工作总结交流会。钱伟长副主席，曲绵域、林佳楣、黄辛白、傅庚辰副主任，张洽副秘书长等出席，王济夫、吴武封常务副主任主持。

20日—31日

科教文卫体委员会薄弱学校建设问题调查组在福建省进行专题调查。

21日

上午，应我会邀请，贝宁经社理事会主席阿格博一行3人抵京，对我国进行友好访问。

下午，孙孚凌副主席与贝宁经社理事会主席阿格博一行举行会谈，梁金泉副秘书长等出席。

22日

上午，提案委员会组织部分委员走访新闻出版署，了解政协八届一次会议以来提案办理工作情况，并听取对本委工作的意见。周绍铮主任带队。

下午，国务院副总理兼外交部长钱其琛在人民大会堂会见贝宁经社理事会主席阿格博。梁金泉副秘书长、外事委员会副主任温业湛出席。

22日—11月1日

以张洽副秘书长为团长的全国政协委员(无党派)考察团一行14人在昆明、大理等地，就“民族地区经济发展情况”进行考察。

23日

上午，朱光亚副主席在人民大会堂出席国家主席江泽民为挪威国王哈拉尔五世访华举行的欢迎仪式，并参加晚上的宴会。

文史和学习委员会举行报告会，请中国证券监督管理委员会副主席范福春作《中国证券市场情况》的报告。

24日

文史和学习委员会在北京市政协召开“进城民工思想道德建设问题”座谈会。徐惟诚常务副主任主持，金开诚、徐崇华副主任等出席。北京市公安局、劳动局、首都精神文明建设委员会办公室、共青团北京市委、《北京晚报》副刊部等单位负责人介绍有关情况。

25日—11月1日

经济委员会“国有企业考察组”一行11人在上海考察。马仪副主任带队，范康、程连昌副主任等参加。

26日—11月2日

科教文卫体委员会与部分省市相关委员会召开关于落实《中共中央、国务院关于加快科技进步的决定》座谈会。常务副主任吴武封主持。

27日

上午，七届政协副主席方毅同志遗体在京火化。乔石、李瑞环、刘华清、胡锦涛、李岚清、田纪云、张万年、罗干、吴仪、张震、王汉斌、陈慕华、费孝通、雷洁琼、王丙乾、王光英、程思远、卢嘉锡、布赫、宋健、李贵鲜、司马义·艾买提、吴学谦、王兆国、阿沛·阿旺晋美、洪学智、钱正英、朱光亚、万国权等领导同志，以及万里、宋平、李德生、黄华、谷牧、王恩茂、郑天翔、刘复之等老同志到八宝山革命公墓礼堂向方毅同志遗体送别。朱训秘书长，朱作霖、王巨禄、赵喜明副秘书长参加。

王兆国、钱正英副主席在京西宾馆出席中国农工民主党第十二次全国代表大会开幕式。

下午，孙孚凌副主席会见《也门时报》主编萨卡夫。陈进玉副秘书长陪同。

27日—11月5日

以唐翔千、庄世平常委为团长的香港特别行政区全国政协委员视察团一行38人，在浙江省温州、宁波、杭州等地，就经济发展情况进行视察。张道诚副秘书长陪同。

28日

上午，马万祺副主席在河南参加小浪底工程截流仪式。

下午，何鲁丽副主席在人民大会堂会见法国和平运动代表团丹尼尔·杜兰德一行。

办公厅举办八届政协第19次委员活动日。

28日—30日

全国政协人口组在中协宾馆召开“农村老年社会保险制度建设专题研讨会”。钱正英副主席，社会与法制委员会副主任王厚德、关涛、俞雷，人口组组长李赣骝，副组长邬沧萍、林佳楣等出席。

29日

外事委员会组织部分委员到通州区考察农业和乡镇企业情况。钱李仁主任，李鹿野副主任等参加。

党巴委员在新疆逝世。

31日

钱伟长副主席在中央统战部出席贵州省毕节地区畜牧产业发展战略及规划论证会。

11月

1日

上午，王兆国、洪学智副主席，陈进玉副秘书长在人民大会堂出席中国致公党第十一次代表大会开幕式。

3日

上午，王兆国、孙孚凌副主席，赵喜明副秘书长在人民大会堂出席全国工商联第八届会员代表大会开幕式。会前接见全体代表并合影留念。

何鲁丽副主席率民革中央考察组到北京市计生委了解流动人口计划生育情况。

文史和学习委员会召开“进城民工思想道德建设问题”座谈会。徐惟诚副主任主持，金开诚、徐崇华副主任等出席。

台港澳侨联络委员会副主任杨斯德、贾亦斌、张洽会见并宴请台湾客人陈毓钧先生一行。

下午，钱正英副主席会见并宴请韩国前国务总理李寿成一行。梁金泉副秘书长陪同。

3日—6日

全国地方政协经济委员会第五次工作会议在南京召开。总结交流八届政协经济委员会工作经验。房维中主任主持，王郁昭、马仪、刘鸿儒、范康、谢华、李刚、阎颖、程连昌副主任等省区市有关负责人出席。

3日—10日

文史和学习委员会副主任黄森等在上海参加华东地区政协第十四次文史资料工作协作会。

3日—11日

文史和学习委员会副主任徐崇华等在广州参加华东、中南地区政协学习工作研讨会。

4 日

上午，万国权副主席会见以陆宗霖先生为团长的香港玩具厂商会访问团一行。台港澳侨联络委员会副主任张治、郑鸿业陪同。

5 日

社会与法制委员会组织部分委员到昌平考察乡人民法庭，并旁听县人民法庭公开审理刑事案件。

6 日

上午，提案委员会部分委员在浙江省出席华东六省市政协提案工作座谈会。张文寿副主任带队。

7 日

上午，孙孚凌副主席在国际会议中心出席全国工商联第八届会员代表大会闭幕会和全国工商联八届一次常委会议。

下午，李瑞环主席，孙孚凌副主席在人民大会堂接见全国工商联常委和光彩促进会理事。

8 日

上午，王兆国、朱光亚副主席，张道诚副秘书长在京西宾馆出席九三学社第七次全国代表大会开幕式。

台港澳侨联络委员会副主任杨斯德、贾亦斌、张治、郭平坦参加《台湾同胞抗日斗争图片展》开幕式。

下午，钱正英副主席在湖北省参加三峡工程大江截流仪式。

何鲁丽副主席在人民大会堂会见日本长崎和平友好人士访华团一行。

10 日

上午，钱正英副主席会见日本众议员、日本自民党长江水利研究会会长、原建设部大臣木部佳昭一行。经济委员会副主任王郁昭参加。

应吴学谦副主席邀请，德国前副总理兼外长、联邦议员根舍一行 3 人抵京，开始对我国进行为期 3 天的友好访问。期间，李瑞环主席，吴学谦副主席等分别会见和宴请根舍一行；根舍一行还出席了德国专业委员会年会。

应本会邀请，以苏多莫主席为团长的印尼最高评议院代表团一行 12 人抵京，开始对我国进行为期 5 天的正式友好访问。期间，李瑞环主席会见并宴请苏多莫一行；钱正英副主席与苏多莫进行了座谈；苏多莫一行还在上海、西安访问。

11 日

上午，朱光亚副主席在人民大会堂出席为李鹏总理出访日本举行的欢送仪式。

11 日—14 日

人民政协后勤工作经验交流会在京举行。杨汝岱副主席出席并讲话，朱训秘书长主持。会上，赵喜明副秘书长代表办公厅就《深化改革，强化管理，搞好政协后勤工作》讲话。全国机关事务工作协会、中直管理局、国务院机关事务管理局有关领导和各民主党派，各省、自治区、直辖市有关负责同志等出席；会中，李瑞环主席接见参加会议的代表，作了重要讲话，并与他们合影留念。

下午，何鲁丽副主席在人民大会堂会见巴拉圭全国会昭党代表团吉列尔莫·卡瓦列罗一行。

晚，孙孚凌副主席出席江泽民主席为俄罗斯总统叶利钦访华举行的欢迎宴会。

12 日

王兆国、钱正英副主席，张治副秘书长在人民大会堂出席纪念台盟成立五十周年暨第六次全盟代表大会开幕式。

全国政协在中山公园中山堂举行仪式，纪念孙中山先生诞辰 131 周年。杨汝岱副主席主持，吴学谦副主席代表全国政协，何鲁丽副主席代表民革中央，刘延东副部长代表中央统战部，万嗣全代表北京市政府分别向孙中山先生像敬献花篮。阿沛·阿旺晋美、洪学智、万国权副主席，全国人大常委会副委员长雷洁琼、王光英、程思远,梁金泉、陈益群、张道诚副秘书长,部分在京委员,民革中央以及北京市各界人士出席。

13日

上午,李瑞环主席在人民大会堂接见黄埔军校同学会第二次会员代表会议代表并讲话。王兆国、何鲁丽副主席,张道诚副秘书长参加接见并出席开幕式。

吴学谦、王兆国、万国权副主席,王巨禄副秘书长在人民大会堂出席中国民主建国会第七次全国代表大会开幕式。

科教文卫体委员会召开座谈会,请卫生部领导介绍贯彻落实全国卫生工作会议精神的情况。郭子恒副主任主持,林佳楣、宋鸿钊副主任参加。

民族和宗教委员会举办第三次委员学习日活动,请社科院有关负责人作"当前世界民族问题的形势及我国的民族问题"的报告。陈欣副主任主持,金鉴、安士伟、卓加、严克强、张声作副主任等出席。

下午,杨汝岱副主席出席江泽民主席为南斯拉夫总统米洛舍维奇访华举行的欢迎仪式。

台港澳侨联络委员会副主任杨斯德、张治、贾亦斌会见并宴请台湾著名作家陈映真先生。

13日—18日

孙孚凌副主席在合肥市出席海峡两岸文化交流研讨会,并在安徽省考察 。

14日

上午,李瑞环主席在中南海主持中共中央召开的党外人士座谈会。江泽民总书记通报了访美情况。王兆国、阿沛·阿旺晋美、钱伟长、万国权、何鲁丽副主席等出席。

吴学谦副主席会见英国前副首相、外交大臣杰弗里·豪。张治副秘书长陪同。

外事委员会组织部分委员在卢沟桥视察抗日战争纪念馆二期工程。钱李仁主任,李鹿野、温业湛、于洪亮、宋文中、唐龙彬副主任等参加。

晚,朱训秘书长,朱作霖、梁金泉副秘书长会见香港汇丰银行执行董事郑海泉和汇丰银行北京分行行长李桂鑫先生。

16日

晚,朱光亚副主席出席李鹏总理结束访日回国的迎接仪式。

17日

上午,钱正英副主席出席江泽民主席为波兰总统瓦西涅夫斯基访华举行的欢迎仪式和晚上的欢迎宴会。

钱正英副主席会见波兰参议院副议长安哲伊·赫罗诺夫斯基。梁金泉副秘书长陪同。

18日

张道诚副秘书长会见台湾大香山观音禅寺住持明乘大法师。

18日、19日

提案委员会分别走访司法部和国家环保局,了解委员提案承办情况,听取意见和建议。陈秉权、孙轶青副主任分别带队。

19日

万国权副主席会见以杨钊为团长的香港青年工业家协会访京团一行。

民族和宗教委员会组织部分委员参观中国国际航空培训部飞行员训练中心和乘务中心。

社会与法制委员会组织部分委员到北京二七机车厂、二七车辆厂和北京邮政管理局参观考察。王厚德、王庆淑、方掬芬、关涛、巫昌祯副主任等参加。

20日

朱训秘书长主持召开第四十次秘书长会议。主要议题:一、通报经中共中央常委审议通过的政协党组《关于召开政协第九届全国委员会第一次会议的请示》的有关情况;二、讨论政协第八届全国委员会常务委员会工作报告(草案);三、讨论政协第八届全国委员会工作总结(征求意见稿);四、审议通过政协九届一次会议秘书处各组副组长、驻饭店办事组正副组长名单(草案)和工作职责(草案);五、听取关于1998年新年茶话会和地方政协主席座谈会准备工作情况的汇报。

王兆国、万国权副主席,张洽副秘书长在京西宾馆出席第六次全国台湾同胞代表会议开幕式。

21日

上午,外事委员会举行国际形势报告会,请外交部副部长唐家璇作李鹏总理访日及中日关系情况的报告。钱李仁主任主持。

23日—12月3日

上午,应英国议会与科学委员会的邀请,以科教文卫体委员会副主任季国标为团长的全国政协访英代表团一行5人赴英国访问。成员有:科教文卫体委员会副主任李振声、孙家栋,张洽副秘书长。

24日

上午,全国地方政协主席座谈会在礼堂举行。李瑞环主席出席,叶选平副主席讲话,吴学谦副主席主持。主要议题是:以中国共产党十五大精神为指导,总结交流八届政协工作经验,讨论修改全国政协八届工作总结(征求意见稿),对今后政协工作提出建议。陈铁迪、王大明、聂荣贵、孙颔四位同志发言。杨汝岱、阿沛·阿旺晋美、赛福鼎·艾则孜、钱伟长、钱正英、孙孚凌、万国权副主席,朱训秘书长,政协副秘书长出席。出席会议的还有中办、国办、中组部、统战部、中编委、财政部、人事部的领导同志。会后,李瑞环主席和与会副主席同地方政协主席合影留念。

王兆国、胡绳、何鲁丽副主席,张道诚副秘书长在北京国际会议中心出席中国国民党革命委员会成立五十周年纪念大会暨第九次全国代表大会开幕式。

24日下午—27日上午

全国地方政协主席座谈会进行座谈发言。杨汝岱、王兆国、钱伟长、钱正英、孙孚凌、万国权副主席分别主持。陈玉益、李文珊、孙奇、贾那布尔、游德馨、邬梦兆、胡照洲、刘晋峰、龙志毅、周雅光、朱治宏、刘国范、胡厚均、陆懋曾、韩应选、周文华、程运铁、傅继德、刘耀华、陈辉光、赵廷光、张文彬、徐洪森、康乐书、熊恩生、林英海、刘正、陈法文、韩正卿、叶承垣、骆隆森、裴希敏、林祖基、王永生等同志发言。李瑞环主席,叶选平、吴学谦、杨汝岱、王兆国、阿沛·阿旺晋美、钱伟长、钱正英、孙孚凌、万国权副主席,朱训秘书长,政协副秘书长等分别出席。

25日—27日

以冯梯云常委为团长,塞风、鲍奕珊委员为副团长的全国政协委员北京参观考察团一行46人,分别在十三陵抽水蓄能电站、韩村河、育新花园住宅小区进行参观考察。

26日

上午,杨汝岱、王兆国副主席,朱作霖副秘书长在人民大会堂出席中国民主促进会第八次全国代表大会开幕式。

27日

下午,全国地方政协主席座谈会在礼堂举行闭幕会。李瑞环主席讲话,叶选平副主席主持。龙念、郭裕怀、蔡望怀、潘寒操四位同志发言。吴学谦、杨汝岱、王兆国、阿沛·阿旺晋美、钱伟长、钱正英、孙孚凌、万国权副主席,朱训秘书长出席。出席会议的还有中办、国办、中组部、统战部、中编委、财政部、人事部的领导同志和全国政协副秘书长。

晚,李瑞环主席设宴招待出席座谈会的地方政协主席。叶选平、吴学谦、杨汝岱、王兆国、阿沛·阿旺晋美、钱伟长、孙孚凌、万国权副主席,朱训秘书长,政协副秘书长等出席。

民族和宗教委员会组织部分委员到雍和宫、白云观和牛街清真寺参观。常务副主任金鉴带队，张声作、陈欣、卓加副主任等参加。

28日

第七届政协好新闻(宏宇杯)颁奖会在礼堂举行。叶选平、钱伟长副主席，朱训秘书长等出席并为获奖者颁奖。王巨禄副秘书长主持，梁金泉副秘书长代表评委会作评选情况说明。各民主党派中央、全国工商联宣传部、首都主要新闻单位负责人等参加。

科教文卫体委员会组织部分委员到中国体育博物馆、国家运动医学研究所、奥体中心参观考察。常务副主任何振梁带队，王济夫、郭子恒常务副主任，宋鸿钊、陈明绍、黄辛白、鲍奕珊、傅庚辰副主任等参加。

下午，叶选平、吴学谦副主席听取朱训秘书长，朱作霖、王巨禄、梁金泉副秘书长等同志的工作情况汇报。

应澳大利亚政府邀请，万国权副主席率中国国际交流协会代表团赴澳大利亚进行为期7天的友好访问。

办公厅举办八届政协第20次在京委员活动日。

12月

2日、3日

科教文卫体委员会组织部分委员参观考察恭王府和中央电视台广播电视塔。常务副主任王济夫带队。

2日—5日

经济委员会“国有企业考察组”一行9人，在天津市考察国有企业集团化和股份制改革有关问题。马仪副主任带队。

4日

文史和学习委员会举行报告会，请外交部有关负责人作《当前国际形势和我国对外关系》的报告。黄森常务副主任主持。

7日

上午，应越南共产党中央委员会和祖国阵线中央委员会、新西兰政府、澳大利亚政府的邀请，李瑞环主席离京对上述三国进行正式友好访问。中共中央政治局常委、书记处书记胡锦涛，吴学谦、杨汝岱、王兆国、钱伟长副主席，国务院外办主任刘华秋，农工民主党中央副主席李蒙，中联部部长戴秉国，中共中央办公厅副主任胡光宝，外交部副部长王英凡，朱作霖、梁金泉副秘书长以及新西兰、澳大利亚驻华大使、越南驻华使馆临时代办等到人民大会堂为李瑞环主席一行送行。陪同出访的有：朱训秘书长，四川省政协主席聂荣贵，农工民主党中央主席蒋正华，中联部副部长李成仁，滕进贤、方放委员，郑质英副秘书长。

7日—18日

孙孚凌副主席在广东省考察企业改革情况。

应韩国科技部邀请，科教文卫体委员会中外科技政策比较专题考察组一行5人在韩进行考察。

杨汝岱副主席在四川、湖北考察三峡移民问题。

9日

上午，钱正英副主席听取经济委员会办公室负责同志汇报关于“中日长江水利环境经济技术研讨会”前期准备工作情况。王郁昭副主任出席。

民族和宗教委员会(宗教组)召开在京委员会议，讨论本委八届工作总结。常务副主任安士伟主持，张声作副主任，张道诚副秘书长等参加。

10日

上午，科教文卫体委员会召开主任会议，审议通过本委五年工作总结。钱伟长副主席主持，王济夫、吴武封、郭子恒、何振梁常务副主任，鲍奕珊、李振声、马大猷、季国标、陈益群、黄辛白、陈明绍、王枫、傅庚辰、宋金升、林佳楣、宋鸿钊、曲绵域副主任，张洽副秘书长出席。

科教文卫体委员会召开专题主持人会议，讨论《关于贯彻落实全国卫生工作会议精神和〈中共中央、国务院关于卫生改革与发展的决定〉的几点建议》（修改稿）。常务副主任郭子恒主持，王绵之、宋鸿钊、林佳楣副主任等出席。

11 日

上午，钱正英副主席主持召开社会与法制委员会全体会议，讨论本委五年工作总结。王厚德、关涛、俞雷、吴庆彤、王庆淑、方掬芬、冯梯云、巫昌祯副主任等出席。

马万祺副主席出席外交部驻澳门机构大楼奠基仪式，并会见外交部副部长王英凡、国务院港澳办副主任陈兹英、财政部副部长李延龄等。

万国权、何鲁丽副主席，梁金泉副秘书长等出席全国政协委员“森林防火工作”考察团正副团长及部分委员会议，研究讨论综合考察报告。

提案委员会组织部分委员到中国石油天然气总公司地球物理勘探局参观。周绍铮主任带队。

张洽副秘书长，台港澳侨联络委员会副主任杨斯德、贾亦斌会见并设便宴招待台湾中国文化经济发展协会会长林竹松先生。

12 日

上午，何鲁丽副主席在大连出席民革全国宣传思想工作会议。

外事委员会举行国际形势报告会，请人民银行有关领导介绍东南亚金融危机情况。钱李仁主任主持。

14 日

上午，钱正英副主席出席为江泽民主席赴吉隆坡参加东盟—中日韩首脑非正式会晤和中国—东盟首脑非正式会晤举行的送行仪式。

15 日

上午，万国权副主席在人民大会堂出席澳门回归祖国金银纪念币（第一组）首发式。

朱作霖副秘书长主持召开第 53 次秘书长办公会议。主要议题：一、审议政协八届常委会第 23 次会议议程（草案）和日程（草案）；二、研究政协九届一次会议议程（草案）和日程安排；三、审议《关于贯彻落实中共中央、国务院关于党政机关厉行节约制止奢侈浪费行为的若干规定》的具体措施（草案）；四、听取政协全国委员会举行纪念周恩来同志诞辰 100 周年座谈会的安排意见。张洽、王巨禄、梁金泉、陈进玉、赵喜明、张道诚副秘书长出席。

下午，全国政协副主席、中国人民争取和平与裁军协会会长何鲁丽率和裁会代表团离京赴越南、老挝进行友好访问。

外事委员会副主任于洪亮会见拉托维亚总统外事顾问卡·艾亨包姆斯及夫人。

16 日

办公厅召开视察工作座谈会。梁金泉、赵喜明、张道诚副秘书长出席，中央、国务院有关部委、总政治部、北京市政府、政协办公厅有关部门负责人到会。

文史和学习委员会召开会议，总结五年工作。徐惟诚常务副主任主持，杨拯民主任，沈求我副主任等出席。

外事委员会召开全体会议，总结五年工作。钱李仁主任主持，李鹿野副主任，朱作霖副秘书长等出席。

社会与法制委员会、台港澳侨联络委员会联合组织委员到海关总署、首都机场海关和北京缉毒犬训练基地参观。

17 日

钱正英副主席会见美国友人玛丽女

士。

科教文卫体委员会医卫组召开专题主持人会议,讨论《关于贯彻卫生工作会议的建议》。常务副主任郭子恒主持。

下午,钱正英副主席出席为江泽民主席参加东盟—中日韩首脑非正式会晤和中国—东盟首脑非正式会晤回国举行的迎接仪式。

18日

科教文卫体委员会组织委员到十三陵抽水蓄能电站参观。钱正英副主席带队。

19日

上午,科教文卫体委员会邀请国家教委高教司、北京市高校招生办有关负责同志介绍高校招生考试的有关情况。黄辛白副主任主持。

台港澳侨联络委员会举行报告会,请中央台办副主任唐树备介绍近期台湾情况及有关政策。

20日

下午,李瑞环主席圆满结束对越南、新西兰和澳大利亚的正式友好访问回到北京。

22日

下午,朱训秘书长主持召开第41次秘书长会议。主要议题:研究政协八届常委会第23次会议、政协九届一次会议准备工作;研究政协全国委员会举行纪念周恩来同志诞辰100周年座谈会的方案。

23日

上午,叶选平副主席听取朱训秘书长,朱作霖、王巨禄、梁金泉副秘书长关于政协近期工作情况的汇报。

经济委员会召开"中日长江水利环境经济技术研讨会"组委会第二次会议,通报研讨会的筹备情况。钱正英副主席,张治副秘书长、外事委员会主任钱李仁以及重庆市政府、水利部、农业部、林业部、国家计委、中国人民外交学会等单位负责同志参加,王郁昭副主任主持。

台港澳侨联络委员会召开全体会议,讨论如何深入贯彻落实"十五大"精神,发挥政协自身优势为祖国统一大业做贡献,并研究本委五年工作总结。万国权副主席,杨斯德、马庆雄、肖岗、唐树备、贾亦斌、张治、郭平坦、潘渊静、郑鸿业副主任等出席。

23日—25日

社会与法制委员会副主任王厚德在京西宾馆参加全国政法工作会议。

24日

上午,李瑞环主席主持召开八届政协第50次主席会议。主要议题:一、审议通过政协八届常委会第23次会议议程(草案)和日程;二、审议关于召开政协九届一次会议的决定(草案);三、审议政协八届常委会工作报告(草稿);四、听取1998年新年茶话会和政协全国委员会举行纪念周恩来同志诞辰100周年座谈会筹备情况的汇报;五、审议各专门委员会五年工作总结(书面)。叶选平、吴学谦、杨汝岱、王兆国、钱伟长、钱正英、孙孚凌、朱光亚、万国权副主席,朱训秘书长出席。朱作霖、赵伟之、吴修平、王巨禄、梁金泉、郑万通、李赣骝、朱元成、宋金升、陈益群、潘渊静、吴明熹副秘书长列席。

无党派界委员年终座谈会在机关召开。李瑞环主席,叶选平、吴学谦、王兆国副主席在常委会议厅接见参加政协无党派界年终座谈会的委员,并合影留念。朱作霖、张治、梁金泉副秘书长参加。

文史和学习委员会与中国航天工业总公司联合召开座谈会,研究航天史料的编辑工作。黄森常务副主任主持。

八届政协第21次委员活动日在多功能厅举行。

25日

中午,万国权副主席会见并宴请美籍

华人李惠英夫妇。张道诚副秘书长、台港澳侨联络委员会副主任肖岗、贾亦斌陪同。

王神荫常委在济南逝世。

25日、26日

民族和宗教委员会组织部分委员在密云县参观民族乡建设情况。

26日

提案委员会部分委员走访交通部,了解政协提案办理情况,并听取对提案工作的意见和建议。张文寿副主任带队。

社会与法制委员会、台港澳侨联络委员会共同组织委员在河北廊坊参观“三资”企业。

30日

上午,科教文卫体委员会召开全体会议,总结五年工作情况、征求对本委工作的意见和对九届一次会议工作的建议。钱伟长副主席出席并讲话,丁石孙常务副主任主持。何振梁、郭子恒常务副主任,马大猷、王枫、宋鸿钊、陈明绍、陈益群、林佳楣、季国标、胡启恒、唐有祺、鲍奕珊、傅庚辰副主任,张洽副秘书长等出席。

民族和宗教委员会请国务院宗教事务局领导作“新形势下我国的宗教问题和宗教工作”的报告。常务副主任安士伟主持。

31日

上午,朱作霖、张洽、梁金泉副秘书长会见香港科卓控股有限公司董事梁中庸先生。

地方委员会篇

政协北京市委员会

【全体委员会议】

八届五次会议 1997年2月15日至20日举行。王大明主席以《同心同德 继续前进》为题致开幕词。会议讨论了沈仁道副主席代表常务委员会所作的工作报告和陈仲颐副主席所作的关于八届四次会议以来提案工作情况的报告;列席了北京市第十届人民代表大会第五次会议开幕式,听取并讨论了贾庆林代理市长所作的《政府工作报告》,讨论了《关于北京市1996年国民经济和社会发展计划执行情况与1997年计划草案的报告》(草案)等。委员们坦诚相见,认真履行职能,提出了许多意见和建议。会议举行了关于首都经济建设、首都城市建设与管理、精神文明建设三个专题座谈会,中共北京市委、市人民政府领导听取了委员们的发言并交换了意见。开展了政务咨询活动,市政府34个委办局和北京市高级人民法院、北京市人民检察院等单位和部门的有关领导、工作人员共328人到会,当场解决和解答委员提出的问题。大会收到提案1 063件,立案1 056件。其中,民主党派和人民团体提案38件,委员提案1 018件,提出提案的委员468人,占委员总数的63.9%。会议期间,邓小平同志不幸逝世,委员们怀着极其沉痛的心情缅怀他的丰功伟绩。会议通过了《政协北京市第八届委员会第五次会议政治决议》、《政协北京市第八届委员会第五次会议关于常委会工作报告的决议》。代理市长贾庆林代表中共北京市委和市人民政府在闭幕式上作了重要讲话,万嗣铨副主席致闭幕词。

【常务委员会议】

第34次会议 1997年1月28日举行。王大明主席主持会议。会议审议通过了政协北京市第八届委员会常务委员会工作报告、提案委员会关于八届四次会议以来提案工作情况的报告,以及北京市政协财政预算协商监督小组提交的《对北京市1996年财政预算执行情况和1997年财政预算草案的意见和建议》。会议还审议通过了政协北京市第八届委员会第五次会议议程(草案)、日程(草案)、委员分组办法和小组召集人名单(草案)、决议起草委员会名单(草案)。会议决定了任免事项。代理市长贾庆林到会并讲话。

第35次会议 1997年2月19日举行。王大明主席主持会议。会议听取了政协北京市第八届委员会第五次会议各小组讨论情况的汇报。审议通过了《政协北京市第八届委员会第五次会议政治决议》(草案)、《关于常务委员会工作报告的决议》(草案)、《关于八届四次会议以来提案工作情况的报告的决议》(草案)。

第36次会议 1997年2月20日举行。王大明主席主持会议。会议审议通过了政协北京市第八届委员会常务委员会1997年度工作要点。

第37次会议 1997年3月21日举行。王大明主席主持会议。会议传达了江泽民总书记在全国人大、全国政协两个大会党员负责人会议上的讲话和李鹏总理在参加第八届全国人民代表大会第五次会议北京代表团讨论时的讲话,传达了政协第八届全国委员会第五次会议精神,还传达了代理市长贾庆林、常务副市长张百发在北京市人民政府第七次会议上的讲话。然后分组进行了讨论。

第38次会议 1997年5月12日举行。王大明主席主持会议。会议审议了社会和法制委员会、台盟北京市委员会提交的《关于本市吸毒贩毒问题日趋严重的调查报告》、城乡建设和管理委员会、九三北京市委员会提交的《关于北京市生活垃圾处理问题的建议案和关于对北京市城市垃圾处理问题的建议案。市委常委、政法委书记强卫、副市长孟学农到会听取意见并讲话。

第 39 次会议 1997 年 7 月 25 日举行。王大明主席主持会议。会议审议了经济科技委员会、民建北京市委员会提交的《关于我市实施名牌战略情况的调研报告》,并通过了如何实施名牌战略的建议案。会议还通报了教文卫体委员会、九三北京市委员会、农工北京市委员会关于京郊贫困农民医疗问题的调查工作情况。副市长阳安江到会并讲话。

第 40 次会议 1997 年 9 月 25 日至 27 日举行。王大明主席主持会议。会议传达了江泽民总书记在中共第十五次全国代表会议第一次主席团会议上的讲话和中共十五届一中全会上的讲话,以及在中共十四届七中全会预备会上的讲话。会议还传达了中共中央政治局委员、中共北京市委书记、北京市市长贾庆林在全市区县局领导干部传达中共十五大精神时的讲话。王大明主席就如何以十五大精神为指导总结五年政协工作发表了讲话。会议就以上内容进行了分组讨论和大会发言。

第 41 次会议 1997 年 12 月 1 日举行。王大明主席主持会议。会议审议通过了政协北京市第八届委员会常务委员会五年工作报告、政协北京市第八届委员会提案委员会工作报告。会议作出了关于召开政协北京市第九届委员会第一次会议的决定。

第 42 次会议 1997 年 12 月 29 日举行。王大明主席主持会议。会议审议通过了由中共北京市委、北京市各民主党派、无党派人士和各人民团体协商提名的政协北京市第九届委员会委员组成的联合建议书。会议还审议通过了政协北京市第九届委员会第一次会议主席团建议名单(草案)、秘书长建议名单(草案),政协北京市第九届委员会第一次会议议程、日程(草案),政协北京市第九届委员会第一次会议决议起草委员会建议名单(草案),政协北京市第九届委员会提案审查委员会建议名单,政协北京市第九届委员会第一次会议委员分组办法和小组召集人名单(草案),以及政协北京市第九届委员会第一次会议副秘书长建议名单(草案)。

【专门委员会工作】

学习委员会 组织各种活动 200 次,参与活动的委员和各界人士 2 500 人次,举办委员学习日 41 次,就邓小平理论、国际国内形势、党和国家的重大方针政策、群众关注的社会热点问题等,请专家学者进行辅导。参与了精神文明建设的调查研究,完成 4 份调研报告。成立了新闻舆论导向监督评议小组,对北京市的新闻舆论导向进行了 30 次评议。举办了委员百家谈活动,30 位委员发言,畅谈亲身经历和生活感想。配合学习组织座谈会 22 次,并到 33 个单位参观考察。编辑《学习》49 期,200 余万字,发行 12 万份。

提案委员会 八届委员会期间,共收到提案 5 103 件,审查立案 5 003 件。其中,民主党派提案 123 件,政协委员提案 4 848件,有关人民团体和专门委员会提案 12 件。从内容分析,经济科技方面的提案 807 件,占提案总数的 16.1%,城市建设和管理方面的提案 1 502 件,占提案总数的 30%,教文卫体方面的提案 1 165 件,占提案总数的 23.3%,社会和法制方面的提案 1 529 件,占提案总数的 30.6%。参与提出提案的委员占委员总数的 92%。委员提案被采纳或部分被采纳占提案总数的 60%。为了办好提案,提案委员会共组织各种活动 366 次,1996 年初召开了八届委员会第一次优秀提案表彰大会,评出优秀提案 170 件。1997 年 10 月 24 日召开了第二次优秀提案表彰大会,评出优秀提案 143 件,291 位委员获得奖励。

文史资料委员会 共征集史料 1 661

篇、891.2万字。编辑出版《北京文史资料》11本，213万字。出版《抗战纪事》、《庄严的庆典》、《春明旧事》等专辑14本，374万字。为全国协作项目《中华文史资料文库》选送稿件150万字，编辑该书《抗日战争卷》300万字。就“北京历史文化名城保护”专题进行考察，提出了报告。为纪念抗日战争胜利50周年，与共青团北京市委员会联合组织了“勿忘国耻，兴我中华”报告团，共演讲18次，听众2万人。举办区县政协文史干部培训班5期，培训文史干部190人次。

经济科技委员会　组织活动518次，参加活动的委员1万人次。完成调查、考察报告58份。组织科技论坛活动3次。就经济形势、京郊农业发展方向、首都工业发展问题，与市长、副市长7人座谈。就“九五”规划、控制物价、粮食供应、商业连锁店、国营定点蔬菜网点等问题，与市政府主管部门领导多次进行对口座谈。就化工、汽车、电子行业发展问题提出6份专项报告。1996年成立了北京市政协财政预算协商监督小组，组织活动20次。举办情况通报34次，视察活动32次。

城乡建设和管理委员会　组织活动220次，参加活动的委员5 700人次。就加大房改力度、推进安居工程的实施、关于城市交通拥塞问题、房地产市场问题、居民小区物业管理问题等进行了调查研究，提出了6份报告。

教文卫体委员会　组织活动460次，参加活动的委员8 000人次。连续五年组织了卢沟桥“醒狮杯”越野赛，规模不断扩大。组织了义诊、咨询、文艺演出活动37次，2.8万人次参加。先后就稳定中小学教师队伍、京郊贫困乡村农民医疗问题、发展体育产业问题、乡镇企业职工教育问题等进行了调查和考察，提出了24份报告。

社会和法制委员会　组织各类活动520次，参与活动委员8 600人次。就反腐败问题、刑事犯罪问题、居民委员会建设、吸毒贩毒问题、外地来京经商务工人员管理问题，进行了专题调研，就《劳动法》贯彻执行情况、少数民族教育、基层政权建设、进口“疫粮”处理问题、依法治村问题进行了考察，共提出报告22份。1995年9月创办了“廉政论坛”，就如何加强对权力的制约、如何刹住公款吃喝风、从反腐败现实看加强党风建设等8个问题进行了讨论。推荐150余位委员担任特约监察员、行风评议员等。设置了“廉政信箱”，收到意见建议和检举线索50余条。召开座谈会200次，组织参观视察活动200次。

台港澳侨联络委员会　组织情况通报、视察考察、大型纪念活动213次，参加活动的委员5 664人次。就关于加大引进台资力度、海外华人子弟来京学习汉语情况、关于发给归国华侨退休人员临时生活补贴等问题进行了调查研究，完成了4份报告。接待来访团组及台港澳各界朋友73批，1 238人次。编辑《台港澳简讯》133期，《台港报摘》101期。为首都经济建设牵线搭桥108项，引进资金或捐赠款近千万元。协助香港同胞谭华正向房山区捐资66万元兴建的谭华正医院，8月28日在房山区佛子庄乡建成，并举行开业典礼。

区县政协工作指导委员会　制定了《政协北京市委员会关于加强与区县政协联系的意见》、《区县政协工作指导委员会工作简则》。请政协主要领导参加区县政协召开的全体会议与重要活动，并走访了18个区县的党委和政协。组织区县政协领导赴外地学习考察，交流工作经验。协调政协北京市委员会各专门委员会与区县政协对口联系。通过《信息专报》、《诤友》等信息刊物，反映了区县政协的意见建议200余条。5月27日，区县政协工作指导委员会召集18个区县政协的主席、副主席、秘书长座谈如何围绕中共北京市委、市人民政府中心工作，运用多种形式履行人民政协基本职能。大家以切身体会谈了感想，交流了工作经验。

财政协商监督小组[①] 先后对1996年、1997年北京市财政预算安排草案及执行情况进行了4次协商，召开座谈会20次。针对预算安排和执行情况，依据国家和北京市的有关法律、法规、条例等，提出了意见建议。此小组工作的开展，扩大了人民政协政治协商、民主监督的工作领域。

新闻宣传舆论导向监督评议组[②] 坚持每季度组织一次活动。以北京市广播、电视、报纸、书刊为主，以中宣部新闻宣传要点为依据，在认真准备的基础上召开会议，对新闻舆论导向、新闻队伍建设等提出意见建议。此项活动受到中宣部、中共北京市委宣传部的重视，每次活动均派人参加，听取意见。评议前，委员们认真做好准备，开展调查研究，征求群众意见，评议中，畅所欲言。提出的意见建议有的已被采纳。

北京社会主义学院 五年中举办各类学习班、读书班、研讨班43期，培训民主党派主要负责人、市政协委员、机关干部等共1 588人。举办统战理论研讨会4次，编写或参与编写了《政协工作简明手册》、《新编中国统一战线基本教程》、《建设有中国特色社会主义理论疑难问题解答》等五种书籍、教材。1997年暑期，开办了第一期香港同胞普通话培训班。于1月28日聘请全国政协、中央统战部、中共中央党校、中央社会主义学院、中共北京市委党校等高等院校的17位专家、学者为北京社会主义学院兼职教授。

【重要活动】

反映社情民意工作 市区县政协委员、各民主党派共反映各类信息2 500条。编发《诤友》790期，被中共中央办公厅、中共北京市委、全国政协采纳462条。中央及北京市领导70余人次在52条信息上作了批示。

缅怀邓小平同志的丰功伟绩 1997年2月25日，主席、副主席、正副秘书长和局处级党员、干部参加了邓小平同志追悼大会，会后分别召开座谈会，缅怀邓小平同志的丰功伟绩。

举办省区市政协联谊活动 1997年3月6日，出席全国政协八届五次会议的24个省、自治区、直辖市政协主席、副主席以及全国政协负责人聚集北京市政协常务委员会会议厅，大家亲切交谈，并观看由张家声、殷之光、瞿弦和、李元华、杜澎、周正、苏民、宋春丽等著名表演艺术家表演的诗歌朗诵节目。

全国政协主席李瑞环视察北京市政协 1997年4月6日，全国政协主席李瑞环、秘书长朱训、副秘书长朱作霖、张洽，来到北京市政协新的办公大楼视察工作，听取了情况汇报。北京市市长贾庆林、北京市人大常委会主任张健民陪同视察。

百余名委员被聘为特约监督员 年内先后有152名政协委员被国家监察部、最高人民检察院、中宣部、北京市监察局、检察院、审计局、物价局、工商局、教育局、综合治理办公室、新闻出版局、公安局、电信局、卫生局、市政府纠风办公室、财政局聘为特约监督员。政协委员可以直接对政府工作部门的工作情况进行协商监督，发表看法，提出意见建议。这种实行民主监督的形式，受到社会各界的赞赏。很多群众主动找到特约监督员，向他们反映情况，请他们转达意见建议。

华北地区提案工作座谈会举行 北

---

① 北京市政协财政协商监督小组于1995年底成立。

② 该监督评议组于1994年成立。

京、天津、河北、山西、内蒙古五省(区、市)政协出席,上海市、重庆市政协应邀参加,全国政协副主席孙孚凌到会。会议研讨了在社会主义民主政治建设不断向前推进和人民政协工作蓬勃开展的新形势下,如何进一步发挥政协提案的作用,以及如何使提案工作尽快步入规范化、制度化轨道问题。

对外友好活动 接待五个国家的友好访问团,即:越南祖国阵线代表团、俄罗斯联邦议会国际事务委员会代表团、纳米比亚全国委员会访问团、日本"中国京剧采访团"、美国尹州议员团。通过接待,进一步宣传了我国的方针政策,宣传了人民政协的职能、作用,扩大了人民政协的影响。

接待台港澳访问团 即:由台湾省立法委员高扬升为团长的台湾大兴舞团一行22人,由台湾中山大学公共事务管理研究所所长汪明生为团长的台湾中南部社会新闻记者大陆参观团一行16人,以及香港中华厂商联合会青年委员会访问团一行13人。

对提案办理情况进行检察评议 办公厅从7月28日起,陆续深入到北京市公安局、公安交通管理局等12个部、局,对该单位办理政协委员提案的情况进行检查评议。从1996年以来,先后对22个单位办理的86件提案进行了检查评议,248位政协委员参加评议活动。此项工作的开展,拓展了人民政协协商监督工作的领域,推动了提案工作朝深一步开展。

召开信息工作座谈会 为落实《对国家信息化工作应早日立法统筹规划案》提案办理情况,10月7日,全国政协、北京市政协邀请部分委员同国务院信息办、北京市信息办共同座谈。委员们指出,随着当代科技的迅猛发展,人类社会信息交流方式将产生重大变革。因此,要及早重视,尽快行动,推动我国信息化工作全面进步。

召开优秀提案表彰会 10月24日政协北京市委员会对291名提案人进行了表彰,共评出优秀提案143件,其中民主党派、工商联提案18件,政协委员提案125件。这些提案的特点是,问题抓的准,集中反映了北京市当前需要研究和解决的问题,提案是在调查研究的基础上提出来的,意见建议具体可行。

第八届卢沟桥醒狮杯越野跑举行 由北京市政协发起的比赛活动已连续进行了八届。7月5日,1 700多名运动员参加了男女共10个组别的比赛。本次比赛呈现了人员增加、参加范围扩大的特点。除本市厂矿、机关、学校的长跑爱好者报名参加外,天津、河南、山东、江苏等省市,以及英国、日本等16个国家和地区的在京朋友也参加了比赛。

开展咨询活动 根据市政协的建议,9月15日,北京市政府41个委办局总公司和北京市高级人民法院、北京市人民检察院、首都社会治安综合治理办公室的489位领导,共同举办咨询活动,接待了近200位人大代表、政协委员的询问和咨询。当场解答了政协委员提出的146个问题。其中,解决77个,解释清楚43个,列入计划解决21个。

【重要文件】

常委会工作报告(1998年1月13日)

报告共分三个部分,一、过去五年的工作。二、经验和体会。三、对今后工作的建议。八届委员会期间的工作概括为10个方面。1.围绕中心,服务大局,认真履行职能。在全体委员会议上就北京市政府工作报告、国民经济和社会发展计划、财政预算报告,以及北京市高级人民法院、北京市人民检察院工作报告进行了协商讨论。中共北京市委、市人大常务委员会、市政府的领导及各委办局负责人近200人次到会听取委员的意见,并安排了政务咨询活动。在常委会议上就关系北京市改革、发展、稳定的重大问题，广大人民群众关心的社会热点问题，民族、宗教、侨务政策落实情况和统一战线中的重要问题进行了协商讨论，共提出35份建议案。2.密切联系群众，积极反映社情民意，充分发挥民主渠道作用。五年来，有683位委员提出5 003件提案，提案内容涉及到首都的精神文明建设和物质文明建设的各个方面，绝大多数提案受到重视，采纳率达60%。利用内部信息刊物《诤友》、《专报》等反映了大量情况，中央及北京市领导作出批示的达70件，如：认真抓好基础薄弱学校建设、落实宗教房产政策、困难职工解困、国有大中型企业加快科技进步等建议受到有关部门的重视，促进了问题的解决。3.建立健全规章制度，推进履行职能的规范化、制度化。在总结多年工作的基础上，制定了《政协北京市委员会关于政治协商、民主监督、参政议政的规定》、《常务委员会规则》、《政协北京市委员会提案工作条例》等12项制度。4.大力开展调查研究，主动参政议政。共形成调研报告98份，其中11份被评为北京市优秀调研成果。调研工作的特点一是更加经常化，二是更加普遍开展，三是注意了调研内容的连续性，四是选题准确，建议更加切实，五是突出了政协特色。5.不断加强民主监督的力度。常委会在实践中努力探索，逐步拓宽民主监督的领域，采取多种形式开展监督活动。组织了专项考察评议，对政法、工商、房管、教育、电信等单位进行考评。150余位政协委员被聘为特约监察员，直接参加有关部门的工作检查。开展了对法律执行情况进行民主监督。组织了政务咨询活动，委员同市政府工作部门负责人当面交谈，反映群众的呼声，提出意见、建议。此外，成立了新闻舆论导向评议小组，北京市政协财政预算协商监督小组，与北京人民广播电台合作，开办了“议政论坛”专题节目，组织了“廉政论坛”活动。6.充分发挥民主党派在政协中的作用。为其参政议政提供场所、创造条件。具体作法是：组织上予以保证，重视民主党派提案，与民主党派联合开展调研活动，推荐其成员为特约工作人员，建立了经常性的联系制度。7.加强同台湾同胞、港澳同胞、海外侨胞的联谊，增进与各国人民的友好往来，不断扩大统一战线。交往中，积极宣传了我国改革开放以来所取得的巨大成绩，以及“和平统一、一国两制”的方针，同时反映了许多重要信息和情况。8.加强对区县政协工作的指导，成立了区县政协工作指导委员会，制定了工作制度，政协主席、副主席分别走访了18个区县的党委和政协，组织了多次工作交流活动。9.加强宣传，弘扬正气，不断扩大政协在社会上的影响。就倡导革命的人生观、反对奢靡之风、反腐倡廉等进行座谈，举办了“勿忘国耻、兴我中华”报告会，组织了卢沟桥“醒狮杯”越野跑比赛。各种报刊、电台报导政协消息3 000余条，发行了《北京政协》，宣传了人民政协的地位、性质、作用。征集史料1 661篇、891万字，编辑出版了《北京文史资料》11辑，《周恩来与北京》、《我的漫画生涯》等14本专辑。10.注重学习，不断加强政协委员和机关干部两支队伍建设。组织报告会40次，一万人次参加。举办各种研讨班、学习班43个，1 600人次参加。在学习基础上，开展了对一些重大问题的研讨，如关于宏观经济形势、如何进行调查研究、民主监督问题等，提高了大家的认识，促进了工作的开展。主要经验和体会是：1.服从和服务于大局，加强政治思想上的领导，始终同以江泽民同志为核心的党中央保持一致。2.找准位置，把握好“度”，逐步推进履行职能的规范化、制度化。3.必须坚定地相信和依靠各界委员，充分发挥委员的主体作用。4.抓住团结民主的主题,并贯穿、渗透到政协的全部工作和全部活动之中。5.加强机关建设是开展政协各项工作的重要保证。

【北京市各级政协领导人名单】

北京市政协

主　席

王大明

副主席

封明为　孙孚凌　沈仁道　陈仲颐

祝谌予　陈大白(女)　王澍寰

卢松华　张廉云(女)　钱　易(女)

万嗣铨　王之泰　靳　晋

区县政协主席

东城区　赵龙飞

西城区　刘贵岭

崇文区　金士杰

宣武区　阎三和

朝阳区　苏世良

海淀区　张志田

丰台区　杨宗奎

石景山区　白宗全

房山区　魏士宽

顺义县　赵春桂(女)

延庆县　张志宽

通州区　朱学民

密云县　巩　云

怀柔县　肖玉和

大兴县　白仙畔(女)

昌平县　孙　学

平谷县　陈　河

门头沟区　万长庚

北京市各级政协组织和委员数

项目＼级别	市	区	县	合计
组织数	1	11	7	19
委员数	734	2 712	1 035	4 481

(常元恒　编写)

政协天津市委员会

【全体委员会议】

九届五次会议 1997年2月15至21日在天津举行。九届政协委员应到769名,实到675名。市政协主席刘晋峰主持会议。李长兴副主席受常务委员会委托向大会作了常务委员会工作报告,市政协提案委员会就市政协九届四次会议以来提案工作情况向大会作了书面报告。会议审议同意这两个《报告》,认为,过去的一年,市政协认真履行政治协商、民主监督、参政议政职能,不断开拓,锐意进取,各项工作上了一个新台阶;常务委员会工作报告提出的1997年各项任务是切实可行的,要认真付诸实施。会议期间,与会委员列席了市十二届人大五次会议,听取和讨论了张立昌市长所作的《政府工作报告》和其他报告。会议认为,1996年以来我市改革开放迈出了新的步伐,国民经济持续、快速、健康发展,精神文明建设、民主法制建设和社会各项事业取得显著成绩。《政府工作报告》提出的1997年工作目标和主要任务,符合我市的实际,是振奋人心的,经过努力是可以实现的。会议赞同《政府工作报告》和其他报告,并围绕我市经济和社会发展的重大问题,提出许多意见和建议。会议审议通过了《政协天津市第九届委员会第五次会议决议》。《决议》指出,1997年是我国历史发展上的重要一年,我国将恢复对香港行使主权,中国共产党将召开第十五次全国代表大会。因此,市政协积极做好各项工作具有非常重要的意义。《决议》号召全体政协委员要讲政治、讲学习、讲正气、讲奉献,紧密地团结在以江泽民同志为核心的党中央周围,高举邓小平理论伟大旗帜,坚定不移,满怀信心,把邓小平同志开创的社会主义改革开放和现代化建设的伟大事业坚持下去,在中共天津市委会领导下,团结和动员各族各界人士,把握大局,再接再厉,同心同德,开拓前进,以优异的成绩迎接中国共产党第十五次全国代表大会的胜利召开。会议期间,委员递交大会发言材料100篇,收到提案和批评意见1 001件(其中提案559件)。中共天津市委、市政府有关领导及有关部门负责同志到会听取了大会发言、专题会议发言,参加了小组讨论。市委、市人大常委会、市政府、市警备区的主要领导出席了大会开幕式和闭幕式。中共天津市委书记高德占在闭幕式上作了重要讲话。天津市政协主席刘晋峰在大会结束时做了总结讲话。

【常务委员会议】

第22次会议 1997年1月28日在天津举行。市政协主席刘晋峰主持并讲话。会议审议通过了关于召开中国人民政治协商会议天津市第九届委员会第五次会议的决定、市九届政协常委会工作报告、市九届政协提案委员会工作报告及有关事项,并协商讨论了《天津市政府工作报告(征求意见稿)》。

第23次会议 1997年2月19日在天津举行。市政协主席刘晋峰主持会议。会议听取了市九届政协五次全体会议秘书长郭金侯关于各组讨论情况的汇报,审议通过了市九届政协五次会议决议(草案)。

第24次会议 1997年4月29日在天津举行。市政协副主席李长兴主持会议。会议以深化教育改革为议题,请委员建言献策。会上,市教委主任邢元敏通报了天津市深化教育改革情况。8位同志代表课题组和个人作了大会发言。市委常委、市教卫工委书记王鸿江,副市长庄公惠到会听取意见并讲话。市政协主席刘晋峰作了总结讲话。

第25次会议 1997年7月15日在天津举行。市政协副主席李长兴主持会议。会议以把天津建成我国北方经济中心为议题,请委员建言献策。会上,市发展战略研究领导小组办公室负责同志通报了有关情况,11位同志代表课题组和个人作了大会发言。市委副书记、常务副市长李盛霖到会听取意见并讲话。市政协主席刘晋峰作了总结讲话。会议审议通过了谢国祥任市九届政协编译委员会主任事项。

第26次会议 1997年11月17日在天津举行。会议的主题是,总结交流本届政协各专门委员会和区县政协工作经验。会议共收到经验交流材料31篇。市政协经济委员会、城建委员会、教育文化委员会、医卫体委员会、社会及法制委员会、学习委员会、提案委员会、海内外联谊委员会和南开区政协、汉沽区政协、西青区政协、宝坻县政协,分别作了大会发言。市政协主席刘晋峰作了总结讲话。

【专门委员会工作】

提案委员会 市九届政协五次会议以来,共收到提案604件,“批评与建议”516件,合计1 120件。全部提案和“批评建议”均已办复完毕,落实效果较好,委员普遍感到满意,由于着重抓了以提高提案质量、办理质量和服务质量为主的“三提高”工作,使提案作用得到较好地发挥,呈现出新特点。一是提案内容更加贴紧经济建设主旋律,事关经济发展和城乡建设的提案有363件,占提案总数的61%,体现了委员参政议政的重点。二是提案质量逐步提高,既注重社会现实问题,又注重未来发展的宏观问题,所提意见和建议有较强的可操作性。三是民主党派提案和委员集体提案增多,质量较高,选题比较重大,且经过了充分的调查和论证。四是加大了重点提案的跟踪办理力度,充分发挥了提案在推动改革开放和两个文明建设中的作用。筹备召开了“华北五省市区政协第二次提案工作座谈会”和“优秀提案总结表彰会”,促进了提案工作的开展。

学习委员会 积极组织委员开展了多种形式的学习活动。围绕香港回归举办了《香港回归纵横谈》、《香港回归路及前瞻》、《关于香港特别行政区基本法》等一系列报告会,并播放了专题资料影片,编发了有关学习资料。以学习中共十五大文件为重点,组织了专题学习座谈会、辅导报告会、心得交流会等,加深了对十五大精神的理解,坚定了高举邓小平理论伟大旗帜的信念,进一步统一了思想,增进了共识。每月定期为委员播放新华社《内参录像》,编印《学习参考资料》12辑。结合国内外形势,及时举办了“亚太地区政治经济情况”、“中美关系”等形势报告会。通过组织委员参观平津战役纪念馆等活动,以及与民主党派联合召开社情民意座谈会,举办“论坛会”等形式,交流了思想,加深了对党和国家方针、政策的理解,提高了委员参政议政的能力和水平。

经济委员会 紧紧围绕全市经济建设中心,组织委员开展专题调研、专题座谈、服务咨询和视察参观等活动。组织近百名委员及有关方面的专家,分成16个专题组,就“把天津建成我国北方经济中心”课题,进行了两个多月的调研,形成了31篇调研报告,分别在第25次常委会上就商贸、金融、旅游、信息业的发展以及产业结构调整和临港工业建设等问题作了专题发言,为天津的腾飞建言献策。组织委员就科技兴市、国有企业改革、产业结构调整、发展外向型经济、乡镇企业二次创业、组建企业集团、保护消费者权益等问题开展专题调研和专题考察,向市领导和有关部门报送了《关于我市工业系统组建企业集团的几点建议》、《关于搞好我市“百亿工程”的建议》、《关于充分调动科技人员积极性的调研报告》、《关于天津发展电动自行车的几点建议》、《我市运输市场混乱亟待整治》、《对我市打假工作的意见与建议》等专题调研报告。此外,还举办了各种报告会、论坛会,编发有关材料等,为委员知情出力搞好服务。

城建委员会 围绕天津的城市建设和发展,本着抓重点、议热点、破难点的原则,认真履行参政议政职能,组织委员开展了专题调研、座谈、视察等活动。就本市的城市规划建设管理、临港工业区的布局规划、搞好人防工程、公园绿地占用情况及渤海油田天然气进津等问题组织了考察和调研。提出了《关于我市公园绿地占用情况应实行民主监督的报告》、《关于拓宽河西区纪庄子道及修建津盐公路陈塘庄公路立交桥的建议》等,积极反映社情民意,提出改进意见和建议,为天津的城市建设建言献计,许多建议被采纳。并组织委员积极配合市政府有关部门到"窗口"单位进行视察,就加强行风建设、扩大对外开放,注意环境保护等提出具体建议。

综合技术咨询委员会 主要抓了两项工作。一是围绕推广以液化气为动力的汽车研究,开展技术咨询服务,邀请有关部门进行座谈论证,向市政府提出"关于在我市推广以液化气为燃料汽车的建议",市长张立昌等 5 位市领导做了批示,予以肯定。有关部门和单位上报了"成立我市第一支绿色车队的请示",并与西安有关部门签订了合作合同。二是继续支持和推动民营企业的发展,组织现场办公会,邀请市执法部门和有关部门领导参加,为民营企业进行政策咨询,帮助解决难题。

教育文化委员会 组织委员开展专题调研、视察、座谈等活动。结合专题常委会议议题,就"深化教育改革"问题,开展了系列专题调研。会同有关民主党派和区县政协,完成了《要把教育思想统一到加大执法力度和认真落实方针政策上来》、《关于义务教育阶段学生过早分流带来的问题及对策的建议》、《素质教育要尽快进入学科领域的建议》、《关于大力推进市区中小学校布局与调整的意见与建议》等 8 篇调研报告,并提交第 24 次常委会协商讨论,引起市领导和有关部门的重视和肯定。组织委员对职业学校和乡镇文化站等单位进行了视察,提出了改进的意见和建议。组织了慰问教师和司法干警等活动。

医药卫生体育委员会 组织委员开展专题调研、考察、视察等活动。为加强卫生行业管理,提高医院医疗质量,促进卫生事业改革,会同市卫生局赴兄弟省市学习考察,并结合天津的情况进行调研、座谈,形成了《关于进一步搞好我市卫生改革的几点建议》调研报告;为规范药品市场,加强药品市场监督管理,解决销售渠道和广告宣传中的问题,会同市医药集团有限公司,赴外省市学习调研,撰写了《关于进一步搞好我市药品监督管理促进医药卫生事业发展的几点建议》的调研报告,送市领导和有关部门后,均受到重视。此外,还就培养体育后备人才、社会办医的管理、社区医疗服务等问题进行视察、座谈,提出具体意见建议。

社会及法制委员会 组织委员开展专题调研、视察、考察和座谈等活动。继续开展了反腐倡廉的调研,重点对领导干部经济犯罪典型案例进行分析,有针对性地提出加大打击力度的建议;开展了"打假"工作的追踪调研,与有关执法和管理部门共同分析、座谈,提出加强和改进"打假"工作的意见和建议;与有关部门和人民团体联合举办了"纪念中华人民共和国妇女儿童权益保障法实施五周年"座谈会。此外,还就民族工作和民族教育问题组织了专题视察和座谈,举办了《刑法》和新《刑事诉讼法》知识讲座。

海内外联谊委员会 围绕迎庆香港回归,组织了报告会、知识竞赛、文艺联欢,港澳委员三峡工程观光考察等系列活动。与市侨办组团赴港出席了冀鲁旅港同乡会举办的庆祝香港回归祖国和该会成立 50 周年庆典活动。继续加强了对台宣传和联谊工作。接待来访团组24批、80余人次。组织桥牌队赴台参赛和专家学者赴台参加第二届弘一大师法学研讨会。积极开展对外交往和人民外交活动。共接待海外来访团组40余批、280余人次，介绍招商引资项目30余项。出席了河北省政协主办的沿海12省市区政协第十次祖统联谊工作研讨会，加强了与兄弟省市区政协和市有关部门、民主党派、人民团体的对口联系和交流，促进了海内外联谊工作的开展。此外，还举办了其他各种报告会、学习会、座谈会和联谊等活动。编印《港台信息》12期。

文史资料委员会 共收集各类史料90万字，其中建国后的史料约占60%。编辑出版《天津文史资料选辑》4期，其中《天津租界谈往》和《天津老城忆旧》为专题史料，受到委员和读者欢迎。为配合香港回归，编辑出版了《天津香港一脉情》专集，全书约30万字，以"三亲"为史料，记叙和反映了天津与香港的深厚情结，被列为天津市迎庆香港回归活动重要内容。为天津市电视台拍摄的《天津与香港》电视片，提供了部分资料和脚本，为报刊撰写了一些史料性文章。会同市有关部门和单位联合举办了"纪念卢沟桥事变60周年"理论研讨会。

编译委员会 完成了《顾维钧回忆录(缩编本)》的编辑和《日本的问题》、《中国的发展方向》的翻译工作，并与中华书局、台湾金禾出版社、北京国际文化出版社合作，出版了这3本书，共约140万字。接受了出版部门委托的约200万字各类书稿的翻译任务，已部分完成。将顾维钧女儿寄来的有关档案、文件材料207件(587页)，捐赠给天津市档案馆，使这些具有我国现代史研究价值的珍贵资料，得以发挥更大作用。

【重要活动】

《人民政协报》天津记者站成立 1997年1月24日，《人民政协报》天津记者站正式成立，市委书记高德占、市长张立昌、市政协主席刘晋峰分别为记者站题词。市委副书记李建国、市政协主席刘晋峰出席成立大会并讲话。市委、市人大、市政府、市政协及有关方面的领导同志到会祝贺。

信息工作表彰会 1997年4月9日，天津市政协召开1996年度信息工作表彰会。市政协副主席李长兴到会并讲话，全国政协信息资料中心领导同志莅会指导。天津市政协现有750名信息员。一年来上报市委、市政府和全国政协社情民意信息61条，被全国政协采用5条，其中3条上报中央政治局领导，被全国政协评为1996年度信息工作先进单位。

传达学习全国政协八届五次会议精神 1997年3月26日，市政协召开学习会议，专题传达学习全国政协八届五次会议精神和李瑞环主席在闭幕会上的重要讲话、叶选平副主席所作的常委会工作报告。市政协主席刘晋峰主持并讲话。副主席李长兴、黄炎智、陆焕生、张昭若，秘书长郭金侯和市政协常委，各专门委员会、市各民主党派、各区县政协负责人出席。

《天津香港一脉情》出版发行座谈会 1997年6月10日，天津市政协举行《天津香港一脉情》一书出版发行座谈会。该书由天津市政协文史资料委员会编辑，天津人民出版社出版，共收录文章57篇，照片32幅，从不同方面反映了近百年来天津与香港的交往。市政协主席刘晋峰，市委常委、市委秘书长罗远鹏出席并讲话。

天津市各界人士庆香港回归座谈会 1997年6月21日在市政协举行。市各民主党派、有关人民团体和市有关委办局负责同志，在津全国政协委员、市政协常委、市政协港澳委员代表及在津港资企业代表等100多人出席。会议由市政协副主席张昭若主持,市政协主席刘晋峰发表讲话。会上,各界人士代表纷纷发言,并赋诗作画、演出节目,表达迎庆香港回归的喜悦心情。

华北五省(区、市)政协第二次提案工作座谈会 1997年8月26至29日在天津举行。河北、山西、内蒙、北京、天津五省(区、市)政协主管提案工作的副主席和有关领导出席。上海市政协和重庆市政协应邀派代表参加。全国政协副主席孙孚凌,提案委员会副主任赵炜等领导同志到会指导。会议总结交流了本届政协提案工作的成绩和经验。天津市委书记、市长张立昌会见了出席会议的各省(区、市)政协负责同志。市委副书记房凤友出席开幕式并讲话。天津市政协主席刘晋峰出席了会议。

第11次北方部分省(区、市)政协工作研讨会 1997年10月20至23日在天津举行。北京、河北、山西、内蒙、山东、河南、天津等省(区、市)政协的代表出席。全国政协研究室负责同志应邀到会指导。天津市委副书记、常务副市长李盛霖出席开幕式并通报了本市经济社会发展情况。天津市政协主席刘晋峰参加会议并致开幕词。会议研究探讨了在新形势下开展政协工作的经验和体会。

首届政协理论研讨会召开 天津市政协首届《人民政协理论与实践》研讨会1997年10月30日在津举行,有50余名理事、常务理事参加,共发表论文30篇。名誉会长刘晋峰、李长兴出席。会长黄炎智作了总结讲话。市社联常务副主席潘镇贵到会祝贺。

【重要文件】

常务委员会工作报告(1997年2月15日)(摘要) 报告对1996年工作进行了回顾,指出,常务委员会以邓小平建设有中国特色社会主义理论和党的基本路线为指导,认真贯彻中共十四届五中、六中全会和市委六届四次全体(扩大)会议精神,在中共天津市委的领导下,广泛团结各民主党派、人民团体和各族各界人士,围绕中心,服务大局,切实履行人民政协职能,积极推进政治协商、民主监督和参政议政的规范化、制度化建设,圆满完成了市九届政协四次会议确定的工作任务,为促进我市的现代化建设和各项事业的发展,做出了新的贡献。报告第一部分从6个方面总结了工作成绩:政治协商做到郑重经常;民主监督做了新的探索;参政议政取得明显成果;发扬人民政协"自我教育"的传统,组织委员开展了多种形式的学习活动;扩大了海内外联谊,加强了同各方面的联系与合作;狠抓了政协工作各项制度的落实,进一步推进了规范化、制度化建设;报告的第二部分指出,1997年是我国历史发展上的重要一年,面临着将恢复对香港行使主权和党的十五次全国代表大会召开两件举世瞩目的大事,进一步做好政协工作,具有重要意义。在新的一年里,主要做好以下几个方面的工作。一、紧紧抓大事、议大事,精心组织好协商议政;二、积极探索,切实有效地履行民主监督职能;三、加强同各方面的联系与合作,实现广泛的大团结、大联合;四、积极反映社情民意,切实加强信息工作;五、搞好学习,加强自身建设。

中共天津市委书记高德占在市九届政协五次会议闭幕会上的讲话(1997年2月21日)(摘要) 高德占在讲话中指出,在过去的一年里,市政协坚持以邓小平建设有中国特色社会主义理论和党的基本路线为指导,广泛团结全市各民主党派、有关人民团体和各族各界人士,坚持围绕市委、市政府的中心工作,服务大局,发挥优势,认真履行人民政协的职能,做了大量的卓有成效的工作。政治协商做到郑重经常,协商的领域和内容不断扩大,提案办理形成制度;民主监督在坚持和完善已有监督形式的基础上,进行了新的探索;参政议政取得明显成果,通过组织委员开展视察、调研等活动,提出许多有价值的意见和建议;组织委员开展多种形式的学习活动,提高了委员的自身素质;主动开展海内外联谊工作,进一步加强了同各方面的联系与合作;狠抓了政协工作各项制度的落实,进一步推进了规范化、制度化建设。

对新一年的政协工作,提出希望。一、要认真搞好政治协商,积极参政议政,为推动我市两个文明建设再上新水平献计出力;二、要切实有效地开展民主监督,促进我市各项工作健康顺利地发展;三、要凝聚各方面力量,实现广泛的大团结、大联合;四、要进一步加强政协的自身建设,把政协工作提高到一个新水平。

市政协主席刘晋峰在市九届政协五次会议闭幕会上的讲话(1997 年 2 月 21 日)(摘要) 刘晋峰在讲话中提出,这次大会是一次把握大局、再接再厉、同心同德、开拓进取的大会,是一次民主、求实、团结、鼓劲的大会。这次大会的圆满成功,对于鼓舞全市各族各界群众团结一致,群策群力,把天津两个文明建设推向新水平,必将产生积极的影响。并就贯彻这次会议精神,做好今后工作,提出三点意见。一、讲学习、讲政治,统一思想,增进共识;二、巩固大团结,发展大联合,促进改革、发展和稳定;三、围绕中心,履行职能,不断提高政协工作质量和水平。

【组织概况】

机关机构改革概况 1997 年 9 月 23 日,中共天津市委下发津党[1997]38 号文件,批准《天津市政协机关机构改革方案》。市政协机关行政编制 128 名。机构设置,正局级 2 个:办公厅、研究室;处室 17 个。办公厅下设 7 个职能处室:秘书处、会议处、值班接待处、干部处、行政处、礼堂管理处、老干部处。研究室下设 3 个职能处室:综合处、宣传处、区县政协工作联络处。各专门委员会设 6 个办公室:专门委员会第一办公室(经济委员会、城市建设委员会、综合技术咨询委员会)、专门委员会第二办公室(教育文化委员会、医药卫生体育委员会、社会及法制委员会)、专门委员会第三办公室(文史资料委员会、编译委员会)、学习及委员联络办公室(学习委员会)、提案委员会办公室、海内外联谊委员会办公室。市政协机关党委。另设处级事业编制 1 个:《团结与民主》杂志社编辑部。

天津市各级政协组织和委员数

项目 \ 级别	市	区	县	合计
组织数	1	13	5	19
委员数	755	2 944	978	4 677

(张迎春 编写)

政 协 河 北 省 委 员 会

孙建群　秘书长
（补选）

【全体委员会议】

七届五次会议　1997 年 1 月 23 日至 29 日在石家庄举行。七届省政协委员 779 人，报到参加会议的委员 715 人。七届省政协主席李文珊主持了开幕会。会议听取并审议通过了张润身副主席受常务委员会委托所作的常务委员会工作报告，听取并审议了余振中副主席所作的省政协七届四次会议以来提案工作情况的报告。与会委员列席了河北省八届人大五次会议，听取并协商讨论了叶连松省长所作的《政府工作报告》和会议期间其他重要报告。会议审议通过了《政协河北省第七届委员会第五次会议政治决议》和提案委员会关于《政协河北省第七届委员会第五次会议提案审查情况报告》。《政治决议》指出："《政府工作报告》对一年来政府工作成绩的总结符合实际情况，令人鼓舞，指出的前进中的困难和问题实事求是，提出的 1997 年工作的指导思想、奋斗目标和各项措施切实可行，催人奋进。会议赞同《政府工作报告》。""会议同意张润身副主席代表常务委员会所作的工作报告和余振中副主席代表提案委员会所作的提案工作情况的报告。""会议指出，1997 年，我国将恢复对香港行使主权和召开中国共产党第十五次全国代表大会。在新的一年里，全省各级政协组织要继续坚持以邓小平建设有中国特色社会主义理论和党的基本路线、基本方针为指导，把握大局，再接再厉，同心同德，开拓前进，更好地履行政治协商、民主监督、参政议政职能，努力把我省各项事业不断推向前进，以优异成绩迎接我国恢复对香港行使主权和中国共产党第十五次全国代表大会的召开！"会议补选孙建群为省政协七届委员会秘书长。大会期间，共提出提案 541 件，立案 536 件，其中集体提案 35 件。提案委员会筛选重要提案 21 件编印《提案选登》，省委、省政府领导对其中 18 件作了批示。举办了省政协大型提案工作展览。省委、省政府领导及有关部门负责人听取了大会发言，分别参加了 4 个专题座谈会和各有关小组讨论会，听取委员意见。省委书记程维高、省长叶连松在 15 份大会发言材料上批示。省委、省人大常委会、省政府的领导出席了会议开幕式和闭幕式。在闭幕会上，对1993年换届以来，热心政协工作，认真履行政协职能，并做出优异成绩和突出贡献的53名优秀省政协委员予以表彰。省委副书记卢展工根据新形势提出的新要求，代表省委对人民政协工作提出了三点意见。省政协主席李文珊以“总结经验，发扬成绩，突出特点，开拓前进”为题作了总结讲话。

【常务委员会议】

第19次会议 1997年1月19日至20日在石家庄举行。出席会议的常务委员141人。会议主要是为省政协七届五次会议做准备。会议审议通过了省政协常务委员会工作报告和报告人，提案委员会关于省政协七届四次会议以来提案工作情况的报告，关于召开省政协七届五次会议的决定和会议议程、日程，大会秘书长、副秘书长名单，小组召集人名单，列席人员名单；审议了驻沧州市、廊坊市、邢台市省政协委员分赴邢台市、沧州市、廊坊市视察的书面报告。会议听取了省委组织部赵世居部长作关于增补委员、补选秘书长候选人名单(草案)的说明，省政协李月辉副主席作关于省政协机关机构改革、人事任免事项及表彰优秀省政协委员的说明。会议审议决定经济委员会更名为经济建设委员会，祖国统一联谊委员会更名为台港澳侨联络委员会，增设农业委员会。会议增补孙建群为省政协七届委员会委员，并审议通过其为省政协七届委员会秘书长候选人。会议审议通过了关于表彰优秀省政协委员的决定和50名优秀省政协委员名单。会议还审议通过了省政协机关人事任免事项。

第20次会议 1997年1月28日晚在石家庄举行。出席会议的常务委员136人。李文珊主席主持会议。会议审议通过了省政协七届五次会议政治决议(草案)、提案委员会关于省政协七届五次会议提案审查情况报告(草案)、省政协七届五次会议选举办法(草案)以及总监票人、监票人建议名单；审议通过了3名旅港优秀省政协委员名单。

第21次会议 1997年6月24日至25日在石家庄举行。出席会议的常务委员127人。会议审议通过了教科文委员会《关于促进我省乡镇企业向科技型企业转化的意见和建议》，同意作为常委会建议案提交省委、省政府供决策参考。审议了社会法制民族宗教委员会《关于发挥政协优势，协助党委和政府做好社会稳定工作的意见和建议》、省政协委员赴衡水视察团《关于衡水市利用“京九”优势促进开放开发工作情况的视察报告》(书面)、经济建设委员会《关于民族感光材料工业走出困境的思考和建议》(书面)和《关于学习考察温州第二次创业经验的报告》(书面)。与会人员出席了由省政协办公厅、省委宣传部等单位联合举办的“迎回归，庆七一”大型书画联展开幕式，并参观书画展。会议结束时，李文珊主席讲话。

第22次会议 1997年7月25日至28日在张家口举行。出席会议的常务委员92人。会议中心议题是研究全省农业产业化经营问题，采取了组织常委进行专项视察与会议议题相结合的开法。与会人员首先分三路赴张北、涿鹿、怀来、沽源和康保等县，听取当地领导关于农业产业化经营的情况汇报，深入草场、牧场、种植基地和工厂企业对农业产业化经营情况进行为期两天视察，然后用两天时间集中听取了张家口市副市长龚云堂关于张家口市农业产业化经营情况的汇报，听取了孙建群秘书长关于省政协机关人事任免事项的说明。通过小组讨论和大会发言，会议审议通过了农业委员会《关于推进我省农业产业化经营若干问题的建议》，同意以常委会建议案报送省委、省政府，审议通过了省政协机关人事任免事项。会议结束时，李文珊主席就“高举邓小平理论伟大旗帜，把我省政协工作继续推向前进”为题讲了重要意见。

第23次会议 1997年10月14日至16日在石家庄举行。出席会议的常务委员131人。会议中心议题是学习和贯彻中国共产党第十五次全国代表大会精神，并以中共十五大精神为指导，认真总结七届省政协近五年来的工作。会议认真学习了中共十五大重要文件，听取了中央党校副校长郑必坚关于学习中共十五大文件的辅导报告，审议了省政协七届委员会各专门委员会的工作报告(书面)，并紧密联系政协工作的实际，进行了小组讨论和大会发言。会议结束时，李文珊主席作了题为“学习贯彻中共十五大精神，把政协工作提高到新水平”的讲话。他指出：“全省各级政协组织，要把学习中共十五大文件、贯彻中共十五大精神，作为当前和今后一个时期的重要任务，高度重视，精心组织，切实抓好，用中共十五大精神统领整个政协工作，努力把政协工作提高到一个新水平。”

第24次会议 1997年12月20日至22日在石家庄举行。出席会议的常务委员130人。会议的主要任务是为省政协八届一次会议做准备。会议听取了省委组织部赵世居部长作关于八届省政协参加单位、委员名额、委员人选名单(草案)和省政协八届一次会议大会主席团、秘书长建议名单的说明，省政协秘书长孙建群作关于省政协第七届委员会常委会工作报告(草案)起草情况的说明，省政协提案委员会副主任李殿卿作关于省政协第七届委员会提案委员会关于五年来提案工作情况报告(草案)起草情况的说明。会议审议通过了关于召开省政协八届一次会议的决定，省政协第七届委员会常委会工作报告和报告人，以及提案委员会关于五年来提案工作情况的报告，协商决定了八届省政协参加单位、委员名额和委员人选，省政协八届一次会议大会主席团、秘书长建议名单以及为八届一次会议做准备的各必要事项。会议结束时李文珊主席讲话，总结概括了七届省政协常委会五年工作的特点。

【专门委员会工作】

经济建设委员会 重点进行专题调研两项。组织对全国唯一的民族感光材料企业保定乐凯胶片公司进行调查，形成的《民族感光材料工业走出困境的思考与建议》，经省政协第21次常委会议审议通过，报送省委、省政府后，受到有关领导的重视。在调研基础上一位委员提出的《应从保护民族工业的高度密切关注乐凯企业的市场竞争能力》的社情民意，经全国政协信息资料中心采用转报，化工部部长顾秀莲批示答复：“化工部正在帮助乐凯解决存在问题，并加快运作股票上市。”先后对石家庄、保定、唐山、秦皇岛四市高新技术开发区进行调研，提出的《关于加速发展我省高新技术开发区的建议》，经省政协主席会议审议，以主席会建议案形式报送省委、省政府，不少建议被采纳。先后赴浙江省温州市、辽宁省大连市学习、考察第二次创业和对水资源管理的经验。《关于学习考察温州第二次创业经验的报告》，经省政协第21次常委会议审议，送交省政府有关部门。组织委员视察有关企业，为省政协八届一次全会期间专题座谈全省组建大企业集团问题做准备。组织人员赴江苏省南京市参加全国地方政协经济委员会工作会议，赴山东省青岛市参加13省、区、市政协经济委员会联系会暨经济技术洽谈会，并配合省政府经济技术协作办公室，与有关省、区、市签订了8项经济技术项目协议和意向书。

农业委员会 先后进行专题调研、视察和考察5项。重点对全省农业产业化经营课题进行调研，形成的《关于推进我省农业产业化经营若干问题的建议》,经省政协第22次常委会议审议通过,以常委会建议案形式报送省委、省政府,引起了省政府有关领导的重视,批示有关部门认真研究抓好建议的落实。《关于视察邢台、衡水二市农业开发情况的报告》、《关于视察邯郸市水毁耕地及农田水利设施修复情况的报告》,送交省政府后,不少建议被采纳。为研究生态农业建设问题,对太行山区个别山村治山治水情况进行了初步考察。为推动科技扶贫,与石家庄市、鹿泉市政协联合组织有关委员赴辽宁省,对该省应用鹿泉市政协委员张玉生研制的"ZT—1"丰抗素取得大面积丰收情况进行考察,形成了《关于对辽宁等地应用丰抗素情况的考察报告》,就河北省加大应用丰抗素的力度向省政府提出建议。与省扶贫开发办公室联合召开全省市县扶贫开发办公室主任会议,通过播放"推广应用丰抗素"电视专题片,介绍丰抗素的特点、使用方法以及总结推广应用丰抗素的经验做法等形式深入进行宣传,并组织全省贫困县广泛应用。1997年全省使用丰抗素已由1996年的190万亩上升到400余万亩,取得了明显的经济、社会效益。为推动扶贫工作,对五年来各级政协参与扶贫工作情况和经验进行了总结,并针对存在问题提出改进措施。组织委员赴北京参观第三届全国农业博览会。

教科文委员会 重点围绕乡镇企业向科技型企业转化的课题进行调研。在与省科委、省社科院、省乡镇企业局联合组成课题组进行软科学研究的基础上,形成了《关于我省乡镇企业向科技型企业转化的意见和建议》的调查报告,经省政协第21次常委会议审议通过,以常委会建议案形式报送省委、省政府。省委副书记李炳良、副省长陈立友批示认为《建议案》有较强的针对性和指导性,责成省乡镇企业局认真研究落实。省政府办公厅期刊《内部通报》将《建议案》全文印发全省各市、县人民政府,省直各部门,省各人民团体,并加按语,要求各地、各有关部门认真研究。先后组织部分委员就高考考试现场、高考录取工作进行视察,组织部分委员参加省教委组织的全省职业教育大检查。注重经验总结和理论研究,分别在"全国政协教科文委员会工作经验交流会"和"全国政协科技工作经验交流会"上,交流了《开展专委会工作的几点体会》和《实施"科教兴冀",加速科技进步》的研究文章。为推动全省政协系统教科文委员会的工作,召开了市政协教科文委员会主任会议,着重总结和回顾本届教科文委员会的工作。与台港澳侨联络委员会联合组织了庆祝教师节暨河北省海外同胞教育基金会第五次颁奖大会。

社会法制民族宗教委员会 紧紧围绕维护社会稳定这一课题,先后组织四个调查组,就社会治安综合治理、下岗职工再就业、安全文明小区建设、宗教工作依法管理等问题进行系列调查,并总结两个市政协协助党委、政府维护社会稳定的经验,向省政协第21次常委会议提交了《关于发挥政协优势,协助党委和政府做好维护社会稳定工作的意见和建议》。根据省高级人民法院的邀请,向有关市政协发出通知,要求他们积极支持政协委员旁听庭审。先后赴衡水、沧州、保定、石家庄、邢台5市,深入到教堂、寺院走访天主教、基督教、佛教界人士26名,增进了解,加强联谊。与省委统战部、省民族宗教事务厅联合举办"河北省宗教界人士学习座谈会",学习贯彻中共中央《关于我国社会主义时期宗教问题的基本观点和基本政策》([1982]19号文件),引导宗教与社会主义社会相适应。参加了全国政协民族和宗教委员会召开的"全国政协散居少数民族工作座谈会",就加强散居少数民族工作提出意见和建议。认真接待全国政协社会与法制委员会妇女组赴保定市清苑县进行扶贫工作考察,并具体谋划和组织扶贫捐款仪式。通过接待外省市政协社会法制委员会有关人员和走出去参观考察等形式,加强学习交流,推动了业务工作的开展。

学习宣传委员会 举办香港回归祖国、学习中共十五大精神等录音、录像报告会6次。根据形势、任务的需要,编发《学习参考》7期。与省委统战部、省委外宣局、省电视台联合举办《燕赵同欢庆回归》大型文艺晚会,晚会录像先后6次在中央、省电视台播放。在省政协号召全省各级政协委员向石家庄市政协委员李善勋学习活动中,通过多种形式,积极宣传李善勋参政议政的先进事迹,为宣传典型发挥了重要作用。重视对政协工作的宣传,加大了宣传力度。在省以上报刊先后发稿150余篇。召开了全省政协系统学习宣传工作会议,传达全国政协学习工作座谈会精神,总结、部署工作。《乡音》杂志出刊6期,政治、文稿、编校质量进一步提高。经省新闻出版局推荐,参加了国家新闻出版署在广州举办的"'97羊城期刊展"。

提案委员会 七届五次会议以来,共收到提案659件,立案639件,其中集体提案39件。除2件正在办理外,其余都已办复,占立案总数99.7%。委员对办案的满意率达92%。一年来,除认真落实《提案工作条例》外,举办了首次大型提案工作展览,编辑了28万余字的《河北省政协提案工作文件资料选编》,与省委督查室联合对省委系统承办政协提案的有关人员进行了培训,走访了部分省政协委员,征求他们对加强提案工作的意见和建议。加强对市、县政协的联系与指导,组织召开了省政协提案工作联系点座谈会,深入6市、6县对政协提案工作规范化情况进行了调查。先后赴辽宁省鞍山市、天津市参加了全国政协提案委员会召开的十省区市政协提案工作总结交流会议和华北五省区市政协提案工作座谈会,总结交流了提案工作经验和体会。组织部分委员赴云南、贵州省政协学习开门办案的经验。坚持实事求是原则,认真总结了七届政协提案工作。

台港澳侨联络委员会 利用多种形式迎接和庆祝香港回归祖国。与省委统战部、省侨办、石家庄市政协联合举办"迎香港回归报告会",组织省政协、石家庄市政协部分委员听取国务院港澳办社会文化司赵秉新司长作关于"香港的形势与方针政策"的报告,与省外宣局、省策划协会联合举办"河北省旅港省政协委员和香港同胞支持河北建设事迹展览"。加强与旅港委员和香港有关社团的联谊。应香港冀鲁旅港同乡会邀请,派员参加省赴港代表团,祝贺冀鲁旅港同乡会成立50周年。先后接待台港澳同胞、国外侨胞40余人次。利用香港回归祖国的机遇,进一步发挥旅港委员参政议政作用。全会期间,组织旅港委员座谈会,就"香港回归与河北发展问题"同省有关领导进行专题协商,并组织旅港委员赴井陉县视察特大洪涝灾害后重建家园、恢复生产和旅港委员捐资建成的两座学校情况。香港回归后,赴珠海市就近召开旅港委员座谈会,就香港长期稳定繁荣和河北改革开放、经济发展进行座谈,听取旅港委员的意见和建议。与教科文委员会联合组织了庆祝教师节暨河北省海外同胞教育基金会第五次颁奖大会,在承德市承办了沿海12省区市政协祖统工作第十次研讨会,参加了邯郸市政协举办的全省部分市政协祖统工作第四次座谈会。创办了不定期刊物《工作交流》,旨在传达上级有关台港澳侨工作指示、要求和交流台港澳侨工作经验,已出刊2期。

文史资料委员会 征集史料100余万字。编辑、出版《文史精华》月刊12期,增刊2期,共130万字,《文史精华》撷珍本上、下卷,90 万字,以及《近代中国社会史料丛书》4 种 8 卷,400 万字。完成了《河北历史名人丛书》7 卷 10 册,300 万字的选编工作。召开了全省文史资料工作会议,总结七届政协文史资料工作,表彰文史资料工作中的先进单位和个人。

【重要活动】

表彰优秀省政协委员 1997 年 1 月 29 日省政协七届五次会议闭幕会上,对 53 名优秀省政协委员给予表彰。在宣读《政协河北省委员会关于表彰优秀省政协委员的决定》和优秀省政协委员名单之后,省委书记程维高、省人大常委会主任吕传赞、省政协主席李文珊等省领导向优秀省政协委员颁发了荣誉证书和纪念奖牌。1997 年 3 月 4 日,省政协办公厅以冀协办[1997]2 号文件下发了《政协河北省委员会关于表彰优秀省政协委员的决定》。

省政协大型提案工作展览 1997 年 1 月 23 日至 29 日在省政协七届五次会议召开期间展出。展览共分五个部分:提案工作情况概述;建章立制,程序规范;主动服务,开拓创新;履行职能,成效显著;领导重视,亲自批办。所展 106 张图片充分地反映了省政协七届一次会议以来政协参加单位和委员的劳动成果和有关部门承办提案的情况。出席省政协七届五次会议开幕会的省委、省人大常委会、省政府、省政协领导观看了展览。省委书记程维高、省长叶连松等省领导对政协提案工作予以充分肯定,并对这一展览形式表示赞赏。为扩大宣传效果,省政协拍摄了专题片,并复制下发到全省各市政协。

全省市政协秘书长联席会 1997 年 3 月 5 日至 6 日在廊坊市举行。会议主要任务是通报情况,协调工作。会议通报了省政协 1997 年主要工作安排意见,听取了各市政协 1997 年主要工作安排的汇报,表彰了 1996 年反映社情民意工作先进单位,部署了 1997 年加强全省政协系统反映社情民意工作的意见,研究了市县政协机构改革方面的有关问题。

在全省政协系统开展学习李善勋活动

李善勋连续四届任石家庄市政协委员,为中共党员、民革成员。他是在政协工作环境下涌现出的先进分子,突出特点是时时刻刻意识到党和人民的重托,热爱政协工作,敢于参政议政,善于参政议政,勤于参政议政。1997 年 5 月 28 日,根据省政协第 29 次主席会议议定,省政协办公厅以冀协办[1997]4 号文件向各市、县(市、区)政协下发了《关于在全省政协系统开展学习李善勋活动的通知》。《通知》要求:要根据政协工作特点,组织政协委员认真学习李善勋自觉履行委员职责,积极参政议政的精神;学习李善勋要和总结政协工作经验相结合,要和树立、学习本地的先进典型相结合,要同推动当前工作相结合。

河北省宗教界人士学习座谈会 1997 年 6 月 6 日至 9 日,省政协社会法制民族宗教委员会与省委统战部、省民族宗教事务厅联合在石家庄举办。全省各级政协的宗教界委员,省佛教、道教、伊斯兰教、天主教、基督教爱国宗教团体的秘书长以上负责人,各宗教的后备力量,各市政协民族宗教委员会负责人等共计 80 余人出席了会议。省政协、省委统战部、省民族宗教事务厅机关处以上干部和省神学院 100 名师生列席了开幕会。会议听取了省政协主席李文珊关于“爱国爱教,团结进步”的报告,中央统战部顾问江平、国务院宗教事务局宗教研究中心主任赵匡为所作的辅导报告,以及省民族宗教事务厅厅长鞠志强的讲话,重点学习了党和国家领导人有关宗教工作的重要讲话以及中央关于宗教问题的基本观点和基本政策,围绕如何引导宗教与社会主义社会相适应的问题进行了认真的讨论。会议结束时,省委统战部部长杨国春讲话。

"燕赵同欢庆回归"大型文艺晚会 1997年6月16日晚,省政协办公厅、省委统战部、省委外宣局和省电视台在河北电视中心演播大厅联合举办。晚会由《不尽的礼花》、《世纪的微笑》、《灿烂的金桥》、《辉煌的明天》等四章13个节目组成。其中《新世纪的朝阳》、《归来》、《香江水黄河源》、《含笑的紫荆花》等11个节目是新创编的作品。省委、省人大常委会、省政协、省军区的领导观看了演出。该晚会被省直工委评为1997年最佳活动优秀奖。

"迎回归、庆七一"大型书画展 省政协办公厅、省委宣传部、省政府新闻办公室、省文化厅、省文联、省政协之友联谊会联合举办,1997年6月25日至7月5日在省博物馆展出。从全省各地征集评选出的400余幅作品紧紧围绕香港回归祖国、颂扬党的领导和民族精神,抒发爱国情怀,讴歌改革开放成就这一主题展开。省委、省人大常委会、省政府、省政协有关领导,省直有关厅局、石家庄市有关领导,参加省政协第21次常委会议的常委、列席人员,部分书画名家和各界群众1 000余人参加了开幕式,省政协李文珊主席讲话,他指出,通过这次书画展,将使我省广大人民群众加深对香港、对香港回归的了解,陶冶艺术情操,激发爱国热情。

沿海十二省、区、市政协祖国统一工作研讨会第十次会议 1997年9月6日至10日在承德市举行,由河北省政协承办。全国政协台港澳侨联络委员会负责人和北京、天津、上海、辽宁、山东、江苏、浙江、福建、广东、广西、海南、河北12省区市政协的有关领导和人员出席了会议,四川、陕西、湖南、安徽4省政协和河北承德市政协的负责人应邀参加了会议。与会人员共61人。全国政协副主席万国权、副秘书长张洽专程到会祝贺。万国权副主席作了重要讲话。会议听取了全国台湾研究会副会长姜殿铭所作的《台湾局势与香港回归》的报告,听取了承德市委、市政府主要负责人关于承德市经济发展情况的介绍,交流了近年来政协开展祖统工作的经验和体会。会议还参观考察了承德市工业企业和旅游资源开发情况。

【重要文件】

中共河北省委办公厅印发《河北省党委机关承办政协提案工作暂行办法》的通知 1997年1月17日,以冀办字[1997]2号文件印发各市、县委,省委各部委,省直各部门党组、党委。《通知》要求"各地、各部门认真遵照执行。"《河北省党委机关承办政协提案工作暂行办法》分六章二十二条。第一章总则;第二章承办工作机构;第三章承办工作程序,包括交办、承办、审查、答复、走访、复查和总结;第四章承办工作制度;第五章奖惩;第六章附则。(内容略)。

河北省人民政府办公厅关于1996年度承办人大代表建议和政协提案工作考核评比情况的通报 1997年1月10日以办字[1997]4号文件印发各市人民政府、省政府各部门。《通报》主要内容为:1996年,省政府系统共办理全国和省人大代表建议、政协提案1 037件,涉及84个承办单位(主办单位),其中包括11个市政府和73个省政府所属部门、单位。各承办单位紧紧围绕改革开放、建设经济强省和保持社会稳定的大局,以认真坚持全心全意为人民服务的宗旨为指导思想,以认真解决事关经济建设和社会发展的重大或重要问题和"老案"为重点,深入贯彻落实《河北省承办人大代表建议和政协提案工作规定》(河北省人民政府第125号令),突出在严格依法办理、提高承办质量、狠抓工作落实上下功夫,较好地完成了全年的承办工作任务。承办工作质量和整体水平进一步得到提高。按时办结率达到100%；答复函规范化率达到100%；代表建议、政协提案中所提问题得到解决或基本解决的比例分别达到43.8%和50%；人大代表、政协参加单位和委员对办理结果的满意率均达到95%以上；绝大多数承办单位完成或超额完成了走访人大代表、政协委员的指标，走访率明显高于往年。

按照《考核评比办法》的规定和要求，省政府办公厅在对各承办单位办理的人大代表建议、政协提案答复函逐件考核的基础上，认真进行了综合考核，并邀请省人大常委会、省政协有关主管部门进行了联评，共评选出优秀承办单位28个，良好单位39个，中等单位16个，较差单位1个。省政府办公厅决定对28个优秀承办单位予以通报表彰，对较差单位提出批评。希望受表彰的单位戒骄戒躁，再接再厉，不断创新。其他承办单位特别是较差单位要向优秀承办单位学习，认真总结经验，找出差距和不足，在今后的承办工作中加倍努力，推动省政府系统的承办工作均衡、健康发展。

关于评选表彰省政府系统承办人大代表建议政协提案工作优秀单位和先进工作者准备工作的通知 1997年8月1日，省人大常委会办公厅、省人民政府办公厅、省政协办公厅、省人事厅联合，以办字[1997]97号文件印发各市人民政府，省政府各部门。《通知》对评选优秀承办单位、先进承办工作者的评选范围、条件和办法作了规定，对组织领导工作提出了要求，同时提出了表彰奖励原则及办法。《通知》指出："表彰奖励工作坚持精神鼓励与物质奖励相结合，以精神鼓励为主的原则。对评选出的"河北省优秀承办单位"，由省人大常委会、省政府、省政协联合予以表彰，并颁发奖牌和奖励证书。评选出的"河北省先进承办工作者"，由省人大常委会办公厅、省政府办公厅、省政协办公厅、省人事厅联合予以表彰，颁发荣誉证书，并给予适当的物质奖励。获得"河北省先进承办工作者"的各市政府办公厅(室)从事承办工作的人员享受设区的市级先进工作者(劳动模范)待遇；省政府各部门专(兼)职从事承办工作的人员给予记二等功奖励。有关材料存入本人档案，作为考核、晋升的依据。"

常务委员会工作报告(1997年1月23日)(摘要) 主要内容为：一年来，省政协常委会在全国政协的指导和中共河北省委的领导下，在省政府的大力支持和社会各方面的积极配合下，围绕党和政府的中心工作，认真履行政治协商、民主监督、参政议政职能，选准角度，发挥优势，讲究质量，注重实效，较好地完成了七届四次会议确定的各项任务，为我省实施"九五"计划和2010年远景目标纲要，以及夺取抗洪救灾的胜利，做出了积极的贡献。

一、紧紧围绕经济建设这个中心，突出重点，搞好参政议政。选择影响和制约我省经济发展的重要问题，认真履行职能，献计献策。去年年初，省政协驻会主席就我省农业和农村经济工作中一些亟待解决的问题，向省委写出了《关于实现"九五"期间我省粮食增产农民增收目标的几点建议》的报告，省委、省政府办公厅予以转发，要求各部门联系工作实际，提出具体实施意见，并抓好落实。根据形势的发展，对常委会议的中心议题及时进行调整。9月下旬召开的省政协第17次常委会议，考虑到我省发生特大洪涝灾害的情况，经省政协主席会议议定，将会议原定议题改为专题研究灾后恢复生产重建家园问题。由于议题紧扣省委、省政府中心工作，常委们提出的许多有深度、有价值的意见和建议，经汇总报省委后，省委办公厅予以全文转发。在前两年调研的基础上，根据扶贫攻坚形势，我们仍将特困地区稳定脱贫问题作为重点调研课题之一，省委、省政府有关领导对调研报告作了批示，要求省扶贫办将所提建议吸收进全省扶贫攻坚会议文件中。

二、坚持"两手抓、两手都要硬"的方针，为我省精神文明建设献计献策。去年初，省政协确定把我省农村精神文明建设问题作为重点调研课题之一。经过近3个月的深入调研，形成了《关于加强我省农村精神文明建设的意见建议》，提交省政协第16次常委会议审议通过，以常委会建议案报送省委。省委程维高书记及栗战书秘书长对该《建议案》作了重要批示，要求由省委宣传部牵头，组织有关部门认真研究，一项一项去抓，一条一条改进。10月23日省委办公厅以冀办字[1996]76号文逐条予以回复，《建议案》所提建议基本上被《河北省1996—2000年社会主义精神文明建设实施纲要》采纳。中共十四届六中全会及省委五届三次全委会议，为进一步加强社会主义精神文明建设指明了方向。省政协及时召开第18次常委会议，进行专题学习贯彻。常委们在认真学习文件、深入讨论的基础上，结合我省精神文明建设的现状、存在的主要问题及其对策，从不同层次、不同角度、不同侧面，广泛发表了意见，提出了许多有价值的意见和建议。

三、为维护我省社会稳定谋良策，做贡献。假冒伪劣农用物资坑农害农是挫伤农民生产积极性、影响农村社会稳定的突出问题之一。省政协把农资打假问题作为重点调研课题，在与各市政协联合调研的基础上，形成了《关于深入开展农资打假工作的意见和建议》的调查报告。省委李炳良副书记、省政府郭洪岐副省长作了重要批示，责成省打假办协调有关部门，进一步加大打假力度。所提建议被有关部门采纳。"严打"斗争是中央为维护社会稳定所采取的重大举措。为推动这场斗争的深入发展，去年6月上旬，省政协召开了"严打"斗争协商座谈会，提出了改进的措施和建议。省委许永跃副书记对这次座谈会给予了充分肯定。

四、积极协助党委和政府开展抗洪救灾工作。去年8月份我省发生特大洪灾后，省政协按照省委、省政府防汛救灾紧急调度会议精神，迅速作出安排，及时把工作重点转移到防汛抗洪、抢险救灾上来。

五、充分发挥提案和反映社情民意工作的民主监督作用。去年，省政协通过完善制度，深入研讨，跟踪督办，以及与省政府办公厅联合检查、视察提案办理工作等措施，使提案工作较往年有了新的进步和提高。一年来，共收到提案773件，经审查立案752件，是本届政协以来提案数量最多的年份，且质量有所提高。由于省委、省政府的高度重视和各承办单位加大了办案力度，办案质量不断提高，委员满意率达91.8%。为使反映社情民意工作在政协民主监督、参政议政中发挥更大作用，省政协加大了工作力度。

六、发挥优势办实事，努力搞好微观服务。积极参与扶贫工作。近三年来，省政协一直把帮困扶贫当作关系全省政治稳定、经济繁荣的大事常抓不懈。去年，进一步加大了对省政协扶贫联系点的帮扶力度。为经济建设内引外联，牵线搭桥。我们通过接待全国政协委员视察团、外商考察团、兄弟省区市政协学习考察团以及出国访问等便利条件，不失时机地介绍、宣传我省改革开放的大好形势，宣传我省的各种优势和投资政策，积极为我省扩大对内对外开放做好牵线搭桥的工作。我们还积极探索政协为经济建设服务的新途径、新形式，努力使与兄弟省区市政协的有关业务联系会议同时成为经济协作和项目洽谈的舞台。切实加强文史资料工作。在全省精神文明建设中，省政协的文史资料工作不断取得新的进展。积极思谋研究开发徐福千童文化的大计，促使"河北徐福千童会”尽快成立，并通过与国内外徐福研究组织的联系与沟通，开展中外经济和文化的交流，为我省改革开放服务。

七、宣传“一国两制”构想，迎接“九七”香港回归。为宣传邓小平同志“和平统一、一国两制”的伟大构想，进行爱国主义教育，与省电视台联合举办了《迎“九七”香港知识竞赛》活动和《月是故乡明》大型文艺晚会。

八、进一步密切与全国政协和兄弟省区市政协的联系，加强对市县政协工作的指导。我们先后参加了全国政协有关专门委员会召开的会议，加强联系和沟通，主动取得全国政协的指导。先后接待了9个全国政协委员视察团。组织驻我省的全国政协委员进行视察。与兄弟省区市政协的横向联系不断加强，增进了与兄弟省区市政协的友谊。继续加强对市县政协工作的指导。

九、适应形势的发展，切实加强自身建设。通过举办委员培训班、报告会、座谈会和编发《学习参考》等多种形式，努力提高委员的理论政策水平和参政议政能力。召开了首次全省政协理论研讨会。推进政协履行职能的规范化、制度化建设，狠抓制度落实。省政协机关机构改革和参照试行国家公务员制度工作顺利进行。

一年来，常委会工作也存在着一些不足，主要是推进政协履行职能规范化、制度化建设的措施不够有力，有的制度规定尚未真正落到实处；对我国基本政治制度的宣传缺乏力度，社会上对政协工作还缺乏应有的认识；委员的整体功能作用发挥得还不够充分；机关建设有待加强等等。

1997年是我国发展史上极为重要的一年。本年度常委会工作总的指导思想是：以邓小平建设有中国特色社会主义理论和党的基本路线、基本方针为指导，认真贯彻中共十四届五、六中全会和中共河北省委五届三次、四次全委(扩大)会议精神，紧紧围绕全党全国工作大局和省委、省政府的中心工作，加强学习，总结经验，认真履行政治协商、民主监督、参政议政职能，突出重点，提高质量，注重实效，开拓前进，为我省改革开放和两个文明建设做出积极贡献。据此，常委会本年度工作要点是：①为我省经济建设献计策、办实事。②努力推进我省精神文明建设和民主法制建设。③以香港回归祖国为契机，积极做好“三胞”联谊工作。④认真总结本届政协履行职能的基本经验。⑤积极做好省政协的换届准备工作。⑥加强机关自身建设。

【组织概况】

秘书长补选名单

孙建群 (1997年1月29日补选)

委员增补名单

孙建群 (1997年1月20日增补)

机关机构调整情况

1997年1月20日第19次常委会议审议决定：增设农业委员会，经济委员会更名为经济建设委员会，祖国统一联谊委员会更名为台港澳侨联络委员会。办公厅增设联络处，农业委员会下设处级办公室。

【河北省各级政协领导人名单】

河北省政协

主 席

李文珊

副主席

张润身 王树森(满族) 黄 岚
都本洁 王幼辉 赵惠臣 马新云
余振中 王满秋 陈 慧
赵 燕(女) 李月辉

秘书长

孙建群(七届五次全会补选)

石家庄市

市政协主席

方秉钧

县(市、区)政协主席

长安区　张造禄

张银花

(1997年3月任职)

桥东区　邓学信

桥西区　赵国昌

新华区　高玉成

郊　区　于志纯

崔永生

(1997年2月任职)

井陉矿区　赵素来

辛集市　杨广达

藁城市　伍玉杰

晋州市　周占拴

新乐市　李富祥

井陉县　刘素宽

鹿泉市　王重琦

栾城县　沈荣章

正定县　沈书忠

深泽县　史志林

无极县　孟凡林

李成虎

(1997年3月任职)

赵　县　何英敏

周瑞刚

(1997年2月任职)

高邑县　王贵堂

元氏县　耿振朝

行唐县　吕贞祥

赞皇县　李振章

平山县　霍尚军

灵寿县　钱少宗

唐山市

市政协主席

贾焕章

县(市、区)政协主席

路南区　孟祥荣

路北区　洪卓苓

古冶区　张宝琪

开平区　潘起来

新　区　张　继

遵化市　张广银(满族)

丰润县　陈雨和

丰南市　刘树新

滦　县　王洪秋

滦南县　王文相

乐亭县　徐兴信

迁安市　张应选

迁西县　伦　荣

玉田县　霍玉凤

唐海县　丁俊杰

秦皇岛市

市政协主席

朱桂英(女)

县(区)政协主席

海港区　田伯翔

山海关区　李宝田

北戴河区　陈立敏

昌黎县　孙志高

鲁纯堂

(1997年3月任职)

抚宁县　苏洪珊

卢龙县　董荫乔

青龙满族自治县　李兴璞(满族)

邯郸市

市政协主席

田志杰

县(市、区)政协主席

邯山区　马战国

丛台区　贺玉善

复兴区　赵宝祥(女)

峰峰矿区　屈华富

武安市　杜同富

邯郸县　王怀勤

宋全礼

（1997年2月任职）
馆陶县　公玉勤
大名县　宋善继
冯九成
（1997年3月任职）
魏　县　秦兰秀
曲周县　张维山
邱　县　杜志忠
鸡泽县　谢贵胥
肥乡县　梁连志
广平县　李洪恩
孙耀成
（1997年3月任职）
成安县　常五香
临漳县　陈鸿宾
磁　县　李有善
涉　县　仝新法
吕忠魁
（1997年10月任职）
永年县　靳　琨

邢台市

市政协主席
吴英才
县（市、区）政协主席
桥东区　赵汉章
师向军
（1997年3月任职）
桥西区　刘贵森
沙河市　王其昌
南宫市　李克武
邢台县　霍运美
临城县　路宝庆
内丘县　张群保
柏乡县　张振华
隆尧县　曹隆政
任　县　张启运
南和县　武福祥
宁晋县　张保全
巨鹿县　杲东阁
贾春英
（1997年3月任职）
新河县　焦聚祥
张增财
（1997年3月任职）
广宗县　刘子波
平乡县　韩贵湘
威　县　黄成俊（回族）
清河县　贝际奎
李宏贵
（1997年2月任职）
临西县　李铁民

保定市

市政协主席
贾瑞增
县（市、区）政协主席
新市区　辛贤明
北市区　王文琦
邱昭元
（1997年3月任职）
南市区　米振钧
满城县　张汉文
清苑县　张鹤亭
胡景山
（1997年4月任职）
定州市　张同章
涿州市　何志民
安国市　袁志超
高碑店市　许寿明
易　县　贾延清
徐水县　贾瑞明
涞源县　王志峰
定兴县　李文明
高洪涛
（1997年3月任职）
顺平县　孟　健
刘军良

(1997年11月任职)
唐　县　(暂缺)
望都县　张成林
涞水县　卢智生
高阳县　李长乐
安新县　何金贵
雄　县　董兆军
容城县　郝植格
曲阳县　张进川
阜平县　王成军
博野县　李永志
蠡　县　刘志祥

张家口市

市政协主席
田震田
县(区)政协主席
桥东区　周　新
王金普
(1997年5月任职)
桥西区　王云普
宣化区　刘万镒
胡俊林
(1997年3月任职)
下花园区　郭　圣
刘繁英
(1997年3月任职)
张北县　刘善明
康保县　韩发仁
沽源县　拉希扎木索
(蒙古族)
宣化县　顾盛卉
崇礼县　郭　汉
尚义县　靳振贵
(1997年3月任职)
蔚　县　黄绍雄
阳原县　张国庆
怀安县　梁永安
万全县　王杰恒
杨　树
(1997年3月任职)
怀来县　常振国
涿鹿县　冯志品
赤城县　乔汉文

承德市

市政协主席
李俊基
县(区)政协主席
双桥区　范洪亮
双滦区　徐炳勋
鹰手营子矿区　张显臣
兴隆县　冯守珍
平泉县　胡启惠(满族)
滦平县　刘植春
隆化县　范永发
承德县　付振清
宽城满族自治县　方永琦
围场满族蒙古族自治县　刘学增
(满族)
丰宁满族自治县　姜希山(满族)

廊坊市

市政协主席
李振洲
县(市、区)政协主席
安次区　于振洋
霸州市　王金兴
三河市　陈　泰
永清县　巩　淀
固安县　肖凤龙
文安县　王均昌
香河县　刘　玉(女)
大城县　李思进
大厂回族自治县　万国悦

沧州市

市政协主席

马景洲

县(市、区)政协主席

新华区　　王志亮

运河区　　李振鹏

郊　区　　杨清华

泊头市　　孙书辰

任丘市　　李建华

黄骅市　　魏登瑞

河间市　　梁印诗

肃宁县　　王铁檩

献　县　　崔洪尧

吴桥县　　王福荣

东光县　　王保华

南皮县　　刘瀛涛

刘金廷

(1997年3月任职)

盐山县　　张连荣

海兴县　　杨佐仁

沧　县　　白方兴

青　县　　刘　峰

孟村回族自治县　　杨福光

衡水市

市政协主席

刘锡锋

县(市、区)政协主席

桃城区　　王忠存

冀州市　　王耀深

安平县　　韩宏昌

枣强县　　孙连仲

武邑县　　阎汝耀

深州市　　徐树明

武强县　　张清安

饶阳县　　(暂缺)

故城县　　张彦恩

景　县　　张书凯

阜城县　　王巨桐

河北省各级政协组织和委员数

级别 项目	省	设区的市	县(市区)	合计
组织数	1	11	173	185
委员数	777	5 142	25 525	31 444

(张桂勇　编写)

政 协 山 西 省 委 员 会

【全体委员会议】

七届五次会议 1997年3月29日至4月5日在太原举行。应出席会议委员518名,实到485名。省政协主席郭裕怀主持开幕式。中共山西省委书记胡富国在开幕式上作了讲话,他在高度评价了省政协过去一年工作所取得的成绩之后,强调指出,推进全省改革开放和社会主义现代化建设事业全面发展,实现我省"九五"计划和2010年远景目标,人民政协是一支重要的力量。人民政协位置重要、智力雄厚,视野开阔,联系面广,代表性强,信息量大,具有独特的优势。他希望委员们要继续以推动山西发展为己任,紧紧围绕省委各项决策,认真履行政治协商、民主监督和参政议政的职能,深入调查研究,积极反映社情民意,广泛联系海内外各界人士,共同把山西的事情办好。会议听取、审议并通过了省政协常务副主席万良适代表常务委员会所作的《贯彻全省政协工作会议精神,努力争创政协工作一流水平》的工作报告。会议听取、审议并通过了省政协副主席宋绍华所作的《政协山西省第七届委员会提案委员会关于第四次会议以来提案工作情况的报告》。与会全体委员列席了山西省第八届人民代表大会第五次会议,听取、讨论并赞同孙文盛省长所作的《政府工作报告》和省计委主任张奎受省政府委托所作的《关于1996年国民经济和社会发展计划执行情况与1997年国民经济和社会发展计划草案的报告》及其他有关报告。省政协常务副主席万良适主持闭幕大会。省政协主席郭裕怀在闭幕会上就政协自身主动工作问题作了讲话。他指出,政协工作,不论任何时候,任何情况下,都应该具有自觉性和主动性。要主动地接受党的领导,主动地服从和服务于国家的大局,主动地选好角度,发挥优势。他强调要在形成和强化三方合力上发挥主动性,以推动政协的"两化建设"和履行职能的全面到位;要在政协本身的工作上更加主动,努力实现履行职能讲质量、上水平、求实效、创一流的目标。会议通过了省政协七届五次会议政治决议。决议号召,全省各级政协组织、政协各参加单位和全体政协委员,更加紧密地团结在以江泽民同志为核心的中共中央周围,在中共山西省委的领导下,高举邓小平建设有中国特色社会主义理论的伟大旗帜,坚持党的基本路线和基本方针,把握大局,促进团结,发挥主动,求真务实,更好地履行政治协商、民主监督和参政议政职能,为迎接香港回归和中共十五大召开,为实现兴晋富民的跨世纪宏伟目标,做出新的更大的贡献。

【常务委员会议】

第21次会议 1997年2月23日至25日在太原举行。会议听取并讨论了省委常委、常务副省长刘振华关于孙文盛省长将在省八届人大五次会议上作的《政府工作报告》(征求意见稿)的起草过程、整体结构和有关内容的说明;听取并讨论了省政协常务副主席万良适受主席会议委托,就省政协七届五次会议审议的《常委会工作报告》(草稿)的写作过程、写作思路和主要内容的说明;听取并讨论了省政协副主席宋绍华就提交省政协七届五次会议审议的《提案工作情况报告》(草稿)的结构和特点的说明;通过了政协山西省第七届委员会第五次会议召开时间和建议议程的决定和人事任免事项。副省长杜五安、王文学到会听取了意见。省政协主席郭裕怀对这次会议作了总结讲话。

第22次会议 1997年4月4日在太原举行。会议讨论并通过省政协七届五次会议政治决议(草案);讨论并通过省政协七届委员会常务委员会工作报告的决议(草案);讨论并通过省政协七届委员会提案委员会关于省政协七届四次会议以来提案工作情况的报告的决议(草案)。

第23次会议 1997年7月8日至11日在朔州市举行。这次会议主题是围绕我省国有企业改革问题献计献策。会议首先听取了副省长彭致圭所作的《关于我省国有企业改革情况的通报》。委员们围绕我省国有企业面临的严峻现实,提出要选准改革突破口,实行真正意义上的政企分开,切实扭转政府主人错位、企业主人缺位的格局。省政协副主席靳承序在会上作了《关于深化我省国有企业改革的建议报告》的说明。委员们对这个报告进行讨论和修改,最后正式形成向省委、省政府的建议报告。会议还通过了《政协山西省委员会工作委员会工作简则》(修订稿)和《政协山西省第七届委员会常务委员会关于换届工作有关问题的决定》及有关人事任免事项等。

第24次会议 1997年9月23日至26日在太原举行。会议以传达学习中国共产党第十五次全国代表大会精神为主题,联系实际围绕经济体制改革如何实现新的突破和进一步深化国有企业改革等问题建言献策。中共十五大代表、省政协主席郭裕怀介绍了十五大的盛况。会议通过了关于学习贯彻中共十五大精神的决议。副省长王文学在会上作了《关于扶贫资金的使用管理情况的报告》。省政协副主席赵凤翔就省政协《关于我省扶贫资金使用情况的调查及建议报告》(讨论稿)作了说明。这个报告经常委们讨论后正式形成向省委、省政府的建议报告。会议还通过了《政协山西省委员会地区工作委员会工作简则》(试行)稿,以及有关人事任免事项等。省政协主席郭裕怀在闭幕会上作了总结讲话。

第25次会议 1997年12月20日至24日在太原举行。会议通过了关于召开省政协八届一次会议的决定。副省长薛军受孙文盛省长的委托,在会上作了关于《政府工作报告》(征求意见稿)的说明。省政协顾问张长珍作了关于七届省政协常委会工作报告(草稿)的说明。省政协副主席宋绍华作了关于七届省政协提案委员会工作报告(草稿)的说明。省政协副主席、省委统战部部长吴慧琴就政协八届委员会委员建议名单(草案)作了说明。省政协常务副主席万良适作了关于省政协八届委员会委员建议人选名单调整情况的说明。会议对《政府工作报告》(征求意见稿)进行了充分讨论,提出了积极的意见和建议。会议通过了八届省政协委员名单;原则通过了省政协七届常委会工作情况报告,并推举郭裕怀为报告人;原则通过了省政协提案委员会提案工作情况报告,并推举宋绍华为报告人;协商提出了省政协八届一次会议议程(草案)。郭裕怀主席作了总结讲话。

【专门委员会工作】

提案委员会 七届五次会议以来,共收到委员提案678件,经审查立案处理498件,其中属经济建设方面的153件,科教文卫体方面的176件,劳动、人事、统战等方面的169件。有334件提案被有关方面采纳,占立案总数的67%,提案处理满意率为88%。未立案的180件作为意见转有关部门参考。为了进一步提高提案的质量,提出了开展"命题提案活动",并经1997年4月9日召开的第63次主席会议通过,正式产生了《政协山西省委员会关于开展'命题提案活动'的暂行办法》。承办了省政协在并召开的党派团体提案工作座谈会和省委、省政府、省政协办公厅联合召开的优秀提案表彰会的组织和服务工作。

学习宣传委员会 围绕贯彻中共十五大精神和庆祝香港回归两件大事,组织和推动政协委员开展多种形式的学习活动。全年共举办了6次委员学习日活动和多次专题报告会;对全省五个地区工委进行了人民政协基本理论和基本知识的巡回培训活动；编发《学习资料》12 期；在省政协委员中开展了关于我省精神文明建设情况的问卷征询调查活动，向有关方面提出了建议；与山西政协报社共同承担了省政协新闻宣传中心的工作，初步建立了全省政协系统的新闻联络员网络，并加强了同省城新闻单位的联系和配合。

文史资料委员会 编辑出版了《山西文史资料》109 至 114 辑，共 86 万字；编辑《山西近现代统战人物辞典》、《政协文史工作亲历记》、《在文史天地里》、《山西政协工作亲历记》、《三多堂简介》等 5 册文史类图书，共 95 万字；组织委员考察舜文化群落和有关红军东渡抗日遗址；筹备在晋召开的华北五省（区、市）政协文史资料协作会议，并为会议做各项服务工作。

台港澳侨联络委员会 承办了省政协组织的省城各界人士迎香港回归座谈会的服务工作；编印《山西联谊》两期；利用关公诞辰 1876 周年活动，向台、港、澳印发了宣传资料；接待了来自美国和台湾、香港的人士三批 27 人次；筹备接待了全国政协组织的香港政协委员视察团在晋视察活动；组织 8 所高校图书馆与台北山西文献社开展了互赠出版物活动；组织了两批 34 人次的政协委员赴美国、泰国、新加坡、马来西亚和香港、澳门的参观考察活动。

经济科技委员会 会同省直有关部门和地市政协对全省近三年来的财政税收情况进行全面调查，在充分论证的基础上撰写了《关于对我省 1997 年 170 亿元财政总收入的调查建议报告》。组织委员和有关专家对我省国有企业改革情况进行了较大规模的调查研究，为省政协七届 23 次常委会提供了 8 份调查报告，其中《关于深化我省国有企业改革的建议报告》以晋协发[1997]6 号文件转报省委、省政府。组织委员对上海、江苏等地进行考察，撰写了《关于上海市、江苏省国有企业改革情况的考察报告》，引起了省委、省政府主要领导的重视，立即邀请考察组全体同志，向省政府有关领导做了专题汇报，并由省委办公厅向省直和各大型厂矿企业发了通报。此外，还组织委员和专家对太化集团 TDI 项目进行了专项视察，了解其投资 6 亿多元，工期拖了十年，仍不能投产的原因。还对我省小化肥工业发展现状进行了调查；牵头组织召开了山西纺织行业转机研讨会，深入探讨国有企业体制、机制改革问题，对此，省委主要领导给予高度评价。

文教委员会 组织委员完成了《关于在高等学校建设若干省级高科技中心和工程研究中心的构想》、《关于我省高等职业教育发展战略的构想》、《当前我省基础教育要着力解决的几个问题》3 个专题报告，以及《赴沪苏学习考察高校改革和高等职业教育情况报告》，并在此基础上，撰写了《认真贯彻十五大精神，选好科教兴晋突破口的建议》。接待全国政协药品市场管理专题调研组来晋调研活动，撰写了《关于山西省药品市场管理情况的调查报告》。组织委员对《山西省社会力量办学条例实施细则》和《山西省省级教学成果奖励办法》两项法规征求意见稿进行了讨论，并提出修改建议。通过问卷调查形式，组织委员对省教委五项公开办事制度和行风进行了评议。

农村委员会 组织委员和有关专家对我省扶贫资金使用管理机制问题除深入到大同、吕梁、临汾、忻州贫困面比较集中的地市进行专题调查研究外，还由汤枋德副主席带队到陕、甘、宁进行考察，在此基础上向省政协七届 24 次常委会议提交了《关于我省扶贫资金使用管理情况的调查及建议》讨论稿，经常委会议讨论后正式形成向中共山西省委、省政府的建议报告。此外，还配合省有关部门对大同市农业资金管理使用和减轻农民负担问题和长治市辖的平顺、沁县、沁源、武乡等4个国定贫困县挪用扶贫资金的问题进行了检查,并写出了检查报告,提出了意见和建议。

社会法制委员会 组织委员和有关人士对修改后的《刑事诉讼法》的实施情况和《中华人民共和国刑法》在执行中的问题进行调查研究,并向有关部门反映了意见和建议;配合全省开展的"三打三禁"斗争,对我省种植、贩卖、吸食毒品发案较突出的地区进行调查;参与对《山西省进出口商品检验管理条例》、《山西省高速公路管理法》、《山西省矿产资源保护条例》等12部法律、法规征求意见稿进行讨论,提出修改意见;邀请法学专家在政协机关举办《香港基本法》讲座;编印《社会法制动态》12期;对省第四(女子)监狱就《中华人民共和国监狱法》的实施,对犯罪人的教育改造,出狱后的再犯罪情况等进行了视察。

民族宗教委员会 围绕贯彻全省政协工作会议精神、迎接香港回归、庆七一、学习中共十五大精神组织了3次大型报告会;组织委员考察了全国重点文物保护单位长子县法兴寺;参与筹备接待了全国政协民族和宗教委员会宗教组一行24人的视察团;编印了《政协山西省第七届委员会民族宗教委员会工作情况剪辑》。

【重要活动】

省政协忻州地区工委成立 1997年1月14日省政协忻州地区工作委员会正式成立。省政协副主席刘波到会祝贺,忻州地委书记刘增宝代表地区几大班子讲话,要求全区各级中共党委、政府从讲政治的高度,提高对政协工作的认识,加强对政协工作的领导和支持。

在并全国政协委员视察铁路工作 1997年1月23日至24日在并全国政协委员对太原铁路分局进行视察。视察中委员们对如何搞好科技兴路,如何解决公路、航运与铁路的运力竞争及人才培养等问题提出了建设性的意见。

省政协运城地区工委成立 1997年3月18日,运城地区召开市县主要负责人大会,宣布省政协运城地区工作委员会正式成立。省政协副主席赵凤翔到会祝贺。运城地委书记于志成和行署专员黄有泉分别讲了话,要求全区各级党委、政府要坚决贯彻落实全省政协工作会议精神,进一步提高对人民政协性质、地位、作用的认识,加强对政协工作领导和支持的力度。

省政协临汾地区工委成立 1997年5月12日,临汾地区召开地直机关干部大会,宣布省政协临汾地区工作委员会正式成立。省政协副主席、省委统战部部长吴慧琴到会祝贺,临汾地委书记张国彦和行署专员杨志明就如何重视和支持政协工作讲了话。

华北五省(区、市)政协文史工作协作会在晋召开 1997年5月14日至20日,华北地区五省(区、市)政协第十一次文史资料工作会议在太原、洪洞和晋城举行。全国政协文史和学习委员会副主任卢之超同志出席会议,并就有关问题作了重要发言。山西省政协主席郭裕怀,副主席万良适、宋绍华出席了会议。各地文史委办的负责同志分别就建国后文史资料征集、出版过程中遇到的难点问题及探索性的实践经验进行了意见交换和体会交流。

全国政协委员廖自强、云大棉一行来晋参观考察 1997年5月30日至6月4日,应山西省政协台港澳侨联络委员会、晋商国际联合会的邀请,全国政协委员、香港科卓控股集团主席廖自强,全国政协委员、英美洋行主席云大棉等一行6人来晋考察了太原、晋中、忻州地区的投资环境。

全国政协药品市场调查组在晋调研 1997年5月28日至6月3日,以全国政协委员、原国家医药管理局副局长刘永纲为组长的全国政协科教文卫体委员会药品市场专题调查组一行8人，在山西省政协副主席秦国栋等负责同志的陪同下，对我省太原和大同两市的药品市场管理情况进行了调查。调查组认为山西积极探索医药卫生供需协调的新途径，取得了一些很有价值的经验，并对工作中的问题提出了建议。

省政协组建新闻宣传中心　1997年7月6日，省政协组建新闻宣传中心，以利于进一步沟通和加强与省城各新闻单位的联系，为其采访报道政协工作提供方便，为新闻单位提供报道线索和稿件，配合有关部门组织可供新闻单位集中采访的重要活动等。

全国政协民族和宗教委员会宗教组来晋视察　1997年8月20日至27日，由全国政协副主席、中国基督教两会名誉主席丁光训带领的全国政协民族和宗教委员会宗教组视察团一行24人来晋考察，并以宗教如何与社会主义社会相适应为题进行了研讨和座谈。省领导胡富国、孙文盛、郭裕怀、纪馨芳、薛军、万良适、路正西、张长珍对考察团到来表示欢迎。在座谈会上，省政协主席郭裕怀介绍了山西省情和全省宗教工作概况。考察团对我省各级政府积极贯彻落实党的宗教政策和对文物保护作出的成绩表示称赞，并针对五台山风景区存在的问题提出了中肯的建议。

香港特别行政区全国政协委员来晋考察　1997年9月1日至9日，以全国政协常委、香港著名大律师胡鸿烈为团长，全国政协委员、香港侨民公司(集团)董事长刘浩清为副团长的香港特别行政区全国政协委员视察团一行14人来晋视察。视察团在晋视察了部分重点工程、高等院校和工厂。视察团在并期间，省委书记胡富国、省长孙文盛、省政协主席郭裕怀等领导看望全体成员，副省长薛军就我省"九五"计划落实、重点工程建设，以及扩大对外开放、改善投资环境等方面情况向委员们作了介绍。视察团对我省国企改革、治理污染、发展旅游业等提出了建议。

省委、省政府、省政协办公厅联合召开优秀提案表彰会　1997年12月5日，省委、省政府、省政协办公厅联合召开优秀提案表彰会，对省政协七届三次会议以来的优秀提案进行表彰。会上有50件优秀提案及提案者受到表彰。省政协主席郭裕怀出席会议并讲话。

【重要文件】

常委会工作报告(1997年3月29日)(摘要)　1996年工作回顾：一、政治协商围绕中心，服务大局，突出了计划性；二、民主监督贴近群众，贴近生活，增强了探索性；三、参政议政领域拓宽，形式创新，加强了开拓性；四、加强了对基层政协工作的指导，进一步推进了"两化"建设；五、对外宣传与海外联谊工作，迈开了新的步伐；六、全省政协工作会议的胜利召开，标志着我省政协工作进入了一个新的发展阶段。一年来的工作体会，履行职能讲质量、上水平、求实效，必须坚持以下几条：第一，必须紧紧依靠党的领导；第二，必须有一个善于协调、团结奋进的领导班子；第三，必须强调突出重点；第四，必须认真对待履行职能的基础性工作；第五，必须强调树立"精品意识"。对1997年的工作要求：一、把握大局，发挥优势，争创一流工作水平；二、加强检查，狠抓落实，进一步推进"两化"建设；三、积极主动，加大力度，进一步完善和发展"三种合力"；四、从严要求，夯实基础，加强政协自身的四项建设，即一要进一步加强常委会的建设，二要加强专委会的建设，三要加强省政协地区工作委员会的建设，四要加强政协机关建设。

《政协山西省委员会关于开展"命题提案活动"的暂行办法》(1997年4月9日七届省政协第63次主席会议通过)(摘要)　一、每年的提案命题请省委、省政府以办公厅的名义提出；二、提案命题公布后，提案委员会提出组织实施的意见；三、命题提案采取自选和主席会议布置的方式，由各党派、团体、专委会和委员个人或联合承担；四、参加本会的民主党派、人民团体、政协委员及本会各专委会，要将自选和主席会议布置的命题列入当年工作计划；五、所选命题重复时，由提案委员会和提案者商定；六、命题提案应具备“严肃性、科学性和可行性”；七、命题提案的最后形式，要经过评估和审定程序；八、对事关重大确有重要参考价值的命题提案，可请主席会或常委会审议后以政协建议案报出；九、提高命题提案的时效性，每年8月30日为当年命题提案提出截止日期；十、特别重要的提案可请省委或省政府领导高层办理；十一、争取为重要命题提案资助部分调研经费，产生较好社会效益和经济效益的提案给予表彰奖励。

《政协山西省委员会工作委员会工作简则》(修订稿)(1997年7月11日省政协七届常委会第23次会议通过)　这次经过修订的工作委员会工作简则，更加突出强调了工作委员会在履行政协职能中的基础性作用，它是做好政协各项工作的重要依托，是广泛联系政协委员的桥梁和纽带。对工作委员会的经常性工作任务做了更为明确的规定，并规定各工作委员会有两名副主任驻会，下设一个办公室开展日常工作。工作简则共六章23条，分总则、组织、职责、工作制度、办事机构和附则。

《政协山西省委员会地区工作委员会工作简则》(试行)　这个工作简则已经1997年9月26日省政协七届常委会第24次会议通过开始试行。本简则共13条，其主要内容有：一、地区工委为省政协的派出机构；二、地区工委为正厅级建制的单位；三、地区工委一般可下设三个处(室)；四、地区工委要依据政协章程和有关规定结合本地实际开展工作；五、地区工委主要任务规定为11条；六、地区工委工作方法；七、加强地区工委的自身建设。

【山西省各级政协领导人名单】

山西省政协

主　席

郭裕怀

副主席

万良适　路正西　武三松　杨明葆

汤祊德　秦国栋　刘　波　宋绍华

靳承序　祁寿椿　吴慧琴　赵凤翔

顾　问

张长珍

秘书长

成占一

太原市

市政协主席

李海恒

县(市、区)政协主席

南城区　李淑桢

北城区　张树芳

河西区　朱春和

北郊区　郭曙明

南郊区　高荫桐

清徐县　瞿曰仁

阳曲县　姜国民

古交市　郭荣华

娄烦县　张继庆

大同市

市政协主席

刘政宪

县(区)政协主席

城　区　张佃清

矿　区　张春源(女)

南郊区　陈先炳

新荣区　牛进仁

阳高县　孙俊文

大同县	孙　诚
广灵县	张道重
灵丘县	孙绪祥
左云县	李毓荣
浑源县	徐建铭
天镇县	吴广江

阳泉市

市政协主席

李希曾

县(区)政协主席

城　区	段桂花(女)
矿　区	卫怀义
平定县	卢钧良
盂　县	张德厚
郊　区	樊开良

长治市

市政协主席

戴海水

县(市、区)政协主席

城　区	郭怀斌
郊　区	马廉梅(女)
潞城市	邵文际
长治县	郝审成
屯留县	李富木
壶关县	李永胜
长子县	崔贵豪
平顺县	景起廷
黎城县	刘廷祯
武乡县	韩世明
襄垣县	王悦胜
沁　县	赵晋荣
沁源县	董怀芳

晋城市

市政协主席

吴明东

县(市、区)政协主席

城　区	侯广武
泽州县	卫小林
高平市	靳纯忠
阳城县	潘小蒲(女)
沁水县	窦才启
陵川县	董小苏(女)

朔州市

市政协主席

刘柏林

县(区)政协主席

朔城区	阎栓怀
平鲁区	徐　旺
山阴县	刘振国
怀仁县	潘　贵
应　县	杨生淳
右玉县	王德功

忻州地区

县(市、区)政协主席

忻州市	张映元
定襄县	张全义
五台县	郝书堂
原平市	吴　斌
代　县	王文藻
繁峙县	麻　刚
宁武县	赵　温
静乐县	高怀奎
神池县	冯　耀
五寨县	孙锦章
岢岚县	王登云
保德县	康永清
河曲县	李滋厚
偏关县	高俊山

晋中地区

县(市)政协主席

榆次市	杨精华(女)
榆社县	马德维

左权县　陈满润
和顺县　张　喆
昔阳县　赵怀瑞
寿阳县　阎广成
太谷县　贾培宪
祁　县　申秀彩(女)
平遥县　吴翼彰
介休市　王华科
灵石县　李计明

吕梁地区

县(市)政协主席

离石市　高候英
方山县　刘玉山
临　县　王长奎
兴　县　刘迎科
岚　县　王　炳
柳林县　马冬梅(女)
中阳县　王学穆
石楼县　刘俊川
交口县　刘源义
孝义市　何　熙
汾阳市　张明亮
文水县　王生玉
交城县　张建邦

临汾地区

县(市)政协主席

临汾市　郭玉礼
曲沃县　王　震
襄汾县　孟精华
洪洞县　马小泉
霍州市　杨　琪
安泽县　王修印
古　县　孙林峰
浮山县　邢志毅
吉　县　陈　刚
乡宁县　白银柱
蒲　县　张建忠
大宁县　高俊合
永和县　冯玉琪
隰　县　贺斌福
汾西县　马富生
翼城县　吴温生
侯马市　路逸民

运城地区

县(市)政协主席

运城市　刘宝善
临猗县　李效存
永济市　张殿豪
平陆县　张瑞宏
河津市　姚有亮
夏　县　尉满囤
稷山县　杨天恩
垣曲县　孙惠山
绛　县　赵　森
闻喜县　李新华
芮城县　韩宗武
万荣县　王天英
新绛县　段玉来

山西省各级政协组织和委员数

项目＼级别	省	市	县(市、区)		合计
			县(市)	区	
组织数	1	6	101	17	125
委员数	520	1 573	9 299	1 596	12 988

(郭玉玺　编写)

政协内蒙古自治区委员会

谭博文　副主席
（增选）

【全体委员会】

七届五次会议　1997年1月23日至27日在呼和浩特举行。七届政协共有委员485名，出席会议委员395名。千奋勇主席主持了开幕会。会议审议通过了许柏年副主席所作的常务委员会工作报告，审议通过了提案委员会关于七届四次会议以来提案工作情况的报告，与会委员列席了内蒙古自治区第八届人民代表大会第五次会议，听取并协商讨论了自治区主席乌力吉所作的《政府工作报告》及其他有关报告。会议通过了《中国人民政治协商会议内蒙古自治区第七届委员会第五次会议政治决议》和《关于政协内蒙古第七届委员会常务委员会工作报告的决议》。会议增选谭博文为自治区政协副主席，增选谭博文等6人为自治区政协常务委员。会议一致赞同乌力吉主席所作的政府工作报告，赞同关于自治区1996年国民经济和社会发展计划执行情况及1997年计划(草案)的报告、关于自治区1996年财政预算执行情况和1997年财政预算(草案)的报告。会议认为在过去的一年中，自治区党委、政府带领全区各族人民解放思想，团结奋斗，战胜各种自然灾害，克服重重困难为全面实施“九五”计划开了一个好头。政府工作报告对1996年的工作总结是实事求是的，提出的1997年奋斗目标、工作思路和各项措施是切实可行的。会议要求全区各级政协组织和全体委员，认真学习邓小平建设有中国特色社会主义理论和党的基本路线，深入贯彻中共十四届五中、六中全会和中共内蒙古自治区党委六届三次、四次全委会议精神，紧紧围绕实行两个转变(经济体制和经济增长方式的转变)、实现两个提高(财政收入水平和城乡人民生活水平的提高)，积极建言献策，准确反映社情民意，全面履行政协职能，为促进自治区两个文明建设，巩固安定团结的政治局面，迎接中共十五大召开、香港回归祖国和自治区成立50周年做出新的贡献。千奋勇主席在闭幕会上作了重要讲话。

【常务委员会议】

第16次会议　1997年1月19日至21日在呼和浩特召开。会议学习讨论了中共十四届六中全会和自治区党委六届四次全委会精神、中央经济工作会议和自治区经济工作会议、政协第八届全国委员会常务委员会第十八次会议精神。审议通过了政协内蒙古七届五次会议议程和日程(草案)、政协内蒙古委员会《常务委员会工作报告》(草案)和《关于七届四次会议以来提案工作情况的报告》(草案),协商讨论了《政府工作报告》(征求意见稿),审议通过了政协内蒙古七届五次会议秘书长、副秘书长名单。审议通过了关于张佐才同志不再担任政协内蒙古自治区第七届委员会副主席、常委的建议,审议通过了张连维等五名同志不再担任政协内蒙古自治区第七届委员会常务委员的建议,审议通过了关于增选谭博文等六名同志为政协内蒙古第七届委员会常务委员的建议和增选谭博文为政协内蒙古自治区第七届委员会副主席的建议。

第17次会议 1997年1月26日在呼和浩特召开。会议通过七届五次会议政治决议(草案)、政协七届常委会工作报告的决议(草案)、政协七届五次会议提案审查情况报告、政协七届五次会议选举办法(草案)。以上各项,提请七届五次大会审议通过。

第18次会议 1997年5月3日至5日在呼和浩特召开。会议传达贯彻了全国政协八届五次会议精神,专题协商讨论自治区国有企业走出困境的对策,表决通过人事任免事项。千奋勇主席就全国政协八届五次会议作了题为《团结奋斗,共创辉煌》的书面讲话,袁明铎副主席作了题为《加大改革力度,加快改革步伐,促使我区国有企业尽快走出困境》的专题讲话。会议通过了《关于促使我区国有企业尽快走出困境的建议案》。

第19次会议 1997年9月25日至28日在呼和浩特召开。会议学习贯彻了中国共产党第十五次全国代表大会精神,传达贯彻了全国政协八届二十一次常委会精神,总结了政协内蒙古自治区第七届委员会五年来的工作与经验,通过了人事任免事项。会议通过了《关于认真学习贯彻中国共产党第十五次全国代表大会精神的决议》。乃登副主席受主席会议委托,作了关于七届一次会议以来的工作总结讲话。千奋勇主席在闭幕会上作了重要讲话。

第20次会议 1997年12月24日至26日在呼和浩特召开。千奋勇主席作了重要讲话。他说,这次会议是本届政协最后一次常委会,希望各位常委集中精力开好会议,为八届政协一次会议的召开做好准备,为八届政协工作打好基础。会议审议通过了《七届常务委员会工作报告》,协商确定了八届政协参加单位、委员名额和人选及八届政协一次会议的召开日期,审议通过了议程和日程(草案)。自治区党委统战部部长、政协副主席谭博文受自治区党委委托作了《关于中国人民政治协商会议内蒙古自治区第八届委员会委员人选建议名单的说明》。

【专门委员会工作】

提案委员会 七届五次会议以来,共收到提案367件,已办复363件,占全部提案的98.9%。其中被采纳落实的有110件,占立案总数的30%;被采纳后列入计划逐步实施的有183件,占立案总数的50%。1997年自治区政府采纳政协关于解决我区人畜饮水问题的提案,制定并实施了"人畜饮水380工程"(至本世纪末基本解决我区380万人口和1 020万头牲畜饮水困难问题)当年解决85万人、210万头牲畜饮水问题。政协关于"引黄入呼工程"(引黄河水入呼市以解决用水不足问题)的提案经自治区党政和有关部门的积极努力,于1997年4月得到国务院正式批准,列入计划组织实施。参加了西部省区、华北五省区和十一省区政协提案联席会。

1997年6月被自治区评为办理提案工作的先进单位。

经济委员会 组织呼市政协、民建内蒙古区委等有关部门对呼市包头市4个困难国有企业进行联合调查,写出调查报告,为七届十八次常委会《关于我区国有企业走出困境的建议案》提供基础。为庆祝自治区成立五十周年,与其他委员会联合召开"半个世纪话巨变座谈会",组织大小会议共16次。完成《关于加大改革力度,加快改革步伐,促使我区国有企业尽快走出困境》、《企业领导班子建设是搞好国有企业的关键》、《关于浙江、上海个体私营经济情况的考察报告》等讲话和报告。组织《名人眼中的内蒙古》一书的资料征集和编纂工作。

科教文卫体委员会 4月,由副主席格日勒图、杨紫珍带队,组织部分委员赴沿海城市就发展科技型乡镇企业等问题进行实地考察。6月,由副主席兰乾福、杨紫珍带队对14个旗县区的80多家乡镇企业进行考察。由专委会副主任刘国仁带队对呼包二市的社会力量办学进行了调查。并对民族学校——呼市土默特学校和基层文化建设状况进行了考察。召开各种会议11次,编辑出版了反映六十年代来内蒙古支边知识分子业绩的书籍《光辉的足迹》。

民族宗教委员会 组织学习讨论《关于加强社会主义精神文明若干重要问题的决议》等研讨会、座谈会7次,由副主席乃登带队赴锡盟正镶白旗等旗县进行扶贫工作调查,及时向自治区政府反映情况解决困难。为迎接自治区成立50周年,副主席乃登、乌兰率委员对呼市重点宗教场所的管理状况进行了调查,还进行了蒙、汉两种文字并用情况的调查。配合全国政协民宗委对科尔沁沙地治理情况进行调查,对鄂伦春、鄂温克、莫力达瓦达斡尔等三个少数民族自治旗的经济发展状况进行了调查。制定了《民族和宗教委员会办公室工作制度》。

文史和学习委员会 积极完成了全国政协确定的建国后史料专题协作任务,组织了《战犯改造纪实》、《共和国考古发掘亲历记》、《解放军进城以后》等22篇稿件;出版了《解放战争中的内蒙古骑兵》、《内蒙古喇嘛教纪例》两本书;征集整理了《内蒙古自治区政府成立前后》一书;征集《自治区政协历届委员名人风采》资料。12月召开全区政协学习工作现场会。并组织了"纪念毛泽东诞辰100周年座谈会"、"庆祝香港回归座谈会"等。

台港澳侨联络和妇青委员会 组织调查研究3次。调查掌握了内蒙古籍台港澳侨胞及其亲属的情况,建立了通讯名录。还组织成立了"海峡两岸振兴京剧促进会"。妇女青年工作召开5次座谈会,1次以推荐妇女干部为专题的座谈会。

盟市旗县政协工作指导和法制委员会 先后两次到各盟市和部分旗县(市区)进行调查,召开两次盟市政协主席会议和一次旗县政协主席会议。8月,格日勒图副主席带队赴阿盟、巴盟、伊盟、乌海市、包头市和部分旗县进行了重点检查。委员会将1996年底召开的盟市旗县政协工作座谈会和全区政协工作会议等有关文件编印成册分发各盟市旗县政协。先后参与修订国家和自治区各项法律法规16个,参加全区执法工作大检查、全区审判工作执法检查,积极协助有关部门开展"二五、三五"普法活动。格日勒图、陈又遵副主席率法制组成员到内蒙古第一、第二监狱和少管所进行视察。制定了《盟市旗县政协工作指导和法制委员会工作规则》、《关于开展立法协商、执法监督的意见》等。

【重要活动】

为发展四个支柱产业和三个优势产业调研指导 根据自治区党委的决定,自治区重点发展农畜产品加工业、能源工业、冶金工业、机械电子工业等四个支柱产业和化学工业、建材工业、森林工业等三个优势产业，并决定成立各协调小组，其中自治区政协党组副书记张佐才任农畜产品加工业协调小组副组长，5月至6月赴包头市、巴盟、哲盟、兴安盟等地调查研究，协调指导，为自治区党委提出建议；副主席袁明铎任冶金工业协调小组副组长，于3月至9月赴包头钢铁稀土公司3次，赴呼和浩特钢铁厂4次进行调查研究，召开冶金系统协调会议6次，组织有关部门，较好地处理了包钢兼并呼钢具体操作过程中的重要问题；副主席夏日任化学工业协调小组组长，于3月至9月赴包头市、乌海市、伊克昭盟等9盟市调查研究，协调指导，并重新制定全区化工产业中长期发展思路、战略和规划。

自治区党委、人大、政府、政协办公厅联合举行了全区提案办理工作暨表彰大会 1997年6月，自治区党委、人大、政府、政协办公厅在呼和浩特联合举行了全区提案办理工作暨表彰大会。会议认真总结了工作，交流了经验，并对自治区八届人大34件优秀建议和自治区七届政协54件优秀提案，以及办理人大代表建议和政协提案的21个先进单位和65个先进个人进行了表彰奖励。

为促使国有企业走出困境调查研究 七届第18次常委会将促使国有企业走出困境列为主题，会前，自治区政协与呼和浩特、包头两市政协联合组织了9个调查组，对冶金、机械、轻纺、电子、建材等行业的31个困难和兼并破产企业进行了集中调研，并将调查研究意见提交七届十八次常委会，获得会议通过，形成《关于促使我区国有企业尽快走出困境的建议案》。自治区党委将这个建议案转发全区各地。

围绕香港回归、中共十五大召开和内蒙古自治区成立50周年(1947—1997)开展了一系列活动 6月11日举办了邓小平同志“一国两制”、“和平统一”理论与实践研讨会，举办了各种形式的书画联展、笔会、座谈会；先后接待了台湾文化交流代表团、台湾蒙古同乡会、蒙古文化交流协会、绥远同乡会和香港企业家观光团，组织了参观考察、商贸洽谈等；参与举办了《各族人民心连心》大型文艺焰火晚会；组织专版文章在美国洛杉矶《国际日报》连载三期，宣传内蒙古的成就；千奋勇主席在《人民政协报》、《内蒙古日报》、《内蒙古政协》等报刊发表署名文章，回顾50年来内蒙古政协所走过的光辉历程，总结了自治区政协所取得的基本经验；为贯彻落实中共十五大精神，组织了一系列学习会、座谈会和理论研讨会，并通过了《关于认真学习贯彻中国共产党第十五次全国代表大会精神的决议》。

接待全国政协考察团 5月接待了由钱正英副主席带队的全国政协水利工作考察团。8月会同自治区党委、政府接待了由何鲁丽副主席为团长的全国政协森林防火考察团。

【重要文件】

常委会工作报告(1997年1月23日)(摘要) 七届政协常委会1996年各项工作都取得了新的进展。一、围绕中心，服务大局，切实开好例会，提高参政议政水平；二、合理设置机构，理顺工作关系，加强专委会的基础工作；三、改进提案和委员视察工作，充分发挥政协委员在两个文明建设中的作用；四、发挥主动精神，继续推进政协工作的规范化、制度化建设；五、密切同兄弟省市自治区政协的联系和协作，加强对全区各级政协的工作指导；六、顺利完成机构改革，进一步加强机关建设。1997年工作要点：1. 深入学习贯彻中共十四届六中全会和即将召开的十五大精神，统一思想，增进共识。2. 围绕经济建设中心，配合自治区党委、政府的部署，有计划、有组织地开展调查研究，切实搞好参政议政。3. 协调关系，化解矛盾，加强团结，维护稳定。4. 密切同各民主党派、各族各界人士的联系，进一步开展与台港澳同胞及海外侨胞的联谊工作。5. 积极配合自治区党委政府，搞好自治区成立50周年大庆筹备工作和庆祝活动。6. 下力量抓好政协机关建设。7. 圆满完成本年度工作任务，作好换届准备工作，为新一届政协开展工作奠定好的基础。

关于促使我区国有企业尽快走出困境的建议案（政协内蒙古自治区七届十八次常委会5月5日通过）（摘要） 政协七届十八次常委会就如何促使我区国有企业尽快走出困境进行专题探讨和研究，特向自治区党委提出以下建议：一、面对现实，找准症结，切实重视国有企业面临的困境。二、提高认识，转变观念，坚定搞好国有企业的信心和决心。三、抓住机遇，优化资本结构。四、强化约束监督，搞好企业班子建设。五、配套改革，减轻企业负担。六、转变职能，搞好调控，为企业创造良好的宏观环境。

千奋勇主席署名文章《继往开来，再创辉煌》 （发表于《人民政协报》1997年7月17日、《内蒙古日报》1997年7月25日、《内蒙古政协》1997年第一期）（摘要） 一、内蒙古自治区人民政协与自治区人民代表大会同时孕育、诞生，迄今走过50年的光辉历程。1947年5月1日，内蒙古自治区——我国第一个省级少数民族自治区在党的民族政策光辉照耀下成立。1947年4月23日至5月1日，内蒙古各族各界、各人民团体在中国共产党领导下经过充分酝酿，隆重举行了内蒙古人民代表大会，选举产生了具有统一战线性质的组织——内蒙临时参议会。1955年2月，中国人民政治协商会议内蒙古自治区第一届委员会第一次会议召开。二、内蒙古政协在自治区党委的领导和全国政协的关怀指导下，始终高举社会主义和爱国主义两面旗帜，紧紧围绕民主和团结两大主题，认真履行政治协商、民主监督、参政议政职能，为夺取新民主主义革命的伟大胜利，为建立民主自治政权、实现民族平等和团结，为促进社会主义两个文明建设、推动内蒙古经济和社会的发展与进步，为推进我区民主政治建设、维护祖国统一和边疆繁荣稳定，做出了历史贡献，发挥了不可替代的作用：（一）巩固和扩大爱国统一战线；（二）促进民族团结，维护祖国统一；（三）加强政治协商和民主监督；（四）当好党和政府联系群众的桥梁和纽带；（五）为党政决策机关充当智囊和参谋。三、内蒙古政协在实践党的统一战线理论和政策中，经验不断丰富，工作水平不断提高，主要体会是：必须坚持正确的政治方向；牢固树立群众观念；一切从民族地区的实际出发；充分发挥主动精神；正确处理几个关系。

关于认真学习贯彻中国共产常第十五次全国代表大会精神的决议（1997年9月28日）（摘要） 中国人民政治协商会议内蒙古自治区第七届委员会常务委员会第十九次会议，完全拥护江泽民同志在中国共产党第十五次全国代表大会上所作的报告，衷心拥护以江泽民同志为核心的新的中共中央领导机构。

党的十五大的灵魂和主题，就是高举邓小平理论伟大旗帜，把建设有中国特色社会主义事业全面推向二十一世纪。全区各级政协组织和广大政协委员，一定要高举邓小平理论伟大旗帜，进一步用邓小平理论武装头脑，指导行动。认真学习邓小平关于新时期统一战线和人民政协的论述，把邓小平开创的新时期统一战线和人民政协工作推向前进；要以社会主义初级阶段理论为指导,坚持党的基本路线,更好地服从和服务于经济建设这个中心,为实现我区“两个转变”、“两个提高”的宏伟目标积极献计献策。

全区各级政协组织和广大政协委员,一定要按照自治区党委的总体部署和要求,把认真学习宣传和贯彻落实党的十五大精神,做为当前和今后一个时期的一项重要政治任务抓紧抓好,迅速掀起学习、宣传、贯彻十五大精神的高潮。

【组织概况】

副主席增选名单(1997年1月27日)

谭博文(土家族)

副主席辞职名单(1997年1月27日)

张佐才

常务委员增选名单(1997年1月27日)

谭博文(土家族) 云汉文(蒙古族)
夏彭年 廖振安 王孔运(蒙古族)
赵仲田(满族)

常务委员、委员辞职名单(1997年1月27日)

张连维 张健民 旺希嘎(蒙古族)
段 勇 奇文祥(蒙古族)

委员增补名单(1997年1月13日)

谭博文(土家族) 云汉文(蒙古族)
夏彭年 王孔运(蒙古族)
赵仲田(满族)

【内蒙古自治区各级政协领导人名单】

内蒙古自治区政协

主 席

千奋勇(蒙古族)

副主席

乃 登(蒙古族) 陈 杰 蓝乾福
乌 兰(蒙古族) 奇忠义(蒙古族)
张顺臻 袁明铎 格日勒图(蒙古族)
乌伦赛(蒙古族) 夏 日(蒙古族)
杨紫珍(女,蒙古族) 陈又遵
许柏年 谭博文(土家族)

秘书长

王玉山(蒙古族)

呼和浩特市

市政协主席

云淑贤(女,蒙古族)

县(旗、区)政协主席

新城区 奇玉珠(蒙古族)
回民区 马凤翔(回族)
玉泉区 李忠忠(蒙古族)
郊 区 云东贵(蒙古族)
土默特左旗 李万军
托克托县 黄荣祥(蒙古族)
清水河县 郭时清
和林格尔县 云 清(蒙古族)
武川县 于海生

包头市

市政协主席

包启光(蒙古族)

县(旗、区)政协主席

东河区 包永芳(蒙古族)
昆都仑区 王雅兰(女,蒙古族)
青山区 富文祥(蒙古族)
石拐矿区 周 祥
白云鄂博矿区 文 明
郊 区 巴德福(蒙古族)
土默特右旗 云鲜花(女,蒙古族)
固阳县 佟 毅(蒙古族)
达尔罕茂明安联合旗 姜 厚

乌海市

市政协主席

刘崇璋

区政协主席

海勃湾区 王建民
海南区 吴焕学
乌达区 赵文成

赤峰市

市政协主席

巴特尔(蒙古族)

县(旗、区)政协主席

红山区　裴连吉

元宝山区　赵玉琛(蒙古族)

松山区　宝音和希格(蒙古族)

阿鲁科尔沁旗　巴　拉(蒙古族)

巴林左旗　长　岁(蒙古族)

巴林右旗　特木热(蒙古族)

林西县　魏根贵

克什克腾旗　王庆有

翁牛特旗　于文忠

喀喇沁旗　祁文忠(蒙古族)

宁城县　裴学林

敖汉旗　冯兆明

呼伦贝尔盟

盟政协主席

达林太(蒙古族)

县(市、旗)政协主席

海拉尔市　王玉清

满洲里市　巴音嘎(蒙古族)

扎兰屯市　布　和(达斡尔族)

牙克石市　正殿楼

额尔古纳市　张振杰

根河市　田　卿

阿荣旗　朱文礼

莫力达瓦达斡尔族自治旗　王贵卿

鄂伦春自治旗　王福祥

鄂温克族自治旗　图木热(达斡尔族)

新巴尔虎右旗　巴　金(蒙古族)

新巴尔虎左旗　道尔吉阿日布登(蒙古族)

陈巴尔虎旗　塔苏荣(蒙古族)

兴安盟

盟政协主席

郭子明

县(市、旗)政协主席

乌兰浩特市　海　宝(蒙古族)

阿尔山市　石兴台

科尔沁右翼前旗　杨文秀

科尔沁右翼中旗　张希廷

扎赉特旗　张维生

突泉县　鲍振喜

哲里木盟

盟政协主席

杨青锋(蒙古族)

县(市、旗)政协主席

通辽市　李华晨

霍林郭勒市　马汉有

科尔沁左翼中旗　刘国印

科尔沁左翼后旗　崔振庭

开鲁县　李忠甫

库伦旗　刘国堂

奈曼旗　李作斌

扎鲁特旗　安庆祥

锡林郭勒盟

盟政协主席

阿拉木萨(蒙古族)

县(市、旗)政协主席

二连浩特市　郝培忠

锡林浩特市　包金彩(蒙古族)

阿巴嘎旗　林　屹

苏尼特左旗　刘　旺

苏尼特右旗　陶　高(蒙古族)

东乌珠穆沁旗　特古斯(蒙古族)

西乌珠穆沁旗　达　瓦(蒙古族)

太仆寺旗　贡　登(蒙古族)

镶黄旗　道尔吉苏荣(蒙古族)

正镶白旗　彭苏克(蒙古族)

正蓝旗　丹　巴(蒙古族)

多伦县　冯守杰

乌兰察布盟

盟政协主席

黄　馥

县(市、旗)政协主席

集宁市　刘世通(回族)

丰镇市　邢子荣

卓资县　韩庆林

化德县　冯　瑞

商都县　李万笑

兴和县　黄　俊

凉城县　孙春喜

察哈尔右翼前旗　贾满栋(蒙古族)

察哈尔右翼中旗　武月明(蒙古族)

察哈尔右翼后旗　德力格尼玛(蒙古族)

四子王旗　陈德华(女)

伊克昭盟

盟政协主席

贾荣昌

市(旗)政协主席

东胜市　千阿木尔(蒙古族)

达拉特旗　石永杰

准格尔旗　刘继成

鄂托克前旗　吴　滨(蒙古族)

鄂托克旗　苏雅达赖(蒙古族)

杭锦旗　贾云亭(蒙古族)

乌审旗　达尼斯(蒙古族)

伊金霍洛旗　刘海荣

巴彦淖尔盟

盟政协主席

郤宝恒

县(市、旗)政协主席

临河市　白金兰(女,蒙古族)

五原县　李保国

磴口县　王海泉

乌拉特前旗　苏荣扎布(蒙古族)

乌拉特中旗　赛音满达(蒙古族)

乌拉特后旗　苏木雅(蒙古族)

杭锦后旗　赵桂莲(女)

阿拉善盟

盟政协主席

周粒公

旗政协主席

阿拉善左旗　黄阿拉腾巴雅尔(蒙古族)

阿拉善右旗　王洪才(土家族)

额济纳旗　贺西格(蒙古族)

内蒙古自治区各级政协组织和委员数

项目＼级别	自治区	盟(市)	旗(县、市、区)	合计
组织数	1	12	101	114
委员数	484	2 554	9 756	12 794

（张　弛　编写）

政协辽宁省委员会

【全体会议】

七届五次会议 1997年2月19日至24日在沈阳举行。595名委员出席大会。孙奇主席致开幕词。会议期间,全体政协委员以无比沉痛的心情学习了中共中央、全国人大、国务院、全国政协和中央军委《告全党全军全国各族人民书》,对敬爱的邓小平同志的逝世表示沉痛哀悼。会议审议并通过了丛正龙副主席代表政协辽宁省第七届委员会常务委员会所做的工作报告;审议并通过了省政协常务委员会工作报告;与会委员列席了省人大八届五次会议,听取并讨论了闻世震省长所作的《政府工作报告》。会议通过了《中国人民政治协商会议辽宁省第七届委员会第五次会议政治决议》,补选吕炳华为秘书长,增选张本勃、张星南为常委。《决议》指出,邓小平同志的逝世,对我党我军我国各族人民是不可估量的损失。我们要化悲痛为力量,继承小平同志的遗志,以更加努力地做好各方面工作的实际行动,来表达我们的哀思。会议指出,1997年是我国历史上具有重要意义的一年,我国将恢复对香港行使主权,召开中国共产党第十五次全国代表大会。新形势给人民政协的工作提出了新的要求。全体政协委员要加强学习,不断提高履行政协职能的自觉性,按照省委、省政府关于全省经济发展和精神文明建设的战略部署,积极建言献策,为迎接党的十五大和香港回归做出贡献。

【常务委员会议】

第18次会议 1997年1月22日至24日在沈阳举行。会议审议通过了省政协常委会工作报告;省政协常委会1997年工作要点;审议通过了省政协提案委员会工作报告;审议通过了增补省政协委员名单;审议通过了补选常委候选人建议名单和省政协秘书长建议名单;审议通过了省政协七届五次会议有关事项。

第19次会议 1997年6月4日至6日在沈阳举行。会议的主要议题是围绕省委省政府提出的“外向牵动”战略献计献策。与会委员听取了省对外经济贸易合作厅领导关于实施外向牵动战略情况的通报。有29位同志在会上做了大会发言。孙奇主席在会上就进一步实施好外向牵动战略作了重要讲话。省委书记顾金池到会听取了大会发言并讲了话。

第20次会议 1997年8月26日至28日在沈阳举行。会议的主要议题是,学习邓小平同志关于人民政协的论述,总结七届省政协五年来的工作经验,进一步推动政协工作。副主席李国忠作开幕讲话,有16位同志做了口头和书面发言。孙奇主席作了《认真总结本届政协经验努力推动政协工作发展》的讲话。

第21次会议 1997年9月24日至25日在沈阳举行。会议的主要议题是学习贯彻中共十五大精神。副主席李国忠、丛正龙分别主持会议。孙奇主席作了中共十五大精神的传达报告。会议通过了《关于认真学习贯彻中国共产党第十五次全国代表大会精神的决议》。有8位常委在会上发言,通过了人事任免事项。

第22次会议 12月22日至24日在沈阳举行。这次会议是为省政协八届一次会议做准备的会议。会议审议并原则通过了《政协辽宁省第七届委员会常务委员会工作报告》、《政协辽宁省第七届委员会提案委员会提案工作报告》,审议通过了省政协八届一次会议的有关事项,协商产生了八届省政协委员,通过了人事任免事项。孙奇主席为岳维春等从事政协工作30年以上的6位省政协常委颁发了荣誉状,并在会上作了重要讲话。

【专门委员会工作】

提案委员会 省政协七届五次会议以来,共收到提案498件,立案487件。参加提案的委员 398 人(890 人次)。积极开展提案征集工作,努力提高提案质量。重视发展民主党派、人民团体和政协专委会等集体提案。注意发挥委员的主体作用,运用印发征集提案一封信、提案征集题目、《提案选登》、《提案工作动态》和举办情况通报会、组织视察、调查等方式,为委员知情和做好服务工作。到部分市召开了提案者座谈会。在对提案综合分析的基础上,选择了 60 件重要提案送请省委、省政府领导阅批。选择了 27 件往年已经作答复,列入计划逐步解决的提案登记建帐进行跟踪办理,有 8 件得到不同程度的落实。6 月份筹办了全国有 10 个省(市)政协提案部门负责同志参加的提案工作总结座谈会。8 月份召开了全省政协提案工作座谈会。在《友报》开辟了提案广角栏目,有 20 市县区政协介绍了提案工作经验和体会。

经济委员会 围绕利用外资结构进行了调查,形成了《关于进一步提高利用外资质量的几个问题的建议》,省委书记闻世震作了重要批示。就改善投资软环境问题进行了调查,形成了《加强软环境建设,促进外向牵动战略顺利实施》的调查报告。针对实施农业产业化的情况进行调查,形成了《关于加速推进农业产业化进程的建议》的调查报告。配合办公厅组织在辽全国政协委员对农业产业化问题进行视察,形成了《关于在辽宁的全国政协委员视察农业产业化情况的报告》报全国政协。举办了外向牵动战略实施情况通报会、秋粮收购情况通报会。就粮食企业亏损严重问题召开了献计献策会议。召开了大连至烟台铁路轮渡工程项目筹建情况通报会。完成了省政协七届十九次常委会大会发言的筹备工作,整理形成了《省政协常委对实施外向牵动战略若干问题的建议》。

科教文卫体委员会 围绕科技成果转化问题进行调查,形成了调查报告,受到省委、省政府领导和有关部门的重视。组织委员与大连市政协一起对大连开发区“三资”企业卫生管理情况进行了调研,形成了《关于大连经济开发区“三资” 企业劳动卫生管理情况的调查报告》。9 月份就职工医疗保障制度改革试点进行了调查,提出了《对我省开展职工医疗保障制度改革试点的建议》。组织省政协委员对农村文化市场建设问题进行了视察,形成了《关于我省农村文化建设情况的视察报告》,召开了省政协农村文化建设问题建设协商会。筹备举办了辽宁省政协迎香港回归书画作品展。组织政协委员慰问看望了备战八运的运动员和教练员。起草了《辽宁省民营科技企业股份合作制试行办法》在 6 个政府部门会签后以省政府正式文件下发执行。协助省有关部门向国家申请建立北黄海渔业经济技术可持续发展试验示范区工作。组织医药卫生界委员送医送药下乡活动。

社会和法制委员会 全年组织调研、视察、情况通报、总结等活动 14 项,参加委员近 300 人。4 月协同全国政协社会保障专题视察组对城镇企业职工基本养老和失业保险问题进行调研,形成了联合调研报告《加速推进社会保障制度改革》。以委员会名义提出了《关于进一步总结推广大连经验,推进社会保险制度改革的建议》的提案。在七届五次会议上做了《加大禁毒力度维护社会稳定》的大会发言。组织了反腐败斗争情况通报会、精神文明建设通报会。对青少年教育活动阵地建设和《中国妇女发展纲要》贯彻落实情况进行了视察。与有关单位和部门提出了加强街头食品卫生监督管理的提案。参加了省纪委、省法院组织的执法检查活动。

学习宣传和文史委员会 全年组织协调中心组学习 6 次,举办迎香港回归座谈会 1 次,实施外向牵动战略情况通报会 1 次。编辑《学习资料》6 期,约 4 万册。将

《学习资料》更名为《学习之友》,对栏目版式进行了重新规划和设计。举办了第六届“政协好新闻活动”。召开了全省政协宣传工作座谈会。与省社科院联合出版了《千秋功业》一书,添补了我省关于西安事变著述的空白。出版了《同心篇》、《两航起义纪实》、《世纪沧桑》三本书。与省社科院及有关单位联合举办了“纪念七·七抗战60周年”学术研讨会。

台港澳联络委员会、外事委员会 发挥港澳委员和香港辽宁协联会的作用,组织提案、建议、发言4篇。捐资助学3万元。为省、市、区机关干部作关于香港回归形势专题报告会11场。举行2次迎香港回归座谈会。编辑出版了《香港回归步履》。协助有关新闻单位开展了庆祝香港回归的宣传活动。积极开展对台联络工作,推进与台湾的民间外交,宣传“和平统一、一国两制”等党的政策,促进两岸经济文化交流活动。编印《港台报刊剪阅》35期。全年接待海外侨胞和外国友人46批264人(次)。组团和随团出访5批28人(次)。在省内举行和参加4国驻沈阳总领事的交往和联谊活动6次。

【重要活动】

全省各市政协主席座谈会 1997年6月17日至19日在丹东召开。全省14个市的主要领导出席了会议,从不同侧面就履行政协职能中的成功经验及面临换届需要解决的问题进行了座谈和讨论。孙奇主持会议并做了重要讲话。省政协副主席李国忠、岳维春、张凌云、张成伦,秘书长吕炳华出席了会议。

庆祝香港回归祖国座谈会 1997年6月24日在沈阳举行。省政协领导,省各民主党派、工商联,省外办、侨办、外经贸厅及省政协办公厅、各专门委员会的负责同志出席了会议。与会者在发言中表达了庆祝香港回归的喜悦心情,对香港保持长期繁荣稳定的信心,以及为辽宁的振兴与发展努力做贡献的决心。孙奇主席在会上做了重要讲话。

全省政协宣传工作座谈会 1997年9月2日至3日与省委宣传部联合召开。会议对近年来,特别是七届政协以来我省各级政协和党委宣传部门宣传政协和政协宣传工作情况做了较全面的总结,并对实践中的一些具体问题进行了认真的研究和探讨。省委宣传部,各市政协、市委宣传部及各民主党派、省直新闻单位领导出席了会议。孙奇主席出席会议并讲了话。

全省政协理论与实践研讨会 1997年8月4日至6日在抚顺举行。会议以学习理论、总结经验、研究工作为主题,共征集论文30篇,有18名同志在会上作了交流。这次会议是首次省政协理论与实践研讨会。孙奇主席出席了会议并讲了话。省政协领导、省政协办公厅、委员会部分领导和各市政协秘书长、副秘书长及部分论文作者出席了会议。

【重要文件】

常委会工作报告(1997年2月19日)(摘要) 第一部分:1996年工作回顾。一年来,省政协常委会坚持以邓小平建设有中国特色社会主义理论和党的基本路线、基本方针为指导,组织全体政协委员、各族各界人士,深入贯彻落实中共十四届五中、六中全会和中共辽宁省第八次代表大会精神及八届四次全会精神,围绕党和政府的中心工作,认真履行政协职能,积极建言献策,较好地完成了各项工作任务。一是围绕全省发展战略,切实搞好参政议政。围绕“科教兴省”战略,组织调查研究,召开了七届十五次常委会议形成了《省政协常委委员对科教兴省战略实施方案的意见和建议》,省委、省政府给予了充分肯定,并在《方案》中充分吸纳了意见和建议。以搞好国有企业为重点,组织委员对结构优化战略的实施建言献策，形成了35份调研报告，召开了七届十六次常委会议，会后形成了《省政协常委会关于对促进结构优化，实现两个根本转变的意见和建议》，引起省委、省政府的高度重视。围绕深入学习贯彻中共十四届六中全会精神，为加强我省精神文明建设问题召开了七届七次常委会议。二是抓住社会重大问题，认真搞好调查研究。5至8月间，省政协联合9个市政协，组织100多位省、市政协委员，就再就业工程的进一步开展和落实进行调查，形成了《分流安置企业富余人员的调查和建议》，省委书记顾金池作了批示，建议省委常委会议进行专门研究部署。组织委员对宗教和宗教工作问题进行调研，形成了《深入贯彻宗教政策法规，积极引导宗教与社会主义相适应》的调查报告和有关问题的送阅件，省委、省政府领导及时作了批示，有关部门认真落实。召开了禁毒工作座谈会、对沈阳市文化场所、社会福利工作、少数民族教育、民族地区边境贸易、农村卫生保健等问题进行了视察。三是加强提案和信息工作，积极反映社情民意。召开了全省信息工作会议。四是发挥文史资料作用，弘扬爱国主义精神。召开了全省文史资料座谈会，承办了全国政协建国后史料专题协作会。出版了《红十字光彩》、《永远的赤子》两本书。与省委统战部等有关部门联合召开了辽宁省纪念西安事变60周年大会。五是拓宽海内外联谊渠道，不断扩大对外交往。全年共接待、会见台港澳侨胞和外国客人47批，235人次，组团和随团出访41人次。在有关部门的支持下实现了以省政协名义组织各民主党派、人民团体负责人率团、组团出访。六是密切了各级政协之间的联系，促进政协工作共同发展。召开了全省政协工作经验交流会、省市政协秘书长联席会议。协助全国政协成立了《人民政协报》辽宁记者站。七是强化自身建设，努力提高工作水平。按照江泽民总书记“讲学习、讲政治、讲正气”的要求，加强了委员理论学习；加强了政协机关建设。调整选拔10余名优秀干部担任局处级领导职务，公开选录了10余名公务员。

第二部分：关于1997年工作意见。一是要加强学习，把握大局，振奋精神，推动政协工作上质量、上水平；二是围绕中共辽宁省委确定的全省经济工作的总体要求，搞好参政议政，切实发挥政协在改革开放和经济建设中的作用；三是坚持“两手抓，两手都要硬”的方针，促进社会主义精神文明建设和民主法制建设，维护社会稳定，为改革开放和经济发展创造良好的社会环境；四是大力拓展海内外交往领域，促进三胞和海外侨胞与祖国的经济文化交流，为迎接香港回归，促进祖国统一多做工作；五是密切同政协委员、各民主党派、人民团体及市县政协的联系，发挥政协的整体功能；六是继续抓好政协机关建设，努力造就适应新形势的政协工作干部队伍。

孙奇在省政协七届22次常委会议上的讲话(1997年12月24日)(摘要) 讲话共分为三个部分。一、七届省政协工作的新进展；二、七届省政协的主要经验和体会；三、做好当前七届省政协工作的几点希望。七届省政协工作的新进展是：1.紧紧围绕党委和政府的中心工作，参政议政质量进一步提高；2.进一步建立健全规章制度，推进了政协工作的规范化、制度化；3.开展多层次协商，专委会在履行职能中的作用更加突出；4.认真做好提案、视察、调研和反映社情民意工作，各项经常性活动更加活跃；5.积极开展海内外联络工作，对外交往有新发展；6.积极争取各方面配合，工作渠道逐步顺畅。七届省政协工作的经验和体会是：1.必须自觉接受中共辽宁省委的领导；2.必须服从和服务于大局；3.必须找准政协工作的位置;4.必须注意发挥各民主党派在履行政协职能中的作用;5.必须注重加强政协自身建设。为做好换届前的政协工作,孙奇提出:1.希望大家以饱满的工作热情,善始善终地做好本届政协工作;2.希望在加强政协自身建设的同时,注意找差距,克服缺点和不足;3.希望抓住换届的有利时机,主动配合中共辽宁省委解决好政协组织工作方面存在的一些问题。

【组织概况】

补选秘书长(1997年2月24日)

吕炳华

补选常委名单(1997年2月24日)

张本勃　张星南

增补委员名单(1997年1月24日)

支运亭　王文亮　王世海　王东斌
王立营　王承志　王崇仁　尹　升
冯世良　朱承玉(女,朝鲜族)
孙广德　孙丽君(女)　孙德成
杜素红(女)　李向东(女)　张一立
张星南　陈景芳(女)　陈福生(满族)
陈福奎(蒙古族)　金国生　周海杰
郑宏伟　郝庆堂　南朝明(满族)
袁家麟　聂大理　徐振宇
徐景春(女)　高　炜(蒙古族)
高占奎　陶景岩　曹友波(满族)
董玉明(满族)　董树兴　温志达
富　强(满族)　魏天佑
魏存年(满族)

【辽宁省各级政协领导人名单】

辽宁省政协

主　席

孙　奇

副主席

李国忠　丛正龙　刘鸣九　岳维春
王树芝　高擎洲　张凌云　张成伦
龚世萍　马品芳

秘书长

吕炳华

沈阳市(副省级)

市政协主席

任殿喜

副主席

林馥卿(女)　单承申　陈洪铎
马吉庆　刘祁涛　孙毓庆　单光大
赵中玉　周勇顺

秘书长

张德佑

县(市、区)政协主席①

和平区　金长厚　杨玉保
沈河区　田延春　苌永秋
铁西区　周惠良
皇姑区　黄宝科　刘宝贵
大东区　安佩珍(女)
东陵区　张　彤　朴学军
于洪区　刘传洪
新城子区　刘成煜
苏家屯区　王年贵　沈桂芳
新民市　王振才　白文德
辽中县　王传发　金宗武
康平县　国广田

大连市(副省级)

市政协主席

于学祥

副主席

于尔明　姜培禄　黄启章　杨盛烈
袁　一　方　军(满族)　王鸿均
唐立民　鹿道起　宋有成

秘书长

崔维连

县(市、区)政协主席

---

① 县(市、区)政协主席名单中列在第二位的是1997年11月至12月期间换届时当选的新一届政协主席。

中山区　王黎斌　高春武
西岗区　李雨林　侯克伟
沙河口区　郑万山　邱兆林
甘井子区　马述勋
旅顺口区　李华臣
金州区　葛长先　曲国斌
普兰店市　王丕荣(满族)
谷大良
瓦房店市　李心贵　王秀兰
庄河市　刘维功　张凤全
长海县　李长群

鞍山市

市政协主席
于治全
县(市、区)政协主席
海城市　胡劲松
台安县　陆　弘
岫岩满族自治县　滕天增　曹友波
铁东区　刚雅云　陈际腾
铁西区　李俊杰
立山区　宋世骥
千山区　赵洪胜

抚顺市

市政协主席
曲绍杰
县(区)政协
抚顺县　王婉莹(女)
新宾满族自治县　张　帆　胡金印
顺城区　王连朝
新抚区　张德贵(满族)
高滨德
望花区　王殿义　曹荣珍(女)
露天区　于福义

本溪市

市政协主席
董九洲
县(区)政协主席
平山区　程显仁(满族)
明山区　李景旭
溪湖区　黄柏清
南芬区　闵长青
本溪满族自治县　孙凤升(满族)
桓仁满族自治县　李鸿芳(满族)

丹东市

市政协主席
熊明礼
县(市、区)政协主席
振兴区　谢再清　王国复
元宝区　顾盛文　吕殿成
振安区　张　雷　于　波
东港市　李有才　程绍礼
凤城市　刘绍君　徐建华
宽甸满族自治县　周长春
邱希珍(女)

锦州市

市政协主席
刘万良
县(市、区)政协主席
黑山县　姬凤兰(女)
北宁市　孙静仁　孙世华(女)
凌海市　张树宝
义　县　赵香海　冯春和
凌河区　施凤阁(女)
古塔区　李　东(女)
太和区　孙立超　王春森

营口市

市政协主席
朱雅轩
市(区)政协主席
站前区　李德功
西市区　孙文阁　肖福利
老边区　尹永良　夏克举

鲅鱼圈区　伊居安
大石桥市　刘化学　刘英民
盖州市　李兆鸿　富　贵

阜新市
市政协主席
魏　东
县(区)政协主席
阜新蒙古族自治县　顾贵才　单洪恩
彰武县　何海泉　吴顶荣
太平区　荣香茹(女)
新邱区　白光明(蒙古族)
高永成
细河区　王　茵
清河区　赵景富　潘庆升
海州区　杨松莲(女)

辽阳市
市政协主席
黄恒宪
县(区)政协主席
辽阳县　孙　庆　赵文涛
灯塔县　何　锐　曹　辉
白塔区　耿树屏　高元华
文圣区　徐世库　李成松
宏伟区　易素兰(女)
弓长岭区　富长顺
太子河区　金廷相　杨蔚环(女)

铁岭市
市政协主席
张子峰
县(市、区)政协主席
铁岭县　宋殿忠　于玉良
开原市　杨士良　左宝玺
昌图县　刘永福　赵文田

西丰县　黄显忠　贺文升
铁法市　刘振生
银州区　王振亚　姜权有
清河区　康鹏麟

朝阳市
市政协主席
牛成厚
县(市、区)政协主席
北票市　陈泗泉　邱中春
凌源市　孙世明
朝阳县　吕洪彬　殷长中
建平县　张兴芳
喀左蒙古族自治县　潘国玺　侯宝信
龙城区　李焕新
双塔区　梁书阁　张含国

盘锦市
市政协主席
王乃仁
县(区)主席
盘山县　温宝中　杨殿才
大洼县　梁宝文　冯　兴
双台子区　刘永申
兴隆台区　封志成　王殿元

葫芦岛市
市政协主席
曹福佩
县(市、区)主席
兴城市　陈凤池
绥中县　赵庆发
建昌县　张富恩
连山区　王绍禹
南票区　吴桂恩
龙港区　陈德良

辽宁省各级政协组织数和委员数

项目 \ 级别	省	副省级市	地级市	县	区	合计
组织数	1	2	12	44	56	115
委员数	736	1 068	4 294	8 051	8 409	22 558

（牛致华　编写）

政 协 吉 林 省 委 员 会

【全体委员会议】

七届五次会议 1997年1月27日至31日，中国人民政治协商会议吉林省第七届委员会第一次会议在长春召开。出席大会的委员436人。省政协主席刘云沼主持开幕式。省长王云坤在开幕式上作了《政府工作报告(征求意见稿)》和《吉林省国民经济和社会发展"九五"计划和2010年远景目标纲要(草案)》的说明。省政协副主席方建宇代表政协吉林省第七届委员会常务委员会作了工作报告。会议期间，委员们讨论了《政协吉林省第七届委员会常务委员会工作报告》和《政协吉林省第七届委员会提案委员会关于七届四次会议以来提案工作情况的报告》，协商讨论了《政府工作报告》和计划、财政报告的征求意见稿。会议认为，1996年省政协常务委员会自觉服从和服务于全省工作大局，较好地完成了七届四次会议确定的各项任务；今年，省政协常务委员会工作的指导思想，总的原则和工作重点，是符合全省工作大局和政协自身特点的；省政府工作报告和计划、财政报告的征求意见稿，对一年来的工作总结是实事求是的，提出的1997年工作的方针和任务是鼓舞人心、切实可行的。省政协主席刘云沼在闭幕式上讲话，他说，1997年是很不平凡的一年。在这一年里，我国将恢复对香港行使主权，中国共产党将召开第十五次全国代表大会。面对新的形势和任务，人民政协要积极履行职能，充分发挥在团结各界、协商问题、听取意见、协调关系中的重要作用，要突出重点，讲求实效，尽心竭力地做好工作，为香港回归和十五大召开两件大事的圆满完成创造良好的环境和条件。会议通过了省政协七届五次会议决议。

【常务委员会议】

第19次会议 1997年1月15日至17日在长春召开。会议听取了省计委主任暴学龙《关于1996年吉林省国民经济和社会发展情况的报告》；听取了经贸委副主任姜国钧《关于我省经济体制改革，搞好国有大中型企业情况的汇报》；听取了省公安厅副厅长陈占旭《关于全省公安机关开展严打斗争情况的报告》；听取了省委宣传部副部长李天《关于全省精神文明建设情况的报告》。会议审议通过了《关于召开政协吉林省第七届委员会第五次会议的方案》、《政协吉林省第七届委员会常务委员会工作报告》、《政协吉林省第七届委员会提案委员会关于七届四次会议以来提案工作情况的报告》和七届五次会议大会秘书长、副秘书长建议名单。会议同意唐占山辞去省政协委员，决定1月27日召开省政协七届五次会议。

第20次会议 1997年1月29日在长春召开。会议审议通过了政协吉林省第七届委员会第五次会议决议(草案)。

第21次会议 1997年6月13日在长春召开。会议议程是：一、请港事顾问、香港特别行政区筹委会委员、中国工业投资有限公司总裁王英伟和省政协常委、香港丰深有限公司董事主席李天源作关于香港回归情况的报告；二、讨论省政协文教委《把创建文明城市活动引向深入——关于长春、吉林、延吉等市创建文明城市活动的调查报告》；三、审议通过人事事项。

省委常委、宣传部长吉炳轩在常委会议上就全省精神文明建设工作的进展情况作了讲话。省政协文教委主任车书栋在会上向与会常委们汇报了《关于长春、吉林、延吉等市创建文明城市活动的调查报告》。会议在分组讨论的基础上，进行了大会发言。会议根据47次主席会议的建议，审议通过了徐延华任吉林省政协七届委员会文史资料委员会副主任。

第22次会议 1997年9月26日至29日在长春召开。会议的议程是：听取十五大代表、省政协主席刘云沼传达中共第十五次全国代表大会精神;副省长杨庆才就全省农业产业化情况作报告;讨论《关于加快农业产业化进程的建议》(调查报告);讨论《关于我省实施再就业工程的调查报告》。会议围绕刘云沼主席传达的十五大精神进行了讨论。还结合杨庆才副省长关于全省农业产业化情况所作的报告和《关于加快农业产业化进程的建议》(调查报告)以及《关于我省实施再就业工程的调查报告》进行了协商。并在分组讨论的基础上进行了大会发言。

【专门委员会工作】

提案委员会 全年共收到提案228件,其中党派团体提案19件。经审查,立案208件。截止1997年12月底,提案办复199件,办复率95.7%。为推动提案工作的开展,组织委员及有关人员对《关于下岗职工再就业问题的建议》、《管好二次供水,防止水传染疾病暴发流行》、《关于早日推广农业专家系统,加快我省农业现代化进程》等三份重点提案进行了专题调查,并形成报告,报省政府。对部分承办单位提案办理情况进行了视察。召开了全省政协提案工作总结座谈会,总结交流了工作经验。

文史资料委员会 拟定了《东北解放战争和建国后史料征集提纲》。征集、整理近600万字有关东北解放战争史料,为编辑出版《东北解放战争史料丛书》积累了资料。与省直机关工委协商,于7月份下发了《关于组织观看历史电视系列片〈山河破碎的日子〉的通知》;同时又向各省市有关部门发信发函,介绍《山河破碎的日子》一片的内容及在爱国主义教育中的作用。中共河北省委宣传部、河北省政协教科文委员会下发《关于推荐收看历史电视系列片〈山河破碎的日子〉的通知》。上海电视教育台购买了《山河破碎的日子》的播映权。文史委组织工作人员先后到吉林、延边、松原、白城、通化、白山、四平地区,与市(地)县政协相配合,积极推动《山河破碎的日子》一片的发行工作。承担全国政协的编写题目9个,其中8个题目的征编工作已完成,共计80万字。送交全国政协及各有关部门审阅,受到全国政协文史委领导的赞扬。18个协作题目也在征编过程中。与桦甸市政协合编《黄金王国的兴衰》,介绍吉林"韩边外"的兴衰史。利用文史资料对青少年进行近现代史和国情教育,向东辽、前郭、永吉、蛟河、汪清、吉林市丰满区等县区中、小学,赠送有关史料丛书2万余册。完成了省政协1997年的《要事汇编》(约50余万字)的编辑工作。

文化教育卫生委员会 赴上海、天津、大连、张家港及省内有关市、县考察创建文明城市情况的经验,形成了《把创建文明城市活动引向深入——关于长春、吉林、延吉等市创建文明城市活动的调查报告》,提交省政协七届21次常委会议审议通过,上报省委、省政府。

组织省政协体育界的委员对全省竞技体育后备力量情况做了调查,形成了《吉林省竞技体育后备力量的现状及其建议》调查报告。并在全国政协科教文卫体委员会召开的会上进行了交流。召开了创建文明城市座谈会。

社会法制委员会 与法学会等四单位共同举办了学习《香港基本法》,迎接香港回归座谈会。组织民主党派参加了省高级人民法院组织的执法执纪大检查。组织委员参加了省政府关于建设项目的检查。召开了全省政协社会法制工作座谈会。各市政协的负责人在会上交流了经验并探讨了法制工作的发展方向。举行了有各界知名人士参加的禁毒工作座谈会,省政协主席刘云沼就深入开展禁毒斗争问题讲了话。省禁毒领导小组办公室负责人在座谈会上介绍了全省禁毒情况。

经济科技委员会 开展了农业产业化专题调查。组织委员及有关人士先后在长春、四平、松原、白城、通化、白山6市12县区的二十几个农业产业化典型单位和龙头企业调研,并分两组到浙江、江苏、山东、河南四省进行了考察学习。所提的调查报告和四省考察报告,经省政协七届22次常委会议审议通过,报送中共省委和省政府。副省长杨庆才批转各级农业产业化领导小组;省委书记张德江十分重视。组织部分常委、委员视察长春、四平等地的7个农业产业化大型龙头企业,研究龙头企业发展中的问题,总结基本经验,以及如何促进农业产业化发展方面的问题,向省委省政府提出了6条建议。组织委员对全省民营科技企业发展情况进行了调查。到长春、吉林两市的8户民营科技企业进行座谈调查,还赴海南、深圳、珠海、北京等地学习考察。调查报告分析了全省民营科技企业发展中存在的四个方面的问题,提出了加快其发展的四点建议,以省政协办公厅《参阅文件》报省政府。对本委5年工作及全省政协经科工作进行了系统总结。同时,向各市、州政协经科委发出通知,要求认真总结近五年工作,并在此基础上,编辑全省政协经科工作调研和经验汇编——《建言集》。该书精选各地政协有成果的优秀调研报告81篇及20余篇工作经验体会。

台港澳侨联络委员会 接待台港澳同胞、海外华侨、外籍华人和国际友人26批89人次。会同省对外贸易厅、省台办、省台盟、省台联召开了台资企业台胞代表座谈会,形成了《关于吉林省台资企业台胞代表座谈会情况的报告》报送省政府,省政府为此召开了专门会议研究解决台资企业反映的有关投资环境等问题,下发了《省政府专题会议纪要》,力促各部门将现有台资企业办好。为迎接香港回归,专程赴港邀请特区筹委会委员、港事顾问王英伟来吉林省为省政协常委作香港回归情况报告;协助《协商新报》开辟庆回归专栏;与省科技情报所、省电视台联合举办香港回归知识大赛;参与《吉林省政协香港委员风采》画册的征集出版工作。对新移民这一课题进行了调查研究,在全国政协举办的侨务工作会议上,作了题为《吉林省新移民状况及思考》书面发言。招商引资、牵线搭桥,引进资金2亿元人民币。与香港罗利影业公司考察了长影及各电视台、音像出版社,洽谈合作拍片、引进外国影片的业务,与省教育电视台签定了合作意向书。协助台湾天治企业有限公司在吉林省投资2亿元人民币,开展无土栽培项目,种植花卉、蔬菜,为解决南菜北运、出口创汇、安置下岗人员就业,起到了一定作用。

【重要活动】

省政协召开全省政协工作座谈会

1997年8月5日至6日,在长春召开了全省政协工作座谈会。全省9个市、州的政协主席或主持工作的副主席及有关方面负责人参加了会议。省政协主席刘云沼在会上讲话,他说,总结本届政协工作的经验,各地要结合自己的实际,体现自己的特点。通过总结工作,要看到本届政协工作的发展和变化,注意总结自己在过去5年中的那些有益的经验。希望大家从不同的角度来评价政协工作。9个市、州政协的负责人就本届政协工作的基本经验,先后在会上作了发言。会议期间,与会同志还围绕政协的信息工作和反映社情民意工作畅谈了体会,交流了各自工作的经验。会议结束前,方建宇副主席作了总结讲话。

省政府邀请部分政协委员举行座谈会

1997年1月16日,省政府邀请部分省政协委员举行座谈会。王云坤省长通报了吉林省去年的经济形势和今年工作打算。同时听取了政协委员和省级民主党派、工商联、无党派代表人士对政府工作的意见和建议。座谈会由省政协主席刘云沼主持。副省长王国发、全哲洙、桑逢文、刘淑莹，秘书长李介车以及副秘书长、有关部门负责人出席了座谈会。

【重要文件】

常委会工作报告(1997年1月27日)(摘要) 回顾一年来的工作，突出的有以下几个方面：一、参政议政更加切实有效。二、民主党派、人民团体在政协工作中的作用得到充分发挥。三、提案和反映社情民意工作有较大进步。四、海内外联谊工作取得新进展。五、文史资料和学习、宣传工作的效果比较明显。六、对市县政协工作的指导有所加强。常务委员会本年工作总的原则是：突出重点，讲求实效。第一，选择吉林省经济建设中的突出问题进行调查研究。第二，积极推动社会主义精神文明建设。第三，广泛开展以迎接香港回归祖国为重点的海内外联谊工作。第四，进一步做好增进团结和维护稳定的工作。第五，全面总结本届政协工作并着手换届的有关准备。第六，坚持不懈地加强政协自身建设。

省政协副主席方建宇在全省政协工作座谈会上的讲话(1997年8月6日)(摘要) 关于总结本届政协工作的问题：要深入学习、领会，提高对总结经验重要性的认识。总结本届政协工作要坚持以下原则、方法：一是坚持"开门总结"，二是以改进工作为目的，三是坚持实事求是，四是政协领导和政协机关要带头搞好总结，五是把总结经验工作深入持久地开展下去，不断提高总结经验的本领。应把握以下问题：一、找准位置，恰如其分地发挥政协作用问题；二、充分发挥民主党派和人民团体作用问题；三、充分发挥政协委员作用问题；四、充分发挥专门委员会作用问题；五、政协工作的规范化、制度化问题；六、政协机关的干部队伍建设问题。关于信息工作问题：第一，开展政协信息工作，有助于更好地坚持和贯彻党的群众路线。第二，开展政协信息工作，有助于推进决策的民主化、科学化。第三，开展政协信息工作，有助于活跃政协工作全局，提高履行政协职能的水平。第四，开展政协信息工作，有助于更好地发挥政协委员的作用。

关于认真做好本届政协工作总结的通知(1997年7月25日)(摘要) 1998年，省政协和我省多数市、州政协将进行换届。根据全国政协和省委的指示精神，按照省政协常委会工作要点的安排，现就做好本届政协工作总结的有关问题通知如下：

一、指导思想。总结本届政协工作，要以邓小平建设有中国特色社会主义理论和党的基本路线为指导，以老一辈革命家和以江泽民同志为核心的中共中央的一系列指示精神、政协《章程》以及全国政协和省委两个《规定》为依据，认真、全面、深入地回顾本届政协工作，既探讨理论，又总结实践；既看到成绩，又分析不足。通过认真总结几年来的工作，冷静、深入地想一想本届工作有哪些得失，有哪些收获和缺憾，从而使我们用心血换来的经验教训，变成今后搞好工作的宝贵财富，使我们的认识日益自觉，事业不断前进。二、主要内容。在总结工作时，可参考下列题目：1. 更好地把握政协的性质、职能、任务，恰如其分地发挥作用；2. 坚持和完善基本政治制度，充分发挥民主党派、工商联和人民团体在政协中的作用；3. 把握团结和民主两大主题，积极稳妥地推进民主政治建设；4. 履行政协职能必须坚持的原则、方法和要求；5. 政协工作的规范化、制度化建设；6. 政协委员的构成、提高政协委员参政议政的素质、充分发挥委员作用；7. 发挥政协专门委员会的作用；8. 自觉依靠党的领导，加强同党政部门的联系与协作；9. 反映社情民意工作；10. 政协的理论学习、研究和宣传工作。11.加强政协机关的自身建设；12. 对省政协工作的意见和搞好下一步工作的建议。

【组织概况】

辞去委员职务(1997年1月17日)

唐占山

【吉林省各级政协领导人名单】

吉林省政协

主　席

刘云沼

副主席

方建宇　张铁男(女)　胡厚钧

冯锡瑞　李国泰　阎洪臣　吴式铎

陈秉聪　李宏昌　梁植文　李玉堂

秘书长

常万海

长春市(副省级)

市政协主席

裴希敏

副主席

李春芳　李慧珍(女)　王　锏

穆忠魂　李玉洪　李振泉　徐树桥

刘淑坤(女)　郭晓锋

秘书长

郑向廷

县(市、区)政协主席

朝阳区　赵吉庆

宽城区　郭轼成

南关区　于承哲

二道区　李春波

绿园区　曹永生

双阳区　李振海

德惠市　刘喜军

九台市　刘瑞琛

榆树市　黄景河

农安县　李树柏

吉林市

市政协主席

李向林

县(市、区)政协主席

昌邑区　初　菊(女)

龙潭区　王维成

船营区　杨平华

丰满区　刘树才

桦甸市　侯兆君

蛟河市　杨志强

舒兰市　李大秀

永吉县　朴　勇(朝鲜族)

磐石县　李长占

四平市

市政协主席

李有如

县(市、区)政协主席

铁东区　杜中校

铁西区　杨国俊

公主岭市　田雨春

双辽市　李荫宗

伊通县　李雨林

梨树县　张　军

通化市

市政协主席

徐功进

县(市、区)政协主席

东昌区　宋钦贵

二道江区　孙文臣

梅河口市　徐振泰

集安市　郝志诚

通化县　李云凤(女)

柳河县　王　武

辉南县　李玉有

白城市

市政协主席

李增福

县(市、区)政协主席

洮北区　(暂缺)

洮南市　刘焕成

大安市　张福生

镇赉县　王守志

通榆县　王　林

辽源市

市政协主席

孙光瑞

县(市、区)政协主席

龙山区　王益田

西安区　孙振华

东辽县　王选才

东丰县　韩振文

松原市

市政协主席(暂缺)

县(市、区)政协主席

宁江区　郭素英(女)

扶余县　王　航

前郭县　赵之有

长岭县　王国林

乾安县　任殿明

白山市

市政协主席

张福有

县(市、区)政协主席

八道江区　田玉山

临江市　刘春学

江源县　王凤琴(女)

靖宇县　邢学忠

长白县　丁月亮

抚松县　方喜俊

延边朝鲜族自治州

州政协主席

张进发

县(市)政协主席

和龙市　赵　玺

郭化市　王会文

图们市　赵金华

龙井市　张宗禹

延吉市　沈在镒(朝鲜族)

珲春市　方　敏

汪清县　张凤武

安图县　金永喆(朝鲜族)

吉林省各级政协组织和委员数

级别 项目	省	副省级市	市(州)	区	县(市)	合计
组织数	1	1	8	19	41	70
委员数	527	485	2 415	3 180	6 865	13 472

(安秀良　编写)

政协黑龙江省委员会

【全体委员会议】

七届五次会议 1997年2月14日至19日在哈尔滨市举行。七届政协委员685名,出席会议委员588名。周文华主席主持开幕式并致词。省委书记岳岐峰在开幕式上讲话,充分肯定全省各级政协组织和政协委员一年来所取得的成绩,希望大家继续为黑龙江省经济发展和社会稳定做出新贡献。省长田凤山作关于《政府工作报告》的说明。会议审议通过了戴谟安副主席代表常委会所作的工作报告和陈文志副主席所作的省政协七届四次会议以来提案工作报告。协商讨论了省政府工作报告、黑龙江省1997年国民经济和社会发展计划、1996年预算执行情况和1997年预算报告、省高级人民法院及省人民检察院工作报告。会议增选8名省政协常委,通过省政协七届五次会议提案审查情况的报告和省政协七届五次会议决议。决议要求全省各级政协组织和政协委员,要继续高举爱国主义和社会主义两面旗帜,始终坚持以邓小平建设有中国特色社会主义理论和党的基本路线为指导,围绕中共黑龙江省委七届六次全委(扩大)会议提出的各项任务,发挥政协优势,认真履行政协职能,进一步团结和动员各民主党派、工商联、无党派人士、各人民团体和各族各界人士,在中共黑龙江省委的领导下,在振兴黑龙江,推进全省两个文明建设的伟大事业中做出更大的贡献,以实际行动迎接香港回归祖国和十五大的胜利召开。周文华主席在闭幕式上作题为《牢牢把握大局,做出更大贡献》的讲话。

【常务委员会议】

第22次会议 1997年1月23日至24日在哈尔滨市举行。会议协商通过关于省政协七届五次会议方案;讨论通过省政协七届四次会议以来常务委员会工作报告及提案工作报告;协商同意增补3名同志为省政协委员。周文华主席在会议结束时作题为《把参政议政提高到一个新水平》的讲话。

第23次会议 1997年2月13日在哈尔滨市举行。会议听取关于增补省政协委员、专委会领导成员和增选常务委员的说明,同意增补11名同志为省政协委员、增补8名同志为省政协专委会领导成员;讨论增选省政协常委的建议名单,通过省政协七届五次会议增选常委办法(草案)、总监票人及监票人建议名单。

第24次会议 1997年2月18日在哈尔滨市举行。会议听取省政协七届五次会议大会秘书长王文志关于会议讨论情况的汇报;协商通过增选省政协常委的建议名单、增选常委办法(草案)、总监票人及监票人名单;听取各讨论组讨论省政协七届五次会议决议(草案)情况,通过决议(修改稿)。

第25次会议 1997年5月6日至8日在哈尔滨市举行。会议集中协商讨论我省国有大中型企业的改革和发展问题。会议听取了副省长张成义关于我省深化国有大中型企业改革情况的通报和哈尔滨市政府、东北轻合金加工厂关于哈尔滨市优化资本结构试点情况及东轻厂搞活企业的经验介绍。会议期间组织常委视察了黑龙江新三星集团等5家先进企业。听取了8位常委和委员的大会发言,形成了《关于搞好我省国有大中型企业若干问题的建议案》,通过人事任免事项。周文华主席在会议结束时作题为《关于国有企业改革和发展的几个问题》的讲话。

第26次会议 1997年9月2日至4日在哈尔滨市举行。会议的主要议题是为提高我省粮食生产效益,开拓农村市场,促进农业经济发展建言献策。听取了省政府领导关于全省农业和农村经济的发展情况通报和省政协调查组所进行的关于我省粮食生产效益、开拓农村市场两个调查的情况报告;有5位常委和市县政协主席围绕会议主要议题作大会发言。会议还审议了有关人事问题。周文华主席在闭幕式上作题为《讲究效益、开拓市场、为建设农业强省献策出力》的总结讲话。

第27次会议 1997年12月25日至26日在哈尔滨举行。会议讨论通过省政协第七届委员会常务委员会工作报告,确定报告人;协商确定省政协第八届委员会的组成单位、委员名额及人选;协商决定省政协八届一次会议的召开时间、建议议程;通过省政协八届一次会议主席团、大会秘书长建议名单。周文华主席作总结讲话。

【专门委员会工作】

提案委员会 全年共收到委员提案574件,经审查立案554件,分送70多个承办单位办理。截止12月底,已办复543件,占提案总数的98%。组织委员视察提案办理情况。会同省委、省政府,对全省贯彻落实《黑龙江省政协提案工作条例》情况进行了检查,省委以《情况通报》将检查情况通报全省。组织召开省政协七届委员会提案工作表彰大会。参加全国政协举行的部分省市政协提案工作座谈会,作了《进一步提高提案质量,充分发挥政协提案在参政议政中的作用》的发言,被全国政协《提案工作通讯》刊用。

文史和学习委员会 按全国政协建国后史料专题协作会要求,对我省承担的《共和国的艺术家》等4个专题的稿件进行了征集。编辑了反映我省知名老政协委员成长历程的《委员春秋》专辑。组织委员开展形式多样的学习活动,就金融知识、体制改革、"一国两制"、反腐倡廉等内容播放录相片、举行专题讲座和报告会;编辑《香港特别行政区基本法及香港情况ABC》和6期《学习资料》;配合学习十五大精神,编辑了十五大专辑。举办全省第九期市县政协主席暨干部培训班。举办了东北三省政协文史工作协作会。

经济委员会 重点围绕我省国有大中型企业改革和发展问题进行了视察,针对视察中发现的问题进行研讨和座谈,并组织8名常委在省政协第25次常委会议上做大会发言,会后与提案委共同形成《关于搞好我省国有大中型企业若干问题的建议案》,报送省委、省政府、省体改委等7个单位复函,对《建议案》的落实情况进行答复。围绕省政协常委会的议题,开展了关于我省粮食生产效益的调查,提出了7条改进意见和建议,经省政协第26次常委会议讨论通过,上报省委、省政府。还就生猪屠宰检疫管理、公路网络和高等级路面建设、三北防护林体系工程建设、金融部门开展的"四讲一服务"等情况进行了视察;就我省塑料工业发展缓慢和如何创造良好金融环境,发展非国有经济问题召开座谈会,提出意见和建议;与社会和法制委员会合作,对《黑龙江省企业国有产权转让管理暂行办法》等7部地方法规进行了对口协商,所提意见被有关部门采纳;完成了与东北农业大学等单位共同承担的《黑龙江典型贫困县贫困因素分析与发展对策研究》的软课题,被省科委评为"国内领先"科研成果;组织召开第四次全省政协经济委(办)协作会议,参加全国政协地方政协经济委员会第5次工作会议;组织部分经济界委员赴云南、广西考察边境贸易情况。

科教文卫体委员会 开展了关于我省冰雪运动后备力量问题、农村卫生工作问题、师范教育和师资队伍建设问题三项专题调查。参加全国政协科教文卫体委员会召开的体育专题研讨会,会上交流了我省冰雪竞技运动后备人才培养的情况。在全国暨部分省(自治区)、市政协科教文卫体委员会总结交流会上,作了题为《把握政协特点,做好专委会工作》的发言;参加七省市政协科技工作座谈会。召开加强临床医生医德医风建设座谈会，形成了由我省24位著名医学专家签名的《致全省医疗卫生工作者的公开信》，在全省卫生工作会议上宣读，并由省卫生厅转发全省卫生部门。组织召开全省市(地)政协科教文卫体工作联系会，视察了我省高新技术产业情况，与哈尔滨天鹅休闲广场联合举办庆祝教师节联欢活动。

社会和法制委员会 组织委员先后深入到齐齐哈尔、大庆、佳木斯、农垦总局和哈尔滨等地的部分国有、民营企业，对依法治企情况进行了检查。针对工作中存在的问题，向省政府及有关部门提出了改进意见和建议。与省妇联联合举行全省各界妇女“迎三八、话回归”座谈会。组织召开全省市地政协社会法制委联系会议，总结交流在新形势下开展政协法制工作的经验和作法。与省妇联、省民盟、省女医师协会联合，组织省内部分著名医学专家，赴省政协扶贫点义诊。

民族和宗教委员会 就我省少数民族聚居地区农村贫困状况和脱贫情况进行调查，形成《关于杜蒙自治县和梅里斯区少数民族脱贫情况的调查报告》，报送省政府有关部门。组织委员学习有关民族宗教方面的法规、条例和方针政策，及时通报民族和宗教工作情况。配合省人大对全省贯彻落实《民族乡条例》情况进行检查。参加全国部分省市政协民族宗教工作研讨会。组织省政协宗教工作考察团，赴西北四省进行学习考察。加强与民族、宗教界委员的联谊工作，增进友谊。

台港澳侨外事委员会 围绕’97香港回归祖国这一举国盛事，开展了一系列庆祝活动：率先在省政协机关悬挂由港澳委员捐制的“香港回归倒计时钟”；召开“雪洗百年国耻，喜迎香港回归”座谈会；邀请我省著名书画家集体创作巨幅画卷“百年好合图”，作为庆祝香港回归的礼物。针对港澳委员在我省投资回报率低的问题，组织三胞委员对10位港澳委员在我省的投资情况进行了调查研究，提出4项建议，报送省委、省政府，省委副书记及副省长批示省市有关部门落实。对我省“新移民”情况进行调查，形成调查报告，在全国政协侨务工作研讨会上发言。配合’97中国旅游年，对我省的旅游环境进行视察。接待由台湾国大代表组成的台湾台南市农业访问团；按照全国政协台港澳侨联络局的要求，会同哈尔滨市政协，为旅美华侨(台胞)刘黄素绘女士落实房产问题。组织召开“迎中秋，庆十五大”座谈会。举行国际形势、两岸关系和香港回归报告会，定期播放台情资料片，使委员及时了解和掌握对台工作的方针政策。召开全省十三城市政协第五次祖国统一联谊工作座谈会，总结交流经验。

【重要活动】

首期信息干部培训班 1997年5月13日至16日在哈尔滨市举办。传达全国政协信息联系点第二次会议精神，讲授了信息工作的基本知识和基本理论，邀请省委、省政府及有关部门介绍其开展信息工作的情况，哈尔滨、佳木斯、鸡西、海伦、海林等市政协介绍开展信息工作的经验。来自全省各级政协及省直各民主党派的119名信息干部接受了培训。

“雪洗百年国耻，喜迎香港回归”座谈会 1997年6月10日在哈尔滨举行。省政协主席周文华，副主席陈文志、吴鼎和及部分省政协委员、民主党派负责人出席了座谈会。与会者回顾了香港沦为半殖民地的屈辱历史，畅谈对香港回归、雪洗国耻的喜悦心情。一致认为，香港问题的解决对澳门回归和台湾问题的最终解决，将产生重大影响和示范作用。周文华主席在座谈会上讲话。

调查农村市场的发展状况 1997年7月至8月进行。省政协主席周文华先后邀请省农委、省粮食厅、省工商局等近十个部门的有关同志，就我省农村市场问题进行座谈讨论。又深入到绥化、肇东、嫩江、讷河等十几个市县进行了实地调查，认真分析我省农村市场现状和特点，提出了要大力开拓农村市场的思路和建议，经省政协七届26次常委会议协商讨论后，报送省委、省政府。调查报告在《黑龙江日报》上发表，引起较大反响。

东北三省政协文史工作协作会 1997年8月2日至5日在哈尔滨市举行。全国政协委员张常海及全国政协文史委办公室副主任侯玉珍，辽宁、吉林、黑龙江、哈尔滨等省市政协领导及文史工作干部出席了会议。会议总结交流了各省政协的文史工作情况及经验，研究探讨了开展建国后史料征编工作的新路子，沟通了全国政协建国后史料专题协作会有关专题的落实与进展情况。

全国政协领导考察黑龙江 1997年8月11日至25日，全国政协副主席钱伟长到黑龙江考察，省政协副主席戴谟安陪同考察了佳木斯、齐齐哈尔、大兴安岭等地的工作。

检查省委加强政协工作决定的贯彻落实情况 1997年8月至11月初，受黑龙江省委委托，省政协主席周文华，副主席戴谟安、傅世英、陈文志分别率检查组，对哈尔滨、大兴安岭、绥化、大庆、佳木斯、鹤岗等6个市地和7个县(区)贯彻落实《中共黑龙江省委关于进一步加强人民政协工作若干问题的决定》情况进行了检查。并将检查情况、存在问题及建议形成报告，上报省委。省委已将报告中所提建议分别转交具体单位或部门，要求抓紧落实。

外事出访活动 1997年9月20日至10月16日，省政协主席周文华受省政府委托，率省招商团赴美国、加拿大进行招商。签定协议金额16亿美元，合同金额2亿多美元，从而扩大了黑龙江在海外的影响，结交了一批新朋友。

七届委员会提案工作表彰大会 1997年11月26日在哈尔滨召开。对《制定配套政策，发挥知识分子作用》等46件优秀提案、省政府办公厅等26个先进承办单位和29名先进承办工作者进行了表彰奖励。省政协副主席戴谟安、傅世英、王治田，秘书长王文志出席了表彰大会。

【重要文件】

常委会工作报告(1997年2月14日)(摘要) 报告回顾了常委会过去一年的工作：一年来，在中共黑龙江省委的领导下，常委会认真贯彻落实中共黑龙江省委七届五次、六次全委(扩大)会议精神，紧紧围绕全省两个文明建设，全面履行人民政协职能，积极推进政治协商、民主监督、参政议政的规范化、制度化，许多方面工作取得了新的进展。㈠紧紧围绕省委经济发展总体思路，搞好参政议政；㈡为推进我省社会主义精神文明建设献计出力；㈢加强海内外联谊工作，促进祖国和平统一；㈣通过提案、信息等形式反映社情民意，强化民主监督；㈤发挥政协团结功能，加强民族宗教、文史资料工作；㈥组织和推动委员学习，加大对政协工作的宣传力度；㈦加强政协机关建设和对基层政协工作的指导。报告确定1997年省政协工作的指导思想是：以邓小平建设有中国特色社会主义理论为指导，全面贯彻党的基本路线和基本方针，遵循“把握大局、再接再厉，同心同德，开拓进取”的要求，围绕办好两件大事，积极创造良好的政治、经济、社会环境和条件。进一步贯彻落实党的十四届五中、六中全会、中央经济工作会议和省委七届六次全委(扩大)会议精神，围绕省委确定的经济发展总体思路，发挥政协职能作用，为扎扎实实地推进我省改革开放和现代化建设,开创社会主义精神文明建设的新局面做出新贡献。根据这一指导思想,报告提出1997年重点做好6方面工作:㈠深入学习建设有中国特色社会主义理论;㈡紧紧围绕全省两个文明建设,搞好参政议政;㈢认真总结经验,继续推进政协履行职能的各项工作;㈣切实做好增进团结的工作,为维护稳定服务;㈤加强对台工作,积极开展海内外联谊工作;㈥加强政协机关建设,进一步做好对市县政协的联系与指导。

关于搞好我省国有大中型企业若干问题的建议案(1997年6月11日) 省政协七届25次常委会议以如何搞好我省国有大中型企业为中心议题,进行了协商讨论。常委们对省政府在领导、帮助、协调、推进国有大中型企业改革和发展方面提出如下建议:一、从我省实际出发,增强搞好国有大中型企业的紧迫感,推动企业改革向纵深发展。二、加大推进力度,充分发挥政府对国有企业改革第一推动力的作用。三、改革完善用人机制,进一步加强企业领导班子建设。四、努力改善经济环境,切实减轻国有企业负担。五、切实采取有效措施,着力解决企业资金紧缺问题。

政协黑龙江省委员会办公厅关于印发《黑龙江省政协关于加强信息工作的意见》的通知(1997年1月14日)(提要) 对提高信息工作重要性的认识、信息工作应遵循的原则、信息来源、报送形式和程序、队伍和网络建设、加强领导等提出了明确意见,共6条22款。

政协黑龙江省委员会办公厅关于下发《关于进一步改进省政协委员视察工作的方案(试行)》的通知(1997年3月10日)(提要) 方案主要内容:一、组织委员视察工作应坚持的原则。二、改进视察工作的措施和方法(有3条具体措施)。三、视察工作的组织领导。

【组织概况】

常务委员增选名单(1997年2月19日)

钱棣华　迟　行　于书林　刘永范
潘恒祥　彭云彪　赵　羽　梁宝德

委员增补名单(1997年1月24日)

安　英　张　中　高　铁

(1997年2月13日)

钱棣华　迟　行　于书林　刘永范
潘恒祥　梁宝德　李　晨　贾士祥
高尔瞻　金　铮　史文盛

【黑龙江省各级政协领导名单】

黑龙江省政协

主　席
周文华
副主席
戴谟安　傅世英　郭守昌　陈文志
谭方之　赵士杰　陈占元　王治田
吴鼎和(满族)
秘书长
王文志

哈尔滨市(副省级)

市政协主席
程道喜
副主席
伍增荣(女)　杨　林　宋恒永
谢英梅(女)　董月勤　李　直
张春生　钱乙余　于洪宝
秘书长
刘长聚(回族)
县(市、区)政协主席

道里区	李兴国
南岗区	王书田
道外区	王家荣
香坊区	杨凤鸣(女)
动力区	原荣生
太平区	崔淑芳(女)
平房区	柳平清

阿城市　王　毅
双城市　(暂缺)
尚志市　安武顺(女,朝鲜族)
五常市　刘东辉
巴彦县　刘兆祥
呼兰县　韩永礼
木兰县　张耀忠
通河县　赵有山
宾　县　王恩华
方正县　刘文俊
依兰县　张树霖
延寿县　杜春光(满族)

齐齐哈尔市

市政协主席
金呈祉
县(市、区)政协主席
龙沙区　陈广忠
建华区　潘巨昌
铁峰区　刘鸿章
富拉尔基区　张汉卿
碾子山区　徐忠革
梅里斯区　韩宏山
昂昂溪区　王泽恩
讷河市　徐志坚
克山县　鹿兴海
克东县　陈希全
拜泉县　张　岐
依安县　张振发
富裕县　杜坚石
甘南县　王　威
龙江县　胡兴龙
泰来县　陈继学

牡丹江市

市政协主席
郑宏运
县(市、区)政协主席
东安区　齐世春
西安区　钱厚三
爱民区　吴长福
阳明区　贾秀英(女)
宁安市　王宗有
穆棱市　方庆隆
海林市　赵凤君
东宁县　王裕民
绥芬河市　李宝忠
林口县　于春芳

佳木斯市

市政协主席
韩树礼
县(市、区)政协主席
前进区　李启明
东风区　王葆晨
向阳区　王肖婷(女)
永红区　吕桂芹(女)
郊　区　魏律民
富锦市　雷恩禄
同江市　王双印
桦南县　张喜富
抚远县　叶国安
汤原县　王敏堂
桦川县　周　坤

大庆市

市政协主席
李长玲(女)
县(市、区)政协主席
萨尔图区　孙长海
让胡路区　王兆君
大同区　谷春毅
龙凤区　刘树仁
红岗区　梁治中
肇州县　孙玉珍(女)
肇源县　盛俊峰
林甸县　邵万宝(蒙古族)
杜尔伯特蒙古族自治县　李秉阳

鸡西市

市政协主席

张文树

县(市、区)政协主席

鸡冠区 韩桂兰(女)

恒山区 张立升

滴道区 杨玉山

梨树区 闫玉清

城子河区 于世兰(女)

麻山区 李功胜

密山市 张爱廷

鸡东县 白宝贵(满族)

虎林县 王首御

双鸭山市

市政协主席

张剑峰

县(市、区)政协主席

尖山区 苏友祥

宝山区 孙士坤

四方台区 高国平

岭东区 刘永志

集贤县 张得晨

宝清县 龚福成

饶河县 曹德君

友谊县 李占玉

伊春市

市政协主席

王利民

县(市、区)政协主席

伊春区 尹俊清(回族)

南岔区 王家斌

带岭区 李春野

金山屯区 胡庆林

西林区 周亚兰(女)

美溪区 秦瑞峰

乌马河区 范永文

翠峦区 赵英超

友好区 周凤武

上甘岭区 马增东

五营区 高兴学

红星区 孙连春

新青区 张道宏

汤旺河区 张孝惠

乌伊岭区 傅御夫

铁力市 张德文

嘉荫县 王桂芬(女)

七台河市

市政协主席

张贺荣

县(市、区)政协主席

桃山区 闫玉才

新兴区 李瑞才

茄子河区 王恩详

勃利县 李贵阳(女)

鹤岗市

市政协主席

韩玉祥(满族)

县(市、区)政协主席

向阳区 朱艳芬(女)

工农区 乔桂珍(女)

南山区 王世昌

兴安区 戚靖斌

兴山区 刘志君

东山区 顾和章

萝北县 吴显峰

绥滨县 黄福臣

黑河市

市政协主席

孙作舟

县(市、区)政协主席

爱辉区 孙洪涛

五大连池市 孙国山

北安市　刘振章
嫩江县　王国华
逊克县　于成智
孙吴县　陈铁壁

绥化地区

县(市、区)政协主席
绥化市　李相义
海伦市　刘　斌
安达市　李东新
肇东市　黄锦新
庆安县　王德山
望奎县　孔令贤
兰西县　郭铁城
明水县　王树才
青冈县　司广才
绥棱县　王思庆

大兴安岭地区

县(区)政协主席
新林区　徐振坤
加格达奇区　秦念福
松岭区　王桂景
呼中区　韩忠师
呼玛县　侯桂莲(女)
漠河县　刘　江
塔河县　王景彦

黑龙江省各级政协组织和委员数

级别 项目	省	副省级市	市	县	县级市	市辖区	合计
组织数	1	1	10	52	24	58	146
委员数	685	564	2 995	7 433	3 363	7 574	22 614

(鞠彩霞　编写)

政 协 上 海 市 委 员 会

【全体委员会议】

八届五次会议 1997年2月17日至22日在上海展览中心和市政协大楼举行。市政协主席陈铁迪主持开幕。中共中央政治局委员、市委书记黄菊，全国政协副主席董寅初，市党政军领导徐匡迪、陈至立、陈良宇、孟建柱等和市委、市政协老领导应邀出席。市政协副主席王生洪、赵定玉、谢丽娟、郑励志、陈灏珠、刘恒椽、郭秀珍、陈正兴、厉无畏，秘书长吴汉民以及640名政协委员出席会议；在沪的全国政协委员列席会议。会议审议并通过了刘恒椽作的《充分发挥政协优势，认真履行政协职能，为开创上海两个文明建设新局面献计出力》常委会工作报告，听取了陈正兴作的市政协八届四次会议以来提案工作情况的报告，听取和讨论了市长徐匡迪作的上海市政府工作报告和其他几个工作报告。会议期间，市党政领导徐匡迪、陈至立、陈良宇、孟建柱、金炳华、张惠新、夏克强、蒋以任、龚学平、左焕琛、冯国勤等参加联组讨论，和委员共商上海建设和发展的大计；近30个部委办局的负责同志到市政协现场协商办理提案，接受委员们的咨询。会议期间，委员们围绕市委、市政府提出的今年工作任务，为本市改革开放和两个文明建设，积极参政议政、献计献策，共提交提案1111件。会议一致通过了《中国人民政治协商会议上海市第八届委员会第五次会议决议》，增选明旸、孟庆令为八届市政协常委。闭幕会上，市政协主席陈铁迪致闭幕词，市委副书记孟建柱讲话。会议期间，敬爱的邓小平同志逝世，会议举行默哀，表示深切悼念。广大委员深切缅怀小平同志丰功伟绩，表示要继承小平同志的遗志，团结各界，齐心协力，为建设有中国特色的社会主义贡献力量。

【常务委员会议】

第25次会议 1997年1月24日举行，市政协主席陈铁迪主持，82名常委会组成人员出席会议。会议审议并通过市政协八届五次会议的议程(草案)和日程(草案)，市政协八届五次会议分组情况及召集人名单，常委会工作报告(征求意见稿)、提案工作报告(征求意见稿)；会议还决定增补范滇元、妙灵、孟庆令为八届市政协委员。

第26次会议 1997年2月21日举行，市政协主席陈铁迪主持，85名常委会组成人员出席会议。会议通过了八届四十七次主席会议提交的市政协八届常委会委员候选人协商名单，审议通过了市政协常务委员选举办法(草案)及总监票人、监票人建议名单；审议通过了市政协八届五次会议决议(草案)；会议还听取了市政协提案委员会关于八届五次会议期间提案审查情况的报告(草案)。

第27次会议(扩大) 1997年3月21日举行，市政协主席陈铁迪主持，市政协常委出席，部分市政协委员、在沪的全国政协委员、各区县政协主席等共300余人参加会议。市政协主席陈铁迪，副主席王生洪、赵定玉、谢丽娟、郑励志、陈灏珠、刘恒椽、厉无畏在会上分别传达了全国政协八届五次会议精神；会议还审议通过了市政协1997年度工作要点。

第28次会议 1997年7月11日举行，市政协主席陈铁迪主持，73名常委会组成人员出席会议，在沪的全国政协委员、各区县政协主席列席会议。会议审议并通过了市政协常委会《对我市实施可持续发展战略若干问题的意见和建议》的建议案；会议还听取了市政协“深化国有企业改革”课题组的调研情况汇报、八届市政协总结经验工作情况汇报和市政协1997年第一次年中视察情况的汇报。

第29次会议 1997年8月13日举行，市政协主席陈铁迪主持，76名常委会组成人员出席会议，在沪的全国政协委员、各区县政协主席列席会议。会议审议通过了市政协常委会《关于加快本市工业企业技术进步的若干建议》的建议案；会议还听取了市委常委、市政法委副书记朱达人关于市政法系统工作情况的通报。

第30次会议(扩大) 1997年9月26日举行，市政协主席陈铁迪主持，市政协常委出席、部分市政协委员，在沪的全国政协委员、各区县政协主席等共500余人参加会议。十五大代表、市政协主席陈铁迪在会上传达了十五大精神；会议还审议了《关于完善民间帮困救助工作建议》的建议案；讨论了《八届市政协工作经验总结》的报告。

第31次会议 1997年10月7日举行，市政协主席陈铁迪主持，73名常委会组成人员出席。会议听取了市委统战部副部长钟燕群关于市政协换届工作若干问题的说明；会议审议并通过了关于九届市政协委员的人数规模、界别设置和名额分配的方案。

第32次会议 1998年1月13日举行，市政协主席陈铁迪主持，86名常委会组成人员出席。会议审议并通过了关于召开中国人民政治协商会议第九届上海市委员会第一次会议的决定、中国人民政治协商会议第九届上海市委员会委员名单；会议还审议市政协九届一次会议主席团建议名单、九届市政协主席、副主席、秘书长、常务委员选举办法(草案)、市政协九届一次会议大会秘书长、副秘书长和大会秘书处各组组长建议名单、市政协九届一次会议小组召集人建议名单、市政协九届一次会议提案审查委员会委员建议名单等，同意将这些文件提交市政协九届一次会议审议通过；会议还决定了市政协九届一次会议的出席、列席范围和邀请范围；审议通过了八届市政协常委会工作报告；讨论了八届市政协提案委员会工作报告。

【专门委员会工作】

学习委员会 五年中，组织委员学习活动日29次，有9 000余人次参加；组织委员学习会18期，734人次参加；编辑《学习参考资料》37辑。还与东方编译所合作编译出版了《国家的作用》、《改革政府》和《为权益而战》。五年工作的新进展：1.学习的内容更加丰富；2.学习的形式更加多样；3.将学习政协知识与政协理论相结合有所进步；4.加强了自身建设，拓展了学习领域。五年工作的经验：1.领导重视、率先垂范，是推动和组织委员学习的重要动力；2.对学委会的正确定位，是搞好政协学习工作的前提；3.学委会合理的组成结构，是开展学习工作的基础；4.抓紧时机、因地制宜、灵活多变，是把学习工作引向深入的关键环节。

提案委员会 五年收到提案5 858件，其中有关经济方面的1 359件，占23.2%；市政交通方面的1 506件，占25.7%；教育、科技、文化、卫生、体育方面的1 230件，占21%；统战、社会保障、社区建设、反腐倡廉、民主法制建设等方面的1 763件，占30.1%。这些提案所提的问题得到解决的有1 769件，占30.2%；正在解决和列入计划解决的有2 378件，占40.6%；留作研究参考的有1 558件，占26.6%。五年工作的新进展：1.围绕党和政府的中心工作，努力发挥提案在履行政协职能中的重要作用；2.与政协日常活动紧密结合，提案的提出日趋经常化；3.提案办理工作进一步规范化、制度化；4.抓住重点，推动重要提案的落实；5.提案办理工作机构的服务质量有所提高。五年工作的体会：1.充分认识提案工作的重要作用是搞好提案工作的重要前提；2.各级领导重视是搞好提案工作的重要保证；3.重视民主党派提案是提高提案质量的重要措施；4.

狠抓重要提案的跟踪落实是提高提案办理质量的重要环节。

文史资料委员会 五年中征集文史资料 240 万字，出版文史资料选辑 17 辑 340 万字，摄制文史录像片 10 部 620 分钟，积累资料 7 000 分钟。还编辑出版了大型画册《上海新姿》，开展了《上海二十世纪文史文库》编辑工作。五年工作的新进展：1.积极探索新时期文史资料工作的新路子；2.征集内容有新的发展；3.征集手段有新的突破；4.编辑出版有新的特色。五年工作的体会：1.充分认识重要性，是做好文史资料的基本保证；2.争取各级领导的关心支持，是做好文史资料工作的必要前提；3.积极开展调查研究，是增强文史资料委员会凝聚力的重要途径；4.发扬大协作精神，是提高文史资料工作质量的有力措施。

经济委员会 年内开展了“深化国有企业改革”课题调研，历时 3 个多月，完成了《关于打破条块分隔局面，促进上海国有资产重组，形成新的优势的若干建议》、《关于工业局改制为控股公司后建立适应市场经济相应机制的若干建议》、《深化企业干部任用、管理制度改革的建议》三个分课题报告。在此基础上，形成了《关于加大力度推进本市国有企业改革》的八点建议，提交市委、市政府。五年共组织了专题调查研究、专题协商会、报告会、研讨会、工作交流会、社情民意座谈会以及视察、考察等活动 330余次，其中专题调研活动 150 余次，形成调研报告 11 件，分报告 7 件，提案 5 件；组织专题协商会议 14 次，专题报告会 10 次，工作交流会 4 次，专题视察 14 次。五年工作的体会：1.选好课题，选准角度，充分掌握已有的调研成果，抓住若干重点，不求面面俱到；2.实事求是，出好点子，不回避矛盾，建议要有可操作性，全局性，宏观性；3.分工负责，依靠骨干，广泛发动；4.加强合作，发挥优势，一要发挥政协委员的个体优势，二要发挥党派、团体的群体优势；5.积极沟通，充分论证，加强同党政有关部门的交流，广泛听取委员、专家、学者及党政有关部门的意见；6.提高干部素质，发挥专委会办公室的作用。

城建委员会 年内开展了“可持续发展”课题调研，历时半年多，形成了《关于对我市实施可持续发展战略若干问题的意见和建议》调研报告，就拓展与优化城市发展空间，保护和整治环境，加强宣传、科教和立法三个方面提出了八条建议，并以常委会建议案名义报送市政府。五年的主要工作：1.组织委员学习参观，帮助委员知情知政；2.为制订城市发展的重要法规、重大工程建设方案、重大改革方案献计献策；3.做好重点课题的调查研究，开展了房地产开发专题系列调研；4.做好提案及反映社情民意工作；5.加强同各区县政协城建委员会及外省市政协的联络；6.加强委员会自身建设。五年工作的经验：1.将学习与实践，知情与出力有机结合，调动委员参政议政的积极性；2.选准角度，抓住重点，发挥优势；3.做好组织服务工作，为委员参政议政创造良好氛围。

科技委员会 年内开展了“依靠科技进步，促进上海经济增长方式转变”课题调研，历时 5 个月，形成了《关于加快本市工业企业技术进步的若干建议》，提出了五个方面共 20 条建议，并以常委会建议案名义报送市政府。五年的主要工作：1.组织委员参加常委会重点课题的调研，并承担完成了其中分课题的调研报告；2.组织委员围绕实施“科技兴国”战略献计献策，开展了“科技论坛”活动，并帮助基层乡镇政府实施科技兴镇战略；3.组织委员对科技事业发展和科技体制改革的情况进行视察，并对发展高新技术产业提出了意见建议。五年工作的体会：1.明确“以经济建设为中心”的指导思想，牢牢把握“科学技术是第一生产力”的科学论断;2.从政协角度出发,选准切入点,积极开展专题调研;3.从委员会自身特点出发,开展多种形式的活动,组织广大委员积极参与;4.广泛开展联谊合作,团结各方力量,共同搞好参政议政。

文化委员会 年内开展了“发展都市文化旅游”课题调研,历时2个多月,形成了《关于发展都市文化旅游的调研报告》,在报告中,提出了七条建议,报送市政府有关部门。五年的主要工作:1.对上海文化建设发展规划,文化建设重大工程方案提出意见建议,积极献计献策;2.突破“小文化”的局限,加强与其他专门委员会的合作,共同组织开展6项专题调研,扩大了委员会的工作领域;3.充分发挥委员的主体作用,增强委员的责任感,调动委员的积极性,提高委员参政议政的能力。

教育委员会 五年共组织各种活动300余次,形成了视察报告18份,专题调研报告12份,专委会建议案1份。五年中每年确定一个主题开展工作,第一年以高等教育、基础教育的招生制度改革为主题,并就中小学生就近入学、减轻学生负担,办好每一所中小学校等方面提出建议。第二年以城市建设中教育资源保护和优化配置为主题,督促有关部门对土地批租、旧城区改造、新区建设中教育资源进行补偿及优化配置。第三年以一流城市要有一流教育为主题,组织了教育论坛两轮共21场。第四年以贯彻《教育法》,推进薄弱学校更新工程为主题,组织专题调研、视察活动,推进薄弱学校更新工程。第五年以高等教育的改革与发展为主题,举办了“二十一世纪上海高等教育”为题的国际性论坛,邀请美国、丹麦、日本、韩国、香港、台湾等国家和地区及内地一些大学校长参加,为上海的高等教育发展提出了有价值的意见。

医卫体委员会 年内组织了“竞技运动后备力量情况”课题调研,历时2个月,形成了《关于上海市竞技运动后备的调研报告》,就本市竞技运动后备力量情况存在的问题提出了四条对策,提交市政府有关部门。五年的主要工作:1.组织委员广泛开展专题调研,先后对“药品使用范围”、“医疗费总量控制、结构调整”、“农村基层卫生工作”、“学校体育”等专题进行调研,并提出了意见和建议;2.组织委员协商讨论上海劳保、公费医疗制度改革方案,并为完善方案献计献策;3.组织委员就发展现代生物与医药产业为支柱产业献计献策;4.组织委员对“体育产业”、“竞技运动后备人才”等专题研讨。五年的工作体会:1.围绕中心、找准角度;2.抓住热点,反映民情;3.积极主动,协商在前;4.搞好结合,形成合力;5.尽职务实,摆正位置。

民主法制社会事务委员会 年内开展了“完善社会保障”专题调研,历时4个多月,形成了《关于完善民间帮困救助工作的建议》调查报告,就完善民间帮困救助工作的机制提出了六个方面的建议,并以主席会议建议案名义提交市政府。五年的主要工作:1.履行民主监督职能、推进反腐倡廉工作,先后组织了治理乱收费的视察、政法系统执法执纪大检查、行业行风评议活动,还组织开展特邀监督员工作;2.认真组织视察检查,维护社会稳定,先后组织了对外来人口管理、打毒防毒、严打斗争、扫黄打非等情况进行视察,还组织向福利院、部分生活困难群众送温暖活动;3.促进社会主义民主政治建设;参加了一些地方性法规立法前的协商工作,组织对一些现行法律、法规贯彻情况进行视察,还组织《刑事诉讼法》、《行政处罚法》的学习研讨;4.参与市政协重大课题的调研,为上海的建设和发展献计出力,先后参加了“现代企业制度”、“提高市民素质”、“完善民间帮困救助工作”等重点课题的调研。五年工作的体会:

1.坚持履行政治协商、民主监督、参政议政职能是委员会工作的灵魂；2.坚持围绕党和政府的中心工作和群众关心的热点开展活动是委员会工作的主体；3.坚持依靠委员、组织委员、服务委员是委员会工作的基础。

台港澳侨联谊委员会 五年的主要工作：1.加强学习宣传，积极参政议政，组织委员认真学习有关祖国统一工作的方针政策及中央领导同志讲话精神，运用各类学习会、研讨会深化学习活动，还组织委员为改善投资环境献计献策；2.密切与港澳委员的联系，为香港的平稳过渡和沪港的共同繁荣作贡献，精心组织好港澳委员回沪视察，督促有关部门认真办理港澳委员提案，为港澳委员回内地投资穿针引线、解忧排难；3.努力开辟联谊渠道，发挥政协联络海外的桥梁和纽带作用，开展对台湾地区的交流，扩大了港澳地区的联系范围，发展和海外华人的交往；4.积极开展对外交往，增进同各国人民的友谊，积极主动拓展出访渠道，热情友好接待国外朋友。

民族委员会 五年的主要工作：1.组织形式多样的学习活动，为委员履行职能创造条件，组织委员认真学习党的民族政策，提高执行党的民族政策的自觉性；2.履行政治协商、民主监督、参政议政的职能，参加有关法规的协商讨论，组织对清真“三食”工作的调研，宣传党的民族政策，协助有关部门及时化解矛盾；3.开阔眼界，广交朋友，组织委员参观少数民族地区，增进和兄弟省市少数民族的感情。五年工作的体会：1.要围绕和贴近党的中心工作开展工作；2.要以“团结进步、稳定发展”为目标深化工作；3.要根据政协章程和有关规定，结合本地民族工作特点和实际拓展工作。

宗教委员会 年内为配合全国政协民族和宗教委员会的调研工作，组织了“基督教信徒情况”的调查，历时3个月，形成了《关于上海基督教信徒情况的调查报告》。五年的主要工作：1.以爱国主义教育为重点，组织学习座谈会、大型报告会、专题研讨会和纪念活动，团结教育宗教界人士爱国爱教；2.认真履行政协职能，积极参与有关地方性法律、法规出台前的协商讨论与实施中的民主监督，认真开展专题调研活动，积极协助有关部门落实党的宗教政策，宣传党的宗教政策，鼓励各教努力发扬宗教教义教规的积极因素，为两个文明建设服务。五年工作的体会：1.要认真学习党在社会主义时期有关宗教问题的基本观点和基本政策，积极引导宗教与社会主义社会相适应；2.要高举爱国主义旗帜，发挥爱国爱教的光荣传统，团结宗教人士坚定地拥护中国共产党的领导；3.要根据政协章程和有关规定，在贯彻党的宗教政策和有关宗教的法律、法规中积极履行政协职能。

区县政协联络委员会 年内组织了对区县政协建设情况课题调研，历时4个月，形成了《关于区县政协委员组成结构问题的几点建议》、《关于区县政协专委会组织建设和机关机构改革工作的几点建议》的调查报告，共提出十个方面的建议，提交市有关部门。五年的主要工作：1.抓好学习，通过委员会主任会议，区县政协主席、秘书长例会等形式学习邓小平理论、统一战线和人民政协的知识；2.抓好交流，经常了解各区县政协工作情况，总结和推广先进经验，交流和探索新思路、新方法，并加强与兄弟省市政协的交流联系；3.抓好调研，围绕上海经济和社会发展的重点问题，开展调研活动，积极参政议政，参加市政协常委会的重点课题的调研；4.充分发挥市政协委员的人才优势，为区县经济发展服务，积极穿针引线，推荐市政协委员中的专家支持区县经济的发展；5.努力加强委员会自身建设，健全和完善委员会各项工作制度。五年工作的体会：1.必须以邓小平理论为指导,创造性地开展工作;2.围绕“联络、服务”的工作宗旨,联络交流、取长补短;3.积极开拓创新,不断寻求新的工作形式和途径。

【重要活动】

上海各界人士迎新茶话会 1997年1月1日在市政协江海厅举行。中共中央政治局委员、市委书记黄菊和徐匡迪、陈至立、陈良宇、叶公琦等党政军领导以及市委、市政协老领导,本市各民主党派、人民团体负责人和部分市政协委员、在沪的全国政协委员、台港澳同胞、海外侨胞300余人出席。市政协副主席王生洪代表市政协致词;市委副书记孟建柱代表市委、市政府讲话;农工民主党市委主委陈灏珠代表市各民主党派、工商联、各界人士发言。因公在外地的市政协主席陈铁迪特地来电祝贺新年。

上海各界人士中秋联欢晚会 1997年9月15日在华亭宾馆举行。市委副书记王力平等市党政军领导以及市委、市政协老领导,市各民主党派、人民团体负责人、市政协委员、在沪的全国政协委员、香港特别行政区人士、台澳同胞、海外侨胞800余人出席。市政协副主席赵定玉致词;市委副书记王力平代表市委、市政府讲话。

举行迎接香港回归系列活动 在迎接香港回归倒计时的30天中,市政协举行了迎接香港回归的系列活动。5月31日,举行《香港回归祖国手册》首发式,该书是由市政协文史资料委员会编辑的。市政协副主席王生洪主持,市政协主席陈铁迪出席会议并讲话。民革市委、市侨办、市工商联等有关民主党派、人民团体的负责人在会上发言。6月5日市政协举行《香港特别行政区基本法》专题报告会,市政协副主席郑励志主持,部分市政协委员、在沪的全国政协委员300余人出席。市高级人民法院副院长李昌道介绍了《基本法》的起草经过和主要内容。6月10日,市政协和解放日报共同举行“台港澳侨人士迎香港回归座谈会”,专程来沪的部分全国政协港澳委员、市政协港澳委员以及在沪的部分台港澳侨人士出席会议并踊跃发言,畅谈香港回归祖国的伟大意义和沪港合作的美好前景。市政协副主席赵定玉主持,市政协主席陈铁迪出席并讲话。6月25日,市政协和上海教育电视台联合举行“迎回归、跨世纪、沪港携手创未来”演讲会,市政协主席陈铁迪致词,市委副书记孟建柱以及市各民主党派、人民团体、区县政协负责人、部分市政协委员、在沪全国政协委员200余人出席演讲会。民革市委主委厉无畏、上海博物馆副馆长汪庆正、市高级法院副院长李昌道、文学家余秋雨、复旦大学校长杨福家、香港科技大学校长吴家玮、市政协港澳委员陆宗霖、胡晓明、作家宗福先、民乐演奏家闵惠芬等先后在会上作了演讲。

开展八届市政协五年工作的总结活动 1997年是八届市政协任期的最后一年,根据市政协八届五次会议的决议,市政协把学习理论、总结经验、研究和推动工作作为三位一体的大事,将总结工作作为贯穿全年的重要工作。在深入发动、广泛参与、全面回顾的基础上,进行理论和实践的多层次研讨,并组织了三次大型研讨会。8月16日举行了上海市各民主党派、人民团体政协工作研讨会;8月18日举行了市政协机关总结经验工作交流会;9月9日举行了上海市政协工作经验交流会。通过学习、交流,全面回顾总结了八届政协五年的工作情况和经验,并形成了《八届市政协工作总结》,汇总政协委员、政协和统战工作者及民主党派人士的研讨论文和总结文章80余篇,为九届市政协工作留下了宝贵的经验。

举行年终知情视察和专题视察 1997

年12月中旬,市政协组织了年终集中视察。这次视察是八届市政协任期内的最后一次视察,视察分知情和专题两种类型。知情视察于12月11日至12日进行,市政协副主席王生洪、赵定玉、谢丽娟、刘恒椽、陈正兴率队分五路视察了本市经济、文化、教育、体育、农业、旅游、市政交通、邮电等方面工作,有500余名市政协委员参加。专题视察于12月15日至19日进行,市政协主席陈铁迪,副主席王生洪、赵定玉、谢丽娟、陈灏珠、刘恒椽、郭秀珍、陈正兴、厉无畏率队分十路视察了下岗人员的转岗与解困、党风廉政建设、建立工业新高地、文化新设施的利用、所有制结构完善与调整、精神文明建设、教育改革与发展、增强对外开放综合服务、提高城市综合管理、郊县经济发展等方面的情况,有200余名市政协委员参加了视察。

组织港澳地区的市政协委员回沪视察 10月10日至12日,市政协组织在港澳地区的市政协委员专程回上海,27名港澳地区的委员参加了这次视察,这次视察的主题是深化国有企业改革。视察前,市委副书记孟建柱、市政协主席陈铁迪会见了港澳委员,并向他们介绍十五大精神和上海建设和发展的有关情况。港澳委员前后视察了浦东张江高科技园区,上海英雄股份有限公司和上海第一毛纺织厂,并和这些企业负责人交流了发展企业生产经营的经验。在视察后,市政协主席陈铁迪、副市长赵启正听取了港澳委员的意见和建议。

【重要文件】

常委会工作报告(1997年2月17日)(摘要) 工作报告分为两个部分。第一部分是1996年的工作回顾。认为这一年市政协在上海改革开放和社会主义现代化建设的发展大局中,认真履行政治协商、民主监督、参政议政职能,完成了八届四次会议提出的各项任务,为上海的改革、发展、稳定和开创两个文明建设新局面,作出了新的贡献。1.加强决策前的协商,为市委、市政府的科学决策建言献策;2.认真开展民主监督,促进上海工作健康发展;3.紧密结合上海中心工作开展调查研究,把参政议政引向深入;4.开展社会主义、爱国主义教育,振奋民族精神,激发热情;5.拓展海外联谊与人民外交活动,为促进祖国统一和各国人民友谊献计出力;6.通过"三讲"活动提高政治、业务素质,进一步加强政协自身建设。报告在回顾一年的工作后,归纳了三条主要的体会:1.坚持党的领导、坚持正确的政治方向、围绕党和政府的中心工作履行职能,是做好政协工作的根本保证。2.加强团结,形成合力,充分发挥统一战线大舞台的作用,是使政协工作蓬勃发展的重要基础。3.充分发挥社会主义民主、广开言路、广献良策,是使参政议政上水平、上台阶的基本条件。第二部分是1997年的主要任务。认为在新的一年里,市政协工作的总体要求是:紧密团结在以江泽民同志为核心的党中央周围,在中共上海市委领导下,坚持以邓小平建设有中国特色社会主义理论和党的基本路线为指导,坚持党中央提出的把握大局,再接再厉,同心同德,开拓前进的要求,全面贯彻党的十四届五中、六中全会精神,认真落实市委六届四次、五次全会提出的各项任务,正确处理改革、发展、稳定的关系,切实推进两个根本性转变,继续推进履行政协职能的规范化、制度化,努力提高履行政协职能的水平与实效,为全面完成新三年上海各项工作任务作出新贡献。1.认真学习邓小平建设有中国特色社会主义理论,学习时事政治,增强团结合作的思想基础,进一步提高履行职能的自觉性;2.根据政协章程和全国政协《规定》的要求,切实履行政治协商、民主监督职能;3.坚持以经济建设为中心、以实现两个根本性转变和"稳中求进"的重点,积极参政议政;4.围绕加强社会主义精神文明建设,提高城市文明程度和市民素质,积极献计献策;5.积极开展对台港澳和海外的联谊,开展人民外交活动,为促进祖国统一大业和上海的振兴繁荣贡献力量;6.认真总结经验,加强自身建设,进一步提高政协工作的水平。报告最后号召全体委员为开创上海两个文明建设的新局面,为实现跨世纪的宏伟目标,为统一祖国、振兴中华作出新的贡献,以优异成绩迎接香港回归和党的十五大胜利召开!

八届政协工作总结(1997年11月11日)(摘要) 总结共分三个部分。第一部分是八届政协工作的新进展,认为八届政协围绕中心,服务大局,发挥优势,履行职能,各项工作取得了新进展。体现在十个方面:1.邓小平理论在工作中进一步得到贯彻;2.党的领导不断加强;3.政治协商逐步规范;4.民主监督有所加强;5.参政议政有新的进展;6.自身建设得到加强;7.民主党派人民团体的作用进一步发挥;8.同各界人士的联系更加广泛;9.同各级政协的关系更加密切;10.海外联谊、人民外交更加活跃。第二部分是八届政协工作的六条主要经验:1.必须坚持党的领导,坚持正确的政治方向;2.必须围绕党和政府工作的中心履行政协职能;3.必须弘扬团结民主主题;4.必须选准角度,用好载体,发挥优势;5.必须充分发挥政协委员的主体作用;6.必须加强政协自身建设。第三部分是要进一步深入思考重点研究的问题:1.关于学习和贯彻党的十五大精神,认为要在十五大精神指引下,更高层次上加大参政议政力度和深度,使政协工作进一步体现时代特征、上海特点、政协特色;2.关于坚持和完善中国共产党领导的多党合作和政治协商制度,要重点研究如何在推进政治体制改革中进一步发挥政协的作用;3.关于继续推进政治协商规范化制度化建设,要明确协商的内容,改进协商的形式,加强同有关部门的沟通和衔接;4.关于进一步发挥民主党派、人民团体在政协中的作用,最重要的是把贯彻《中共中央关于坚持和完善中国共产党领导的多党合作和政治协商制度的意见》进一步具体化;5.关于积极反映社情民意,人民政协应该成为党和政府联系广大群众的桥梁,成为反映人民群众呼声的重要渠道;6.关于加强专门委员会建设,要加强专委会的工作,加强专委会的领导班子建设,建立一支骨干队伍。

对我市实施可持续发展战略若干问题的意见和建议(1997年7月11日上海市政协八届常委会第28次会议通过)(摘要) 建议就"可持续发展"所涉及的拓展与优化城市发展空间,维系城市可持续发展;保护和整治环境,避免走"先污染后治理"的老路;加强"可持续发展"的宣传、科教和立法执行等三个方面,提出了八条意见和建议。第一,上海的发展和建设要进一步着眼于长江三角洲大都市圈;第二,市郊要突出杭州湾临海地带的发展和建设,建议进一步研究拟定杭州湾滨江临海城市带的发展定位,突破县域限制,规划建设好集中城市化地区;第三,加强对市中心地区开发建设的控制与引导,建议加强研究和制定合理开发容量,研究解决高层高密度开发所引发的问题,重视生态理论对建设的引导;第四,进一步做到主要污染物排散量控制与环境目标之间的衔接,建议要加大力度减少"煤污染",对减少水体污染要有明显成效,要积极倡导"清洁生产,清洁消费",开发和利用再生资源;第五,努力向"预防为主"的新型发展模式转变,建议对比研究国际大都市的经验教训,避免国外曾经出现过的环境问题在我市重演,对一些重大环境问题要采取有力的防范和治理措施;第六,各级领导都应更新观念,提高认识,建议对政府各部门、企业主要领导实行上岗前的可持续发展知识培训;第七,狠抓政府调控、科技建设和社会参与的"三位一体"系统工程的落实,建议对实施"建设项目的环境否决制"进行研究;第八,以新的发展观重新审视修订政策和指标体系。

关于加快本市工业企业技术进步的若干建议(1997年8月13日上海市政协八届常委会第29次会议通过)(摘要) 建议共分两个部分。第一部分是成绩与差距,在充分肯定本市工业企业在科技进步方面取得了较大的成绩的基础上,从观念更新、技术方针、人才优势、资金投入、经营者状况、体制机制等六个方面分析了存在的差距。第二部分是对策与建议。一、以发展高新技术产业为战略重点,在政府宏观指导下,提升上海工业的整体技术水平,建议成立市高新技术产业化领导小组、专家小组和推广应用小组,严格执行技术专利法规;二、建立、健全以企业为主体的企业技术进步机制,企业自身要树立技术进步的主体观念,政府有关部门要给企业充分的决策自主权,要推动大集团、大企业的技术开发中心切实发挥研究开发的作用,中小企业也应建立技术开发的组织管理部门,建立企业科技进步风险责任制,切实落实自主分配权;三、重视引进配套和消化吸收,探索、建立企业的创新机制,要加强宣传、积极引导,加大消化、吸收和创新的资金投入,建立经委、科委为主的联席会议制度,协商消化、吸收和创新工作,并把技术进步作为企业考评标准;四、切实加大企业技术进步的资金投入,建议设立发展高新技术产业的专项基金,调整新产品开发的经费基数,设立行业技术基金、风险投资基金,成立科技发展银行和融投资公司等;五、努力构筑上海工业技术进步的人才高地,建议向国内招聘发展高新技术产业需要的人才,探索建立党管干部与董事会任命制相结合企业干部任免制度,制订吸引、凝聚人才的工资报酬、福利待遇措施,建设一支高素质的技术工人队伍。

【组织概况】

委员增补名单

范滇元　妙　灵　孟庆令

(1997年1月24日)

常委增选名单

明　旸　孟庆令(1997年2月22日)

【上海市各级政协领导人名单】

上海市政协

主　席

陈铁迪(女)

副主席

王生洪　赵定玉　谢丽娟(女)

郑励志　陈灏珠　刘恒椽

郭秀珍(女)　陈正兴　厉无畏

秘书长

吴汉民

区县政协主席

黄浦区	陈志荣
南市区	徐宜尔(女)
卢湾区	谢如方
徐汇区	董　健
长宁区	齐允海
静安区	梁光璧(女)
普陀区	王新生
闸北区	郭祖禄
虹口区	刘新昌
杨浦区	施叔华
嘉定区	何慧娟(女)
宝山区	刘明生
闵行区	凌志俭
金山区	沈效良
南汇县	吴　岭(女)
奉贤县	周关根
松江县	尹逢德
崇明县	陆　瑾(女)
青浦县	陈志清(常务副主席)

上海市各级政协组织和委员数

项目＼级别	市	区	县	合计
组织数	1	14	5	20
委员数	718	4 763	812	6 293

（孟荣强　编写）

政协江苏省委员会

林玉英　副主席
（增选）

【全体委员会议】

七届五次会议　1997年3月24日至30日在南京举行。省委书记陈焕友到会作重要讲话。省政协主席孙颔受常委会委托向大会作工作报告。提案委员会主任庄建新作省政协七届四次会议以来提案工作情况的报告。委员们分组认真学习陈焕友同志讲话，认为这个讲话阐明了当前的形势和任务，对进一步做好政协工作提出了要求，具有重要的指导意义。委员们高度评价省政协一年来的工作，一致同意省政协常委会工作报告，并对今后工作提出了积极的建议。委员们列席省八届人大五次会议，听取省长郑斯林所作的政府工作报告和其他有关报告，并分组进行讨论。委员们对省政府一年来的工作表示满意，对加快我省改革和建设提出了许多有益的意见和建议。会议期间，举行两次大会发言和6个专题座谈会。其中，省民革、民盟、民建、民进、农工党、致公党、九三学社和省工商联的代表分别以党派、团体组织名义发言。省委、省政府领导同志及省有关部门的负责人分别到会听取大会发言和参加专题座谈。会议增选林玉英为省七届政协副主席，张秉银为省七届政协常务委员。会议通过省政协七届五次会议决议和提案委员会关于提案审查情况的报告。孙颔主席致闭幕词。会议决议号召全省各级政协组织、广大政协委员和各界人士，继承邓小平同志的遗志，高举邓小平建设有中国特色社会主义理论的伟大旗帜，更加紧密地团结在以江泽民同志为核心的党中央周围，在政治上、思想上、行动上与党中央保持一致，在中共江苏省委的领导下，把握大局、再接再厉、同心同德、开拓前进，为夺取我省改革开放和社会主义现代化建设的新胜利，作出更大的贡献。

【常务委员会议】

第21次会议　1997年3月20日至21日在南京举行。会议的主要任务是为省政协七届五次会议作准备。孙颔主席主持会议。会议对省政府准备提交省八届人大五次会议审议的《政府工作报告(征求意见稿)》进行认真讨论，提出了修改意见和建议；通过提请省政协七届五次会议审议的《政协江苏省第七届委员会常委会工作报告》;通过省政协七届五次会议日程(草案);通过省政协增补部分专门委员会副主任名单,以及提请全委会议选举的副主席、常务委员候选人建议名单。

第22次会议 1997年7月7日至9日在南京举行。孙颔主席主持会议。会议审议通过省政协常委会向省委、省政府提出的《关于推进工业结构调整的建议案》、《关于加快实施淮北致富工程的建议案》、《关于加速淮北地区人才建设的建议案》和《关于加强职业道德建设的建议案》;讨论省政协《关于开展本届政协工作总结的意见》,对总结省七届政协工作作出全面部署;决定撤销李树春省政协委员的资格。

第23次会议 1997年10月13日至15日在南京举行。孙颔主席主持会议。会议的主要内容是学习贯彻中共十五大和省委九届七次全体(扩大)会议精神。省委书记陈焕友到会传达十五大和省委全委(扩大)会议精神,并对全省各级政协学习贯彻十五大精神,进一步做好政协工作提出要求。委员们分组进行认真学习讨论,省各民主党派、工商联的代表在大会上发言。大家一致表示拥护江泽民同志在中共十五大所作的报告和十五大通过的各项决议,拥护十五大和十五届一中全会选举产生的中央领导机构,表示要认真学习贯彻十五大精神,为把建设有中国特色社会主义事业全面推向二十一世纪,作出新的贡献。会议期间,委员们还对省七届政协的主要工作与基本经验进行了认真的回顾和总结。

第24次会议 1997年12月22日至25日在南京举行。孙颔主席主持会议。会议审议通过《政协江苏省第七届委员会常务委员会工作报告》,听取省政协各专门委员会的工作报告,审议通过《关于召开政协江苏省第八届委员会第一次会议的决定》。会议期间,胡福明副主席传达了全省经济工作会议精神。

【专门委员会工作】

提案委员会 七届五次会议以来,共收到提案550件,立案548件。其中,省各民主党派、工商联42件,省各人民团体8件,省政协各专门委员会6件,单位联名5件,委员联名128件,委员个人358件。多数提案是在调查研究的基础上形成的,有情况、有分析、有建议,质量比较高。加强与承办单位的联系与配合,采取座谈协商、联合办案、现场办案、信息反馈、跟踪办案、视察调查等形式,增强提案的办理效果。提案办复率100%,采纳率86%,委员对提案办理表示满意和基本满意的达95%。省各民主党派、工商联提案均作为重点提案办理。

学习委员会 以学习邓小平理论和中共十五大精神为重点,采取多种形式组织和推动委员学习。制定了学习计划,每月选编一期《学习资料》。举办系列专题讲座,对委员学习进行辅导,参加听讲的委员达700多人次。举办委员短期脱产研讨班3期,共有120名委员参加。通过学习,委员们进一步提高认识、统一思想,增强了在共同政治基础上的团结,提高了履行政协职能的水平。

文史资料委员会 着手开展建国后文史资料的征集出版。一年来,征集建国后史料达150万字,其他时期史料300万字。编辑出版文史书刊10辑。初步完成全国政协系统协作项目4个。进行了《江苏省志·政协志》的编纂工作。

经济委员会 围绕经济建设中心,组织委员开展调查视察课题4项。其中,就江苏省工业结构调整问题进行专题调查,经省政协常委会审议,形成了《关于推进工业结构调整的建议案》。就实施区域共同发展战略、推进淮北致富问题,进行专题调查,经省政协常委会审议形成了《关于加快实施淮北致富工程的建议案》。组织委员中的企业家，参加全国政协经济委员会组织的赴湖南、贵州、宁夏等省区进行经济合作的活动。协助全国政协经济委员会在江苏举行全国地方政协经济委员会第五次工作会议。

科技委员会 围绕“科教兴省”战略，组织委员开展调查视察活动3项。会同省科协等单位举办第九届科普宣传周活动。与省九三学社协作，组织委员视察国家科委批准建设的全国第一个星火产业开发带——苏北星火产业开发带的建设。对苏南地下水资源的合理开采与保护问题，进行跟踪视察。组织委员视察江苏沿江火炬高新技术产业开发带，提出了加快建设的意见和建议。

教育文化委员会 组织委员对江苏省高校扩招万名学生的落实情况，进行跟踪调查。对淮北地区人才培养问题进行专题调查，经省政协常委会审议形成了《关于加速淮北地区人才培养的建议案》。对文物保护工作、省教育经济政策的落实、苏北农村有线广播发展、文化市场的发展与管理等问题进行调查、视察。这些调查、视察都形成了报告，提出了积极的意见和建议。

医卫体育委员会 对江苏竞技体育发展战略进行调研，提出了意见。对省委、省政府《关于卫生改革与发展的决定（代拟稿）》进行讨论，提出了修改意见。对省医药制剂业生产现状进行调查，对苏南地区流动人口计划生育情况进行视察，对职工医疗制度改革进行调查，都形成了调查、视察报告，提出了积极的意见和建议。

社会法制委员会 组织委员对职业道德建设问题进行专题调查，经省政协常委会审议，形成了《关于加强职业道德建设的建议案》。对人民检察院和人民法院的工作情况，进行重点视察。对《产品质量法》、《广告法》、《残疾人保障法》等法律法规的实施情况，禁毒专项治理情况和《民族乡行政工作条例》、《少数民族权益保障条例》的实施情况，进行视察。对提交省人大审议通过的《江苏省实施〈中华人民共和国军事设施保护法〉办法草案》等12个法规草案，提出修改意见。参与省委、省政府组织的对财税、物价、工程建设专项治理大检查、省人大组织的对法院工作的评议、省政府组织的对政风情况的评议。

海外联络委员会 编印《江苏乡情》12期，宣传江苏省经济和社会发展成就，介绍投资环境和政策，寄发给台湾的江苏同乡会等民间团体和江苏籍知名人士。加强与台湾民间团体、高等院校、学术机构及上层人士的联系和交往，接待来访的台湾各界人士计600多人次。组织和推动江苏农业界有关人士赴台访问考察。加强与香港特区省政协委员的联系。组织侨界人士开展调查和座谈，对贯彻党的侨务政策，维护侨胞合法权益，做好侨务工作提出建议。

【重要活动】

开展对推进工业结构调整、实施淮北致富工程、加速淮北地区人才培养、加强职业道德建设4项课题的重点调查 结构调整是江苏经济发展的第三次机遇，省委、省政府决定在全省开展’97工业结构调整促进年活动。淮北致富是实现江苏经济和社会发展“九五”计划和跨世纪目标的重要内容。淮北地区全面达小康和实现现代化，人才紧缺是最重要的制约因素。1997年3月至6月，省政协和有关市县政协协作，组织部分委员并邀请省有关专家、学者参加，对推进工业结构调整，实施淮北致富工程，加速淮北地区人才培养三个问题进行重点调查，并与有关部门进行了多次研讨，经省政协常委会审议，向省委、省政府提出了建议案。5月至6月，省政协组织委员对加强职业道德建设问题进行重点调查，经省政协常委会审议，向省委、省政府提出了建议案。这4项建议案都具有较强的针对性、科学性、前瞻性和可行性。省委、省政府领导就此分别作出批示,给予充分肯定,许多建议被吸收到省委、省政府的重要文件和有关工作部署中。

表彰省政协七届一次会议以来的优秀提案 省政协主席会议通过《关于表彰优秀提案活动的实施办法》。根据承办单位和省各民主党派、工商联,以及广大委员的推荐,在省政协七届一次会议以来的提案中,评选出80件优秀提案。这些提案紧紧围绕党委、政府的中心工作和社会各界普遍关心的问题,提出了有价值的意见和建议,并受到承办单位的重视,被采纳实施后已经产生或将要产生较好的经济效益和社会效益,得到有关方面的肯定和充分赞扬。1997年4月3日,省政协召开会议,对优秀提案进行了表彰。

举办悼念侵华日军南京大屠杀遇难同胞60周年活动 1997年12月13日,在南京举行江苏省暨南京市各界人士悼念侵华日军南京大屠杀遇难同胞60周年仪式。参加仪式的有:省和南京军区及南京市领导,省市有关部门、各民主党派、人民团体以及无党派民主人士代表,工人、农民、解放军、学生、抗战老战士、南京大屠杀幸存者及遇难同胞家属、有关专家、学者等各界群众代表。仪式由南京市政协主席潘寒操主持,省政协主席孙颔代表省市各界人士在悼念仪式上发表讲话,对南京大屠杀遇难同胞表示深切悼念,激励人们以史为鉴,勿忘国耻,为中华民族全面振兴、祖国繁荣富强作出更大努力。南京市致公党主委王振华代表省市各民主党派,省学生联合会主席王靖华代表省市青年,分别在仪式上发言。

开展省七届政协总结工作 1997年是省七届政协任期的最后一年。省政协对本届政协工作进行了认真总结。6月下发了《关于开展本届政协工作总结的意见》,分别召开各市政协主席、秘书长会议,省各民主党派、工商联负责人会议,各专门委员会主任、委员联系小组召集人会议,作出部署。向每个委员发了《省七届政协工作总结调查表》。总结分三个层次进行:政协组织着重总结开展政协工作的基本经验;各专门委员会和政协机关总结具体工作的经验;政协各组成单位和政协委员除参与对政协工作的全面总结外,还要总结自身参加政协活动的经验。在各方面认真总结的基础上,形成了《省七届政协主要工作和基本经验》总结材料。

【重要文件】

陈焕友书记在省政协七届五次会议上的讲话(1997年3月24日)(摘要) 一年来,省政协积极组织和推动委员认真学习邓小平建设有中国特色社会主义理论和党的十四届五中、六中全会精神,提高认识,统一思想。围绕改革开放、经济建设、精神文明建设和民主法制建设中的重大问题,积极履行政治协商、民主监督、参政议政的职能,开展了富有成效的工作。组织委员开展了一系列调查、视察,提出了政协常委会四项建议案和许多调查、视察报告,所提意见和建议,有助于省委、省政府决策的民主化与科学化。认真做好提案和反映社情民意的工作,为党委、政府提供了一条重要的民主渠道。积极开展海外联谊和对外友好交往工作,促进了在统一祖国、振兴中华共同目标下的大团结大联合,推动了与海外的经济、科技、文化等方面的交流与合作。各级政协在我省的全局工作中发挥了重要作用,广大政协委员作出了很大的贡献。

做好今年的各项工作,需要调动各方面的积极性。我对全省政协工作提几点希望。一是增强在共同政治基础上的团结,努力维护政治和社会的稳定。全省各级政协要继续组织和推动委员深入学习邓小平建设有中国特色社会主义理论，把大家的思想进一步统一到党的基本理论、基本路线和基本方针上来，统一到实现跨世纪宏伟目标上来，增强在共同政治基础上的团结。要充分发挥政协自身优势，扩大与各界别群众的联系面和团结面，协助党委、政府多做相互沟通，密切关系，化解矛盾，凝聚人心的工作，调动一切积极因素，为实现全社会最广泛的团结而努力，为维护政治和社会的稳定而努力。二是认真履行政协职能，为推进改革开放和两个文明建设积极献计出力。各级政协汇集了社会各个方面的专家、学者，是一个高层次的人才库、智力库。要把广大委员组织发动起来，围绕我省“九五”计划和2010年远景目标以及省委、省政府今年的工作重点，有组织有计划地把政治协商引向深入，切实有效地开展民主监督，进一步搞好参政议政。三是积极发挥民主渠道的重要作用，推进社会主义民主政治建设。要把民主协商的精神贯穿于政协的各项工作之中，努力创造民主和谐的环境，充分尊重和保护政协委员的民主权利。坚持“长期共存、互相监督、肝胆相照、荣辱与共”的方针，为民主党派参政议政创造条件，充分发挥参政党在人民政协中的作用。各级政协还要积极组织委员以多种形式、多种途径，开展反映社情民意的工作，发挥政协联系人民群众的桥梁和纽带作用。四是继续加强政协的自身建设，认真做好明年换届的准备工作。省政协七届一次会议以来，各项工作都有了很大的发展和提高，要进行认真系统的总结，为今后政协工作的开展提供有益的经验。同时，要密切配合中共党委，严格按照政协章程和中央有关指示精神，抓紧做好政协换届的各项准备工作。

人民政协工作是党的全局工作中的重要组成部分。全省各级党委要从坚持和完善中国共产党领导的多党合作和政治协商制度，加强社会主义民主法制建设，实现现代化建设宏伟目标的战略高度，充分认识人民政协的重要地位和作用。要继续认真贯彻中共中央1995年13号文件精神，进一步加强和改善对政协工作的领导，把政协工作摆上重要议事日程。党政有关部门要加强与政协的联系和配合，积极支持政协开展各项工作。

常委会工作报告(1997年3月24日)(摘要)　过去的一年，省政协取得了新的成绩：(一)深入学习邓小平建设有中国特色社会主义理论，并结合学习中共十四届五中、六中全会精神。一年来，委员们积极参加政协组织的各项学习活动，学习的方式也继续有所改进。年初制定了学习计划，每月选编一期《学习资料》；举办专题报告会9次，对委员学习进行辅导；举办委员短期脱产学习研讨班3期，共有110名委员参加。通过学习，提高认识，统一思想，增强了在共同政治基础上的团结，提高了履行政协职能的水平。省政协还举办了各市和部分县级政协学习委员会主任的学习研讨班，帮助和推动市县政协的学习工作。(二)抓住我省改革开放、经济建设、精神文明建设和民主法制建设中的重大问题，积极履行政协主要职能。一年来，每次常委会议都确定专题，进行有通报、有讨论、有建议的协商活动；主席会议和各专门委员会会议也根据需要，安排一些时效性较强的通报协商。抓住我省改革和建设中的重要问题，组织委员开展了31项专题调查和视察，提出了调查、视察报告；并从中选择4项重大课题，分别形成常委会向省委、省政府提出的建议案。对三项基本国策的执行情况，重点进行视察检查，加大了民主监督力度。进一步加强了提案和了解反映社情民意的工作。提案数量达599件，办复率100%，采纳率84%，委员对提案表示满意和基本满意的达98%。着眼于人民群众关心的热点问题和容易被忽视的冷点问题,编印《社情民意》简报33期,省委、省政府领导对大多数简报作出了批示,许多问题得到及时解决。(三)积极开展以对台工作为重点的"三胞"联谊工作,继续拓展对外友好交往活动。一年来,共接待来访的台湾各界人士62批计600多人次,向他们宣传了对台政策,增进了共识;还组织9批台商来我省从事经贸考察和洽谈活动,并推动江苏和台湾农业及其他经济领域的合作与交流。海研会主办或协办了19场有两岸专家学者参加的学术研讨会和座谈会。同时,还组织了我省一批专家学者入台访问考察,进行交流。省政协在香港地区的委员定期开展活动,为我国恢复对香港行使主权,做了许多工作,并为在我省投资和引进外资、捐资兴学、支持社会公益事业等,作出了贡献。(四)举办孙中山诞辰130周年活动,继续做好文史资料工作。受省委委托,举办了省和南京市各界人士参加的纪念大会,举行了中山陵谒陵仪式,接待了来宁谒陵的孙中山亲属和与孙中山革命活动有关的海外人士。一年来,征集史料共250万字,其中建国后史料达70万字。同时,编辑出版了文史书刊12辑,参与全国政协文史协作专题10项。(五)继续推进政协履行职能的规范化制度化,加强政协机关的自身建设。充分发挥民主党派和工商联在政协中的作用,在政协全委会议和历次常委会议上,安排省各民主党派和工商联以党派组织名义发言;进一步健全秘书长会议制度,加强政协与各民主党派的沟通和协调,发动和组织政协中民主党派的委员参加活动;加强与各民主党派协作,支持民主党派和工商联以党派组织名义提出提案。加强各专门委员会的工作,各专门委员会组织委员履行职能,开展活动的力度进一步加强。推进委员的经常性活动;35个委员联系小组的活动更加丰富、更加活跃。积极开展政协工作理论研究,省政协工作理论研究会召开了第二次学术讨论会,围绕履行主要职能如何进一步提高质量、增强实效的主题,总结实践经验,交流研究成果。省政协进行了机构改革的准备工作,并提出了市县政协机构改革的建议。为见义勇为募集基金和开展扶贫工作。1997年,省政协要继续坚持党的基本理论、基本路线和基本方针,根据省委的统一部署,继续推进政治协商、民主监督、参政议政的规范化和制度化,充分发挥人民政协在团结各界、协商问题、听取意见、协调关系中的重要作用。(一)继续组织和推动委员学习,进一步提高认识、统一思想。(二)围绕省委、省政府的中心任务,努力献计出力。(三)充分发挥人民政协的优势,协助党委和政府维护社会政治稳定。(四)认真总结经验,积极稳妥地做好换届的准备工作。(五)切实加强政协的精神文明建设,不断提高政协委员和机关人员的素质。

《政协江苏省第七届委员会主要工作与基本经验》(1997年10月)(摘要) 五年来,省政协在中共江苏省委的领导下,高举邓小平理论的伟大旗帜,广泛团结省各民主党派、工商联、人民团体、无党派民主人士和各界代表人士,服从和服务于全党全国工作的大局紧紧围绕省委、省政府的中心任务,积极履行政治协商、民主监督、参政议政的主要职能,为巩固和扩大新时期爱国统一战线,促进社会主义改革开放、经济建设、精神文明建设和民主政治建设,发展海外联谊和推进祖国统一等,做了大量工作,取得了明显成效,政协的自身建设也得到进一步加强。(一)组织和推动委员认真学习邓小平理论、党的基本路线和方针政策,增强在共同政治基础上的团结合作。五年来,省政协根据形势和任务的要求,每年年初制定具体的学习计划,每月精心选编一期《学习资料》,帮助和推动委员自学。同时,举办专题讲座和报告会 49 次,参加听讲的委员达 7 000 多人次;举办短期脱产学习研讨班 17 期,参加的委员达 700 多人次;召开专题座谈会 7 次。委员们通过学习,进一步提高了认识,统一了思想。(二)抓住我省改革开放和社会主义现代化建设中的重大问题,积极履行政协主要职能。五年来,历次全委会议,都围绕政府工作报告及其他有关报告开展协商活动,认真组织各党派、团体、界别小组的讨论,有 140 人次的委员作了大会发言,并组织了 40 个专题座谈会。历次常委会议都确定专题,进行有通报、有讨论、有建议的协商活动,省政府每年提交省人大会议审议的工作报告的征求意见稿、半年的经济工作,以及省委、省政府关于全局性的重大事项,都在省政协常委会议上进行通报和协商。主席会议和各专门委员会会议也根据需要,安排一些协商讨论。五年来,省政协组织委员开展专题调查和视察活动共 158 项,参加的委员达 2 500 人次。同时,从中选择 17 项重大课题,分别形成常委会向省委、省政府提出的建议案,还选择 6 项课题进行重点视察检查,加大了民主监督的力度。(三)加强提案和了解反映社情民意工作,疏通社会主义民主渠道。五年来,政协委员、各组成单位和专门委员会共提出提案 2 480 件。提案办复率达 100%,已被采纳落实或列入规划准备逐步解决的占 80%以上,委员满意率达 95%。1995 年以来,编印《社情民意简报》共 80 期,受到了省委、省政府及有关部门的高度重视。(四)积极开展海外联谊工作,努力推进对外友好交往活动。五年来,编印《江苏乡情》36 期,寄发江苏同乡会等民间团体和江苏籍知名人士。接待台湾政界、经济界、学术界新闻界等高层人士共 2 800 多人次,组织我省农业、工业、文化、教育界等有关人士赴台访问考察。省政协认真组织在香港的委员积极参加每年的全委会议及有关会议,并先后组织来苏北、苏中视察,他们对加快江苏改革开放、经济发展,提出了许多有益的建议。拓展侨务工作和对外交往活动。(五)举办重要纪念活动,进一步做好文史资料工作。五年来,省政协举办了人民政协成立 45 周年、中国抗日战争和世界反法西斯战争胜利 50 周年、孙中山先生诞辰 130 周年、迎接香港回归、悼念侵华日军南京大屠杀遇难同胞 60 周年等纪念活动。征集文史资料 2 000 余万字,从全省各级政协文史书刊文章中选编《江苏文史资料集粹》10 卷,编辑出版和协作出版了反映江苏重要历史事件和人物的专题书刊和专辑共 44 种。(六)推进政协履行职能的规范化制度化,加强政协自身建设。认真总结多年来的经验,制订了《常务委员会工作规则》、《专门委员会组织通则》等制度,并认真加以贯彻执行,使政协的各项工作有章可循,有序进行。加强政协专门委员会建设,使专委会组织进一步充实,职责进一步明确,制度进一步健全,工作进一步活跃。开展政协工作理论研究,政协工作理论研究会召开三次学术讨论会。加强政协机关建设。

五年来,省政协在实践中不断探索,积累了比较丰富的经验。主要是:(一)始终坚持以邓小平理论为指导,在省委领导下开展政协工作。人民政协必须始终不渝地以邓小平理论为指导,在党的领导下开展工作,才能坚持正确的政治方向,才能保证在我国政治生活中发挥应有的作用。(二)服从和服务于党和国家工作的大局,围绕省委、省政府的中心工作履行政协职能。政协工作是党的工作全局中的重要组成部分,为实现党的总目标、总任务而奋斗,是政协履行职能的出发点。要采取多种方式，努力帮助委员了解大局，把握政策。要紧紧抓住改革和发展中的大事，积极履行政协职能。还应当把协助党委和政府维护社会政治环境的稳定，作为自己的一项重要任务。(三)根据政协的性质不断拓展工作领域、改进活动方式，提高履行职能的水平和实效。为使人民政协恰如其分地履行好自己的职能，在国家和地方政治、经济和社会生活中发挥更大的作用，作出积极的贡献，就必须从我国社会主义民主政治建设的实际出发，严格根据政协的性质，开展各项活动。同时在此前提下，又要发挥积极主动精神，不断拓展工作领域，改进活动方式，有组织有计划地把政治协商引向深入，切实有效地开展民主监督，提高参政议政的水平和实效。(四)牢牢把握团结和民主两大主题，充分发挥民主党派在政协中的作用和政协委员的整体功能。在政协各项活动中要努力创造民主和谐的气氛，要更好地依靠民主党派开展各项活动，充分发挥参政党的重要作用。政协委员是政协工作的主体，要活跃和深化政协工作，必须有广大委员的积极参与。(五)密切与党政部门的联系，加强对市县政协工作的指导。政协履行职能涉及到方方面面，与党政各部门有着广泛、密切的关系，要主动加强与他们的联系，争取他们的支持，政协工作才能取得更好的成效。政协上下级之间具有指导关系，要着重通过交流经验和组织协作，加强对市县政协工作的指导，推动全省政协工作的进一步开展。

【组织概况】

副主席增选名单(1997年3月30日)

林玉英(女)

常务委员增选名单(1997年3月30日)

张秉银

【江苏省各级政协领导人名单】

江苏省政协

主　席

孙　颔

副主席

胡福明　段绪申　陈邃衡

彭司勋(土家族)　徐英锐　韩文藻

童　傅　沙人麟(回族)　戴树和

周桑漪　林玉英(女)

秘书长

卜承祖

南京市(副省级)

市政协主席

潘寒操

副主席

伍开友　沈道齐(女)　王励前

翁品光　王振华　于基汾　蔡海金

姚国瑞　张伯兴　庄一鹏

秘书长

龚惠庭

县(市、区)政协主席

玄武区	徐祖培
鼓楼区	胡焕奇
白下区	孙长山
秦淮区	潘宜成
建邺区	朱龙生
下关区	郑　鄂
雨花台区	汪遵镕
栖霞区	蒋荣华
浦口区	王耀良
大厂区	刘声源
江宁县	王孝明
江浦县	王纯忠
六合县	杨宏才
溧水县	束润林
高淳县	徐士鸿

无锡市

市政协主席

陈璧显

县(市、区)政协主席

江阴市	吴振法
锡山市	吴耀良
宜兴市	戚顺元
崇安区	高兴东
南长区	曹国兴
北塘区	周凤山
郊　区	龚荣仙(女)
马山区	陈寅培

徐州市

市政协主席

廖文才

县(市、区)政协主席

丰　县	靳允良
沛　县	李景仁
铜山县	宋应家
睢宁县	胡守军
邳州市	花怀柏
新沂市	吴淑芬(女)
鼓楼区	徐家春
云龙区	巩敦山
泉山区	张景田
九里区	孙景尧
贾汪区	朱胜远

常州市

市政协主席

曹锦成

县(市、区)政协主席

武进市	周复新
金坛市	张阿罗
溧阳市	顾华珍(女)
天宁区	郑运涵
钟楼区	马浩良
戚墅堰区	高家庆
郊　区	徐秉荣

苏州市

市政协主席

曹兴福

县(市、区)政协主席

常熟市	曹幼南
张家港市	沈文荣
太仓市	张祖勤
昆山市	石泉中
吴县市	叶陶君
吴江市	徐静柏
平江区	许振远
沧浪区	赵永福
金阊区	孙季元
郊　区	钱培祥

南通市

市政协主席

黄　冰

县(市、区)政协主席

海安县	朱知和
如皋市	魏国平
如东县	顾和章
通州市	卫树人
海门市	高其兴
启东市	范成昌
崇川区	朱洁莲(女)
港闸区	高庆森

连云港市

市政协主席

胡为德

县(市、区)政协主席

赣榆县	宋世亮
东海县	周凌峰
灌云县	张其钔
灌南县	王学勤
新浦区	张福山
连云区	杨同本
云台区	纪树盛

海州区 胡正德

淮阴市

市政协主席

(暂缺)

县(市、区)政协主席

淮安市 周化堂

淮阴县 沈业富

涟水县 周校茹

金湖县 张绍洪

洪泽县 郭家忠

盱眙县 吴良桂

清浦区 朱劲松

清河区 华 杰

盐城市

市政协主席

彭淦泉

县(市、区)政协主席

响水县 张玉宽

滨海县 王步高

阜宁县 郑明岗

射阳县 戴遐勇

建湖县 李宗耀

盐都县 徐广荣

大丰市 李声源

东台市 高伟贵

城 区 邓加有

扬州市

市政协主席

施国兴

县(市、区)政协主席

高邮市 戴有斌

宝应县 朱国良

江都市 施秉寿

仪征市 丁在禄

邗江县 王春先

广陵区 朱福元

郊 区 钱存昱

镇江市

市政协主席

黄选能

县(市、区)政协主席

丹阳市 贡锦照

丹徒县 姚瑞宽

扬中市 张达明

句容市 颜振东

京口区 张朝爱

润州区 费恒贵

泰州市

市政协主席

丁解民

县(市、区)政协主席

靖江市 (暂缺)

泰兴市 丁俊先

姜堰市 吴正雪

兴化市 李柏荫

海陵区 朱琏瑞

高港区 (暂缺)

宿迁市

市政协主席

刘学东

县(市、区)政协主席

沭阳县 李荣治

泗阳县 郑发忠

泗洪县 杨国平

宿豫县 (暂缺)

宿城区 张之罗

江苏省各级政协组织和委员数

级别 项目	省	副省级市	市	县(市、区)	合计
组织数	1	1	12	108	122
委员数	710	472	4 260	18 338	23 780

（丁泽生　郑　综　编写）

政协浙江省委员会

【全体委员会议】

七届五次会议 1997年2月17日至22日在杭州举行。七届委员655名，出席会议委员642名。会议听取和审议孙家贤副主席所作的政协浙江省第七届委员会常务委员会工作报告；听取和审议薛艳庄副主席所作的政协浙江省第七届委员会提案委员会关于七届四次会议以来提案工作情况的报告；列席浙江省第八届人民代表大会第五次会议，听取万学远省长的政府工作报告和其他报告；听取和审议政协浙江省第七届委员会提案委员会关于七届五次会议提案审查情况的报告；表彰省政协七届三次会议以来优秀提案、提案先进单位和提案积极分子。会议通过了《中国人民政治协商会议浙江省第七届委员会第五次会议决议》。《决议》指出：1997年是我们国家历史发展上的重要一年。我国政府将恢复对香港行使主权，中国共产党将召开第十五次全国代表大会，这是举世瞩目的两件大事。在新的一年里，省政协的工作要以邓小平建设有中国特色社会主义理论为指导，坚持党的基本路线和基本方针，深入贯彻中共十四大和十四大以来的一系列战略部署，把握大局，再接再厉，同心同德，开拓前进，紧紧围绕省委、省政府的中心工作，认真履行政治协商、民主监督、参政议政的职能，发扬团结协调、深入实际、体察民情、多办实事的优良作风，为推动我省社会主义两个文明建设，促进两个根本性转变，实现稳中求进，保持社会稳定，推动社会全面发展，巩固和发展最广泛的爱国统一战线作出新的贡献。《决议》要求：参加省政协的各党派、工商联、无党派民主人士、各人民团体和各族各界代表人士，要从多方面做好工作，为实现香港的平稳过渡，并保持长期繁荣稳定而努力。在浙全国政协委员，省级各民主党派、工商联、人民团体负责人，省委、省政府有关部门负责人，各市县政协(工委)负责人，省政府参事室、文史馆部分参事、馆员和部分高校、大型企业统战部部长等列席了会议。大会期间，共收到提案758件，立案720件。省委、省政府有关领导及有关部门负责人听取委员的大会发言，并分别参加了专题座谈会和小组讨论会。省委、省人大常委会、省政府的领导参加了会议开幕式和闭幕式。在闭幕会上，省委书记李泽民代表省委对七届政协工作作了充分肯定，对新时期人民政协工作提出了期望；刘枫主席致闭幕词，就进一步提高履行职能实效提出了四点要求。

【常务委员会议】

第18次会议 1997年1月12日至14日在杭州召开。会议审议通过了省政协七届常委会工作报告及报告人；审议通过了提案委员会关于七届四次会议以来提案工作情况的报告；审议通过了召开省政协七届五次会议决定；审议通过了省政协七届五次会议议程(草案)；协商讨论了省政府工作报告(征求意见稿)；研究讨论了关于进一步推进政协工作规范化、制度化问题。省政协主席刘枫在会议结束时讲了话。

第19次会议 1997年2月22日在杭州召开。会议听取了省政协秘书长李青关于省政协七届五次会议各组讨论情况的汇报；审议通过了省政协七届五次会议决议(草案)；审议通过了省政协提案委员会关于七届五次会议提案审查情况的报告。

第20次会议 1997年7月7日至10日在杭州召开。会议听取了副省长叶荣宝关于浙江省上半年经济工作情况的通报；协商讨论了我省海洋经济开发及其他有关经济问题；听取了省公安厅厅长斯大孝关于浙江省开展禁毒禁赌斗争情况的通报；听取了全国政协委员孙延年关于全国政协八届第二十一次常委会议精神的传达。省政协副主席陈法文在会上介绍了省政协有关专委会与省有关部门和有关市县政协联合开展调查浙江省海洋经济开发的情况。会议通过了向省委、省政府提出的《关于实施科技兴海战略,发展海洋经济若干问题的建议案》。《建议案》建议增强科技意识,加强渔业科技的研究与推广,促进科技与经济的紧密结合;大力扶持渔业龙头企业,积极发展海水产品的精深加工,努力拓展国内国际两个市场;充分发挥现有科技人员的作用,加紧培养海洋科技人才;实施科技兴海战略要与实施可持续发展战略结合起来;多方努力,增加投入,加强海岛基础设施建设;发挥政府宏观调控职能,建立多元化、多渠道的科技兴海投入机制,等等。刘枫主席在会议结束时讲了话。

第21次会议 1997年9月23日至25日在杭州召开。会议听取了十五届中共中央委员、省委书记李泽民和十五届中共中央委员、代省长柴松岳关于中共十五大精神的传达;组织学习了十五大重要文件,开展了座谈讨论;通过了《关于学习贯彻中国共产党第十五次全国代表大会精神的决议》。刘枫主席在会议结束时讲了话。

第22次会议 1997年11月24日至25日在杭州召开。会议协商决定了政协浙江省第八届委员会的规模和界别设置;协商讨论了省政府工作报告(三稿)。省政协副主席、省委统战部长耿典华在会上作了关于政协浙江省第八届委员会的规模和界别设置情况的说明。会议通过了《中国人民政治协商会议浙江省第七届委员会常务委员会关于政协浙江省第八届委员会界别和名额的决定》。根据常委们对省政府工作报告(三稿)的讨论情况,会后,省政协办公厅向省政府办公厅函送了委员意见和建议综合材料。

第23次会议 1997年12月11日至13日在杭州召开。会议协商通过了政协浙江省第八届委员会委员名单;审议通过了关于召开中国人民政治协商会议浙江省第八届委员会第一次会议的决定;审议通过了政协浙江省第八届委员会第一次会议议程(草案);审议通过了政协浙江省第七届委员会常务委员会工作报告及报告人。刘枫主席在会议开始时讲了话,总结了七届政协五年来的工作情况,对如何做好省政协换届准备工作提出了具体要求。省政协副主席、省委统战部部长耿典华在会上作了关于政协浙江省第八届委员会委员安排情况的说明。李青秘书长在会上作了关于政协浙江省第七届委员会常务委员会工作报告起草修改情况的说明。

【专门委员会工作】

提案委员会 一是注重调动政协委员、民主党派、人民团体积极性,不断提高提案质量。通过新闻媒介、座谈会、组织活动等多种渠道宣传政协提案工作的重要性,向全体委员寄发《提案参考手册》、《提案分类目录》、《提案办理情况选编》和《提案工作情况反映》等资料,开展评选提案先进单位、优秀提案和提案积极分子活动,邀请部分委员参加提案办理工作座谈会、协商会,从而进一步激发了委员和各民主党派、人民团体参与提案工作的积极性。1997年,政协委员和党派团体共提出提案769件。二是积极争取党委、政府对政协提案工作的重视与支持,不断提高提案办理质量。政协全体会议结束后,及时把政协提案情况向省政府常务会议作了汇报,并主持召开重点提案办理工作会议和党派团体、政协专委会负责人会议,及时把一些重要提案报送省委、省政府领导及省有关部门负责人阅批;加强与提案承办单位的联系和配合,及时协调和解决提案办理工作中出现的问题;与11个政协提案承办单位联合开展了政协提案办理工作“回头看”活动,重点抓了12件重点提案的再办理工作;继续开展了“三见面”现场办案、跟踪办案活动。三是发挥自身工作的主动性，努力提高提案服务质量。采取多种方式，帮助委员扩大知情面，使委员多提提案，提好提案；注重发挥民主党派、人民团体在政协提案工作中的优势，积极支持党派、团体通过提案积极参政议政，不断规范党派团体提案的办理程序，发挥党派团体提案的重要作用；对提案的办理工作，进行民主监督，认真做好提案复文的审查、委员反馈意见的处理、提案办理情况的督促检查和催办落实工作。

学习委员会 一是坚持中心组的学习制度。及时组织中心组成员学习中共中央、国务院、全国政协重要会议和重要文件精神，听取国内外的重大事件和省委、省政府的重大活动以及全省国民经济和社会发展情况的通报，听取省市有关部门的专项工作介绍，观看一些内参录像资料，使大家进一步知情知政。二是坚持每月的委员学习日活动。选择委员们普遍关心的问题组织报告会和参观考察，先后组织委员观看外交部部长钱其琛关于香港回归问题的报告录像，听取有关专家作关于《中华人民共和国刑法》和《香港特别行政区基本法》等辅导报告，参观考察一些农村、企业、市场、水利设施、能源交通、市政建设、文化设施以及爱国主义教育基地等，使委员了解形势，扩大视野，提高参政议政水平。三是注重把学习与履行职能结合起来。在全体会议和常委会议期间，都把组织委员学习和贯彻党的重要会议和文件精神作为主要内容，并引导委员把学习与调查研究结合起来，在学习和调研的基础上形成大会发言稿，积极建言献策。四是挑选一些涉及党和国家大政方针、经济和社会发展中的重大问题的内部报告和学术性、政策性文章，编印了12期《学习资料》，发至委员进行学习。

文史资料委员会 一是继续编辑出版《浙江文史集粹》。《集粹》分为《政治军事卷》、《经济卷》、《教育科技卷》、《文化艺术卷》、《社会民情卷》，共5卷7册，300多万字，对半个多世纪来中国特别是浙江省社会生活的各方面作了翔实生动的记述，具有较高的史料价值。二是实现史料征编工作重点由建国前向建国后转移，制订并实施《浙江省政协建国后文史资料征编选题规划》。规划包括政治、经济、教育、科技、文化、港澳台和海外等方面共65个选题，涵盖了新中国成立后浙江省社会生活各个方面的重要事件和人物事迹资料，使征编内容得到了延伸和拓展。根据规划，编印出版了一批反映政治、经济、科教、文化、宗教、港澳台、海外华人华侨等方面的建国后史料。三是加强纵向、横向的联系与协作，拓展征编出版工作新路子。参与全国政协文史委的《中华文史资料文库》编纂协作工作，提供了几十万字的文稿；与华东地区七省市政协协作编印出版《汪伪群奸祸国纪实》一书。四是重视和加强政协文史干部队伍建设。举办全省政协文史干部培训班。培训班以《中共中央关于建国以来若干历史问题的决议》为基本教材，组织大家学习征编建国后史料的业务知识。经省人事厅、省职改办、省新闻出版局批准，成立了全省政协出版(文史)专业中级技术职务评审委员会，为全省政协文史干部队伍的正规化、专业化建设创造了重要条件。

经济委员会 一是组织委员对全省部分国有企业改革情况进行跟踪调查研究，总结了有关市县以企业产权制度改革为突破口，以股份合作制为主要形式，盘活国有资产存量的经验。写出了《浙江省国有企业改革概况》、《产权制度改革是建立现代企业制度的前提和条件》、《促进存量资产的流动重组，从整体上搞活国有企业》等调查报告和研讨材料。有的调查报告分别在省委《浙江通讯》、省计经委《浙江经济》等刊物上发表，有的研讨材料在全国政协召开的国有企业改革问题研讨会上发言。二是与省政协科教委员会和有关市县(区)政协配合，就全省海洋经济开发问题开展调查研究，并主持召开了“浙江省海洋经济开发问题研讨会”，起草了《关于实施科技兴海战略，发展海洋经济若干问题的建议案(草案)》。经省政协七届20次常委会议审议通过后，《建议案》报送省委、省政府。省委办公厅《调查研究》刊物登载了《建议案》的全文。三是组织委员中的专家学者到贫困山区开展扶贫活动。

科技教育委员会 一是组织委员赴有关市县，先后考察21所不同类型的农村中、小学校，了解学校开展德育工作情况，针对青少年伦理道德水准滑坡和青少年犯罪率呈上升趋势等问题，向省有关部门提出了关于加强青少年德育工作的意见和建议，呼吁全社会通力协作、齐抓共管，努力营造一个有利于培养跨世纪的社会主义建设者和接班人的良好育人环境，促进青少年健康成长。二是邀请省科委、省水产局、省海洋局的负责人向委员通报浙江省实施科技兴海战略和海洋经济开发的情况，并组织委员和有关方面专家赴海岛和沿海市县以及有关大中院校，就海洋科技、海洋经济开发问题，进行专题调查研究，提出的有关意见和建议得到省有关部门的重视。三是向省科委申报了“浙江省东苕溪流域水污染状况与水环境容量研究”的课题，并会同省水利厅、省环保局、省水文勘测局和浙江农业大学等单位，组织委员和有关专家对课题开展调查研究和科学测试。三是组织杭州市有关学校的8名特高级教师赴省革命老区开展教育扶贫活动，对120名中小学校的教导主任进行了培训；与省教育学院联合组织有关专家为省贫困县的42名小学语文教师举办培训班。

文化卫生体育委员会 一是组织委员赴有关市县区，就农村合作医疗情况进行专题调查；组织委员赴有关市县区，就体校的教学和训练情况进行专题考察，对业余体育训练的投入机制、办学体制、体育科研等工作，向省有关部门提出意见和建议。二是继续组织委员中的医疗专家，赴贫困山区和有关市县，为人民群众开展扶贫义诊和医疗咨询活动，并对当地医务人员进行医疗技术培训。三是会同省有关部门组织省文艺团体赴省重点工程工地进行慰问演出。

社会法制委员会 一是就国家和省有关法律法规(草案)组织委员开展讨论，广泛征求意见和建议，及时将委员们的意见和建议进行整理，反馈给有关部门。二是组织委员对“三资”企业职工特别是女职工的劳动保护情况和国有企业职工下岗再就业情况进行专题调查，向省委、省政府报送了《浙江省“三资”企业女职工状况的调查报告》、《企业职工下岗后再就业问题的调查报告》，针对部分“三资”企业用工制度混乱、大量加班加点、忽视劳动保护和国有企业下岗职工就业难等问题，分别提出意见和建议，得到省委、省政府领导及有关部门的重视。三是组织委员赴有关市县就《中华人民共和国妇女权益保障法》的实施情况进行视察，向省委、省政府报送了《关于〈妇女权益保障法〉实施情况的视察报告》，针对问题提出意见和建议。四是为帮助委员知情出力，邀请省有关部门负责人向委员通报全省开展“三打一禁”、“禁毒禁赌”等专项斗争情况，以及社会治安、行风建设和反腐倡廉情况。五是邀请曾参加我国历次刑法起草、制订、修改工作的中国人民大学高铭暄教授给委员作关于学习新刑法的辅导报告。

【重要活动】

各界人士迎春茶话会 1997年1月30日，省政协办公厅会同省委统战部在杭州饭店举行浙江省各界人士迎春茶话会。茶话会由省政协副主席、省委统战部部长耿典华主持，省委副书记、省政协主席刘枫在茶话会上讲话，他代表省委、省人大常委会、省政府、省政协向全省各民主党派、工商联和各界人士，向浙江籍的台湾同胞、港澳同胞和海外侨胞，致以诚挚的节日问候和美好的新春祝愿，并希望各民主党派、工商联、各人民团体、各方面人士，发挥优势，献计出力，多做工作，推动全省经济和社会发展。省有关领导出席了茶话会。省政协副主席、省民革主委汪希萱代表各民主党派、工商联、无党派人士和人民团体在茶话会上讲了话。省文艺工作者在茶话会上表演了节目。

省政协委员视察禁毒禁赌工作 1997年6月24日至26日，以省政协副主席吴仁源为组长的省政协委员视察组，赴金华市视察“双禁”工作情况；24日至27日，以省政协副主席孙家贤为组长、副主席张克健、汪希萱为副组长的省政协委员视察组，赴宁波市视察“双禁”工作情况；25日至26日，以省政协副主席陈法文为组长、副主席詹少文为副组长的省政协委员视察组，赴杭州市视察“双禁”工作情况。视察后，向省委、省政府报送了视察报告，就进一步加大禁毒禁赌力度，切实加强社会主义精神文明建设提出意见和建议。

纪念钱江大桥通车六十周年 1997年10月7日上午，省政协在杭州钱塘江大桥北侧，举行纪念钱江大桥通车六十周年暨茅以升建桥纪念碑揭碑仪式。全国政协副主席钱正英、省政协主席刘枫、中国科协副主席叶叔华、铁道部原副部长石希玉、省政协副主席孙家贤等为茅以升纪念碑揭碑，副省长张启楣代表省政府在揭碑仪式上讲话。有关方面专家学者、省和杭州市有关领导，以及茅以升先生亲属等出席了揭碑仪式。同日下午，省政协会同省有关部门在杭州举行纪念钱江大桥通车六十周年座谈会暨茅以升遗作《桥话》首发式。全国政协副主席钱正英出席座谈会并讲话，省政协副主席孙家贤、中国科协副主席叶叔华等先后在座谈会上讲话，全国、省和杭州市有关方面负责人以及茅以升先生亲属等出席了座谈会。

【重要文件】

七届常委会工作报告(1997年2月17日)(摘要) 1996年，浙江省政协以邓小平建设有中国特色社会主义理论和党的基本路线为指导，在中共浙江省委领导下，按照省政协七届四次会议确定的工作安排，积极履行政协的各项职能，为促进我省社会主义两个文明建设，推进经济和社会的协调发展，巩固和发展爱国统一战线，做了大量工作。

一、围绕中央和省委的重大部署，选准角度，履行职能，为社会主义两个文明建设服务。 一是围绕推进经济体制和经济增长方式两个根本性转变，开展专题调查，提出意见建议，共写出32份调查和视察报告。这些调查材料，有的在省政协常委会议上作专题发言，有的报送省委、省政府领导参阅，有的在有关刊物上发表，不少建议得到省委、省政府及有关部门的肯定和重视。二是为实施科教兴省和可持续发展两个战略积极建言献策。认真讨论了省委、省政府提出的《关于深入实施科教兴省战略，加快科技进步的若干意见(讨论稿)》，提出了许多补充和修改意见，其中有不少意见被采纳；认真讨论了《浙江省科技成果推广法》和《浙江省科技进步条例》，提出了一些修改意见。通过召开座谈会和调查视察，形成了《关于我省职业技术教育发展状况的调查报告》，受到省委、省政府领导和有关部门的好评。组织委员对本省钱塘江(富春江)水系污染情况状况进行了专题调查，引起了杭州市委、市政府领导的高度重

视,将省政协的调查报告批转给各市(县)区和有关部门,并研究了治理污染的意见。三是为加大山区开发力度和扶贫攻坚献计出力。在省扶贫办等有关部门的配合下,与有关市(地)县政协一起,对全省扶贫开发情况进行了专题调查,各地形成27份调查材料,并召开专题会议和常委会议进行协商讨论,向省委、省政府报送了《关于加大扶贫工作和山区开发力度的建议案》,受到省委、省政府领导的重视。省委、省政府制订的《关于实施扶贫攻坚计划加快山区经济发展若干政策的通知》中,吸纳了《建议案》中的一些建议。组织科技和教育方面的专家学者,开展科技扶贫、教育扶贫和医疗扶贫。四是以加强思想道德建设和文化建设为重点,提出加强社会主义精神文明建设的意见和建议。重点讨论了加强大学生的思想道德品质教育、加强企业职工的思想道德建设、防范青少年犯罪、注重农村文化建设、加强外来人口管理、重视城市社区建设、加大禁毒戒毒力度等问题,提出了许多意见和建议,向省委、省政府报送了4份有关加强社会主义精神文明建设方面的专题材料,为省委、省政府修改《浙江省社会主义精神文明建设纲要》、《浙江省文化发展规划》,起到了积极作用,有些建议被吸纳到《纲要》和《规划》中。

二、从政协的特点和优势出发,积极开展经常性的工作。 一是努力提高提案质量、提案办理质量和服务质量。1996年,共收到提案1 001件,经各方面努力已全部办复。二是开展"三胞"联谊工作和对外交往活动。组织委员听取新华社香港分社负责人和海协会负责人关于香港问题和台湾问题的形势报告;举行台湾问题座谈会;利用传统节日,召开"三胞"亲属茶话会、联谊会;通过《信息专刊》向港澳和海外委员通报全省经济和社会发展情况,并邀请一些港澳和海外委员参观考察省有关地区;省政协领导应邀出席港澳和海外委员在省内投资捐资的企事业项目开工、落成庆典,鼓励和支持他们回家乡兴办企业、学校和社会福利事业,支援家乡抗灾救灾;热情接待好来浙江参观考察的海内外一些知名人士;组织委员深入侨乡和有关地区,调查了解《归侨侨眷权益保护法》的实施和三资企业发展情况,针对存在的问题,提出意见和建议;承办沿海十二省市政协祖统工作研讨会。省政协副主席吴仁源率领浙江省友好代表团应邀访问荷兰。三是做好文史资料工作。《浙江文史集粹》正式出版,全书共7册330万字。组织有关委员撰写和提供亲历、亲见、亲闻的有历史价值和教育意义的史料105篇,约60万字。征集到浙籍院士史料54篇,29万余字。征集到港澳海外史料11篇,共6.8万字。省政协文史资料委员会制作的《可爱的中国》大型图片在荷兰首都阿姆斯特丹隆重展出。四是做好反映社情民意工作。一方面,通过与委员、民主党派和市县政协加强联系,聘请特邀信息员,进一步健全了政协信息网络,沟通了反映社情民意渠道;另一方面,通过办好《政协信息》专刊、普刊,加强与省委、省政府和全国政协信息资料中心的联系,及时反映了社情民意。一年共编发、转报社情民意和信息200多期,省党政领导分别在有关政协信息上作了批示;10多条社情民意还通过全国政协转报给国务院和国家有关部门,引起了国务院和国家有关部门领导的重视,促进了一些问题的解决。五是组织好一些重要活动。举办纪念红军长征胜利60周年、纪念茅以升诞辰100周年和茅以升塑像揭幕仪式、纪念孙中山先生诞辰130周年、"纪念胡愈之、郁达夫诞辰100周年学术研讨会"等活动;受省委、省政府的委托,组织文艺界委员和省有关文艺团体慰问省重点工程建设者。六是进一步做好政协的宣传工作。通过新闻媒介及时报道省政协例会、专题会议、委员视察和重要活动情况,宣传委员中的先进事迹。省政协主办的《联谊报》,1996年被评为浙江省优秀报纸。

三、切实抓好自身建设,不断增强政协工作活力。 一是组织好学习。坚持中心组学习日、委员活动日等制度,组织委员认真学习邓小平建设有中国特色社会主义理论,学习中共十四届五中、六中全会精神,学习中共中央和中共浙江省委的重要文件。针对国内外的重大事件和热点问题,先后7次组织情况通报会、形势报告会。编印《学习资料》和《政协工作通讯》。二是着力规范化、制度化建设。三是注重专委会建设。充实和加强了有关专委会及其办事机构的力量,组织专委会负责人到外省学习、考察;组织专委会围绕常委会议议题搞好调查研究。四是密切与市(地)县政协的联系,加强指导与协作。邀请各市(地)政协负责同志列席省政协常委会议,省政协领导与市(地)县政协领导交流政协工作情况,各专委会到市(地)县调查研究时邀请当地政协有关专委会参加,开展联合调研。省政协分别召开了全省市地政协主席和秘书长会议、提案工作会议、文史工作会议、信息工作会议。五是根据中央及省委、省政府关于机构改革的意见和要求,结合实际,向省委提出了全省政协系统机构改革建议和省政协机关机构改革方案。

四、振奋精神,再接再厉,认真做好1997年的各项工作。 1997年,浙江省政协工作的指导思想是,以邓小平建设有中国特色社会主义理论为指导,坚持党的基本路线和基本方针,深入贯彻中共十四届五中、六中全会和中央经济工作会议精神,高举爱国主义、社会主义旗帜,紧紧围绕省委、省政府的中心工作,认真履行政治协商、民主监督、参政议政的职能,为推进社会主义两个文明建设,促进社会稳定和全面发展,为巩固和发展最广泛的爱国统一战线,实现祖国统一大业作出新的贡献。一是深入学习邓小平建设有中国特色社会主义理论。二是抓住改革开放和现代化建设中的重大问题积极参政议政。三是进一步开展祖国统一联谊工作和对外交往。四是继续推进履行职能的规范化、制度化建设。五是密切与委员、政协组成单位和市(地)县政协的联系,充分发挥政协的整体功能。六是切实做好反映社情民意工作。七是继续做好提案、文史和其他各项经常性工作。八是认真搞好机构改革,加强机关建设,提高工作效率和服务水平。九是认真搞好本届工作的总结,做好换届的有关准备工作。

关于学习贯彻中国共产党第十五次全国代表大会精神的决议(1997年9月25日)(摘要) 中国人民政治协商会议浙江省第七届委员会常务委员会第21次会议,听取了关于中国共产党第十五次全国代表大会精神的传达,认真学习了十五大文件,并进行了热烈的讨论。会议完全拥护江泽民同志代表中国共产党第十四届中央委员会所作的报告和大会通过的各项决议,衷心拥护以江泽民同志为核心的新的中共中央领导机构。

会议认为,中共十五大是在我国改革开放和社会主义现代化建设事业承前启后、继往开来的重要时期召开的一次历史性会议。十五大的最大贡献,是把作为毛泽东思想的继承和发展的邓小平理论确立为全党的指导思想,写进中国共产党章程,这充分反映了时代的要求,人民的心愿,具有重大的现实意义和深远的历史意义。江泽民同志在十五大所作的报告,高举邓小平理论的伟大旗帜,深刻地阐述了邓小平理论的历史地位和指导意义,认真总结改革开放近二十年特别是十四大以来的丰富经验,系统地、完整地论述了党在社会主义初级阶段的基本路线和基本纲领，对跨世纪的伟大事业作出了战略部署，是中国共产党领导全国各族人民迈向新世纪的政治宣言和行动纲领。

会议要求我省各级政协组织和广大政协委员，要把学习、宣传和贯彻中共十五大精神作为当前和今后一个时期的重要任务。要原原本本地学习江泽民同志的报告，完整准确地领会其精神实质，牢牢把握十五大的主题，明确十五大提出的纲领、任务和方针政策，用十五大精神统一思想认识，在思想上、政治上与以江泽民同志为核心的中共中央保持一致。要把学习江泽民同志报告同系统学习邓小平理论结合起来，高举邓小平理论旗帜不动摇，自觉地运用邓小平理论的立场、观点和方法研究解决现实问题。学习要紧密联系实际，用十五大精神指导人民政协的各项工作，坚持和完善共产党领导的多党合作和政治协商制度，坚持"长期共存、互相监督、肝胆相照、荣辱与共"的方针，继续推进人民政协政治协商、民主监督、参政议政的规范化、制度化，努力使政协成为中国共产党团结各界的重要渠道。要围绕十五大提出的各项任务和中共浙江省委、省政府的中心工作，切实履行职能，积极参政议政，为我省顺利实现跨世纪的宏伟目标，为巩固和发展爱国统一战线，推进祖国和平统一，作出新的贡献。要用十五大精神总结本届政协五年来的工作经验，切实做好换届的各项准备工作，不断开拓进取，把我省人民政协工作提高到一个新的水平。

会议号召，全省各级政协组织和广大政协委员要高举邓小平理论伟大旗帜，以中共十五大精神为指针，紧密团结在以江泽民同志为核心的中共中央周围，在中共浙江省委的领导下，坚持党的基本路线，进一步解放思想，实事求是，团结一致，同心同德，扎实工作，为把建设有中国特色社会主义伟大事业全面推向二十一世纪而努力奋斗！

【组织概况】

省政协机关机构改革情况 1997年8月，经省委批准，省政协机关机构作了调整。办公厅下设六个处室：研究室（副厅级）、秘书处、人事处、行政处、联络接待处、五号楼管理处。机关党委设专职副书记。八个专门委员会设八个处级办事机构。

【浙江省各级政协领导人名单】

浙江省政协

主　席

刘　枫

副主席

孙家贤　陈法文　吴仁源　詹少文

丁德云　苏纪兰　薛艳庄（女）

阙端麟　耿典华　张克健　汪希萱

秘书长

李　青

杭州市（副省级）

市政协主席

虞荣仁

副主席

熊恩生　李明法　陈士良　胡克昌

施锦祥　徐兆骥　鲍世甲　董燮清

卜昭晖

秘书长

宋孝璋

县（市）政协主席

萧山市　陈福根

富阳市　王金水

建德市　葛彰生

余杭市　李小花（女）

桐庐县　吴祖宏

临安市　祝培根

淳安县　程德国

宁波市(副省级)

市政协主席

叶承垣

副主席

王永杰　徐季子　毛翼虎　朱尔梅

徐涨厚　尹礼虎　孔凡生

周竹君(女)　杨国栋　邬烈民

卢良宝　蒋德胜

秘书长

顾远略[1]

县(市、区)政协主席

镇海区　洪钧杰

北仑区　张嘉梁

奉化市　董加万

余姚市　朱家龙

慈溪市　李楚良

鄞　县　胡广良

象山县　王同元

宁海县　麻绍星

温州市

市政协主席

高忠勋

县(市、区)政协主席

鹿城区　徐止平

瓯海区　胡可英

瑞安市　林锦麒

乐清市　王邦透

永嘉县　朱启连

洞头县　王邦奎

平阳县　林宣雨

苍南县　邓伦修

文成县　廖梅柳

泰顺县　曾　华

湖州市

市政协主席

徐长福

县政协主席

德清县　钟安济

安吉县　徐序培

长兴县　薛仁涛

嘉兴市

市政协主席

贝品明

县(市)政协主席

平湖市　宋补根

海宁市　陆致远

桐乡市　许彩英(女)

嘉善县　黄锡良

海盐县　阮张汉

绍兴市

市政协主席

戴本妥

县(市)政协主席

诸暨市　马礼畏

上虞市　陈尔庄

绍兴县　李会鹏

新昌县　梁光道

嵊州市　李成火

舟山市

市政协主席[2]

傅贤可　姚德隆

县政协主席

嵊泗县　裘志坚

岱山县　郑良根

金华市

市政协主席

宋云祥

---

① 1997年3月,顾远略调往其他工作岗位,秘书长职暂时空缺。

② 1997年5月,舟山市政协换届,傅贤可为前任主席,姚德隆为新任主席。

县(市)政协主席

兰溪市　　张燕翔

义乌市　　骆族法

东阳市　　康益民

永康市　　王洪星

金华县　　吴振华

浦江县　　傅忠林

武义县　　张育林

磐安县　　潘怀地

衢州市

市政协主席

童效武

县(市)政协主席

江山市　　羌悟成

衢　县　　周善根

常山县　　蒋焱晖(女)

开化县　　(暂缺)

龙游县　　钱　铭

台州市

市政协主席

李成昌

县(市、区)政协主席

椒江区　　蒋广德

黄岩区　　(暂缺)

路桥区　　叶维军

临海市　　刘　铮

温岭市　　吴志文

天台县　　杨明教

三门县　　李楚轩

玉环县　　(暂缺)

仙居县　　郭小岩

丽水地区

县(市)政协主席

丽水市　　王庭璋

龙泉市　　陈茂才

缙云县　　姚根官

青田县　　竺伟亚

景宁县　　周金全

云和县　　符香环(女)

庆元县　　吴晓铃

遂昌县　　王　宇(女)

松阳县　　项根深

浙江省各级政协组织和委员数

项目＼级别	省级	副省级市	市	县(市)	市辖区	合计
组织数	1	2	8	64	7	82
委员数	655	1 091	3 025	12 265	1 051	18 087

(戴学林　编写)

政协安徽省委员会

张润霞　副主席(增选)

秦德文　副主席(增选)

【全体委员会议】

七届五次会议　1997年2月15日至21日在合肥举行。出席会议的委员652人。省委书记、政协主席卢荣景主持开幕会。会议听取并审议了龙念副主席所作的省政协七届常委会工作报告和吴东之副主席所作的提案工作报告;增选张润霞、秦德文为省政协副主席。与会委员还列席了省七届人大五次会议,听取并讨论了省政府工作报告及其他重要报告。会议通过了《政协安徽省委员会七届五次会议政治决议》,《决议》指出,1997年是我省在两个转变中奋力赶超的关键性一年,只有抢抓机遇,奋力拼搏,加快发展,才能赢得工作的主动权。我们要在中共安徽省委的领导下,始终不渝地坚持邓小平建设有中国特色社会主义理论,全面贯彻党的基本路线和基本方针,认真落实中共十四届五中、六中全会和中央经济工作会议精神,全面落实省委六届二次、三次、四次会议的部署,以进一步解放思想为先导,以大力开展精神文明建设为动力,把握大局,再接再厉,同心同德,开拓前进,努力促进国民经济持续、快速、健康发展和社会全面进步,不断开创我省两个文明建设协调发展的新局面。全省各级政协组织和全体委员,在邓小平建设有中国特色社会主义理论和党的基本路线指引下,在中共安徽省委的正确领导下,发扬黄山松精神,高举爱国主义和社会主义两面旗帜,切实履行政治协商、民主监督和参政议政的职能,团结一切可以团结的力量,调动一切积极因素,继续把政协工作推向前进,为促进我省的改革、发展和稳定,促进祖国和平统一大业,作出新的更大的贡献,以实际行动迎接香港的顺利回归和中共十五大的胜利召开!中共安徽省委书记、省政协主席卢荣景在闭幕会上作了重要讲话,他要求全省各级政协组织、广大政协委员,一定要按照中央提出的"十六字"要求,要更加卓有成效地开展工作,为确保两件大事的顺利成功,为实现全年的奋斗目标,做出积极的努力和应有的贡献。第一,胸怀全局,把握大局,紧紧围绕全省中心工作履行职能,开展工作;第二,牢牢把握团结和民主这两大主题,把各方面的意志和力量汇聚到实现我们的共同目标、共同任务上来;第三,进一步拓宽参政议政的渠道和领域,切实有效地开展民主监督;第四,大胆实践,开拓前进,把政协工作推向一个新的发展阶段。

【常务委员会议】

第20次会议 1997年1月22日至24日在合肥举行。会议审议通过了关于召开省政协七届五次会议的决定,通过了常委会工作报告、提案工作报告和七届五次会议议程、日程(草案)、分组办法、各组召集人名单和列席人员范围,协商通过了增补委员名单。会议还讨论了省政府工作报告(征求意见稿)。

第21次会议 1997年2月18日在合肥举行。会议审议了省政协七届五次会议政治决议、关于常务委员会工作报告的决议、提案审查情况的报告等三个草案,听取了关于增补省政协副主席候选人名单的说明,审议了省政协七届五次会议选举办法(草案)。

第22次会议 1997年2月20日在合肥举行。会议听取了各组召集人关于各组讨论情况的汇报,通过了省政协七届五次会议政治决议、关于常务委员会工作报告的决议、提案审查情况的报告等三个草案,通过了省政协副主席候选人名单和选举办法(草案),通过了总监选人、监选人名单。

第23次会议 1997年5月20日至22日在合肥举行。省委书记、政协主席卢荣景主持开幕会并作重要讲话。会议传达学习了全国政协八届五次会议精神,认真学习邓小平同志关于统战政协理论,实事求是地对省政协七届以来的工作进行了回顾和总结。会议通过了《政协安徽省委员会专门委员会通则》。

第24次会议 1997年8月27日至29日在合肥举行。会议的中心议题是研究探讨社会保障体制改革问题。省委书记、政协主席卢荣景主持开幕会并讲话,龙念副主席作了题为《关于社会保障体制改革的情况和建议》的主题报告。会议还审议通过了人事任命事项。

第25次会议 1997年10月8日至10日在合肥举行。会议主要是学习贯彻中共十五大和省委六届六次全会精神。会上,省委书记、政协主席卢荣景就进一步学好和贯彻落实好十五大精神作了重要讲话;十五大代表、省政协副主席龙念传达了十五大精神。会议通过了关于学习和贯彻十五大精神的决议、关于省政协八届委员会组成若干问题的决议。

第26次会议 1997年12月15日至19日在合肥举行。会议主要任务是为1998年省政协换届做准备。会议通过了关于召开省政协第八届委员会第一次会议的决定、省政协八届一次会议议程、日程(草案)及省政协第八届委员会委员名单、省政协八届一次会议主席团、秘书长建议名单等有关人事事项,审议通过了省政协第七届委员会常务委员会工作报告和关于提案工作情况的报告。会议还讨论了省政府工作报告(征求意见稿)。

【专门委员会工作】

提案委员会 五年来,政协组成单位和各界委员积极运用提案形式建言献策,共提出提案3 162件,立案3 081件,提案人数达5 211人次。提案的质量有了较大提高,议大政、谈宏观,围绕党和政府在经济建设与改革开放工作中的难点、重点问题和人民群众普遍关心的热点问题提建议、献良策,成为提案的主要内容。在提案形式上,改变了仅由个人提的单一局面,出现了党派、团体提案、建议案和界别提案、政协专门委员会提案。这些集体提案大部分经过了精心选题和调查研究,集中了集体的智慧,质量较高,数量也逐年增加。提案经过提案委员会的认真审查、处理和承办单位的积极办理,收到了良好的经济效益和社会效益，为我省的两个文明建设发挥了重要作用。其中得到采纳、落实或基本落实的2 206件，占提案总数的71.6%。

经济委员会 五年中开展了专题调查、专题座谈、情况通报和委员视察等多种形式活动，先后向省委、省政府办公厅报送24份意见、建议和调查报告，主要涉及国有企业改革、农业和农村工作、发展非公有制经济、改善投资环境和社会保障体制改革等方面的问题。其中一些主要活动有：关于加快我省个体私营经济发展的调查、关于合肥市交通问题的调查、关于做好粮食工作的调查、关于改善我省投资环境的调查、关于国有企业进行公司制改制的调查、关于减轻农民负担改革农村税费征收办法的调查、关于优化资本结构的调查、关于企业养老失业保险情况的调查等。

科教文卫体委员会 五年来，围绕党和政府中心工作，结合业务工作领域，组织委员先后进行了24次专题调查活动，涉及到科技成果转化应用、社会科学研究、农业技术推广、民营科技企业发展、大中学校师生思想状况、农村九年义务制教育、文化基础设施、职业道德建设、农村医疗保障制度、医院改革等问题。调查报告和建议案，有多份得到了省委、省政府领导同志的重视和批示，有关部门给予了认真办理，还有多份为省委、省政府、新华分社、省直部门的刊物刊载，产生了较广泛的社会影响。还就我省科技、教育、文化、卫生方面的重大问题和委员关心的问题，组织多次专题座谈会和情况通报会。

社会和法制委员会 五年来，根据《关于加强人大、政协法制工作联系的几点意见》，围绕“积极主动参与立法、督查”这一中心，着力开展工作，形成了参与立法、督查工作的“立法前的咨询、立法中的协商、立法后的监督”三个环节，取得了一定的成效。先后就“打假”执法、纺织系统女工下岗、农民负担反弹、青少年违法犯罪、社会治安综合治理、监狱工作管理、社会保障、离退休干部生活待遇等30多个专题进行了调查研究。协助党政部门做好化解矛盾的工作，对群众反映强烈的问题，及时组织沟通信息，消除不安定因素，为两个文明建设提供良好的社会环境。

民族和宗教委员会 五年来，结合民族和宗教工作中的实际问题开展参政议政。主要有：协助有关方面落实宗教政策；加强对宗教活动场所的依法管理；参加省民族事务委员会和省宗教事务局组织的关于修改省民族志、宗教志的讨论；还会同省人大法制工作委员会，组织委员对《中华人民共和国散居少数民族和建立民族乡的少数民族权益保障法草案》（修订稿）进行了讨论。多次组织政协委员赴民族乡镇考察民族地区的经济建设，积极参与其地方经济发展规划的研究，并请政府有关部门予以资金和项目上的支持。对群众反映强烈的难点、热点问题如少数民族地区教育情况、九华山百岁宫下院的危房问题等予以关注，联系有关方面给予妥善处理。

文史资料委员会 五年来，共征集建国后史料400多万字，大都是有历史价值、有教育意义、有借鉴作用的史料，如责任田、大包干、水利建设成就等。创办了正式期刊《江淮文史》，共编辑出版了30期以及《张恺帆同志纪念文集》等文史图书15种。承担了大型文史丛书《中华文史资料文库（军政人物卷）》450万字的编校工作，并与四川省政协文史委牵头组织编辑全国性的专题史料集《农村改革大潮的兴起》（从责任田到大包干）。共发行文史书刊100多万册，获得了较好的社会效益和经济效益。持续开展了文史学术研究活动，举行了两次文史资料学术研讨会，交流了论文70多篇。

学习委员会 开展了以报告会、座谈会，编发《委员学习》为主的多种形式的学习活动，取得显著成效。五年来，共组织报告会 23 场，座谈会 18 次，内容涉及政治、经济、文化、教育、科技等各个领域，如关于农村工作形势的报告，关于深化企业改革的报告，关于金融工程和金融风险的报告，关于"严打"情况的报告，关于我省司法情况的报告，关于两岸形势的报告，关于香港问题的报告，以及关于合肥市城建成就和规划的报告等。共编发《委员学习》56 期，帮助和推动了全省各级政协委员的学习。

台港澳侨联络委员会 广泛开展海内外联谊活动，联谊对象从少到多，逐年增加，五年来共接待来皖的海外朋友 500 余人次。有重点地邀请和接待 10 余批团组来访，并举办多种形式的活动，对促进安徽与港澳台之间的交流与合作发挥了积极作用。安排出访团组共 12 批 150 余人次，出访了 16 个国家和地区，广交朋友，介绍安徽。围绕香港回归和促进祖国统一，每年都开展多种形式的活动，共举办各种类型的报告会、座谈会、纪念会、茶话会等 20 多次。积极开展专题调查与视察活动，为港澳委员知情出力和参政议政创造条件，为安徽的经济建设服务。召开了全省政协祖统工作经验交流会，认真总结和交流了全省各级政协多年来在开展政协祖统工作方面的情况和经验。

【重要活动】

学习中共十五大精神 中共十五大召开后，省政协及时组织认真学习十五大文件，并举行学习座谈会，邀请在肥部分省政协委员学习座谈十五大报告；举行报告会，向在肥的全国政协委员、省政协委员、老委员及各界人士传达十五大精神。10 月，召开了以学习、贯彻十五大精神为主要议题的二十五次常委会议，常委们紧密联系实际，进行了热烈讨论，表达了高举邓小平理论伟大旗帜，把建设有中国特色社会主义伟大事业全面推向二十一世纪的坚定信念。

迎接香港回归 香港回归前夕，省政协积极开展迎接香港回归的系列活动。举办省政协港澳委员参加的迎回归座谈会，邀请香港问题专家来皖作报告，牵头与有关单位主办了庆祝香港回归的大型音乐会。

总结政协工作经验 1997 年是七届省政协的最后一年，总结经验是省政协一项重要任务。七届五次会议后，省政协先后召开全省地市政协秘书长、办公室主任会议，部分常委和机关负责同志会议进行总结。还邀请全国政协办公厅和山东、辽宁、天津、浙江政协负责同志来皖研究交流本届政协工作。

全省政协工作会议 1997 年 6 月 22 日至 23 日，中共安徽省委召开全省政协工作会议。会议的主要任务是，以邓小平理论和党的基本路线为指导，回顾总结近年来省委加强政协工作的成绩和经验，进一步统一思想，提高认识，加强和改善新形势下党对政协工作的领导，促进政治协商、民主监督、参政议政的规范化、制度化，努力开创我省政协工作的新局面。省委书记、政协主席卢荣景作了重要讲话；省委副书记王太华、政协副主席龙念、政协副主席、省委统战部部长秦德文分别作了工作报告。各地市交流了加强政协工作的经验。

社会保障调查 七届五次会议以后，省政协就推进我省社会保障体制改革问题组织了几个调查组，分别在国内外、省内外进行了调查研究，并于 7 月上旬参加了全国政协副主席钱正英主持的社会保障专题研讨会，还走访了国家劳动部主要负责同志；在此基础上，召开了七届二十四次常委会议，进行了认真的讨论。会后形成了关于加强我省社会保障体制改革的建议案，报送省政府。省政府收到建议案后立即组织有关部门进行研究，在随后拟定的一系列相关文件中，充分考虑并吸纳了省政协提出的建议。

省七届政协优秀提案、先进承办单位表彰大会 1997年12月22日，省委办公厅、省政府办公厅、省政协办公厅联合举办优秀提案、先进承办单位表彰大会，100件优秀提案和22个先进承办单位受到表彰。

【重要文件】

常委会工作报告（1997年2月15日）（摘要） 1996年，省政协常委会在中共安徽省委领导下，按照省政协七届四次会议确定的指导思想和工作任务，本着"为有重点，为而有度，为而有效"的要求，组织和推动广大政协委员、各民主党派、各人民团体和各族各界人士，围绕中心，服务大局，认真履行人民政协的职能，积极推进政治协商、民主监督和参政议政的规范化、制度化建设，各项工作呈现出新的局面。一、组织和推动委员深入学习，提高认识，统一思想，增强参政议政能力。坚持把学习邓小平建设有中国特色社会主义理论放在首位，认真学习中共十四届五中、六中全会和省委六届二次、三次、四次全会精神，深入学习江泽民同志《领导干部一定要讲政治》等一系列重要讲话，学习中共中央关于政协工作的方针政策，学习李瑞环同志关于政协工作的一系列重要论述，不断提高思想政治水平和政策理论水平，进一步增强做好政协工作的光荣感、责任感和使命感。在组织委员学习的过程中，注意从实际出发，因时制宜，方式灵活。二、围绕中心，服务大局，为"九五"计划的实施积极主动地开展参政议政活动。明确参政议政的重点。及时组织委员在认真学习、领会精神的基础上，进一步明确了实施"九五"计划和2010年远景目标纲要的指导思想、战略目标和主要任务，在全年的工作中紧紧围绕全省推进经济体制和经济增长方式的根本性转变，围绕"科教兴皖"、"外向带动"和"可持续发展"三大战略重点，积极主动地开展参政议政活动。组织情况通报。召开了七届十七次常委会议，省科委、省农经办、省经贸委、省外经贸委四部门负责同志作了关于"九五"计划和2010年远景目标纲要及两个根本性转变实施意见的通报。开展专题调查视察。其中对蚌埠市优化资本结构试点情况的调查，较早提出了国有企业改革中应当多兼并少破产的建议，各方面反映都较好，认为见事早、抓得快，具有前瞻性。召开专题常委会议。为了加快我省实现经济体制和经济增长方式根本性转变的步伐，在进行比较充分的调查研究的基础上，召开了七届十八次常委会议。常委们就事关我省经济和社会发展全局的一些重要问题，从宏观与微观、政治与经济、理论与实践的结合上，提出了很中肯很有建设性的意见和建议。为了在更加广阔的领域里开展参政议政，本会于去年4月，邀请全国政协经济委员会的一批专家来我省就如何切实减轻农民负担、改革农村税费征收办法问题，开展专题调研。这一调研成果已受到国务院主要领导的重视。经国务院批准同意，我省关于改革农村税费征收办法将在全国同类地区逐步推广。三、重视精神文明建设，为促进我省两个文明建设的健康协调发展建言献策。本会及时召开主席会议和七届十九次常委会议传达学习和贯彻中共十四届六中全会和省委六届三次全会精神。常委会议集思广益，形成了《关于加强我省文化基础设施建设的建议案》和《关于减少和预防青少年违法犯罪的建议案》，报送省委、省政府和有关部门参阅。省委和政法委主要负责同志，对《关于减少和预防青少年违法犯罪的建议案》非常重视，分别作了批示。《江淮时报》和文史工作进一步发挥了在精神文明建设中的作用。四、加强政治协商、民主监督、参政议政的制度建设,不断提高政协工作规范化、制度化的程度。根据中共中央《通知》(中委[1995]13号)、全国政协《关于政治协商、民主监督、参政议政的规定》和省委《关于进一步加强政协工作的意见》,继续加强了政协工作规章制度建设。七届十八次常委会议通过了《常委会工作规则》和《地区工作委员会工作简则》。在修改完善《秘书长会议规则》、《专门委员会组织通则》、《省政协委员视察简则》和我省贯彻落实《规定》的《实施意见》等方面,也做了大量工作。与有关部门联系合作制度建设也取得了进展。省政协办公厅与省委政法委员会联合发出了《关于印发〈省政协社会法制委员会同省直政法部门加强对口联系的意见〉的通知》。在抓规章制度建设的同时,把加强政协工作理论研究进一步提到了议事日程。去年5月,召开了全省政协工作研讨会,围绕"两化"建设等议题,进行了广泛深入的探讨,去年10月,受省委委托,本会会同省委统战部就各级党委贯彻落实中共中央《通知》和中共安徽省委《意见》的情况,进行了一次全面检查。从检查情况看,全省各地贯彻落实工作抓得比较好,各级党委进一步加强了对政协工作的领导;各级政府对政协工作的支持有所加强;政协与人大及有关部门的配合比较密切;各级政协自觉接受党委领导,认真履行职能,工作积极主动,"两化"建设有了较大的进展。五、高举爱国主义和社会主义旗帜,积极做好海外联谊工作。围绕促进祖国和平统一大业,多形式、多渠道地开展联谊活动。与有关单位联合召开了江泽民主席《为促进祖国统一大业的完成而继续奋斗》重要讲话发表一周年座谈会,举办了台湾形势报告会。中国恢复对香港行使主权进入倒计时以后,围绕香港回归,组织开展了学习、宣传香港基本法的知识问答活动。在孙中山先生诞辰130周年和著名的皖籍爱国人士柏文蔚诞辰120周年之际,本会分别与省民革、省黄埔同学会等单位联合举办了纪念座谈会和学术讨论会。六、密切与委员联系,加强对市县(区)政协工作指导。通过赠送《人民政协报》、《江淮时报》、《江淮文史》、《安徽政协通讯》和《委员学习》等报刊资料,组织视察、调查、参观、座谈等各种活动,经常向委员通报情况,传递信息,调动他们参政议政的积极性。去年4月,举办了"省政协委员科技活动日",组织有关委员参观考察中科院合肥分院,并就"科技如何同经济相结合"这一专题进行座谈研讨。提案是政协履行职能的重要形式,是委员行使民主权利、参政议政的重要方式。提案工作以提高提案质量和办理质量为重点,受到了省委、省政府领导的重视,同时得到各承办单位的大力支持。从提案办理反馈情况看,委员满意和基本满意率为93%。专门委员会是组织委员活动的主要机构,各专门委员会组织广大委员,有计划、有组织地开展调查研究、参观考察和视察活动。为加强对各地区政协工作的指导,经省委同意,将地区政协联络委员会改为工作委员会,作为省政协的派出机构。加强了反映社情民意工作。

1997年常委会工作的指导思想是:在中共安徽省委领导下,坚持以邓小平建设有中国特色社会主义理论和党的基本路线为指导,认真落实中共十四届五中、六中全会和中央经济工作会议精神,把握大局,再接再厉,同心同德,开拓前进,围绕省委、省政府的中心工作,团结全省各族各界人士,积极履行政治协商、民主监督、参政议政职能,为推进我省国民经济持续、快速、健康发展和社会全面进步作出新的贡献。一、联系实际,采用多种形式组织委员学习,不断提高政治思想觉悟和参政议政水平。二、积极履行政协职能,协助省委、省政府推进我省的两个文明建设。三、以迎接香港回归为契机,开展对外交往和海外联谊活动,促进祖国和平统一大业。四、继续抓好中共中央《通知》、全国政协《规定》和中共安徽省委《意见》的贯彻落实,推进政协履行职能进一步规范化、制度化。五、强化自身建设,保证政协机关工作有序高效地运行。

专门委员会通则　1997年5月22日政协安徽省第七届委员会常务委员会第二十三次会议通过,共十七条,主要内容是:安徽省政协设置八个专门委员会:提案委员会、经济委员会、科教文卫体委员会、社会和法制委员会、民族和宗教委员会、文史资料委员会、学习委员会、台港澳侨联络委员会;专门委员会是在常务委员会和主席会议领导下,组织委员进行经常性活动的工作机构,其设置和变动,由常务委员会决定;专门委员会根据自己的职责范围,切实履行人民政协的职能;专门委员会按照有利于联系各界、各方面人士,便于组织经常性活动和自愿、协商、统筹安排的原则,一般由省政协委员组成;专门委员会组成人员任期一般应同政协届期同步;根据需要,按规定程序可进行届中调整;专门委员会的日常工作由主任或专职副主任主持;专门委员会根据需要,可分设小组进行活动。未参加专门委员会的省政协委员,根据本人意愿,可同某一专门委员会建立联系,专门委员会应采取适当方式发挥他们的作用;专门委员会下设办公室,在委员会主任和专职副主任领导下,负责办理日常工作;专门委员会根据中国人民政治协商会议章程的要求,以及政协安徽省委员会全体会议和常务委员会会议提出的各项任务,围绕和联系委员及各族、各界人士,学习、宣传党和国家的方针政策,积极反映社情民意。就国家和我省的大政方针以及政治、经济、文化和社会生活中的重要问题调查研究,提出意见、建议和提案。积极开展有关活动,为委员知情出力、履行职责创造条件;专门委员会的各种活动应发扬社会主义民主,进行充分协商。专门委员会需对工作作出决定时,按照民主集中制原则办理;以专门委员会名义形成的材料或文件,一般的由委员会主任或主任委托的副主任审定并签发。重要的由委员会或主任会议审议。必要时提请主席会议审议。专门委员会文件需以政协办公厅名义发出的,由秘书长或有关副秘书长签发;专门委员会应根据政协安徽省委员会全体会议和常务委员会会议的决定精神,制订年度工作计划。年度末向常委会议并向全委会议提交工作报告;专门委员会应主动与中共安徽省委、省人民代表大会常务委员会和省人民政府的有关部门以及各民主党派、工商联、有关人民团体、各市、县(市、区)政协、地区政协工作委员会有关机构沟通情况,加强联系,协同工作。

【组织概况】

副主席增选名单(1997年2月21日省政协七届五次会议增选)

张润霞(女)　秦德文

委员增补名单(1997年1月24日省政协七届20次常委会议增补,以姓氏笔画为序)

朱志林　任敖生　刘纯洁　阮治源
邱　诚　李道洪　肖超英(女)
吴　正　张勋贤　张铁弓(回族)
张润霞(女)　陈树德　魏志光

机关机构概况

省政协设8个专门委员会和办公厅。8个专门委员会是:提案委员会、经济委员会、科教文卫体委员会、社会和法制委员会、民族和宗教委员会、文史资料委员会、学习委员会、台港澳侨联络委员会。办公厅下设8处一室:秘书处、调研处、人事处、信息联络处、行政处、财务处、离退休工作处、保卫处、基建办公室,另设机关党委。

【安徽省各级政协领导人名单】

安徽省政协

主　席

卢荣景

副主席

龙　念　汪涉云　钱景仁

岳书仓(满族)　李明俊　荣广宏

宋　明(女)　徐荣楠　吴东之

许学受　张润霞(女)　秦德文

秘书长

张正炳

合肥市

市政协主席

马学模

县(区)政协主席

中市区　杨善安

东市区　郑国民

西市区　夏世永

郊　区　王家瑞

长丰县　姚从和

肥东县　计国政

肥西县　吴大珊

芜湖市

市政协主席

阮治源

县(区)政协主席

镜湖区　王美成

新芜区　汪国兴

鸠江区　曹天民

马塘区　郑学词(女)

芜湖县　陈济堂

繁昌县　李传生

南陵县　秦海全

淮南市

市政协主席

刘连甫

县(区)政协主席

八公山区　梁全发

谢家集区　谢保新

潘集区　屈玉贺

田家庵区　胡德方

大通区　姚多咏

凤台县　杨炳福(回族)

蚌埠市

市政协主席

王　佩

县(区)政协主席

东市区　陈文玉

中市区　孙兰义

西市区　李明杨

郊　区　王守安

怀远县　郑振民

五河县　刘元昌

固镇县　张　帆

马鞍山市

市政协主席

张成德

县(区)政协主席

金家庄区　程自怡

花山区　张德应

向山区　王　震

雨山区　简成海

当涂县　许立云

淮北市

市政协主席

李凤龙

县(区)政协主席

烈山区　朱兰民

杜集区　栾绪坤

相山区　刘世伦

濉溪县　杨登孝

铜陵市

市政协主席

周长玉

县(区)政协主席

铜官山区 汪小照

狮子山区 吴照虎

郊　区 余德峰

铜陵县 肖万民

安庆市

市政协主席

张伏生

县(市、区)政协主席

大观区 丁士来

迎江区 叶文祥

郊　区 金良庆

怀宁县 孙嘉达

桐城市 操礼怀

枞阳县 周旭光

潜山县 丁士根

太湖县 倪大胜

宿松县 许　坤

望江县 李　哲

岳西县 方留印

黄山市

市政协主席

金家保

县(区)政协主席

屯溪区 程光鸿

徽州区 徐身豪

黄山区 朱涌才

歙　县 王德祺

休宁县 陆永炽

黟　县 王有根(女)

祁门县 李新根

滁州市

市政协主席

胡成功

县(市、区)政协主席

琅琊区 毛友昌

南谯区 封全荣

天长市 巢树成

明光市 周　晖

来安县 刘永立

全椒县 夏美庆

定远县 庄士道

凤阳县 王俊山

阜阳市

市政协主席

丁子孝

县(市、区)政协主席

颍州区 潘树仁

颍东区 李元善

颍泉区 李　伟

亳州市 李仲修

界首市 冯子襄

临泉县 (暂缺)

太和县 韩朝位

涡阳县 杜好农

蒙城县 刘以让

阜南县 李化林

颍上县 吴秀騄

利辛县 朱长芳(女)

宿县地区

县(市)政协主席

宿州市 杨志斌

砀山县 王钦孔

萧　县 袁玉衡

灵璧县 徐士耀

泗　县 孙继聪

六安地区

县(市)政协主席

六安市 王维田

寿　县　　徐世和
霍邱县　　窦德河
舒城县　　胡胜祥
金寨县　　周玉水
霍山县　　杨家祥

宣城地区

县(市)政协主席

宣州市　　江德修
郎溪县　　缪先斌
广德县　　袁传哲
宁国县　　吕永益
泾　县　　葛广洲
绩溪县　　汪观文
旌德县　　程观法

巢湖地区

县(市)政协主席

巢湖市　　唐述炎
庐江县　　唐明灿
无为县　　何启俭
含山县　　刁操钧
和　县　　洪晓建

池州地区

县(市)政协主席

贵池市　　许家旺
东至县　　阮德华
青阳县　　方经纪
石台县　　李家谟

安徽省各级政协组织和委员数

项目＼级别	省	市	县(市)	市辖区	合计
组织数	1	11	67	38	117
委员数	749	4 271	12 200	4 350	21 570

(张启明　编写)

政协福建省委员会

【全体委员会议】

七届五次会议 1997年3月26日至4月1日在福州举行。委员总数664人,到会委员579人。全体委员深切缅怀邓小平同志伟大光辉的一生,决心继承邓小平同志遗志,高举邓小平建设有中国特色社会主义理论的伟大旗帜,以实际行动迎接香港顺利回归和中共十五大胜利召开。开幕会和闭幕会分别由游德馨主席和刘金美副主席主持。会议听取并讨论了林开钦副主席代表常务委员会作的工作报告和提案委员会主任程科作的提案工作报告;听取了学习、文史资料、经济科技、文教卫体、社会法制、民族宗教、台港澳侨联络委员会的工作报告(书面);通过了政治决议和关于常委会工作报告的决议。会议号召,全省各级政协组织、各参加单位和政协委员、各界人士,继承邓小平同志的遗志,更加紧密地团结在以江泽民同志为核心的中共中央周围,坚定不移地高举邓小平建设有中国特色社会主义理论的伟大旗帜,坚持和完善中国共产党领导的多党合作和政治协商制度,在中共福建省委的领导下,把握大局,再接再厉,同心同德,开拓前进,为夺取我省改革开放和现代化建设的新胜利,为统一祖国、振兴中华而努力奋斗!

委员们列席了省八届人大五次会议,赞同贺国强代省长所作的政府工作报告;赞同《关于福建省1996年国民经济和社会发展计划执行情况和1997年国民经济和社会发展计划草案的报告》和《关于福建省1996年财政预算执行情况和1997年财政预算草案的报告》;赞同《福建省高级人民法院工作情况的报告》和《福建省人民检察院工作情况的报告》。委员们对我省改革开放和两个文明建设中的一些重大问题,提出许多建设性意见和建议。

会议坚决拥护我国政府为实现香港和澳门的顺利回归、保持港澳地区的长期繁荣稳定所作的一切努力;坚决贯彻江泽民主席关于发展两岸关系、推进祖国和平统一进程的八项主张;坚决反对任何制造“两个中国”、“一中一台”和“台湾独立”的图谋,在“和平统一、一国两制”的正确方针指引下,经过海内外中华儿女的共同努力,祖国统一大业必定能够实现。

游德馨主席在闭幕会上讲话:一、继承邓小平同志遗志,巩固和发展来之不易的好形势,认真实施“九五”计划和2010年远景目标纲要,促进我省两个文明建设的协调发展;二、学习、传达贯彻全国和省“两会”精神,落实贺国强代省长《政府工作报告》,完成本次大会提出的各项任务,关键是要抓紧时间,埋头苦干;三、认真履行政协职能,继续推进政协工作的规范化、制度化,以实际行动和优异成绩迎接香港回归和党的十五大召开;四、保持稳定,维护安定团结的政治局面,是我们各项事业顺利前进的基本前提,我们要促进共同目标下的大团结、大联合,坚决维护团结稳定的政治局面;五、今年是本届政协的最后一年,在履行政协职能做好政协各项工作的同时,要把总结经验作为一项重要任务认真抓好。会议期间,委员们围绕中心,关注热点,谈两件大事,议两个转变,促两个文明,即谈香港回归和十五大召开这两件大事,议经济体制和经济增长方式根本性转变,促物质文明和精神文明建设的协调发展,为改革、发展、稳定积极建言献策。会议贯彻民主、求实、团结、鼓劲的精神,开得圆满成功。

【常务委员会议】

第25次会议 1997年2月18日至20日在福州举行。主要内容是协商讨论省政府工作报告(征求意见稿),审议并通过了省七届政协常委会工作报告和提案工作报告,确定省政协七届五次会议于3月26日在福州举行。张家坤副省长到会,省政府副秘书长李其祥、省政协秘书长游冠洲分别就政府工作报告和政协常委会工作报告起草情况作了说明。游德馨主席在会上讲话。他说,我们对邓小平同志的逝世表示最深切的哀悼,省政协委员要化悲痛为力量,努力作出新的成绩,为实现小平同志的遗愿,把我国建设成为富强、民主、文明的社会主义强国而奋斗。

第26次会议 1997年3月30日在福州举行。会议审议并通过了福建省政协七届五次会议政治决议(草案)和关于常委会工作报告的决议(草案),决定把这两个决议(草案)提交全会审议。

第27次会议 1997年6月29日至30日在福州举行。主要议题是研究如何搞好国有企业。从3月份起,就组织力量进行准备,近50位委员围绕7个专题进行调研。省经贸委主任谢先文到会汇报了我省国有企业改革和发展情况,10位委员作了大会发言,邀请23个厅局的同志听取大会发言,委员们就改善外部环境、减轻企业负担、加强企业领导班子和干部队伍建设、促进企业“三改一加强”、促进我省支柱产业的形成和壮大、推进国有资产的流动重组等踊跃建言。游德馨主席在会上讲话,他总结了会议的收获,在肯定国企所作贡献的基础上提出搞好国企改革的六条建议。会议决定林大穆任省政协台港澳侨联络委员会主任,邹尔均不再兼任此职。

第28次会议 1997年9月1日至3日在福州举行。主要议题是以邓小平同志关于人民政协的重要论述和江泽民总书记“5.29”重要讲话为指导,学习理论,总结经验,研究工作。林开钦副主席在开幕会上讲话,介绍了会议的准备情况和对搞好总结经验工作提出要求。林逸、蔡载经副主席、各专门委员会负责人、各组召集人共13位同志作了大会发言。游德馨主席在闭幕会上讲了四个问题:一、进一步提高对总结经验重要性的认识。二、省七届政协工作的新进展:加强学习,增进共识,进一步巩固和发展了爱国统一战线;建章立制,促进政协工作规范化、制度化;深入调研,开好例会,为两个文明建设献计建言;各专门委员会做了大量工作,发挥了重要作用;加强海外联谊工作,注重切实有效;提案、视察和反映社情民意工作,取得新进展;发挥委员作用,为两个文明建设献计出力;加强对市、县(区)政协工作的指导,密切联系和协作;关心群众生活,为人民群众办实事;搞好政协的自身建设,提高政协工作的水平。三、省七届政协工作的十条具体经验:不断深化对政协工作重要性的认识,增强做好新时期政协工作的责任感和使命感;积极主动地争取党委的领导和政府的支持,充分发挥政协的主观能动性;履行职能必须紧密围绕省委的中心任务和省政府的工作重点来开展,着眼于找准位置,选好角度,发挥优势;大兴调查研究之风,精心选题,组织力量,有的放矢,讲求实效;发挥福建优势,开展海外联谊,团结广大海外乡亲,致力于振兴中华、统一祖国的宏伟事业;发挥委员在政协工作中的主体作用,调动委员的积极性;大团结、大联合,与省各民主党派、工商联、有关人民团体共同参政议政;加强对政协理论的研究和对政协的宣传,创造良好的社会氛围;学习是政协工作的关键,提案是政协参政议政的有效渠道;不断加强政协的自身建设,提高政协整体工作的水平。四、今年后四个月的主要工作。

第29次会议 1997年10月6日至8日在福州举行。中心议题是传达、学习、贯彻中共十五大精神和省委的贯彻意见。省委书记陈明义到会传达了中共十五大精神和省委六届七次全体(扩大)会议精神,省政协副主席金能筹作《关于福建省八届政协界别设置和委员、常委名额安排方案(草案)的说明》。12位同志分别代表省各民主党派、工商联、妇联、侨联、科协作大会发言,表示坚决拥护、认真学习、全面贯彻中共十五大精神。会议通过了《关于学习贯彻中共十五大精神、落实省委六届七次全体(扩大)会议精神的决议》,通过了《关于福建省八届政协界别设置和委员、常委名额安排方案》。游德馨主席在闭幕会上讲话:一、十五大的历史性贡献。二、坚定不移地高举邓小平理论的伟大旗帜。三、学习贯彻十五大精神的几点意见:认真学习、深刻领会十五大精神实质;联系工作实际,认真贯彻十五大精神;认真做好省政协换届准备工作,加强机关建设。

第30次会议 1997年12月10日至12日在福州举行。会议听取省政府秘书长陈光普关于省政府工作报告(征求意见稿)起草情况的说明,协商讨论了省政府工作报告(征求意见稿);听取省政协副主席金能筹关于八届省政协委员建议名单的说明,通过了八届省政协委员建议名单;听取游冠洲秘书长关于省政协八届一次会议筹备情况、常委会工作报告起草情况等说明,原则通过了常委会工作报告,通过了省政协八届一次会议有关文件。会议确定1998年1月6日举行福建省政协八届一次会议。会议通过了《福建省政协宁德地区工作委员会简则》。游德馨主席在闭幕会上讲话。他说,本届政协常委会的工作在前进中开拓,在开拓中前进:一、积极参政议政。常委会工作的一个重大突破是改进了会议形式,充实了会议内容,选择我省经济和社会生活中的重大问题,进行专题协商,取得好的效果。二、建章立制,促进政协工作规范化、制度化。三、加强专门委员会的建设。四、加强调研工作。五、收集和反映社情民意工作取得新进展。六、台港澳侨联络工作提高到新的水平。

第31次会议 1997年12月30日在福州举行。会议听取省政协副主席金能筹关于八届省政协委员第二批建议名单等说明,通过了委员第二批建议名单;通过了省政协八届一次会议主席团成员、大会秘书长建议名单,提交全会审议通过;通过了全会各组临时召集人名单;通过了八届省政协提案委员会主任、副主任、成员名单,提交全会审议通过。

【专门委员会工作】

提案委员会 1997年度共收到提案808件,立案797件。从1993年的322件到1997年的797件,翻了一番多。提案自身质量是提案工作的基础,提案处理质量是办好提案的条件,提案办理质量是发挥提案效益的关键。一、以党派、团体提案为着力点,推动提案质量不断提高。从数量上看,1993年为11件,1997年已达134件。质量上也有所提高,四次、五次全会的一号提案均出自党派提案。二、以精选一批质量好的提案为重点,建立高层次批办程序。本年度选出42件重点提案,有15位省领导作了90次批示。《呼吁领导重视解决闽侯县港头村建高尔夫球场引起纠纷》的提案,朱镕基副总理作了重要批示,使问题得到解决。三、以"两见面"、"三结合"活动为载体,促进办理提案取得实效。如《加大实施再就业工程力度》、《抓紧时间修建林则徐系列遗迹,以崭新面貌迎接'97香港回归》的提案,都办出了实效。四、以规范化、制度化建设为基础,保证提案工作上新台阶。已初步形成从征集、立案、交办、重点批办、跟踪落实到反馈、激励、电脑管理等一套操作有序的提案工作制度。在实践中,总结出提高思想认识是前提,领导重视支持是关键,加强调查研究是基础,切实解决问题是根本等经验。

学习委员会 一、中心学习组发挥了龙头作用。坚持每月学习一次,学习制度逐步健全,学习内容日趋丰富。每个学习专题都邀请省委或省政府的一位领导参加指导，信息量显著增加，与知情明政、参政议政的结合更加紧密，对各界人士的学习起了带头和示范作用。二、报告会的内容丰富充实。举办多种形式的报告会——传达报告、形势报告、辅导报告、专题报告等，帮助委员了解形势，掌握政策，提高认识，充实知识。三、编印学习资料适应委员的需要。本年共编印《学习资料》12期，20 000册，注重内容的权威性、宏观性、超前性、系统性。四、举办暑期读书会。在夏天集中一个月的时间，组织部分省政协常委到鼓岭学习。把读书、听报告、漫谈讨论同休闲、谈心融洽地结合起来。五、在学习与实践相结合、与参政议政相结合方面进行新的探索。六、在总结经验、研讨政协学习工作规律方面作了有益的尝试。搞好学习，要做到四点：指导思想"求实"，充分认识政协学习的特点和优势；内容"求新"、"求深"，使学习工作富有生命力；形式"求活"，适应新形势发展的需求；组织"求精"，服务周到热情。从事学习工作的同志贵在积极主动，尽职尽责，自信自强，开拓创新。

文史资料委员会 共征集到各类资料35万字，编辑出版2辑《福建文史资料》（第36辑为建国后史料专辑，第37辑为海峡缘——闽台文化交流纪实）。一、高举爱国主义旗帜，发挥文史资料在增强民族凝聚力和实现民族振兴中的作用。通过征编反映重大历史事件的史料，印证爱国主义精神是促进历史发展的强大动力；在征编人物资料中，突出爱国主义主题，藉以增强教育作用；征编闽台文化交流资料，促进祖国和平统一。二、改革开拓，实现工作重点转移。征编工作向建国后史料延伸，初步实现工作重点的转移；坚持"三亲"（亲历、亲见、亲闻）为主的特色；征集工作由"广征博采"改为"选征精采"。三、以史鉴今，以史资政，为政协履行职能服务。四、参加多种形式的专题史料协作，促进工作发展。文史资料工作已在政协深深扎根，成为政协工作不可分割的组成部分，统一战线工作的有效形式之一。

经济科技委员会 服从和服务于大局，围绕福建改革开放和经济建设中的重大问题和人民群众关心的热点问题，开展调查研究，认真履行职能，积极建言献策。一、就搞好国有企业问题深入调研。针对国企若干突出问题，分成6个专题组，召开24次座谈会，在广泛调查的基础上，形成8篇调研报告提交省政协第27次常委会，并作了大会发言。省委书记陈明义在专报材料上作批示，省委政研室刊登了其中6篇调研报告。二、积极开展"农村奔小康"专题调研活动，为1997年我省农村基本实现小康目标建言献策。课题组分两路深入闽北、闽西7县（区）26个乡镇31个行政村，召开座谈会48场，走访农户47家，提出了加速农村奔小康进程的9条建议。之后，又深入闽东农村，对奔小康攻坚工作献计出力。三、与有关部门联合召开"发展海峡经贸关系研讨会"。会议收到论文52篇，来自全国各地、港澳台地区的专家、学者近百人出席了会议。省委、省政协领导到会讲话。海内外多家报刊作了报道。四、对做好专门委员会的工作，总结出四条经验：围绕中心，立足大局，选好题目，搞好调研；充分发挥人才优势，使政协在履行职能过程中发挥更大的作用；加强联系，互相配合，优势互补，提高工作质量和效率；实事求是，敢讲真话。

文教卫体委员会 一、精心组织专题调研，围绕大局献计献策。选择在改革开放和社会发展中具有现实性、紧迫性又便于委员发挥作用的题目，把调研的着眼点和落脚点放在为大政方针献计献策上。本年共组织专题调研5次，撰写调研报告5篇。二、充分发挥自身优势，不断拓展专委会工作。做好协商议政工作,对教育、卫生、文化、体育的改革和发展提出建议;组织各种视察活动,对精神文明建设的视察起了积极作用;开展纵、横向合作,开展联合调研,联合活动,共同参政议政;促进调研成果的转化,广辟调研成果的应用渠道;发挥政协委员小组作用。三、求真务实,多办实事,努力为社会和基层服务。帮助学校解决实际困难,组织委员中的医学专家开展义诊。四、总结专题调研方面的四条经验:围绕中心,找准位置;选准课题,深入调研;合力攻关,提高水平;追踪落实,注重实效。

社会法制委员会 以促进社会安定稳定和推动地方民主法制建设为工作重点,选准角度,发挥优势,开展各项工作:一、不断探索研究、总结经验,推动立法前协商工作向规范化、制度化方向发展。一是建章立制,规范协商程序;二是增强立法前协商工作的主动性和计划性;三是组织委员开展立法前调查论证工作。二、以提高调研质量为突破口,不断提高政治协商工作的有效性。开展5次专题调研,做到:选题坚持“四个围绕”,即围绕战略性决策、中心工作、关键性问题和社会热点难点;方法坚持“三个联系合作”,即与省各民主党派、工商联、人民团体,与政府职能部门,与市、县(区)政协联系合作;坚持“两个服务”,即服务基层、服务群众;坚持多形式、多渠道的调研成果转化工作。三、围绕稳定大局,努力创造安定、和谐的政治环境。一是开展各种活动,做好团结稳定工作;二是关注下岗职工再就业和特困职工解困,把促进稳定和社会保障问题作为长期课题。四、加大民主监督力度。联合开展法律法规执行情况的检查,加强民主监督的制度建设,开展联合监督,发挥民主党派的民主监督作用。

民族宗教委员会 一、密切与民族宗教界委员的联系,广交朋友,为开展工作奠定基础。二、加强学习,宣传我国社会主义时期宗教问题的基本观点和基本政策,积极引导宗教与社会主义社会相适应。联合举办研讨会、宗教讲座、表彰会,推进我省的新一轮创业。三、做好调研工作,履行参政议政职能。对民族地区的经济和社会发展情况进行调查,形成3份专题报告和21个提案。如把解决闽东少数民族群众住茅草房问题作为重点,向省委反映情况,引起省委重视,确定将少数民族地区的脱贫致富列为全省的扶持重点,拨出专款用于“造福工程”。四、注意发挥委员的主体作用和取得政府对口部门的支持和配合。五、努力为基层办实事。帮助宁德民族中学特困寄宿生解决生活补助经费,重返校园。帮助福安民族医院解决一些实际问题。

台港澳侨联络委员会 工作领域不断拓宽,层次不断提高,内容不断丰富,方式不断更新。一、解放思想,更新观念,采取几个结合。即台港澳侨相结合,形成合力;大中小相结合,突出重点;老中青相结合,以老带青;虚与实相结合,务求实效。二、壮大队伍,密切联系,充分发挥政协港澳委员的作用。一是发挥委员为促进香港顺利回归、繁荣稳定的作用;二是发挥委员在港澳闽籍社团中的作用;三是发挥委员继续为我省改革开放、现代化建设贡献力量的作用;四是发挥委员推进闽港台两岸三地合作交流的作用;五是发挥委员在决策咨询中的作用;六是发挥委员在政协参政议政中的作用。三、突出主线,广泛团结,促进闽台民间交流。积极开发、利用民间交流资源。把民间交流与经济合作结合起来。把闽台民间交流提高到新的水平,有针对性地做好宣传工作,扩大与台湾人民接触的范围,做好在大陆的台商工作,热情接待,热情服务。交通部决定开放福州、厦门两个港区以后,积极为两岸直航出谋献策。四、发挥优势,加强协作,拓展海外联络工作的途径:通过牵线搭桥,为经济工作服务;通过“走出去”、“请进来”,广交新老朋友;通过纪念历史名人弘扬爱国主义精神;通过利用“缘”情(血缘、乡缘、学缘、宗缘等),增进友情;通过学术交流,增进共识。五、围绕中心,选准题目,深入进行调查研究。如对省政协港澳委员在闽兴办企业情况的调查,省委书记陈明义、省长贺国强、副省长王建双、张家坤都作了批示,取得实效。为台港澳侨人士来闽投资兴业排忧解难,帮助他们解决一些实际困难,办了许多实事。

【重要活动】

郑成功收复台湾335周年纪念活动 1997年7月15日上午在泉州市举行福建省暨泉州市各界人士纪念郑成功收复台湾335周年大会。纪念大会由省政协副主席邹尔均主持。省委副书记习近平讲话。他说,我们隆重纪念郑成功收复台湾的伟大壮举,缅怀郑成功的历史功绩,弘扬郑成功维护祖国领土完整的崇高爱国主义精神,是很有意义的。台湾自古就是中国神圣领土的一部分。郑成功不愧是我国历史上一位杰出的民族英雄。他的历史功绩在于以大无畏的英雄气概,克服种种困难,把荷兰殖民者从台湾赶走,使台湾摆脱了外来侵略者的统治,阻止了西方外来势力对中国的侵略,维护了中国领土的完整,在中国历史上写下了光辉的一页。祖国和平统一是海峡两岸同胞的共同心愿,是中华民族的根本利益所在,是不可阻挡的历史潮流。福建面对台湾,在发展两岸关系、实现祖国统一中处于特殊的地位,担负着重要的责任。我们要大力弘扬郑成功的爱国主义精神,全面展开我省新一轮创业,努力建设海峡两岸的繁荣带,为完成祖国统一大业多作贡献。省政协副主席蔡载经和泉州、南安市委领导,省台联负责人以及台湾郑氏宗亲和来宾代表也讲了话。游德馨、李赣骝、王永海、金能筹、郭平坦、许集美等各级领导、各界人士500多人出席。当日上午泉州市郑成功学术研究会宣告成立。下午与会同志赴南安水头镇拜谒郑成功陵墓,赴南安石井镇参加郑成功碑林揭碑仪式和部分墨宝开展仪式。7月16日,在厦门鼓浪屿举行厦门市各界人士纪念郑成功收复台湾335周年座谈会,与会者近百人。会后参观郑成功纪念馆,瞻仰郑成功塑像。

发展海峡经贸关系研讨会 1997年10月18日至20日在福州召开,省领导游德馨、习近平、黄文麟、林逸、金能筹,国务院发展研究中心副主任孙晓郁和来自全国和港澳台地区的专家、学者近百人参加会议。游德馨主席在开幕词中说,改革开放以来,福建的快速发展,得益于中央的优惠政策,得益于闽港、闽澳和闽台经济交流和合作。召开这次研讨会,就是为了集思广益,在新的历史条件下,更好地促进海峡经贸关系健康发展,以利于祖国内地与港澳台地区的经济交流再上一个新台阶。省委副书记习近平作了题为《努力开创闽台经贸合作的新局面》的讲话。他对研讨会的召开表示祝贺,并谈了三点意见:一、闽台经贸合作成效显著。二、闽台经贸合作面临新的发展机遇。三、加强闽台经贸合作,推进福建新一轮创业。一是抓住两岸直航试点机遇,努力把福建建设成为东南沿海重要通商口岸和海峡两岸交流的重要基地;二是加强闽台产业分工协作,加快福建经济结构调整步伐;三是突出区域优势,形成一批对台经贸合作的密集区;四是进一步加强闽台农业合作;五是积极拓展闽台贸易;六是大力推动闽台科技合作与交流。福建制定了一系列针对台商的优惠政策,正积极从基础设施、政策、服务、山海协作、治安、生活、市场、工作、人文、法制等十个方面营造良好投资环境。只要把握机遇,共同努力,闽台经贸合作一定能够开创新局面。会议收到论文52篇,专家、学者对海峡经贸关系的现状作了分析,对进一步发展海峡经贸关系提出许多对策建议。

福建省各界人士新年茶话会 1997年12月30日在省政协一楼大厅举行。游德馨主席主持,省领导、各界人士代表近200人出席。省委书记陈明义在茶话会上讲话。他说,一年来,在党中央、国务院的正确领导下,我们坚持以邓小平理论为指导,以迎接两件大事为动力,认真学习贯彻党的十五大精神,把握大局,再接再厉,同心同德,开拓前进,全省上下形成了扎实推进新一轮创业的良好局面。八闽大地经济发展,政治稳定,民族团结,社会进步。政协和各民主党派、工商联、无党派爱国人士为我省的改革开放和两个文明建设,为振兴中华、统一祖国做了大量富有成效的工作。全省各级政协在前进中开拓,在开拓中前进,参政议政求实效,团结奋斗作贡献,开创了政协工作的新局面。在新的一年里,我们要高举邓小平理论的伟大旗帜,全面贯彻党的十五大精神,认真落实省委六届七次全体(扩大)会议提出的任务,统揽全局,精心部署,狠抓落实,团结合作,艰苦奋斗,开拓前进,大力推进我省新一轮创业。要牢牢把握经济建设这个中心,继续贯彻"稳中求进"方针;要把精神文明建设放在更加突出的位置,促进两个文明建设协调发展;要全力维护社会安定稳定,努力创造一个良好的政治和社会环境;要坚持党的群众路线和群众观点,把全省上下、方方面面的积极性和创造力凝聚到推进新一轮创业上来;要聚精会神抓好党的建设,切实提高各级党组织的凝聚力和战斗力。他说,我们一定要按照中央的要求,继续坚持和完善共产党领导的多党合作和政治协商制度,坚持"长期共存、互相监督、肝胆相照、荣辱与共"的方针,继续推进人民政协政治协商、民主监督、参政议政的规范化、制度化。加强同各民主党派、工商联、无党派爱国人士的合作;进一步巩固和发展广泛的爱国统一战线。我们要坚持"一国两制"的方针,进一步密切闽台经贸合作,扩大双向交流,促进直接"三通",为推进祖国统一尽到应尽的责任。要多做工作,为促进香港的长期繁荣和澳门的平稳过渡、顺利交接作出积极贡献。省民建主委林强代表各界人士讲话,茶话会上演出了精彩的文艺节目。

【重要文件】

中共福建省委发出[1997]16号《通知》,批转省政协党组关于《贯彻落实中委[1995]13号和闽委[1995]96号文件情况的报告》(1997年3月13日)(摘要) 中共省政协党组受省委委托,分7路到省9个地市、17个县(市、区)和1所大学就贯彻落实中委[1995]13号和闽委[1995]96号文件的情况进行了检查。《报告》内容如下:一、各地党委加强和改善对政协工作的领导,重视发挥政协的作用;从实际出发,加强建章立制工作;利用多种形式积极宣传统战理论和人民政协基本知识;大力支持政协加强自身建设。二、各地政协按照中委[1995]13号和闽委[1995]96号文件精神,努力工作,开拓进取,创造了许多好经验;坚持定期走访委员;开展"百村千户行"调研活动,广泛反映农民们的意见;利用人才优势举办两个文明发展研讨会;党政领导定期参加联合接待委员日活动;加强信息工作;建立反映社情民意与委员意见反馈制度;围绕稳定做群众疏导工作;组织咨政会活动,由人大代表、政协委员联合组成咨政小组,分门别类召开咨政会;政协委员分别担任法院、工商、税务、教育、卫生、邮电等部门的特邀监察员、人民陪审员、检察员、审计员和教育监督员,参加经常性的民主监督,并对部门工作进行行风评议;发挥政协委员联络组作用。三、各地存在的一些主要问题:重大问题协商在决策之前有待进一步规范,存在一定的随意性;民主监督工作相对薄弱;干部交流力度有待加强,工作条件需进一步改善;政协委员智力作用的发挥有待进一步加强。四、进一步做好人民政协工作的建议:进一步深入学习中央与省委文件精神,充分认识做好新时期政协工作的重要性;进一步贯彻落实《政协福建省委员会关于政治协商、民主监督、参政议政的实施办法》;认真总结经验,推动政协工作;加强政协的思想、组织、制度建设。

常委会工作报告(1997年3月26日)(摘要) 林开钦副主席作的常委会工作报告分两个部分。第一部分从八个方面回顾了1996年的主要工作:一、抓学习,讲政治,坚持党的基本理论、基本路线和基本方针。坚持讲政治,发挥学习中心组的带头作用,召开学习工作经验交流会,举办培训班、读书会,提高干部队伍素质。二、把握经济建设这个中心,重点围绕"九五"计划和2010年远景目标纲要的实施积极参政议政。开好省政协七届四次会议,以经济和科技结合、卫生改革和发展为中心议题开好第22、23次常委会议。三、坚持两手抓、两手都要硬的方针,为促进社会主义精神文明建设献计出力。认真学习贯彻中共十四届六中全会精神,举办以弘扬爱国主义精神为主题的活动,支持"严打"斗争。四、加强政协的民主监督工作,在实践中总结经验,探索具体方法。召开民主监督工作座谈会,交流经验和体会。五、促进共同目标下的大团结、大联合,加强海外联谊工作。加强宣传工作,发挥港澳委员作用。六、反映社情民意工作,提供信息410条。提案工作有新的发展,发挥文史资料以史鉴今,履行职能的作用。七、调查研究和委员视察活动围绕中心工作,注重实际效果。八、搞好政协自身建设,努力提高政协工作水平。第二部分,对1997年的工作提出八个要点:一、高举邓小平建设有中国特色社会主义理论的旗帜,进一步巩固团结合作的共同政治基础。二、继续推进政治协商、民主监督、参政议政规范化、制度化,提高政协工作水平和质量。三、认真履行政协职能,促进我省两个文明建设。四、进一步做好台湾同胞、港澳同胞和海外华侨的联络工作。五、积极反映社情民意,协助党和政府巩固与发展团结稳定的社会政治局面。六、加强对市、县(区)政协工作的指导。七、继续加强政协自身建设。八、认真总结本届政协工作经验,做好换届准备工作。

省委书记陈明义在常务委员会议上的讲话(1997年10月6日)(摘要) 一、认真学习,深刻领会,全面准确地理解十五大的精神实质。十五大举国关注、举世瞩目,盛况空前。十五大是团结胜利、具有划时代意义的大会。十五大报告是中国共产党领导全国各族人民迈向新世纪的行动纲领。学习十五大报告要在七个"深刻领会"上下功夫:一要深刻领会邓小平理论的历史地位和指导意义,高举邓小平理论的伟大旗帜;二要深刻领会社会主义初级阶段的基本国情,坚定不移地执行党的基本路线;三要深刻领会建设有中国特色社会主义的经济、政治、文化的基本目标和基本政策,实施社会主义初级阶段的基本纲领;四要深刻领会解放思想、实事求是的思想路线,不断推进改革开放和现代化建设;五要深刻领会公有制经济的含义及其多样化的实现形式,坚持社会主义初级阶段基本经济制度;六要深刻领会"和平统一、一国两制"的基本方针,为祖国和平统一大业多作贡献;七要深刻领会共产党人面向新世纪的历史使命,全面推进新的伟大工程。二、认真实施党的基本纲领,扎实推进我省新一轮创业。经济体制改革要有新突破。对外开放要上新水平。闽台合作交流要上新层次。经济发展再上新台阶。政治体制改革和民主法制建设要继续推进。文化建设要取得新成果。双拥工作要开创新局面。三、高举旗帜,履行职责,齐心协力把现代化建设全面推向二十一世纪。我省各级政协认真履行职责,立足全局,发挥优势,深入调研,团结协作,做了大量富有成效的工作。在新的历史时期,人民政协的地位增强了,肩负的任务更重了,发挥作用的天地扩大了。当务之急是认真学习贯彻十五大精神,扎实推进新一轮创业。省政协和各级政协要把这首要任务和头等大事抓紧抓好,按照中共福建省委六届七次全会的部署,在学习领会上狠下功夫,在贯彻落实中力求实效,坚持做到:第一,高举邓小平理论伟大旗帜,紧密团结在以江泽民同志为核心的党中央周围。邓小平同志是新时期人民政协事业的奠基人。邓小平同志对人民政协的一系列重要论述,作为其理论的重要组成部分,是新时期人民政协的理论基础、政策依据和科学指南,是指引我们做好政协工作的宝贵财富。我们一定要认真学习,深刻领会,以更加努力地做好政协工作的实际行动,来表明我们高举邓小平理论伟大旗帜的自觉性和坚定性。我们一定要牢记邓小平同志的政治嘱托,坚决维护以江泽民同志为核心的党中央的权威,在思想上、政治上、行动上同以江泽民同志为核心的中共中央保持高度一致,切实把各方面的力量凝聚到党的十五大和省委六届七次全会所确定的各项目标和任务上来。第二,积极探索,继续推进政治协商、民主监督、参政议政的规范化、制度化。要以十五大精神为指导,认真总结人民政协工作的经验,凡是做得好的都要坚持;要进一步贯彻落实中共中央《通知》精神和《政协全国委员会关于政治协商、民主监督、参政议政的规定》、中共福建省委的通知和实施办法,进一步探索新形势下履行人民政协职能的方法途径,使制度不断完善;各级政协都要尽职尽责,说真话,当诤友,办实事,切实履行自己的职责,特别要重视和发挥民主党派组织的作用,使政协进一步成为各民主党派、各人民团体、各界代表人士政治协商、民主监督、参政议政的重要场所。第三,充分发挥人民政协的职能作用和独特优势,为推进我省新一轮创业做出更大贡献。人民政协一定要在已有成绩的基础上,进一步发挥政协人才多的优势,为改革开放和现代化建设出谋献策,发挥政协联系面广的优势,为改革开放和现代化建设搭桥铺路;发挥政协组织网络的优势,为改革开放和现代化建设创造安定团结的环境。第四,加强和改善党对政协工作的领导,认真做好明年换届工作。

学习贯彻中共十五大精神、落实省委六届七次全体(扩大)会议精神的决议 (1997年10月8日省七届政协常委会第29次会议通过)(摘要) 会议衷心拥护江泽民同志在中国共产党第十五次全国代表大会上所作的报告和大会通过的各项决议,衷心拥护以江泽民同志为核心的新的中共中央领导机构。会议一致拥护中共福建省委六届七次全体(扩大)会议通过的《关于学习贯彻党的十五大精神的决议》和陈明义同志代表省委常委会作的《高举伟大旗帜,推进伟大事业》的报告。会议认为,中共十五大是在我国改革开放和社会主义现代化建设发展的关键时刻召开的一次承前启后、继往开来的历史性会议。大会把邓小平理论确立为全党的指导思想,明确写进中国共产党章程,充分反映了全党和全国各族人民的共同心愿。邓小平理论是毛泽东思想的继承和发展,是当代中国的马克思主义,是马克思主义在中国发展的新阶段。只有把马克思主义同当代中国实践和时代特征结合起来的邓小平理论，才能够正确解决我国社会主义的前途和命运问题。高举邓小平理论的伟大旗帜，对于团结和动员全国各族人民进一步解放思想，抓住机遇，开拓进取，把建设有中国特色社会主义伟大事业全面推向二十一世纪，必将产生重大而深远的影响。会议认为，江泽民同志在中共十五大所作的报告，对我国改革开放和现代化建设的跨世纪发展作出全面部署，是带领全国各族人民迈向新世纪的政治宣言和行动纲领。前不久召开的中共福建省委六届七次全体（扩大）会议，及时、认真、全面地贯彻十五大精神，对推动全省学习宣传和贯彻落实十五大精神，扎实推进新一轮创业，将产生重要作用。全省各级政协和广大政协委员要按中共中央和福建省委的要求，把学习贯彻中共十五大精神作为当前和今后一个时期的头等大事来抓，首先要原原本本、认认真真地把江泽民同志的报告学习好、领会好，明确大会提出的纲领、任务和方针政策。学习江泽民同志的报告要同学习邓小平理论结合起来，同福建的实际结合起来，同自己的工作实际结合起来，切实把思想和行动统一到十五大精神上来。要紧密围绕中共十五大提出的各项任务，按照中共福建省委六届七次全体（扩大）会议提出的要求，把十五大精神真正落实到新一轮创业的具体工作中去，为促进我省两个文明建设的协调发展，为实现跨世纪的战略目标，为促进祖国统一做出贡献。要坚持和完善共产党领导的多党合作和政治协商制度，坚持“长期共存、互相监督、肝胆相照、荣辱与共”的方针。继续推进人民政协政治协商、民主监督、参政议政的规范化和制度化，使人民政协成为中国共产党团结各界的重要渠道。巩固和发展广泛的爱国统一战线，把人民政协的伟大事业不断推向前进。会议号召，全省各级政协组织和广大政协委员，坚定不移地高举邓小平理论的伟大旗帜，坚持社会主义初级阶段的基本路线和基本纲领，紧密团结在以江泽民同志为核心的党中央周围，在中共福建省委的领导下，抓住机遇，开拓进取，同心同德，艰苦奋斗，积极履行政治协商、民主监督、参政议政职能，为福建的改革开放和现代化建设事业，为实现十五大的宏伟目标而努力奋斗！

【福建省各级政协领导人名单】

福建省政协

主　席

游德馨

副主席

林开钦　刘金美（女）　赵修复
卢浩然　邹尔均　陈家振　林　逸
金能筹　陈增光　周厚稳　蔡载经
周　畅　叶庆耀

秘书长

游冠洲

厦门市（副省级）

市政协主席

蔡望怀

副主席

江　平　柯雪琦（女）　张奋生
汪德耀　余绪缨　郑镇安　乐鸿宜
陈金烈　陈耀中

秘书长

肖绵如

1997年11月30日厦门市政协换届选举，领导人名单如下：

市政协主席

蔡望怀

副主席

叶天捷　林智忠　郑镇安　陈耀中
林义恭　庄　威　郑兰荪　林仁川

秘书长

肖绵如

县区政协主席

开元区 杨养生

思明区 林久来

鼓浪屿区 林善淦

湖里区 陈启坤

集美区 周冬月(女)

杏林区 林荣习

同安区 黄尚山

福州市

市政协主席

王文贵

县(市、区)政协主席

鼓楼区 邱顺生

台江区 张 焰

仓山区 蔡庆良

马尾区 洪星光

晋安区 郑师钤

福清市 邱玉清

长乐市 林衍利

闽侯县 谢光星

平潭县 何明坤

永泰县 黄玉灿

闽清县 刘桂荣(女)

连江县 张天金

罗源县 陈大强

漳州市

市政协主席

林碧华(女)

县(市、区)政协主席

芗城区 陈启生

龙文区 陈庆元

龙海市 康天厚

漳浦县 杨 玲(女)

东山县 邹水阁

华安县 高爱明

长泰县 林瑞兴

云霄县 方接枝

南靖县 王义纯

平和县 吴志明

诏安县 沈耀喜

泉州市

市政协主席

傅圆圆(女)

县(市、区)政协主席

鲤城区 庄泉宝

丰泽区 刘聚钗

洛江区 蒋夏雨

晋江市 王恭庭

南安市 林木对

石狮市 吴彦南

惠安县 陈清发

安溪县 陈长昭

德化县 李孝仪

永春县 林玉壁

三明市

市政协主席

兰德明(畲族,至1997年12月)

吕少郎(1997年12月任职)

县(市、区)政协主席

三元区 侯水泉

梅列区 林 熹

永安市 陈永写

清流县 胡登良

宁化县 王瑞枝

建宁县 杨金秋

泰宁县 翟名庚

明溪县 周章四

将乐县 黄德泰

沙 县 陈元良

尤溪县 黄希秋

大田县 方初海

莆田市

市政协主席

陈少勇

县(区)政协主席

城厢区　苏国金

涵江区　许福荣

莆田县　余文锦

仙游县　郑元畏

南平市

市政协主席

肖成栋(至1997年12月)

赵守明(1997年12月任职)

县(市、区)政协主席

延平区　余盛卓

邵武市　苏永昭

武夷山市　游　振

建瓯市　阮永庄

建阳市　何志坤

顺昌县　林炳秋

浦城县　周琳孙

光泽县　杨道喜

松溪县　骆金来

政和县　林其水

龙岩市

市政协主席

杨金龙

县(市、区)政协主席

新罗区　张俊华

漳平市　杨德鑫

永定县　谢耀邦

上杭县　袁建中

武平县　吴桂康

长汀县　兰在田

连城县　罗土卿

宁德地区

县(市)政协主席

宁德市　汤春景(至1997年10月)　陈俊丹(1997年10月任职)

福安市　刘　骞(至1997年7月)　刘秉辉(1997年7月任职)

福鼎市　洪恒钗

霞浦县　邱其恩

寿宁县　连德仁

周宁县　潘陈秋

柘荣县　游丹清

古田县　魏鉴串

屏南县　李家团

福建省各级政协组织和委员数

项目＼级别	省级	副省级	地级市	县级市	县	市辖区	合计
组织数	1	1	7	15	45	23	92
委员数	669	401	2 309	2 860	5 888	3 093	15 220

(金铁平　编写)

政协江西省委员会

【全体委员会议】

七届五次会议 1997年2月16日至21日在南昌举行。七届委员会共有委员708人,出席开幕会议的委员616名。朱治宏主席主持了开幕大会。会议听取和审议了叶学龄副主席所作的省政协七届委员会常务委员会工作报告,听取和审议了提案委员会主任刘峰所作的关于省政协七届四次会议以来提案工作情况的报告。委员们列席了省八届人大五次会议,听取和讨论了舒圣佑省长所作的《政府工作报告》和省八届人大五次会议上的其他重要报告,围绕深化改革、加快发展、保持稳定,如何保持较快的经济增长速度、着力提高效益,以及科教兴赣战略和可持续发展战略等问题,提出了意见和建议。2月19日,惊闻邓小平同志逝世。20日上午,在举行大会发言时,出席会议的全体委员和列席人员首先在朱治宏主席的带领下起立,默哀3分钟,悼念邓小平同志逝世。会议期间,省委书记吴官正、省长舒圣佑分别到小组参加讨论,听取委员们的意见和建议。省委、省政府的领导同志及有关部门的负责同志分别听取了大会发言,应邀参加了专题协商座谈会,听取委员们就加快企业改革和发展步伐,农业和农村经济,精神文明、民主法制和廉政建设以及科教兴赣战略等方面的意见和建议,并回答了委员们提出的一些问题。叶学龄副主席主持了闭幕大会。会议通过了《政协江西省第七届委员会第五次会议决议》、《关于省政协七届五次会议提案审查情况的报告》。朱治宏主席在闭幕会上讲了话。朱治宏说,今年,将迎来我国政府恢复对香港行使主权和中国共产党召开十五大这两件举世瞩目的大事。团结一心,努力做好今年的工作,为办好这两件大事创造良好的政治、经济、社会环境和条件,是摆在我们面前的主要任务。他说,今年是本届委员会任期的最后一年,要一如既往地做好工作,完成本届政协的历史使命,还要注意总结政协工作经验,探索新形势下全省政协工作中带规律性的东西,促进政协工作不断提高水平。

【常务委员会议】

第20次会议 1997年1月15日至17日在南昌举行。会议协商讨论了《政府工作报告(征求意见稿)》;审议通过了政协江西省第七届委员会常务委员会工作报告;审议通过了政协江西省第七届委员会第四次会议以来提案工作情况的报告;审议通过了政协江西省第七届委员会第五次会议议程(草案)和日程(草案);审议通过了政协江西省第七届委员会第五次会议分组召集人名单;通过了人事事项。

第21次会议 1997年2月20日在南昌举行。会议听取了关于省政协七届五次会议开幕以来的情况汇报;审议通过了省政协七届五次会议决议(草案);审议通过了政协江西省第七届委员会提案委员会关于七届五次会议提案审查情况的报告。

第22次会议 1997年5月20日至22日在南昌举行。会议听取了省政府副省长周懋平作关于全省利用外资情况的通报;听取了省政协经济科技委员会关于我省进一步解放思想、改善投资环境、加快招商引资步伐情况的调查汇报;协商讨论了我省进一步解放思想、改善投资环境、加快招商引资步伐问题;通过了《政协江西省委员会提案工作条例》。

第23次会议 1997年9月27日至29日在南昌举行。会议听取了省委书记舒惠国作关于中共十五大精神的传达报告;讨论了如何结合政协工作,学习、贯彻好十五大精神;通过了人事事项。朱治宏主席在闭幕会上作了讲话。

第24次会议 1997年11月18日至20日在南昌举行。会议听取了秘书长缪兵作关于起草政协江西省第七届委员会五年工作的基本总结的说明；听取了省政协副主席、省委统战部部长梅亦龙作关于换届工作中有关问题的说明；审议通过了政协江西省第七届委员会五年工作的基本总结；审议通过了政协江西省第七届委员会提案委员会关于七届五次会议以来提案工作情况的报告；审议通过了关于召开政协江西省第八届委员会第一次会议的决定；审议通过了政协江西省第七届委员会常务委员会关于换届工作有关问题的决定。

第25次会议　1997年12月25日至27日在南昌举行。会议听取了省政府常务副省长黄智权作《政府工作报告(征求意见稿)》有关情况的说明；听取了省政协副主席、省委统战部部长梅亦龙作关于政协江西省第八届委员会协商提名情况的说明；协商讨论了《政府工作报告(征求意见稿)》；协商通过了政协江西省第八届委员会委员名单；协商通过了政协江西省第八届委员会第一次会议主席团、秘书长建议名单(草案)，主席团常务主席建议名单(草案)，提案委员会建议名单(草案)；通过了人事事项。朱治宏主席在闭幕会上作了讲话。

【专门委员会工作】

提案委员会　1997年共收到提案419件，经审查立案417件，占99.5%，有2件作为来信处理。提案办复415件，占提案总数的99.5%。其中，问题已得到解决的145件，占35%。一年来，主要抓了以下几个方面的工作：⑴重点提案的办理落实；⑵进一步注重党派团体提案；⑶对提案进行跟踪办理；⑷修改《省政协提案工作条例》；⑸进一步提高服务质量。在日常工作中，该委一是主动当好配角，会同省人大、省政府有关职能部门赴各地(市)和部分县(区)督办提案；二是加大宣传报道力度，除在全委会期间进行宣传报道外，平时在各类报刊发表文章9篇，提案委主办的内部刊物《提案工作通讯》及时反映提案工作的动态和经验；三是加强与地(市)县政协的联系，联合开展一些活动；四是提高工作人员的业务素质，加快办公自动化建设，实现了用微机处理提案，提高了办事效率。

学习文史委员会　编辑出版了《文史大观》和《学习参考资料》。完成了《江西历代名人传》一书的征编工作，已脱稿交出版社审阅。5月，在德兴市召开了全省政协学习、文史工作座谈会。9月，组织本会部分委员赴青海、四川省学习考察，扩大了委员的视野，增进了与兄弟省市政协的友谊。

经济科技委员会　1997年4至5月间，组织两个调查组先后分赴吉安、赣州、九江、景德镇、鹰潭、南昌等地市和部分县，就关于进一步解放思想、改善投资环境、加快招商引资步伐的问题进行调查，形成了调查报告，经第22次常委会议讨论和主席会议审议后，以《建议案》形式报送省政府。该调查报告作为省政府召开的全省招商引资工作会议的主要文件之一，转发全省各地参阅，周捻平副省长在这份调查报告上批示：报告写得生动，有说服力，是个难得的好调查报告。8至9月间，组织本委委员分两批赴新疆、陕西和云南、贵州进行了为期半个月的学习考察活动。编辑出版了七届省政协经济科技委员会《调查报告集》。

“三胞”联谊委员会　举办了香港知识学习班和庆香港回归联欢会活动；编辑了《江西籍港澳名人录》。接待“三胞”人士14批148人次。组织了香港地区的省政协委员返赣视察。组织考察鄱阳湖候鸟保护区。

教文卫体委员会　在南昌县举行了一次职业教育研讨会，副省长黄懋衡参加了座谈会，对这次研讨会给予高度评价，并邀请本委在全省教育工作会议上以《关于大力发展职业教育的若干建议》为题作了专题发言。汇编《全社会都来关注支持职业教育事业》。组织本委委员在宜黄县开展护士节慰问活动，沟通了本委与基层卫生单位的联系。就如何促进应试教育向素质教育转变等问题，与本委联系点高安中学的领导及师生代表进行座谈，提出了“关于落实教职工住房建设各项优惠政策”及“落实教龄满 30 年的公办教师退休金按原工资 100%发给的规定”两件提案，促进这两个问题得到初步解决。“教师节”前夕，组织了部分委员并特邀南昌市部分中小学校长，赴安义县乔东乡中心小学开展教师节慰问活动。9 月，全国政协科教文卫体委员会副主任王济夫等一行 7 人来赣调查文化建设问题，本委参与调查并提交了关于我省文化建设的现状与对策的调查报告，作为全国政协科教文卫体委员会呈报国务院的重要材料之一。

法制社团委员会 举办了省政协女同胞庆“三八”迎“回归”联欢会。为进一步推动我省预防青少年犯罪工作，组织委员赴宜春地区、新余市、南昌市及省少管所进行了追踪调查，并提交了调查报告；省政府常务副省长黄智权对该调查报告批示说：报告提出的 7 条对策“很有价值；请政法委和省政府有关部门提出相关措施并抓落实”。根据省高级人民法院的邀请，从省各民主党派、省工商联及有关地市选派了 11 名省政协委员参加了全省 11 个地市的法院执法工作大检查；委员们的认真工作，得到了省高级人民法院领导的好评和函谢。年底，组织视察组对我省两地一市的 2 个畲族乡、4 个畲族村和 1 个瑶族村进行了为期半个月的视察，并向省政府报送了视察报告；省长助理胡长清作了批示，要求“省民族宗教局认真研究省政协法制社团委的考察报告，提出相应的措施，并要以适当的方式反馈给政协”。

【重要活动】

全国政协学习工作座谈会在赣举行 1997 年 6 月 3 日，全国政协学习工作会议在南昌召开，全国政协文史和学习委员会副主任徐惟诚、徐崇华以及来自全国 28 个省、自治区、直辖市政协的 60 余位代表参加了座谈会。会议开始时，省政协主席朱治宏主持，省委书记舒惠国到会并讲话。出席会议的同志在会上交流了学习工作的经验。6 月 5 日至 7 日，出席会议的同志先后到庐山、景德镇参观考察。

华东六省一市第六次政协工作经验交流会在赣举行 1997 年 8 月 7 日，华东六省一市在南昌召开第六次政协工作经验交流会。省政协主席朱治宏主持了开幕会，常务副省长黄智权介绍了江西省情，六省一市政协主席或副主席分别在会上交流了政协工作经验。

在赣全国政协委员视察 1997 年 11 月 27 日至 12 月 2 日，以全国政协常委、省政协副主席廖延雄为团长，全国政协委员、省政协副主席厉志成为副团长，全国政协委员、省政协副主席叶学龄为顾问的在赣全国政协委员视察团，对我省赣州地区的南康市、大余县、信丰县、龙南县的农业开发进行了视察，同当地党政领导交换了意见。

香港特区省政协委员返赣视察 1997 年 10 月 14 日至 21 日，香港特区 11 名省政协委员先后到我省鹰潭市和上饶地区的贵溪冶炼厂、上饶振达铜材集团、上饶客车厂、广丰卷烟厂等企业进行了视察，听取了上饶地区经济工作基本情况的介绍，并与上饶地委、行署、省政协上饶地区工委的领导进行了座谈。

省政协机关与省人大常委会机关开展联欢活动 1997 年 9 月底与 12 月底，省政协机关与省人大常委会机关，先后举行了庆祝国庆和庆祝元旦的联欢活动，密切了省政协机关与省人大机关的联系。

【重要文件】

常委会工作报告(摘要) 报告从四个方面对过去一年的工作进行了回顾:(一)围绕两个文明建设的重大问题,开展政治协商和民主监督。七届四次会议期间,委员们认真讨论了省政府工作报告、《江西省国民经济和社会发展"九五"计划和2010年远景目标纲要草案》及其他重要报告,共提出建议134条;委员们还就两个文明建设的重大问题,在专题协商会上向省委、省政府的领导面对面建言献策,受到了重视。一年来,在调查研究和常委会议协商讨论的基础上,共向省委、省政府报送3份主席会议建议案,受到省委、省政府及有关部门的重视。各专门委员会通过调查研究、协商座谈、对口联系以及走访等形式,提出许多有价值的意见和建议;这些意见和建议都受到有关部门的欢迎。担任特邀检察员的省政协委员认真履行了职责。一些委员参加了有关单位组织的执法检查,较好地发挥了民主监督的作用。(二)选准课题,增强调查视察的实效。一年来,集中组织了18次专题调查和5次追踪调查。这些调查,有的是根据省委、省政府领导同志提出的调研课题组织实施的;有的是发挥专委会的优势选择课题进行的;有的是根据一些对口联系单位的要求进行的;有的是为了促进有关政策的落实,在过去调查的基础上实行跟踪调查。调查工作始终围绕我省改革开放和两个文明建设的一些重大问题及群众普遍关心的问题进行。调查中注意选准课题,坚持深入实际,求深度,重实效。调查成果都得到省委、省政府及有关部门的重视,有些已被吸纳进决策之中。视察工作继续坚持集中视察与平时专题视察相结合、就地视察与异地视察相结合,共提出视察报告6份。专题视察时把委员们提出的建议整理成提案,促进了有关问题的解决。(三)注重提案质量,做好提案工作。一年来,本会共收到提案449件,立案446件。常委会不仅注意提高提案质量,而且注重提案办理质量。到去年底,已办复的441件提案中,问题已得到解决的139件,占31.5%;正在解决或列入计划解决的217件,占49.2%。对有些涉及千家万户切身利益的提案,还进行跟踪办理。各民主党派和工商联,充分发挥各自优势,以本组织名义共提出提案27件,是七届政协以来最多的一年,使提案质量整体上进一步提高。(四)广辟信息渠道,反映社情民意。常委会把了解和反映社情民意作为发挥委员作用,更好地履行政协职能的重要途径。一年来,各级政协组织和广大政协委员,多渠道收集并提供了许多信息,省政协办公厅通过《江西政协信息》、《参政议政》,共上报各类信息166条。上报信息量,被省委和全国政协采纳的信息量,得到省委、省政府、省政协领导批示的信息量,都是七届政协以来最多的一年。报告总结了三点体会:(一)政协履行职能,必须坚持中国共产党的领导,密切同有关方面的配合。(二)政协履行职能,必须充分发挥专门委员会的基础作用,调动委员参政议政的积极性。(三)政协履行职能,必须加强自身建设,同时提高机关工作效率和服务质量。报告指出了工作中还需改进和加强的四个方面的问题:反映社情民意还要更加广泛;规范化、制度化建设有待进一步完善;自身建设有待进一步加强;机关建设还要继续抓紧。报告提出了新的一年的工作任务,指出:1997年是我国历史发展上很重要的一年。在新的一年里,我国将恢复对香港行使主权,中国共产党将召开第十五次全国代表大会。摆在我们面前的任务,就是团结一心,努力做好今年的工作,为办好这两件大事创造良好的政治、经济、社会环境和条件。主要任务是:(一)抓学习,继续增强履行职能的自觉性和主动性;(二)抓实效,进一步提高履行职能的水平;

(三)抓继承与发展的结合,不断推进履行职能的规范化、制度化;(四)抓自身建设,努力形成务实、高效的工作机制。

省委书记舒惠国关于中共十五大精神的传达报告(1997 年 9 月 27 日) 省委书记舒惠国作了十五大精神的传达报告。在讲到抓好十五大精神的传达贯彻时指出:统一战线,是我们党带领人民夺取革命和建设事业胜利的一个重要法宝。中共十五大再次强调要坚持和完善共产党领导的多党合作和政治协商制度;强调要继续推进政治协商、民主监督、参政议政的规范化、制度化,使之成为中国共产党团结各界人士的重要渠道;强调要坚持党的民族政策、宗教政策、侨务政策、知识分子政策;强调非公有制经济是我国社会主义市场经济的重要组成部分;强调要继续推进祖国和平统一大业。我们要认真学习、深刻领会这些重要精神,落实中共十五大对统一战线工作的要求。

中国人民政治协商会议江西省委员会提案工作条例(1997 年 5 月 22 日) 条例共有 6 章 22 条,对提案委员会的组成,提案的提出,提案的审查和处理,提案的办理等作出了明确的规定。

关于进一步解放思想、改善投资环境、加快招商引资步伐的建议案(1997 年 6 月 20 日) 省政协七届四十七次主席会议提出如下建议:一、在思想认识上要进一步解决几个问题。1.要认真算一笔账,实现"九五"计划和跨世纪宏伟目标,需要增加多少投入,自己积累多少,能争取国家支持多少,缺口有多大,把这笔账算清了,就知道只有通过招商引资,才能填补资金缺口,以足够的投入来保证计划目标的实现;2.要辩证地看待当前的机遇,既要看到当前有极好的机遇,也不可忽视机遇背后的负面影响;3.要坚持解放思想与实事求是的统一,按照"三个有利于"的标准,把招商引资的热情同实事求是的科学态度结合起来。二、坚持政策的规范化和连续性。一方面在制定有关优惠政策时,要注意与国际惯例接轨,要考虑到与国家及有关部门相关政策的配套,要维护我省的基本利益;另一方面,在与外商签约时,提供具体的优惠政策务必实事求是,做不到的不要轻易许诺,一旦许诺,就要兑现。三、规范行政、执法行为,坚决制止"四乱"。四、改进招商引资方式,注重引资效果。五、办好现有外资企业,发挥示范作用。六、提高管理服务质量,树立高效廉洁的政府形象。

【江西省各级政协领导人名单】

江西省政协

主　席

朱治宏

副主席

叶学龄　梅亦龙(女)　吴永乐

廖延雄　戴执中　黄立圻　罗　明

江国镇　厉志成

秘书长

缪　兵

南昌市

市政协主席

程金鹏

县(市、区)政协主席

南昌县	汤兴禄
新建县	何树根
进贤县	陈尚根
安义县	刘德柱
东湖区	司长贵
西湖区	涂萱生
青云谱区	侯强斌
湾里区	陈会铜
郊　区	王长鹏

九江市

市政协主席

陈绍铨

县(市、区)政协主席

浔阳区 屈章勇

庐山区 黄森林

九江县 钟礼雨

永修县 于从顺

德安县 万联池

武宁县 徐志泉

修水县 宁建武

湖口县 徐星海

瑞昌市 陈孝林

都昌县 刘贤法

彭泽县 徐鹤龄

星子县 欧阳森林

景德镇市

市政协主席

程新饶

县(市、区)政协主席

乐平市 毕向明

浮梁县 时连章

珠山区 牛玉喜

昌江区 曹水保

鹰潭市

市政协主席

郑荣辉

县(市、区)政协主席

月湖区 杨重玉

贵溪市 王树新

余江县 万厚生

新余市

市政协主席

梁梦海

县(市、区)政协主席

分宜县 袁普森

渝水区 刘海清

萍乡市

市政协主席

陈世国

县(市、区)政协主席

上栗县 易自来

莲花县 钟桂泉

芦溪县 邹洪波

安源区 王星辉

湘东区 温学贤

吉安地区

县(市)政协主席

吉安市 李烨

吉安县 王尤斋

吉水县 孙独生

永丰县 范礼昌

峡江县 孙四和

新干县 杨根芽

安福县 朱光伟

永新县 段永军

宁冈县 (暂缺)

井冈山市 罗锦清

遂川县 廖晓春

万安县 陈达峰

泰和县 蒋思纯

抚州地区

县(市)政协主席

临川市 周锡缮

崇仁县 黄德洋

宜黄县 徐禹谟

乐安县 李秋生

南城县 伍勇斌

南丰县 黄祥生

广昌县 陈正贤

资溪县 李金生

金溪县 钟远鸣

黎川县 廖其丁

东乡县 康来寅

上饶地区

县(市)政协主席

上饶市 李瑞荣
上饶县 郑发东
广丰县 陈令荣
铅山县 郑碧莲(女)
德兴市 孙和才
婺源县 储祥根
余干县 汤龙章
弋阳县 谢耀桢
玉山县 戴淑旺
横峰县 张成平
万年县 周仲林
波阳县 卢绍雄

宜春地区

县(市)政协主席

宜春市 黄亦祥
樟树市 聂藕生
丰城市 徐恩荣
高安市 万克荣
万载县 陈高升
上高县 甘惠祥
奉新县 熊林璋
靖安县 黄百文
宜丰县 黄仕文
铜鼓县 熊伟生

赣州地区

县(市)政协主席

赣州市 张华林
赣　县 兰应贵
上犹县 何惠英(女)
崇义县 黄俊衍
南康市 蒙承垠
大余县 李德升
信丰县 王运期
龙南县 曾昭驹
全南县 黄昌耀
定南县 缪胜天
安远县 钟富民
寻乌县 袁少康
于都县 肖万祯
兴国县 谢光流
瑞金市 许祖相
会昌县 周汉英
石城县 段标荣
宁都县 丁兰英(女)

江西省各级政协组织和委员数

项目＼级别	省	省辖市	县(市、区)	合计
组织数	1	6	100	107
委员数	708	2 031	15 439	18 178

（廖福钧　编写）

政协山东省委员会

【全体委员会议】

七届五次会议 1997年2月14日至19日在济南举行。陆懋曾主席主持了开幕大会。翟永淳副主席作七届常务委员会工作报告。与会委员列席了山东省第八届人民代表大会,听取并讨论了李春亭省长所作的政府工作报告和其他报告。会议组织了“迎回归、话统一”和“弘扬传统美德,建设现代文明”专题讨论会;围绕全省两个文明建设,组织了大会发言。会议通过了《中国人民政治协商会议第七届山东省委员会第五次会议决议》。决议指出,1997年是我们国家历史发展进程中非常重要的一年,也是七届省政协任期的最后一年。在新的一年里,全省各级政协组织和政协委员,要高举爱国主义和社会主义旗帜,充分利用香港回归的历史机遇,积极开展对台港澳的工作,为保证香港的顺利交接、平稳过渡和长期稳定繁荣多作贡献。要组织动员全省各级政协委员和各界人士,以优异的成绩迎接党的十五大的胜利召开。要善始善终地做好各项工作,全面系统地总结实践经验,积极为政协换届做好准备,努力把政协工作提高到一个新的水平。会议增选了王廷础等11位同志为七届省政协常务委员。会议闭幕时,陆懋曾主席发表了讲话。

【常务委员会议】

第21次会议 1997年1月15日至19日在济南举行。会议协商讨论了省《政府工作报告》(讨论稿);审议通过了省政协七届五次会议筹备工作的有关事项。

第22次会议 1997年2月13日在济南举行。会议增补于志平等22名同志为七届省政协委员;审议通过了增选七届省政协常务委员成员名单和选举办法。

第23次会议 1997年2月18日在济南举行。会议听取了省政协七届五次会议各组讨论情况的汇报;审议了提交全体委员会议通过的省政协七届五次会议决议(草案);审议了省政协七届五次会议提案审查情况的报告。

第24次会议 1997年3月20日至21日在济南举行。会议传达学习了八届全国人大五次会议和全国政协八届五次会议精神,并围绕人民群众普遍关心的热点问题进行座谈讨论。会议结束时,陆懋曾主席就学习贯彻八届全国人大五次会议和全国政协八届五次会议精神提出了要求。

第25次会议 1997年6月24日至26日在济南举行。会议听取并讨论了省委副书记、省长李春亭所作的《关于当前我省经济工作情况的报告》;陆懋曾主席就政协如何总结经验作了讲话,提出了明确要求;会议还审议通过了《关于进一步推动我省住宅产业健康发展的建议案》。

第26次会议 1997年9月26日至28日在济南举行。会议听取了中国共产党第十五次全国代表大会精神的传达,学习讨论了江泽民同志代表第十四届中央委员会所作的报告和其他重要文件,审议通过了《政协山东省委员会关于学习贯彻中国共产党第十五次全国代表大会精神的决议》,原则通过了《关于依靠科技建设农业强省的建议案》。中共山东省委书记吴官正出席开幕大会并讲话。会议结束时,陆懋曾主席就如何深入学习贯彻中共十五大精神提出了要求。

第27次会议 1997年12月17日至18日在济南举行。陆懋曾主席传达了全国地方政协主席座谈会精神;讨论审议了《政协第七届山东省委员会工作总结》(征求意见稿),会议结束时,陆懋曾主席就如何学习贯彻十五大精神、继续围绕党的中心工作履行职能、认真搞好总结经验的工作,发表了讲话。

【专门委员会工作】

提案委员会 七届五次会议以来,共收到提案597件，立案558件，截至去年底已全部办复。在提案办理中，坚持提案交办高层运作，突出三个“结合”、两个“见面”，即采取提案者、承办单位和提案工作机构相结合，“文来文往”与人来人往相结合，统一部署与重点督办相结合，让提案人与承办人见面，提案人、承办人和政协提案工作部门人员见面，共同协商提案办理工作，收到了良好的效果。七届五次全委会期间，邀请省及济南市部分单位主要领导现场答复了19件提案，会后又选择18件民主党派提案印送省委、省政府、省政协领导批办，均收到很好的效果。为了加强对提案督办落实的力度，组织提案委成员和部分提案者分赴威海、德州、泰安三市，实地考察了十几件提案的办理结果，促进有关问题的解决。此外，为了总结五年来提案工作的经验，先后召开全省政协提案工作会议，精心编写了《提案选编》，策划筹备了提案工作成果展览，对优秀提案进行了表彰，为推动提案工作再上新台阶打下了基础。

学习宣传委员会 在学习工作中，始终把深入学习邓小平理论放在首位，并切实做好“结合”的文章，即把对邓小平理论与中央领导人重要讲话及重大时事政策学习结合起来，把委员小组学习与大范围的交流结合起来，把理论学习与参政议政结合起来，把学习与工作探讨和理论研究结合起来。为配合学习，共举办学习辅导报告会6场，编发《学习与交流》8期近60万字，使学习工作得到了新的拓展。在宣传工作中，依照日常报道求新、集中报道求深的思路，日常报道，加大了对专委会活动和典型人物的宣传力度；集中报道，加强了事前策划安排，增强了实质内容的宣传。全年共组织新闻单位报道达65次，从采访范围到报道深度，都有新的拓展。在全国政协组织的“宏宇杯”新闻评选活动中，山东有两件参评作品获奖。

文史资料委员会 本着“着眼全局，团结协作，民主协商，自愿互利”的原则，拟订了全省政协建国后史料近中期专题协作规划，实现了史料征集工作重点由建国前向建国后的转移，并完成了规划中《胜利油田的崛起》、《山东近现代回族》、《山东重大考古发掘纪实》、《齐鲁百年名碑集》等文史专辑的征稿编辑工作。按照全国政协建国后史料专题协作项目的安排，先后为《中华老字号今昔》、《支援抗美援朝纪实》、《解放军进城以后》、《农村经济改革大潮的兴起》、《共和国颁布政令—扫毒禁娼》、《共和国考古发掘亲历记》、《治理大江大河》、《地方戏剧改革》、《中华百年历史名碑》等9个专题，征集了58篇史料文章，计30余万字。委员会所承办的《春秋》杂志，实施精品战略，社会效益、经济效益同步增长。

经济委员会 按照省政协年度工作要点，组织经济界委员着重开展了两方面的工作。一是搞好重大决策前的协商讨论。在制定山东省“九五”计划和2010年远景规划时，组织委员对计划和规划的初稿进行了广泛深入的研讨论证，提出的11条意见和建议被全部采纳。二是围绕经济建设重大问题组织调研。先后组织了5次专题调查、视察活动，形成专题调查、视察报告4份，其中关于山东省房地产业发展问题的调研报告，经常委会议讨论审议后，以建议案的形式报省委、省政府并引起重视。省建委就建议案提出的问题和建议又专门组织人员进行了专题调查研究，办理和落实建议案的情况以正式文件报省政协，收到了较好的效果。一年来，参与本委员会活动的委员累计达200余人次。

科教文卫体委员会 紧紧围绕“科教兴鲁”战略实施和全省科教文卫体事业的改革和发展，利用各种形式，积极履行职能，取得了明显成效。先后就体育后备人才培养、基础教育改革、文化事业建设、医药市场整顿、搞好人口与计划生育工作等开展了5项调查研究和视察活动,形成的调查、视察报告,受到了省委省政府领导同志和有关部门的重视。承担了山东省重大软科学研究的部分项目,其中建设农业强省科技对策、提高全民素质的教育途径与方法、京九铁路沿线科技开放战略等三个课题已通过了专家论证,业已基本完成。充分发挥委员专长,先后组织医药卫生界委员和专家进行义诊,组织百名农业科技专家携科技书籍及资料,开展了科技下乡活动,均取得良好的社会效益。

社会法制委员会 按照委员会工作计划,组织委员就维护社会政治稳定问题和落实社会治安综合治理责任制问题、农村宗教工作和"110"报警服务工作等分别开展了两项专题调查、两次视察活动。调查、视察报告引起了省委、省政府领导同志和有关部门的重视。《关于临沂市农村宗教工作情况的视察报告》被省宗教局以正式文件向各地宗教工作部门转发。举行了关于全省反腐败廉政建设情况通报会,举办了《香港基本法》知识讲座。对《山东省历史文化名城保护条例》等地方法规进行讨论,所提出的修改意见,被省法制局采纳。组织委员对党的十五大精神和全省政协社会治安综合治理工作进行学习座谈。参加了全省社会治安综合治理检查。参加了全国政协农村养老保险制度建设研讨会。

台港澳侨和外事委员会 在年度工作中,突出"迎回归、庆回归"的主题,先后举行了"迎回归、话统一"专题座谈会和迎香港回归山东省各界人士座谈会;组织了迎回归大型文艺联欢会和香港、济南两地儿童交换国旗、区旗等纪念活动16项;配合各项活动的开展,举行形势报告等情况通报会、学习座谈会6次。为总结好本届政协的工作,分别召开了全省政协祖统联谊外事工作座谈会和港澳省政协委员座谈会,交流了经验,征求了意见。此外,接待了全国政协澳门地区委员赴山东视察团,并承担了赴胶东地区视察的组织协调工作;接待台港澳侨访鲁团组15个、230人次;组织了对港澳委员在山东投资、引资、捐资情况的调查。

【重要活动】

省政协召开学习宣传工作会议 1997年5月26日至27日,在济南召开了省政协学习宣传工作会议。陆懋曾主席作了题为"形成新气象,开创新局面"的讲话。李殿魁副主席作了总结发言。

省政协召开提案工作会议 1997年6月10日至11日,全省政协提案工作会议在潍坊举行。陆懋曾主席到会并就提案工作讲了重要意见。省政府副秘书长曹道泉通报了全省政府系统办理政协提案的情况,中共潍坊市委副书记、副市长王玉芬介绍了潍坊市做好提案办理工作的经验,14个市政协和3个政协地区工委的负责同志作了大会发言,交流了提案工作经验。会议期间,与会代表还实地参观考察了潍坊市提案办理的重要成果。

省政协召开庆香港回归座谈会 1997年6月26日,省政协庆祝香港回归座谈会在济南召开。省各民主党派、工商联、各人民团体和住香港澳门委员的代表,汇聚一堂,共话回归盛事,抒发爱国情怀,展望祖国统一的美好前景。

全国政协澳门地区委员来我省视察 1997年8月19日至26日,全国政协办公厅组织7位澳门地区全国政协委员,赴青岛、烟台、威海三市进行了视察,对我省的改革、建设、稳定的基本形势给予了充分肯定,并提出了很多好的意见和建议。

省政协召开文史工作座谈会 1997年9月4日,全省政协文史工作座谈会在济南召开。省政协副主席刘洪仁总结了本届政协文史工作的基本经验，并对下一步的工作提出了具体要求。会议对荣获文史工作先进集体的市、地和县、市、区政协进行了表彰。

省政协召开民主党派工商联负责人座谈会 1997年9月5日，省民主党派、工商联负责人座谈会在省政协机关举行。省政协主席陆懋曾对民主党派、工商联代表大会的圆满成功和各位负责人的当选表示了热烈祝贺，提出省政协将进一步加强与各民主党派、工商联的联系与协作。省民革、省民盟、省民建、省民进、省农工党、省致公党、省九三学社、省工商联的负责同志分别作了发言。

省政协召开港澳委员座谈会 1997年9月12日，山东省政协港澳委员会议在深圳召开。27名港澳委员出席了会议。省政协副主席田健向港澳委员通报了山东省经济运行、社会发展和政协工作情况。会议就如何进一步密切鲁港之间的交流与合作进行了探讨。

陆懋曾主席率团出访德国、意大利 应德中友好协会和意中友好协会的邀请，省政协主席陆懋曾率山东省农业友好代表团，于1997年10月6日至20日对德国和意大利进行了友好访问。代表团重点考察学习了两国农业现代化、产业化、农业高新技术的推广、应用，农副产品的产销、流通及农业领域的社会化服务体系等方面的情况和经验。访问期间，代表团还与德中友协、意中友协负责人分别进行了工作会谈，进一步加深了山东省友好组织与德、意两国民间友好组织的相互了解，拓宽了交往渠道，就今后合作、交流的具体事宜达成了合作意向。

省政协召开祖统联谊外事工作座谈会 1997年12月3日，全省政协祖统联谊外事工作座谈会在济南举行。会议听取了省台办、省外办、省侨办负责同志的报告，总结交流了五年来各地市政协的工作经验，并对进一步做好全省政协的祖统联谊外事工作进行了探讨。

【重要文件】

常委会工作报告(1997年2月14日)(摘要) 1996年，是实施“九五”计划和2010年远景目标纲要的第一年，一年来，政协山东省委员会在中共山东省委的领导下，坚持以党的基本理论、基本路线、基本方针为指导，认真贯彻党的十四届五中、六中全会精神，围绕中心，服从大局，振奋精神，开拓创新，认真履行主要职能，积极推进政治协商、民主监督、参政议政的规范化和制度化建设，各项工作都取得了新的进展，为促进我省的政治稳定、经济发展和社会进步，做出了积极贡献。(一)认真组织政治理论学习，不断提高自身素质。(二)努力提高例会质量和提案水平，主动为党政决策服务 。(三)适应社会主义市场经济的需要，拓宽了服务经济建设的途径。(四)围绕两个文明的协调发展，加大了为精神文明建设服务的力度。(五)充分发挥团结协调功能，积极维护社会稳定团结。(六)加强宣传舆论工作，扩大了人民政协的社会影响。(七)把握祖国和平统一的历史性机遇，广泛开展了联谊交友活动。(八)自觉依靠党的领导和政府支持，促进了履行职能的规范化制度化。回顾一年来的工作，我们深深体会到，只有从建设有中国特色社会主义的战略高度认识政协的地位和作用，自觉坚持和依靠党的领导，全面贯彻党的基本路线，努力加强多党合作重要机构的建设，充分调动各方面的积极性，才能促进爱国统一战线的巩固和发展；只有牢固树立全局观念和服务意识，始终和党委政府一条心、一股劲，做到宏观决策搞好协商，重大行动搞好协调，奋斗目标搞好协同，具体工作搞好协作，才能创造新的业绩；只有充分发挥主观能动性，思想上确立新观念,工作上树立高标准,才能更好地完成党和人民赋予的光荣使命。1997年是我们国家历史发展上很重要的一年。我国将恢复对香港行使主权和中国共产党将召开第十五次全国代表大会。这两件大事,举世瞩目,对中华民族的振兴和社会主义现代化建设事业的发展,都具有重大意义。新的形势和任务,要求我们继续坚持以邓小平建设有中国特色社会主义理论和党的基本路线、基本方针为指导,高举爱国主义和社会主义旗帜,把握大局,再接再厉,同心同德,开拓前进,认真履行政治协商、民主监督和参政议政职能,为优化办好两件大事的环境,促进我省两个文明建设健康协调发展,实现祖国和平统一,做出更大的贡献。(一)认真组织理论学习,坚持政协工作的正确方向。(二)积极履行基本职能,为我省两个文明建设贡献力量。(三)发挥人民政协团结协调作用,为改革开放创造良好环境。(四)高举爱国主义旗帜,努力促进祖国和平统一。(五)按照新形势的要求,进一步加强自身建设。

政协第七届山东省委员会工作总结(1997年12月18日)(摘要) 工作回顾部分(略)。工作经验:(一)坚持和依靠党的领导,保持政协工作的正确方向。坚持和依靠中国共产党的领导,是人民政协在我国政治生活中正确发挥作用的根本保证,也是我国社会主义民主区别于西方议会民主的主要标志。政协工作只有在共产党的领导下,才能保持正确的方向、蓬勃的生机和光明的前途。要坚持和依靠党的领导,就必须做到,对政协工作中的重大问题,及时向党委请示汇报;对需要通过政协协商的重大问题,主动提出意见和建议;对党委决定的事情,认真贯彻落实,积极进行宣传,努力变为政协委员和各界人士的自觉行动;对人民群众关心的热点问题,及时向党委反映,并提出解决的措施和建议;要把履行政治协商、民主监督和参政议政职能寓于维护党的领导、支持政府的工作之中。不论是建言献策还是批评监督,都要有助于加强和改善党的领导,有助于党政决策的民主化、科学化。各级政协组织和政协委员只有同党委思想上同心、目标上同向、行动上同步,才能不断有新的作为。(二)切实有效地履行基本职能,充分发挥政协的作用。履行好政协职能,要从我国社会主义民主政治建设的实际出发,全面理解民主的内涵,准确把握客观情况,积极稳妥地开展工作,有领导、有步骤地推进民主政治建设的进程;要牢固树立大局观念,善于从宏观方面研究思考问题,把发挥政协职能作用同服从、服务于党委政府的中心任务有机结合起来;要按照政协的特点确定工作思路,把着力点放在出主意、献良策上,充分利用政协例会高层次的协商形式搞好重大问题的讨论,通过深入细致的调查研究提出解决问题的对策性建议,努力使所提意见建议更多地进入党政决策;要从那些已经看准了的、条件成熟的、力所能及的事情入手,有组织、有步骤地把政治协商引向深入,切实有效地开展民主监督,不断拓展参政议政的领域,充分体现政协自身的价值。只有在履行职能上做好文章,政协工作才能做出成绩,见到成效,不断开创新的局面。(三)把握团结民主的主题,体现政协工作的特色。发扬民主、增进团结是人民政协工作的主题,也是人民政协的优势所在。要使政协工作具有自己的特色,就要“以人为本”,把做人的工作放在各项工作的首位,重视人、尊重人、团结人、凝聚人、培养人。人民政协具有政治上最大限度的包容性和组织上最广泛的代表性,是大团结、大联合的象征,必须主动加强与各民主党派、工商联和人民团体的联系,切实搞好统一战线内部的团结与合作,充分发挥他们在政协中的作用。要运用政协联系面广、影响力大、代表性强的优势,认真了解和反映社情民意,积极协助党委政府做好协调关系、化解矛盾、理顺情绪、鼓舞士气的工作,把各方面的人尽可能多地团结起来、联合起来,为实现党的大目标而共同奋斗。爱国主义和社会主义是统一战线的旗帜,是中华儿女团结奋斗的坚实基础。人民政协必须高举这两面旗帜,广交朋友,加强联谊,调动一切积极因素,为促进祖国和平统一、实现中华民族的全面振兴做出新的贡献。(四)充分发挥委员作用,不断活跃政协工作。委员是政协工作的主体。只有充分发挥委员的作用,才能使政协工作日益活跃,整体水平不断提高。要发挥好委员的作用,必须在工作的各个层面、各个环节上调动委员的积极性。要引导委员增强做好政协工作的光荣感和使命感,把社会荣誉同社会责任统一起来,切实肩负起自己的职责;要尊重和保护委员的各项权利,努力创造民主和谐的环境,使委员能够畅所欲言,各抒己见;积极拓宽委员知情的渠道,为委员献计出力提供广阔的舞台;要发挥好政协的界别优势和专门委员会的基础作用,根据委员的专长有针对性地组织活动,提高履行职能的成效;要不断提高机关工作人员的政治业务素质和办事效率,为委员履行职能提供优质高效的服务。(五)积极主动开展工作,推动政协事业的发展。人民政协工作离不开党委重视、政府支持和部门配合。但要有所作为、有所发展,还必须充分发挥主观能动作用,保持良好的精神状态,树立较高的工作标准,以满腔的政治热情和高度的历史责任感,积极主动地开展工作。要主动参与政治、经济、文化等各种社会活动,对有利于坚持和完善基本政治制度,有利于巩固和发展新时期的爱国统一战线,有利于党委政府决策的民主化、科学化,有利于维护改革、发展、稳定的事情,要尽最大努力干出政协的特色,做出应有的贡献。

【组织概况】

常务委员增选名单

王廷础　庄庆臣　关玛莉(女)
李国瑞　李善润　李德荣
汪纪戎(女)　张锡九　邵振学
林育真(女)　谢硕文

委员增补名单

于志平　王　炜　王士风　王化南
王文波　王廷础　王连科　王春法
史怀昌　乔谊正　庄庆臣
关玛莉(女)　李国瑞　李善润
汪纪戎(女)　宋君美(女)
张维英(女)　邵振学　房兴耀
侯广禄　尉丰久　鞠小苏(女)

【山东省各级政协领导人名单】

山东省政协

主　席
陆懋曾
副主席
翟永溥　田　健　孔令仁(女)
郑守仪(女)　王裕晏　崔惟琳
吴富恒　王祖农　苏应衡　苗永明
李功九　刘洪仁　李殿魁　王久祜
秘书长
李殿魁(兼)

济南市(副省级)

市政协主席
刘耀华
副主席
邢玉墀　姚兆迪　张　钰　任荷舫
张印峰　王宝玲(女)　汤家永
姚敦义　查国华　沈嘉琪　尚林杰
吴泽浩
秘书长
侯佐昌
县(市、区)政协主席
市中区　苏乐芬

天桥区 张连铸
历下区 姚传明
槐荫区 刘传印
历城区 孙继鑫
章丘市 杲传安
长清县 郭恩廷
平阴县 孔繁桢
济阳县 阎维杰
商河县 陈昌茂

青岛市(副省级)
市政协主席
杨在茂
副主席
祝盛业 翁维权 秦玉生 孙鸿正
郭存忠 刘瑞玉 李宝芳(女)
邵品琮 陈宗祺 蒋永康 冯德英
马论业 张国植
秘书长
刘斌宗
县(市、区)政协主席
市南区 李时振
市北区 于兴昌
四方区 王治君
李沧区 都基贤
黄岛区 蔡可卿
崂山区 谭竹文
城阳区 苟敏勋
胶州市 刘成君
即墨市 姜显博
平度市 任福堂
胶南市 刘锡政
莱西市 王曰魁

淄博市
市政协主席
孙立义
县(市、区)政协主席
张店区 曹家有
临淄区 于世君
淄川区 杨志祥
博山区 李祖晨
周村区 谢良玉
桓台县 徐学汉
高青县 孙代明
沂源县 曹曰荣

枣庄市
市政协主席
王允琳
县(市、区)政协主席
市中区 韩建安
山亭区 张成永
台儿庄区 孙中勤
峄城区 常树标
薛城区 王泽新
滕州市 程广泉

东营市
市政协主席
赵芳清
县(市、区)政协主席
东营区 李洪儒
河口区 张理清
垦利县 王永德
利津县 王 桥
广饶县 张文杰

烟台市
市政协主席
巴忠鼎
县(市、区)政协主席
芝罘区 张连之
福山区 史润田
莱山区 谭 伟
牟平区 刘以淑(女)
龙口市 吕成栋
莱阳市 崔对云

莱州市　孙树杰
蓬莱市　姜广俊
招远市　姜永华
栖霞市　张以谦
海阳市　黄贵山
长岛县　骆永铭

潍坊市

市政协主席
刘玉兰(女)
县(市、区)政协主席
潍城区　戴敏贞(女)
坊子区　李洪德
寒亭区　赵洪君
奎文区　刘佃甲
青州市　宋宝金
诸城市　李宗友
寿光市　姜洪佩
安丘市　李宪忠
高密市　杨本荣(女)
昌邑市　王福亮
昌乐县　杜介祥
临朐县　孟庆沂

济宁市

市政协主席
翟学恕
县(市、区)政协主席
市中区　祝爱华(女)
任城区　何传沛
曲阜市　李秀文
兖州市　赵振乔
邹城市　惠　震
汶上县　肖龙雪
泗水县　梁启义
微山县　钟世新
鱼台县　耿文礼
金乡县　李遵德
嘉祥县　张恒坤
梁山县　杨朝福

泰安市

市政协主席
刘喜敏
县(市、区)政协主席
泰山区　高德成
郊　区　谷杰民
新泰市　孙立成
肥城市　毋兴连
宁阳县　孙文第
东平县　叶近奎

威海市

市政协主席
王晶东
县(市、区)政协主席
环翠区　丛新滋
荣成市　刘洪钧
文登市　王世敔
乳山市　龙启林

日照市

市政协主席
熊可山
县(市、区)政协主席
东港区　陈维信
五莲县　伊光彩
莒　县　张宏举

莱芜市

市政协主席
时立军(女)
区政协主席
莱城区　聂玉江
钢城区　张柏成

临沂市

市政协主席

高广田

县(市、区)政协主席

兰山区　　庄建悦

罗庄区　　李俊修

河东区　　许传贵

沂南县　　刘振邦

沂水县　　卢修田

莒南县　　姜从周

临沭县　　徐敏瑞

郯城县　　刘文荣

苍山县　　李桂兰(女)

费　县　　徐宜宇

平邑县　　黄启才

蒙阴县　　薛庆德

德州市

市政协主席

孙清明

县(市、区)政协主席

德城区　　王肇建(回族)

乐陵市　　钟炳贵

禹城市　　孙思东

陵　县　　刘希恒

宁津县　　陈兴和

庆云县　　于国明

临邑县　　马丹玉(女)

齐河县　　米照华(回族)

平原县　　郭传和

夏津县　　徐长宽

武城县　　孔繁修

滨州地区

县(市)政协主席

沾化县　　张景兰(女)

博兴县　　李传芳

邹平县　　杨秉海

惠民县　　王占宝

阳信县　　王雪松

无棣县　　李传忠

滨州市　　刘维村

菏泽地区

县(市)政协主席

菏泽市　　付炳尧

鄄城县　　陈心义

郓城县　　单承坤

巨野县　　邵庆慈

成武县　　陈宪法

单　县　　张立亭

定陶县　　张善朋

曹　县　　刘大用

东明县　　袁书堂

聊城地区

县(市)政协主席

聊城市　　何有庆

临清市　　刘洪友

高唐县　　孙桂香(女)

茌平县　　孙素清(女)

东阿县　　雷保训

阳谷县　　郭银德

莘　县　　曹存德

冠　县　　李增珠

山东省各级政协组织和委员数

项目＼级别	省	副省级市	设区的市	县(市、区)	合计
组织数	1	2	12	139	154
委员数	807	1 099	4 099	27 291	33 296

（王亚东　宋文英　蒋永涛　编写）

政协河南省委员会

【全体委员会议】

七届五次会议 1997年2月15日至20日在郑州举行。出席会议的委员657名。会议审议并通过了胡悌云副主席代表常务委员会所作的工作报告,审议通过了省政协七届四次会议以来提案工作情况的报告。与会委员列席了河南省八届人大五次会议,听取并讨论了马忠臣省长所作的《政府工作报告》和其他报告。会议审议通过了《政协河南省第七届委员会第五次会议政治决议》。决议认为,政府工作报告对1996年河南改革和发展的成就的估价符合实际,对当前存在的困难和问题的分析实事求是;提出的1997年全年工作的指导思想和各项奋斗目标是切实可行,鼓舞人心的。会议指出,全面落实1997年河南改革和发展的任务,人民政协肩负着重要的责任。会议要求全省各级政协组织和全体委员认真履行政治协商、民主监督、参政议政职能,为本省的经济发展和社会进步献计出力;努力做好沟通思想、增进共识、理顺情绪、凝聚人心的工作,为实施"九五"计划营造安定和谐的社会政治环境;密切与各族各界爱国人士的联系,更好地成为中国共产党团结各界、协商问题、听取意见、协调关系的重要渠道;高举爱国主义和社会主义两面旗帜,加强同台港澳同胞和海外侨胞的联系,巩固和扩大爱国统一战线,努力促进祖国和平统一;继续推进政协工作的规范化、制度化,进一步提高参政议政水平,为夺取本省社会主义两个文明建设的新胜利,实现跨世纪的宏伟目标做出新的贡献!

【常务委员会议】

第21次会议 1997年1月19日至21日在郑州举行。会议听取了马忠臣省长关于政府工作情况的通报,并就有关问题进行了协商讨论。听取了刘春伟秘书长关于政协河南省七届五次会议筹备工作情况的汇报。审议通过了政协河南省第七届委员会常务委员会工作报告和提案委员会关于七届四次会议以来提案工作情况的报告。审议通过了政协河南省七届五次会议议程(草案)和日程(草案),审议通过了政协河南省七届五次会议分组办法、副秘书长名单、委员组召集人名单、列席人员名单。

第22次会议 1997年2月18日在郑州举行。会议听取了政协河南省七届五次会议小组讨论综合情况的汇报,审议通过了政协河南省委员会七届五次会议政治决议(草案)和常务委员会工作报告的决议,审议通过了政协河南省七届委员会关于七届五次会议提案审查情况的报告。

第23次会议 于1997年6月24日至27日在郑州举行。会议研究并讨论了政协河南省委员会工作总结问题,听取了办公厅副主任刘世军关于起草工作总结的情况说明。会议听取了各专门委员会工作总结,听取了省政协委员视察商丘地区农业和农村工作情况的报告、农业委员会关于耕地保护管理工作调查情况的报告、工青妇委员会关于巾帼扶贫调查情况的报告、省政协委员考察小浪底移民安置工作情况的报告,并就农业和农村工作问题进行了协商讨论。会议还听取了河南省计划委员会关于本省"九五"和"十五"大中型建设项目规划情况汇报和省环境保护局关于河南省环境保护工作的汇报。

第24次会议 于1997年9月25日至27日在郑州举行。十五大代表、省政协主席林英海传达了中国共产党第十五次代表大会精神,委员们认真学习了江泽民总书记在十五次代表大会上的报告,并进行了认真的讨论。林英海主席作了题为"认真学习贯彻十五大精神,进一步推动人民政协事业发展"的讲话。

第25次会议 1997年12月24日至26日在郑州举行。会议审议通过了关于召开政协河南省第八届委员会第一次会议的决定，协商决定了政协河南省第八届委员会的参加单位、委员名额和委员人选，审议通过了政协河南省第七届委员会常务委员会工作报告并推举报告人，审议通过了省七届政协提案委员会关于七届五次会议以来提案工作情况的报告，审议通过了政协河南省第八届委员会第一次会议议程(草案)。会议还听取了省政协委员视察团关于鹤壁市农业产业化情况的视察报告和省政协委员视察团关于驻马店地区双拥工作情况的视察报告。林英海主席作了总结讲话。

【专门委员会工作】

提案委员会 七届五次会议以来，共收到提案370件，立案364件。截止12月底，立案的提案全部办复。其中，已经落实的122件，占提案总数的33.5%；因条件限制，已列入计划需今后逐步解决的182件，占50%；部分难以落实，经承办单位向委员解释的60件，占15.6%。提案委员会围绕提高提案质量和办理质量，做了大量工作。一是帮助委员“知情”，商请省委、省政府有关部门向委员通报两个文明建设方面的情况，提供资料或出题目，为委员提出具有针对性和前瞻性的提案创造条件。二是做好党派、团体和本会专委会集体提案的征集和办理工作，向各民主党派负责人通报政协提案工作情况，征求他们对提案工作的意见，请各民主党派多提提案；还就民主党派提案问题召开会议进行专题研究，向各承办单位提出具体要求，以引起重视。三是抓重要提案的办理，采取灵活的工作方式，促进承办单位的提案办理工作。定期与省政府办公厅联系，了解委员对提案办理结果的意见。委员不够满意的提案，商请承办单位进一步研究办理并答复委员，促进了提案的落实。

经济委员会 围绕省委、省政府的中心工作，本着选准角度、发挥优势的原则，较好地履行了政协职能。先后与省经贸委、贸易厅合作，赴郑州、洛阳、焦作、新乡和商丘等市地就国有企业管理、技术改造和国有商业改革情况进行了专题调查，撰写了《关于加强与改善国有企业管理的调查与建议》、《关于我省国有工业企业技术改造情况的调查与建议》和《关于国有商业改革情况的调查与建议》等调查报告，所提建议引起了省委、省政府领导的重视；根据全国政协的通知和省政协领导的安排，组织部分政协委员参加了由全国政协组织的赴美商务考察活动，加强了与美国工商界人士的联系。在朱书泉副主席的带领下，对河南花园集团有限公司等民营企业进行了视察，提出了为民营企业的发展创造良好环境的建议；与省新闻研究中心联合邀请省社科联，郑州大学、省财经学院部分专家就村办企业的现状、发展趋势、存在问题以及如何实现“二次创业”等进行了研讨。

农业委员会 根据河南农业大省的实际，围绕粮食生产，耕地保护，扶贫开发等专题组织调查研究。赴南阳、商丘、新乡等地重点调查了预麦35的种植、收购、加工情况。在刘玉洁副主席带领下到信阳、许昌等地对耕地保护与管理进行实地调研，提出了《要切实管理保护基本农田实施耕地总量动态平衡战略》的建议。还组织委员赴南阳、三门峡等地了解了扶贫开发工作，形成的《扶贫开发工作中应重视解决的几个问题》的调查报告，受到省委、省政府领导的重视，省委书记李长春批示“发工作通报”，副书记范钦臣批示“反映的问题要认真研究。否则，扶贫任务难以完成”。此外，还赴甘肃考察了扶贫工作，接待了全国政协委员调查组到卢氏、洛宁等地调查丘陵山地综合开发情况。接待了湖北省政协考察团赴临颖县南街村进行考察。还与经济委员会组织委员赴东北就围绕当地中心工作，履行政协职能情况进行考察学习。

教育科学文化卫生体育委员会　一年来，组织委员进行考（视）察活动6次、专题调查4次。根据全国政协科教文卫体委员会关于体育竞技运动后备力量问题的调查安排，组织部分体育界委员及专家到郑州、开封、洛阳、安阳、漯河等市进行实地调查。形成的《河南体育竞技运动后备力量问题的调查与建议》被选入《市场经济条件下竞技运动后备人才培养问题研讨会资料选编》。根据省政府《关于文物保护工作“五纳入”的通知》和国务院《关于加强和改善文物工作的通知》，组织委员重点就平顶山市西周应国墓地保护问题、文物工作“五纳入”① 落实情况以及打击文物犯罪、博物馆建设等方面的工作进行调研。还组织委员对兰考县普及九年制义务教育工作进行了调查，提出了《关于兰考县“普九”情况的调查与建议》。对济源市、博爱县和永城市社会办医和个体诊所情况进行调查，总结肯定了当地在治理整顿社会办医秩序工作中的成绩和做法，重点提出了存在的主要问题和存在问题的主要原因，提出了3点建议受到有关部门的重视。

民族宗教委员会　对平顶山市叶县马庄回族乡两个文明建设情况的调查，形成了《选准当地独特优势，大力发展特色民族经济》的调查报告；对安阳、新乡两市就依法加强对天主教事务管理情况的调查，形成了《关于安阳、新乡依法加强对天主教事务管理情况的调查报告》；对安徽、浙江、江苏三省部分市的宗教管理情况进行了考察，形成了《关于赴安徽、浙江、江苏三省学习考察宗教管理工作的情况报告》；应邀参加了全国政协在济南召开的散居地区民族经济发展研讨会，介绍了我省驻马店地区新蔡县李桥回族镇《关于大力发展乡镇企业，促进民族经济腾飞》的经验；与本委员会阎敬堂、释永信所在单位联系合作，共同募集了120多床棉被、2 100多件棉毛衣、1 000斤面粉、100斤食油，在春节前送到受严重凌讯袭击的台前县，为台前县部分灾民顺利渡过灾期，安全过好佳节办了一件实事。

台港澳侨联络委员会　为迎接香港回归，先后组织“三胞”眷属委员参观了“孙中山与华侨”国际美术巡回展，“香港的历史与发展”大型图片展；参加了省直统战系统“迎回归、爱祖国”演唱会；观看了爱国主义教育影片《鸦片战争》。积极开展联络联谊活动，先后召开了“三胞”眷属委员及有关人士参加的“迎新春、庆佳节”联谊座谈会和中秋联谊会；组织委员参观了“黄河文化”历史名胜景点；还就港澳地区河南省政协委员在河南投资情况，先后到郑州、漯河、周口、商丘和开封等有关地市进行了调研。

法制委员会　对郑州、新乡、濮阳、开封等地看守所工作情况进行了调查；对基层政协法制工作情况进行了专题调查；组织委员对安徽、浙江、江苏三省政协法制工作进行了考察。对《河南省暂住人口管理条例》进行了修改、联系了5名省政协委员参加省高级法院组织的法院系统自查自纠工作。

工青妇委员会　与省妇联联合组成调查组，就本省实施巾帼扶贫工作情况进行了调查，形成了《关于河南省巾帼扶贫工作情况的调查报告》，所提建议被省农业工作领导小组办公室采纳；赴省劳教一所慰问劳教干警、看望劳教学员，并向劳教学员赠送了时钟和《妇女英烈事迹》等图书；与荣玉德基金会赴沁阳市赵寨村幼儿园慰问，组织召开了《纪念五四、爱祖国、话回归、为

---

① 五纳入即把文物保护工作纳入国民经济和社会发展计划，纳入城乡建设规划，纳入财政预算，纳入体制改革，纳入领导责任制。

振兴河南作贡献》座谈会,举办了《庆七一、迎回归》联谊会。

学习委员会 围绕经济建设中心,组织委员开展多种形式的学习活动。先后请郑州大学历史系教授戴可来、省公安厅厅长王明义、省委宣传部部长林炎志作《对恢复正常化后的中越关系及越南政治经济体制改革的实地考察》、《关于我省治安形势》、《学习十五大精神》的报告;组织各委员学习组分别就人大、政协两会精神、中共十五大、江泽民在中央党校的讲话、邓小平逝世后《告全党全军全国各族人民书》等内容,进行学习和座谈;组织委员参观郑州市建设新成就活动两次;编发《学习参考资料》6期;组织委员赴江苏、浙江学习考察一次,开阔视野,交流经验,启迪思路。

文史资料委员会 先后分三路赴全省17个地市征集文史资料150余篇,其中建国后史料占较大比例;编辑出版《河南文史资料》4辑,64万字;编印了《建国后文史资料征编选题参考大纲》;与兄弟省市政协合作,完成了《解放军进城以后》、《新中国重大考古发现亲历记》、《支援抗美援朝纪实》、《共和国的艺术家们》等专题协作项目中所承担的编辑任务;参与修改八届全国政协文史资料委员会工作总结,研究解决建国后史料专题协作项目中遇到的问题;先后赴浙江、贵州、广西等省区政协考察文史资料工作,交流经验,沟通情况,探讨问题,共同提高。

【重要活动】

全国政协钱正英副主席等考察河南水利建设情况 1997年4月22日至25日,全国政协副主席钱正英率国有大中型灌区问题调查组考察河南水利建设情况,河南省政协主席林英海、副主席刘玉洁和秘书长刘春伟陪同考察。考察组先后听取了河南省省长马忠臣、副省长张以祥和濮阳市、开封市、新乡市及省直有关部门负责同志的汇报,实地考察了赵口灌区的部分枢纽工程、花园口引黄工程和人民胜利渠等。中共河南省委书记李长春看望了考察组全体同志,省委副书记任克礼、范钦臣等听取了考察组的意见。在豫期间,钱副主席还接见了河南省政协在郑的主席、副主席,并合影留念。

全国政协洪学智副主席视察河南农村

1997年5月17日至23日,全国政协副主席洪学智一行,在河南省政协副主席胡悌云、中共信阳地委副书记张本乐等陪同下,深入信阳、潢川、商城、固始等市县,视察了农业、农村和农民工作,寄语农村干部,改进工作方法,坚持群众路线,艰苦奋斗,全心全意为人民服务,切实把农业放在重要地位,因地制宜,搞好综合开发,做好农村工作,提高老区人民的生活水平。

全国政协委员视察团视察河南 1997年9月9日至18日,以全国政协副主席孙孚凌为团长的全国政协委员赴豫视察团在河南视察,省政协副主席刘玉洁陪同视察。视察团先后视察了焦作、济源、洛阳、郑州、漯河等地农村经济工作和精神文明建设情况,考察了国家重点工程建设小浪底水利枢纽工程,对乡镇企业发展,农业产业化建设,加大扶贫力度,强化科技教育,进一步加快农村经济发展等方面提出意见和建议。

全国政协马万祺副主席视察河南

1997年10月21日至29日,全国政协副主席、澳门中华总商会会长马万祺应中共中央政治局委员、中共河南省委书记李长春,省长马忠臣的邀请,考察了河南的经济和社会发展情况。在豫期间,马副主席听取了马忠臣省长的工作汇报,分别在河南省党政领导李长春、林英海、王全书、胡悌云、胡树俭等的陪同下,先后到开封、漯河、驻马店、许昌、郑州、洛阳等市地考察了农村经济、高新技术开发区和有关企业,并陪同李鹏总理参加了小浪底工程截流仪式，还了解了河南省政协和有关市地政协工作情况。他希望河南省的各级干部和群众，从实际出发，发挥资源、区位优势，深入贯彻中共十五大精神，进一步扩大开放，深化改革，加强农业和基础教育，促进社会主义市场经济建设。

省政协考察团考察小浪底工程移民安置工作情况 1997年6月2日至8日，以省政协副主席刘玉洁为团长的省政协考察团一行9人，对小浪底水库的移民安置情况进行了考察。考察团先后到温县、孟州、济源、新安、义马、嵩县等7县(市)的12个移民村进行了实地考察，听取了当地政府的移民工作汇报，深入到移民户、学校、幼儿园和移民企业同基层干部群众交谈，了解移民的生产、生活情况，还参观考察了小浪底水利枢纽工程施工现场。对如何搞好移民工作提出了五点建议。

省政协学习考察团赴东北三省学习考察 1997年7月16日至8月1日，以省政协副主席姚如学为团长的学习考察团一行8人，赴黑龙江、吉林、辽宁三省和大连市，就省级政协如何加强对市、县政协的联系与指导问题进行学习考察。

【重要文件】

常委会工作报告(1997年2月15日)(摘要) 1996年的工作：一是围绕贯彻实施我省国民经济和社会发展“九五”计划，积极参政议政。召开了四次常委会，多次常委专题座谈会，学习江泽民同志关于农业和国有企业改革问题的重要讲话及中央、省委有关会议精神，分析讨论我省经济形势，并就农业问题、国有企业改革问题，精神文明建设问题等进行了专题研讨。二是按照中央和省委关于加强政协工作的指示精神，继续推进履行职能的规范化、制度化。组织调查组分赴部分市、地，了解贯彻落实中共中央《通知》、全国政协《规定》和省委政协工作会议精神的情况。并召开常委会议，总结交流经验，围绕如何更好地履行政协职能，特别是对如何开展民主监督进行了专题研讨。三是注重发挥专门委员会作用，搞好献计出力。各专委会以常委会议的中心议题为重点，深入调研，就我省的大政方针和重要事务提出意见建议，还依据自身特点和优势，选择人民群众普遍关心的课题开展调查研究。一年来，各专门委员会共进行专题调研活动41次，提出调研报告37份。四是改进视察和提案工作，积极反映社情民意。共组织12个视察团分赴15个市地及有关部门，就精神文明建设、扶贫开发、水污染治理、高等教育、水上体育训练、军转干部安置使用等方面的情况进行视察。办理提案594件，为省委、省政府及有关部门决策提供了重要依据。五是拓宽联谊渠道，进一步促进我省的对外开放。通过各种渠道和多种形式，不断加强同台湾同胞、港澳同胞和海外侨胞眷属的联系。六是适应新形势的要求，努力加强机关建设。根据“精简、统一、效能”的原则，顺利完成了机关的机构改革，建立健全了各项规章制度。1997年常委会工作的指导思想是，在中共河南省委领导下，坚持以邓小平建设有中国特色社会主义理论和党的基本路线为指导，深入贯彻中共十四届五中、六中全会和省六次党代会及省委六届五次会议精神，认清形势，把握大局，同心同德，再接再厉，继续推进政治协商、民主监督、参政议政的规范化和制度化，积极主动地开展各项工作，为两个文明建设做出新的贡献。主要工作：㈠紧紧围绕我省两个文明建设参政议政。㈡努力推进履行职能“两化”建设的各项工作。㈢进一步发挥民主党派、人民团体、各界代表人士在政协中的作用。㈣积极开展台港澳侨联谊工作。㈤切实做好反映社情民意工作。㈥继续做好与市地政协的联系。㈦

进一步加强政协队伍的自身建设。

省政协关于认真总结本届政协工作的通知 1997年3月27日印发各省辖市政协、地区政协工委、省政协各专委会、办公厅各部门。《通知》的主要精神：㈠指导思想。㈡方法要求。㈢主要内容。要求着重从12个方面进行总结：⑴政治协商、民主监督、参政议政的内容、形式、方法方面；⑵履行职能规范化、制度化方面；⑶服务党委、政府中心任务方面；⑷调查研究，提建议献良策方面；⑸团结各民主党派、各方面人士方面；⑹发挥专委会作用方面；⑺反映社情民意方面；⑻宣传和理论研究方面；⑼发挥政协委员作用方面；⑽改进和加强提案和文史资料工作方面；⑾政协机关建设方面；⑿需要研究和改进的问题。

【河南省各级政协领导人名单】

河南省政协

主　席

林英海

副主席

胡悌云　刘玉洁(女)　左明生

屠家骥　胡树俭　姚如学　朱书泉

梅养正　邵令方(满族)

秘书长

刘春伟

郑州市

市政协主席

白福治

县(市、区政协主席)

金水区　崔文彩

二七区　王明杰

中原区　程宝金

管城区　金福堂(回族)

上街区　吴长宝

邙山区　范登秀

荥阳市　张水旺(市委副书记兼)

巩义市　王海泉

登封市　李书祥

新密市　周兵森(市委副书记兼)

新郑市　登克广

中牟县　杨保立

开封市

市政协主席

刘福兴

县(区)政协主席

鼓楼区　李永祥(回族)

龙亭区　贾念武

顺河区　马明文(回族)

南关区　李福生

郊　区　朱洪昭

开封县　胡洪轩

兰考县　霍云雷

杞　县　岳世官

通许县　史政法

尉氏县　王念道

洛阳市

市政协主席

吉长荣

县(市、区)政协主席

涧西区　乔子升(女)

老城区　谢玉聪

西工区　陈保荪

郊　区　赵家树

瀍河区　李学文

孟津县　高宏毅

偃师市　孙志通

新安县　郭文科

伊川县　张红勋

栾川县　胡明凯

宜阳县　赵松林

洛宁县　孙　森

嵩　县　仝廷臣

汝阳县 桑学亮

平顶山市

市政协主席

吴长法

县(市、区)政协主席

卫东区 史德山

新华区 韩明远

湛河区 刘绍青

西　区 赵运山

汝州市 佟玉光

舞钢市 张聚贤

叶　县 冯俊岭

宝丰县 徐庭民

鲁山县 杨金岭

郏　县 刘书堂

襄城县 张　岗

安阳市

市政协主席

李祖卫

县(市、区)政协主席

文峰区 马永寿

北关区 李震武

铁西区 魏　福

郊　区 王建任

安阳县 史敬任

汤阴县 金　珉

林州市 刘银良

滑　县 许金曹

内黄县 李庆山

新乡市

市政协主席

田纪震

县(市、区)政协主席

新华区 杨荣修

红旗区 梁记平

北站区 姬生民

郊　区 王善德

卫辉市 王俊富

辉县市 陈玉森

新乡县 窦金旺

原阳县 杨清贵

延津县 张殿秀

长垣县 崔玉岭

获嘉县 冯镇端

封丘县 赵科元

焦作市

市政协主席

李光耀

县(市、区)政协主席

解放区 程宝初

中站区 靳思亚

马村区 韩清士

山阳区 姬文同

修武县 李志孝

博爱县 孙凤鸣

沁阳市 陈锡山

孟州市 钱保江

武陟县 董少武

温　县 宋喜华

濮阳市

市政协主席

周　沛

县(区)政协主席

市　区 许正清

濮阳县 李济堂

清丰县 刘庆山

南乐县 韩卫森

范　县 李庆安

台前县 付来新

漯河市

市政协主席

刘希正

县(区)政协主席

源汇区　　张文超

舞阳县　　王玉山

郾城县　　程桂花(女)

临颍县　　徐慧玲(女)
(县委副书记兼)

许昌市

市政协主席

唐聚圈

县(市、区)政协主席

魏都区　　李洪仝

禹州市　　时殿园

许昌县　　王德成

长葛市　　胡新枝

鄢陵县　　赵留安

三门峡市

市政协主席

张立发

县(市、区)政协主席

湖滨区　　刘务本

义马市　　焦建增

灵宝市　　张志民

陕　县　　郝站立

渑池县　　张儒魁

卢氏县　　焦贵忠

鹤壁市

市政协主席

赵国栋

县(区)政协主席

鹤山区　　周存道

山城区　　亓爱兰(女)

郊　区　　傅俊德

淇　县　　李印生

浚　县　　张殿孝

南阳市

市政协主席

燕　来

县(市、区)政协主席

宛城区　　冉文轩

卧龙区　　张秉正

邓州市　　张　耀

方城县　　倪宏照

新野县　　张秀彬(女)

唐河县　　陈增才

镇平县　　齐镇法

淅川县　　王定岐

桐柏县　　宁指南

社旗县　　郭　廓

西峡县　　马万朝

南召县　　张世尊

内乡县　　姬振如

商丘地区

县(市)政协主席

商丘市　　徐丛臣

商丘县　　顾向亭

夏邑县　　罗朝举

虞城县　　王康健

柘城县　　常显业

睢　县　　李庆华

宁陵县　　李明安(回族)

民权县　　刘永祥

永城市　　刘纪修

周口地区

县(市)政协主席

周口市　　王秀山

郸城县　　杨钦臣

西华县　　邱学成

商水县　　李克祥

鹿邑县　　张富玉

太康县　　李金同

淮阳县　　张瑞甫

项城市　刘家俊
扶沟县　刘勤超
沈丘县　李俊民

驻马店地区

县(市)政协主席

驻马店市　龚岳祥
确山县　王宗鑫
遂平县　常贺先(回族)
西平县　(暂缺)
上蔡县　罗兰英(女)
平舆县　李德志
泌阳县　刘德法
汝南县　贺应智
正阳县　王保庆
新蔡县　朱承艺

信阳地区

县(市)政协主席

信阳市　冯明显
信阳县　余华荣
光山县　(暂缺)
潢川县　(暂缺)
罗山县　张惠芳(女)
淮滨县　杨道立
新　县　熊元香
息　县　张　俊
(县委副书记兼)
固始县　常国振(回族)
商城县　余禄福

济源市

市政协主席

高传芝

河南省各级政协组织和委员数

项目＼级别	省	设区的市	县(市、区)	合计
组织数	1	13	156	170
委员数	759	4 523	24 077	29 359

(王伟平　编写)

政协湖北省委员会

金启方　秘书长
（补选）

【全体委员会议】

七届五次会议　中国人民政治协商会议湖北省第七届委员会第五次会议于1997年2月16日至21日在武昌举行。会议审议并通过了钟书樵副主席代表常务委员会所作的工作报告和王启刚副主席代表提案委员会所作的提案工作情况的报告；接受了王正强因年龄关系辞去秘书长职务的请求，补选金启方为政协湖北省第七届委员会秘书长，增选王正强为常务委员。会议期间，与会委员列席了湖北省八届人大五次会议，听取并讨论了蒋祝平省长所作的政府工作报告和其他重要报告。会议通过了政协湖北省七届五次会议政治决议和关于常务委员会工作报告的决议，通过了政协湖北省第七届委员会提案委员会关于七届五次会议提案审查情况的报告。会议认为，1997年是中华民族史上极不平凡的一年，在这一年里，我国将恢复对香港行使主权，中共将召开第十五次全国代表大会。这两件举世瞩目的大事，将对中华民族的振兴产生重大而深远的影响，也必将给湖北经济和社会发展提供良好机遇。要正确认识和把握形势，进一步动员全省各级政协委员，团结各民主党派、人民团体和各族各界人士，坚持以邓小平建设有中国特色社会主义理论和党的基本路线为指导，全面贯彻抓住机遇、深化改革、扩大开放、促进发展、保持稳定的基本方针，紧紧围绕推进经济体制和经济增长方式两个根本性转变、科教兴鄂、强化农业基础、加快国有企业改革步伐、提高对外开放水平、加大经济结构调整力度、奋力开拓国内外市场等重大问题，广泛开展调查研究，认真履行政协职能，为实现1997年我省的奋斗总目标，推进社会主义精神文明建设、民主法制建设及各项社会事业的更大进步多献良策，多干实事。会议强调，全省各级政协组织和政协委员要增强学习的自觉性，认真学习马列主义、毛泽东思想和邓小平建设有中国特色社会主义理论，坚持正确的政治方向，同以江泽民同志为核心的党中央保持高度一致。同时要坚持“长期共存、互相监督、肝胆相照、荣辱与共”的方针，密切同各民主党派、人民团体和各族各界人士的联系，积极反映社情民意，多做协调关系、沟通思想、化解矛盾的工作，为维护社会政治稳定多作贡献，以新的成绩迎接我国政府恢复对香港行使主权和中共十五大胜利召开！省政协主席钱运录在闭幕会上作了重要讲话。

【常务委员会议】

第24次会议 1997年1月21日至24日在武昌举行。会议讨论通过了《关于召开政协湖北省第七届委员会第五次会议的决定》(草案)及七届五次会议议程(草案)、日程(草案)、列席人员范围、大会分组办法和召集人名单(草案)；审议并原则通过了《政协湖北省第七届委员会常务委员会工作报告》(草案)和《政协湖北省第七届委员会提案委员会关于七届四次会议以来提案工作情况的报告》(草案)。会议对湖北省人民政府提出的《政府工作报告》(征求意见稿)进行了协商讨论，并提出了修改意见。会议审议通过了《政协湖北省第七届委员会第五次会议通过议案和选举的表决方式的决定》、《政协湖北省第七届委员会第五次会议秘书长、副秘书长名单》、《关于表彰湖北省各级政协委员、各界有关人士和政协组织的决定》和《关于表彰省政协七届一次会议以来优秀提案和先进承办单位的决定》，推举钟书樵副主席为七届五次会议《常委会工作报告》的报告人。会议还审议了王正强《关于请求辞去政协湖北省第七届委员会秘书长职务的信》，审议通过了《关于提名金启方为政协湖北省第七届委员会秘书长候选人的意见》，决定增补金启方、白景义、黄学东、邓德龙为政协湖北省第七届委员会委员。

第25次会议 1997年2月18日在武昌举行。会议审议了《政协湖北省第七届委员会第五次会议选举办法》(草案)、《政协湖北省第七届委员会第五次会议总监票人、监票人名单》(草案)、《关于政协湖北省第七届委员会常务委员会工作报告的决议》(审议稿)和《政协湖北省第七届委员会第五次会议政治决议》(审议稿)。

第26次会议 1997年2月19日在武昌举行。会议听取了省政协七届五次会议各委员小组审议有关人事和各项决议、决定(草案)的情况汇报，通过了《关于接受王正强同志辞职请求的决定》、《拟补选的省政协秘书长、常务委员正式候选人名单》、七届五次会议《选举办法》(草案)和《总监票人、监票人名单》(草案)、《提案审查情况的报告》(草案)、《关于政协湖北省第七届委员会常务委员会工作报告的决议》(草案)和《政协湖北省第七届委员会第五次会议政治决议》(草案)，决定将以上草案提交省政协七届五次会议协商讨论。

第27次会议 1997年5月26日至28日在武昌举行。会议主要协商讨论搞活我省市场和流通、迎接香港回归问题；听取了省直有关部门关于台港澳同胞在鄂投资、开拓工业品市场、搞活农副产品流通的情况通报和省政协经济委员会关于我省商品市场与流通调查情况的汇报；审议了湖北省赴云南考察边境贸易情况和省政协经济委员会赴美国考察经济技术情况的报告(书面)；通过了《关于积极开展“迎香港回归”学习、宣传活动的决议》；增补了3名委员、2名副秘书长和1名专委会副主任。会议期间还举办了常委“迎香港回归”书画活动。省政协副主席钟书樵在会议结束时就开拓市场、搞活流通和迎接香港回归讲了重要意见。

第28次会议 1997年8月26日至28日在武昌举行。会议的主要议题是学习江泽民同志“5·29”讲话；协商讨论如何推进科技进步，促进科技成果转化和进一步加强我省社会主义精神文明建设问题；研究讨论第七届省政协常委会工作总结。省政府副秘书长胡运钊到会通报了关于省政协七届五次会议提案办理的情况。会议听取了省政协教育科技委员会关于依靠科技进步推进农业产业化调查情况、文化卫生体育委员会关于我省新闻出版事业发展情况的调查、学习委员会关于进一步加强我省精神文明建设调查情况的汇报；讨论了教育科技委员会关于加速发展我省高新技术产业、文化卫生体育委员会关于加大我省文化设施建设力度的建议；听取了湖北省科技进步促进会关于该会成立以来工作情况和今后工作意见的报告。钟书樵副主席在会议结束时作总结讲话，就进一步学习贯彻江泽民同志“5·29”讲话精神、继续为加强我省社会主义精神文明建设和科技进步服务、认真总结五年来的政协工作讲了重要意见。

第29次会议 1997年10月14日在武昌举行。会议的主要议题是传达贯彻中国共产党第十五次全国代表大会精神；传达贯彻中央和省委关于换届工作的意见，协商安排换届工作的有关事项。会议通过了《关于学习贯彻中国共产党第十五次全国代表大会精神的决议》、《关于政协湖北省八届委员会人事安排的意见》和《关于召开政协湖北省第八届委员会第一次会议的决定》。钟书樵副主席在会上作了《认真学习贯彻十五大精神，切实做好政协换届工作》的讲话，就高举邓小平理论的伟大旗帜，深入学习贯彻十五大精神和认真做好政协换届的各项准备工作讲了重要意见。

第30次会议 1997年12月27日至30日在武昌举行。会议的主要议题是协商讨论我省扶贫开发问题和《省政府工作报告》(征求意见稿)；协商决定省政协第八届委员会委员人选；审议通过第七届委员会常务委员会工作报告并推举报告人、第七届委员会提案委员会关于提案工作的报告并推举报告人、第八届委员会第一次会议议程(草案)、日程(草案)和列席人员范围(草案)。中共湖北省委常委、副省长王生铁到会就《政府工作报告》起草的有关情况作了说明。会议听取了省政协经济委员会关于房县扶贫攻坚情况的调查报告；听取了关于七届政协常委会工作报告和提案工作情况报告、第八届委员会委员人选名单(草案)和协商通过方式、八届一次会议具体时间、议程(草案)、日程(草案)和列席范围(草案)的说明。会议围绕主要议题展开了热烈讨论，通过了湖北省第八届委员会委员人选名单、第七届委员会常务委员会工作报告及报告人、第七届委员会提案委员会关于七届提案工作情况的报告及报告人、第八届委员会第一次会议具体时间、议程(草案)、日程(草案)和列席人员范围。中共湖北省委副书记、省政协主席钱运录在会议结束时就人民政协如何进一步在扶贫攻坚工作中发挥作用讲了重要意见，并对第七届省政协工作和全体委员五年来做出的贡献给予了充分肯定。

【专门委员会工作】

提案委员会 全年共收到提案428件，经审查，立案424件，已办复423件，其中，提案所提问题和建议得到解决和基本解决的有60件，正在解决和列入计划解决的有316件，因客观条件限制暂不能解决的有47件。从66件提案中综合整理4份提案参阅件，送省委、省政府领导参阅。提请省政协各位副主席率队督办了9件重点提案。对19件提案的办理情况进行现场检查验收；对提案人不满意办理工作的反馈意见进行再督办。走访部分承办单位，与省委、省人大、省政府办公厅联合召开提案交办会，邀请省政府办公厅在8月份召开的政协常委会上通报政府系统办理提案的情况。召开了全省提案工作研讨会和各民主党派、有关人民团体、省政协专委会负责人会议，总结交流五年来提案工作经验，探讨提案由数量型向数量质量型转变、提案办理由答复型向落实型转变的途径和办法，并将有关资料汇集成册。举办了全省五年来提案工作图片展览。编辑《政协提案工作手册》和《提案办理情况选编》。

学习委员会 围绕迎接香港回归和中共十五大召开这两件大事，采取多种形式加强学习工作。共举行学习报告会7次、专题学习座谈会5次；协助和服务省政协中心学习组开展学习活动4次；编发《学习资料》6期；开展视察、考察和调研活动5次；举办委员学习日活动4次。就国有企业职工思想状况和我省社会主义精神文明建设情况开展专题调查，提出的建议得到省委的重视与采纳。举行传达学习中共十五大精神的报告会，省委有关领导到会向300多名委员和省政协机关干部传达了中共十五大精神，我省十五大代表中的省政协委员介绍参加十五大的感受和体会。与省妇联联合举行学习报告会，请我国著名经济学家吴振坤向委员和妇女干部作关于经济体制改革的报告。组织委员、政协统战机关干部参加"迎香港回归"大型联欢活动。

文史资料委员会 征集、出版了《港澳台史料专辑》、《三峡文史博鉴》（第一辑）、《湖北人文景观集粹》和《湖北省政协文史研究会文集》；继续征集湖北灾害、汉剧等史料。组织省政协文史考察组赴华东四省考察政协文史资料工作，借鉴外地经验，一手抓征编，出精品；一手抓发行，出效益。筹备召开了湖北省政协文史研究会成立大会暨第一次研讨会，共收到40多篇论文，其中16份材料在会上进行了交流。召开了全省地市州政协文史工作负责人会议，学习贯彻全国政协新疆文史工作会议精神，推动全省政协文史资料工作向纵深发展。

经济委员会 围绕常委会议主要议题对我省商品市场和流通情况、特困县脱贫情况和扶贫攻坚情况进行了专题调查，分别提出了《关于我省市场与流通问题》、《我省特困县脱贫和扶贫攻坚问题》和《关于房县扶贫攻坚的情况、问题与建议》等调查报告。组织委员视察了武汉皇宫实业有限公司和孝感市个体私营经济发展情况；考察了黑龙江、辽宁和山东省国有企业改革和发展情况。组织委员中的专家完成了省科委下达的恩施土家族、苗族自治州经济发展战略研究课题。两次应邀组团对美国经济、科技、商务情况进行了访问考察。

教育科学技术委员会 围绕第28次常委会议议题组织开展调查研究，形成了《关于加速发展我省高新技术产业的几点建议》、《关于依靠科技进步推进农业产业化的调查与思考》、《关于湖北省科技进步促进会成立以来的工作情况和今后工作意见的报告》、《宜昌市1994年——1996年三年度实施百企工程情况分析报告》等六篇大会发言材料和交流材料。对第28次常委会议提出的意见和建议归纳整理，形成了《关于加速发展我省高新技术产业的建议案》，被省科委采纳。组织召开了全省政协教科工作经验交流会和湖北省科技进步促进会第一次会员代表大会。组织委员参加省科促会科技扶贫、科技兴工活动，提出了《关于魔芋开发利用的调查报告》。开展了《企业科技开发和成果吸纳机制、模式与对策研究》软课题研究。

文化卫生体育委员会 组织开展新闻出版事业发展情况的专题调查，形成了《理顺体制，加强管理，促进我省新闻出版事业的繁荣》调查报告；组织部分委员对江西、江苏、上海等省市文化设施建设情况进行学习考察，同时抽样调查我省近年来文化设施建设情况，形成了《关于加大我省文化设施建设力度的建议》。与省委政研室、省人大财经委、省政府发展研究中心和省医药管理局联合开展全省医药市场管理情况的专题调查，向省委、省政府提交了专题调研报告。配合全国政协体育组对湖北竞技体育及后备人才培养情况进行专题考察调研活动。召开了全省地市州政协文卫体专委会工作经验交流会。组织了省政协“迎香港回归”书画活动。

三胞联谊委员会 为庆祝香港回归，承办了“省政协迎香港回归座谈会”，省政协领导、港澳委员和在鄂的“三胞”人士代表及有关方面负责同志参加了座谈会。首次组织我省15名优秀教师代表赴澳门学习考察，开展鄂澳两地文化教育交流活动，为迎接澳门回归和宣传澳门区花，致力于将湖北部分荷花品种及种植技艺引进澳门，组织了中国荷花研究中心部分专家赴澳门访问。组织委员对省政协港澳委员在鄂企业的经营情况进行专题调查与走访，把掌握到的情况和问题向有关部门反映，加强沟通与协调工作。全年共接待台港澳侨胞和外国来鄂客人8批。

民族宗教委员会 组织委员对全省佛教、道教发展情况和信教群众信教心理开展了专题调查；对大冶市基督教贯彻落实江泽民同志关于宗教工作指示精神的情况进行调查研究，提出了“分片组建宗教团体”的建议；对孝昌县贫困地区进行考察，提出了“在荒地种植雷笋”的建议，被采纳；赴孝感市考察民族宗教工作，就穆斯林“三食”及滥建宗教寺庙等情况与当地政协和民族宗教管理部门交换了意见。向委员传达全省民族宗教工作会议精神。参加全省民族文化工作现场会、“智者大师”圆寂1400周年纪念法会和松滋市卸甲坪土家族乡成立庆典。接待兄弟省区政协民族宗教工作考察团4批。

社会法制委员会 组织委员对三峡移民工作进行了专题视察，提出进一步加大移民工作力度的意见和建议；与省公安厅联合对我省三个重点禁毒地区进行跟踪调查，提出了《毒品危害形势相当严峻，打击毒品犯罪亟待加强》的报告；赴黄石、黄冈等四个地市对法院执行工作进行视察，提出了《法院执行难不容忽视，须下大气力综合治理》的视察报告，受到有关方面的重视。召开全省政协社会法制工作座谈会，总结和交流各地政协开展法制工作的经验。听取了省政府法制建设情况通报、全省法院实施修改后的《刑事诉讼法》、《刑法》情况和执行工作情况的汇报及省见义勇为基金会工作情况汇报。视察了武汉市第一、第二看守所和武汉市警星康复医院。

【重要活动】

湖北省各级政协委员、各界有关人士和政协组织表彰大会 1997年2月21日在武昌洪山礼堂隆重举行。全体省政协委员、各地市州政协负责人参加，省委、省政府有关领导同志出席。大会对全省各地在政协工作中做出突出成绩、发挥显著作用的22个政协组织和403名个人进行了表彰，同时表彰了省政协七届一次会议以来的81件优秀提案和30个先进承办单位。中共湖北省委副书记、省政协主席钱运录代表中共湖北省委、省政府和省政协向获得表彰的单位和个人表示热烈祝贺，并就全省政协充分利用自身优势，切实发挥政协组织在改革开放和社会主义现代化建设中的作用讲了重要意见。

省政协组团赴美国考察经济技术情况 1997年3月5日至19日，应美国孙氏国际集团公司、纽约州荷兰郡政府和麻律斯大学的邀请，以省政协委员、省社会科学院研究员徐荣安为团长的湖北省政协经济委员会赴美国经济技术考察团一行5人，考察访问了美国纽约、旧金山、洛杉矶等州市。这次考察的主要任务是宣传我省改革开放和经济建设的大好形势，与纽约州、加利福尼亚州的经济技术官员和新泽西州几所大学专家进行学术交流，听取关于美国经济发展状况和未来高科技发展前景的介绍。

全省地市州政协秘书长工作座谈会 1997年4月10日至12日在随州市召开。这次座谈会的主要议题是以邓小平建设有中国特色社会主义理论为指导，认真学习全国和我省“两会”精神，通报省政协1997年主要工作安排，总结交流一年来全省各级政协机关工作情况和经验，探讨新形势下进一步加强政协机关建设的途径与方法。省政协副主席张怀念在会上传达了全国政协八届五次会议精神，并就政协秘书长的工作职责和切实发挥秘书长的作用讲了重要意见。省政协秘书长金启方对加强政协机关建设作了具体部署。

湖北省赴云南考察边境贸易情况 1997年4月上旬，由省政协副主席钟书樵率领的政府有关部门负责同志参加的湖北省赴云南考察团，对云南边境贸易情况进行了实地考察。省政协七届二十七次常委会议审议了考察报告。

省政协迎香港回归专题报告会 1997年5月30日，应湖北省政协的邀请，国务院港澳事务办公室副主任陈滋英在洪山宾馆大会场作关于香港回归之路及其重大意义的报告。中共湖北省委副书记杨永良、副省长韩南鹏、省政协领导以及在汉全国政协委员、省政协委员、省级各民主党派负责人、省直部门负责人和部分地市政协负责人近600人参加。

省政协办公厅与省广播电台、《湖北日报》合办迎香港回归专题节目和“鄂港之友”专栏 为迎接香港回归，宣传香港有关人士对湖北经济建设和社会发展做出的贡献，省政协办公厅与省人民广播电台、《湖北日报》共同开办迎香港回归专题节目和“鄂港之友”专栏。5月12日至7月2日，电台、《湖北日报》共播出和发表37篇文章，其中省政协办公厅提供稿件25篇。

省政协组团赴黑龙江、辽宁、山东学习考察 1997年6月11日至26日，由钟书樵副主席率领的省政协经济委员会主任和部分常委组成的考察团，赴黑龙江、辽宁、山东三省进行了学习考察。这次考察的主要任务是学习三省国有工业企业实现两个根本性转变经验，考察重点企业和部分经济开发区，了解政协工作情况。

省政协港澳委员庆祝香港回归座谈会 1997年7月10日下午，省政协港澳委员与中共湖北省委、省政协领导、各民主党派代表欢聚在省政协办公楼多功能大厅，庆祝香港回归祖国，畅谈鄂港合作共创美好的未来。省政协副主席钟书樵就香港回归的重大意义、鄂港两地合作问题作了重要讲话。港澳委员还参加了与省政协机关、省武警文工团的联欢晚会。

全省政协信息工作会议 1997年7月22日至23日在咸宁市召开，这是全省政协系统首次信息工作会议。会议的主要议题是学习贯彻全国政协信息工作会议精神，交流全省政协信息工作情况，布置下一步的信息工作任务。省政协秘书长金启方、全国政协信息中心副主任姚平定到会讲话，部分地市政协信息工作负责同志发言。省政协副主席钟书樵在会议结束时作重要讲话，提出了政协信息工作的指导思想、工作原则和基本方法，并就加强对信息工作的领导、提高信息工作水平讲了要求。

省政协常委研讨班 1997年7月24日至25日在武昌首义饭店举行。研讨班的主要任务是认真讨论和研究《政协湖北省第七届委员会常务委员会工作总结》。省政协副主席钟书樵在研讨班开始时就总结第七届省政协工作讲了重要意见。常委们对《总结》提出了修改意见，并就进一步改进政协工作提出了建议。

全省政协宣传工作会议 1997年8月5日至7日在恩施州利川市召开。这是全省政协系统首次宣传工作会议，主要议题是总结交流全省政协宣传工作及《世纪行》杂志发行工作经验，表彰1997年全省政协宣传工作和《世纪行》征订发行先进单位，研究部署下一阶段全省政协宣传工作以及1998年《世纪行》征订发行工作。省政协副主席崔建瑞就新时期政协宣传工作的重要性和加强对宣传工作的领导讲了重要意见。

省政协第四届宣传中国共产党领导的多党合作和政治协商制度好新闻评选活动 1997年7月7日，省政协办公厅就举办湖北省第四届宣传中国共产党领导的多党合作和政治协商制度好新闻评选活动发出通知，对评选工作作出具体安排。经各级政协的共同努力，评选活动于8月20日圆满结束，共评出获奖作品33件。

全省政协工作经验交流会 1997年8月29日在省政协常委会议厅举行。列席省政协七届二十八次常委会议的各地市州政协代表、省直管市和部分县区政协代表参加了会议，16位代表在会上交流了政协工作经验。省政协副主席程运铁在会议结束时作总结讲话，就总结政协工作的重要性、指导思想、原则和要求讲了重要意见。

全省政协提案工作研讨会 1997年9月9日至11日在武汉举行，这是全省政协首次提案工作研讨会。会议的主要任务是探讨提案由数量型向数量质量型转变、提案办理由答复型向落实型转变以及提高提案工作部门服务质量的有效途径，研究五年来提案工作总结，听取武汉市政府及其有关部门关于提案办理工作的经验介绍，参观省和武汉市政协提案落实的现场。省委、省政府有关负责人、各地市州政协提案委员会负责人和省政协提案委员会全体委员参加。会议共收到30多份研究论文和经验材料。省政协副主席钟书樵、王启刚在会议开幕和结束时分别就及时总结经验、认真研究问题、不断开拓全省政协提案工作的新领域作了重要讲话。

省政协传达学习中共十五大精神报告会 1997年9月24日在省政协常委会议厅举行。300多名委员、省各民主党派负责人和省政协机关干部共400多人参加。会上，中共湖北省委副书记、省政协主席钱运录和中共湖北省委副书记杨永良分别传达了中共十五大的主要精神，我省十五大代表中的省政协委员蒙美路、蒋大国、杨至芳介绍了她们参加十五大的感受和体会。省政协副主席钟书樵主持报告会。

省政协学习贯彻中共十五大精神座谈会 1997年11月6日，省政协办公厅和省人民政协理论研究会邀请有关领导和专家学者，联合召开了题为“高举邓小平理论的伟大旗帜，认真学习贯彻党的十五大精神，努力开创我省政协工作新局面”座谈会。12月15日，省人民政协理论研究会又邀请省和部分市区政协、省各民主党派和有关人民团体的负责同志，召开了题为“党的十五大给新时期人民政协提出了哪些新课题；政协如何贯彻党的十五大精神，开创工作新局面”的学习座谈会，就深入学习贯彻十五大精神和用邓小平理论指导政协工作开展了多层次、多角度的探讨。

湖北省优秀教师赴澳门考察 1997年11月7日至11日，应省政协常委、澳门中华总商会会董马有恒先生的邀请，以省政协秘书长金启方为团长的湖北省优秀教师赴澳门考察团在澳门参观考察。这是省政协第一次组织的、规模最大的、以教师为主要成员的出境考察。考察团参观考察了澳门中华教育会、濠江中学、培正中学和澳门文化广场，访问了澳门政府教育暨青年司，听取了有关澳门教育情况介绍。全国政协副主席、澳门中华总商会会长马万祺博士、新华社澳门分社副社长宗光耀分别接见考察团全体成员，并发表了重要讲话。

省政协组团赴美国考察农业科技情况 1997年12月1日至13日，由省政协办公厅与省科协联合组织的、以省政协副秘书长、办公厅主任杨秋萍为团长的湖北省农业科技考察团一行9人赴美国进行了友好访问和考察。这次考察的主要任务是了解美国农业科研计划、科研动态、科研管理和政府服务农业的有关情况。考察团先后同美国农业部国际研究部和农业研究服务中心的官员、加利福尼亚洲政府食品农业厅官员和加利福尼亚洲大学农业研究所专家进行了友好座谈和交流。

"全省政协工作巡礼"专题节目 为了宣传第七届省政协和各地市州政协的工作,省政协办公厅与省电视台、省人民广播电台合办"全省政协工作巡礼"专题节目。1997年12月10日至30日,省电台、省电视台共播出19篇新闻,其中反映省政协工作2篇,各地市州政协工作17篇。

省政协学习中共十五大精神专题报告会 1997年12月11日,省政协学习委员会与省妇联联合在省政协常委会议厅举行专题学习报告会。我国著名经济学家吴振坤向300多名委员和省妇联干部作了学习贯彻党的十五大精神中有关经济体制改革问题的报告。省政协副主席沈克昌主持报告会。

【重要文件】

常委会工作报告(1997年2月16日)(摘要) 报告回顾了常委会过去一年的工作:一年来,在中共湖北省委的领导下,常务委员会紧密团结各民主党派、人民团体和各族各界人士,围绕经济建设中心和全省工作大局认真履行职能,积极推进政治协商、民主监督、参政议政的规范化和制度化,顺利完成了七届四次会议确定的各项任务,政协工作取得了新的进展。(1)认真落实全省政协工作会议精神,努力开创政协工作新局面。(2)抓住重大问题履行职能,推进全省两个文明建设。(3)充分发挥专委会作用,使政协工作更加活跃。(4)积极参与实践,为我省经济发展和社会进步办实事。(5)广泛开展联谊交友活动,促进祖国统一和我省对外开放。(6)加强自身建设,保证政协工作有效运行。报告确定1997年全省政协工作总的指导思想是:坚持以邓小平建设有中国特色社会主义理论和党的基本路线为指导,认真贯彻中共十四届五中、六中全会和经济工作会议精神,遵照省委的部署,紧紧围绕工作大局,广泛团结各民主党派、人民团体和各族各界人士,本着团结、稳定、民主、奋进的工作方针,认真履行政治协商、民主监督、参政议政职能,为实现我省政治稳定、经济发展、社会进步做出新贡献。根据这个指导思想,报告提出1997年重点要做好6个方面的工作:(1)加强学习,统一思想,振奋精神。(2)围绕全省工作中心,提高协商监督的质量和水平。(3)继续开展联谊工作,促进对外开放和祖国统一大业早日实现。(4)加强团结,努力维护社会政治稳定。(5)积极投身社会主义现代化建设,为改革开放多办实事。(6)总结经验,发扬成绩,为政协换届作好准备。

关于表彰湖北省各级政协委员、各界有关人士和政协组织的决定 1997年1月24日湖北省政协七届第24次常委会议通过。《决定》指出,为了总结经验,发扬成绩,进一步推动我省各级人民政协的工作,经多方推荐与协商,政协湖北省第七届委员会对全省各地在政协工作中做出突出成绩、发挥显著作用的政协组织和个人进行表彰。《决定》公布了受表彰的22个政协组织和403名个人名单,其中省政协委员160名,省各民主党派、有关人民团体成员及有关人士40名,市州县(市区)政协委员203名。

关于表彰七届一次会议以来优秀提案和先进承办单位的决定 1997年1月24日省政协七届第24次常委会议通过。《决定》指出，为了进一步调动全体委员和各民主党派、有关人民团体、政协专门委员会及各承办单位的积极性，不断提高提案质量和办理质量，政协湖北省第七届委员会对优秀提案和先进承办单位进行表彰。《决定》公布了受表彰的七届省政协81件优秀提案目录和9个优秀提案单位、130名优秀提案人名单。

关于认真做好政协信息工作的通知 1997年5月20日，省政协办公厅向政协各市、州、县(区)委员会和咸宁地区联络组发出了《关于认真做好政协信息工作的通知》，对收集信息的主要内容、渠道、提供信息的原则、加强对政协信息工作的领导和表彰奖励办法等提出了明确的要求和规定。

关于积极开展"迎香港回归"学习、宣传活动的决议 1997年5月28日省政协七届第27次常委会议通过。《决议》指出，省政协要以香港回归为契机，围绕湖北如何为香港回归平稳过渡作贡献，如何利用香港回归发展湖北经济，如何围绕香港回归宣传社会主义优越性、宣传"一国两制"的重大意义、宣传发挥港澳地区对改革开放的推动作用，根据中央要求和省委统一安排，认真组织好有关迎香港回归的学习、宣传和庆祝活动。《决议》规定，要在"七一"前后认真做好编辑出版迎香港回归学习资料专辑和《湖北文史资料》专辑、举行香港回归的专题报告会和迎香港回归座谈会、《世纪行》杂志集中反映香港回归内容的文章、同省各主要新闻单位联办固定宣传栏目、举办迎香港回归书画展、对港澳委员在鄂企业经营情况进行视察、省政协机关迎香港回归系列活动等八项具体工作。

关于认真总结本届政协工作的通知 1997年6月16日，省政协办公厅分别向全体省政协委员、政协各市州委员会，咸宁地区联络组，省直管市和神农架林区委员会发出了《关于认真总结本届政协工作的通知》，对全体省政协委员结合自己参加政协实践的体会、总结研究省政协五年来的工作、提出进一步搞好政协工作的建议与全省各级政协加强对总结工作的领导、协助省政协总结本届工作、参加全省政协工作经验交流会等提出了明确要求，作出了具体部署。

关于学习贯彻中国共产党第十五次全国代表大会精神的决议 1997年10月14日省政协七届第29次常委会议通过。《决议》指出，中共十五大是在我国改革开放和社会主义现代化建设发展的关键时期召开的一次承前启后、继往开来，具有划时代意义的会议，是科学总结过去、规划未来的跨世纪的历史性会议。江泽民同志在会上所作的报告对我国改革开放和社会主义现代化建设作出了全面部署，是中国共产党带领全国人民迈向新世纪的政治宣言和行动纲领。大会把邓小平理论确立为全党的指导思想，写进中国共产党章程，这标志着我们党在世纪之交的关键时刻选定了正确的方向和道路，充分反映了时代的要求和人民的愿望。参加湖北省政协七届第29次常委会议的同志一致表示完全拥护江泽民同志的报告和大会通过的各项决议，衷心拥护以江泽民同志为核心的新的中央领导集体。《决议》强调，全省各级政协和广大政协委员要把学习贯彻十五大精神作为当前和今后一个时期政协工作的头等大事抓紧抓好。要重点学习江泽民同志的报告，全面系统地学习邓小平理论，认真学习邓小平关于新时期统一战线和人民政协工作的一系列重要论述，把思想统一到十五大精神上来，在思想上政治上同以江泽民为核心的党中央保持高度一致。同时要联系政协工作实际，紧紧围绕十五大制定的宏伟目标、战略部署和中共湖北省委六届七次全体(扩大)会议确定的战略任务、工作重点,组织开展深入细致的调查研究,切实履行政治协商、民主监督、参政议政职能,认真总结和全面推进我省各级政协工作。《决议》要求,要切实加强对学习贯彻中共十五大精神的组织领导,制定可行的学习计划,进行督促检查,把集中学习与个人自学、通读文件与专题研讨结合起来,将学习不断引向深入。《决议》号召,全省各级政协组织和广大政协委员要坚定不移地高举邓小平理论的伟大旗帜,坚持社会主义初级阶段的基本路线,团结拼搏,艰苦奋斗,为全面完成十五大提出的各项战略任务,实现湖北跨世纪宏伟目标而努力奋斗。

关于加强政协信息工作的若干意见

为了不断推进政协信息工作的规范化、制度化建设,省政协办公厅特制定《关于加强政协信息工作的若干意见》,并于1997年10月24日向政协各市州县(区)委员会和咸宁地区联络组发出了通知。《意见》主要对政协信息工作的重要意义、应遵循的原则、信息来源、报送信息的形式和程序、信息规章制度、信息网络建设和加强对信息工作的领导等提出了21条意见和要求。

【组织概况】

秘书长辞职

省政协七届第24次常委会议上,王正强因年龄关系向会议提出《关于请求辞去政协湖北省第七届委员会秘书长职务的信》。1997年12月19日,省政协七届第26次常委会议审议通过了《关于接受王正强同志辞职请求的决定》。省政协七届五次会议接受了王正强因年龄关系辞去秘书长职务的请求。

秘书长补选名单

金启方(1997年2月21日)

常务委员增选名单

王正强(1997年2月21日)

委员增补名单

仲惟昆　蓝官衡　白景义　黄学东

邓德龙　毛家书

机关机构调整情况

根据《中共湖北省委办公厅关于印发〈湖北省政协机关机构改革方案〉的通知》,省政协办公厅设置下列机构:秘书处、研究室、宣传处、信息处、人事处、行政处、接待处、提案委员会办公室、学习委员会办公室、文史资料委员会办公室、经济委员会办公室、教育科学技术委员会办公室、文化卫生体育委员会办公室、民族宗教委员会办公室、社会法制委员会办公室、三胞联谊委员会办公室、机关党委、离退休干部处。另有:委员活动中心。

【湖北省各级政协领导人名单】

湖北省政协

主　席

钱运录

副主席

钟书樵　张怀念　翦天聪(维吾尔族)

韩南鹏　王启刚　周兹柏

蒙美路(女)　石　泉　平麟伯

沈克昌　刘建康　崔建瑞　程运铁

戴见能

秘书长

金启方

武汉市(副省级)

市政协主席

李　岩

副主席

胡照洲　王炳炎　陈伯华(女)

李崇淮　郭友中　杨葆琨(白族)

李家友　李涌泉　肖谷欣　单大年

秘书长

湛根本

县(区)政协主席

江岸区　曾昭新

江汉区　董　谦

硚口区　叶理元

汉阳区　杜忠良
武昌区　时华武
青山区　张三提
洪山区　杨道才
东西湖区　胡伯平
蔡甸区　梅载书
江夏区　涂才凤
汉南区　曾桂生
黄陂县　李志堂
新洲县　罗咏南

襄樊市

市政协主席
姚祥栋
县(市、区)政协主席
襄阳县　林太学
枣阳市　尹冬桂
宜城市　沈均翠(女)
老河口市　高全明
南漳县　陈晖章
谷城县　鲁正金
保康县　姜昭周
襄城区　陈天儒
樊城区　蔡关福

宜昌市

市政协主席
李　泉
县(市、区)政协主席
宜昌县　郭朝运
枝城市　阎友法
枝江市　李先贵
当阳市　秦甲春
远安县　王其刚
兴山县　史文坤
秭归县　李广钦
长阳县　李道槐(土家族)
五峰县　李玉久
西陵区　杨万喜
点军区　赵玉春
伍家岗区　鲁永木

黄石市

市政协主席
盛大礼
县(市、区)政协主席
大冶市　陈绪玉
阳新县　马国民
黄石港区　屈建东
石灰窑区　夏传林
下陆区　喻昌义
铁山区　赵聚雄

鄂州市

市政协主席
胡传利
区政协主席
鄂城区　刘沐珍
华容区　马均安
梁子湖区　张忠义

荆门市

市政协主席
金世泽
县(市、区)政协主席
京山县　谢家浩
钟祥市　杜义林
东宝区　袁文科
沙洋区　(暂缺)

十堰市

市政协主席
孔庆藻
县(市、区)政协主席
郧　县　石大仁
郧西县　李大尊
竹山县　王昌清
竹溪县　吴克敏

房　县　　方必胜
丹江口市　　李志江
张湾区　　夏志魁
茅箭区　　傅建新

荆州市

市政协主席

鲁振华

县(市、区)政协主席

荆州区　　徐正才
沙市区　　周西培
江陵区　　姜保国
松滋市　　裴光奇
公安县　　董玉友
石首市　　陈　阵
监利县　　易著洪
洪湖市　　郑令兰

孝感市

市政协主席

王学远

县(市、区)政协主席

孝南区　　傅正元
汉川市　　邓万斌
应城市　　蔡坚轩
云梦县　　詹明金
安陆市　　曹明高
广水市　　程菊华(女)
大悟县　　叶　卿
孝昌县　　徐海松

黄冈市

市政协主席

周维新

县(市、区)政协主席

黄州区　　杨传庆
红安县　　李华成
麻城市　　李蔚青
罗田县　　陈继登
英山县　　赵思民
浠水县　　吕国泰
蕲春县　　徐国生
武穴市　　胡启德
黄梅县　　夏龙阁
团风县　　谢源卿

咸宁地区

县(市)政协主席

咸宁市　　孙宏春
蒲圻市　　周木清
嘉鱼县　　刘凤英(女)
通城县　　毛谋文
崇阳县　　黎时忠
通山县　　乐昌欢

恩施州

州政协主席

王仕才(苗族)

县(市)政协主席

恩施市　　伍绍春
利川市　　任世光(土家族)
建始县　　罗海元
鹤峰县　　叶楚善
宣恩县　　唐松林(苗族)
来凤县　　虞大远(土家族)
咸丰县　　陈绍锡(土家族)
巴东县　　税明星(土家族)

神农架林区政协主席

张元启

仙桃市政协主席

郭凤祥

天门市政协主席

肖述鹏

潜江市政协主席

黄际纯

随州市政协主席

胡清兰(女)

湖北省各级政协组织和委员数

级别 项目	省	副省级市	地级		省直管市（区）	县级			合计
			市	自治州		县	县级市	市辖区	
组织数	1	1	9	1	5	41	22	32	112
委员数	616	510	2 866	250	1 431	8 273	5 244	5 565	24 755

（朱　峰　编写）

政协湖南省委员会

【全体委员会议】

七届五次会议 1997年2月19日至24日在长沙召开。会议应到委员731人，实到671人。委员们听取并审议通过了省政协副主席龙禹贤作的《加强协商监督，促进两个转变，为加快湖南经济发展和社会进步做出新贡献》的常委会工作报告和省政协提案委员会主任崔再麟作的《政协湖南省第七届委员会提案委员会关于七届四次会议以来提案工作情况的报告》；列席省八届人大五次会议，听取并协商讨论了杨正午省长所作的《政府工作报告》；协商讨论了湖南省1996年国民经济和社会发展计划执行情况和1997年国民经济和社会发展计划（草案）的报告，协商讨论了湖南省1996年财政预算执行情况和1997年财政预算（草案）的报告和湖南省高级人民法院、湖南省人民检察院的工作报告；通过了《中国人民政治协商会议湖南省第七届委员会第五次会议政治决议》、《中国人民政治协商会议湖南省第七届委员会第五次会议关于常务委员会工作报告的决议》。会议认为，过去的一年，省政协认真履行政治协商、民主监督、参政议政的职能，为加快本省经济发展，促进本省社会主义精神文明建设，民主法制建设和推进祖国统一大业，作出了不懈努力。会议赞同杨正午省长所作的《政府工作报告》。认为过去的一年，省委、省政府率领全省人民战胜特大洪涝灾害，宏观调控取得明显成效，改革开放取得新的进展，经济建设迈出新的步伐，精神文明建设得到进一步加强。《政府工作报告》提出的1997年工作的指导思想、主要目标和政策措施，符合中央精神和本省实际，是切实可行的。会议期间，省党政领导王茂林、杨正午等到会听取意见和建议，回答委员们提出的有关问题。会议期间，逢邓小平同志因病不幸逝世，省政协组织与会委员学习《告全党全军全国各族人民书》，召开座谈会，缅怀邓小平同志的丰功伟绩，沉痛悼念邓小平同志。会议号召全省各级政协委员化悲痛为力量，更加紧密地团结在以江泽民同志为核心的党中央周围，高举邓小平建设有中国特色社会主义理论的伟大旗帜，为开创本省政协工作新局面，促进本省的经济发展和社会进步，促进祖国早日统一做出新贡献，以实际行动寄托对邓小平同志的深切怀念，以优异成绩迎接香港的顺利回归和中共十五大的召开。

【常务委员会议】

第17次会议 1997年1月22日至24日在长沙召开。会议决定省政协七届五次会议于2月19日至24日在长沙召开，通过了省政协七届五次会议议程、日程（草案）和各组召集人名单；会议讨论并原则通过湖南省政协第七届委员会常务委员会工作报告（草案）和湖南省政协第七届委员会提案委员会工作报告（草案）；增补吴志宪等7人为省政协委员，因工作变动，免去阮水根等5人第七届省政协委员职务。在讨论中，委员们认为，过去的一年，省政协围绕推广素质教育、推进农业产业化、加强洞庭湖治理、搞活国有企业等四个重点，认真履行政治协商、民主监督、参政议政的职能，取得了较好的成绩。同时，对1997年工作提出了意见和建议。会议还讨论了刘正、龙禹贤、谢佑卿等6位委员《关于改革应试教育、全面推广素质教育的再次建议（征求意见稿）》。会上，省政协主席刘正就开好省政协七届五次会议提出了要求。

第18次会议 1997年5月29日至31日在长沙召开。听取并协商讨论了省政府关于湖南省减轻农民负担和抗洪救灾准备情况的通报；学习了李瑞环主席在全国政协八届五次会议闭幕时的讲话；回顾总结湖南省第七届政协的工作经验。会议在肯定本省减轻农民负担工作和抗洪救灾工作成绩的同时，指出对减负工作的实际效果不可估计过高,而应该看到一些深层次的问题还没有得到真正的解决,减轻农民负担,事关稳定,是严肃的政治问题,一定要令行禁止,决不允许反弹。省委副书记胡彪等党政领导到会听取意见。省政协主席刘正充分肯定了常委们提出的意见和建议,并在会上作了《改革应试教育是一场深刻的革命,需要切实加强领导和全社会的大力支持》的讲话。

第19次会议 1997年8月11日至15日在长沙召开。常委们认真学习了江泽民同志5月29日在中共中央党校省部级干部进修班毕业典礼上的重要讲话;听取并协商讨论了省政府关于国有企业改革和实施素质教育的情况通报;听取了省政协副主席范多富作的《关于我省国有企业改革的调查和建议》和省政协文教卫体委员会《关于一些市县推行素质教育情况的考察报告》。中共湖南省委副书记储波、副省长唐之享在会上讲了话。省政协主席刘正在会上作《以江泽民同志讲话为指南,加快深化体制改革的进程》的中心发言。

第20次会议 1997年12月28日至31日在长沙召开。会议决定了召开省政协八届一次会议的日期;审议通过政协湖南省第七届委员会常务委员会工作报告和政协湖南省第七届委员会提案委员会提案工作报告;协商通过了省政协第八届委员会委员名单、省政协八届一次会议议程(草案)和主席团成员建议名单。会议决定,厉化南任省政协办公厅副主任。中共湖南省委副书记储波在讲话中充分肯定了省政协七届委员会的工作成绩,认为省政协七届委员会的工作特色,有创新、上了新的台阶,在抓住重大课题参政议政、履行协商监督职能、发挥优势办实事等方面有突破。储波在讲话中还要求切实抓好八届省政协的人事安排工作。省政协主席刘正在闭幕会上讲了话。

【专门委员会工作】

提案委员会 一年来共收到提案604件,其中审查立案574件,30件改作委员来信处理。办复提案565件,占交办提案的98.4%。提案中所提问题已经解决或列入计划将要解决的438件,占77.5%。召开了提案办理情况汇报会,全省政协提案工作经验交流暨理论研讨会,对近5年的提案工作进行了认真的总结,并从理论上对提案工作进行了深入探讨。出席了全国政协部分省、市提案工作座谈会及中南六省(区)政协提案工作座谈会,分别作了《改进提案工作方法,不断提高服务质量》与《抓好'四大工程',促进提案工作》的发言。为适应换届的需要,编印了《政协提案工作手册》。

经济科技委员会 一年来,组织委员赴益阳、常德、衡阳、郴州、永州等市,就深化改革、下岗人员分流和再就业人员的安置等问题进行实地考察和调研,形成题为《关于搞活国有小型企业的情况调查与思考》的调查报告,该报告被选为全国政协经济委第四次工作会议材料;赴辽宁、吉林两省就如何搞活国有大中型企业进行专题考察;赴浙江、江苏、福建三省,就民营企业的发展、股份合作制、科技成果的转换和先进管理模式等问题进行调研和考察;赴邵阳市就农村区域经济和农业产业化结构问题进行调研,经省政协常委会议通过,向省委、省政府提交了题为《关于赴邵阳视察的情况汇报和进一步支持邵阳发展经济的建议》的建议案。参与全省农村减负工作调查,科技兴湘跟踪调查,技术市场的建设和完善跟踪调查、专利工作和知识产权问题的调查以及全国科教兴市先进城市的审查评比工作。与全国政协经济委配合,邀请江苏、广东两省经济界政协委员14人来浏阳市、湘西自治州和张家界市等地考察和洽谈合作项目。在这次活动中,共签订项目协议书35份,项目协议资金近亿元。编辑了《参政与奉献》一书,收录本届省政协经科委和各地州市政协经科委的主要调研成果和委员业绩。争取省邮电部门对省政协机关扶贫工作的支持,为扶贫点宜章县东华乡解决12万元通讯建设资金。

文教卫体委员会 对长沙市、常德市、衡阳市等地实施素质教育情况进行了考察,形成《关于一些市县推行素质教育情况的考察报告》、《正在实现由应试教育向素质教育的转轨》的省政协七届十九次常委会议文件。报告建议各级政府部门在已经取得可喜成绩的基础上,要在进一步提高素质教育质量等方面多做工作,使素质教育再上新台阶。对衡阳、永州两市的社会力量办学情况进行考察,形成《大力发展社会力量办学,促进城乡两个文明建设》的考察报告,该《报告》被作为省政协七届五次会议大会文件。参与了中共湖南省委、省人民政府《关于深化基础教育改革,全面实施素质教育的意见》的制订工作。还参加了全省食品卫生大检查。

法制群团委员会 组织了关于《妇女权益保障法》和《湖南省关于妇女权益保障法实施条例》和关于股份制企业职工下岗状况的调查。受全国政协社会与法制委员会的委托,组织关于城镇和农村养老保险的调查。组织关于湖南省人民法院、公安系统执法大检查。接待了以阎颖为团长的全国政协委员希望工程视察团。组织拍摄的《女委员在岗位上闪光》电视系列片,在全国政协好新闻评选活动中被评为二等奖。协助和督促长沙市政府落实资金200多万元,修通长坪公路。督促省计委立项并拨款200多万元,筹资250万元修建了一所戒毒所。参加了关于减轻农民负担问题的大调查。

民族宗教委员会 1月,组织委员赴衡阳市南岳区对贯彻落实湘发[1992]7号文件的情况进行视察,省委副书记、省长杨正午,省委副书记储波,省政协主席刘正,副省长唐之享对视察报告反映落实宗教政策方面的情况作了批示。通过与有关部门协商,为南岳区落实宗教政策解决了一些问题。5月中旬,组织委员赴新晃、芷江两个自治县就贯彻落实扶贫政策和发展乡镇企业政策情况进行视察。省委副书记储波、郑培民,省委常委、副省长周伯华,副省长庞道沐对视察报告所反映的情况作了批示。通过与有关部门协商,为新晃、芷江两县解决了一些问题,为少数民族地区脱贫致富,加快发展创造了条件。通过与省财政厅协商,为靖州、通道、新晃、芷江四个自治县政协维修办公楼争取了30万元维修费。

学习委员会 编辑出版《学习参考资料》12期,共60多万字。协助组织好学习中心小组和常委会的学习。组织了关于经济体制改革和学习中共十五大精神的报告会。组织部分委员赴外省市学习考察。参加全国政协学习工作座谈会和华东中南地区学习工作研讨会。召开全省政协学习工作座谈会,总结交流各地政协开展学习工作的经验。

文史资料研究委员会 征集各类史料367篇,计180万字,其中,建国后史料208篇,110万字。编辑出版《湖南文史》6期。编辑出版《二十世纪湖南文史资料文库》丛书专集6本,近200万字。组织部分委员赴永州、郴州两市对舜帝陵和湘南旅游资源的开发进行视察,提出了“以舜帝陵为中心,合理布局,全方位开发湘南旅游资源,促进湘南地区改革开放和经济社会发展”的建议,受到两市党政领导和有关部门的重视。以香港回归为主题,与有关单位举办省会书画名家笔会、湘人与香港专题座谈会,并组织委员实地考察广东东莞和虎门等地的港资企业,对湖南在招商引资方面如何学习沿海地区的经验提出了有益建议。

台港澳侨联络委员会 全年接待21批来湘考察、投资、参加经贸洽谈、湘交会和探亲访友的台港澳侨胞。向台港澳侨胞提供招商引资(项目)信息34个。组织省政协香港委员到长沙、湘潭地区考察国营、民营企业,到韶山、宁乡参观毛泽东、刘少奇同志故居。召开省政协联络委员会和重点“三胞”亲友“庆香港回归与湖南开放座谈会”;组织委员赴岳阳市考察“台资企业”,同时,对长沙、株洲、湘潭、衡阳、岳阳等5市的100家台资企业进行了问卷调查,并写出考察报告,向省委、省政府提出了建议,受到有关方面的重视。全年组织4个团组66人分赴澳大利亚、新加坡、泰国、香港和澳门等国家和地区考察学习、招商引资,加强了交往与交流。召开地州市政协联络工作研讨会,总结本届五年来的联络工作经验,并对如何开创联络工作新局面进行了认真的探讨。组织委办人员参加全国政协联络干部培训班,参加“沿海十二省市区祖国统一工作研讨会”,学习外省政协经验。

【重要活动】

大力推广素质教育 1997年,省政协始终不懈地把推广素质教育作为参政议政的大事。在第十七、十八、十九次常委会议上,都讨论了有关素质教育的问题。3月,在全国政协八届五次会议上,省政协主席刘正代表龙禹贤、谢佑卿等6位委员作了《关于加快全面推行素质教育的再次建议》的发言,引起了与会人员的共鸣,得到中共中央政治局常委、全国政协主席李瑞环和中共中央政治局委员、国务院副总理李岚清的高度重视和充分肯定。《新华每日电讯》根据李岚清副总理的批示,于3月10日发表了这个发言。7月,省政协主席刘正在《人民政协报》上发表题为《改革应试教育是一场深刻的革命》一文,在社会上引起广泛的反响。这些工作,对推广素质教育起了重要作用。

沉痛悼念邓小平同志 邓小平同志逝世后,省政协及时组织机关干部、职工收看中央电视台直播的“邓小平同志追悼大会”实况。4月,组织机关处级以上干部集中学习三天,着重学习中共中央《告全党全军全国各族人民书》等三篇文章和全国政协主席李瑞环在全国政协八届五次会议闭幕式上的讲话。学习期间,安排收看了电视片《邓小平》。

减轻农民负担问题的调查 1997年3月下旬至4月初,省政协副主席邓有志、陈彰嘉、范多富分别带领由省政协办公厅、有关专委会和省农办的同志组成的三个调查组,就减轻农民负担问题进行了调查研究。各州、市政协,地区政协工委根据省政协办公厅的统一部署,分别组织了调查。总计共调查56个县(市),130个乡镇,282个村,877家农户,召开座谈会131次。调查后形成《关于减轻农民负担问题的调查报告》。省政协七届第十八次常委会议就减负问题与省党政领导进行了协商讨论。报告肯定了减负工作的成绩,同时指出农民负担问题远未从根本上得到解决,农民负担仍然很重。报告提出了4条建议:一是坚持量力而行的办事原则。二是抓紧完善现行财税体制。三是加快乡镇机构改革步伐。四是大力改进干部作风。

全省地州市政协秘书长(办公室主任)联席会议 1997年召开了第三、第四次地市州政协秘书长(办公室主任)联席会议。第三次全省地市州政协秘书长(办公室主任)联席会议于1997年4月22日至26日在湘西自治州、张家界市和常德市举行。会议的主要议题是,交流各地市州政协关于减轻农民负担问题专题调查研究的情况。会议由省政协副主席兼秘书长陈彰嘉主持，省政协副秘书长曹曾祝、吴志宪、陈本洪出席了会议。全省地市州政协秘书长(办公室主任)第四次联席会议于1997年10月7日至11日在怀化地区、娄底地区召开。会议的主要议题是学习中共十五大精神，总结交流政协办公厅(室)系统当好参谋、搞好服务的情况和经验。会议由省政协副秘书长廖长发主持，省政协副秘书长吴志宪传达全国政协办公厅召开的人民政协秘书工作座谈会精神。省政协副主席兼秘书长陈彰嘉出席会议，并就做好反映社情民意工作作了讲话。

全国政协委员视察我省希望工程 应共青团中央、中国青少年发展基金会的邀请，以全国政协委员、国务院原副秘书长阎颖为团长的全国政协委员视察团一行14人，于5月15日至21日对湖南省实施希望工程情况进行了为期一周的视察。视察团还分别与湖南省党政领导、湘西自治州党政领导和省会各界人士座谈，交流我省希望工程实施的情况。5年来，全省希望工程累计筹资1.3亿元，救助失学儿童13万余名。

广泛开展迎香港回归活动 省政协在年初把迎接香港回归列入1997年工作要点。5月，组织机关干部参观“'97迎接香港回归祖国”大型图片展，开展“迎接香港回归祖国”知识竞赛。6月，组织机关干部参加省会各界喜迎香港回归报告会，召开迎接香港回归“湘人与香港学术座谈会”和台港澳亲友联谊会常务理事会议，举行“'97香港回归与湖南开放”大型画册首发式。7月1日，组织全机关干部职工收看香港回归交接仪式，并举行了座谈会。

国有企业改革的调查 5月至8月，省政协主席刘正、副主席龙禹贤、谢佑卿、范多富带领省政协有关单位成员，分别到中国老工业基地、国有企业比较集中的辽宁省、吉林省及省内的长沙市、常德市、益阳市、郴州市、永州市和衡阳市进行调查研究，现场考察了30多个有代表性的企业，召开了一系列座谈会，并听取当地党政领导的情况介绍和省经贸委、体改委等有关部门的意见。调查结束后形成《关于我省国有企业改革的调查和建议》，在省政协七届十九次常委会议上就本省国有企业改革问题与省党政领导进行协商讨论。《建议》分析了当前本省国有企业面临的新形势、新问题，提出要根据新形势调整国有企业改革和发展的政策措施：一是进一步明确改革的方向，把探索公有制经济的有效实现形式作为核心问题；二是在控制通货膨胀明显见效后，应当把启动市场、扩大就业作为宏观调控的首选目标；三是适当调整固定资产投资结构，腾出财力扶植新的经济增长点；四是把改善企业外部环境提到与企业内部改革同等重要的位置。《建议》还提出，深化国有企业改革的关键是进一步统一认识，切实加强领导。

贯彻落实十五大精神 中共十五大召开后，按照中共湖南省委和省直机关工委的部署，省政协组织在长沙的部分常委、委员，省政协机关干部、职工认真学习十五大报告。9月12日上午，省政协机关干部职工集中收看了十五大开幕式电视转播实况。下午，省政协召开主席(扩大)会议，专题讨论学习江泽民总书记在开幕式上所作的报告。23日至29日组织机关干部、职工进行为期一周的集中学习。在23日的部分省政协常委和省政协机关干部、职工的学习大会上，省政协主席刘正主持会议并作《以十五大精神为指南，努力开创政协工作新局面》的讲话。中共湖南省委副书记郑培民在会上传达了十五大精神。下午，省政协召开主席(扩大)会议，进一步讨论学习江泽民同志的十五大报告。10月至12月，省政协组织机关干部、职工联系实际，每月围绕一个专题，深入学习。

【重要文件】

常委会工作报告(1997年2月19日)(摘要) 一年来,省政协在中共湖南省委的领导和省人民政府的支持下,认真履行政治协商、民主监督、参政议政的职能,为本省经济发展、社会主义精神文明建设、民主政治建设和推进祖国统一大业,作出了新的贡献。一、抓住本省实施"九五"计划和2010年远景规划中的重大问题参政议政。1月,省政协提出《关于大力推广汨罗经验,全面推进素质教育的建议案》后,就把协助省委、省政府大力推广汨罗经验作为一项重要任务。目前,推广汨罗素质教育经验不仅引起了省委、省政府的重视,成为全省教育改革的一项重大举措,而且已经引起中央领导和社会各界的重视与关注。3月至5月,省政协在参加省委农村大调查的基础上组织3个调查组,并组织各地州市政协就农业产业化现状和存在的问题,进行了深入的调查研究,共写出调查报告23篇。经省政协七届十四次常委会议协商通过,向省委、省政府提出了《关于推进我省农业产业化进程几个问题的建议案》。省委、省政府对《建议案》十分重视,组织有关部门作了认真研究。紧接着又召开了全省农业产业化工作会议,在此后以省委、省政府名义下发的《关于加快推进农业产业化的意见》中,采纳了《建议案》中的很多意见。省政协领导带领考察组四下洞庭湖,对导致洞庭湖水患不断加重的原因和解决办法进行了深入研究。经过反复讨论,省政协向中共中央、国务院和全国政协领导呈送了《关于加速洞庭湖治理的建议信》。李鹏总理、姜春云副总理分别对《建议信》作了重要批示。全国政协副主席钱正英受李瑞环主席的委托,专程来湘对洞庭湖治理进行专题考察。省政协组织3个视察组,对湘潭、衡阳、岳阳、长沙等地实行"抓大放小"和优化资本结构试点等情况进行了调查,提出了要重点抓好部门领导思想认识的转化工作,制订搞活国有企业的五年计划等建议,得到有关部门的重视。二、贯彻"两手抓"、"两手都要硬"的方针,大力推进社会主义思想道德和文化建设。省政协围绕加强思想道德建设和文化建设组织多次视察。针对在社会主义市场经济条件下如何加强思想道德建设的问题,当前农村文化建设基础薄弱和农村文化生活贫乏的问题,文化市场上存在的非法出版物、贩黄制黄、"三陪"屡禁不止,管理体制不顺的问题,本省毒品犯罪势头未能得到有效控制的问题,企业管理和思想政治工作薄弱的问题和宗教工作出现的新情况新问题,提出了意见和建议。在办好《湖南文史》杂志的同时,从1996年开始,整理汇编《二十世纪湖南文史资料文库》丛书。同时,还举办了纪念红军长征胜利60周年座谈会等。《湘声报》、《同力》杂志,注意抓住人民群众普遍关注的社会热点问题发挥舆论监督作用。中共十四届六中全会作出《关于加强社会主义精神文明建设若干重要问题的决议》后,省政协及时召开主席会议和常委会议,认真学习《决议》精神。三、积极参与经济建设主战场,加大为经济建设服务的力度。在本省发生特大洪涝灾害之后,省政协积极协助党委和政府搞好抗洪救灾工作。一是迅速奔赴灾区第一线开展抗洪救灾。二是组织赈灾募捐。三是发动基层各级政协积极投入抗洪救灾斗争。四是加强灾后调查研究,为今后科学治水、增强抗洪能力献计献策。3月,省委组织了"百乡千村万户"农村大调查,省政协领导带队深入到桂阳、双峰、慈利3县,对农村经济发展的现状与问题、农民反映最强烈的热点问题、农村改革和农村基层组织建设情况进行调查研究。11月,省政协领导带领督查组,对岳阳市、益阳市、常德市发展乡镇企业、减轻农民负担和"三冬"生产的情况进行督查。省政协组织委员对邵阳市经济建设、社会发展的全面情况进行视察,在分析市情的基础上,向省委、省政府和省直有关部门提出了六条建议。省政协还组织委员就落实民族优惠政策的问题赴芷江侗族自治县进行了视察,写出了专题报告,引起了省委、省政府及有关部门的重视。由省政协领导参与组织的光彩事业,在过去的一年里又有新的发展,共向湘西自治州等地市投资5 000多万元,有27个项目正在实施并开始产生效益。四、适应社会主义民主政治建设的新要求,切实加强政协自身建设。一是对全省政协工作开展督查。6月,省委、省政府组成督查团,委托省政协领导带队,就贯彻落实中共中央(1989)14号文件、省委召开的全省政协工作会议和统战工作会议精神,加强政协工作规范化、制度化建设的情况进行督查。二是组织和推动委员学习。中心组成员认真学习了马列主义、毛泽东思想、特别是邓小平建设有中国特色社会主义理论和江泽民同志的《领导干部一定要讲政治》等重要讲话,以及中央经济工作会议和省委经济工作会议文件。委员学习小组的学习活动同视察、调查、参政议政相结合。省政协学习委员会编印《学习参考资料》,帮助和推动委员自学。三是抓好省政协机关机构改革和思想作风建设。专门委员会由10个调整为8个,同时处室工作班子也作了调整,并建立健全各项规章制度。1997年省政协的主要任务是:1.围绕两个根本性转变加强调查研究,积极建言献策。2.以中共十四届六中全会《决议》为指针,大力推进社会主义精神文明建设。3.加大反映社情民意和民主监督的力度,为维护社会政治稳定服务。4.以香港回归为契机,加强海外联谊,促进对外开放和祖国统一大业。5.适应新形势,把握新特点,进一步加强政协的自身建设。6.按照中共湖南省委的统一部署,积极做好政协换届的准备工作。

【组织概况】

委员增补名单(1997年1月24日)

吴志宪　佘友文　张正洪　杨序岩
罗富国　胡孟军　高碧云

免去委员职务名单(1997年1月24日)

阮水根　朱立炎　陈定良　贺达泉
梅楚波

机构设置情况　1997年,省政协设有1个办公厅、8个专门委员会(即:提案委员会、经济科技委员会、文教卫体委员会、法制群团委员会、民族宗教委员会、学习委员会、文史委员会、台港澳侨联络委员会)。办公厅下设秘书处、人事处、行政事务管理办公室、研究室、保卫处等5个处室和纪检组(监察室)、机关党委。各专门委员会分别设一个办公室(处级)。

【湖南省各级政协领导人名单】

湖南省政协

主　席

刘　正

副主席

龙禹贤　邓有志(瑶族)
石玉珍(女,苗族)　袁隆平　何绍勋
阳忠恕　徐有恒　杨汇泉　谢佑卿
方毓棠　陈彰嘉　范多富

秘书长

陈彰嘉(兼)

长沙市

市政协主席

臧宝山

县(市、区)政协主席

芙蓉区　肖光兰
天心区　郑　蓬(女)
岳麓区　赵翔远
开福区　刘云甫

雨花区 苏　伟(女)
长沙县 周亮斌
望城县 李锦桃
宁乡县 王　斌
浏阳市 刘建芳

湘潭市

市政协主席
齐美成
县(市、区)政协主席
湘潭县 李罗云
湘乡市 李玉清
雨湖区 郭特强
岳塘区 丁国辉
韶山市 刘金生

株洲市

市政协主席
曾雨农
县(市、区)政协主席
株洲县 李谟黔
醴陵市 金德凡
攸　县 刘炳炎
茶陵县 彭　震
炎陵县 唐桐德
芦淞区 李兆希
荷塘区 叶绍南
石峰区 张合顺
天元区 粟蒲先(女)

衡阳市

市政协主席
袁宏尧
县(市、区)政协主席
耒阳市 毛利群(女)
常宁市 詹心支
祁东县 旷章才
衡阳县 王永明
衡东县 谭泽银
衡山县 廖雪六
衡南县 施正周
城南区 邹季新
城北区 蒋光南
江东区 颜绍明
郊　区 贺湘涛
南岳区 易运前

邵阳市

市政协主席
李竟成
县(市、区)政协主席
大祥区 朱宏君
双清区 张松良
北塔区 黄民春
邵东县 宁伯钧
新邵县 钟　锋
隆回县 杨第美
洞口县 尹邦治
绥宁县 贺兼福(瑶族)
城步苗族自治县 瞿宏源(苗族)
武冈市 朱振宙
新宁县 王年斌
邵阳县 吕敬忠

岳阳市

市政协主席
高碧云
县(市、区)政协主席
岳阳楼区 李水泉
云溪区 王石生
君山区 康代泗(女)
岳阳县 胡耀宗
华容县 沈型楷
临湘市 何水生
汨罗市 龙协邦
平江县 余委启
湘阴县 罗月英(女)

常德市

市政协主席

刘昌进

县(市、区)政协主席

武陵区 陈杏园

鼎城区 徐政国

汉寿县 施隆庭

桃源县 翦仲成(维吾尔族)

临澧县 林敦来

澧 县 贺家斌

石门县 周其桂

津市市 黄大军

安乡县 余 斌

张家界市

市政协主席

向万隆(土家族)

县(市、区)政协主席

永定区 袁兆平(土家族)

武陵源区 李培登(土家族)

慈利县 姚运铣(土家族)

桑植县 彭发顺(土家族)

益阳市

市政协主席

钟明星(白族)

县(市、区)政协主席

南 县 郭履平

沅江市 周业贵

桃江县 胡震元

安化县 伍湘安

资阳区 李月英(女)

赫山区 彭静云(女)

永州市

市政协主席

欧学佳

县(市、区)政协主席

芝山区 唐如皎

冷水滩区 唐培林

双牌县 唐心云

道 县 周图璋

江永县 廖景东

江华瑶族自治县 蒋国武

宁远县 李永祥

新田县 卢永嘉

蓝山县 刘槐清

东安县 贺维强

祁阳县 王先兴

郴州市

市政协主席

易昌前

县(市、区)政协主席

北湖区 雷衍志

苏仙区 贺洪顺

资兴市 刘文艺

桂阳县 刘潭梓

宜章县 刘长庚

嘉禾县 欧振昌

永兴县 刘运蓉(女)

安仁县 彭珍纯

临武县 邝生贵

汝城县 袁福寿

桂东县 朱昌庭

怀化地区

县(市、区)政协主席

怀化市 张必长

洪江市 邓星玉

黔阳县 陈伯民

沅陵县 罗建中

辰溪县 谢明春

麻阳苗族自治县 彭少连

新晃侗族自治县 廖培旺

芷江侗族自治县 补 臣(苗族)

靖州苗族侗族自治县 张凝辉

通道侗族自治县　黄进炳(侗族)
会同县　杨远干(侗族)
溆浦县　谢培顺

娄底地区

县(市、区)政协主席
娄底市　刘积蔡
冷水江市　谢长生
涟源市　胡康凡
双峰县　黄振国
新化县　李佑金

湘西自治州

州政协主席
向邦礼(土家族)
县(市、区)政协主席
吉首市　吴玉友(苗族)
龙山县　吴顺龙(苗族)
永顺县　李定运(苗族)
保靖县　吴秀清(苗族)
花垣县　向明喜(苗族)
古丈县　李祖仁(土家族)
凤凰县　彭大让(土家族)
泸溪县　张继刚

湖南省各级政协组织和委员数

级别 项目	省	市(州)	市、县(区)	合计
组织数	1	12	122	135
委员数	731	3 634	21 480	25 845

(刘武聪　编写)

政 协 广 东 省 委 员 会

【全体委员会议】

七届五次会议 1997年2月15日至20日在广州举行。出席会议的委员858人,占委员总数的92%。省政协主席郭荣昌主持了开幕会,并在闭幕会上作了讲话。会议听取和审议了肖耀堂副主席代表常委会所作的工作报告、黄绥泉副主任代表提案委员会所作的提案工作情况的报告。与会委员列席了省八届人大五次会议,听取和讨论了省政府工作报告及有关报告。会议表彰了省政协七届四次会议以来的23件优秀提案,审议了提案委员会关于七届五次会议提案审查情况的报告,补选王珣章等11人为省政协第七届委员会常务委员,审议通过了省政协七届五次会议决议。中共中央政治局委员、省委书记谢非和省委、省人大常委会、省政府、省纪委、省军区、省高级法院、省检察院负责人到会祝贺。谢非和省委、省政府领导分别参加了小组讨论或专题座谈会。会议同意常委会工作报告和提案工作情况的报告,赞同卢瑞华省长所作的政府工作报告。与会委员对广东如何继续推进经济两个根本性转变,加强农业,加快国有企业改革,促进粤港澳经济合作,保护环境,发展教育、科技事业,加强社会主义精神文明建设,推进依法治省、反腐败斗争和社会治安综合治理等方面,提出了积极的意见和建议。会议号召,全省各级政协组织、人民政协的各参加单位和政协委员,紧密地团结在以江泽民同志为核心的中共中央周围,在中共广东省委的领导下,进一步履行政协职能,团结一切可以团结的力量,调动一切积极因素,把邓小平同志开创的社会主义改革开放和现代化建设的伟大事业坚持下去,为统一祖国、振兴中华而努力奋斗。

【常务委员会议】

第20次会议 1997年1月15日至17日在广州举行。郭荣昌主席主持会议。会议听取了卢瑞华省长关于省政府工作报告(征求意见稿)的说明并进行了讨论,提出了修改意见和建议。会议听取了省高级人民法院、省检察院的1996年工作情况通报;审议通过了提案委员会关于七届四次会议以来提案工作情况的报告(草案);通过了增补陈文冠等23人为七届省政协委员。

第21次会议 1997年2月18日在广州举行。郭荣昌主席主持会议。会议协商通过了补选七届省政协常务委员候选人名单(草案);审议通过了省政协七届五次会议选举办法及选举大会监票人名单、七届五次会议决议(草案);通过了任命林亚杰为七届委员会副秘书长、增补彭巨卿为七届委员会法制委员会副主任;审议了提案委员会关于七届五次会议提案审查情况的报告(书面)。

第22次会议 1997年6月3日至5日在广州举行。郭荣昌主席主持会议。会议听取了钟启权副省长关于全省国有企业改革与发展的情况通报,并就国有企业改革和发展问题进行了专题讨论,提出了意见和建议。会议听取了省委常委、省委政法委员会书记陈绍基关于当前我省开展禁毒工作情况的通报,通过了任命施业辉为本届委员会副秘书长、增补朱士范为本届委员会法制委员会副主任,同意个别委员辞去省政协委员职务。

第23次会议 1997年9月3日至4日在广州举行。郭荣昌主席主持会议。会议听取了钟启权副省长关于我省环境保护情况的通报、张展霞副主席的专题发言,就广东环境保护问题进行了专题讨论,提出了意见和建议。

第24次会议 1997年11月12日至14日在广州举行。郭荣昌主席主持会议。会议审议并原则通过了省政协第七届委员会常务委员会工作报告、提案委员会关于提案工作情况的报告；审议了各专委会五年来的工作报告（书面）；决定了省政协八届一次会议召开日期，通过了对八届一次会议议程和日程的建议；审议通过了增补龙章清为科学技术委员会副主任、郑湘娟为提案委员会副主任。会议还听取了全省法院工作情况通报和全省检察工作情况通报。

第25次会议 1997年12月16日至18日在广州举行。郭荣昌主席主持会议。会议听取了卢瑞华省长关于省政府工作报告（征求意见稿）的说明并进行了讨论，提出了修改意见和建议；协商决定了省政协第八届委员会界别设置和委员名单；审议通过了省政协八届一次会议委员、列席人员编组原则。

【专门委员会】

学习委员会 邀请出席全国"两会"的部分委员、代表与中心学习组成员举行了学习座谈会，学习、领会"两会"精神。举办了委员和省各民主党派负责人学习贯彻中共十五大精神座谈会。组织委员就城乡精神文明建设和环境保护等问题进行了视察。协助全国政协"外来工思想道德教育"考察组完成了在本省的调查考察任务。编印了4期《学习参考资料》。

文史资料研究委员会 开展了征编建国后华侨史料工作。完成了《马万祺传》定稿工作。征集、编辑了《广东文史资料》（第79辑）、《创办珠海特区五年回忆》、《广东民主人士名人传》三种图书。参与了全国政协建国后史料有关专题协作项目的协作。承担了"廖仲恺先生诞辰120周年纪念活动"的有关筹办、协调组织工作。举办了"学习香港《基本法》、庆祝香港回归"座谈会。组织委员赴河源市调查了保护环境、开发旅游资源情况。

提案委员会 七届五次会议以来，共收到提案608件，经审查立案558件。会同提案承办单位对保障东深水库优质供水、治理医疗垃圾、实施下岗职工再就业工程和理顺华侨农场体制等重点提案，进行了调查研究，促进提高了办理实效。会同省有关部门、提案承办单位开展协商办案、监督检查、追踪督办，推动了提案高质量的办理，办复率达98%。召开了民主党派提案工作座谈会和优秀提案者代表座谈会。开展了优秀提案评选工作，评选出七届五次会议以来的优秀提案33件。

华侨港澳台胞联络委员会 组织时装表演团、歌舞团赴港澳举办了迎新春、庆回归文艺晚会。先后两次组织委员赴港澳拜访了有关社团和人士。参与了筹办省政协委员庆祝香港回归座谈会。先后邀请了香港区事顾问、香港腾龙青年商会、澳门工商界人士、台湾中原大学等友好团体、人士组团来粤访问。组织了在港澳地区的部分省政协委员到内地参观考察。积极为引进外资和扶持贫困地区牵线搭桥。一年来接待"三胞"、海外华人及外国友人共71批1 085人次。

经济委员会 组织委员、有关专家对本省国有企业改革情况进行了调查研究，为常委会议专题议政提供了有关情况和意见、建议。组织了对本省邮电通信建设情况的专题调查，提出了意见和建议。组织委员对部分市、县社会保险和扶贫工作情况进行了视察。协助全国政协经济委员会组织本省部分省、市、县（区）政协委员和经济界人士到宁夏、贵州、湖南等地进行考察，为中西部后进地区脱贫致富献计献策，并为引进技术、资金和项目牵线搭桥。派员参加了全国地方政协经济委员会第五次工作会议。

教育文化委员会 对本省素质教育中存在的一些亟待解决的问题、高职称人员退休年龄"一刀切"问题进行了专题调查研究，分别形成了调查报告。其中《关于高职称人员退(离)休年龄"一刀切"问题的调查报告》受到省委领导的重视,指示有关部门进行研究,提出政策性意见。组织委员到汕头、澄海、南澳等地调查了文化建设情况,对部分高等学校精神文明建设情况进行了视察,提出了意见和建议。

科学技术委员会 与有关单位联合对东深供水工程水质、新丰江水系状况进行了调查研究,形成了《提高东深供水工程水质的建议》、《新丰江水系考察情况》等报告。围绕常委会议议政专题,对广州市生活饮用水状况进行了专题调查,提出了意见和建议。到中山、新会等地开展了科技咨询活动。组织委员到部分市、县,对实施农业规模化生产和建立健全农业科技网络情况、依靠科技进步促进工业发展及企业改革情况进行了视察,提出了意见和建议。

医卫体委员会 组织委员、有关专家学者对本省各地医院的医疗垃圾、医疗污水处理情况进行了专题调查,对广州市汽车尾气污染与防治现状进行了跟踪调查,为常委会议专题议政提供了有关情况及意见、建议。对本省体育后备人才的培养及全民健身活动的开展进行了调查考察,对医院精神文明建设情况进行了视察。派员参加了全省卫生工作会议和全国政协体育专题研讨会。组织了中老年人医疗保健咨询活动。对《中共中央、国务院关于卫生改革与发展的决定》进行了学习讨论,并提出了贯彻的意见和建议。

法制委员会 召开了全省各市政协法制工作座谈会,总结交流经验。与有关单位联合对"三资"企业和私营企业贯彻执行《中华人民共和国劳动法》情况进行了视察。组织委员、有关专家学者联合有关单位,对《环境保护法》执行情况及东深供水工程水质保护情况进行了专题调查,为常委会议专题议政和专题协商会提供了有关情况及意见建议。组织调查了部分地区吸毒戒毒情况,提出了意见和建议。参与了对省的一些法律、法规(草案)的研讨,提出了修改意见。

民族宗教委员会 召开了省宗教界知名人士迎春茶话会,加强与宗教界的联系。先后邀请了省有关部门通报本省民族地区扶贫工作情况、加强宗教管理工作情况,为委员知情议政创造条件。组织"送戏下乡、扶贫演出"活动,赴少数民族地区进行了六场义务演出。对本省杂散居少数民族地区贯彻落实民族政策情况进行了调查,提出了意见和建议。组织委员赴粤东地区对乱建寺庙大佛和宗教管理工作情况进行了视察。

妇女青年委员会 筹办了省政协办公厅与省有关单位联合举办的"广东省各界已故知名人士亲属迎春茶话会"。对本省国有企业下岗职工的再就业问题进行了专题调查,与有关单位联合视察了部分市贯彻执行《中华人民共和国劳动法》情况,提出了意见和建议。组织视察了部分企业开展群众性职业道德教育情况。

【重要活动】

组团访问日本 应日本兵库县日中友好协会的邀请,1997 年 4 月 9 日至 15 日,郭荣昌以广东省人民对外友好协会名誉会长、政协广东省委员会主席的名义率领广东省人民对外友好协会代表团访问了日本。代表团一行 5 人。这次访问活动主要有三项内容:拜会兵库县日中友好协会朋友;拜会兵库县县厅负责人;参加"和平石"的揭幕仪式。通过访问活动,为增进中日两国人民的友谊作出了努力。

举办廖仲恺先生诞辰 120 周年纪念活动 经省委同意,由省政协主持举办这一纪念活动。1997 年 4 月,先后举行了纪念廖仲恺先生诞辰 120 周年座谈会、各界人士向廖仲恺先生塑像敬献花篮仪式、廖仲恺爱国主义思想专题报告会等活动。4 月

23日,在仲恺农学院举行了有2 000多人参加的"广东各界纪念廖仲恺先生诞辰120周年暨仲恺农业技术学院建校70周年大会"。大会由省政协主席郭荣昌主持,全国政协副主席、民革中央主席何鲁丽和中共广东省委副书记、省长卢瑞华发表了讲话。

组织视察各地贯彻落实省委、省政府有关支持政协开展工作等文件的情况 1997年5月至6月,省政协组织了四个视察组,由主席、副主席带队,赴广州、深圳等10个市视察了贯彻落实省委《关于印发〈政协广东省委员会关于政治协商、民主监督、参政议政的规定〉的通知》、省政府《关于支持政协开展工作的通知》和省政协《关于政治协商、民主监督、参政议政的规定》的情况。视察后,省政协党组提出了《我省各地贯彻落实省委、省政府有关支持政协开展工作等文件的情况报告》报省委。省委办公厅转发了这一《情况报告》。

举办庆祝香港回归祖国系列活动 1997年6月23日举办了广东省政协庆祝香港回归祖国文艺演出。6月25日举行了省政协庆祝香港回归祖国座谈会,出席座谈会的有省政协领导、老同志,在穗的全国政协委员,省各民主党派、有关团体负责人,省政协香港地区委员等,共90多人,郭荣昌主席发表了讲话。会后省政协办公厅编印了《香港回归感言》一书。

举行专题协商座谈会 1997年8月先后举行了提高东深供水工程水质和禁毒斗争两次专题协商座谈会。参加座谈会的有省委、省政府领导,省政协主席、副主席和机关领导,省各民主党派、省工商联及有关单位负责人。每次座谈会都有2至3个视察团作专题调查研究的汇报发言,通过协商座谈,提出了意见和建议。会后形成了《关于提高东深供水工程水质的几点建议》、《关于把禁毒斗争推向深入的建议》两个主席会议建议案报省委、省政府。省委批转了这两个建议案。

召开全省政协工作经验座谈会 1997年8月19日至21日在肇庆市召开了全省政协工作经验座谈会。出席会议的有省政协主席、副主席、秘书长、机关领导和各专委会负责人,广州、深圳和各地级市政协主席、秘书长等,共74人。会议总结和交流了近几年来地方政协工作经验,特别是推进履行职能规范化、制度化的经验。会议印发了省委副书记张帼英的书面讲话。郭荣昌主席作了总结讲话。

组织委员视察 1997年4月至10月,组织在穗和港澳地区的省政协委员共分28个视察团,赴全省各地视察。视察团未到的市,委托该市政协组织当地的省政协委员就地视察。这次视察活动以专题视察为主,共提出28份视察报告。通过视察,为委员进一步了解我省各地在改革开放和两个文明建设中的成就、经验,反映社情民意提供了条件,同时各视察团对视察中发现的问题提出了意见和建议,供当地党政领导机关参考。省政协办公厅综合了视察情况及所提的意见、建议,报送省委、省政府及有关部门。

举办广东省政协委员粤港二十一世纪恳谈会 恳谈会于1997年11月20日至21日在广州举办。应邀出席会议的有香港知名人士、在粤港两地的省政协委员及有关专家学者,共53人。新华社香港分社负责人应邀到会作了关于香港回归祖国后新情况的介绍。霍英东等香港知名人士向会议发来了贺信。省委副书记张帼英、副省长卢钟鹤到会祝贺,张帼英在会上发表了讲话。郭荣昌主席作了总结讲话。会议共收到书面材料25篇。与会者通过发言或书面材料,对香港回归祖国后,如何进一步加强粤港在经济及其他领域的交流与合作,携手迈向二十一世纪,提出了意见和建议。

【重要文件】

中共广东省委办公厅关于转发《我省各地贯彻落实省委、省政府有关支持政协开展工作等文件的情况报告》的通知(1997年9月1日)(摘要) 主要内容是:省委同意省政协党组《我省各地贯彻落实省委、省政府有关支持政协开展工作等文件的情况报告》。请各地区、各部门继续重视和支持政协工作。转发的省政协党组《情况报告》的主要内容有:充分肯定了各地党委、政府进一步重视和支持政协工作,政协积极履行职能,出现了“党委重视、政府支持、政协主动、部门配合”的良好局面。指出了存在的问题。提出了四点建议:各级党委要充分认识和重视人民政协在建设有中国特色社会主义进程中的重要作用,切实加强和改善对政协工作的领导;各级党委和政府要重视并坚持把政治协商纳入重大决策程序;对政协领导班子的配备,要严格执行有关规定,保持政协领导班子的相对稳定和年龄结构的科学性,以利政协工作扎实开展;各级党委要为政协开展工作积极创造条件。

中共广东省委副书记张帼英在全省政协工作经验座谈会上的讲话(1997年8月19日) 主要内容有:一、进一步提高对人民政协工作重要意义的认识。我省改革开放和社会主义现代化建设各方面所取得的成就,都有各级政协组织和政协委员的一份功劳。在新的形势下,加强政协工作是坚持和完善中国共产党领导的多党合作和政治协商制度的需要;是巩固和发展爱国统一战线的需要;是加强社会主义民主政治建设的需要;是搞好社会主义现代化建设的需要。二、切实加强和改善党委对政协工作的领导。党委要重视政协工作,充分发挥政协民主监督、参政议政的作用;要在干部特别是各级党政领导干部中加强关于共产党领导的多党合作和政治协商制度是我国的一项基本政治制度的教育;要重视人民政协的组织建设;要积极帮助解决政协开展工作中遇到的实际问题。三、对政协工作的几点希望。希望继续加强学习,提高认识,坚定不移地以邓小平建设有中国特色社会主义理论为指导;认真总结交流经验,发扬成绩,把政协工作提高到新的水平;进一步发挥民主党派和无党派人士在政协中的作用;加强政协机关干部队伍建设。

常委会工作报告(1997年2月15日)(摘要) 一年来的主要工作:一、贯彻中共中央及广东省委通知精神,推进履行职能的规范化、制度化。常委会把贯彻落实中共中央(中委[1995]13号)通知、省委《关于印发〈政协广东省委员会关于政治协商、民主监督、参政议政的规定〉的通知》精神和本会《规定》作为主要工作来抓,推进政协履行职能的规范化、制度化。政协工作也得到了省人民政府的有力支持,省政府发出了《关于支持政协开展工作的通知》。修订了《政协广东省委员会常务委员会工作规则(修正案)》、《政协广东省委员会专门委员会通则》。注意在履行职能的各项活动中提高参政议政水平。召开了人民政协理论研讨会。二、继续开展专题议政,努力提高履行职能水平。把“广东的科技发展”、“我省三资企业的巩固和发展”分别作为第十七次和第十八次常委会议的讨论专题。三、围绕中心工作,开展专题协商活动。召开了“关于把反走私斗争推向深入”和“建设工程招标投标执法情况”两次专题协商座谈会。四、发挥专门委员会作用,搞好专题调查研究和视察工作。共提出调研报告26份。与南海市委、市政府、市政协联合举办了“南海市非公有制经济发展研讨会”。组织了23个视察团赴全省各地进行视察,共提出视察报告23份。五、加强对外联谊工作，为统一祖国、振兴中华服务。郭荣昌主席代表广东省政协，随同全国政协李瑞环主席出访了波兰、俄罗斯等欧洲五国。开展了一系列台港澳侨胞联谊活动。六、做好提案和信息工作，积极参政议政。七届四次会议以来，共收到提案546件，经审查立案524件。提案的办理得到各承办单位的大力支持，取得了明显的效果。经过评选，共评选出优秀提案23件。进一步开展了反映社情民意的工作、政协宣传工作。举行了《同舟共进》出版发行一百期庆贺活动。七、举办重要纪念活动，弘扬爱国主义精神。经中共广东省委批准，由省政协牵头举办了孙中山先生诞辰130周年一系列纪念活动。继续重视文史资料工作。八、加强机关建设，做好服务工作。1997年要着重抓好几方面工作：一、为促进社会主义精神文明建设作出新贡献。二、运用常委会议专题议政和专题协商座谈会等形式，提高参政议政水平。三、围绕中心，搞好专题调查研究。四、推进履行职能的规范化、制度化。五、积极开展台港澳侨胞联谊工作。六、加强提案和委员视察工作。七、加强与各民主党派、无党派人士、人民团体和各界代表人士的联系，发挥他们在政协中的作用。八、做好反映社情民意工作。

【组织概况】

常务委员补选名单（1997年2月20日）

王珣章　王智琮（女）　古日新
朱树屏　刘文炎　孙稚雏　肖贤成
何开波　陈文冠　林森权
梁　湘（女）

委员增补名单（1997年1月17日）

陈文冠　朱树屏　肖贤成　古日新
梁　湘（女）　李运生　陈国椝
黄　扬　朱士范　陈华一　彭巨卿
吴昶新　袁伟英（女）　王珣章
林亚杰　周　蒂（女）　梁志敏
蔡如青　梁有濠　林国兴　钟立强
马利典　黄振业

委员辞职名单（1997年6月5日）

伍明光

机关建设　根据中共广东省委办公厅《关于印发〈广东省政协机关机构改革方案〉的通知》精神组建的"广东省政协机关服务中心"，于1997年1月开展业务工作。机关服务中心是正处级事业机构。深入开展了以职业道德教育为重点内容的精神文明建设，制订了《广东省政协机关工作人员文明守则》和《广东省政协机关工作人员职业道德准则》。按照上级的有关部署，参照试行《国家公务员暂行条例》，对工作人员进行了培训、考核，开展了机关工作人员向机关工作者过渡工作。组织了公开招考公务员的考试。

【广东省各级政协领导人名单】

广东省政协

主　席

郭荣昌

副主席

黄　浩　李　辰　肖耀堂　李金培
沈永椿　张展霞（女）　曾近义
林兴胜　昝云龙　康乐书

秘书长

廖鸿兴

广州市（副省级）

市政协主席

邬梦兆

副主席

刘念祖　梁尚立　郭焕之（女）
周宝芬　陈绮绮（女）　范兴登
廖志刚　曾陇梅　陈　棠　何家松

秘书长

彭家伦

区（市）政协主席

越秀区　孟　霞(女)
东山区　刘德明
海珠区　陈月明(女)
荔湾区　程忠汉
天河区　胡功铭
白云区　陈流垣
黄埔区　姚镜洲
芳村区　柯任人
花都市　卢湖海
从化市　李兆坤
增城市　梁洪杰
番禺市　梁国维(1997年3月辞职)
　　　　陈松有(1997年3月当选)

深圳市(副省级)
市政协主席
林祖基
副主席
周润生(1997年4月当选)
邵汉青(女,1997年4月当选)
廖军文　周长瑚　许　扬　古　可
陈　忠(女)
刘家琛(1997年4月当选)
吴井田(1997年4月当选)
陈国权(1997年4月当选)
钟斗祥(1997年4月辞职)
汪　斌(1997年4月辞职)
李世雄(1997年4月辞职)
叶华明(1997年4月辞职)
秘书长
戴北方
区政协主席
福田区　陈基渝(女)
罗湖区　陈耀辉
南山区　黄水桂
宝安区　彭晋行
龙岗区　苏品宗

珠海市
市政协主席
李焕池
县(区)政协主席
香洲区　吕保基
斗门县　赵锋强

汕头市
市政协主席
卢桂兰(女)
县(市、区)政协主席
龙湖区　谢继儒
金园区　陈源波(1997年3月去世)
升平区　陈敬文
达濠区　郑康钊
潮阳市　郑希荣
澄海市　洪松周
南澳县　张伯景(1997年2月辞职)
　　　　黄小扬(1997年2月当选)

韶关市
市政协主席
李培秋
县(市、区)政协主席
南雄市　李世名
乐昌市　梁仕根
北江区　余武斌(女)
武江区　钟东明
浈江区　叶格根
曲江县　周月云(女)
仁化县　刘继铨
始兴县　黄尚武
翁源县　李清发
新丰县　赖展域
乳源瑶族自治县　莫瑞福

河源市

市政协主席

潘仕心

县(区)政协主席

源城区　梁金发

东源县　利荣桂

连平县　黄永鑫

和平县　王勇抗

龙川县　魏龙通

紫金县　廖雨帆

梅州市

市政协主席

潘宏启

县(市、区)政协主席

梅　县　李定凯(女)

梅江区　黄进槐(1997年4月辞职)

胡访如(1997年4月当选)

兴宁市　罗月华

五华县　曾伟荣

丰顺县　徐北远

大埔县　黄焕土

平远县　林昭瑞

蕉岭县　钟通元

惠州市

市政协主席

汤聘辉

县(市、区)政协主席

惠城区　李国鹏

惠阳市　翁　文(1997年7月病逝)

惠东县　陈良带

博罗县　张石琼(1997年5月辞职)

杨建辉(1997年5月当选)

龙门县　刘沛森(1997年5月辞职)

余国新(1997年5月当选)

汕尾市

市政协主席

陈昌镇

县(市、区)政协主席

城　区　曾昭梗

海丰县　罗　校(1997年6月辞职)

刘妈金(1997年6月当选)

陆丰市　蔡奇兴

陆河县　谢　燕(1997年5月辞职)

彭金惠(1997年5月当选)

东莞市

市政协主席

郑锦滔(1997年4月辞职)

杜奕宽(1997年4月当选)

中山市

市政协主席

欧家礼

江门市

市政协主席

李熊光

县(市)政协主席

新会市　李仲泳

开平市　方华新

台山市　马森煦

恩平市　李国雄

鹤山市　胡其盛

佛山市

市政协主席

陈邦贵(1997年4月辞职)

潘暖坚(1997年4月当选)

县(市)政协主席

顺德市 吴国生(1997年3月辞职)

招汝基(1997年3月当选)

南海市 邓文初

三水市 张伯良

高明市 杜儒德

阳江市

市政协主席

黎震球(1997年4月辞职)

周裕光(1997年4月当选)

县(市)政协主席

阳春市 王其中

阳西县 贺石明

阳东县 陈启先

湛江市

市政协主席

陈周攸

县(市、区)政协主席

廉江市 胡克伟

雷州市 林康英

吴川市 冯南清

遂溪县 舒仁勇

徐闻县 郑妃义

赤坎区 方贵众

霞山区 陈德保

麻章区 陈　钦

坡头区 鲁达才

茂名区

市政协主席

吴兆奇(1997年4月辞职)

王兆林(1997年4月当选)

县(市)政协主席

高州市 陆植槐

信宜市 阮廉佑

化州市 吴桂兴

电白县 曾天祥

肇庆市

市政协主席

唐广安

县(市、区)政协主席

端州区 郑　坚

鼎湖区 蔡洁英(女)

高要市 简桂华

广宁县 江先宁(1997年3月辞职)

周沛泉(1997年3月当选)

四会市 熊兆珍

德庆县 岑仁超

封开县 伍世平

怀集县 梁卓田

清远市

市政协主席

赵伯杰

县(市、区)政协主席

英德市 朱明接

连州市 欧阳美勤(女)

佛冈县 郑训中(1997年6月辞职)

黄银带(女,1997年6月当选)

阳山县 王业来

连山壮族瑶族自治县 虞丽冰(女)

连南瑶族自治县 罗子开(壮族)

潮州市

市政协主席

杨洲发(1997年4月辞职)
卢忠光(1997年4月当选)
县(区)政协主席
潮安县　蔡财林
饶平县　林良定
湘桥区　沈庆云

揭阳市
市政协主席
吴志华
县(市、区)政协主席
揭东县　谢礼文
揭西县　高银林
惠来县　黄友汤
普宁市　李绪光
榕城区　林正山

云浮市
市政协主席
梅任骏
县(市、区)政协主席
罗定市　邓世锠
新兴县　周冰容(女)
郁南县　陈巧能
云安县　江开传
云城区　陈锦泉

广东省各级政协组织和委员数

项目＼级别	省	副省级市	地级市	县级			合计
				县	县级市	市辖区	
组织数	1	2	19	45	33	34	134
委员数	926	833	4 765	6 234	5 808	4 511	23 077

(胡火球　编写)

政协广西壮族自治区委员会

【全体委员会议】

七届五次会议 1997年1月20日至25日在南宁召开。七届委员626名，出席会议委员552名。钟家佐副主席主持了开幕式，陈辉光主席作常务委员会工作报告。自治区党委书记赵富林在开幕会上讲话。提案委员会作七届四次会议以来提案工作情况的报告(书面)。委员们审议了常委会工作报告，列席自治区八届人大五次会议，听取和讨论了自治区主席成克杰所作的政府工作报告和其他报告。会议通过了自治区政协七届五次会议政治决议和常委会工作报告、提案审查情况报告的决议。政治决议要求全区各级政协组织和政协委员，要以邓小平建设有中国特色社会主义理论和党的基本路线为指导，认真贯彻中共十四届五中、六中全会和自治区党委七届二次会议精神，坚持和完善共产党领导的多党合作和政治协商制度，推进政治协商、民主监督、参政议政的规范化、制度化，把我区人民政协工作提高到一个新的水平。同时要做好自治区政协换届的各项准备工作。陈辉光主席在闭幕会上作了讲话。

【常务委员会议】

第21次会议 1997年1月6日至9日在南宁召开。会议审议通过关于召开自治区政协七届五次会议的决定；审议通过自治区政协七届常委会工作报告并推举陈辉光主席为报告人；审议通过自治区政协七届委员会提案委员会关于七届四次会议以来提案工作情况的报告；审议通过自治区政协七届五次会议议程(草案)和日程；审议通过《政协广西壮族自治区委员会地区工作委员会条例》；审议通过关于表彰在1996年度开展“四个一”活动中取得突出成绩的委员和单位的决定；审议通过增补委员名单和人事任免事项；审议自治区政协委员视察梧州、钦州、百色、河池地市精神文明建设情况的报告；审议广西政协代表团出访越南的情况报告；讨论搞好国有企业问题。

第22次会议 1997年1月24日在南宁召开。会议听取刘汉生秘书长关于自治区政协七届五次会议小组讨论情况的综合汇报；审议通过自治区政协七届五次会议政治决议(草案)；审议通过自治区政协七届五次会议关于常委会工作报告的决议(草案)；审议通过自治区政协第七届委员会提案委员会关于七届五次会议提案审查情况的报告(草案)。

第23次会议 1997年5月27日至28日在南宁召开。会议学习中共中央、国务院《关于进一步加强土地管理切实保护耕地的通知》；听取自治区土地管理局负责同志关于自治区耕地情况的汇报；讨论进一步加强土地管理切实保护耕地，并提出贯彻中央《通知》精神、切实保护耕地的建议案；同意增补李兆生为委员；审议通过人事任免事项。

第24次会议 1997年9月9日至11日在南宁召开。会议学习邓小平同志关于人民政协的重要论述，总结自治区政协第七届委员会五年来的工作；审议通过人事任免事项。

第25次会议 1997年10月21日至22日在南宁召开。会议听取中共十五大代表、自治区政协主席陈辉光传达中共十五大会议和自治区党委七届四次会议精神，讨论学习贯彻中共十五大精神，实施广西“三大战略、六大突破”的经济发展新思路。

第26次会议 1997年12月16日至18日在南宁召开。会议审议通过关于召开自治区政协八届一次会议的决定；协商通过自治区政协第八届委员会的参加单位、委员名额和人选；决定自治区八届政协委员名额为650名，八届一次会议委员为647名；审议通过自治区政协第七届委员会常务委员会工作报告并推举陈辉光主席为报告人；审议通过自治区政协第七届委员会提案委员会关于七届提案工作情况的报告；审议自治区政协委员视察柳州市、玉林市、贺州地区和荔浦县情况的报告；审议广西政协代表团访问美国情况的报告；审议黄语扬副主席率团赴泰国访问考察情况的报告；通过关于撤销王立中、叶树基政协广西壮族自治区委员会委员资格的决定。

【专门委员会工作】

提案委员会 当年共收到提案261件，立案251件。在立案提案中，党派、团体提案28件。已办复提案246件，办复率为99%。与自治区人大、自治区政府联合召开优秀提案承办单位和先进承办工作者表彰会，对全区28个先进承办单位、54名先进承办工作者给予表彰，促进了提案办理质量的提高。组织委员到百色、河池、田阳、巴马、大化、都安、天峨、东兰等县市考察政协提案工作。

学习委员会 为深入学习中共十五大会议精神，学习江泽民同志在中央党校省部级干部进修班毕业典礼的重要讲话，举行三次学习报告会。召开大型电视文献纪录片《邓小平》、迎香港回归座谈会及全区政协、自治区政协学习工作专题座谈会。编印了12期《学习参考资料》。参加全国政协学习工作座谈会及华东、中南地区政协学习工作研讨会。组织委员到南宁地、市，百色地、市，桂林地、市考察政协学习工作情况。

文史资料委员会 征编出版《香港广西手足情》一书。出版《文史春秋》杂志六期。征集文史资料60万字，为中南地区政协文史资料委员会协作征编反映港澳史料专辑——《骨肉深情》及全国政协文史和学习委员会协作征编建国后史料专题各送稿5万字。重新审阅《中国瑶族》专题史料49万字，列目录报全国政协。召开征集建国后文史资料老干部座谈会。

经济科技委员会 牵头组织召开广西农业科研成果推广座谈会，有关专家、学者及有关方面负责人参加了会议，对科研成果如何转化为生产力提出意见和建议。就广西水牛奶业、保护耕地、科研成果推广情况等问题组织三次专题调查或考察，撰写《关于广西杂交水牛奶业发展情况的调查报告》、《关于桂林、玉林、南宁地区九市县保护耕地的考察报告》。

教育文化体育委员会 协助组织“广西政协迎’97香港回归艺术团”的演出活动。组织委员到北海、桂林、南宁等市考察新闻出版管理工作及社会力量办学情况，撰写《关于新闻出版管理工作的考察报告》。根据对广西11个地市的60多所社会力量办学单位的调查，写有《关于促进广西社会力量办学事业健康发展的建议》。协助办理香港曹永牟先生筹集设立的百色、河池地区及天等县基础教育基金1998年度奖学金颁发工作。编辑出版《民办教育在广西》一书。

医药卫生委员会 组成考察组赴梧州市就药品管理问题进行考察，撰写《关于梧州市药品市场管理的考察报告》。组织委员到百色市、平果县革命老区四个乡镇，开展送医送药活动。参加全国政协人口组召开的“农村老年社会保险制度建设专题研讨会”。

法制委员会 参加自治区社会治安综合治理和自治区税收、物价、财务大检查。组织委员对《广西公路管理条例》、《广西书、报、刊市场管理条例》、《广西体育市场管理条例》进行讨论，提出意见和建议。到防城港、东兴、钦州三市考察《商检法》、《广西边境贸易出口商品检验管理条例》的贯彻落实情况。参加西部十一省(区)政协法制工作会议。召开全区政协法制工作座谈会。到上海、安徽、江苏考察学习，与三省政协对口部门座谈，交流政协法制工作情况。

民族宗教委员会 就少数民族地区的扶贫工作、民族教育情况等问题进行三次专题调查和考察活动，撰写《关于对广西部分县乡民族教育情况的考察报告》。组织召开自治区政协民族宗教工作研讨会，总结区政协五年来民族宗教工作的情况，并就如何进一步促进民族地区教育事业，推进各地贯彻落实党和国家的民族宗教政策问题进行专题研讨。

妇女青年委员会 组织委员赴香港、澳门考察交流妇女青年工作，并就加强桂港、桂澳妇女青年工作进行座谈交流。调查了解民族地区女童教育情况，为三江侗族自治县女童班联系解决教育经费3万元，为扶绥、邕宁等县赠送书籍2 500册。协助全国政协社会与法制委员会考察南宁、北海、柳州、融水、三江、龙胜、桂林等地民族女童教育情况。

外事联谊委员会 与教文体委员会联合赴福建、江苏、山东、河南等省考察教育、联谊工作，就高校合并、联合办学、加强和台湾的联系与上述省政协进行座谈。组织和安排自治区政协领导出访美国、马来西亚、泰国、日本等国家及参加澳门广西联谊总会成立庆典活动。组织部分地、市、县政协领导赴东南亚国家考察及专门委员会领导赴美国学习考察。接待了美国、日本、智利等外国友人及台港澳和海外侨胞等43批145人。

【重要活动】

全国政协领导考察广西 1997年4月20日至22日，由全国政协副主席钱伟长率领的考察组一行24人到广西，对沿海港口建设、海洋资源的保护和开发进行专题考察。自治区党委书记赵富林、自治区主席成克杰会见钱伟长一行。自治区政协副主席陈雷卿陪同考察。5月22日至26日，以全国政协副主席孙孚凌为团长的全国政协考察团一行25人到广西，考察希望工程发展情况。自治区主席成克杰、自治区政协主席陈辉光会见考察团全体成员。钟家佐副主席陪同孙孚凌一行到百色革命老区考察。10月14日至23日，全国政协副主席钱正英率“桂中丘陵地区干旱问题”调查组一行3人到广西进行考察。自治区副主席奉恒高、自治区政协副主席龙川陪同考察。10月17日至25日，以全国政协副主席何鲁丽为团长的全国政协委员考察团一行30人到广西，就“森林防火工作情况”进行考察。自治区副主席陆兵、自治区政协副主席姚克鲁、自治区林业厅厅长管炳六等陪同考察团，实地考察南宁地区、贵港市、梧州市、贺州地区以及桂林地区的森林区，并指导当地的森林防火工作。

迎'97香港回归 1997年3月21日，广西政协迎'97香港回归艺术团在自治区人民政府礼堂举行首场演出。自治区领导陈辉光、丁廷模、杨基常、韦继松、钟家佐、龙川、侯德彭、莫虚光、陈雷卿、孙诗煌、毛国斌等观看演出。随后，艺术团赴北海、钦州、柳州、桂林、贺州、梧州、玉林、贵港、百色等25个市县巡回演出，有3万多名群众观看了演出。

领导出访和联谊活动 1997年6月15日至18日，以陈辉光主席为团长的广西代表团赴澳门，出席澳门广西联谊总会成立庆典活动。10月30日，黄语扬副主席作为广西代表团成员，出席在马来西亚举行的世界广西同乡联谊会庆典活动。11月4日至15日，以陈辉光主席为团长的广西政协访问团应美国华侨进出口商会、美国广西同乡会的邀请，访问了美国洛杉矶、旧金山、纽约和华盛顿等城市。11月24日至12月1日，以黄语扬副主席为团长的广西政协访问团应泰国华侨崇圣大学的邀请，赴泰国进行友好访问，促进中泰两国及壮泰两族文化交流与合作。

委员视察　1997年10月，以自治区政协副主席钟家佐、龙川、黄语扬、姚克鲁为团长的自治区政协委员视察团，分赴玉林市、荔浦县、柳州市、贺州地区，就落实中共中央、国务院《关于党政机关厉行节约、制止奢侈浪费行为的若干规定》、计划生育、国有企业下岗职工再就业、减轻农民负担问题进行专题视察，形成视察报告四份。

“四个一”活动　1997年继续在全区政协系统开展“四个一”(即为自治区和本地的经济建设和社会发展献出一条良策，提供一条重要经济信息，举荐一个人才，帮助解决一个技术攻关难题)活动。一年来，全区各级政协委员共献良策7 482条，提供重要经济信息3 829条，举荐人才2 955个，帮助解决技术攻关难题1 120个。

【重要文件】

自治区党委书记赵富林在自治区政协七届五次会议开幕式上的讲话 1997年1月20日(摘要)　1997年是我们党和国家发展史上的重要一年，我们党将召开第十五次全国代表大会，我国将对香港恢复行使主权。各级政协和政协委员，要围绕党的工作中心和大局，把握民主与团结两大主题，以维护安定团结和促进经济建设为重点，充分发挥人民政协政治协商、民主监督、参政议政的职能作用，为加快广西两个文明建设献计出力。第一，要坚持以经济建设为中心。抓住改革和经济建设中的重点、难点和热点问题，把参政议政的着力点放到关系全区经济发展的全局性问题上，做到抓大事，议大事，促全局。第二，要围绕改革、发展大局，进一步做好维护稳定的工作。各级政协一方面要巩固发展统一战线内部各党派、各民族、各团体以及各方面成员之间的团结；另一方面要发挥政协各界代表人士在其所联系的群众中特有的影响力、号召力，协助党委和政府宣传贯彻有关方针政策，消除各种不稳定因素，维护社会稳定。第三，要切实开展有效的民主监督。各级政协要适应形势发展的要求，增强监督意识，完善监督方式，加大监督力度，努力做到既敢于监督，又善于监督。要加强政协的自身建设，不断提高政协委员的思想政治素质和参政议政水平；要进一步加强领导班子建设；要进一步建立健全工作机制，推进政协履行职能的规范化、制度化建设；要加强各级政协机关建设，不断提高工作效率和质量。各级党委要切实把政协工作列入重要议事日程，及时研究解决政协工作中的重要问题。

常务委员会工作报告 1997年1月20日(摘要)　过去的一年，自治区政协各项工作有了新的进展：一、讲政治，学理论，提高委员素质。二、围绕党委政府重大决策，切实搞好参政议政。三、贯彻全区政协工作会议精神，推进履行职能的规范化制度化。四、改进视察考察工作，提高视察考察质量。五、拓展政治协商的内容和形式，加强提案、信息和文史资料工作。六、发挥专门委员会作用，提高专题调研质量。七、拓宽联谊渠道，扩大友好交往。八、加强机关建设，搞好服务工作。1997年要着重做好以下几方面的工作：一、深入学习理论，认真贯彻六中全会精神。二、围绕实施我区“九五”计划，积极参政议政。三、进一步发挥民主党派和各界人士在政协中的作用。四、发挥专门委员会的基础作用，积极而富有成效地开展活动。五、继续做好信息和文史资料工作。六、积极开展祖国统一联谊工作和对外友好交往。七、加强政协机关建设。

政协广西壮族自治区委员会地区工作委员会条例　(1997年1月9日政协广西壮族自治区第七届委员会常务委员会第21次会议通过)共15条，对自治区政协派出各地区的工作委员会的工作任务及其指导思想、组成人员、会议制度等内容,作了比较明确的规定。

【组织概况】

委员增补名单(1997年1月9日)

李 毅 劳以雄 吴旭敦 何玉棠
邹德正 张红伟(女,回族) 贾祥瑞
徐步基 黄尚武 蒋富生

委员增补名单(1997年5月28日)

李兆生

去世委员名单

龙 峰(1997年4月) 劳著成(1997年5月)

朱本延(1997年11月) 卢燕南(1997年11月)

撤销委员资格名单(1997年12月18日)

王立中 叶树基

【广西壮族自治区各级政协领导人名单】

广西壮族自治区政协

主 席

陈辉光

副主席

钟家佐 龙 川 黄语扬(壮族)
卢燕南(1997年11月去世)
韦瑞霖(壮族) 侯德彭 姚克鲁
吴克清 马明龙(回族) 贺祥麟
莫虚光(侗族) 陈雷卿

秘书长

刘汉生

南宁市

市政协主席

贾祥瑞

县(区)政协主席

兴宁区 孔明远
新城区 王福全
城北区 常月理
江南区 何 流
永新区 覃超起(壮族)
郊 区 冯荣生(壮族)
邕宁县 张旺才(壮族)
武鸣县 阮现辉(壮族)

柳州市

市政协主席

徐步基

县(区)政协主席

城中区 丘万兴
鱼峰区 沈孙明
柳南区 龚明辉
柳北区 蓝玉海
郊 区 陈贵源
柳江县 韦昭年(壮族)
柳城县 韦美清(女,壮族)

桂林市

市政协主席

吴旭敦

县政协主席

阳朔县 赵俊邦(瑶族)
临桂县 蒋观福

梧州市

市政协主席

李 毅

县(市)政协主席

苍梧县 老木新
藤 县 玉振全
蒙山县 徐惠兰(女,壮族)
岑溪市 黄以华(1997年3月去世)

北海市

市政协主席

宁 铿

县政协主席

合浦县 欧忠乾

防城港市

市政协主席

李明星

县(市、区)政协主席

防城区 沈　良(壮族)

上思县 刘政乐(壮族)

东兴市 毛　炎

钦州市

市政协主席

刘嘉森

县(区)政协主席

钦南区 陈树清(壮族)

钦北区 黎正卿(壮族)

灵山县 陆兰秀(壮族)

浦北县 韦立英(女)

贵港市

市政协主席

劳以雄

县(市、区)政协主席

港南区 莫启锋

港北区 丁木生

桂平市 吴培机

平南县 谭驭波

玉林市

市政协主席

李明加

县(市、区)政协主席

容　县 梁茂桓

陆川县 万汉理

博白县 李永辉

玉州区 梁福新

兴业县 谢胜文

北流市 莫伯武

南宁地区

县(市)政协主席

凭祥市 苏　文(京族)

横　县 张珍力(壮族)

宾阳县 黄宝德

上林县 樊育良(壮族)

隆安县 黄永东(壮族)

马山县 潘华隆(壮族)

扶绥县 陈齐玉

崇左县 黄仲伦(壮族)

大新县 许贵敏(壮族)

天等县 农元桓(壮族)

宁明县 赵学亲(壮族)

龙州县 张培植(壮族)

柳州地区

县(市)政协主席

合山市 黄瑞鹤(壮族)

鹿寨县 韦修存(壮族)

象州县 李胜琨

武宣县 梁向阳(壮族)

来宾县 梁胜玉

融安县 韦炳安(苗族)

三江侗族自治县 唐志连

融水苗族自治县 吴可义(侗族)

金秀瑶族自治县 莫有宏(瑶族)

忻城县 蓝常赛(壮族)

桂林地区

县政协主席

灵川县 李玉保

全州县 唐桂珍

兴安县 吴家民

永福县 谢桂兰(女)

灌阳县 蒋增河

龙胜各族自治县 侯林运(侗族)

资源县 邹联政

平乐县 赖善华

荔浦县 何师昌

恭城瑶族自治县 苏光伦

贺州地区

县(市)政协主席

富川瑶族自治县　林长旺(瑶族)

昭平县　叶燕程

钟山县　胡泽堂

贺州市　谢庆丰

百色地区

县(市)政协主席

百色市　严长伟

田阳县　罗　军(壮族)

田东县　韦元光(壮族)

平果县　韦奇业(瑶族)

德保县　韦明英(壮族)

靖西县　陈宗武(壮族)

那坡县　王仲禔(壮族)

凌云县　罗　贵(瑶族)

乐业县　李启刚(瑶族)

田林县　蒙俊新(壮族)

隆林各族自治县　韦绍庭(仡佬族)

西林县　黄泽民(壮族)

河池地区

县(市)政协主席

河池市　黄林森

宜州市　王朝强

罗城仫佬族自治县　蒙绍业(壮族)

环江毛南族自治县　蒙德三(壮族)

南丹县　韦俊标(壮族)

天峨县　罗炳科(壮族)

凤山县　陈桂忠(壮族)

东兰县　牙祖坤(壮族)

巴马瑶族自治县　黄仲谋(壮族)

都安瑶族自治县　潘宝镜(壮族)

大化瑶族自治县　覃现超(壮族)

广西壮族自治区各级政协组织和委员数

项目＼级别	自治区	地级市	县	自治县	县级市	市辖区	合计
组织数	1	9	59	12	10	17	108
委员数	621	2 429	9 164	1 563	1 642	1 891	17 310

（彭燕萍　编写）

政协海南省委员会

【全体委员会议】

二届五次会议 1997年1月27日至31日在海口市举行。共有委员311名,出席会议248人。陈玉益主席代表第二届常委会作工作报告。中共海南省委书记、省长阮崇武等领导应邀出席会议。与会委员列席了海南省一届人大五次会议,听取并讨论了《政府工作报告》、《海南省1996年国民经济和社会发展计划执行情况与1997年计划(草案)》和《海南省1996年财政预算执行情况和1997年财政预算(草案)》的报告。会议通过了《二届五次会议政治决议》。会议强调,全省各级政协组织、各参加单位和全体委员,要以邓小平建设有中国特色社会主义理论和"一个中心、两个基本点"的基本路线为指导,服从和服务于全省工作大局,继续推进政治协商、民主监督、参政议政的规范化制度化,充分发挥人民政协在团结各界、协商问题、听取意见、协调关系中的重要作用,为海南的两个文明建设和祖国统一大业,艰苦奋斗,开拓进取,做出新的贡献。陈玉益主席在闭幕会上作了重要讲话。

【常务委员会议】

第24次会议 1997年1月30日在海口市召开。会议议题是:(1)通过《政协海南省二届五次会议关于常委会工作报告的决议(草案)》;(2)通过《政协海南省二届五次会议政治决议(草案)》;(3)通过《省政协提案委员会关于政协海南省二届五次会议提案审查情况的报告(草案)》。

第25次会议 1997年3月25日在海口市召开。会议议题是传达贯彻全国政协八届五次会议精神。会议听取陈玉益主席传达江泽民总书记在全国"两会"党员领导干部会上的讲话和省委书记、省长阮崇武在传达贯彻全国"两会"精神干部大会上的讲话;胡楷副主席传达了全国政协八届五次会议精神。会议要求:1.抓好"两会"精神的学习。2.为香港回归祖国和党的十五大召开这两件大事服务,搞好团结稳定。3.围绕海南工作大局,搞好参政议政。4.抓好专题调查研究,为海南经济建设献计献策。5.做好反映社情民意工作。6.健全和完善各项规章制度。7.认真总结二届一次会议以来的工作。8.加强政协机关建设。陈玉益主席作了总结发言。

第26次会议 1997年7月15日至16日在海口市召开。会议议题是研究抓住香港回归机遇,促进海南经济发展问题。常委们就如何抓住香港回归的契机,利用海南资源优势,开展琼港经济合作、加大海南开放力度、加强琼台经济合作等问题提出了意见和建议。会议还听取了省政府秘书长肖策能通报上半年全省社会经济发展情况。常委们认为,海南近年来国民经济和各项事业平稳发展,是应该肯定的。但全省经济仍未能摆脱低速运行状态,工业企业效益不佳,利用外资减少,财政金融面临困难,行业不正之风严重等问题应引起关注,寻求对策。陈玉益主席就加大开放,促进海南经济发展问题提出七点意见:1.进一步研究借鉴香港经济发展的成功经验;2.广泛开展为企业提供优质服务活动;3.真正用好用足中央给予海南的优惠政策;4.下大力气抓好海洋资源的开发利用;5.进一步加强琼台经济合作;6.迅速着手西沙群岛旅游点的开发;7.利用澳门的窗口作用,加强与欧共体国家的经济联系与合作。

第27次会议 1997年9月25日在海口市召开。会议议题是传达学习中共十五大精神,并结合实际研究贯彻落实。陈玉益主席传达江泽民总书记在中共十四届七中全会上的讲话和中共十五大精神;林明玉副主席传达省委书记、省长阮崇武在省委贯彻十五大精神会议上的讲话。常委们联系实际,就加快海南开发问题提出了意见和建议。陈玉益主席作了总结发言,要求把学习贯彻十五大精神作为当前头等大事来抓,要联系实际履行职能,不做表面文章,不搞形式主义,真抓实干,充分发挥政协职能作用。要认真做好二届政协工作总结;努力完成今年各项工作计划;协助党委做好政协换届工作;继续加强政协自身建设。

第28次会议 1997年12月29日至30日在海口市召开。会议议题是:1.传达学习全国地方政协主席座谈会精神;2.审议《政协海南省第二届委员会工作总结(征求意见稿)》;3.听取1997年海南省社会经济发展情况通报。陈玉益主席传达了李瑞环主席、叶选平副主席在全国地方政协主席座谈会上的讲话,常委们对李瑞环主席和叶选平副主席的讲话精神、海南省社会经济发展情况、《政协海南省第二届委员会工作总结(征求意见稿)》进行了认真讨论,提出了意见和建议。

【专门委员会工作】

提案委员会 二届五次会议以来,收到提案167件,经审查立案164件,截至1997年底已全部办复。许多意见和建议得到有关部门采纳,取得了较好的经济效益和社会效果。如《戒毒机构的强化和净化》、《保证重点,狠抓配套,开创海南工业建设新局面》、《关于减轻国有企业税外负担的建议》等提案,承办单位高度重视,制定措施加以落实。一年来,主要抓好如下工作:(1)健全规章制度,改进工作方法。第28次主席会议制定了《省政协领导检查督办提案工作制度》,使提案工作规范化制度化迈上了新台阶。(2)重点提案重点办理。(3)召开全省政协提案工作研讨会。(4)开展省市县政协提案办理工作质量联合检查活动。(5)做好提案资料整理编辑工作。(6)做好优秀提案评选工作。(7)加强与省内外政协提案委员会的联系与交流。

经济委员会 组织委员对盘活房地产市场及养老保险制度、地方财税工作情况、定安县电力供应情况、海文高速公路建设情况、我省冬季瓜菜运销情况等5个专题开展调研和视察,并分别写出了报告。向二届五次会议提交了《关于在东线高速公路龙桥段开设"狮龙路"龙桥路口的建议》、《关于尽快落实定安县南丽湖变压站和改造陈旧供电线路资金的建议》、《关于搞好我省冬季瓜菜运销问题的意见》等11件提案。以上报告和提案得到省领导和有关部门的重视。

科教文卫体委员会 开展对我省千里环岛文化长廊建设、农村改水改厕、农村四级农科网建设、海南垦区基础教育情况、离退休科技人员情况等5个专题的调研,并写出报告,送省委、省政府及有关部门参考。关于《屯昌、琼中两县改水改厕情况考察报告》,省有关领导作了批示。组织委员中的医疗专家开展义诊活动。组织委员赴四川、贵州两省学习考察。较好地完成了全国政协钱伟长副主席率领的全国政协海洋考察团到我省考察的组织、筹备和接待工作。

社会和法制委员会 组织委员视察省内部分市县看守所、收审所、强制戒毒所,到云南省考察禁毒工作,对青少年犯罪和禁毒工作情况进行了调查,并写出了调查报告。提交了《海南省应尽快成立禁毒委员会》、《省政府应尽快帮助解决省妇教所办所场地》等两件提案。对海南社会保障制度改革情况、海南农垦职工养老保险状况、公安消防部队情况等专题进行了调查与视察,并写出了报告。讨论修改《预防少年犯罪法(征求意见稿)》、《海南省各级人民代表大会常务委员会监督条例(征求意见稿)》等法律法规。对全省贯彻执行《妇女权益保障法》、《海南省实施〈妇女权益保障法〉办法》情况进行检查。举办《香港基本法与香港回归》专题报告会。

民族宗教委员会 围绕海南省少数民族地区经济建设和社会发展问题，继续开展“百村千户”调查，历时1个多月，调查了7个市县14个乡镇的93个村798户。参与讨论修改《关于加快我省民族地区经济和社会发展的若干建议》、《海南省宗教事务管理条例(草案)》，并列席省政府常务会议参与审议，提出意见和建议。继续坚持做好民族地区贫困乡镇联系点工作，帮助农民脱贫。负责民族地区贫困乡镇联系点第五次会议的筹备组织工作。

文史和学习委员会 征集史料54篇30万字，出版海南文史资料第14辑——《一曲艰苦奋斗的凯歌——海南松涛水库建设记实》，计43万字。参加全国政协协作征编项目《中国近代百年历史名碑》、《骨肉情深——中南各省、区、市与港澳互相支援史料》等专题征编工作，被采用稿件14篇5万多字；参与国家任务由海南省政府主持的《海南百科全书》编辑工作，写出海南文物与考古初稿114条计6万多字。组织委员到省内部分市县对思想道德问题、文物保护工作情况进行调查与视察，并写出了报告。编印《学习资料》、《学习资料选编》共6 000份。举办市县政协学习工作座谈会。负责市县政协办公室主任(秘书长)培训班的筹备和学习安排工作。组织举办关于香港问题和学习中共十五大精神辅导报告会。

环境和资源委员会 组织委员对我省钛锆矿资源的开采与保护、天然森林和野生动物的保护、旅游环境的保护、土地荒漠化与防治等情况进行了视察和调研，并写出了报告。《关于视察尖峰岭、五指山天然森林和野生动物保护情况的报告》，省委副书记、省人大主任杜青林作了批示，要求省人大组织代表对有关法律法规执行情况进行检查。参加省政府组织的海滩专项检查工作。组织委员到山东省和大连市考察海洋资源开发利用和保护情况，并形成了考察报告送省政府。

外事和台港澳侨联络委员会 组织委员对侨资企业发展情况进行调研，写出《关于海外“三胞”在琼投资办企业若干问题的调查报告》。提交了关于维护潘正洲先生购买土地使用权合法权益、解决陈文民先生所建的商住楼出入通道、解决李京燕委员在三亚所建的京燕大厦停工问题等三件提案，在省政协领导的亲自过问下，这三件提案基本得到解决。负责办理省政协领导出访港澳的有关工作和参与第五届世界海南乡团联谊大会筹备工作等。

【重要活动】

陈玉益主席率团访问香港和澳门 应香港海南商会和澳门海南同乡总会的邀请，陈玉益主席率领海南省代表团于1997年4月27日至5月2日访问了香港和澳门。4月28日，代表团参加了香港海南商会举行的迎接香港回归祖国暨建会80周年纪念及第40届会董就职典礼大会，陈玉益主席发表了讲话，受到香港乡亲的热烈欢迎。5月1日晚，代表团参加了澳门海南同乡总会举行的庆祝“五一”国际劳动节联欢宴会，陈玉益主席在宴会上发表了讲话。

全省政协提案工作研讨会 1997年6月17日至18日在保亭县召开。会议共收到论文和发言材料38篇，在大会上宣读29篇。出席会议的有省政协各专门委员会、机关各处室领导、各民主党派省委会提案工作负责人、各市县政协分管提案工作负责人及提案办理工作成绩突出的政府部门代表共75人。陈玉益主席、林明玉副主席向大会提交了发言材料和论文，并作了重要讲话。

陈玉益主席应邀率团赴美 应美国夏

威夷州州长本杰明·卡耶塔诺的邀请，陈玉益主席于1997年12月6日率海南省代表团前往美国，参加在夏威夷举行的中美“项目融资研讨会”。此次研讨会对加强海南与美国的经济联系起到积极作用。

全省政协学习工作座谈会　1997年12月24日至26日在白沙县召开。会议交流了学习工作经验，探讨如何进一步开展和推动政协学习工作。出席会议的有各市县政协分管学习的主席、副主席和办公室主任（秘书长）。林明玉副主席出席会议并作了讲话。

民族地区贫困乡镇联系点第五次会议　1997年12月17日至18日在通什市五指山乡召开。会议总结“联系点”5年来农村扶贫开发、发展经济、脱贫致富的经验；研讨在1999年前实现基本解决农村贫困人口脱贫的措施。“联系点”的乡镇党委书记或乡镇长、“联系点”所在市、县政协主席、分管农村扶贫工作的副市县长、扶贫办主任、省政协、省人大有关人员和省直有关单位主要负责人等51人出席了会议。有关市、县、乡镇和省直机关有关领导等19人在会上发言、介绍经验。陈玉益主席、王家贤副主席，省人大陈苏厚副主任出席会议并作了讲话。

【重要文件】

常委会工作报告（1997年1月27日）（摘要）　一、（一）围绕我省“九五”计划和2010年远景目标纲要，切实搞好协商监督和参政议政。二届四次会议以来，本会召开8次常委会议、6次主席会议和多次通报会、协商座谈会，围绕经济建设中心，协商献计，参政议政层次有较大提高，力度进一步加大。根据协商于决策之前的原则，在《纲要》起草阶段，本会请省计划厅领导向常委会通报《纲要》的指导思想、目标与主要措施，并进行认真讨论，提出了许多建设性意见，多数被计划厅采纳。在二届四次会议上，全体委员对“九五”计划和2010年远景目标纲要进行了深入讨论，提出69条建议，多数被省委、省政府采纳。第20次常委会议按照“九五”计划和远景目标提出的方针，专题讨论如何加快发展海南热带高效农业问题。针对资金不足、科技滞后、农副产品加工业发展缓慢、产品销售渠道不畅等问题，提出了关于制订加快发展海南热带高效农业条例、增加农业投入、培养农村科技人才、建立农业信息网络等15条建议，有的建议被纳入《海南省农业和农村经济发展“九五”计划和2010规划》之中。（二）以提高提案质量和办理效果为重点，努力做好提案工作。二届四次会议以来，收到提案205件，经审查立案200件，截至1996年底，已全部办复。1996年提案工作有了新的提高，主要表现在三个方面：1.抓住经济建设和社会发展中的重大问题，提出一批质量较高、经济效益和社会效益较好的提案。2.提案质量有了较大提高。如：《建议在升学、参军、招工、调进人才时常规进行毒品检测》的提案，切实可行，被省政府采纳，并在《海南省征兵工作条例》（草案）中作了明确规定。3.加强提案督办力度，发挥提案作用。采取现场办案、联合办案、联合督办等形式，加快提案办理速度，提高办案质量。省政协正副主席亲自带队，对20个单位提案办理情况进行重点检查。提案委员会的领导9次组织开门办案，12次同省政府办公厅及有关部门领导协商办案，使许多提案得到较好的办理。（三）加强调查研究，提高参政议政水平。一年来，本会共组织28次各类专题调查与视察活动，写出调查报告17篇，均被省政府采纳。本会在专题调查研究工作中，始终把提高质量放在第一位，并从三个方面进行努力：1.省政协领导、各专委会领导亲自组织与参加重点课题的调查，出主意，听汇报，主持会议讨论研究，增强所提建议的可行性。2.客观地反映情况,提倡知实情,说实话,办实事,求实效。深入农村、工厂、学校等基层单位,听取群众意见和呼声,掌握第一手材料。3.把调查与办实事结合起来,为经济建设和社会发展作贡献。1993年以来,省政协民族宗教委员会同省人大民宗委、省民宗厅、省扶贫办联合建立9个特困乡镇联系点,通过深入调查研究,召开联系点工作会议,总结推广先进单位和先进人物经验,推广实用技术,使9个乡镇的经济得到较快发展。其中两个乡已经脱贫,7个乡镇接近脱贫。(四)拓宽"三胞"联谊渠道,努力为"三资"企业和侨乡经济建设服务。省政协领导多次深入台资企业和侨资企业了解情况,帮助企业排忧解难。为台商在农垦部门搞3 000亩现代化水平海水养殖开发基地穿针引线;提议协调解决侨乡公路、桥梁长期失修的问题;协助新加坡、马来西亚、泰国林氏乡亲理顺关系,增强了林氏乡亲之间的团结友谊。积极做好港澳委员和省外团体的联系交流工作,组织港澳委员回海南考察,听取他们关于加快海南开发建设的良谋良策;组团参加澳门海南同乡总会成立两周年庆典活动;先后协助32位华侨华人落实侨房政策、协调解决矛盾纠纷等问题,受到社会和有关部门的好评。(五)认真做好学习和文史资料的征集、编辑工作。我会认真组织委员学习邓小平建设有中国特色社会主义理论,学习党的十四届五中、六中全会精神,学习政治理论和党的统一战线工作理论,学习市场经济知识等。为推动委员学习,组织三批省市县政协领导和机关干部到全国政协干部培训中心、中央社会主义学院参加培训。组织邀请有关领导专家到海口、三亚、东方、屯昌等市县,为政协委员和政协机关干部作国际形势、社会主义市场经济理论、政协章程以及"讲政治是政协工作的生命线"和党的十四届六中全会决议等辅导报告。编印《学习资料》4期,《学习资料选编》3期。征集文史资料219篇,153万字,历史图片59张。整理编辑《海南文史资料》第14辑——《一曲艰苦奋斗的凯歌——松涛水库建设纪实》。编辑出版16.7万字的《琼侨抗日英杰——符克烈士专辑》和30万字的《铁蹄下的腥风血雨——日军侵琼暴行实录(续)》。这两本书的出版,在社会上引起良好的反响,受到国内不少老干部和日本教育界知名人士的好评。(六)加强以反映社情民意为重点的信息工作,认真搞好民主监督。采取了如下措施:1.开通了反映社情民意的电话"语音信箱",为委员和各界人士反映社情民意提供了方便;2.向省政协委员发出征集信息稿件的函及征集信息要点,为每位委员寄去专用信封和邮票,调动了委员反映社情民意的积极性;3.召开了全省政协信息工作会议,传达贯彻全国政协办公厅信息工作座谈会精神,总结交流我省政协信息工作经验,聘请特邀信息员,建立了省政协信息网络;4.加强同政协各参加单位和市县政协的联系。召开各民主党派、总商会秘书长联席会议,交流情况,听取意见。同省纪律检查委员会联合召开各民主党派民主监督座谈会,探讨加强民主监督的有关问题。收到各类社情民意稿件62份,经过综合整理,编印《民意反映》、《政协简报》、《语音信箱(摘报)》,坚持做好《海南协商报》、《海南政协》会刊的编辑出版发行工作。(七)加强政协机关自身建设,有效地开展政协机关工作。一是抓好学习,努力提高干部政治思想素质。二是根据中共中央关于政协机构改革的规定和省编委的要求,省政协机关工作人员进行了参照实行公务员制度的过渡,合理调整充实了办公厅和各专委会的工作力量。三是转变工作作风。四是积极向办公现代化过渡。二、在新的一年里,本会工作的指导思想是：以邓小平建设有中国特色社会主义理论和中国共产党的基本路线为指导，坚持和完善中国共产党领导的多党合作和政治协商制度，服从和服务于全省工作大局，继续推进政治协商、民主监督、参政议政的规范化、制度化，充分发挥政协在团结各界、协商问题、听取意见、协调关系中的重要作用，为祖国和平统一大业和海南的社会主义物质文明、精神文明建设做出新的贡献。必须抓好以下五方面的工作：(一)进一步深入学习邓小平建设有中国特色社会主义理论。要继续发扬人民政协认真学习的优良传统和理论联系实际的好学风，进一步深入学习邓小平建设有中国特色社会主义理论。要继续深入学习研究邓小平同志关于创办海南经济特区的战略思想。要深入学习中央领导同志关于开发建设海南的重要讲话精神。(二)紧紧围绕实施“九五”计划、远景目标纲要和加强社会主义精神文明建设，切实搞好参政议政。以实施“九五”计划、远景目标纲要和加强精神文明建设为主要内容，选准角度，发挥优势，调查研究，献计献策，切实履行职能，选择我省两个文明建设、改革开放和社会发展中的热点、难点问题，开展专题调查、视察活动。要继续做好“联系点”工作，为经济发展多办实事。要认真贯彻“长期共存、互相监督、肝胆相照、荣辱与共”方针，高举爱国主义和社会主义旗帜，促进共同目标下的大团结、大联合，充分发挥各民主党派、无党派爱国人士、人民团体和各族各界代表人士在政协中的作用。要进一步重视提案的征集、审查、办复工作，更好地发挥提案在参政议政中的作用。(三)及时有效地反映社情民意，搞好史料工作。要继续加强信息工作，进一步改善政协全体会议、常委会议和各种协商座谈会的信息收集、整理工作。在委员中继续开展每人每年至少提出一条建议，反映一条信息的活动。加快办公现代化建设，形成反映快捷、渠道畅通的信息网络，办好《海南协商报》、《海南政协》会刊、《民意反映》、《政协简报》和《语音信箱(摘报)》。要广泛发掘近代以来海南政治、经济、文化、教育、民族宗教和华侨等方面的历史资料，更好地发挥政协文史资料的宣传教育作用。(四)围绕香港回归祖国，进一步加强台、港、澳、侨的联谊工作。要加强同港澳地区委员的联系，及时反映他们的意见和建议，充分发挥他们为保持香港长期稳定与繁荣的作用。切实贯彻好“和平统一、一国两制”的方针和江泽民总书记关于祖国统一的八项主张，推动海峡两岸经济、文化的交流与合作。加强同海外华侨华人的联谊工作，主动协助有关部门做好维护归侨、侨眷合法权益的工作。努力为企业排忧解难。继续为我省的经济建设招商引资，更好地促进海南经济的发展。(五)进一步加强政协自身建设。政协委员要认真学习贯彻江泽民总书记“关于讲政治”的讲话要求，讲学习、讲政治、讲正气；坚持正确的政治方向、政治立场和政治观点，增强政治鉴别力和政治敏锐性；坚持全心全意为人民服务的宗旨，大力发扬理论联系实际、密切联系群众、批评和自我批评的优良作风和艰苦奋斗的优良传统；与党中央保持高度一致，坚决反对各种腐朽思想和奢侈浪费等不良风气；勤奋工作，不断提高思想政治素质和参政议政水平；政协组织和机关要为委员履行职能创造条件，帮助委员知情出力。要发挥好专门委员会的作用，密切同各市县政协、各民主党派和各族各界人士的联系。要进一步加强政协机关的思想建设、组织建设、作风建设，逐步改善机关的工作条件和生活条件。

陈玉益主席在第27次常委会上的讲话(1997年9月25日)(摘要)　一、要深入学习宣传贯彻党的十五大精神。今后的一段时间，我们要把学习十五大精神作为头等大事来抓,这是关系到举什么旗、走什么路的大问题。政协委员和政协机关的同志要认真学习江泽民同志的十五大报告,全面理解十五大精神实质,明确十五大提出的任务、要求和奋斗目标。二、学习要联系实际,不搞形式主义,不做表面文章。十五大报告澄清了现代化建设中的一些模糊思想,使我们前进的目标和道路更加明确,为进一步发展又一次提供了机遇。我们要深刻领会邓小平"发展是硬道理"的思想和"三个有利于"的标准。要从社会主义初级阶段这个实际出发,从海南经济特区的实际出发来考虑问题,只要符合"三个有利于"的标准,我们就大胆地试、大胆地闯。要高举邓小平理论旗帜不动摇,以邓小平理论指导我们的思想行动和工作。要深入学习好邓小平同志创办经济特区的思想,对小平同志创办海南经济特区的思想要学深学透。十五大报告中指出,我们还要进一步办好经济特区,鼓励经济特区在体制创新、产业升级和扩大开放等方面继续走在前面,发挥对全国的示范、辐射、带动作用。海南在体制方面怎样创新,产业如何升级,怎样进一步扩大对外开放,还有怎样用好现有的政策,如何以洋浦来带动海南的发展,以及群众关心的下岗职工生活、腐败和社会治安问题等等,要组织力量,搞好调查研究,联系海南的实际,提出高质量的提案和建议,为党委、政府建言献策。要从政协工作的实际出发,按照十五大的要求,改进我们的工作,促进政治协商、民主监督和参政议政的制度化、规范化。三、当前要抓好的几项工作。一要认真做好二届省政协工作总结。二要认真学习落实中央和省委关于换届工作的指示要求,做好政协换届的准备工作。三要努力完成今年的各项工作计划。四要继续加强政协自身建设。

省政协领导检查督办提案工作制度 [1997 年 9 月 3 日政协海南省第二届委员会第 28 次主席会议通过(摘要)] 为使省政协领导检查督办提案工作经常化、制度化,特制定本工作制度。一、省政协领导,是指省政协主席、副主席、秘书长。二、省政协主席会议每半年听取一次提案委员会工作汇报,了解提案工作情况,指导提案工作。三、省政协领导按各负其责范围的原则,按法律法规要求,检查督办各自分管的工作职责范围的有关重点提案。四、阅示提案委员会办公室呈报的提案《送阅件》和重点提案《摘报件》,并写出具体批办意见。五、根据工作实际,参与提案委员会牵头组织的有关重点、难点提案的视察办案、开门办案等活动。六、每年亲自抓一两件重点提案的办理落实。重点提案可根据提案委员会提供的《重点提案目录》自选。七、参与提案委员会每年 8 至 10 月份组织的全省政协提案工作大检查,确保全会提案的完满办结。八、在提案办理工作检查中发现的问题,应及时提出意见和要求;如发现办理工作中有重大疑难问题,应出面与党委、政府有关部门领导协商解决;对承办不力,质量不高,或不按时完成办理任务的承办单位,应给予指导。

【海南省各级政协领导人名单】

海南省政协

主　席

陈玉益

副主席

周　松　胡　楷　李明天　林鸿藻

陈　宏　王辉丰　林明玉　王家贤

秘书长

林明玉(兼)

海口市

市政协主席

陈　斌

三亚市

市政协主席

陈人忠

县(市)政协主席

琼山市　高日焙

文昌市　王远健

琼海市　庞学忠

万宁市　严国华

通什市　王永兴

儋州市　刘南雄

东方市　黄兴富

定安县　陈德鑫

屯昌县　符明善

澄迈县　莫美清

临高县　文积超

保亭县黎族苗族自治县　黄文泽

陵水县黎族自治县　苏光明

乐东县黎族自治县　周文珍

昌江县黎族自治县　韦允文

白沙县黎族自治县　陈德基

琼中县黎族苗族自治县　邱育斌

海南省各级政协组织和委员数

级别 / 项目	省	市	县	合计
组织数	1	9	10	20
委员数	311	1 285	1 281	2 877

（云惟俊　编写）

政协重庆市委员会

张文彬　主席

黄立沛　副主席

韦思琪　副主席

李兵　副主席

窦瑞华　副主席

王式惠　副主席

徐宗俊　副主席

张忠惠　副主席

刘惠君　副主席

张国忠　副主席

魏朝贵　秘书长

【全体委员会议】

一届一次会议[①] 于1997年6月7日至12日在市人民大礼堂举行。会议应到委员779名,实到763名。中共重庆市委、重庆市第一届人大筹备小组、原重庆市人民政府和政协原重庆市第十届政协的主要领导人出席了大会的开幕式和闭幕式,市级各主要部委办局负责人、在渝全国政协委员和在渝四川省政协常委列席了会议。

大会开幕式由市政协一届一次会议主席团常务主席张文彬主持,中共重庆市委书记张德邻在开幕式上作了《全市各族各界紧密地团结起来,为建设繁荣富裕文明进步的新重庆而奋斗》的重要讲话。会议审议通过了原重庆市第十届政协副主席王式惠代表第十届市政协常务委员会作的《政协原重庆市第十届委员会常务委员会关于原重庆市代管万县市、涪陵市、黔江地区以来的工作报告》,审议通过了《政协原重庆市第十届委员会提案委员会关于原重庆市代管万县市、涪陵市、黔江地区以来提案办理情况的报告》(书面),选举产生了政协重庆市第一届委员会主席、副主席、秘书长、常务委员,组成了由117人参加的市政协第一届常务委员会。与会全体委员列席了重庆市第一届人民代表大会第一次会议,听取并协商讨论了新当选的市长蒲海清所作的《抓住机遇,负重自强,努力开创重庆改革开放和现代化建设新局面》的政府工作报告,协商讨论了《重庆市国民经济和社会发展第九个五年计划和2010年远景目标纲要》(草案)及市政府的计划、财政、移民工作报告和市法院、市检察院的工作报告。在6月12日闭幕式上,蒲海清市长和新当选的市政协主席张文彬作了重要讲话,通过了《中国人民政治协商会议重庆市第一届委员会第一次会议决议》,决议指出:1997年是重庆发展史上十分重要的一年。加快重庆直辖市的建设和发展,既面临难得的机遇,又面临严峻的挑战。本届市政协任期的五年,是跨世纪的五年。建设新重庆,政协责无旁贷。会议号召全市各级政协组织、各组成单位和全体委员,要紧密地团结在以江泽民同志为核心的中共中央周围,高举邓小平建设有中国特色社会主义理论的伟大旗帜,在中共重庆市委的领导下,全面贯彻落实中共十四届五中、六中全会和中共重庆市第一次代表大会精神,充分发挥人民政协的特有优势,团结一切可以团结的力量,围绕实施新重庆国民经济和社会发展"九五"计划和2010年远景目标纲要,认真履行政治协商、民主监督、参政议政职能,努力使直辖市政协的工作形成新的气势,开创新的局面,为实现建设新重庆的宏伟蓝图做出更大的贡献。

【常务委员会议】

十届第18次会议[②] 1997年2月24日至25日在市政协举行。会议的主题:协商讨论重庆市如何适应新形势,抓住机遇,加快发展。市政协第十届委员会主席张文彬主持会议,中共重庆市委书记张德邻、代市长蒲海清在会上作了重要讲话,23位常委发言。

市政协第一届委员会筹备小组第3次(扩大)会议暨十届第19次(扩大)会议 1997年5月21日至22日在市政协举行。张文彬主持会议,王云龙到会讲话。会议审议通过了召开市政协一届一次会议的各项事项:(1)审议通过了政协原重庆市第十届委员会常务委员会关于原重庆市代管万县市、涪陵市、黔江地区以来工作情况的报告;(2)协商通过了政协重庆市第一届委员会参加单位、委员名额和人选名单(共33

① 1997年3月14日第八届全国人民代表大会第五次会议审议通过国务院关于设立重庆直辖市的议案。从此,重庆市成为全国31个省级行政单位之一。

② 指设立直辖市之前副省级市政协时期。

个界别、779名委员)；(3)审议通过了政协重庆市第一届委员会第一次会议议程(草案)、日程(草案)；(4)通过了常委会工作报告、报告人；(5)审议通过了关于召开政协重庆市第一届委员会第一次会议的决定等。

一届第1次会议 1997年6月13日在市政协举行。会议审议并原则通过了市政协1997年度工作要点；审议并原则通过了《政协重庆市委员会常务委员会工作规则》、《政协重庆市委员会主席会议工作规则》、《政协重庆市委员会专门委员会工作规则》；审议通过了一届市政协专门委员会的机构设置方案和各专委会的主任、副主任建议名单；审议决定了有关人事任免事项。张文彬主席主持会议并就加强常委会建设问题讲了话。

第2次会议 1997年9月9日至10日在市政协举行。会议听取了市政府负责同志关于重庆市国民经济和社会发展情况的通报，并就公有制的实现形式、国企改革的"抓大放小"、当前三峡工程移民工作等问题进行了协商讨论；审议并原则通过了《政协重庆市委员会关于政治协商、民主监督、参政议政的规定》、《政协重庆市委员会提案工作条例》、《政协重庆市委员会地区委员小组组织简则》；审议决定了有关人事任免事项。会议对中共十四届七中全会关于开除陈希同党籍、立案侦察的决定进行了认真讨论。张文彬主席主持会议并就如何围绕促进全市经济社会发展献计出力和加强政协制度建设讲了话。

第3次(扩大)会议 1997年10月29日至31日在市政协龙水湖培训中心举行。会议的主题是深入学习中共十五大文件，统一思想，振奋精神，进一步开创政协工作新局面。会议邀请有关专家、教授作了辅导报告并进行分组讨论，审议通过了《关于深入学习贯彻党的十五大精神，努力开创政协工作新局面的意见》和《关于深入学习贯彻党的十五大精神的决议》。张文彬主席主持会议并就如何抓住重点，联系实际，深入学习、全面贯彻党的十五大精神作了重要讲话。

第4次会议 1997年12月25日至26日在市政协举行。会议的主题是审议关于决定召开市政协一届二次全会的有关事宜。会议听取了市政协秘书长魏朝贵关于一届二次会议筹备情况的汇报，审议通过了市政协常委会工作报告和提案工作报告，审议通过了关于一届二次会议的议程、日程和列席范围，审议决定增补周良瑛、刘年绪、付开兴、陈源、辛世杰、程大鹏、彭永辉、刘地年、罗文德等九位为市政协第一届委员会委员，审议通过了关于召开市政协一届二次会议的决定。会议由张文彬主席主持，并就如何开好一届二次全会讲了话。

【专门委员会工作】

学习及文史资料委员会 在学习工作方面，以深入学习中共十五大精神为中心内容，开展了多种形式的学习活动。与市政协办公厅联合召开"学习中共十五大精神宣讲报告会"，邀请党的十五大代表作辅导报告；先后两次组织委员联系学习江泽民总书记的"5·29"重要讲话和党的十五大精神，请有关专家和实际工作者就"社会主义公有制的多种实现形式"进行座谈，开展理论研讨；编发《学习资料》两期。在文史工作方面，组织委员对三峡库区涪陵市、丰都县等地的文物现状及保护、抢救工作进行视察，召开部分区市县政协学习及文史工作片会，交流情况，总结经验，研究工作；已完成直辖市《重庆文史资料》第一辑的编审，着手第二辑的编辑；配合全国政协搞好大协作，已为《中华老字号今昔》、《新中国重大考古发现亲历记》、《改造国民党战犯纪实》、《支援抗美援朝纪实》、《解放军进城以后》等书分别提供稿件数十篇；参与四川省政协协作课题《成渝铁路今昔记》组稿九篇,约3万字。

提案委员会 市政协一届一次会议以来共收到提案1 012件,经审查立案交办979件,其中市级各民主党派、工商联和有关人民团体提出的集体提案53件,参与提提案的委员共678名,占委员总数的87%。提案涉及改革开放、经济建设方面的453件,占46.2%,科教文卫体方面的354件,占36.2%,政法、统战及其他方面的172件,占17.6%。通过经常加强与承办单位联系、对重点提案进行跟踪办理、与市委办公厅、市政府办公厅联合召开办理工作座谈会,加强与提案者联系等途径,不断加大办理力度,使95%以上的提案所提出的意见和建议受到承办部门采纳,已经和正在付诸实施,委员对90%以上的提案办理表示满意和比较满意。通过办理,使政协提案在全市经济、政治、文化生活中发挥了积极的作用,如市文化、工商、公安、教育等部门在办理《创建有利于学生身心健康的大环境》提案中,积极采纳委员的意见,多次对中、小学周边环境进行整治,市文化局把此项工作作为文化稽查重点任务纳入目标考核。市委、市政府对《尽快成立重庆学位委员会》的提案办理高度重视,重庆市学位委员会已于1997年10月建立。

经济委员会 围绕加快国有企业改革,促进重庆经济发展为重点,组织情况通报会1次,专题调查、视察活动5次,各种座谈会27次。所形成的《关于重庆嘉陵化工厂改制情况的调查与建议》、《关于发展我市大流通有关问题的建议》等调研报告,在市政协一届二次常委会上与市政府及有关部门进行了协商。配合社会法制委、海外联谊委共同开展"实施再就业工程"、"改善投资环境"等重点专题调研,取得阶段性成果。12月上旬在南岸区大业(集团)公司召开现场办公会,专题研究该公司发展所面临的问题。组织经济工作视察活动,听取市经委、市体改委、市工商局关于大型企业的扩张、中小企业产权制度改革及个体私营经济参与国企改革的情况通报,视察重啤集团、重庆嘉陵轰达力帆摩托车有限公司、重庆嘉陵化学制品有限公司的改组、改制情况,针对实际,提出了许多建设性的意见建议。

城建环保委员会 共组织开展了5项专题调研、3项专题视察,参加全市性的执法检查、研讨论证活动6项。组织委员、有关专家和民主党派成员开展"关于三峡库区淹没城镇移民迁建"专题调研,其调研报告以市政协的建议案报送市委、市政府。7至8月份,开展"促进我市房地产业发展,培育新的经济增长点"和"强化城市管理,治理脏、乱、差、堵"专题调研。组织委员和有关专家对直辖市建立后如何完善城市功能进行专题研究,形成书面报告。组织委员深入三个区、两个县和20多个部门对改善重庆投资环境中的交通建设、城市管理综合治理进行视察,形成《关于解决上清寺转盘塞车问题的调研意见》和《关于城管综合治理视察情况》的专题报告。

农林委员会 8至12月组织委员和有关专家先后深入万县市、黔江地区、巴南区、璧山县及市农业局、乡镇企业局等14个区市县和职能部门,对市政协确定的"加快重庆农业产业化"、"拓宽脱贫途径"两个重点课题开展调查,形成两个专题调研报告,向中共重庆市委、市政府共提出20条意见建议。组织委员对九龙坡区、渝北区、合川市、垫江县、梁平县等9个区市县贯彻落实《乡镇企业法》和减轻农民负担情况进行专项视察,向市有关部门报送了视察报告。根据调研情况,在市政协一届二次常委会上分别就"关于加强对农业和农村工作的领导"、"关于加强农业基础设施建设"、"关于深化粮食流通体制改革"等进行大会发言，会后将大会发言材料形成本委的集体提案送达有关职能部门办理。

科教文卫体委员会 为合理配置在渝高校资源，科学调整专业设置，促进在渝13所部委属院校与9所地方属院校的协调发展，联合市教委等部门共同开展了“在渝高校结构与专业设置现状与调整”的专题调研，经多次召开有关部门、高校、专家参加的座谈会，广泛听取各方面的意见，取得阶段性调研成果。组织委员和有关专家开展“三峡工程重庆库区库底卫生防疫清理”的专题调研，代市政府有关部门草拟了《三峡工程重庆库区卫生防疫标准》(初稿)。开展对重庆文化设施现状调查，形成了《关于加快重庆市文化设施建设的建议》。会同本会农林委员会与市科协联合组织举办“重庆市农业发展研讨会”，本委组织委员和有关专家撰写论文46篇。承担市计委下达的软科学研究课题——加快发展重庆压缩天然气汽车及产业，先后赴成都、遂宁、德阳、绵阳、西安等地学习，联系本市实际开展调研，已形成研究报告初稿。配合市政协办公厅协助承办召开全国暨部分省(自治区)市政协科教文卫体委员会工作总结交流会。

社会法制委员会 组织委员联合市社会科学院、西南政法大学等单位的专家教授，围绕“健全法制与强市富民的相关性研究”专题，先后深入大渡口区、永川市、重庆经济技术开发区、重庆高新技术开发区、政法部门和街道、居委会、村委会开展调查研究，针对存在问题，从领导干部带头学法、提高全民法律意识、加快立法、加强执法队伍建设、依法行政、强化法律监督等方面提出了建议。对社会治安和禁毒工作开展专题视察。派员参加了对地税局、国税局、重庆电力公司、重庆天然气公司的行风检查，组织委员参加了市人大关于《赔偿法》的修定工作。

民族宗教委员会 本委领导于7至9月，先后走访了市级各宗教爱国组织，了解情况，听取意见，向市政府办公厅报送了书面报告。10月份组织委员会同市民宗委、扶贫办赴黔江地区，对民族优惠政策落实情况开展专题调研，向中共重庆市委报送了《关于黔江地区民族优惠政策落实情况的调查报告》。11月份组织宗教界委员赴三峡库区，对万县市、涪陵市的宗教寺观教堂淹没情况开展专题调研，市政协办公厅将此调研报告在向市政府报送的同时，还抄报了国务院有关部门。12月份组织委员对宗教房产政策遗留问题和依法加强对宗教事务管理情况进行了视察。

海外联谊委员会 与经济委共同组织对“关于改善投资环境”开展专题调研，召开有关职能部门座谈会，外商代表座谈会，听取了20余家外资企业负责人对重庆投资环境的意见，形成阶段性成果。与市侨办等单位配合，对“重庆与香港经济合作发展前景”开展专题探讨。联合本会经济委邀请政协委员中的专家、企业家，对即将出台的“重庆市对外经贸与发展十年战略规划”提出修改的意见、建议。会同城环委组织委员对本市1997年改善投资环境和交通建设年的实施情况进行视察。与市人大民宗侨台外委、致公党市委、市侨办、侨联共同召开了“重庆市侨界迎香港回归座谈会”。接待了以香港特区政府临时市政局主席梁定邦为团长的广东省港区委员参观考察团、安徽省政协港澳委员考察团、杨虎城将军女儿杨拯美夫妇等数批客人。

政协工作联络委员会 组建地区市政协委员小组。走访了渝中区、万县市、涪陵市、黔江地区、云阳县、武隆县等14个区、市、地、县政协，了解情况，听取意见，考察工作。在沙坪坝区、渝中区、万县市、涪陵市、黔江地区先后召开5个片区座谈会，对“如何加强对区(市)县政协的联系与指导”开展专题调查，听取区(市)县政协的意见，形成了4个方面共30条意见。与市有关部门联系、配合，协助区(市)县政协搞好换届、落实机构和编制、解决有关经费。编印《政协动态》2期。

【重要活动】

学习贯彻中共十五大精神 中共十五大召开前后，市政协先后于7月25日、8月21日、9月15日、9月23日至24日、10月29日至31日，分别以中共重庆市政协党组扩大会议、中心组学习、召开市级民主党派、工商联负责人及专委会常务副主任参加的座谈会和市政协常委会等方式，学习江泽民同志的“5·29”重要讲话和中共十五大文件，专题讨论公有制的实现形式，联系重庆改革开放、经济和社会发展及政协工作的实际，及时向中共重庆市委、市政府提出意见、建议，研究市政协的贯彻落实措施。

杨汝岱副主席视察市政协 全国政协副主席杨汝岱在考察三峡工程后，于12月18日到市政协机关视察工作。在市政协召开的座谈会上，张文彬主席汇报了设立直辖市前后市政协工作，杨汝岱副主席着重就三峡工程建设、搞好库区移民和环保工作、加快重庆的改革与发展、政协如何履行职能发挥作用等问题发表了重要意见。市政协副主席黄立沛、韦思琪、窦瑞华、王式惠、徐宗俊、刘惠君、张国忠、秘书长魏朝贵和原重庆市第十届政协副主席邓中文、蒋先齐、罗淑芳参加了座谈会。

全国暨部分省(自治区)、市政协科教文卫体委员会工作总结交流会在渝举行 会议于1997年10月20日至24日在重庆渝州宾馆举行。全国政协副主席、科教文卫体委员会主任钱伟长、常委副主任王济夫、吴武封、副主任林佳楣、傅庚辰、全国政协副秘书长张洽和市政协主席张文彬等出席，钱伟长副主席在会议开幕式和闭幕式上作了重要讲话。会议总结了五年来政协科教文卫体委员会的工作。北京、河北、内蒙古、辽宁、黑龙江、上海、江苏、浙江、福建、山东、湖北、湖南、广东、广西、重庆、四川、贵州、陕西、宁夏等19个省、自治区、市政协科教文卫体委及办公室的负责人出席会议。

召开提案办理工作座谈会 1997年10月27日由中共重庆市委办公厅、市政府办公厅、市政协办公厅联合召开。承办市政协一届一次会议提案任务重的38个单位参加会议，市公安局、工商局、旅游局、劳动局、市委宣传部、市纪委、市编委、人行重庆分行等8个单位介绍了经验。市政府副秘书长王长寿代表三家办公厅在会上提出了要求，市政协常务副主席、提案委员会主任黄立沛出席并讲话。

组织委员开展集中视察 根据市政协一届五次主席会议的决定，市政协于1997年12月组织全体委员以各委员小组就地视察、各专委会结合调研课题视察、市政协统一组织重点专题视察等三个层次开展了直辖市政协组建后的第一次年终集中视察活动。市政协统一组织的重点专题视察分别由主席、副主席任视察团团长、副团长，着重选择了改善投资环境、搞好移民与扶贫、国有企业改组改造、交通建设、毒品犯罪与社会治安、高校的结构调整与为地方的经济建设服务、发展私营经济等7个方面进行，了解情况，反映民意，与市的党政及有关职能部门负责人交换意见，提出建议。

组织实施集团扶贫 重庆市云阳县是由市政协牵头组建扶贫集团的对口扶贫单位。市政协于1997年4月组织集团扶贫成员单位派出干部进驻该县。张文彬主席于1997年11月9日至12日带领有关副主席、部分市政协常委和扶贫集团成员单位负责人深入该县调查研究，帮助理清发展思路，落实扶贫项目和发展资金。

【重要文件】

常委会工作报告[①]（1997年6月7日）（摘要） 报告分两个部分。第一部分着重总结了一年来履行职能的基本情况。指出：1997年3月14日第八届全国人民代表大会第五次会议审议批准国务院关于设立重庆直辖市的议案，是中共中央、国务院在世纪之交为加快我国中西部地区经济发展、建设长江经济带、搞好三峡工程建设和库区开发所作出的具有重大现实意义和深远历史意义的战略决策。为适应新的形势，完成历史赋予的新任务，市政协常委会按照中共重庆市委的统一部署，认真贯彻中共中央、国务院的一系列指示，充分发挥政协的特有优势，围绕一手抓直辖市的筹建，一手抓经济社会发展，从六个方面认真履行职能：⑴认真贯彻中央关于“思想领先，平稳过渡”的方针，联系各界人士的思想实际，主动开展各项活动，努力做好统一思想、振奋精神、凝聚人心的工作。⑵发挥人民政协人才集聚的优势，采取提前参与、广泛发动、高层协商的方式，积极主动地开展新重庆发展战略研究，形成的关于新重庆发展关键在班子、成败在移民、希望在环保、前景在生态的思路，受到市委、市政府肯定和采纳。⑶围绕经济建设中心，以促进经济体制和经济增长方式的转变为主线，选择全市经济和社会发展的重要问题，深入开展专题调研，先后形成《关于重庆市个体私营经济发展情况的调查报告》《关于利用三峡库区水面加快渔业发展的意见》等23份建议案和专题调研报告。⑷联系新的市情，围绕认真贯彻中共十四届六中全会精神，推进社会主义精神文明建设开展专题调研。⑸积极反映社情民意，加强提案和信息工作。⑹加强政协理论的学习、研究和宣传，用以指导履行职能各项工作的顺利开展。报告在第二部分中对直辖市一届政协的工作提出了五点建议：⑴认真学习邓小平建设有中国特色社会主义理论，不断增强团结合作的政治基础。⑵围绕实施新重庆国民经济和社会发展“九五”计划和2010年远景目标纲要，积极建言献策。⑶坚持民主、团结的工作主题，促进社会政治稳定。⑷继续推进履行职能的规范化、制度化，不断提高履行职能的水平和实效。⑸按照直辖市政协的要求，切实加强自身建设。

中共重庆市委书记张德邻在市政协一届一次会议开幕式上的讲话（1997年6月7日）（摘要） “讲话”着重讲了三个问题：（一）认清形势，把握全局。今年3月14日，八届全国人大五次会议通过了批准设立重庆直辖市的决定，标志着重庆历史发展新时期的到来。设立重庆直辖市，肩负起党中央、国务院交给的历史使命，必须完成增强中心城市的综合实力；探索城市带农村的新路子；搞好开发性移民，保证三峡工程建设顺利进行的三大战略任务。必须解决好妥善安置100万移民、“九五”期间366万农村人口脱贫、振兴老工业基地、保护生态环境四大难题。我们一定要认清形势，把握全局，增强历史责任感和现实紧迫感，增强克服一切困难的勇气，坚定完成历史重任的信心。（二）加强大团结，共创新局面。建设新重庆，开创重庆美好未来，是重庆各族人民的共同愿望，是重庆社会各界的共同事业。必须高举社会主义和爱国主义两面旗帜，建立广泛的统一战线，加强全市各族各界的大团结，举全市之力，万众一心，共图大业。团结是我们党的优良传统，团结是统一战线的本质和人民政协的工作主题，团结是形成凝聚力战斗力和发展生产力的根本保证。我们要加强整个区域的大团结，加强社会各界的大团结。实

---

① 指原重庆市根据中共中央、国务院的有关“批复”精神，自1996年9月实施代管万县市、涪陵市和黔江地区以来市政协常委会的工作情况。

现全市人民的大团结,最根本的是加强中共内部的团结和各级领导班子的团结,唯有如此,才能更好地团结和带领全市人民为建设和振兴重庆去奋斗、去拼搏。(三)高度重视政协工作,充分发挥政协作用。完成历史赋予重庆直辖市的三大战略任务,解决面临的四大难题,必须调动全社会的力量,集中全体人民的智慧。在这方面,人民政协具有不可替代的作用。这就要求我们,一定要充分发挥人民政协的团结协调作用、决策咨询作用、民主渠道作用、桥梁纽带作用。为做到如此,各级党委要加强和改善对政协工作的领导,各级政府要全力支持政协工作,社会各部门要积极协同配合政协工作,各级政协要进一步加强自身建设。

市长蒲海清在市政协一届一次闭幕式上的讲话(1997年6月12日)(摘要) "讲话"指出:市政协一届一次会议,是共商重庆未来发展大计、共谋实现跨世纪宏伟蓝图的一次十分重要的会议。会议期间,委员们以饱满的政治热情和对历史对人民高度负责的精神,认真履行政协职能,对政府工作提出了许多中肯的意见和很好的建议,这既是对本届政府的充分信赖,也是对我们的极大鞭策。(一)高度重视政协委员的意见建议,着力解决关系重庆改革发展全局的重大问题。委员们围绕政府工作报告和实施"九五"计划和2010年远景目标纲要,着重就关于富民为本、加快发展;关于解放思想、更新观念;关于城乡一体共同繁荣;关于加快产业结构战略性调整、发展支柱产业;关于实施科教兴渝和可持续发展战略;关于加强精神文明,维护社会稳定等问题提出了很好的意见建议,政府一定认真研究采纳。(二)当前经济发展的形势和下一步经济工作的重点。(略)(三)提高对人民政协的再认识,积极支持人民政协开展工作。第一,充分认识人民政协在重庆现代化建设中的重要作用。第二,积极支持人民政协充分发挥"政治协商、民主监督、参政议政"的职能作用,推进社会主义民主政治建设。第三,努力为政协履行职责创造良好的外部环境和工作条件。

政协主席张文彬在市政协一届一次会议闭幕式上的讲话(1997年6月12日)(摘要) 张文彬代表直辖市政协一届常委会表示:一定不辜负全体委员的期望,今后要刻苦学习,团结合作,积极主动,尽职尽责,为建设新重庆做出应有的贡献。认为,直辖市政协一届任期的五年,是实现"九五"计划和2010年远景目标纲要,跨入新世纪的重要时期,任务艰巨,责任重大。要求全体委员一定要认清形势,牢固树立光荣感、责任感和使命感,发挥积极性、主动性和创造性,努力使政协工作形成新的气势,开创新的局面。这种新的气势,主要体现在政协要围绕全市工作大局,认真履行职能,为市委、市政府实现民主决策、科学决策广纳群言,广求善策;要充分发挥政协自身优势,努力做好大团结、大联合的工作,为促进政治和社会稳定做出贡献;要正确处理继承和创新的关系,既发扬优良传统,又努力探索新形势下履行职能的新途径、新方法,不断提高工作水平和实效。为此,必须认真抓好五个方面:(一)坚持讲政治,进一步巩固人民政协的思想政治基础;(二)充分发挥人民政协的优势,为建设新重庆做好大团结工作;(三)围绕实现新重庆的宏伟蓝图,积极参政议政;(四)坚持用理论指导实践,用经验推动工作;(五)发挥整体功能,加强自身建设,不断适应新形势的需要。

中共重庆市委批转市政协《关于政治协商、民主监督、参政议政的规定》的通知(1997年10月27日) 万县、涪陵市党委,黔江地区党委,各区市县党委,市委各部委,市级各部门党组(党委),各人民团体党

组,大专院校和大型企业党委:

中共重庆市政协党组根据中委[1995]13号通知精神和全国政协《关于政治协商、民主监督、参政议政的规定》,结合新重庆的实际,提出的《政协重庆市委员会关于政治协商、民主监督、参政议政的规定》,已经市委同意,现批转给你们,请各地区、各部门结合实际贯彻执行。

人民政协是我国人民爱国统一战线的组织,是共产党领导的多党合作和政治协商的重要机构,是我国政治生活中发扬社会主义民主的重要形式。政协重庆市委员会作为人民政协的地方委员会,在推动重庆市的改革开放和经济、社会发展的现代化建设事业中,围绕全市工作大局,认真履行主要职能,发挥了重要作用,产生了积极影响。

各级党委要认真贯彻党的十五大精神,坚持以邓小平理论为指导,从坚持和完善共产党领导的多党合作和政治协商制度、加强社会主义民主政治建设、继续推进人民政协政治协商、民主监督、参政议政的规范化、制度化的高度,充分认识人民政协的重要地位和作用,采取切实措施,进一步加强和改善对政协工作的领导,促进社会主义民主政治建设。对地方的大政方针以及政治、经济、文化和社会生活中的重要问题,要在决策之前与政协进行协商,并要形成制度,纳入决策程序。同时,要自觉接受政协的民主监督,认真办理政协组织和委员的建议、意见和提案,支持政协开展多种形式的参政议政活动。不是同级党委常委的政协党员主席或党组书记,应请他们列席党委常委会议。人大召开的重要会议,政府召开全体会议应请一位政协领导列席。党委、政府召开其他有关会议时,可邀请政协有关领导列席。各级党委和政府要为政协开展工作创造必要的条件,对政协的活动经费应给予必要的保证。各级宣传部门、各新闻单位,要重视宣传共产党领导的多党合作和政治协商制度,宣传报道政协开展的重要活动。政协委员所在的单位,要重视发挥委员的作用,对委员参加政协活动要给予积极支持。

《政协重庆市委员会关于政治协商、民主监督、参政议政的规定》(1997年9月10日政协重庆市第一届委员会常务委员会第二次会议通过)

第一条 为了加强社会主义民主政治建设,逐步实现政治协商、民主监督和参政议政的规范化、制度化,进一步发挥人民政协在国家政治生活中的作用,根据《中国人民政治协商会议章程》的有关规定和中共中央对人民政协提出的要求,参照《政协全国委员会关于政治协商、民主监督、参政议政的规定》,结合我市实际,制定本规定。

第二条 中国人民政治协商会议是中国人民爱国统一战线的组织,是中国共产党领导的多党合作和政治协商的重要机构,是我国政治生活中发扬社会主义民主的重要形式。政协重庆市委员会的主要职能是政治协商和民主监督,组织参加本会的各党派、团体和各族各界人士参政议政。

第三条 政治协商、民主监督、参政议政目的是:发扬社会主义民主,反映社会各方面的意见和要求,为参加人民政协的各民主党派、人民团体和各族各界爱国人士发挥作用开辟畅通的渠道,集思广益,促进全市重大决策的科学化与民主化;监督宪法、法律的实施和方针政策的贯彻执行,协助并推动国家机关改进工作,提高效率,克服官僚主义,反对腐败现象;推动社会主义物质文明、社会主义精神文明和社会主义民主法制的建设,促进社会主义市场经济和社会生产力的发展;协调社会各方面的关系,促进各方面的相互沟通和理解,维护和发展安定团结的政治局面;发扬人民政协的优良传统,加强共产党领导的各党派的团结合作；贯彻执行“和平统一、一国两制”的方针，促进祖国统一大业的实现。

第四条 政治协商是对重庆市的大政方针以及政治、经济、文化和社会生活中的重要问题在决策之前进行协商和就决策执行过程中的重要问题进行协商。主要内容包括：

（一）在改革开放和社会主义物质文明、精神文明、民主法制建设中的重要方针政策及重要部署；

（二）市人民政府、市高级人民法院、市人民检察院提交市人民代表大会审议的工作报告（协商讨论稿）；

（三）经济与社会发展规划和计划（草案）；

（四）财政预算（草案）；

（五）政治生活方面的重大事项；

（六）提交市人大及其常委会审议的重要法规（草案）；

（七）中共重庆市委提出的市级国家机关领导干部人选；

（八）市辖行政区划的重大调整方案；

（九）群众生活的重大问题；

（十）对外交往的重大问题；

（十一）各党派之间共同性事务和爱国统一战线的其他重要问题；

（十二）政协内部的重要事务。

政治协商的主要形式有：政协重庆市委员会的全体会议，常务委员会议，主席会议，专题协商会议，各专门委员会会议，根据需要召开的各党派、团体和各族各界代表人士参加的协商座谈会等。

政协重庆市委员会全体会议一般应在市人民代表大会召开之前举行。

第五条 民主监督是对重庆市实施国家宪法、法律和法规的情况，贯彻执行重大方针政策的情况，国家机关及其工作人员工作的情况，通过建议和批评进行监督。主要内容包括：

（一）实施国家宪法、法律、行政法规和地方性法规的情况；

（二）贯彻执行中国共产党和国家领导机关制定的重要方针政策的情况；

（三）国民经济和社会发展计划及财政预算的执行情况；

（四）重大改革与建设方案的实施情况；

（五）国家机关及其工作人员履行职责、遵守法纪、为政清廉方面的情况；

（六）参加政协的各单位和个人遵守政协章程和执行政协决议的情况。

民主监督的主要形式有：政协重庆市委员会的全体会议、常务委员会议或主席会议向中共重庆市委、市人民政府提出建议案；各专门委员会提出建议或专题报告；委员视察、委员提案、委员举报或以其他形式提出的意见、建议和批评；应邀参加中共重庆市委、市人大常委会、市人民政府组织的调查、视察、检查等活动。

第六条 参政议政是政治协商和民主监督的拓展和延伸。政协重庆市委员会参政议政的内容与形式除第四、五条规定的以外，主要是组织政协委员和参加本会的各单位，选择事关全局或人民群众关心的课题，进行深入的调查和研究，积极主动地向党政领导机关提出建设性的意见，必要时邀请党政有关部门参加，将参政议政贯穿于调查研究全过程；还要通过视察、参观、咨询、论证等多种方式，广开言路，广开才路，充分发挥委员专长和作用，为重庆市的改革、开放、发展、稳定献计出力。

第七条 政协重庆市委员会主席会议根据中共重庆市委、市人大常委会、市人民政府、各民主党派、各人民团体提议，安排协商活动并决定协商的形式和参加范围。

政协重庆市委员会主席会议认为需要协商的问题，亦可建议中共重庆市委、市人民政府、各民主党派、各人民团体将问题提交政协协商。

第八条 政协重庆市委员会根据议题需要邀请中共重庆市委、市人大常委会、市人民政府及党政有关部门的负责人参加政治协商。

第九条 协商的议题和会期确定之后，政协重庆市委员会有关机构至少提前一周将通知及有关文件送达有关单位和参加会议的人员，以便与会人员做好准备，充分反映各方面的意见。

第十条 根据协商议题，政协重庆市委员会办公厅或专门委员会应组织政协委员，必要时邀请有关党派、团体、区(市)县政协以及有关人士进行调查和研究。

第十一条 政协委员的民主权利应得到保护。在政协的各种会议上，各种意见都可以充分发表。

第十二条 政协重庆市委员会的全体会议、常务委员会议及其他形式的协商会议和重要活动，一般应作新闻报道。

第十三条 政协重庆市委员会的各专门委员会在常务委员会的领导下，组织委员参加各项经常性的活动，做好专题座谈、专题调查、委员视察、委员提案、委员举报等工作，并同党政有关部门建立对口联系制度，相互支持，相互配合。

第十四条 各专门委员会的重要建议和委员的重要提案，由有关专门委员会讨论通过后提交主席会议或常务委员会议讨论。经主席会议或常务委员会议通过后，以政协重庆市委员会主席会议或常务委员会建议案的形式向有关方面提出。

第十五条 以政协重庆市委员会常务委员会、主席会议名义提出的建议、意见和批评，由市政协办公厅以正式文件形式送达有关方面或部门；以专门委员会名义提出的建议、意见和批评，由专门委员会以文件形式直接送达有关部门。有关方面或部门应认真负责地进行研究处理，一般应在两个月内以正式文件形式作出答复。

对参加本会的单位和个人的提案和举报，有关部门应认真研究处理，一般应在三个月内作出答复。

第十六条 政协重庆市委员会主席、副主席、秘书长、副秘书长和专门委员会主任、副主任按规定列席中共重庆市委、市人大常委会、市人民政府的有关会议。

第十七条 政协重庆市委员会秘书长应加强同中共重庆市委、市人大常委会、市人民政府秘书长的联系，与各民主党派、工商联、人民团体秘书长和市辖各地政协秘书长建立联系制度，互通情况，协调工作。

第十八条 政协重庆市委员会通过各专门委员会和委员小组加强同委员的联系，运用多种形式帮助委员了解有关情况，为委员参政议政创造良好的条件；政协委员要努力学习，深入实际，调查研究，积极参加所在单位的重要活动，密切联系自己所代表的党派、团体及有关方面的群众，积极了解社情民意，充分反映群众的意见和要求，在参政议政中更好地发挥应有的作用。

第十九条 政协重庆市委员会机关要健全组织机构，完善规章制度，改进工作作风，提高工作质量和效率，进一步实现机关工作的规范化、制度化，更好地为委员履行职责服务。

第二十条 本规定自政协重庆市委员会常务委员会通过之日起实行。

本市所辖各地政协可根据本地情况参照执行。

《政协重庆市委员会常务委员会工作规则》(1997年6月13日市政协一届一次常委会议通过) 为使政协重庆市委员会常务委员会工作规范化、制度化，根据《中国人民政治协商会议章程》的有关规定，结合本会实际，制定本规则。《规则》分总则、常委会会议、常委会决定的实施、常委会组

成人员、附则等五章共二十一条。(略)

政协重庆市委员会主席会议工作规则》(1997年6月13日市政协一届一次常委会议通过) 该《规则》共十一条。(略)

《政协重庆市委员会专门委员会工作规则》(1997年6月13日市政协一届一次常委会议通过) 为充分发挥人民政协的职能作用,使市政协专门委员会的工作规范化、制度化,根据《中国人民政治协商会议章程》的有关规定,参照《中国人民政治协商会议全国委员会专门委员会通则》,结合本会实际,制定本规则。《规则》分总则、组织、主要任务、工作制度、办事机构、附则等六章共二十六条。(略)

《政协重庆市委员会提案工作条例》(1997年9月10日市政协一届二次常委会议通过) 该《条例》分总则、提案委员会、提案的提出、提案的审查、提案的交办、提案的办理、提案的表彰、附则等八章共三十一条。(略)

《政协重庆市委员会地区委员小组组织简则》(1997年9月10日市政协一届二次常委会议通过) 该《简则》共十条。(略)

《政协重庆市委员会关于进一步发挥民主党派、工商联、人民团体在人民政协中作用的意见》(1997年8月4日市政协一届三次主席会议通过) 该《意见》共十二条。(略)

《政协重庆市委员会秘书长、副秘书长工作规则》(1997年11月17日市政协一届五次主席会议通过) 该《规则》分总则、会议、制度、附则等四章十六条。(略)

《政协重庆市委员会、各民主党派、工商联秘书长、人民团体有关负责人联席会议制度》(1997年11月17日市政协一届五次主席会议通过) 该《制度》共九条。(略)

【组织概况】

主席、副主席、秘书长、常务委员名单

(经1997年6月9日政协重庆市第一届委员会第一次会议选举产生)

主　席

张文彬

副主席

黄立沛　韦思琪　李　兵　窦瑞华
王式惠　徐宗俊　张忠惠
刘惠君(女)　张国忠

秘书长

魏朝贵

常务委员(按姓氏笔画为序)

丁肇歧(回族)　万吉昆　马一平
王乃庆　王昭一　王方启
王亚非(女)　王志忠　王孝询
王群生　方雁均　尹明善　艾为学
卢国纪　白渝平　包　慧(女)
冯文二　皮开鉴　吕禾春　吕志清
刘　灵　刘成汉　刘梦禄　刘学谦
江成海　许　由　许大福　孙　敏
孙志芳(女)　杨桂华(女)
杨良慧(女)　杨国渝(女)
杨晓碧(女,苗族)　苏显吾
苏鸿发　李　义　李元林　李照民
李国全　李克昌　吴云汉　吴晓光
吴绪伦(土家族)　吴凯琦(女)
吴珍龄(女)　岑道源　余正祥
谷守禄　邹景行　沈光汉
宋令理(女)　张　牛(回族)
张运兰(女)　张学良　张元铸
张耀锦　陈万志　陈在贵
陈慧中(女)　陈荣华　陈崇远
陈景秋　邵　健　罗永光　周学伦
周成锡　周顺福　郑顺民
郑泽根(朝鲜族)　荣儒璧　赵大为
赵学清　俞舫舲　洪道元(土家族)
姚洪川　姚珍薇(女)　贾培基
夏培度　徐心贻　高　群　黄秉来
黄希庭　曹学彬　曹泽翰

梁安萍(女)　梁肇文　彭邦兴
蒋国庆　傅相锴　谢应森　释惟贤
赖　明　蓝钧鳌　雷亨顺　蔡约生
廖七一　廖长光　熊　笃
熊一娣(女,仡佬族)　熊宗敏(女)
翟春林　缪光奎　裴丽珍(女)
颜维仁　戴宏民　瞿开厚

委员名单(1997年5月22日市政协第一届委员会筹备小组第3次扩大会议暨十届第19次常委扩大会议通过)

中国共产党重庆市委员会(29名)

王方启　王式惠　王昭一　邓中文
艾为学　刘成汉　苏鸿发　余正祥
沈光汉　宋令理(女)　张元铸
张文彬　张忠惠　陈在贵　陈崇远
罗永光　罗淑芳(女)　周成锡
周顺福　郑顺民　洪道元(土家族)
姚洪川　徐心贻　黄立沛　曹学彬
蒋先齐　谢应森　缪光奎　魏朝贵

中国国民党革命委员会重庆市委员会(22名)

牛裕民　甘立新　冯文二　吕基全
刘云华　刘太冲　李照民　杨　明
邹鸿光　宋晓菊(女,侗族)　陈文杰
陈昌齐　庞光忠　赵泽隆　胡　章
夏培度　徐雪夷　凌承伟　傅相锴
鲁相平(女)　裴丽珍(女)
熊一娣(女,仡佬族)

中国民主同盟重庆市委员会(22名)

王久源　王志忠　王佳眉(女)
尹全义　田大文　刘明华
刘　力(女)　刘玉华(女)
吴德本　陈万志　陈受田　陈荣生
郑泽根(朝鲜族)　柯柏龄　钟　安
徐洪火　殷明清　黄　刚
龚　懿(女)　蒋国庆　雷亨顺
熊　笃

中国民主建国会重庆市委员会(22名)

马嗣彰　马德禄　韦云隆　文水华
艾　平　李克永　杨应中　杨　光
吴云汉　邹德余　宋　营　陈学礼
林承仿　赵学清　荣儒璧　胡孔恒
耿光铜　陶永珍(女)　黄兴国
董　青(女)　喻定容(女)　黎家齐

无党派人士(9名)

马一平　王群生　方雁均　吕志清
邹景行　赵大为　徐　强　黄希庭
曹泽翰

中国民主促进会重庆市委员会(17名)

马恒骅　许大福　孙　强　苏　庆
李世维　李奂生(女)　杨志遥
陈景秋　周家修　胡国友　钟代华
秦树艺　喻　惠(女)　程新跃
曾庆宇(女)　窦瑞华　廖七一

中国农工民主党重庆市委员会(17名)

王德寿　韦思琪　杜黎明　李延生
李宏麟　李荣亨　吴　刚　汪隆毓
郭剑华　黄凤鸣　黄世诚　梁肇文
彭邦兴　程昌福　傅　涛　熊大方
潘文生

九三学社重庆市委员会(17名)

王绍朴　帅万荣　朱晓容　刘茂光
刘绍璞　刘珍茂　闫鸿鑫　李登信
屈　谦　姚珍薇(女)　徐宗俊
黄同陵(女)　黄秉来　童明伟
蓝钧鳌　赖　明　谯术仁

中国致公党重庆市委员会(9名)

王孝询　刘惠君(女)　吴珍龄(女)
况　平　张　玲(女)　陈全福
林正伟　段泽勇　梁显政

中国共产主义青年团重庆市委员会(10名)

马　佳(女)　王少华　向继全
刘建生　李国全　杨　兵(白族)
张　勇　徐　强　黄　丰　蓝庆华

重庆市总工会(26名)

马跃钢 邓家兴 左 炯(女)
田懋雄 白渝平 任 超 刘长安
刘术林 刘绍渝 刘啸珠
许冬梅(女) 肖志春(女)
张阳哥 金道坤 周建容(女)
钟 渝(女) 郭汉宗 唐正柏
唐冠华 唐绪禹 唐 凯
韩文锦(女) 程晓明 傅洁民
谢和平 廖正和

重庆市妇女联合会(26名)

王亚非(女) 王盛治(女)
卢华语(女) 卢锡珍(女)
田花(女,苗族) 向珍芸(女)
刘祥书(女) 刘崇梅(女)
李 军(女) 杨桂华(女)
沈晓霞(女) 张维新(女)
张楠华(女) 陈联科(女)
陈慰碧(女) 邵振新(女)
易 华(女) 胥学春(女)
袁芝明(女) 黄幼怡(女)
黄秀君(女) 黄继先(女,回族)
梁安萍(女) 彭凤梅(女)
傅载鹰(女) 温永玲(女)

重庆市青年联合会(7名)

张秀萍(女) 陈小波
罗静虹(女,满族) 赵久学
秦少容(女) 梁明玉(女)
释常慧(女)

重庆市工商业联合会(31名)

王洪涛 尹明善 卢晓钟 田茂贤
田景玉(女,苗族) 冯秀乾 朱予东
刘光新 杜邦夔 李学谦 杨祥华
吴永富 吴晓光 何元德 余永升
冷雪钢 汪智强 张国忠 张美虹
张瀛丹(女) 陈韦名 陈亚辉
陈克明 周生俊 周定贵 胥文义
唐 亮 梅柏皋 廖长光 黎 强
瞿开厚

重庆市科学技术协会(25名)

万立华 王智彪 孔 军 皮开鉴
任晓常 刘功浪 杨晓碧(女,苗族)
杨新民 杨 斌 张为耕 张成永
张德民 周遵敏(女) 赵渭康
郝 明 钟祖德 贾廷跃 夏永鹏
黄耀志 黄 云 章娴君(女)
谢德体 鄢和珩 蒙 云 翟春林

重庆市台湾同胞联谊会(6名)

乐重光(女) 许 由 连英俊
吴凯琦(女) 邱致中
骆亚非(女)

重庆市归国华侨联合会(8名)

王珍清 李世峒 吴泰炘 陈为唐
周兆琪(女) 钟和进 黄家国
曹仿秋

合作社(10名)

苏中生 杨颖模 邱正宇 邱克宁
张公振 聂南槟 黄家齐 曹和才
谭远胜 缪世才

文化艺术界(38名)

王川平 王明湘 厉 华(满族)
代 克 兰锡麟 宁永忠 刘豫川
江碧波(女) 孙志芳(女)
阳 晓 李耀国 杨必位(回族)
吴应骑 吴善志(女) 何泽生
余德庄 沈铁梅(女) 张永安
张 强(女) 陈可之 罗学蓬
岳 伟 周永健 郑林荣 赵又愚
赵晓玲(女) 凌宗魁 高 兴
郭亚非 程运黎(女) 傅天琳(女)
傅全泰 谢关键 熊平安
熊忠敏(女) 黎方银 潘裕礼
魏靖宇

科学技术界(62名)

刁祯伟 万吉昆 王泰然 王培健
王德智 王 玉(女)
申忠禄 田洵冰 冉隆述 吕时奎
朱荣膺 朱 飞 刘永珊(女)

刘增林 孙　敏 李　义 李开国
李克昌 李惕新 杨国渝(女)
杨明康 杨显荣 杨晓慧(女)
吴书汉 别　嘉 何泽文 余家信
谷守碌 汪祖煜 宋毕春 张光金
张道银 张毓谦 张耀锦 陆国梁
陈孝男(满族) 陈荣华 陈积华
金承穆 周　亚 周正义 周正文
周本国 周英林 周学伦 郑正华
赵永登 胡正华 胡成明
贺光碧(土家族) 徐淑碧(女)
奚正兴 谈宏超 陶　峰 曹汉锦
曹向前 龚孟君 雷文仲 谭金荣
熊正和 潘金国 潘家礼

高等教育界(40名)

王开达 左福元 龙　全 田平安
曲相邦 吕　进 刘明明(女)
汤世龙 严忠志 苏少波 李　伟
李禹阶 杨世辉 张　泽 陈　迅
陈山林 陈卫平 陈代仲 金先庆
郑建宏 赵厚宪 赵修渝(女)
饶宁华(回族) 施武杰 姚木远
晋学新 贾　策 高钰琪 涂植光
黄　伟 黄　翔 葛君伟 喻　翔
程燎原 鲁　成 曾昭淳 颜敬先
潘复生 薛新力 戴宏民

普通教育界(27名)

丁继泉(女) 卢家骥
包　慧(女) 刘维嘉 刘儒碧
李元林 李展子(女) 李道纯
杨永辉 杨伦友(女) 肖胜田
何志清 张绍鼎(苗族)
张桂华(女) 陈弟生 陈林光
欧全平 欧祥明 周　冀 钱祖云
徐渝生 高大智 高元祥 蒋国昌
曾成怡 廖文胜 廖家禄

体育界(11名)

尹怀恕 刘西南 刘学谦
李晓艳(女) 杨　一
张运兰(女) 周德中 郎　勇
洪梦榕 姚代云 蔡智勇

经济界(40名)

王　军 王乃庆 王世傅 尹宏礼
邓昌明 石　波 叶祖升 吕禾春
朱宗泽 刘庆瑞(女) 江从寿
李正刚 杨泰琪 吴　刚 吴让揖
吴志君 沈金强 宋初民 张　华
张　鲁 张宝钧 张逸屏 陈长军
陈慧中(女) 易正刚 罗　广
周茹兰(女) 周清玉 俞舫舲
桂颂冰 高进进 龚小力 蒋　钢
韩乐成 韩泰军 裘玉瑞 廖志杨
谭志荣 樊道理 薄堃敏

社会科学界(14名)

叶谦吉 冉光海(土家族)
向　亮 刘　平 刘兴全 许家成
许增纮 杜继菽(女) 邹学荣
张　牛(回族) 俞　萍(女)
贾培基 廖元和 戴孝庆

农林界(38名)

王昌渠 邓祖玲(女) 朱明华
刘　涛 刘梦禄 苏显吾 苏培义
李正华(女) 杨　永 杨良惠(女)
杨德孟 吴厚玖 岑道源 何新民
张学良 张钟灵 陈　亮 陈华林
陈兴才 罗　忍 罗　敏
和　锦(纳西族) 周光凡 胡长青
钟杰英 高　芳(女) 高　群
郭建成 唐双福 黄元寿
黄共田(女,土家族) 董延衣
蒋禄柏 程汝康 税尉晰 蔡兴权
谭正棋 黎晓敏(女)

新闻出版界(10名)

叶麟伟(女) 李书敏 李显福
何　为 何玉霞(女) 张小川
张小良 张正杰 邵　健
赵　莹(女)

医药卫生界(41名)

马启骝(回族) 王武伦(羌族)
王玉兰(女) 尹惠国 史亚萍(女)
史若飞 任 红 刘 灵 刘小川
刘仲卿(女) 关仁龙 许 芸(女)
严坤忠 李文正 李成荣 李坤吉
李宗曲 李祥龙 杨才明 吴富荣
邹恒儒 张才英(女) 张晓松
陈茂长(土家族) 陈渌净(女)
胡先敏 饶家济 秦银河 聂天义
晏治贞(女) 殷代昌
高小珊(女,回族) 高振同 黄吉庆
梅 霞(女) 曾繁荣 谢 青(女)
雷 寒 颜维仁
潘万淑(女,土家族) 戴溱惠

对外友好团体(6名)

刘渝生 江成海 李 勤 杨 槐
陈玲丽(女) 魏司锋

社会救济福利团体(6名)

孙丽云(女) 孙晓明 李伟民
陈华友 骆重远 魏长述

少数民族(20名)

马丛生(苗族) 马有度(回族)
巴朝平(女,蒙古族)
朱德林(土家族) 刘远慧(女,藏族)
关志恭(满族) 苏才庄(回族)
李仁才(苗族) 杨昌元(土家族)
杨银学(苗族) 吴绪伦(土家族)
沙仁斋(回族) 沈太昌(壮族)
陈联年(羌族) 周顺恺(回族)
海内宽(回族) 黄义贤(女,回族)
彭晓东(土家族) 谢绍均(苗族)
谭小林(土家族)

宗教界(10名)

丁肇歧(回族) 毛仰三 周至清
段荫明 骆北瞻 凌际云 梁志超
释大块 释惟贤 蔡约生

特别邀请人士(102名)

丁先发 万天伦 马千真(女)
马全煜 马儒沛(回族) 王天明
王友伟 王正堂 王传国 王庆瑜
王茂贵 王树全 王泰来 韦德桁
尤春香(女) 文光祥 甘廷富
卢国纪 叶 语 田 军(女)
田时全 冉隆兴 冉隆喜 代小龙
冯克焕 向昌华 刘 平 刘大琨
刘崑水 刘学彬
刘祥芳(女,土家族) 刘崇和
刘德益 许思伦 孙启祥 李仲全
李进波 李昌锡 李润章 李燮信
杨 荣 杨国普 杨胜贵 肖清和
吴昌德 余兴和 余兴模 沈国庆
张 谦 张 敏(女) 张天荣
张石弟 张宗伦 陈天赐 陈文华
陈秉亮 罗正友 罗范勋 罗昌水
罗教喜 周北溪 周至仁 周伯清
周述永 周明桂 周显华(女)
郑自立 郎宇富 钟明亮 姜万兴
贺兴桐(土家族) 贺志利
秦绪森(土家族) 袁天正 袁顺棋
顾庭勇 倪凤朝 倪自祥 徐洪力
徐朝鉴 徐登全 郭汝瑰
唐继芬(女) 诸泽光 陶红兴(苗族)
黄文献 黄传芬(女) 梁华祥
董克勤 蒋书楠 韩开敏 舒永清
释大果 曾维才 谢远新 詹贵发
廖良臣 廖星玉(女) 熊康敏
黎梓璜 戴锦锡 魏荣树

机关机构设置

常务委员会下设 提案委员会、学习及文史资料委员会、经济委员会、城建环保委员会、农林委员会、科教文卫体委员会、社会法制委员会、民族宗教委员会、海外联谊委员会、政协工作联络委员会和办公厅。

机关工作部门有 秘书处、行政处、政治处、老干部处、宣传联络处(与政协工作联络委员会办公室合署办公)、研究室、提案委办公室、学习及文史委办公室、专委一办(由经济委、城建环保委和农林委共同设置)、专委二办(由科教文卫体委、社会法制委、民族宗教委、海外联谊委共同设置)。《重庆政协报》社属事业性质的处级单位。

【重庆市辖各级政协领导人名单】

原重庆市[①]

各县(区)政协主席

渝中区	李润章
江北区	张明德
沙坪坝区	倪自祥
南岸区	江红玉(女)
九龙坡区	胡有为
大渡口区	倪凤朝
北碚区	万天伦
万盛区	尤春香(女)
渝北区	罗教喜
巴南区	兰应木
永川市	谢远新
江津市	汪代燮
合川市	罗正友
长寿县	李昌锡
綦江县	代小龙
大足县	丁先发
荣昌县	袁天正
铜梁县	田时全
潼南县	肖清和
璧山县	魏荣树

万县市[②]

市政协主席

张元铸

县(区)政协主席

龙宝区	余兴楧
五桥区	许思伦
天城区	凌希政
开　县	王传国
忠　县	程福耀
梁平县	王才琛
云阳县	周伯清
奉节县	周述永
巫山县	徐　鹏
巫溪县	杨胜贵
城口县	王治财

涪陵市[③]

市政协主席

王鸿举

县(市、区)政协主席

枳城区	黄传芬(女)
李渡区	冉隆喜
南川市	刘礼斌
垫江县	冉隆兴
丰都县	陶红兴
武隆县	郎以学

黔江地区[④]

各自治县政协主席

黔江土家族苗族自治县	陈秉亮
酉阳土家族苗族自治县	戴相惠
秀山土家族苗族自治县	张宗伦
彭水苗族土家族自治县	任向锋
石柱土家族自治县	秦绪森

---

① 指副省级市时所辖区市县政协。

②③④ 指新划进重庆直辖市的“两市一地”原所辖区市县政协。

重庆市各级政协组织和委员数

原重庆市情况[①]**：**

级别 / 项目	副省级	市辖区	县级市	县	合计
组织数	1	10	3	7	21
委员数	701	2 248	982	1 727	5 558

设立直辖市后情况[②]**：**

级别 / 项目	省	地级市	县级市	市辖区	县	自治县	合计
组织数	1	2	4	15	18	5	45
委员数	779	799	1 209	1 954	4 155	1 193	10 089

（梁华祥　编写）

① 指原副省级市政协的组织和委员人数。

② 指设立重庆直辖市后的全市政协组织及委员人数。

政协四川省委员会

【全体委员会议】

七届五次会议 1997年3月30日至4月4日在成都举行。聂荣贵主席主持开幕式,省委书记谢世杰在开幕会上作了重要讲话。会议听取和讨论了刘昌杰副主席所作的常委会工作报告和杨岭多吉副主席所作的提案工作报告,听取了宋宝瑞省长所作的关于《政府工作报告(征求意见稿)》的说明、省计委主任王金祥作的《关于四川省1996年国民经济和社会发展计划执行情况及1997年国民经济和社会发展计划的报告(征求意见稿)》的说明、省财政厅厅长黄工乐作的《关于四川省1996年财政预算执行情况和1997年财政预算的报告(征求意见稿)》的说明、省法院院长李玉龙作的《四川省高级人民法院工作报告(征求意见稿)》的说明和省检察院院长龚读纶作的《四川省人民检察院工作报告(征求意见稿)》的说明。会议还通过了有关的人事任免事项,通过了省政协七届五次会议决议、常务委员会工作报告的决议和提案委员会关于提案审查情况的报告。省政协主席聂荣贵在闭幕会上作了讲话。他指出:人民政协作为爱国统一战线组织,中国共产党领导的多党合作和政治协商的重要机构,本质就是要搞好大团结、实现大联合、做好团结稳定工作是政协应尽之责。要多做疏导工作,理顺情绪,化解矛盾,协调关系,增强团结。要针对人民群众反映强烈的热点、难点、开展深入细致的调查研究,组织专题研讨,提出切实可行的意见、建议,帮助党和政府改进工作。要注意了解社情民意,用提案或信息反馈等各种形式,使下情及时上达,有利于党政领导体察民情民心,关心群众疾苦,及时解决问题。

【常务委员会议】

第21次会议 1997年3月27日在成都举行。因中央已批准重庆为直辖市,重庆、万县、涪陵、黔江的常委没有参会。会议原则通过了七届政协四次会议以来的常委会工作报告,通过了政协第七届四川省委员会第五次会议议程和日程,并通过了有关的人事任免事项。

第22次会议 1997年4月3日在成都举行。会议审议了提请省政协七届五次大会通过的《中国人民政治协商会议四川省第七届委员会第五次会议决议(草案)》、《关于常务委员会工作报告的决议(草案)》、《关于七届五次会议提案审查情况的报告(草案)》。

第23次会议 1997年6月20日至22日在成都举行。会议听取了副省长敬正书通报的我省农业产业化经营情况,审议并通过了省政协《关于积极引导、稳步发展农业产业化经营的几点建议》,听取了中共四川省委常委、政法委书记王景荣通报的有关社会稳定方面的情况,听取了省国土局副局长杨德华通报的四川省保护土地资源的有关情况,听取了省环保局局长郭兴邦通报的有关环境保护的情况,并通过了有关的人事任免事项。省政协主席聂荣贵在会议结束时作了重要讲话。

第24次会议 1997年9月22日至25日在成都举行。省政协常务副主席刘昌杰主持会议。会议传达、学习了中国共产党第十五次全国代表大会精神,听取了省建委通报的四川旅游建设及管理方面的有关情况、省旅游局通报的关于培养壮大旅游支柱产业的情况汇报和省政协《关于对贯彻落实全省卫生大会精神及卫生行业作风建设的调查》的情况通报,审议通过了省政协《关于加快培育旅游支柱产业的建议》,通过了有关的人事任免事项。聂荣贵主席在会议结束时作了重要讲话。

第25次会议 1997年12月3日至5日在成都召开。这是七届政协的最后一次常委会。会议通过了《政协第七届四川省委员会常务委员会工作报告》、《政协第七届四川省委员会提案工作报告》，通过了政协第八届四川省委员会委员名单和关于召开政协第八届四川省委员会第一次会议的决定，通过了政协第八届四川省委员会第一次会议议程、会议列席范围和会议编组原则，通过了政协第八届四川省委员会第一次会议主席团建议名单和主席团常务主席建议名单。聂荣贵主席在会上讲话指出：从新一届政协委员阵营的总体来看，委员的年龄结构、知识结构较为合理、自身素质也比较高，展示了八届省政协的新风采，为开创政协工作新局面奠定了良好的组织基础。

【专门委员会工作】

提案委员会 七届五次会议以来，共收到提案421件。其中委员个人和联名的提案371件，党派、团体和专门委员会提案50件，提出提案的委员共918人次。经审查、立案并送承办单位办理的有415件。提案反映的问题已经或基本得到解决的有96件，占办复数的23%；正在解决或列入计划准备逐步解决的有212件，占51%；因条件限制或其他原因目前难以解决的有71件，占17%。收到委员反馈意见154份，表示满意和基本满意的有147份，不满意7份。1997年9月6日至10日，与西藏自治区政协联合承办了西部省(区)政协提案工作第九次联席会议。开幕会上，聂荣贵主席致开幕词，省委常委、省委秘书长陶武先和省政府副省长徐世群分别代表省委和省政府向大会表示祝贺，并介绍了四川省情和社会经济发展情况，省人大副主任孟俊修出席了会议，全国政协提案委员会副主任周同善作了重要讲话。组织委员赴西充县调查县城严重缺水问题。杨岭多吉副主席率团赴云南学习考察提案工作。

学习委员会 1997年，围绕香港回归和党的十五大两件大事以及老百姓关心的热点问题，组织了学习辅导报告会，举办了“学习、宣传、贯彻十五大精神”专题讲座，举办了高举邓小平理论伟大旗帜不动摇“专题报告”。举行了“反腐倡廉”情况通报会。在资阳县召开全省政协学习工作研讨会。全年共编印了五期《学习参考资料》。省政协“民工课题组”的部分同志赴省外考察四川劳务输出及民工管理方面的有关情况，向省政府递交了《我省劳务输出与管理面临的新问题及对策》。

文史资料委员会 1997年，着重抓了《四川文史资料集粹》五编六卷的编校工作。完成全国政协文史委建国后史料协作专题中部分征稿工作。参与了全国政协提出的建国后史料42个专题中的39项。完成《建国50周年四川文史书系》前几本征稿工作。《四川文史书系》暂定10册，完成了《成渝铁路今昔记》、《四川少数民族地区的巨变》、《肝胆相照绘宏图》等4个专题的征编任务。完成《土家族》、《四川凉山彝族文史资料专辑》两本书的征稿工作。参加《西南少数民族文史资料科技文教卷》和《全国各地支援抗美援朝运动纪实》定稿会。参加全国政协文史委在新疆召开的文史委主任会。参加西南地区政协文史资料工作第十三次协作会。参加省政协组织的关于发展我省旅游业的调查。组织委员赴巴中地区等视察文史资料在精神文明建设中的作用和文物保护情况。

联谊工作委员会 1997年，本委先后组织召开了迎春联谊会、全省市地州政协祖统联谊工作会、对外宣传组稿会，举办迎'97香港回归庆祝会、台侨属座谈会。与有关单位共同组办了“国际少儿书画展”。为深入贯彻《台商投资保护法》，帮助台商解决来川投资办企业中遇到的困难和问题，视察了台商利都商城邱永汉集团“永利成房产开发有限公司”及成都台商协会，组织港澳委员到成都武侯区和高新技术区进行参观。参加省政协组织的关于发展我省旅游业的调查。组织了3个考察访问团出国访问。聂荣贵主席率领省政协访问团赴俄罗斯访问。接待海外朋友10余批次，共计110多人次。

地方政协工作委员会 在省政协七届五次会议期间召开了全省地方政协工作经验交流会，总结交流了各地政协工作的经验。为推进“两化”建设及了解全省政协面临换届的情况，赴南充、广安等30余个县(市、区)进行调查研究。举办了第二期全省县级政协秘书长培训班和首期县级政协业务骨干培训班。协助全国政协干训中心举办培训班。编印了《四川省地方政协工作经验集粹》一书。认真研阅、收集、综合各地政协工作情况和经验，全年整理编印了《政协工作简报》23期。向《四川政协报》提供、推荐并登载了新闻稿近10篇，宣传和交流了地方政协工作中的经验和好的作法。

经济委员会 1997年，针对经济发展中的重点、难点、新的经济增长点问题，深入开展调查研究，切实搞好咨询服务，开展专题调研、视察、对口协商，参加省委、省政府有关会议。在视察中形成了《关于视察德阳市开发区的情况》，提出了对策性建议。对成都市贯彻大轻工的发展战略情况进行跟踪调查，针对贯彻中出现的问题提出建议。省政府领导批转主管部门“参照执行”。参加了省政协组织的关于发展我省旅游业的调查。参加了全国地方政协经济委员会第5次会议。

农业委员会 1997年，围绕农业产业化经营的情况开展调查，在全省各市、地、州政协农业工作会议上集中进行了研讨，会后形成了《关于积极引导、稳步发展农业产业化经营的几点建议》。《建议》认为，农业产业化经营应从实际出发，逐步有序展开，并提出把攀西地区加速建成农业产业化示范片。经省政协常委会讨论通过报省委、省政府后，受到省政府的充分肯定，省政府以《省政府工作通报》下发全省，省委、省政府已决定把推进农业产业化经营作为攀西资源开发新的切入点。召开了省政协农业委员会第四次工作会议，集中研讨开展农业产业化经营的调研成果，向省委、省政府提出对策建议。组织视察，形成《视察中低产田土改造开发情况报告》。

科学技术委员会 1997年初，先后两次召开沱牌药业集团发展研讨会，为其药业发展在战略上、决策上提供方向，并为其商标的注册做了实际工作。组织委员调查，形成了《关于调查四川省部分地区科技进步情况的报告》，得到省委赞同，对如何发挥老科技工作者作用问题，省委还专门作了部署。对各地开展科普宣传情况、实施金桥工程及促进科技与经济结合情况、民营科技企业发展情况开展了深入的调查研究，提出了很好的意见和建议。

教育委员会 1997年初，组织委员和教委、中小学负责人就加强大中城市薄弱学校和推进素质教育召开座谈会、专题研讨和调查研究，形成了《关于在全省中小学进一步推进全面素质教育的建议》，提出基础教育必须从应试教育向素质教育转变，得到省委的高度重视。提出的“加强我省大中城市中小学薄弱学校建设”的建议，被四川电视台、四川日报等新闻媒体专门作了报道。5月，召开了省政协教育工作会议，对如何促进我省中小学素质教育进行座谈和经验交流。在“六·一”节和“教师节”举行慰问、庆祝活动。教师节期间，组织部分委员到贫困乡慰问乡村教师。赴山东等省考察全面推进素质教育的情况。

文体医卫委员会 1997年2月，召开专题座谈会，讨论修改《省委、省政府关于卫生改革与发展的决定(草案)》。分别组织医卫界和文化界的委员进行协商讨论，对修改《四川省中医条例(草案)》、《四川省图书管理条例(草案)》提出了意见、建议。5月,组织召开了全省广播电视网建设情况专题座谈会,肯定了成绩,对存在的困难和问题提出建议,并报省委、省政府。6月,组织省、市22家医疗单位的专家、教授举行了迎香港回归大型义诊活动。9月,组织文化界委员视察新闻出版工作,形成的《报告》受到省委、省政府的重视,并批示有关部门认真研究,贯彻落实。参加了省政协组织的关于培养我省旅游支柱产业的调查。与有关部门组成联合调查组,历时两月,到七个市地州的30多个医疗单位,就贯彻落实全省卫生大会精神和卫生行风建设情况进行调查,对进一步推动我省卫生事业的发展和加强卫生行风,发挥了民主监督作用。关于筹备四川省第四届青少年运动会工作情况的调查报告,报送了省政府及有关部门。

法制群团委员会　1997年,在立法协商工作方面,完成了35部法律、法规草案征求意见工作。在民主监督方面,组织了"加强我省法制建设"专题座谈会,参加了"刑诉法实施情况"、"禁毒工作"和"反对执法中的地方和部门保护主义"的调查、视察活动。配合省人大对检察机关和法院工作进行了民主评议,并参加了省综治委组织的社会治安综合治理模范县的考核工作。配合文史委组织了我省反腐败查处大案要案情况通报会。对我省"培养选拔女领导干部工作情况"、"深化企业职工养老保险制度改革"和"全省卫生系统行风建设"等调查,拓宽了协商监督的领域,起到了好的效果。在规范化、制度化建设方面,经与省委政法委商定,起草了《政协四川省委员会、中共四川省委政法委定期协商座谈会制度》,使协商监督有章可循,运行有序。参加了西部十一省(区)政协法制工作座谈会。先后接待了吉林、湖北省政协法制委员会来川考察组。

民族宗教委员会　1997年,共开展了三项调查、视察活动,形成专题报告2份,工作简报4份,并承办了组织省政协少数民族学习参观团赴山西、宁夏、内蒙古三省(区)的学习考察活动。通过调查,形成《甘孜州经济发展情况的调查报告》、《石棉县经济社会发展简况和政策方面的要求》等材料,为领导决策提供了参考。继续为阿坝州茂县和凉山州西昌市两个联系点找项目,落实资金,出谋划策,牵线搭桥。经常走访各族各教的上层人士和代表人物,注意收集、反映他们的意见和建议。全年共接待社会各界来访10余件(次)。在各种节日前开展纪念及慰问活动。参加了五大教派的大型活动,加强了与宗教界的联系和了解。

智力支边领导小组　1997年,积极推进智力支边,扶贫开发办实事。会同省计委赴南充市嘉陵区考察,落实了该区项目库的建设。为培训盐源县高初中教师,在省上组织优秀教师到盐源县讲课,并落实2万元办班经费。为解决苍溪县农田灌溉和人畜饮水问题落实了部分经费。

人口问题研究组　人口组与经济委员会、农业委员会联合开展调查、视察。写出《创建计划生育"合格村"、促进计划生育"两个转变"》的视察报告。对在社会主义市场经济条件下如何搞好人口与计划生育工作,开展全方位调研,写出《关于扶贫开发与计划生育相结合的调查报告》,受到省委领导同志的重视,认为:《报告》"对今后一个时期的工作具有较强的指导意义。"

【重要活动】

迎春茶话会　1997年2月4日,省政协在成都举行迎春茶话会,省政协主席聂荣贵主持茶话会并讲了话,省级各民主党派、工商联、省政府参事室和文史馆负责人应邀出席了茶话会。

四川省政协第四次学习研讨会　1997

年8月19日至27日在宜宾召开。省政协副主席刘昌杰主持了开幕式,聂荣贵主席作了重要讲话。研讨会的主要内容是:学习江泽民同志在中央党校省级干部进修班毕业典礼上的讲话,学习毛泽东、邓小平、江泽民等关于人民政协的重要论述和指示,总结全省政协工作经验,着重研讨加强政协自身组织建设的问题。省政协领导及各专门委员会负责人,各市、州政协主席、地区政协工委主任出席了会议。

西南六省、市、区第六次政协主席联系会 1997年9月1日至5日在成都举行;全国政协副主席杨汝岱到会祝贺并讲了话。这次会议的主要议题是:认真总结经验,加强组织建设,切实推动政协工作再上新水平。重庆、广西、云南、贵州、四川、西藏六省、市、区的政协负责人出席了会议。四川省委书记谢世杰看望了与会同志,四川省委副书记杨崇汇、副省长欧泽高向会议介绍了四川的基本情况,聂荣贵主席作了发言。会议结束时,形成了《西南六省、市、区第六次政协主席联系会议纪要》。

中央新闻单位记者采访团来我省采访政协工作 1997年7月16日至23日,全国政协办公厅组织新华社、中新社、人民日报、人民政协报、光明日报、经济日报、法制日报、中央人民广播电台等中央新闻单位记者采访团对四川政协工作进行了采访。中共四川省委书记谢世杰、省长宋宝瑞、省政协主席聂荣贵及省级各民主党派、工商联负责人及部分在蓉的全国政协委员分别接受了采访。采访团还先后到成都、泸州二市进行了采访。中央有关新闻媒介发表了20多篇报道文章,集中展示了四川政协工作的新成绩、新气象。

省政协第五次市、地、州政协秘书长(办公室主任)会议 1997年5月上旬在广元市召开,全省十八个市、州政协秘书长、地区政协工委办公室主任出席会议。会议总结了近年来的工作实践,交流了经验,研究了在新形势下,如何做好政协机关职工的思想政治工作,最大限度地调动他们的积极性,进一步提高工作质量和服务水平。会上,省政协秘书长刘永顺作了题为《凝聚合力,调动积极性,搞好机关建设》的讲话。

四川省政协信息宣传工作经验交流会 1997年10月15日至16日在泸州市召开。省政协和各市、州政协、地区政协工委的秘书长(办公室主任)出席会议。会议研讨了如何进一步搞好政协的信息和宣传工作。省政协副主席刘绍先在会上作了重要讲话。陈宏志副秘书长对1997年的信息和宣传工作作了总结发言。会议还对信息、宣传工作成效显著的成都市、泸州市、绵阳市、宜宾市、南充市、广安地区政协等单位进行了表彰。

首届四川宣传中国共产党领导的多党合作和政治协商制度好新闻(厂长经理日报杯)颁奖大会[①] 1996年12月24日,由省政协办公厅和中共四川省委宣传部举办的首届四川宣传中国共产党领导的多党合作和政治协商制度好新闻(厂长经理日报杯)颁奖大会在成都举行。共有57件作品获奖,其中一等奖10件,二等奖24件,三等奖23件。聂荣贵主席在颁奖会上讲了话。

【重要文件】

常委会工作报告(1997年3月30日)(摘要) 1996年,常务委员会认真贯彻政协第七届四川省委员会第四次会议确定的工作方针和任务,围绕中心、服务大局,认真履行政治协商、民主监督、参政议政的职能,继续推进规范化、制度化建设,狠抓落实,讲求实效,为促进四川的改革开放和两

---

① 因供稿单位的疏忽,这次颁奖大会未能收入1996年《年鉴》,特此补写。

个文明建设做出了贡献。主要是:一、围绕重大问题建言献策、提高协商质量。1996年1月,省政协七届四次全体会议对四川经济社会发展战略、对农业工作、以及推进经济体制和经济增长方式的根本转变和增强对外开放实效等问题,踊跃建言献策,省委、省政府在修改《国民经济和社会发展“九五”计划和2010年远景目标纲要(草案)和政府工作报告时,多处采纳了委员们的建议。经十八次常委会讨论,形成了《四川省关于加强社会主义精神文明建设若干问题的建议》,提出在社会主义精神文明建设中,要抓好领导表率、窗口文明、青少年德育、农村卫生、舆论导向、场馆建设和除害纠风等七个方面的工作。这个建议的许多内容被吸收到省委制定的《四川省社会主义精神文明建设“九五”规划纲要》之中;第十九次常委会集中研讨后,提出了《省政协关于加快发展四川轻工业的建议》。省委、省政府对这些建议十分重视,省委书记谢世杰批示:“要全力抓几个主要产品,务求在二、三年内抓出成效”;省长宋宝瑞强调:“这是一个突破性的建议”,要求在“好项目、大投入、新机制”方面落实。省政府已向各地作了具体布置。1996年共收到提案478件,提出提案的委员462人,占委员总数的46%,提案数量增加,质量也有所提高。截止年底,提案提出的问题已经解决和正在处理的占78%。省政协与省人大、省政府办公厅共同召开提案办理工作总结表彰会,进一步推动了办理工作的落实。二、认真探索,积极稳妥地履行民主监督职能,把民主监督与政治协商、参政议政紧密结合起来,寓监督于政治协商和参政议政之中。去年,省政协在协商讨论我省重要政治、经济和社会问题时,深入了解情况,既反映委员和各族各界人士的建议和呼声,又反映他们的意见和批评,较好地发挥了民主监督的作用;通过专题调研、专题座谈、开展民主监督。一段时间,群众对少数政法干部执法中的不正之风反映强烈。本会组织委员赴部分市、地、县进行调查后,向省委、省政府写出了专题报告;加强联系与配合,发挥监督的整体功能。如何防止农民负担过重,切实处理好与农民的关系问题,是目前农村工作的一个重点、难点。我们配合全国政协组织部分委员对此进行调查,在全国政协召开的九省(区)减轻农民负担问题研讨会上,作了《关于遏制农民负担反弹的几点建议》的发言,引起全国政协和省委、省政府的关注;把民主监督与帮助解决实际问题结合起来。省政协与文化、卫生、医药、出版、体委部门举行对口座谈会,交流情况、研究问题,就我省目前农村文化工作、卫生事业、医药工业等发展中的困难,以及解决四川参加八运会经费的问题,提出意见、帮助呼吁,对督促问题的解决,起了积极作用。三、注重实效,拓宽参政议政的渠道。对加快水利建设步伐,煤炭行业持续稳定发展,促进农村合作基金健康发展,加强农机推广服务体系,农村推行计划生育“三结合”,学校推进素质教育和阿坝州牧区教育,峨眉山寺庙的管理与建设,巴中地区的交通、沼气建设,港澳委员在成都的企业遇到的困难等问题,进行视察、调查后,都提出了一系列对策性建议,并积极帮助基层解决资金和农用物资,联系扶贫项目。收集和采写委员及各地政协的信息100多条。四、推进“两化”建设,加强对地方政协工作的指导。制定了一系列双向、多向的配套措施和具体操作办法。省政协与省人大制定了加强联系的七条规定;省政府作出了加强政协工作的十二条决定;省委、省人大、省政府、省政协办公厅就加强相互间的协商配合作出了具体规定;省委宣传部制发了《关于进一步做好我省人大、政协新闻宣传工作的意见》。省政协的一些专委会与对口厅局也制定了加强联系的具体措施。举办了首期县级政协秘书长(办公室主任)培训班;帮助少数基层政协解决了一些经费。五、加强学习宣传,扩大联系协作。1996年,举办了五次学习报告会,印发了六期学习资料,完成了《四川文史资料集粹》共六卷的编辑出版。

省委书记谢世杰在省政协七届五次会议上的讲话(1997年4月4日)(摘要) 四川行政区划调整后的这次政协全体委员会议上,大家面对新的形势、新的情况,共商加快四川发展的大计,研究进一步搞好政治协商、民主监督、参政议政的意见,对繁荣四川经济,推动四川的各方面建设,具有重大作用。一、认识新的省情、调整战略部署,抓住有利时机,加快四川发展。这次区划调整,川渝分治,四川在我国经济发展全局中,乃占有重要位置。四川既有众多优势和发展机遇,也面临许多矛盾和困难。四川发展必须有新思路。二、进一步加强人民政协工作,充分发挥人民政协的职能作用,增强大团结,实现大目标。全省各级党委、政府及有关部门都要继续落实省委《关于进一步加强人民政协工作的决定》,继续支持政协推进"两化"建设。各级党委要重视政协机关干部队伍建设,帮助解决干部队伍建设中的实际问题。全省各级政协,要认真落实中央和省委关于政协工作的指示精神,更好地发挥政协团结各界、协商问题,听取意见、协调关系的作用,发挥自己的优势,切实履行自己的职能,为完成党和政府的各项工作多出主意、多献良策,在四川改革开放和现代化建设中做出新的重大贡献。三、维护团结,确保全省稳定。一是要严密注视境内外敌对势力的渗透和破坏活动;二是认真处理好人民内部矛盾;三是继续抓好社会治安综合治理。

政协四川省委员会、中共四川省委政法委员会定期协商座谈会制度(1997年9月23日) 《制度》对座谈会的宗旨,座谈会的召开,参加座谈会的人员,座谈会的主要内容,座谈会的准备,座谈会意见的反馈等六个方面作了具体的规定。

【组织概况】

办公厅机构设置

1996年10月23日,经六届四川省委第83次常委会议决定,明确省政协研究室为副厅级机构。1997年4月11日,省编委第12次全体会议研究同意:省政协研究室下设综合处、信息处。

【四川省各级政协领导人名单】

四川省政协

主 席

聂荣贵

副主席

杨岭多吉 刘昌杰 陈祖湘 李克光

杨代蒂(女,彝族) 孔萨益多(藏族)

刘诗白 曾平江 刘绍先(彝族)

罗元俊 郝振贤 章玉钧

秘书长

刘永顺

成都市(副省级)

市政协主席

骆隆森

副主席

何用光 王家善 徐 信

蒋阜南(白族) 罗元俊 张苏华(女)

罗宗莲(女) 颜 承 邹翰铭

唐运张 苟建丽 刘世楷 周肇义

秘书长

刘本勋

县(市、区)政协主席

锦江区 许 仁

青羊区 严红飞

武侯区 尹万春

成华区 刘康义

金牛区 陈方利

龙泉驿区　王世藩
青白江区　杨恒宇
金堂县　李再发
双流县　李承德
温江县　任庭生
郫　县　黄素英(女)
新都县　李泽先
彭州市　龙声荣
都江堰市　程庭发
崇州市　罗开鑫
大邑县　邹文通
邛崃市　郭家镛
蒲江县　钟金武
新津县　唐德华

自贡市

市政协主席
张士林
县(区)政协主席
自流井区　姚守诚
贡井区　胡泽光
大安区　陈仁民
沿滩区　华咸明
荣　县　邱国铭
富顺县　关仁才

攀枝花市

市政协主席
赵世华
县(区)政协主席
东　区　袁启良
西　区　胡家旭
仁和区　赵治轩
米易县　任逢寿
盐边县　李志华

泸州市

市政协主席
曹锡森
县(区)政协主席
江阳区　李七才
龙马潭区　甘正福
泸　县　梁世铭
合江县　黄华录
纳溪县　钟比文
叙永县　罗永文
古蔺县　蔡本厚

德阳市

市政协主席
亓九才
县(市、区)政协主席
旌阳区　郭建华
绵竹市　魏东辉
中江县　唐道润
广汉市　彭祖德
什邡市　赵朝彬
罗江县　何天云

绵阳市

市政协主席
邱文德
县(市、区)政协主席
涪城区　丁能勋
游仙区　左代富
安　县　蔡林国
江油市　周家辛
梓潼县　李敦义
平武县　田廷清
北川县　涂长清
三台县　王尧谦
盐亭县　杨福永

广元市

市政协主席
曾子益
县(区)政协主席
市中区　费茂如

元坝区　　翟子贵
朝天区　　李自勤
剑阁县　　柯长发
旺苍县　　吴文贵
青川县　　秦光泉
苍溪县　　陈茂兴

遂宁市

市政协主席

汤群祥

县(区)政协主席

市中区　　唐廷荣
蓬溪县　　郭的威
射洪县　　徐惠中

内江市

市政协主席

胡文洪

县(市、区)政协主席

市中区　　黄幼培
东光区　　刘正喜
资中县　　李正禄
资阳市　　曹荣火
简阳市　　曾宗枢
威远县　　李荣章
隆昌县　　李泽民
安岳县　　蒋祖全
乐至县　　徐其璋

乐山市

市政协主席

文贤方

县(市、区)政协主席

市中区　　肖作嘉
五通桥区　　孙本初
沙湾区　　王学光
金口河区　　葛仲文
仁寿县　　程啸经
眉山县　　廖仁湘
犍为县　　王定湘
井研县　　彭玉林
峨眉山市　　杨仲显
夹江县　　郑国清
洪雅县　　任正元
彭山县　　彭崇国
沐川县　　雷在阳
青神县　　郭选洲
丹棱县　　李庆培
峨边彝族自治县　　曾德润
马边彝族自治县　　朱德永

宜宾市

市政协主席

周成美

县(区)政协主席

南溪县　　康治安
江安县　　梁永明
长宁县　　杨光华
高　县　　程正春
筠连县　　陈志义
珙　县　　黄天元
兴文县　　罗传江(兼)
屏山县　　徐元勋
翠屏区　　刘显君
宜宾县　　何世春

南充市

市政协主席

赵培善

县(市、区)政协主席

顺庆区　　杨光龙
高坪区　　杨维宽
嘉陵区　　龙世岱
南部县　　谭优祥
营山县　　宋正方
蓬安县　　王坤题
仪陇县　　李传元
西充县　　李占富

阆中市　　郭历权

广安地区

县(市)政协主席

广安县　　李晓枫
岳池县　　吴　云
武胜县　　潘学太
邻水县　　雷志远
华蓥市　　习　武

达川地区

县(市)政协主席

达川市　　李德言
达　县　　汤明秀(女)
宣汉县　　冯宗林
开江县　　黄德祥
万源市　　吴德义
大竹县　　何珍杨
渠　县　　覃孝章

巴中地区

县(市)政协主席

通江县　　任家寿
南江县　　何文成
巴中市　　张品祥
平昌县　　沈逢珍(女)

雅安地区

县(市)政协主席

雅安市　　李国光
名山县　　王大贵
荥经县　　熊淑文(女)
汉源县　　曾广柱
石棉县　　吴长清
天全县　　余全林
芦山县　　夏孔富
宝兴县　　王富家

阿坝藏族羌族自治州

州政协主席

葛门基

县政协主席

马尔康县　　刘显德
汶川县　　邹　彬
理　县　　吴荣贵
茂　县　　蔡兴科
松潘县　　马福昌
南坪县　　魏兴源
金川县　　吴玉贵
小金县　　杨天全
黑水县　　阿　尔(藏族)
壤塘县　　捍　东(藏族)
阿坝县　　索郎王清(藏族)
若尔盖县　　达尔基(藏族)
红原县　　尹鹏飞

甘孜藏族自治州

州政协主席

罗绒达瓦(藏族)

县政协主席

康定县　　段绍红
泸定县　　倪德林
丹巴县　　杨先郎布(藏族)
九龙县　　王路它
雅江县　　伍多吉(藏族)
道孚县　　小尼马(藏族)
炉霍县　　丽　娜(女)
甘孜县　　根嘎邓珠(藏族)
新龙县　　泽里娃(藏族)
德格县　　董　培
白玉县　　布　格(藏族)
石渠县　　根　卡(藏族)
色达县　　赤　里(藏族)
理塘县　　扎西洛布(藏族)
巴塘县　　曾群珍
乡城县　　耿　曲
稻城县　　庄　他(藏族)
德荣县　　斯郎彭错(藏族)

凉山彝族自治州

州政协主席

肖光成

县(市)政协主席

西昌市 张戎英

木里藏族自治县 杜天云

盐源县 马巫各

德昌县 徐启侦

会理县 何彦文

会东县 杜中奎

宁南县 马思繁

普格县 孙弥古

布拖县 李伯超

金阳县 王洪光

昭觉县 郭文贵

喜德县 杨文美

冕宁县 王正甫

越西县 王德智

甘洛县 马世发

美姑县 李祥楷

雷波县 童梓华

四川省各级政协组织和委员数

项目＼级别	省	副省级市	设区的市	自治州	县	自治县	不设区的市	市辖区	合计
组织数	1	1	12	3	116	3	14	34	184
委员数	826	608	3 219	821	21 333	352	2 762	4 350	34 271

（刘振尧 凌 娟 唐文超 编写）

政协贵州省委员会

【全体委员会议】

七届五次会议 1997年1月19日至28日举行。第七届省政协委员581名,出席会议526名。会议审议通过邱耀国副主席作的《政协贵州省第七届委员会常务委员会工作报告》和王玉璞副主席作的《政协贵州省第七届四次会议以来提案工作情况的报告》。与会委员列席了省人大八届五次会议,听取并讨论吴亦侠代省长作的《政府工作报告》及有关报告。会议通过《政协贵州省第七届委员会第五次会议决议》。中共贵州省委书记刘方仁和省政协龙志毅主席分别在开幕式、闭幕式上作了重要讲话。

【常务委员会议】

第23次会议 1997年1月7日至10日举行。会议协商讨论了《政府工作报告》(征求意见稿);审议常务委员会工作报告和七届四次会议以来提案工作情况的报告;审议通过了七届五次会议执行主席、秘书长、副秘书长、决议起草委员会名单、小组划分办法及小组召集人建议名单、列席人员名单等;同意何畜、严隽奕、肖英伟辞去委员职务;审议通过《关于修改政协贵州省委员会专门委员会通则部分条文的决定》和有关人事任免事项,一致通过了《关于撤销伍治国委员资格的决定》。

第24次会议 1997年1月28日举行。会议审议了《政协贵州省七届五次会议决议》(草案),听取并审议了提案法制委员会《关于七届五次会议提案审查情况的报告》。

第25次会议 1997年3月31日至4月2日举行。会议传达学习和讨论了全国政协八届五次会次精神,并举行大会交流学习体会。在闭幕式上,龙志毅主席作了总结讲话。

第26次会议 1997年7月14日至16日举行。会议听取吴亦侠省长《关于上半年全省经济工作和下半年经济工作主要打算的通报》,17名委员作了大会发言,进行面对面的协商与监督;传达学习全国政协八届二十一次常委会议精神;通过了有关人事任免。在闭幕式上,龙志毅主席作了总结讲话。

第27次会议 1997年10月10日举行。会议传达学习中共十五大文件和全国政协八届二十二次常委会议精神,审议通过《政协贵州省委员会关于学习贯彻中国共产党第十五次全国代表大会精神的决议》;审议通过《政协贵州省委员会关于贵州省农村小康建设状况及对策的建议案》,决定向省委、省政府提出;通过了有关人事任免事项;一致通过《关于撤销常征省政协副主席、宣传文化委员会主任和省政协委员、常委资格的决定》、《关于撤销龚成华省政协对外联络委员会副主任和省政协委员资格的决定》。

第28次会议 1997年12月21日至24日举行。会议协商讨论《政府工作报告》(征求意见稿);审议通过《政协贵州省第七届委员会常务委员会工作报告》;审议通过政协贵州省第八届参加单位及委员名单;协商决定政协贵州省八届一次会议日期的决定;听取各专门委员会5年工作情况汇报。龙志毅主席在闭幕式上作了重要讲话。

【专门委员会工作】

经济委员会 组织委员会同省经济社会发展中心对7个地、州、市13个县(市、区)的24个小康村进行调查,并到江西、安徽、江苏、浙江、上海、湖北等东中部省、市考察学习,写出《贵州省农村小康建设状况及对策建议》的调查报告。在此基础上,经广泛征求意见和修改,形成《关于加快我省农村小康建设的建议案》,经主席会议和常委会议审议通过,报送省委、省政府参考。配合全国政协经济委员会组织江苏、广东两省经济界的政协委员来黔考察，协调有关地区和单位，签订了24项意向合作项目。广东的政协委员捐赠1万元帮助凯里南花小学建成教学楼，捐赠0.3万元接济两户贫困家庭。通过牵线搭桥，江苏省南通市港闸区政协委员张树清捐赠10万元帮助水城县发耳村建成南通光彩小学。

科技委员会 围绕省委、省政府关于把贵州建成畜牧业大省重大决策及实施“百万亩粮食高产工程”的重要举措，吴若秋副主席率本会委员、有关专家到毕节市、大方县和威宁自治县视察粮食高产工程实施情况、贵州高原草地试验站及其灼甫示范牧场，写出两篇视察报告送省委、省政府参考。吴若秋副主席还将灼甫示范牧场视察报告连同省农业厅的有关报告亲自交给农业部、国家科委的领导。国家科委就科技攻关经费及强化管理等方面作了安排。就贵州水电铝和煤电铝联营进行跟踪调研，对存在问题提出对策建议，受到省政府高度重视。就种植魔芋、银杏、猕猴桃等绿色产业，组织专家先后3次赴罗甸、麻江两县和省果科所、林科院考察，写出专题报告送省委、省政府作决策参考。还组织委员对饲养黑山羊、稻田养蟹、秸杆氨化养牛、推广微生物肥料方面提出了建议。

教育委员会 组织委员对贵阳市、黔西、桐梓等县的职业技术教育和素质教育进行调查，向省教委提供第一手材料作决策参考。组织考察组赴吉林、湖南两省考察学习职业技术教育经验，写出考察报告，送省委、省政府及有关部门参考。召集紫云、普定、长顺、务川、毕节5县(自治县)市政协有关负责人汇报全国政协常委张永珍捐资助学使用情况，落实张永珍委员第3次捐赠10万元港币的受助对象，并进行了跟踪检查。帮助紫云自治县开元实验学校牵线搭桥，兴田企业(中国)有限公司贵州分公司向该校捐款赠物计10万元人民币。帮助促成省教委拨款5万元帮助遵义市红花岗区礼仪镇民主小学改造危房。

对外联络委员会 会同省台联召开“海峡两岸关系”报告会，特邀中国人民大学台湾问题专家吴嘉桐教授作专题报告；举办’97香港回归报告会、香港基本法座谈会；定期组织委员观看《台情参考》录相。围绕省委、省政府实施改革开放带动战略，组织委员赴福建、广东、陕西、山西、河南等省、市考察扩大对外开放、改善投资环境的经验；组织委员对贵阳市部分三资企业情况进行视察，分别写了考察、视察报告送省委、省政府及有关部门。联合民革省委、九三学社省委、省政协经济委、科技委提出《关于中美合资建乌江铝厂因电价分歧搁浅问题的建议》，并就此在省政协七届五次会议上发言，受到省政府高度重视。筹备召开“贵州省政协对外开放研讨会”，将与会代表提出的100多条意见整理送省委、省政府及有关部门参考。牵线搭桥，促成6家企业与香港一洲集团草签投资意向合同。邀请著名国际太空博士、美籍华人吴学超回乡访问，吴博士关心家乡教育，捐资在思南中学、印江中学建立了“吴学超奖学金”；邀请美国加州伯克利分校能源和资源系博士生叶亭来黔讲学等。

民族宗教工妇青委员会 筹备召开全省政协民族宗教工作座谈会，交流做好政协民族宗教工作的经验，提出有关意见和建议。组织委员对贵阳市滥修寺庙问题进行调查，写出调查报告送省委、省政府、市委、市政府参考。组织委员视察罗甸、望谟两县和紫云自治县移民搬迁扶贫工作，配合省劳动厅在罗甸召开麻山、瑶山片区劳务输出工作座谈会。帮助罗甸县大关村引进花椒苗3万株。商请省教委拨款5万元修缮了都匀市王司水族乡民族小学。用贵州省少数民族教育基金7.1万元，资助1997年考取省内外高等院校的47名少数民族大学生。组织委员赴省外考察，学到了许多可借鉴的经验。

医卫体委员会 组织委员会同省医药管理局，深入贵阳、遵义、安顺、黔南等地州市，就省委书记刘方仁对《关于开发利用我省中药资源、加快制药工业发展的建议案》批示的落实情况进行跟踪调查，进一步推动了中药资源的开发利用。对全省体育竞技运动后备力量培养情况进行调查，还组织委员赴湖北、浙江考察，写出《贵州省竞技运动后备力量现状调查及建议》，并在全国政协体育专题研讨会上发言交流。对贵阳市的“创卫”情况进行调查，组织委员赴杭州、宜昌市考察创建全国卫生城市的经验，写出《贵阳市创建卫生城市情况的调查报告》，提出意见和建议，贵阳市政府立即责成有关部门认真研究落实。协调贵阳医学院附属医院对罗甸县进行2至3年医疗卫生技术扶贫。与省卫生厅联办“部分贫困县妇幼保健技术骨干提高班”；组织委员视察了兴义市、安龙县的农村卫生和计划生育工作等。

提案法制委员会 收到提案341件，经审查立案328件，已由有关部门办理完毕。组织委员考察遵义、金沙、黔西、大方县的提案工作，并赴青岛、宁波两市学习考察做好提案工作的经验。会同省政府办公厅视察了贵阳市政府、省财政厅、卫生厅、交通厅、农业厅、省民委、教委、经贸委、安顺地区行署提案办理情况。组织委员对《监狱法》执行情况进行跟踪调查，写出调查报告送有关部门参考。同有关专委会联合举办《香港特别行政区基本法》专题讲座。组织委员对贵阳市的社会治安综合治理和“平安工程”进行视察，提出了意见和建议，并参加省综治委检查组到乌当、花溪、开阳等县（区）检查验收首批“平安工程”。组织委员、专家对《预防少年犯罪法》、《消防法》、贵州省《国防教育条例》、《行政执法监督条例》等6部法律、法规（草案）进行了协商讨论。履行监督职能，使贵阳市花溪区4名干警违纪铐打仁怀市政协委员事件得到妥善处理。

宣传文化委员会 组织中心学习组成员集中学习20次，安排了5次专题讨论，举办学习香港基本法辅导讲座1次，编印《学习参考资料》6期。组织委员和中心学习组成员到息烽集中营旧址和张露萍等烈士纪念碑参观；组织委员赴福建、上海、浙江、江苏等省市考察文物管理及旅游产业发展情况，并结合贵州实际，提出意见和建议，供有关部门参考。组织委员对省人民政府“关于加强贵州文物工作的通知”落实情况进行跟踪调查；对我省农村文化工作暨基层文化馆站建设情况、贵州人民出版社的出版工作进行了视察，写出调查、视察报告送省委、省政府及有关部门参考。

文史资料委员会 举办迎香港回归与近现代爱国主义研讨会、纪念“七·七”事变60周年座谈会、纪念辛亥革命先驱安健（彝族）诞辰120周年座谈会，弘扬爱国主义精神，增进民族团结。参与全国政协征集建国后史料的12个协作选题，其中已完成8个选题征稿任务，共选送稿件26篇计12万字。编辑出版《贵州文史资料选辑》第34辑，完成了《西南少数民族·团结篇》和贵州各民主党派、工商联专辑的征稿、编辑工作。组织委员就六盘水市、威宁自治县、黄果树风景名胜区的历史文化、旅游资源保护与开发进行了专题调研。写出《关于黄果树风景名胜区管理体制问题的调查报告》，经主席会议审议后，送省委、省政府参考。组织委员赴上海、浙江、江苏等省市考察学习。

【重要活动】

贵州省政协工作会议 1997年9月1日至4日，由中共贵州省委主持召开。出席会议有中共贵州省委、省人大常委会、省政府、省政协的领导；各地、州、市委分工联系政协工作的副书记；各州、市政协、地区工委主要负责人及秘书长；各地、州、市委统战部部长；县(市、特区、区)政协主要负责人；政协工作做得好的县(市、区)委主要负责人；省政协副秘书长、各专委会常务副主任和专职副主任、机关在职副厅级以上干部；政协工作先进集体、个人代表共200多人。省委副书记、省长吴亦侠主持会议开幕式，省委书记刘方仁作重要讲话，省政协主席龙志毅作第七届政协工作报告。会议收到80篇经验交流材料，有24个先进集体和先进个人作了大会发言。省政协对37个先进集体和108位先进个人进行表彰。会议结束时，省委副书记王寿亭作了总结讲话。

贵州省第三次智力支边工作经验交流暨表彰会议 1997年8月17日至20日，由省政府、省政协主持召开。省委、省人大常委会、省政府、省政协的领导、省智力支边联系小组成员及有关部门和各州、市地区有关负责人出席会议；中央统战部、国家科委、国家民委、国务院扶贫办、各民主党派中央、全国工商联有关负责人及宁波、青岛市政协、统战部的负责人应邀出席会议。国务委员、国家科委主任宋健向大会发来贺信；省政协主席龙志毅致开幕词，省委书记刘方仁作重要讲话。省委常委、副省长、省智力支边联系小组组长袁荣贵作工作报告，省政协副主席王思明作闭幕词。中央有关部委、民主党派中央的领导郑万通、徐采栋、韩德乾、张铭羽等应邀莅会并讲了话。会议总结、交流了贵州省智力支边工作成绩和经验，表彰了44个先进集体和51位先进个人，明确了今后智力支边工作任务。

【重要文件】

常委会工作报告(1997年1月19日)(摘要) (一)加强学习，增进共识，为改革、发展与稳定作贡献。七届省政协的5年，是在邓小平理论指导下前进的5年。我们组织委员和各方面人士认真学习马列主义、毛泽东思想特别是邓小平理论，学习中共十四届三中至六中全会精神和十五大精神，学习统一战线和人民政协理论，学习政协《章程》、《规定》和中共贵州省委七届三次至五次全会精神，以指导政协工作。我们坚持同省级各民主党派、工商联负责人和社会各界代表人士沟通思想，交换意见，在重大问题上形成共识，发挥他们在改革、发展、稳定中的作用。(二)坚持党的领导，不断推进政协工作规范化、制度化建设。我们坚持重大问题及时向中共贵州省委请示汇报，并定期邀请省委、省政府领导同志到政协通报有关情况。省委主要领导同志每年都出席省政协全委会议及其他重要会议，并对政协工作提出要求。我们把建立健全各项规章制度作为一项重要工作来抓，先后修订和制定了一系列工作制度，各专门委员会也分别制定了加强与对口部门联系协商制度，使政协工作逐步走上了规范化、制度化的轨道。(三)紧紧围绕党委和政府的中心任务，参大政、议大事。一是坚持选择事关全局的大政方针和群众生活的重要问题进行决策前的协商讨论，使履行职能富有成效。二是通过实践与探索，在原来一级协商的基础上，逐步拓展成两级协商。一级协商是省政协与省政府的协商。另一级协商是政协各专委会与政府有关职能部门，就某一方面或某一重要问题进行的对口协商。三是定期召开省长与部分省政协委员座谈会。省长到会通报上半年工作情况，委员们紧紧围绕政府工作建言献策，与省长面对面的协商。四是充分利用建议案的形式参大政、议大事。我们先后向省委、省政府提出了6个建议案。由于这些建议案具有较强的科学性、针对性和可行性，省委、省政府采纳后作出了相应的决定。(四)选准角度,发挥优势,为两个文明建设办实事、求实效。我们通过牵线搭桥,帮助引进资金、技术、人才和落实项目等途径,作了许多富有成效的工作。我们为少数民族地区开展科技咨询、解决人畜饮水、组织劳务输出、兴教助学等。5年中,共帮助有关地区、企业引进资金750多万元、项目266项。配合有关部门拍摄电视连续剧《黄齐生与王若飞》和《那年那月》,分别获得全国和全省精神文明建设"五个一工程"奖。编辑出版了文史资料专辑《三线精神铸三碑》、《贵州旅游文史系列丛书》10卷、《贵州文史天地》21期。为迎接香港回归,我们配合有关部门召开大型座谈会,举办专题文艺演出、诗书画展、征文比赛等活动。我们紧密配合全省扶贫攻坚计划,联系、组织各民主党派中央、全国工商联、中央有关部委和各民主党派省委、省工商联、省有关部门22 694人次,深入少数民族贫困地区开展智力支边扶贫活动。全省已建立200多个支边扶贫联系点;培训各级各类人才50多万人次,推广农业适用技术500多项,并落实了一大批支边扶贫项目。(五)认真做好提案工作,及时反映社情民意。5年来,共收到提案1 709件,立案1 669件,其中党派、团体提案194件。通过与省委办公厅、省政府办公厅及有关部门的共同努力,办复率达100%,解决问题率占79.9%。我们制定了《提案工作条例》和《关于民主党派和人民团体提案征集与办理的暂行办法》,使党派、团体提案的数量和质量逐年提高。我们召开了全省政协信息工作座谈会,制发了《关于加强信息工作的意见》,创办了《政协信息》、《社情民意》两个内刊。我们还把做好信访工作作为反映社情民意的重要工作来抓,对密切联系群众,保持社会稳定发挥了积极作用。(六)发挥专委会的基础作用,积极开展专题调研和视察活动。我们以专委会为基础,组织委员就我省农村结构调整、国有企业改革、非公有制经济发展、扶贫开发、民族宗教、社会治安、绿色产业、对台港澳侨工作、科技、教育、文化、体育、计划生育、卫生、环保、旅游、禁毒等方面的问题,开展调研活动,并写出了一批具有较高质量的调研报告,供党政决策参考。5年共组织委员开展视察活动86次,考察活动127次,参加委员达1 350人次,写出视察报告65份,其中报送省及有关部门参考的48份;写出考察报告96份,其中报送省有关部门参考的87份。(七)加强祖国统一和海外联谊工作,不断扩大对外交往。我们认真组织国际形势、外事工作、侨情、台情等报告会,及时向委员和有关人士介绍国际国内形势和外事工作情况;增补了一些香港人士担任省政协委员、常委,充分发挥他们在促进社会主义现代化建设和祖国和平统一大业中的特殊作用;配合有关部门接待来黔探亲、旅游、考察和洽谈商贸的港澳台同胞和海外侨胞,邀请台湾贵州同乡联谊会、贵州旅台各县(市)同乡会和联谊会参观访问团回乡观光、旅游;接待来自美国、法国、日本、加拿大、新加坡等国家友好人士来访,与他们进行经济、贸易、科技、文化等方面情况的交流。我们还组织政协女委员代表团,赴香港参加香港贵州联谊会举办的迎回归暨联谊会成立10周年活动。加强同"三胞两属"的联谊,深入"三资"企业考察,帮助他们解决了一些实际困难。我们出席全国政协和西南地区、西部地区政协召开的各种工作会议,筹备召开了川、滇、黔、桂4省(区)政协主席联系会、川、滇、黔、桂、藏、渝6省(区)7方智力支边联系会第八次会议、西部11省(区)政协提案工作会第七次会议和西南4省(区)6方祖国统一联谊工作研讨会第四次会议。多次接待了兄弟省(市、区)政协来黔考察团(组),并多次组团(组)到省外进行学习考察。(八)抓好自身建设,提高工作水平。我们以加强思想、组织和作风建设为重点,切实加强省政协机关建设,完成了机构改革,制定和完善机关各项制度和目标考核责任制,认真抓好干部勤政廉洁工作,从而提高了政协委员和政协机关干部的工作水平。我们在实践中积累了一些经验,主要是“六个主动”:一是主动争取党委领导和政府支持,是履行政协职能的根本保证。做好政协工作,必须主动争取党委的领导和政府的支持。自觉做到:政协工作的重要问题主动向省委请示汇报;省政协全委会议、常委会议及其他重要会议,主动邀请省委领导出席并讲话;政协的重要文件、报告,主动及时报送省委。同时,还要主动与有关部门沟通情况、加强协作,努力形成“党委重视、政府支持、政协主动”的工作局面。二是主动围绕经济建设中心献计出力,是履行政协职能的工作基点。政协必须紧紧围绕经济建设这个中心,主动参大政、议大事、办实事,才能为两个文明建设献计出力。要把开好全委会议、常委会议、主席会议、专题座谈会议、省长与部分省政协委员座谈会等,作为履行政协职能的基本形式和重要渠道,真正做到参政参到关键处、议政议出水平来。三是主动发挥政协整体功能,是履行政协职能的重要环节。主动发挥政协整体功能,坚持从实际出发,扬长避短,发挥优势,才能为两个文明建设作出贡献。在具体工作中,要善于选择对党委、政府工作有所帮助、人民群众普遍关心、政协又能依靠自身优势干得好的事来献计出力,一年集中精力办成几件大事。要围绕改革、发展、稳定这个大局,办实事,求实效。要找准工作的切入点,使工作具有独到之处,既要注意避免重复别人的劳动,又不要包办代替。要说实话、鼓实劲、想实招、办实事,看准的事情一抓到底,干出成效。四是主动加强协商与监督,是履行政协职能的关键所在。协商和监督是人民政协的主要职能。在实践中,必须把协商与监督结合起来,寓监督于协商之中。还要主动搞好重大事项的跟踪检查,做到善始善终、督促落实。五是主动开展调查研究,是履行政协职能的基础工作。调查研究是政协参政议政的基础。在调研工作中,要选择群众普遍关心的热点、难点和焦点问题作为调研课题;所提的意见和建议要具有科学性和参考性;要精心组织委员中的有关专家、学者,也要邀请有关部门的领导和专家参加;要主动争取有关方面的支持与配合,必要时可以组织联合调研。这样,才能集思广益,提高调研质量。六是主动抓好自身建设,是履行政协职能的必要前提。政协要履行好职能,必须把加强自身建设作为一项重要任务,常抓不懈。要不断提高委员的思想水平和参政议政能力,不断加强政协机关的思想、组织、制度和作风建设,增强统战意识、服务意识,努力为政协工作提供优质、高效和周密的服务。

省委书记刘方仁在贵州省政协工作会议上的讲话(1997年9月2日)(摘要) 这次中共贵州省委召开的全省政协工作会议,主要任务是:以邓小平理论和党的基本路线为指导,深入学习贯彻以江泽民同志为核心的党中央关于人民政协工作的重要指示精神,总结交流1993年以来我省各级政协在同级党委领导下,广泛团结政协委员和各族各界人士,坚持和完善中国共产党领导的多党合作和政治协商制度,巩固和发展我省的爱国统一战线,为我省两个文明建设献计出力的成绩和经验;表彰一批先进集体和先进个人。通过交流经验,表彰先进,进一步推进我省政协工作制度化、规范化,充分发挥人民政协在履行职能中的重要作用,为加快我省两个文明建设和促进祖国统一大业做出新的贡献。近5

年来,全省各级政协在同级党委的领导和各级政府的支持下,坚持以经济建设为中心,充分发挥自身优势,认真履行职能。特别是省政协在主动拓宽参政议政领域,努力提高参政议政质量,参大政、议大事、办实事、求实效上下功夫,使我省的政协工作开创了新的局面,积累了新的经验。如从1993年以来,省政协针对我省个体、私营经济发展缓慢、“两山”片区极贫状况、中药材资源开发利用、文物保护和开发等问题,组织委员和专家学者进行深入调查研究,提出了许多很有价值的调研报告和《建议案》,对省委、省政府的正确决策起到了重要作用。省政协与各民主党派、人民团体、工商联及有关部门一道,在智力支边、希望工程、光彩事业、劳务输出、科技咨询、技术培训等方面做了大量工作;联系香港和沿海地区政协委员、港澳台同胞、海外侨胞、外籍华人、外国朋友,对我省抗洪救灾、扶贫攻坚等给予了大力支持和帮助。各级政协委员在各自的工作岗位上,尽职尽责,勤奋工作,为富民兴黔作出了积极的贡献。各级政协还不断加强自身建设,在思想、制度和作风建设等方面都有了新的起色。新的形势和任务,对政协工作提出了新的要求,也对党委加强和改善对政协工作的领导提出了更高的要求。为此,我提几点要求和希望:一、进一步提高对中国共产党领导的多党合作和政治协商制度重要性的认识,理直气壮地坚持这一制度。二、充分发挥政协的优势,为我省两个文明建设献计出力。三、进一步提高政协委员的素质和参政议政的质量。四、各级党委要加强对政协工作的领导,进一步重视政协工作。

龙志毅主席在贵州省政协七届五次会议闭幕式上的讲话(1997年1月28日)(摘要) 政协贵州省第七届委员会第五次会议,圆满地完成了各项议程,今天就要闭幕了。会议期间,中共贵州省委书记刘方仁在会上作了重要讲话,对去年的政协工作给予充分肯定,对做好今年的政协工作提出了要求和希望。委员们本着对国家和人民高度负责的精神,紧密联系贵州实际,就如何更好地实施我省“九五”计划和2010年远景目标纲要,加快我省改革开放、促进经济社会发展、加强精神文明建设等方面提出了很好的意见和建议,使这次会议开成了“民主、求实、团结、鼓劲”的大会。1997年,是我国历史发展上不同寻常的一年。我国将恢复对香港行使主权,迈出和平统一祖国的重要一步;将要召开中共第十五次全国代表大会,把建设有中国特色社会主义伟大事业向新世纪全面推进。做好今年的政协工作,具有特殊的重要意义。我们要按照常委会工作报告中提出的今年工作的指导思想和总体要求,紧紧围绕省委、省政府的中心任务,鼓实劲,说实话,办实事,求实效,为我省改革开放和两个文明建设作出新的贡献。为此,我讲几点意见:(一)发挥优势,积极为我省的两个文明建设献计出力。人民政协具有在团结和动员各民主党派、工商联、人民团体、各族各界人士,包括港澳台同胞和海外侨胞为中国共产党的总路线、总任务服务的不可替代作用,同时又具有人才荟萃、智力密集、联系面广等优势。充分发挥政协的优势,积极组织政协委员和各族各界人士,主动地围绕党委、政府的中心任务,选择重大课题开展调研,主动地将调研成果、视察建议送交党政部门决策参考,主动地办实事、求实效,就能为两个文明建设的发展起到促进作用。五年来,许多委员克服本职工作繁忙或年纪大、身体差带来的实际困难,以高度的责任感和使命感,积极参加政协组织的调研、视察活动,并提出了许多有参考价值的意见和建议。本届政协在组织委员深入调研基础上形成的几个《建议案》,都受到了省委、省政府的重视,并进入党政决策程序。(二)振奋精神,以良好的姿态做好今年的工作。中央关于今年我国各项工作的总体要求是"把握大局,再接再厉,同心同德,开拓前进"。我们一定要按照中央的总体要求,围绕省委、省政府确定的中心任务,切实履行好政协职能,锐意进取,敢于创新,以良好的姿态出色地完成1997年政协工作的各项任务,为我省的两个文明建设作出新贡献。要善始善终做好1997年的政协工作,最关键的是要防止和克服可能产生的松劲情绪。1998年初换届时,本届政协委员,包括政协的领导,有的因年龄关系要从政协工作岗位上退下来;有的年纪较轻则要留下来;同时,还有一大批新委员要进来。这种新老交替是历史的必然规律,也是我们事业发展的客观需要。面对即将换届的现实,我们在确定1997年政协工作的指导思想时,强调要振奋精神,再接再厉,出色地完成本届政协最后一年工作的各项任务,使参大政、议大事、办实事、求实效方面有新的突破和发展,为下一届政协奠定良好的基础。因此,我们要立足当前,放眼未来,把一年的事当作长远的事业来干。虽然我们每个同志都不可能在一个岗位上干一辈子,但我们为之共同奋斗的事业是长期的,这就需要一届又一届的委员接着干下去。我们要坚持不懈、善始善终,继续努力,再作贡献。希望全体委员仍然像往年一样,从实际出发,继续推进履行政协职能的规范化、制度化,在参大政、议大事、办实事、求实效上下功夫,为本届政协的全部工作划一个圆满的句号,为下一届政协工作奠定良好的基础。(三)选准主题,卓有成效地办好几件实事。1997年,我们要本着"少而精"的原则,选准主题,集中精力,再办几件实事。在此基础上,认真总结本届政协工作的经验,为下一届政协工作提供有益的借鉴。要圆满完成1997年的各项工作,任务是艰巨的。但是,有省委、省政府的重视和支持,有全体委员的共同努力,1997年必将成为本届政协工作的又一个丰收年。到换届时,我们再来回顾本届政协的历程,就会自豪地感到:我们是一步一个脚印地走过来的,在政协工作的五年是过得有价值的。我们留给下一届政协的不仅是物质条件,更主要的是留下了值得借鉴的工作经验。

【组织概况】

委员辞职名单(1997年1月10日)

何　啬　严隽奕　肖英伟

撤销委员资格名单

伍治国(1997年1月10日)

常　征(1997年10月10日)

龚成华(1997年10月10日)

【贵州省各级政协领导人员名单】

贵州省政协

主　席

龙志毅(彝族)

副主席

王思明(布依族)

蒙素芬(女,布依族)　张超伦(苗族)

邱耀国　安迪伟(回族)　李元栋

王德懋　吴若秋　蒋希文　王玉璞

程天赋　姚继元

秘书长

杨光林(苗族)

黔东南苗族侗族自治州

州政协主席

石荣乾(侗族)

县(市)政协主席

凯里市　石家汉

黄平县　杨昌忠(苗族,1997年3月不再担任)

　　　　潘敬秋(苗族)

施秉县　吴爱国(苗族)

三穗县　田茂良(侗族)

镇远县　杨英雄(侗族)

岑巩县　郭子鸿
锦屏县　刘植坤(侗族)
天柱县　潘盛灯(侗族)
麻江县　戴聚一
丹寨县　文光兴(苗族)
雷山县　余国茂(苗族)
台江县　张建武(苗族)
剑河县　欧裕先(侗族)
榕江县　龙正荣(侗族)
黎平县　吴绍文(苗族)
从江县　周灼华(水族)

黔南布依族苗族自治州

州政协主席
胡品荣(水族)
县(市)政协主席
都匀市　陈大吉(彝族)
福泉市　彭建新
独山县　孙人本(布依族,1997年3月不再担任)
　　莫龙新(布依族)
平塘县　王立松(布依族)
罗甸县　党以臣
荔波县　黄玉成
瓮安县　刘华江
龙里县　石化全(布依族)
贵定县　喻贵礼
惠水县　张文玖
长顺县　杜兴国
三都水族自治县　莫善余(水族)

黔西南布依族苗族自治州

州政协主席
黄义勇
(布依族,1997年4月不再担任)
王敬祥
县(市)政协主席
兴义市　田冀新
安龙县　陈怀富
兴仁县　朱达昌
贞丰县　皮国民
晴隆县　彭德洪
普安县　罗方德
册亨县　刘吉良
望谟县　张福祥(布依族)

贵阳市

市政协主席
廖海波
县(市、区)政协主席
云岩区　王晓玲(女)
南明区　王德妤(女)
花溪区　刘开明
乌当区　欧阳俊(苗族)
白云区　李开明
清镇市　郑洪万
开阳县　谌模清
修文县　林吉云
息烽县　蒋光国

六盘水市

市政协主席
杨志鄂(1997年4月不再担任)
黄美贤(彝族)
县(区、特区)政协主席
六枝特区　李逢时
盘县特区　何联珍
钟山区　卢崇健
水城县　侯贵玉

遵义市

市政协主席
申　诚(1997年12月担任)
县(市、区)政协主席
红花岗区　罗文鼎
仁怀市　李先安
赤水市　穆贤明
遵义县　冯一兵

习水县　　　张金蓉(女)
桐梓县　　　娄恒炬
余庆县　　　雷仁彪
正安县　　　邱宗泽
湄潭县　　　陈国荣
绥阳县　　　王福琪
凤冈县　　　张德润
道真仡佬族苗族自治县　张小康
务川仡佬族苗族自治县　田景荣(土家族)

毕节地区

县(市)政协主席
毕节市　　　常绍发
纳雍县　　　周兴志
赫章县　　　王　健(彝族)
黔西县　　　张茂安
大方县　　　谢志全(白族)
织金县　　　王瑞鹏(穿青人)
金沙县　　　施世海
威宁彝族回族苗族自治县　王永忠(彝族)

安顺地区

县(市)政协主席
安顺市　　　袁冠宇
平坝县　　　张万伟
普定县　　　杨元芳
镇宁布依族苗族自治县　杨文金(苗族)
紫云苗族布依族自治县　吴　超
关岭布依族苗族自治县　李成龙

铜仁地区

县(市)政协主席
铜仁市　　　崔德成(土家族)
万山特区　　刘治全
德江县　　　陈泽芳
江口县　　　李长贵
思南县　　　张著富(土家族)
石阡县　　　唐永芳(仡佬族)
松桃苗族自治县　张其富(苗族)
玉屏侗族自治县　吴宗英(侗族)
印江土家族苗族自治县　贺光禄
沿河土家族自治县　罗来焕(土家族)

贵州省各级政协组织和委员数

项目＼级别	省	自治州	设区的市	县(自治县)	市(县级)	市辖区(特区)	合计
组织数	1	3	3	66	10	10	93
委员数	578	762	1 048	10 027	1 855	1 766	16 036

(方家印　编写)

政 协 云 南 省 委 员 会

【全体委员会议】

七届五次会议 1997年2月17日至23日,在昆明举行。应到委员601人,实到423人;列席100人。会议审议通过了赵廷光副主席所作题为《围绕大局加大协商监督力度,发挥优势服务两个文明建设》的常务委员会工作报告;审议通过了政协云南省第七届委员会提案委员会关于七届四次会议以来提案工作的情况报告(书面);审议通过了免去邓子俊、李殿彦担任的云南省政协第七届委员会常务委员,并增选和化龙、吴坤仪、杨慈生、张学文、浦江为云南省政协第七届委员会常务委员;审议通过了本次会议决议。与会委员列席了云南省人大八届五次会议,听取并协商讨论了和志强省长在云南省第八届人民代表大会第五次会议上所作省政府工作报告;协商讨论了云南省1996年国民经济和社会发展计划执行情况和1997年国民经济和社会发展计划的报告;协商讨论了云南省1996年地方财政预算执行情况和1997年地方财政预算的报告;协商讨论了云南省高级人民法院工作报告和云南省人民检察院工作报告。会议期间,传来邓小平同志逝世的噩耗,与会委员以十分沉痛的心情,分组座谈了邓小平同志的丰功伟绩。大家一致认为邓小平同志作为中国改革开放的总设计师,领导中国人民走过了一段光辉的历程。没有邓小平,就没有中国的改革开放,就没有中国今天的繁荣富强。大家一致表示要更加紧密地团结在以江泽民同志为核心的党中央周围,化悲痛为力量,继承邓小平同志遗志,坚定不移、满怀信心地把社会主义现代化建设事业不断推向前进。会议就香港即将回归祖国,举行了在港云南省政协委员专题座谈会。中共云南省委副书记令狐安出席会议并作了讲话。与会委员一致表示要为香港的回归多做工作。以云南省副省长李嘉廷为首的5位副省长及省政府30多位厅局领导就省政府工作报告,到会听取了委员们的协商讨论意见。省政协主席刘树生主持会议开幕及闭幕,并在会议闭幕时作了重要讲话。

【常务委员会议】

第20次会议 1997年2月13日至15日,在昆明举行。应到委员95人,实到72人;列席35人。会议协商讨论了云南省人民政府工作报告(草案);审议通过了云南省政协七届五次会议议程、日程(草案);审议通过了题为《围绕大局加大协商监督力度,发挥优势服务两个文明建设》的政协云南省第七届委员会常务委员会工作报告(草案);审议通过了云南省政协七届四次会议以来提案工作情况的报告(草案);听取了云南省人民政府提案办理情况的通报;审议通过了免去邓子俊、李殿彦、田长维担任的云南省政协第七届委员会委员等有关人事任免。刘树生主席在会议闭幕时作了重要讲话。

第21次会议 1997年5月12日至15日,在昆明举行。应到委员98人,实到70人;列席40人。会议传达了中共云南省委六届五次全会精神;听取了云南省人民政府副省长李嘉廷,就云南省国有大中型企业改革和扶贫工作所作的情况通报;听取了云南省外办主任张炎就香港回归形势所作的专题报告;听取了云南省政协秘书长韩龙关于云南省政协迎香港回归系列活动的情况通报;审议了云南省政协经济建设委员会关于几个重点建设工程的视察报告;审议通过了人事任免及有关事项。刘树生主席主持了会议开幕及闭幕,并在会议闭幕时作了题为《加强团结,振奋精神,努力工作,迎接香港回归和党的十五大胜利召开》的重要讲话。

第22次会议 1997年9月23日至26日,在昆明举行。应到委员97人,实到57人;列席33人。会议听取了中共云南省委副书记王天玺关于党的十五大精神的传达报告;听取了云南省人民政府副省长戴光禄关于今年以来云南经济运行及抗灾救灾情况的通报;听取了云南省政协副主席江巴吉才关于中央和省委换届工作会议精神的传达;听取了云南省政协秘书长韩龙关于云南省政协七届二十一次常委会议以来工作情况及本年度委员视察工作安排的通报;审议通过了孟福成、朱有方为云南省政协第七届委员会委员等有关人事任免和其他事项。刘树生主席主持了会议并在会议结束时讲了话。

第23次会议 1997年12月14日至17日,在昆明举行。应到委员96人,实到82人;列席39人。会议审议通过了关于召开政协云南省第八届委员会第一次会议的决定;协商决定了政协云南省第八届委员会的参加单位、委员名额和人选;审议通过了八届一次会议主席团和秘书长建议名单;审议通过了云南省政协第七届委员会常务委员会工作报告并推举了报告人;审议通过了政协云南省第八届委员会第一次会议议程(草案)、日程(草案);审议通过了政协云南省第七届委员会提案委员会关于五年提案工作情况的报告(书面);听取了刘京副省长关于世博会准备工作情况的通报;听取了省政府杨崇勇秘书长关于《政府工作报告》起草情况的通报,以及省政协七届五次会议以来提案办理情况的通报;审议通过了有关人事任免。刘树生主席主持了会议并在会议结束时讲了话。

【专门委员会工作】

提案委员会 五年来,共收到提案2 454件,立案2 358件,办复2 331件,占提案立案总数的98.85%。坚持以提高提案质量和办理质量为中心,主要做了以下工作:一是加强宣传,不断深化对做好提案工作重要性的认识;二是加大督促检查力度,促进提案办理的落实;三是不断探索新形势下做好提案工作的有效办法,坚持总结新经验,推进提案工作迈上新的台阶;四是加强相互学习与交流,开拓视野,促进工作的发展。此外,开展了"优秀提案"和"承办提案先进单位"的评比表彰活动,于1997年1月,表彰了"优秀提案"80件及承办提案先进单位30个。

文史委员会 五年来,共征集、编辑、出版的文史资料有:《云南进出口贸易》、《风雨同舟》(二)、《云南民族工作回忆录》(一、二、三)、《护国首义亲历记》、《滇军出滇抗战记》、《云南老字号》、《抗战中的云南》、《情系红土》等,共10辑,约300万字。为全国政协《中华文史资料文库》的编辑出版,提供云南史料140余万字。此外,积极参与全国20多辑专题史料的协作征集与编辑,主要有《知识青年上山下乡》、《解放军进城以后》、《剿匪反霸》、《扫毒禁娼》、《政协五十年》、《中共领导同爱国民主人士的交往》、《少数民族的杰出儿女》、《中华老字号》、《文物考古亲历记》、《百年名碑史》、《五七干校》、《防治地方病》、《民族自治区及自治州的成立和发展》、《抢险救灾》等。同时,举办各级政协文史干部培训班24期,参加培训人员为895人次。

学习委员会 五年来,紧紧围绕中共中央、国务院及中共云南省委、省政府的各项重大方针政策,发扬理论联系实际的学风,组织中心学习组学习28次,参加人员为840余人次,其中省政协主席、副主席96人次;组织考察、视察10次,参加人员为277人次,其中副主席参加32人次,提出各类意见和建议42条;举行各类情况通报会、报告会、研讨会、纪念会19次,参加人员为600余人次。此外,编印《委员学习参考》33期,送发了5 000余册。以上工作有效地推进了委员对邓小平理论的深入学习和人民政协参政议政职能作用的发挥。

经济建设委员会 五年来,主要开展了以下四个方面的工作:参与重大经济决策的事前协商;围绕中心,服务大局,开展专题调查研究;积极参与省政协统一组织的专题视察,以及中心学习组和有关专委会的联合调研,加强政协内部的横向联系,促进政协多界别整体优势的发挥;及时反映社会和群众关心的热点问题,并提出相关的对策建议。共组织委员视察、考察、调研41次,参加委员达426人次,撰写相关报告43份,其中5份作为常委会建议案经审议通过后上报,作为主席会议建议案及云南省政协文件报送的各1份。组织委员参加各类协商会、工作会、研讨会、座谈会174次。此外,组织专委会提案及委员提案134件,1997年初被评为云南省政协七届委员会“优秀提案单位”。

科教文卫体委员会　五年来,共组织各个方面的相关调查16次,视察8次,考察5次,其中关于扫盲、基础教育、云南省艾滋病的预防和控制、《中共云南省委、云南省人民政府贯彻落实〈中共中央国务院关于加速科学技术进步的决定〉的实施意见》、“依靠科技进步发展蔗糖生产”等的调查,取得了积极的工作成效。此外,连续五年举办了一年一届的“云南省政协边疆、山区民族教育特别奖”评选、颁奖活动,奖励了长期扎根边疆、山区,为发展云南民族教育事业作出了突出贡献的597名优秀教师,并开展了庆祝教师节、组织送戏下乡等一系列活动。

联络委员会　五年来,积极拓展对外联谊和交往工作,先后接待台、港、澳同胞及海外侨胞1 000余人次,外国友好人士1 500余人,其中台湾高层人士近60人。同时,组织各类视察、调研活动共15次,其中对云南部分“三资”企业连续四年进行了跟踪视察。此外,先后举办了“九三驼峰纪念碑揭幕仪式”、“九四中秋联谊会”、“九五抗战胜利五十周年及护国运动八十周年纪念活动”、“九六海外云南同乡社团负责人及知名人士联谊会”、“九七迎香港回归系列活动”等。通过几年来的努力,海外联谊交往工作已延伸到秘鲁、土耳其、美国、日本、法国,以及中东的约旦、巴勒斯坦等国。

法制委员会　五年来,参与了《云南省环境保护管理条例》、《云南省执法监督规定》等195个涉及经济、行政管理等方面的法律、法规(草案)的协商讨论,进行了1 400余处修改,提出各类意见、建议共837条,大部分得到了省政府及有关部门的采纳。组织委员提案、考察、调研16次;召开各类座谈会60余次。其中1995年4月关于云南社会治安的视察所提6条意见和建议,受到中共云南省委的重视,以云综治[1995]6号文件,转发全省各地、州(市)、县。创建法律咨询机构“省政协法律咨询委员会”,接待咨询354人次,为社会提供无偿服务。处理不服刑事、民事、公安处罚的各类来信来访265件(次),为维护社会稳定作出了积极贡献。

工青妇委员会　五年来,就国有企业改革、职工队伍的稳定、《劳动法》及《妇女权益保障法》的贯彻落实等,组织视察、调研活动13次,参加委员139人,形成相关报告12份,提出各类意见、建议62条。“三·八”、“五·一”、“五·四”、“六·一”节到来之际,举行座谈会、茶话会、联谊会9次,深入边疆、农村、工厂开展慰问活动8次。

民族宗教委员会　五年来,在原工作基础上,召开了五次一年一次的民族散杂居地区经济工作座谈会。根据会议工作部署,协调了全省政协系统扶贫联系点22个扶贫项目390万元资金的落实到位,表彰了16个扶贫先进集体及98名扶贫先进个人。就贯彻落实党的宗教政策,先后组织了7次对昆明和大理两地华亭寺、筇竹寺、圆通寺、盘龙寺、鸡足山、巍宝山等佛教圣地的视察,以及部分委员对昆明市辖区内的晋宁、宜良、路南、禄劝等县区10多个宗教活动场所和省伊斯兰教协会、省天主教爱国会、省基督教三自爱国会的视察，形成了相关视察报告，提出了9条意见和建议。省委领导批转了视察报告，省宗教局据此形成了云府宗字[1997]26号文件，提出了贯彻落实意见。按照全国政协民族宗教委员会的部署，完成了对伊斯兰教发展情况的专题调查。先后接待了全国政协民宗委及福建、北京、广东、广西等12个省(市、区)民族宗教考察团18批，共100余人次。加强了与兄弟省(市、区)工作的横向联系，促进了工作经验的交流。此外，开展了对云南25个少数民族的分期分批调查。编印了扶贫经验材料。1994年9月，被国务院授予"全国民族团结进步模范单位"荣誉称号。

【重要活动】

云南省政协第六次民族散杂居地区经济工作座谈会 1997年11月25日至28日，在昆明举行。会议以邓小平理论为指导，深入贯彻党的十五大精神，在总结、交流政协扶贫联系点经验的基础上，按照中央扶贫开发工作会议精神及中共云南省委、省政府关于扶贫工作的部署，研究了全省政协系统扶贫工作的规划、措施，提出了把扶贫工作推向新的发展阶段的明确任务。会议期间，云南省政协副主席朗大忠作了工作报告；大会交流了昆明市、楚雄州、玉溪地区、澜沧县等13个地、州(市)、县政协扶贫工作的经验；与会同志参观了昆明市官渡区六甲乡福保办事处"云南小康第一村"、小河乡扶贫项目砀山梨基地、嵩明县大哨乡绿色企业、松华坝水库水源保护区等扶贫点和扶贫项目。各地州(市)政协领导、部分扶贫联系点有关同志、省级各民主党派(人民团体)领导，以及省政协办公厅、各专委会负责同志，共110人，出席了会议。刘树生主席在会议结束时作了重要讲话。中共云南省委书记令狐安、省委常委王学仁、副省长赵淑敏等，出席了闭幕会议。

云南省政协迎香港回归系列活动 1997年2月至6月，为迎接香港回归，组织了以下系列活动：2月中旬，编印了《香港问题资料汇编》，送发委员学习；4月上旬开始，连续举办了三期香港问题知识讲座，请云南省外办主任张炎、云大副校长林超民、北大国际关系学院国际关系系主任李义虎分别讲授了香港回归有关知识及香港现状与未来发展；5月上旬，举行"迎香港回归"大型专题座谈会，中共云南省委统战部、云南省宗教局、省级8个民主党派和工商联、侨联、台联领导，以及云南省政协厅以上领导，共60余人，参加了座谈；举行云南省政协系统"迎香港回归演讲比赛"，来自省、地州(市)政协的19个代表队共38人，参加了比赛；6月上旬，与云南省社科院联合举办"香港的过去和未来及其与云南的关系"学术研讨会，邀请台、港、澳地区部分高层人士、学者及国内专家30余人参加，发表学术论文20多篇；6月9日晚，在云南电视台主办《百年企盼》现场直播专题晚会，表达云南各族人民对香港回归祖国的喜悦心情及雪洗百年国耻的自豪感。

中国中西部发展研讨会 1997年6月24日至25日，在昆明举行。云南省政协与中国留美经济学会共同主办。研讨会从宏观经济政策、区域发展政策、国有企业改革、民营企业政策、产业政策等方面，对有关中国西部发展的一系列问题进行了探讨，提出了许多有价值的意见和建议。来自国际知名大学的部分教授、国际金融机构的专家、国内资深学者，以及民营企业家向研讨会提交了一批论文。云南省政协副主席、中国中西部发展研讨会主席朱应庚教授在开幕式上致欢迎词；中国留美经济学会会长方星海致开幕词；著名经济学家于光远在开幕式后作了题为“中国经济改革与中西部发展”的学术报告。会议期间，中共云南省委书记高严、云南省政协主席刘树生在昆明连云宾馆会见了与会部分中外专家、学者，并同他们进行亲切交谈。

【重要文件】

常委会工作报告（1997 年 2 月 17 日）（摘要） 报告题为《围绕大局加大协商监督力度，发挥优势服务两个文明建设》。报告第一部分对七届四次会议以来的工作作了如下回顾：一年来，在中共云南省委的领导下，常委会以邓小平建设有中国特色社会主义理论和党的基本路线为指导，深入贯彻落实中共十四届五中、六中全会精神，贯彻落实江泽民总书记关于领导干部一定要讲政治的一系列重要论述，以及中共云南省委六届三次、四次全会和省委政协工作会议精神，增进了共识，统一了思想，形成了浓厚的讲政治氛围，推进了我省政治协商、民主监督、参政议政的规范化、制度化建设，保证了常委会工作沿着服务大局，围绕我省“九五”计划和 2010 年远景目标的实施，充分发挥人民政协联系面广、智力密集的优势，加大协商监督力度的方向健康发展，圆满完成了七届四次会议提出的各项任务。一、深入学习贯彻江泽民总书记关于讲政治的重要论述，学习贯彻省委政协工作会议精神，为更好地履行政协职能奠定坚定的思想基础。组织中心学习组及云南省政协机关干部认真学习江泽民总书记关于讲政治的一系列重要论述。在七届十八次常委会议上，紧密联系云南政协工作的实际，把学习、贯彻、落实讲政治作为中心议题，作专题研究讨论。在中共云南省委党校举办了云南省政协、办公厅、各专委会领导，以及机关部分处级干部和各地、州(市)、县政协主席(工委主任)140 人参加的“全省政协领导干部讲政治培训班”，深入学习江泽民总书记《领导干部一定要讲政治》等三篇重要文章，学习李瑞环主席在全国政协八届十七次常委会议上的讲话，学习高严书记、刘树生主席在省委政协工作会议上的讲话，切实解决政协领导干部如何带头讲政治的问题。二、围绕经济建设中心，就加快云南经济发展的重大课题，积极参政议政，建言献策。与全国政协视察组共同赴西双版纳、红河等州市县，就中央新税制云南执行情况进行专题调查，后又组织赴楚雄、大理的补充调查。两次调查历时近一月，深入 5 地州、6 县市、10 余个工矿企业，形成了《关于边疆民族地区执行新税制情况的初步调查与建议的思考》，提出了 10 个方面的建议。针对抓大放小，搞活云南国有企业，组织了对曲靖地区 3 个市(县)及建立现代企业制度试点单位昆明重机厂、省综合改革试点县宜良的调查，并邀请有关部门进行协商讨论，共同研究解决改革进程中企业遇到的突出困难，取得了较好效果。一年来，组织各类专题调研和视察、考察活动共 45 次，参加委员达 392 人次，提出各个方面的意见和建议共 120 条。以提案形式参政共提出提案 526 件，立案 502 件，办复 498 件，其中采纳所提建议 282 件。三、民族散杂居地区扶贫工作向“深”、“广”方向发展。各级政协扶贫联系点适应形势要求作了较大调整，出现了一些新特点：一是扶贫范围扩大了；二是扶贫联系点向 506 个特困乡延伸；三是扶贫的目标要求更高了，由不脱贫不脱钩发展为不实现小康不脱钩。此外，抽调干部挂职、帮助引进资金、举办培训班培训乡级干部及科技人员等多项扶贫工作，都有了新的进展。四、为推进我省“科教兴滇”战略的实施，促进社会主义民主法制建设和精神文明建设作出了新贡献。组织部分委员赴红河、临沧、德宏、保山、东川等地州市，就依靠科技进步，发展云南蔗糖生产，进行了考察，形成关于“建立统一的、有权威的科农工贸一体化的领导机构指挥协调全省蔗糖的生产、经营和服务工作"等建议的专题报告,经常委会议审议,作为常委会建议案,报送省委、省政府参考,得到了省委、省政府的采纳。组织了对我省"18生物资源开发工程"的视察,提出了加快工程进度的若干重要意见。组织委员积极参与中央和地方立法的协商讨论,先后协商讨论了《中华人民共和国行政监督法(草案)》、《云南省实施〈中华人民共和国保守秘密法〉条例(送审稿)》等71个中央及我省地方法规,共提出132条修改意见,作了259处具体修改。就《教育法》执行情况、《妇女权益保障法》的实施、我省"严打"斗争,组织委员进行了专题视察。就中国共产党建党75周年、红军长征胜利60周年、"九·一八"事变65周年、缅怀周保中将军、"纪念闻一多、李公朴殉难五十周年"等,举行了一系列纪念活动,弘扬了爱国主义精神,为促进我省社会主义精神文明建设,作出了应有贡献。五、举社会之力办社会实事做出了新成绩。举行第四届云南边疆山区民族教育特别奖评选和颁奖活动,表彰奖励了150名献身边疆山区民族教育事业并做出优异成绩的优秀教师;继续资助维西贫困县千名失学儿童重返校园,完成小学学业;云南丽江、中甸等地发生强烈地震,省政协领导率慰问团赶赴灾区慰问,委员们则发起"自愿关怀行动",向灾区捐钱捐物总计合人民币140余万元。一年来,先后为丽江、武定灾区争取到棉被、大米等救灾物资,以及修复水库、民房、学校等款项,总计达人民币780余万元。六、积极推进对外联谊和交往工作,为迎接香港回归和实现祖国和平统一大业而努力。一年来,对外交往和联谊工作保持了良好的发展势头。接待了国外和台、港、澳地区友好人士100多起,近500人次。应对方邀请,省政协联络委及昆明市政府领导,出访土耳其安卡拉市和伊斯坦布尔市,促进了中土双方在昆合办"云南其光中学"的进程。组团考察了港澳地区,为加强云南与港澳地区的合作,起了促进作用。举办云南首届海外云南同乡社团负责人联谊活动,泰、缅、美、德、加拿大、台湾、香港、澳门等国家和地区的12个同乡社团负责人及部分知名人士共50余人,参加了联谊活动。七、人民政协的自身建设迈出了新的步伐。认真落实江泽民总书记关于讲政治的要求及省委政协工作会议精神,推动政治协商、民主监督、参政议政的规范化、制度化建设;切实加强政协机关的自身建设;多渠道地推进干部职工的思想理论建设,努力提高干部职工的思想政治素质;认真贯彻六中全会精神,积极推广张家港开展精神文明建设活动的经验,开展创建文明机关活动等。报告第二部分提出了1997年主要工作任务:一是深入学习、贯彻、落实党的六中全会精神,提高认识,统一思想,为开创我省社会主义精神文明建设新局面献计出力;二是继续围绕我省"九五"计划和2010年远景目标的实施,就云南经济发展的宏观课题,加强调查研究和视察、考察活动,积极参政议政;三是加大民主监督力度,为推进"科教兴滇"战略的实施,以及民主法制和社会思想、道德、文化建设作出新贡献;四是举社会之力办社会实事要迈出新步伐;五是围绕香港回归进一步拓展对外交往和海外联谊工作,促进祖国和平统一大业的早日实现;六是进一步加强政协的自身建设。

【组织概况】

常务委员增选名单(1997年2月23日)

和化龙　吴坤仪　杨慈生　张学文
浦　江

委员增补名单(1997年2月15日)

和化龙　吴坤仪　杨慈生　张学文

(1997年9月26日)

孟福成　朱有方

机构调整情况

七届22次常委会议对原省政协专门委员会进行了调整,由7个调整为9个:文史委员会、学习委员会、提案委员会、经济建设委员会、科教文卫体委员会、联络委员会、民族宗教委员会、法制委员会、工青妇委员会。以原办公厅秘书二处为基础组建了研究室,为正厅级建制。

【云南省各级政协领导人名单】

云南省政协

主　席

刘树生(回族)

副主席

赵廷光(瑶族)　刀世勋(傣族)

李　瑾(白族)　陈立英(女)

项朝宗(苗族)　李林阁　李明德

朱应庚　刘邦瑞　卢邦正(彝族)

王兆民　马开贤(回族)

朗大忠(傣族)　江巴吉才(藏族)

秘书长

韩　龙

昆明市

市政协主席

张朝辉

县(市、区)政协主席

五华区　刘云舒

盘龙区　房正强

官渡区　余超群

西山区　杨中伟

安宁市　贺成林

宜良县　李　云

晋宁县　陶玉林

路南县　杜树培(白族)

呈贡县　范德喜

嵩明县　姜之德

富民县　李桂芬(女)

禄劝县　陈显福

东川市

市政协主席

刘木根

昭通地区

县(市)政协主席

昭通市　吴光鼎

鲁甸县　张腾霄

巧家县　周达堃

盐津县　苏孝根

大关县　夏世华

永善县　张美沛

绥江县　徐亨仁

镇雄县　龚克权

弈良县　袁家明

威信县　袁德芳

水富县　杨应科

曲靖地区

市(县)政协主席

曲靖市　钱绍富

马龙县　张正林(苗族)

寻甸县　李胜德

宣威县　高永富

富源县　孙承学

陆良县　赵培建

师宗县　龚家彦

罗平县　王久应

会泽县　张克文

楚雄彝族自治州

州政协主席

陈其良

市(县)政协主席

楚雄市　赵开清

禄丰县　禾兆兴(纳西族)

牟定县　杨开金

姚安县 王淑发
大姚县 段光纯
永仁县 刘代友
南华县 罗章贤(彝族)
双柏县 毕家荣(彝族)
元谋县 阎武先
武定县 张国忠(傈僳族)

玉溪地区

市(县)政协主席
玉溪市 赵锡洪(白族)
江川县 秦光辉
澄江县 陈天福
通海县 田运昌(回族)
华宁县 马安吉(回族)
易门县 温泰祥(傣族)
峨山县 易平光
新平县 李迎祥
元江县 张文光(彝族)

红河哈尼族彝族自治州

州政协主席
李宝忠
市(县)政协主席
个旧市 王善宾
开远市 唐怀清
蒙自县 薛毓才
建水县 柯治国
石屏县 李定稳(彝族)
弥勒县 赵成业
泸西县 陈思忠
红河县 钱富良(哈尼族)
元阳县 杨绍光(彝族)
绿春县 马炳华
金平县 杨学喜
屏边县 杨治超
河口县 李康静

文山壮族苗族自治州

州政协主席
任　勇(壮族)
市(县)政协主席
文山县 段鹏鸣
砚山县 赵映华(壮族)
邱北县 王兆权(壮族)
西畴县 张寿森(壮族)
马关县 马正万(苗族)
麻栗坡县 陶金昌(苗族)
广南县 刘润祥
富宁县 陶　光(壮族)

思茅地区

市(县)政协主席
思茅市 罗福祥
普洱县 黄洪州
镇源县 张启义(傣族)
景东县 段守孟
景谷县 鲁绍祥
墨江县 雷恩学
江城县 罗天保(哈尼族)
澜沧县 高寿喜
西盟县 张岩松(佤族)
孟连县 刀建华(傣族)

西双版纳傣族自治州

州政协主席
任舜年
市(县)政协主席
景洪市 李泉芳
勐海县 彭福源(傣族)
勐腊县 张荣昌(哈尼族)

大理白族自治州

州政协主席
佘战生
市(县)政协主席
大理市 任天育
洱源县 明志元

剑川县　赵秉志(白族)
鹤庆县　张孔相(白族)
宾川县　王明堂
祥云县　罗玉臻
弥渡县　马忠仁(回族)
南涧县　李湃章
巍山县　李景白
漾濞县　席德高(彝族)
永平县　马永吉(回族)
云龙县　杨　辉(白族)

保山地区

市(县)政协主席

保山市　金成富(傣族)
施甸县　赵仕森
腾冲县　侯其庆
龙陵县　杨文榜
昌宁县　普嘉兴

德宏傣族景颇族自治州

州政协主席

杨拾全

市(县)政协主席

潞西市　徐红项
梁河县　石德荣(傣族)
盈江县　余文昌(傈僳族)
陇川县　林德钰
瑞丽市　罗世华
畹町市　胡　蔷

丽江地区

县(市)政协主席

丽江县　王继禹
永胜县　杨本初(白族)
宁蒗县　杨顺红(摩梭人)
华坪县　丁发政(傈僳族)

怒江傈僳族自治州

州政协主席

吴花才(傈僳族)

县(市)政协主席

兰坪县　李复春(白族)
泸水县　花四波(傈僳族)
福贡县　和立新(傈僳族)
贡山县　李茂林(怒族)

迪庆藏族自治州

州政协主席

都吉台(藏族)

县(市)政协主席

中甸县　彭真祥(藏族)
德钦县　肖农布(藏族)
维西县　丰文龙(傈僳族)

临沧地区

县(市)政协主席

临沧县　曹能高
凤庆县　杨廷礼
永德县　高正林
镇康县　刘金昌(佤族)
耿马县　南天文(傣族)
双江县　铁红祥(拉祜族)
沧源县　赵赛嘎(佤族)
云　县　黄崇亮

云南省各级政协组织和委员数

级别 项目	省	州(市)	地	县(区、市)	合计
组织数	1	10	7	127	145
委员数	700	2 685	89	21 784	25 258

(官祥林　编写)

政协西藏自治区委员会

【全体委员会议】

六届五次会议 1997年5月13日至21日在拉萨举行。六届委员会现有委员477人,出席今天会议的委员363人。自治区政协副主席巴桑主持会议并发表了重要讲话。她说,我们这次大会是在我区改革开放和社会主义现代化建设事业取得新的成绩,人民政协工作取得新的进展的形势下召开的。1997年,是我们共和国历史发展上的重要一年,中国共产党将召开第十五次全国代表大会,我国政府将恢复对香港行使主权。这是两件举世瞩目的大事,今年又是本届政协工作的最后一年,要在前四年的基础上再接再厉,胜利完成本届政协的使命,为明年换届作好准备。因此,开好本次大会,对动员广大政协委员和社会各界,更加紧密地团结在以江泽民同志为核心的党中央周围、继承邓小平同志的遗志,把我区改革开放和现代化建设的伟大事业推向前进,具有十分重要的意义。巴桑副主席说,本次会议的指导思想是:以邓小平同志建设有中国特色社会主义理论为指导,坚持党的基本路线和基本方针、服从和服务于全区工作大局,积极履行政治协商、民主监督和参政议政的职能,为更好地实施跨世纪的宏伟纲领,进一步落实党的十四届六中全会《决议》和区党委五届二次全委(扩大)会议的精神,发扬民主、促进团结、发挥优势、建言献策,按区党委的统一部署,把会议开成民主、求实、团结、鼓劲的大会。会议审议通过拉敏·索朗伦珠副主席所作的常委会工作报告;审议通过提案委员会主任德吉措姆所作的第六届委员会提案委员会关于六届四次会议以来提案工作情况的报告;审议通过政协西藏自治区第六届委员会提案委员会第五次会议提案审查情况的报告;与会委员列席了自治区第六届人民代表大会第四次会议;听取讨论了自治区江村罗布主席所作的《政府工作报告》及其他报告;会议传达了全国政协八届五次会议精神;通过了洛桑旺堆、余静俊(汉族)、贡布、马久(回族)、宫振勇(汉族)、方长铨(女、汉族)同志不再担任政协西藏自治区第六届委员会委员和常务委员的决定;通过了《政协西藏自治区第六届委员会第五次会议政治决议》。决议指出,今年是我国历史进程中重要的一年。我国将恢复对香港行使主权,迈出和平统一祖国的重要一步。中国共产党将召开第十五次全国代表大会,把建设有中国特色社会主义的伟大事业向二十一世纪全面推进。这两件大事,举世瞩目,振奋人心,关系全局、意义深远。圆满地完成这两件大事,需要各方面做好工作,需要全国各族人民的共同努力,特别需要维护团结稳定的政治局面。团结就是力量,稳定才能发展。保持团结稳定的政治局面,是办好一切事业的前提,是我区各族人民的根本利益所在。会议号召,我区各级政协组织和委员要紧密地团结在以江泽民同志为核心的中共中央周围,在自治区党委的领导下,高举邓小平建设有中国特色社会主义理论的伟大旗帜,坚持党的基本路线和基本方针,坚持和完善中国共产党领导的多党合作和政治协商制度,把握全局,围绕中心,再接再厉,同心同德,开拓前进,切实履行政治协商、民主监督和参政议政职能,调动一切积极因素,团结一切可以团结的力量,为把我区建设成为团结、富裕、文明的社会主义新西藏而努力奋斗。自治区政协主席帕巴拉·格列朗杰在闭幕会上作了讲话。

【常务委员会议】

第16次会议 1997年5月8日至10日在拉萨举行。会议传达学习了全国政协八届五次会议精神,审议政协西藏自治区第六届委员会常务委员会工作报告并推举报告人;审议政协西藏自治区第六届委员会提案委员会关于六届四次会议以来提案工作情况报告；审议西藏自治区政协六届五次会议议程；通过了薛景杰（汉族）、赵映洲（汉族）、王心德（汉族）、叶玉林（汉族）、谢乐今（汉族）、程学良（汉族）、柘尔荣、李永攀（汉族）、曹佑功（汉族）、陈杰昌（汉族）不再担任政协西藏自治区第六届委员会委员的决定。

第17次会议 1997年5月20日在拉萨举行。会议审议通过中国人民政治协商会议西藏自治区第六届委员会第五次会议的政治决议；审议通过了中国人民政治协商会议西藏自治区第六届委员会第五次会议关于常务委员会工作报告的决议；审议通过政协西藏自治区第六届委员会第五次会议关于洛桑旺堆等六位同志不再担任本会委员、常委的决定；审议通过政协西藏自治区第六届委员会提案委员会关于六届五次会议提案审查情况的报告。

【专门委员会工作】

提案委员会 六届五次会议以来，共收到提案179件（含会后提案37件），是本届委员会提案最多的一次。经审查立案145件，其余34件作为委员意见和建议来信处理。截止1997年11月底已办复145件，占提案总数的100%。同年9月，西部省、市、区政协提案工作第九次联席会议在四川省成都市和西藏自治区的拉萨市举行。副主任尼玛同志带工作组赴山南、昌都、林芝开展调研工作，历时24天，围绕着提案的经济效益和社会效益、各级党政部门对政协提案的重视程度、提高两个质量方面的好经验和好方法、对今后更进一步开展好提案工作的好建议、意见和要求等四个方面进行了认真广泛的调研。

学习宣传委员会 驻会委员学习座谈了"党的十五大"精神，洛桑丹珍副主席主持会议，拉敏·索朗伦珠副主席作了重要讲话。同年11月至12月学委会主持召开了四次学习十五大精神和区党委五届三次全委扩大会议精神的辅导报告会。

法制委员会 应自治区高法邀请，平措多吉主任积极参加了高法组织的全区执法大检查工作组，深入到山南、林芝两地中级法院和八个基层法院进行了为期十八天的执法大检查，同时参加了西部省区政协第三次法制工作座谈会。会议紧紧围绕政协如何进一步推动精神文明建设、民主法制建设，促进西部地区经济发展社会稳定和加强立法协商、民主监督推进政协法制工作规范化、制度化，全面履行职能方面进行了交流和研讨。

民族宗教委员会 应自治区高法邀请，参加了高法组织的全区执法大检查工作组，重点参与了拉萨市中级法院的执法检查工作。

文卫体委员会 重点对城关区拉鲁乡招待所流动人员超生问题做了调研，并积极提出意见和建议报有关部门。

农牧林委员会 对山南地区琼结县的贫困地区吃水难及修建水库等情况进行调研。

经济委员会 邀请西藏人行和区经贸体改委的负责同志向委员们介绍情况。

文史资料委员会 已征集到爱国宗教领袖九世班禅大师史料近20万字，除正常的文史工作外，还完成了近期的一些协作项目，如为《西南少数民族丛书》文化·科技卷提供了40 000字的史料；为《西南少数民族丛书》民族团结卷提供了近3万字的稿件；为全国政协的近期协作项目《中共领导人与民主爱国人士的交往》、《中国历史名碑》等提供了大量的稿子和图片。

【重要活动】

深切缅怀邓小平同志丰功伟绩座谈会

1997年2月20日，在座谈会上拉鲁·次旺多吉、益西赤列、马玉贵等委员发了言，一致认为党的十一届三中全会以来，我区的各项事业发生了翻天覆地的变化，这都与邓小平同志的卓越领导是分不开的，邓小平同志虽已离去，但我们定要化悲痛为力量，更加坚定地团结在以江泽民同志为核心的党中央周围，坚决反对分裂，为西藏的繁荣稳定添砖加瓦。

自治区政协机关举行“喜迎香港回归”报告会 1997年6月4日下午，自治区政协机关举行“喜迎香港回归”报告会。报告会由政协机关党组成员、机关党委书记平措多吉主持，政协机关党委副书记、副秘书长洛桑元旦作了报告。洛桑元旦说，今年是我国历史发展上重要的一年，再过27天，我国政府将恢复对香港行使主权，这是中华民族洗雪百年耻辱，实现祖国统一的重要事件，是建设有中国特色社会主义理论的创立者、中国改革开放的总设计师邓小平同志“一国两制”战略思想的重大胜利，是中华民族的一件大事，也是我区各族人民的一件大事。在报告会上，洛桑元旦就香港问题的由来、我国政府对香港问题的原则立场和方针政策、中英双方就解决香港问题进行的谈判和斗争过程以及香港回归后的前景作了详细全面的报告。他结合在我区开展“迎回归、爱祖国、爱西藏、爱岗位”的爱国主义教育，强调说，我区正处在改革开放和现代化建设的一个新时期，人民政协的任务越来越繁重，发挥作用的天地越来越宽广。我们在区党委的领导下，紧密团结在以江泽民同志为核心的党中央周围，继承邓小平的遗志，充分发挥政协的强大优势，借香港回归这件大事形成“言回归话统一”的浓厚氛围，发扬西藏人民爱国反分裂的光荣传统，高举爱国主义和社会主义旗帜，维护祖国统一，加强民族团结，反对分裂，为西藏的发展和稳定作出更大贡献。

金中·坚赞平措副主席带团视察阿里、参观新疆 1997年7月22日至8月25日，由自治区政协副主席金中·坚赞平措为团长，全国政协委员、日喀则地区行署副专员甲嘎·洛桑塔曲为副团长的视察、参观团一行十八人赴阿里、新疆进行了为期一个多月的视察参观，行程八千多公里，是我会有史以来组织委员视察、参观行程最远，用时最多的一次。此行是为了了解阿里地区扶贫工作，维护社会稳定和农牧民的生产、生活情况，同时学习兄弟省区政协协助党委和政府在保持社会稳定、发展经济，提高人民群众生活水平等方面发挥政协职能的好经验、好方法。视察、参观团广泛地接触基层干部和农牧民，倾听群众的意见和呼声，掌握第一手材料，对某些人民群众关心，却又一时难以解决的问题主动与当地党委政府及有关部门交换了意见。

全国政协常委、自治区政协拉敏·索朗伦珠副主席带团视察了拉萨市及其附近县 10月7日至23日，自治区政协拉敏·索朗伦珠副主席带团着重视察了一江两河工程项目、拉萨市师范学校、城关区菜篮子工程、拉鲁养牛专业户、林周县养牛专业户、中和国际城等，委员们在为期十五天的视察参观期间，一边宣传党的十五大精神，一边走访基层干部和群众了解党的路线、方针政策的贯彻执行情况，广泛听取群众的呼声和要求，认真负责地向当地党政机关反映社情民意，并就经济、政治、文化和社会生活中的一些问题建言献策，切实履行政治协商、民主监督、参政议政的职能。委员们通过对农牧区、国有企业、学校、经济开发区和乡镇企业的视察，看到了以江泽民同志为核心的党中央对西藏的关怀和全国人民支援西藏结出的累累硕果，看到了深化改革，加快发展给我区城乡带来的巨大变化和各项建设成就，特别是中央第三次西藏工作座谈会明确指出西藏不稳定的主要根源是达赖集团的干扰破坏后，各地各部门在区党委的领导和部署下深入揭批达赖分裂罪行使我区的反分裂斗争已从被动应急转为主动治理的大好形势，保持了社会的基本稳定。委员们通过此次视察，既开阔了视野，增长了知识，受到了教育，又了解了党的路线、方针、政策的贯彻执行和农牧民群众的生产、生活情况，增强了对改革开放的认识，进一步加深了对邓小平同志关于社会主义初级阶段的论述的认识，实践证明邓小平理论是正确的。委员们纷纷表示，无论今后遇到什么风浪和挫折，都要坚定不移地与以江泽民同志为核心的党中央保持高度一致，把西藏的各项事业全面推向二十一世纪。

金中·坚赞平措副主席出席香港回归庆典活动 1997年7月1日，受中共西藏自治区党委、自治区人民政府的重托，金中·坚赞平措副主席代表248万西藏各族各界人民，参加了中央代表团赴香港回归祖国盛大庆典活动，并将具有浓厚民族特色的《山高水长》挂毯转赠中国香港特区政府。表达了西藏各族人民对香港同胞的吉祥祝福。

【重要文件】

帕巴拉·格列朗杰主席在自治区六届五次会议的讲话（要点） 1997年5月21日，帕巴拉·格列朗杰主席说，保持社会和政治稳定，是顺利推进改革开放和现代化建设，实现跨世纪宏伟目标的重要保证。深入揭批达赖分裂祖国、祸藏乱教的罪行，切实维护西藏社会稳定，是我们各级政协组织和政协委员的神圣任务。我们要保持清醒的头脑，坚定自己的立场，旗帜鲜明、理直气壮地深入揭批达赖的罪行，用摆事实、讲道理的办法引导群众逐步认清达赖的真面目不受达赖分裂集团的欺骗。同时，我们还要自觉抵制狭隘的民族主义思想的影响，牢固树立“两个离不开”的观念，加强藏汉民族和各民族之间的团结，并号召政协委员一定要深入实际，接触群众，积极反映社情民意，研究一些“难点”、“热点”问题，主动做好理顺情绪、化解矛盾的工作，协助党委和政府正确处理新时期人民内部的矛盾，为保持我区团结稳定的局面而努力工作。

常委会工作报告（1997年5月13日）（要点） 报告第一部分，对政协一年来的工作做了简要的总结。过去的一年，是实施我区国民经济与社会发展“九五”计划和2010年远景目标的第一年。我会常务委员会以建设有中国特色的社会主义理论和党的基本路线为指导，认真贯彻中共十四届五中、六中全会和区党委五届二次全委（扩大）会议精神，按照政协西藏自治区委员会六届四次会议确定的工作方针，围绕中心，服务大局，振奋精神，开拓创新，为“九五”计划和2010年远景目标的实施，认真履行政治协商、民主监督、参政议政的职能，各项工作取得了新的进展。报告第二部分，对一年的工作做了全面的回顾。六届四次会议以来，政协认真履行职能，发挥优势，主要开展了以下几个方面的工作：一、深入组织学习邓小平建设有中国特色社会主义理论，提高委员参政议政水平。二、围绕我区的两个文明建设，参政议政，取得显著成效。三、加强视察工作，为民办实事、出实招。四、各专门委员会广泛开展调查研究，使协商更加切合实际，监督更加富有成效。五、提案文史资料工作取得新的成绩。六、加强自身建设，提高工作效率和服务质量。回顾一年的工作，我们能取得以上成绩，一是指导思想明确，始终坚持邓小平建设有中国特色的社会主义理论和党的基本路线，一切从西藏的实际出发，围绕党和政府的中心工作参政议政，做到尽职而不越位，帮忙而不添乱；二是党委重视、政府支持；三是以群众关心的热点问题为主要目标，深入农牧区、企业进行调研，掌握第一手资料，不说空话；四是政协自身努力，政协党组始终重视政协工作的政治方向，坚持同以江泽民同志为核心的党中央保持一致，同区党委保持一致，教育政协所有成员树立全心全意为人民服务的思想，对政协工作有责任感，想大事、议大事，经常考虑工作上不足方面并及时补正，使政协履行职能尽量做到规范化、制度化。报告第三部分，对今后的工作安排，一、高举邓小平理论的伟大旗帜，进一步巩固团结合作的共同政治基础。二、认真履行职能为两个文明贡献力量。三、正确处理改革、发展、稳定的关系，积极做好稳定局势的工作。四、充分发扬社会主义民主，及时反映社情民意。五、认真总结经验，搞好换届准备工作。

【组织概况】

免职名单 （1997年5月10日政协西藏自治区第六届委员会第十六次常委会议通过）

洛桑旺堆、余静俊（汉族）、贡布、马久、宫振勇（汉族）、方长铨（女、汉族）不再担任政协西藏自治区第六届委员会委员和常委职务。（1997年5月18日政协西藏自治区第六届委员会第十六次常委会议通过）

薛景杰（汉族）、赵映洲（汉族）、王心德（汉族）、叶玉林（汉族）、谢乐今（汉族）、程学良（汉族）、柘尔荣、李永攀（汉族）、曹佑功（汉族）、陈杰昌（汉族）不再担任西藏自治区第六届委员会委员职务。

【西藏自治区各级政协领导人名单】[①]

西藏自治区政协

主 席

帕巴拉·格列朗杰

副主席

巴桑（女） 洛桑丹珍

江中·扎西多吉 拉敏·索朗伦珠

金中·坚赞平措 拉鲁·次旺多吉

唐麦·贡觉白姆（女）

贡巴萨·土登吉扎（1996年5月辞职）

恰巴·格桑旺堆 才旦卓玛（女）

杨有才 多吉扎·江白洛桑

尧西·索朗卓玛（女）

王海林（汉族，1996年5月辞职）

尧西·旺堆

恰扎·强巴赤列（1996年5月免职）

周歧顺（汉族） 徐洪森（汉族）

呷玛泽登 杨朝济（汉族，去世）

秘书长

徐洪森（汉族，兼）

拉萨市

市政协主席

冀景桓（汉族）

县（区）政协主席

城关区 拉 玛

堆龙德庆县 索朗旺堆

日喀则地区

地区政协主席

普 穷

县（市）政协主席

日喀则市 吾 金

亚东县 次仁达基

江孜县 邓 珠

山南地区

地区政协主席

尼玛布珍（女）

县政协主席

乃东县 多 吉

林芝地区

地区政协主席

王金元（汉族）

县政协主席

林芝县 多布杰

察隅县 罗 洛

① 领导人名单中除标明汉族以外的均为藏族。

墨脱县　　罗　让
米林县　　曾兆心(汉族)
工布江达县　塔　青
波密县　　其米次仁
朗　县　　索朗次仁

昌都地区
地区政协主席
(暂缺)
县政协主席
昌都县　　桑　登
江达县　　王　峰(女)
察雅县　　扎西尼玛
类乌齐县　(暂缺)
丁青县　　永　格
芒康县　　麦　朗

那曲地区
地区政协主席
阿　塔
县政协主席
那曲县　　才　培
索　县　　格桑次仁
尼玛县　　次仁彭措
班戈县　　格列曲培
巴青县　　江乃斌(汉族)
安多县　　果　才
比如县　　土　才

阿里地区
地区政协主席
次　仁
县政协主席
日土县　　桑　珠
噶尔县　　多吉扎巴
扎达县　　旺　久
普兰县　　拉巴欧珠

西藏自治区各级政协组织和委员数

项目＼级别	自治区	市	地区	县	合计
组织数	1	2	6	29	38
委员数	477	320	941	900	2 638

(阿　波　编写)

政协陕西省委员会

【全体委员会议】

七届五次会议 1997年1月16日至21日在西安举行。七届委员520名,出席会议委员454名。中共陕西省委书记安启元、省人大常委会主任张勃兴、省长程安东等党政军领导和民主党派、人民团体负责人和曾在统战、政协工作岗位上工作过的老同志应邀出席开幕、闭幕大会。周雅光主席主持大会并致开幕词。会议听取并审议了梁琦副主席受常委会委托所作的七届委员会常务委员会工作报告,听取并审议了提案委员会主任王荣庆所作的七届提案委员会关于七届四次会议以来提案工作情况的报告(书面)。与会委员讨论了省长程安东即将在省人大八届五次会议上所作的《政府工作报告》,省高级人民法院、检察院工作报告和省政府其他有关报告。会议分两个阶段进行:前两天主要讨论政协工作;后四天主要讨论政府工作。通过小组讨论、大会发言和专题讨论,委员们对加强和改进省政协工作,对贯彻省政府工作报告中提出的各项任务,特别是加强农业、深化国有企业改革、发展非公有制经济、积极推进扶贫工作、加强精神文明建设和社会主义法制建设、维护社会团结稳定等问题积极建言献策,提出了许多建设性的意见和建议。

会议通过了常委会工作报告和提案工作报告,通过了七届五次会议政治决议。在闭幕大会上,周雅光主席作了"把握大局,维护稳定,开拓前进"的重要讲话。他说:1997年,在我们中华民族的发展史上,是一个具有十分重要意义的年份。7月1日,我国政府将恢复对香港行使主权。这是贯彻邓小平同志"一国两制"方针的伟大成果,是百年来无数志士仁人梦寐以求的夙愿,必将对推动祖国统一大业、振奋民族精神,产生重大而深远的影响。今年下半年,中国共产党将召开第十五届全国代表大会。这是中国共产党在我国改革开放和社会主义现代化建设事业承前启后、继往开来的重要时刻,召开的具有重大意义的会议。会议将进一步就我国未来的改革、发展、稳定作出战略部署,指导全国人民把建设有中国特色社会主义的伟大事业全面推向新世纪。……我们要加倍努力,积极工作,为完成七届委员会最后一年的历史使命,作出新的贡献。他就做好1997年工作,讲了三个问题:一、认清形势,把握大局;二、坚持大团结、大联合,维护社会稳定;三、继续深入贯彻省委政协工作会议精神,促进政协工作再上新台阶。

【常务委员会议】

第20次会议 1997年1月20日在西安举行。周雅光主席主持会议。会议审议通过政协陕西省七届五次会议政治决议(草案),通过政协陕西省七届五次会议关于常务委员会工作报告的决议(草案),通过提案委员会关于提案审查情况的报告。

第21次会议 1997年5月14日至16日在西安举行。周雅光主席主持会议。会议的中心议题是学习贯彻中央卫生工作会议和陕西省卫生工作会议精神,讨论陕西省医疗卫生事业的改革与发展问题,重点是加强医疗、医药市场建设问题。会议听取了赵德全副省长关于陕西省卫生事业发展情况的通报;省政协教文卫体委员会,宝鸡、咸阳、铜川、汉中、延安、渭南市政协,政协榆林、商洛、安康地区工委等在会议上作了大会发言;省九三学社医药委员会和台盟成员周苓仲作了书面发言。会议在听取各地市政协发言的基础上,进行了认真讨论,就全省医疗卫生事业发展,特别是加强医疗、医药市场建设问题,提出了许多重要意见、建议,经由办公厅整理后,送省委、省政府供决策参考。会议任命刘田轩为政协安康地区工委副主任。

第22次会议 1997年8月12日至14

日在西安举行。会议的中心议题是协商讨论陕西省扶贫问题。周雅光主席主持大会。副省长王寿森通报了陕西省扶贫攻坚工作情况；省政协经济科技委员会和延安等7地市政协作了大会发言；省政协扶贫办公室汇报联县扶贫工作情况；会议交流了政协在扶贫工作中的经验和作法，还交流了沙鹏程等省市县8位政协委员在扶贫工作中的先进典型事迹材料。常委们和与会同志进行了认真讨论，就进一步做好我省扶贫工作提出了许多重要的意见、建议。会议鉴于靳建辉因涉嫌受贿罪已于1997年2月4日被公安机关依法逮捕，现在押，决定撤销靳建辉省政协七届委员会委员资格。

第23次会议 1997年10月6日至7日在西安举行。周雅光主席主持会议。会议中心议题是学习和贯彻中国共产党第十五次全国代表大会精神。与会常委认真学习了江泽民总书记在中共十五大所作的“高举邓小平理论伟大旗帜，把建设有中国特色社会主义事业全面推向二十一世纪”的报告等有关文件，审议通过《关于学习和贯彻中共十五大精神的决议》。决议指出：中国共产党第十五次全国代表大会是在我国改革开放和社会主义现代化建设发展的关键时刻召开的一次承前启后、继往开来的历史性会议。……全省各级政协组织和广大政协委员，要牢牢把握大会主题，明确大会提出的纲领、任务和各项方针政策，……紧密围绕十五大提出的任务，结合我省实际，认真履行职能，为实现我省跨世纪发展战略作出贡献。周雅光主席就学习贯彻中共十五大精神作了讲话。新任中共陕西省委书记李建国同志到会和常委们见面，并就学习中共十五大精神和如何与陕西实际结合贯彻落实十五大精神作了重要讲话。

第24次会议 1997年11月21日至22日在西安举行。周雅光主席主持会议。会议审议通过了关于召开政协陕西省第八届委员会第一次会议的决定，审议通过了政协陕西省第八届委员会组成方案，审议通过了政协陕西省第七届委员会常务委员会工作报告，审议通过了政协陕西省委员会提案委员会关于提案工作情况的报告。

第25次会议 1997年12月25日至26日在西安举行。周雅光主席主持会议。他在开幕会上讲，这次会议是七届委员会最后一次常委会议，我们要善始善终地把这次会议开成一个民主的会议、团结的会议，为八届一次会议的胜利召开创造一个良好的环境和气氛。会议听取了中共陕西省委统战部部长李锦江“关于推荐提名省八届政协委员人选建议名单(草案)的说明”。会议审议通过了政协陕西省第八届委员会第一次会议议程(草案)，协商决定了政协陕西省第八届委员会委员人选。

【专门委员会工作】

提案委员会 七届五次会议以来，共收到政协委员和党派团体提案546件。经审查立案525件，21件作为委员意见建议转有关部门参考。提案委员会在1997年工作中，积极主动做好组织、征集提案工作，鼓励政协委员、各民主党派多提提案；主动走访承办单位，密切与政协配合，协助做好办理工作；注重实效，抓住重点，扩大影响，抓好宣传，调动各方面的积极性，推动提案办理工作。其中陈文山委员提出的《呼吁及时处理八卦庙金矿区破坏案》，民革陕西省委员会提出的《关于水污染及其防治对策》等诸多提案，符合实际，操作性强，实施后取得了良好的社会效果，得到了省政府等承办单位的肯定。

学习委员会 组织委员和各界人士认真学习邓小平理论和中共十五大精神，加深了对旗帜问题、社会主义初级阶段基本路线、经济体制改革和经济发展战略、政治体制改革和民主法制建设、有中国特色社会主义文化建设、推进祖国和平统一和我国对外开放政策的理解,决心高举邓小平理论伟大旗帜,把建设有中国特色社会主义事业全面推向21世纪。由省政协牵头,会同民主党派、工商联、参事室、文史馆召开了陕西省各界人士学习贯彻中共十四届六中全会精神经验交流会。加强了与市县政协学委会的工作联系,先后到宝鸡、商洛、安康、汉中、延安的十多个县(市)调研、交流政协学习工作情况,做好省政协中心学习组和政协委员及各界人士学习活动的组织协调工作。做好学习骨干的培训工作,共组织市(地)、县政协领导干部70名参加了全国政协干部培训中心举办的4期政协干部培训班。参加了全国政协在江西南昌市召开的全国政协学习工作座谈会,学习和交流了学习工作经验。全年编印《学习与实践》6期,2万多份,促进和推动了政协委员和各界人士的学习。

文史资料委员会 坚持以邓小平建设有中国特色社会主义理论和党的基本路线为指针,高举爱国主义旗帜,在文史资料征集出版工作方面成绩显著,在存史、资政、团结、育人方面发挥了积极作用。出版了《委员风采——企业家成功之路》一书,主编完成待出版专题图书《纪念西安事变六十周年学术讨论会论文集》、《画家石鲁》、《近代中国烟毒写真》、《近代中国娼妓史料》、《全国各地支援抗美援朝纪实》,《新时期陕西省政协参政议政纪实》一书也已开始征编。在业务培训方面,一是于1997年6月采取了以会代训的方式,召开全省政协文史资料工作研讨会;二是本委及办公室负责人利用参加地市县区政协文史资料工作会议的机会,向基层文史工作者讲授有关文史资料的理论和业务知识。在参政议政方面,1997年9月,省政协副主席梁琦带领本委视察组对我省国家级爱国主义教育示范基地的保护、建设和利用情况进行了视察,向省委、省政府提交了《关于我省国家级爱国主义教育示范基地的保护、建设和利用情况的视察报告》,受到有关部门的高度重视。

经济与科技委员会 组织了关于陕西省经贸方面实施大经贸战略的专题调研。为此,深入地市、乡镇和企业进行调查,掌握第一手资料和信息,形成了《关于实施大经贸战略,加快陕西对外开放问题的考察报告》,送省政府,为政府决策和制定政策提供了科学可行的依据。围绕省政协七届22次常委会议关于扶贫工作的参政议政议题,经过广泛调查研究,向常委会议提出调查报告。会议提出的意见建议,送省委、省政府后,受到高度重视和肯定。组织科技界委员对佛坪县科技扶贫情况进行视察,积极建言献策,促进了当地科技扶贫工作的发展。

教文卫体委员会 围绕贯彻落实中央卫生工作会议和全省卫生工作会议精神,按照主席会议安排,筹备了七届21次常委会,着重讨论了全省医疗医药市场的改革与发展问题。为此,组成两个视察组,对西安、汉中、宝鸡、商洛四地市的医药市场整治、医疗机构治理整顿工作的情况进行了视察。组织省级各民主党派、地市政协也各自就地进行调查,并分别向常委会提出书面发言材料。对促进我省医疗医药市场的改革与发展起到了一定作用。同时组织委员围绕计划生育"三为主"深入千阳县、陇县视察,推动了计划生育"三为主"政策的落实。

社会与法制委员会 会同省技术监督局,先后赴宝鸡、渭南等地区和长岭集团等多个企业就落实《标准法》、《计量法》、《质量法》、《陕西省产品质量监督条例》进行了调查、视察,委员们通过现场视察,与基层干部群众座谈等方式,较详细地了解了这些部门执法和贯彻情况，有针对性地提出了意见和建议，并以《调查报告》、《视察报告》形式送省委、省政府及有关部门，引起高度重视。结合《劳动法》、社会保障制度改革和再就业工程，会同省劳动厅、省经贸委、省总工会等单位，就我省实施再就业工程进行调查。《调查报告》送省委、省政府及有关部门，引起高度重视，为维护社会稳定、维护职工生计起到积极作用。

民族与宗教委员会 组织委员进行了对西北民航公司配餐公司的视察。该公司长期以来，未设标准的清真食品供应乘坐航班的信奉穆斯林的乘客，引起这部分群众的反映。通过视察，委员们对此提出批评和建议，该公司虚心接受和采纳了委员们的意见，使问题得以解决。本委在华阴市召开了全省政协民族宗教工作研讨会，来自全省各地市政协和部分县政协的同志分别介绍了各地做好民族宗教工作的经验，探讨了社会主义市场经济条件下民族宗教工作的新情况、新问题和新思路。系统的总结，为今后进一步做好民族宗教工作提供了借鉴。

祖国统一侨务外事委员会 1997年共接待台港澳同胞、海外华人华侨、国际友人26批，181人。积极引进海外助教扶贫款3批，总金额120万元人民币，支援了我省的建设事业。促成和协助全国政协外事委员会完成我省旅游事业发展情况的调查，推动了我省旅游事业的发展。1997年6月与省人大、省侨联、省侨办联合举办了陕西省各界人士迎香港回归座谈会；7月与省政协联谊会共同举办庆祝香港回归国际书画邀请展，有力地弘扬了爱国主义精神。1997年4月、12月分两批组织省辖市政协和政协地区工委、省级各民主党派、工商联、有关专门委员会涉外人员50多人赴新加坡、香港等地举办培训班，开阔了外事人员的眼界，转变了工作观念。在对外交往中，省政协主席周雅光、副主席纪鸿尚、苏明，秘书长惠世武等一批领导同志率团先后出访法国、波兰、匈牙利等欧洲国家和澳门地区，促进了陕西省的对外交流。

【重要活动】

检查各地贯彻落实省委政协工作会议精神的情况 1997年3月至5月，根据《中共陕西省委关于进一步加强人民政协工作的决定》的要求，受省委的委托，由中共政协陕西省委员会党组和省委统战部组成检查组，对全省10个地市党委、政府、政协贯彻落实1995年12月召开的省委政协工作会议精神的情况进行了检查。检查表明，各级党委加强了对政协工作的领导，把政协工作列入重要议事日程；各级党委政府积极推进政协工作的规范化、制度化，大力支持政协履行政治协商、民主监督、参政议政职能；各级政协工作更加活跃，政协职能作用得到进一步发挥，全省政协工作出现了党委重视、政府支持、政协主动的新局面。检查中，检查组也指出了贯彻落实省委政协工作会议精神中存在的问题。事后，检查组向省委专门作了书面报告，省委转发了这个报告。

全国政协杨汝岱副主席等视察陕西扶贫工作 1997年6月6日至16日，全国政协副主席杨汝岱率全国政协在京常委、委员一行43人，来陕西视察扶贫开发工作，受到省委、省政府、省政协的热烈欢迎。视察期间，听取了副省长王寿森关于陕西扶贫攻坚工作情况汇报，视察了榆林地区靖边县天赐湾乡贫困村——马宁村，横山县横山镇马营沟“甘露工程”和波罗镇小嘴村围河造田工程，佳县峪口乡贫困村——谭家坪村和木头峪乡贫困村——枣树条村，榆林市七里沙治沙造林工程，榆林市麻黄梁乡贫困村——断桥村、榆林市金鸡滩乡的大棚蔬菜生产，神木县解家堡乡贫困村——碰堂沟村，听取了榆林地委、行署关于榆林地区扶贫开发工作情况汇报，并进行了座谈。同时还视察了靖边县乔沟湾天然气田开发和神府精煤有限责任公司的大柳塔煤矿，神木县活鸡兔露天煤矿；参观了延安革命旧址；祭扫了黄帝陵。视察结束后，与陕西省主要领导同志交换了意见，杨副主席充分肯定了陕西扶贫开发工作所取得的成绩，并对今后扶贫攻坚工作作了重要指示。省政协主席周雅光、副主席逯靠山、办公厅主任姚毅、研究室副主任赵苏敏自始至终陪同视察，副主席朱振义、秘书长惠世武参加了迎送。

组织全省政协系统及各党派、工商联有关祖统侨务外事部门负责人赴国外培训学习 1997年4月、12月，由省政协祖统侨务外事委员会和陕西省引进国外智力办公室共同组织了两批赴国外培训学习班。参加学习的有省辖市政协、政协地区工委、省级各民主党派、工商联、有关专门委员会等部门的负责人，共50多人。两批学习班先后到新加坡、马来西亚、香港等地培训学习。通过听取新加坡经济发展概况、公积金制度、公务员制度、廉政建设、国会组织情况等方面的讲座，走访国会和华人社团组织，实地参观考察等形式，使培训人员开阔了眼界，转变了观念，增强了对外开放的意识，为全省政协祖统、侨务、外事工作增添了新的活力。

喜迎和欢庆香港回归祖国活动 1997年6月，省政协与省人大、省侨联、省侨办联合举办陕西省各界人士迎接香港回归祖国座谈会；7月省政协祖统办和省政协联谊会共同举办庆祝香港回归国际书画邀请展。通过这些活动，宣传了“一国两制”方针政策，表达了我省各界人士喜迎香港回归、洗雪百年耻辱的喜悦心情，弘扬了爱国主义精神。

省政协召开民族宗教工作研讨会 1997年8月26日至28日，省政协在华阴市召开民族宗教工作研讨会。参加会议的有各省辖市政协、政协地区工委以及部分县、市(区)政协负责民族宗教工作的领导同志。会议总结了全省各级政协民族宗教委员会的工作及经验，深入研究探讨了新时期民族宗教工作的新情况、新特点，提出了今后认真搞好人民政协民族宗教工作的新思路、好办法。省政协主席周雅光到会作了重要讲话。

周雅光主席率团赴德举办经贸洽谈会 1997年9月2日至14日，省政协主席周雅光率陕西经贸代表团在德国法兰克福举办经贸洽谈会。主要展示了我省各类进出口公司和部分生产企业生产经营的机电、化工、五矿、轻纺、粮油、土畜等产品。这次经贸洽谈会对进一步鼓励和引导我省企业发挥优势，参与国际市场竞争和外向型经济的增长，具有很大的促进作用。

纪鸿尚副主席率团出访波匈 1997年10月9日至19日，以省政协副主席纪鸿尚为团长、秘书长惠世武为副团长的陕西省友好代表团，在波兰埃尔布隆格省和匈牙利琼格拉达州进行了友好访问。访问期间，纪鸿尚副主席和惠世武秘书长介绍了陕西改革开放以来良好的投资环境和发展前景，以及人民政协在整个经济社会中所发挥的重要作用，参观了两地的食品加工、机械、造纸等行业。通过访问增进了相互之间的了解和友谊，促进了双方在经贸往来之间的交流与合作。

全省市政协主席、地区工委主任座谈会 1997年12月10日至11日在西北饭店举行。省政协主席、副主席、秘书长和西安等7个省辖市政协主席，榆林等3个地区工委主任出席会议。周雅光主席、纪鸿尚副主席分别主持会议。会议主要议题是传达全国政协主席李瑞环在全国地方政协主席座谈会上的讲话，征求各地市政协对省政协常委会工作报告的意见。10个地市政协主席（主任）结合各地市情况，认真总结了省政协五年工作经验，对省政协今年工作提出了许多建设性意见、建议。周雅光主席在会议上做了总结讲话。他说，我担任省政协主席10年，最深刻的体会有三点：一是班子团结是做好一切工作的基础。二是做好政协工作，要靠党委领导、政府支持、各方面支持、各党派支持。三是机关要建成团结、务实、积极的机构。他还指出，这些年和各党派联系不够，希望今后加强联系。

【重要文件】

中共陕西省委办公厅《关于各地贯彻落实省委政协工作会议精神的情况通报》

1997年9月10日《陕办通报》第46期。《通报》按：1995年省委政协工作会议后，各地认真贯彻落实会议精神，全省政协工作得到了进一步加强，在两个文明建设中发挥了重要作用。现将省政协党组、省委统战部《关于各地贯彻落实省委政协工作会议精神的情况通报》刊登于后，希望各地继续按照省委政协工作会议精神，进一步提高认识，加强领导，积极探索，努力工作，不断开创我省政协工作的新局面。通报内容摘要如下：

省委政协工作会议后，各地党委、政府、政协把贯彻落实会议精神作为一项重要工作，认真传达会议精神，深刻领会精神实质。各级政协召开了主席会、常委会进行学习讨论，并提出了贯彻落实省委政协工作会议的具体措施。促使全省政协工作出现了党委重视，政府支持，政协主动的新局面。

（一）各级党委加强了对政协工作的领导，把政协工作列入重要议事日程。通过学习贯彻省委政协工作会议精神，各地、市党委都能把政协工作列入党委重要议事日程，做到有研究、有检查、有总结。各级党委都确定一名书记或副书记分工联系政协工作，使政协工作在党委全盘工作中占有重要位置。全省各级党委都能经常给政协出题目、交任务，支持政协更好地发挥参谋和监督作用。进一步加强了政协领导班子和干部队伍的建设，一年来，全省各级政协先后提拔、交流和调整了300多名干部。

（二）各级党委、政府积极推进政协工作的规范化、制度化，大力支持政协履行好政治协商、民主监督、参政议政职能。各地党委、政府在贯彻省委政协工作会议精神过程中，都注意把政治协商纳入决策程序，积极推进政协工作的规范化、制度化。各地政府在实际工作中认真落实省政府的《决定》精神，加强同政协的联系，自觉接受政协的监督。各级政府领导对政协提出的建议案和报送的调查视察材料，大都能亲自过目并作出批示，责成有关部门予以研究落实。省政协工作会议后，各地政府都能在财政普遍紧缺的情况下，尽可能地帮助政协机关改善工作条件。

（三）各级政协工作更加活跃，职能作用得到进一步发挥。省委政协工作会议精神的贯彻落实，极大地增强了各级政协干部做好人民政协工作的自觉性和使命感，各级政协以党政中心工作为己任，为各地经济建设和社会稳定作出了积极贡献。一是围绕党政中心工作履行职能，为两个文明建设献良策、办实事。二是加大了民主监督的力度。三是广泛联谊交友，促进团结稳定。四是建立健全履行职能的有关制度。

从这次检查情况看，各地、市、县在贯彻省委政协工作会议精神和省委、省政府《决定》中取得了显著成绩。但是同省委的要求还有较大差距，各地程度不同地存在一些薄弱环节和问题，主要有以下几个方面：一是各地贯彻落实省委政协工作会议精神的进度不够平衡。二是部分干部特别是近年来新提拔的部分领导干部对做好新时期人民政协工作的重要性认识不足。三是政协工作规范化、制度化有待进一步加强。四是政协组织在自身建设方面存在的困难和问题仍然十分突出。

中共陕西省纪律检查委员会陕西省监察厅关于进一步支持人民政协履行民主监督职能的决定(1996年4月16日)(摘要)

(一)各级纪检监察机关对党风廉政建设和反腐败斗争中的重要问题和重要部署,在决定之前要认真听取同级政协的意见和建议,进一步实现决策的民主化和科学化。

(二)各级纪检监察机关对政协各种会议以及调查、检查、视察中,对纪检监察工作提出的意见、建议和批评,要认真研究,积极采纳。

(三)各级纪检监察机关召开的一些重要会议,可邀请同级政协的领导或有关负责同志出席。组织的党风廉政建设、反腐败斗争专项检查和考察活动,可邀请政协派员参加。政协举行的有关重要会议及重要活动,邀请纪检监察机关的领导及有关负责同志参加的,应积极参加。

(四)各级纪检监察机关每年应定期或不定期地向同级政协通报党风廉政建设和反腐败斗争的情况。如遇特殊情况,可随时通报或征求意见。

(五)各级纪检监察机关对政协组织的关于党风廉政建设、反腐败斗争和执法问题的专题调研、视察、考察活动,要积极支持,密切配合。对政协提出的意见和建议,要认真研究处理,并及时反馈情况。

(六)各级纪检监察机关要聘请政协委员、民主党派和工商联成员、无党派人士、人民团体成员担任特邀监察员。要建立相应的制度,采取有效措施,支持他们积极开展工作,充分发挥作用。

(七)各级纪检监察机关对政协提出的建议案和提案,领导同志要亲自阅批办理意见,由专门的机构和人员负责办理落实,并按规定时限向政协和提案者作出书面答复。

(八)各级纪检监察机关要认真受理政协委员的来信来访。对政协委员提出的控告、检举和申诉事项,要认真办理,及时反馈。

(九)各级纪检监察机关要切实保护政协委员的民主权利。对政协委员履行民主监督职责而受到不公正对待的事件,纪检监察机关要及时查处,并按有关规定追究有关人员的责任。

(十)各级纪检监察机关应确定一位领导同志负责联系同级政协的工作,协助政协解决履行民主监督职能中出现的困难和问题。

省政协常委会工作报告(1997年1月16日)(摘要) 七届四次会议以来,常务委员会在中共陕西省委的领导和全国政协的指导下,认真贯彻中共十四届五中、六中全会和省委政协工作会议及省政协七届四次全委会议精神,坚持以邓小平建设有中国特色社会主义理论为指导,围绕省委、省政府中心工作,认真履行政治协商、民主监督、参政议政职能,各项工作都取得新的进展,为我省改革、发展、稳定作出了积极贡献:(一)认真贯彻落实省委政协工作会议精神,推进政协工作的深入发展。(二)围绕经济建设中心,认真履行政治协商、民主监督、参政议政的职能。(三)认真学习贯彻六中全会精神,进一步促进我省精神文明建设。(四)开展人民外交,加强海外联谊,促进祖国统一。(五)努力做好文史资料、民族宗教和政协宣传、信息工作。(六)切实加强自身建设。

今年在我国历史上将是非常重要的一年。我们将恢复对香港行使主权,迈出实现一国两制的重要一步;将召开中国共产党第十五次全国代表大会,把建设有中国特色社会主义伟大事业向新世纪全面推进。今年,省政协常委会工作的指导思想是,坚持以建设有中国特色社会主义理论和党的基本路线为指导,贯彻中共十四届五中、六中全会和中央、全省经济工作会议精神,牢牢把握“抓住机遇、深化改革,扩大开放,促进发展,保持稳定”的工作大局,高举爱国主义、社会主义旗帜,坚持民主、团结两大主题,紧紧围绕省委、省政府的中心工作,认真履行政治协商、民主监督、参政议政职能,促进我省经济和社会的全面发展。为此,常委会工作的基本要点是:(一)深入学习建设有中国特色社会主义理论,统一思想,增进共识。(二)以经济建设为中心,围绕我省经济和社会的协调发展献计出力。(三)坚持民主团结两大主题,促进社会的团结稳定。(四)积极协助党和政府做好扶贫帮困工作。(五)高举爱国主义和社会主义旗帜,加强祖国统一联谊工作,迎接香港顺利回归。(六)加强文史资料和政协宣传工作。(七)加强政协自身建设,不断提高工作水平。

政协陕西省七届23次常委会议关于学习贯彻中国共产党第十五次全国代表大会精神的决议(1997年10月7日)(摘要)

会议完全拥护江泽民同志在十五大上所作的报告和大会通过的各项决议,衷心拥护以江泽民同志为核心的新的中共中央领导机构。会议认为,中共十五大是在我国改革开放和社会主义现代化建设发展的关键时刻召开的一次承前启后、继往开来的历史性会议。大会提出高举邓小平理论伟大旗帜,把建设有中国特色社会主义事业全面推向二十一世纪,充分反映了时代的要求和全国各族人民的心愿。江泽民同志在十五大上所作的报告,是指引全国各族人民夺取建设有中国特色社会主义伟大事业全面胜利的政治宣言和行动纲领。报告进一步强调我国还处于社会主义初级阶段,尤其要把集中力量发展社会生产力摆在首要地位,对于我们陕西来讲具有极其重要的指导意义。会议认为,我省各级政协组织和广大委员,要全面领会大会精神实质,牢牢把握大会主题,明确大会提出的纲领、任务和各项方针政策,用中共十五大的精神统一思想;要紧密联系实际,坚持和完善共产党领导的多党合作和政治协商制度,继续推进人民政协政治协商、民主监督、参政议政的规范化和制度化,使人民政协成为中国共产党团结各界的重要渠道;要进一步巩固和发展最广泛的爱国统一战线,紧密围绕中共十五大提出的各项任务,结合我省实际,认真履行职能,为实现我省跨世纪的发展战略作出贡献。会议号召全省各级政协组织和广大委员、各民主党派、无党派爱国人士、人民团体和各族各界人士,高举邓小平理论的伟大旗帜,坚持社会主义初级阶段基本路线和纲领,紧密团结在以江泽民同志为核心的中共中央周围,在中共陕西省委的领导下,解放思想,振奋精神,团结一致,扎实工作,为实现十五大提出的各项任务,为实现陕西的全面振兴而努力奋斗!

周雅光主席在七届23次常委会上关于学习和贯彻中国共产党第十五次全国代表大会精神的讲话(1997年10月7日)(摘要) (一)学习十五大精神,重在把握主题,领会精神实质。中共十五大是在我国改革开放和社会主义现代化建设发展的关键时刻召开的一次承前启后、继往开来的历史性会议。江泽民同志向大会所作的报告站在跨世纪的战略高度,对我国改革开放和社会主义现代化建设跨世纪的发展作出了新的战略部署。认真学习十五大精神是我们当前和今后一个时期的一项重要任务。各级政协都要高举邓小平理论伟大旗帜,结合实际,深入学习和认真贯彻小平同志关于新时期做好政协统战工作的指示精神。江泽民同志的报告从理论和实践的结合上，对我国仍处于社会主义初级阶段进行了全面的论述，具有重要的现实和深远的指导意义。(二)学习贯彻十五大精神要联系陕西实际，联系政协工作的实际。我们各级政协组织学习贯彻十五大精神，要坚持理论联系实际，注重研究我省经济和社会生活中的突出矛盾和问题，深入探讨推进经济建设向前发展的途径和方式。陕西加快发展的关键是解放思想、转变观念，我们要在具体问题上、实际工作中真正体现解放思想，要抓住机遇，坚持“三个有利于”的标准，促进陕西经济的全面振兴。十五大的召开，对人民政协工作提出了更高的要求，展示了美好的发展前景。各级政协要继续推进政治协商、民主监督、参政议政的规范化、制度化，使政协成为中国共产党团结各界的重要渠道。要紧密围绕十五大提出的各项任务，根据政协的特点和优势，切实履行职能，为实现我省跨世纪发展战略做出积极贡献。

【组织概况】

撤销委员资格名单

靳建辉(原省民政厅厅长，因涉嫌受贿罪被依法逮捕，1997 年 8 月 14 日省政协七届 22 次常委会议决定撤销其省政协委员资格。)

【陕西省各级政协领导人名单】

陕西省政协

主　席

周雅光

副主席

梁　琦(女)　纪鸿尚　孙天义

黄峻山　张鹤龄　姜信真　王世臣

苏　明　逄靠山　朱振义

秘书长

惠世武

西安市(副省级)

市政协主席

傅继德

副主席

武反生　刘德才　李云汉　邓日恒

于小文(女)　胡剑虹　张道宏

王应凯　董群惠　徐　忠

秘书长

邓日恒(兼)

区县政协主席(区为副地级)

阎良区　王克信

灞桥区　郭汉义

雁塔区　孟广仁

未央区　陈富裕

碑林区　王万兴

莲湖区　辛瑞兰

新城区　姜宗发

高陵县　陈绍洲

临潼区　马思杰

蓝田县　周忠瑞

户　县　孙芒德

周至县　侯万力

长安县　勾希斌

咸阳市

市政协主席

孙万保

县(市、区)政协主席

杨陵区　陈世华

秦都区　侯振远

渭城区　董世俊

兴平市　王鹏远

武功县　吴明生

乾　县　张永贵

礼泉县　邢士昌

永寿县　陈新民

长武县　马春荣

彬　县　陈清廉

旬邑县　王致文

三原县　张彦杰

泾阳县　吕祥威

淳化县 张述华

延安市

市政协主席

姚代明

县(区)政协主席

宝塔区 方世新

甘泉县 党文义

安塞县 吴志祥

志丹县 王居功

吴旗县 刘佑荣

子长县 强　毅

延长县 王志锦

延川县 鲁雄录

宜川县 赵学东

洛川县 吴向林

富　县 吴文明

黄陵县 陈学仁

黄龙县 申正宪

宝鸡市

市政协主席

朱宗柱

县(区)政协主席

渭滨区 崔光前

金台区 罗　杰

宝鸡县 刘殿奎

陇　县 胡敬贤

凤翔县 齐崇德

千阳县 尚文凯

岐山县 王斌怀

麟游县 崔文祥

扶风县 陈景华

眉　县 孙宝元

太白县 赵双田

凤　县 张玉杰

渭南市

市政协主席

严润锁

县(市、区)政协主席

临渭区 侯　仪

韩城市 刘爱玲

华　县 吕云海

华阴市 严文选

潼关县 杨轶初

大荔县 李光华

合阳县 师宏昌

蒲城县 范烦坤

澄城县 侯效周

白水县 王　毅

富平县 田即晓

汉中市

市政协主席

崔兴亭

县(区)政协主席

汉台区 雷　鸣

南郑县 张文忠

留坝县 陈友才

勉　县 吴厚德

宁强县 黄仕松

略阳县 王建基

洋　县 龚德昌

佛坪县 刘新德

城固县 饶明泉

镇巴县 邱荣赞

西乡县 李象恭

铜川市

市政协主席

任梦琪

县(区)政协主席

郊　区 贺　壁

城　区 苟维生

宜君县 王兴斌

耀　县 李有生

榆林地区

县(市)政协主席

榆林市 张增厚
清涧县 刘汉武
子洲县 韩民杰
吴堡县 刘绍德
绥德县 李树高
佳　县 乔进学
米脂县 刘政清
定边县 潘银茂
靖边县 苗滋利
府谷县 王　锋
神木县 赵成华
横山县 孙炎波

安康地区

县(市)政协主席

安康市 柯昌林
岚皋县 龚太铭
石泉县 陈更新
镇坪县 党义敏
宁陕县 黄光飞
汉阴县 张才道
紫阳县 杨培声
平利县 邹贵成
旬阳县 郭进忠
白河县 吴江弟

商洛地区

县(市)政协主席

商州市 马妙成
丹凤县 淡永德
洛南县 夜应忠
商南县 张民权
镇安县 余良应
山阳县 李志恩
柞水县 邢学凯

陕西省各级政协组织与委员数

项目＼级别	省	副省级市	地级市	县(市、区)	合计
组织数	1	1	6	107	115
委员数	520	496	1 683	11 603	14 302

(赵苏敏　朱洞风　高红霞　编写)

政协甘肃省委员会

【全体委员会议】

七届五次会议 1997年1月22日至27日在兰州召开。现有委员510人,出席会议委员448人。省政协主席申效曾主持了开幕会议,并在闭幕会上作了讲话。会议审议通过了韩正卿副主席代表常委会所作的工作报告和七届四次会议以来提案工作情况报告。与会委员列席了省八届人大五次会议,听取和讨论了省政府工作报告和计划、财政报告,对如何积极推进两个根本性转变,认真实施"科教兴省"战略,强化农业基础地位,加快扶贫攻坚步伐,深化国有企业改革,加强社会主义精神文明建设,促进国民经济持续快速健康发展,推动社会全面进步等问题极为关注,提出了许多建设性的意见和建议。有31位委员在大会上作了发言,提出提案511件,比上年增加23件。会议通过了《七届五次会议政治决议》,会议强调,各级政协组织要进一步加强自身建设,推进履行政协职能的规范化、制度化。广大政协委员要增强责任感和使命感,牢固树立全心全意为人民服务的思想,讲政治、讲学习、讲正气、重实情、办实事、求实效,勤奋工作,无私奉献,努力开创人民政协工作新局面。省委书记阎海旺、省长孙英等党政领导及省委、省政府各部门负责同志参加了小组讨论和大会发言,直接听取了委员的意见和建议。

【常务委员会议】

第19次会议 1997年1月19日至20日在兰州举行。会议通过了省政协七届五次会议议程(草案)、日程;通过了一年来常委会工作报告和报告人;通过了七届四次会议以来提案工作情况的报告;通过了七届五次会议分组办法和小组召集人名单。

第20次会议 1997年1月26日在兰州举行。会议原则通过了政协甘肃省第七届委员会第五次会议政治决议(草案),原则通过了关于常委会工作报告的决议(草案),通过了提案委员会关于五次会议提案审查情况的报告。

第21次会议 1997年5月19日至21日在兰州召开。会议的主要议题是讨论全省专业技术人才问题。会议原则通过了《政协甘肃省委员会常务委员会关于我省专业技术人才问题的情况和建议》,通过了人事任免事项。申效曾主席在会议结束时的讲话中强调:培养造就合格专业人才,必须坚持德才兼备的原则;专业技术人才要树立全心全意为人民服务的思想,重视和加强世界观的改造、立志做"四有"新人;专业技术人才要发扬艰苦奋斗的精神,为加快实现我省宏伟蓝图作贡献;各级组织要尊重知识、尊重人才。

第22次会议 1997年9月25日至27日在兰州召开。会议的主要议题是学习贯彻中共十五次代表大会精神。与会委员认真学习讨论了江泽民所作的《高举邓小平理论伟大旗帜,把建设有中国特色社会主义事业全面推向二十一世纪》的报告,听取了省委书记阎海旺、省长孙英关于十五大精神的传达报告。会议作出了学习贯彻中共十五大精神的决议,决议号召全省各级政协组织和政协委员把学习贯彻中共十五大精神作为当前和今后一个时期的重要任务,高举邓小平理论伟大旗帜,为完成十五大提出的各项任务努力奋斗。

第23次会议 1997年12月8日至11日在兰州召开。会议通过了《政协甘肃省第七届委员会工作总结》,通过了提案委员会《关于七届五次会议以来提案工作情况的报告》,通过了《政协甘肃省第八届委员会委员名单》和《关于召开政协甘肃省第八届委员会第一次会议的决定》。会议期间还协商讨论了《政府工作报告》(征求意见稿)。会议结束时申效曾主席和省委副书记杨振杰讲了话。

【专门委员会工作】

提案委员会　收到提案538件，经审查立案527件，全部办复。提案工作认真贯彻落实全国政协第三次提案工作座谈会精神，以提高提案质量和办理质量为重点展开工作。认真组织征集了提案，1996年底即向各民主党派、人民团体和全体委员致函，重述了“对提案的六项要求”，随后通过多种方式，加强与委员的联系，组织征集提案。突出办理重点，编印了重点提案选编，送省委、省政府、省政协领导阅批，并提请承办单位重点办理。举办了提案办理人员培训班。加强了督促检查，走访了承办提案任务比较大的省计委、经贸委等12个单位，逐一落实办理工作。采取多种形式，如现场办案、联合办案等办理提案，变“文来文往”为“人来人往”，提高了办理效果。

社会和法制委员会　抓住社会主义民主法制建设和群众关心的问题，开展各项工作。组成以政协委员为主的禁毒督导组，对天水市及所辖县区的禁毒工作进行了督导和视察。参加了省政府组织的执法检查组，对白银市、定西地区实施行政处罚法、推行执法责任制和创建安全文明小区等问题进行了检查。讨论协商了《甘肃省婚姻登记管理办法》等三部法律、法规。配合全国政协社会与法制委员会，对社会保障制度改革、执法中的地方和部门保护主义进行了调查。就全省女性专业人才问题进行了专题调查。

文史和学习委员会　一、在文史工作方面，编辑出版《甘肃文史资料选辑》第43、44、45期共三辑。编辑和审读了《中国裕固族》等三辑100万字。征集文史资料70万字。拟定了《钢城嘉峪关》等五本书的征编方案。围绕全国政协建国后史料协作征编的9个专题进行了征集工作，提供稿件68篇34万字。二、在学习工作方面，重点帮助和推动委员学习邓小平建设有中国特色社会主义理论和中共十五大精神，编印学习资料6期24万字。编印《香港特别行政区基本法学习宣传资料》等三种有关香港回归的资料。组织了多种形式的学习座谈会，参加了全国政协召开的学习工作会议。

经济委员会　围绕省委、省政府的中心工作，积极开展了多种形式的参政议政活动。重点对国有大中型困难企业敬东机器厂进行了调查，主管省长、主管行业和有关部门听取了调查情况的汇报，促使一些困难问题得到了解决，稳定了职工情绪。对全省个体私营经济发展情况进行了细致的调研，提交了《关于我省个体和私营经济发展的情况和建议》的报告，许多建议已被决策吸纳。参与了全省专业技术人才状况和黄河企业集团发展情况的调查研究。

农业委员会　对白银市、定西县发展壮大农村集体经济进行了专题调查研究，针对农村集体经济薄弱，影响农村基层政权建设的问题，提出了具体的建议。对全省农业科技人才状况进行了调查，提出了专题报告。接待山西省政协农村经济发展及扶贫开发考察团的同时，对我省扶贫攻坚工作进行了视察。

科教文卫体委员会　围绕中心，抓住重点，选准题目，开展了调研和各项工作。历时四个月，重点对全省科教卫药专业技术人才进行了全面细致的调查研究，提出了《关于科技人才问题的调查报告》、《关于教育人才问题的调查报告》、《关于全省医疗卫生人才问题的调查报告》和《关于甘肃省医药集团公司专业技术人员的调查报告》。参与了《关于我省专业技术人才问题的情况和建议》的起草、征询意见和修改工作。根据全国政协科教文卫体委员会的要求，就全省竞技体育运动后备力量的问题，组织委员进行了调查，提出了《关于甘肃省中等体育运动学校基本情况的调查报告》。

民族宗教和三胞联络委员会　紧紧围

绕民族团结进步和促进祖国和平统一的主题开展工作。先后三次到两个民族自治州进行了专业技术人才的调查,为全省人才调查提供了资料。通过调查座谈,向省委、省政府反映了民族地区发展中的几个突出问题,引起了有关部门的重视。组织民族自治县的政协领导到云南、贵州两省进行了学习考察。组织委员对天水市7个旅游开发景点进行了视察,对该地区旅游资源的开发提出了积极的意见和建议。有针对性地走访了4家港资企业,反映了全省投资环境的意见和建议。7月1日香港回归,召开了规模较大的"迎接香港回归祖国座谈会"和书画展。

【重要活动】

组织全省专业技术人才问题的大调查 根据申效曾主席的建议,从1996年10月起至1997年5月对全省专业技术人才问题进行了大规模的调研。调研采取条块交叉的方式进行,由省政协办公厅、研究室和各专门委员会对经济、农业、科技等九个系统进行调研,各州、市政协和地区工委对本地区进行调研,形成了37份调查报告和有关材料。在此基础上于1997年3月写出了《关于我省专业技术人才问题的情况和建议》(征求意见稿)。省政协主席、副主席、部分常委分六路赴14个地州市,广泛征求当地党委、政府、政协和有关部门的意见进行了修改,五易其稿,形成了草案稿。又经54次主席会议和21次常委会议专题讨论,形成了《政协甘肃省委员会常务委员会关于我省专业技术人才问题的情况和建议》,受到省委的高度重视,省委召开常委会议进行了专题讨论,又将建议印发全省各地各部门,组织了专门班子专题研究,提出完整的分步实施意见。

个体和私营经济发展情况的调查 1997年7月至8月,由省政协经济委员会和省政府参事室联合对全省个体和私营经济发展现状进行了调查,针对近二年来发展速度减慢和面临的新情况,提出了学习中东部省区的经验,加快发展速度、提高发展水平等六条建议,省委、省政府领导亲自作了批示,进一步修订了有关政策,召开了有关会议,研究制定了促进发展的措施。

对困难企业敬东机器厂的调查 甘肃敬东机器厂是国有大中型困难企业,二千多名职工一年没有工资,干群情绪很大。针对当时调查组好进难出的情况,组织委员两次进厂调查了解,向主管省长及有关部门进行了汇报,共商解决办法,对恢复生产,安置下岗职工,改善干群关系,稳定职工情绪等起了积极作用。

视察黄河企业集团 黄河企业集团是一家以生产啤酒为主的跨行业、跨地区的大型乡镇企业,近年发展势头很猛,在全省起着示范和带头作用。省政协主席和副主席、秘书长等进行了视察,提出了通过农业综合开发和扩大经营规模促成黄河企业集团股票上市等创名牌的建议,被省政府采纳。推动了全省乡镇企业的发展。

迎香港回归座谈会 1997年6月13日在兰州举行,在兰州的委员、各民主党派、工商联负责人以及省上领导300多人参加了座谈会,省政协领导、省民革、省民委、省台联、省侨联的负责人发表了讲话。会上省政协委员、机关干部和文艺工作者联合表演了文艺节目。

【重要文件】

七届委员会工作总结(1997年12月11日)(摘要) 一、五年工作的基本估价。七届政协的五年,是在邓小平理论指引下,积极探索、不断前进的五年;是广泛团结、服务大局、富有成效的五年;是为我省经济、政治、文化建设做出贡献,获得社会广泛赞誉的五年。五年共召开全体会议5次,常委会议23次,主席会议62次,专题座谈会97次,组织委员视察、调查109次,向省委、省政府及有关部门报送建议案、建议和调查报告83份，提交提案2 383件。二、以邓小平理论和党的基本路线为指导，坚持正确的政治方向，是做好政协工作的根本保证。坚持正确的政治方向，是本届政协工作始终坚持的重大原则。坚持邓小平理论，坚持共产党的领导，坚持正确履行职能，是关系政协工作政治方向的三个基本问题。在这些重大原则问题上，始终保持了清醒的认识和坚定的立场，使政协工作沿着正确的方向前进，取得了较好的成绩。三、以经济建设为中心，为我省改革开放和发展作贡献，是政协履行职能的主要任务。七届政协紧紧围绕经济建设这个中心，为改革开放和现代化建设服务。农业是制约我省经济发展和社会稳定的重大问题，常委会一直把重农抓水，强化农业基础，打好扶贫攻坚战作为参政议政的重点，先后组织委员进行了24次视察和专题调查，有3次常委会议专题讨论农业问题，报送建议案5份。《实施千万亩水地粮食丰产工程的建议案》、《关于加快我省集雨灌溉工程建设的建议》和对贫困地区扶贫攻坚的调查和建议，对全省农业发展和两个根本性转变产生了积极影响。在围绕经济建设履行职能中，抓住经济体制改革方面的突出问题，对国有大中型企业建立现代企业制度，兰州市内陆城市改革开放和建设，加强税收征管，推进非国有经济发展，企业解困和职工再就业等问题进行了调查，取得了实效。四、坚持经济、政治、文化协调发展的方针，为建设有中国特色社会主义文化事业服务，是参政议政的重要内容。1995年对问题比较多、群众意见比较大的文化市场问题，组织委员先在兰州地区进行视察，然后向各地州市政协发出建议信，在全省范围内开展了文化市场视察活动。在此基础上，召开常委会议，专题讨论研究了文化市场的管理和繁荣问题，形成了《关于进一步加强我省文化市场管理问题的建议案》。1996年针对贩毒吸毒、制黄贩黄、卖淫嫖娼、赌博、拐卖妇女儿童、利用封建迷信骗钱害人等“六害”泛滥、群众反映强烈的问题，组织委员并联合各地州市政协进行了视察和调查，在常委会上通过了《关于进一步治理“六害”，为我省社会主义物质文明建设营造良好社会环境的建议》。这两次视察搞得早、声势大、针对性强、效果好。1997年历时9个月，深入全省各系统、各地区对专业人才进行了广泛、细致的调查，经常委会讨论，提交了《关于我省专业技术人才问题的情况和建议》。五年来还对发展教育和科技事业多次进行了调查视察、分析研究，都收到很好的效果。五、积极协助党委和政府推进民主政治建设，维护团结稳定的政治局面，是政协工作的两大主题。认真贯彻了《中共中央关于坚持和完善中国共产党领导的多党合作和政治协商制度的意见》，进一步加强同民主党派的联系。省级6个民主党派和工商联在政协都有兼职副秘书长，定期召开秘书长会议；重要事务、重大活动征求党派意见，联合民主党派组织参加调研和活动，加强与民主党派的团结合作，充分发挥了民主党派在政协中的作用。积极反映社情民意，促进了“热点”“难点”问题及时解决。多次组织委员到少数民族地区调查研究民族地区经济、文化事业的发展。团结民族宗教上层人士协助落实民族宗教政策，协调解决好矛盾和纠纷。遵照“和平统一、一国两制”的方针，广泛开展了三胞联谊工作和“三引进”的牵线搭桥工作。六、采取多种形式，充分调动委员的积极性，是提高政协工作水平的重要基础。为委员知情参政通报信息和情况，定期举行全省经济工作情况通报会，提案办理情况通报会。向委员提供资料和信息，共向委员印发各种资料刊物132期10万余册。充分发挥专门委员会的作用,加强了经常工作和活动。立法协商方面为38部地方法规提出修改意见,文史资料共征集史料668万字,出版文史资料10辑。开展了"爱甘肃、献良策、作贡献"活动和多种形式的委员活动日。出现了在政协会议报名发言的人数、提提案的委员和提案数量越来越多的现象。七、依靠两个积极性,推进履行职能的规范化、制度化,是做好政协工作的重要前提。五年来,在推进履行职能的规范化、制度化建设方面做了大量工作。和省委联合召开了学习贯彻中共中央《通知》及全国政协《规定》的领导干部大会,省委批转了省政协制定的贯彻全国政协规定的《实施办法》,作出了《关于进一步加强党对政协工作领导的决定》,省政府发出了《关于支持政协开展政治协商、民主监督、参政议政工作的通知》。省政协修定了《常委会工作规则》和《专委会通则》等。机关健全了岗位责任制,开展了讲政治、讲团结、讲纪律、讲质量、讲贡献的"五讲"活动,完成了机构改革的任务。五年中,省委、省政府共发出7个有关政协工作的文件,省委常委会除每年研究一次政协工作外,多次听取政协视察和调查研究的专题汇报。省政协两次邀请各地州市委书记到省政协座谈,推动了省政协和各地政协的工作。八、加强对地县政协的联系和指导,是推进全省政协工作发展的有效途径。1994年召开了全省政协工作会议,研究了新形势下提高全省政协工作水平的思路和办法。1995年召开了全省政协工作经验交流会,交流了26份典型经验,汇编成册。举办了县级政协主席学习班和地县政协干部培训班。五年来坚持邀请地、州、市、县政协负责人列席全委会,地州市政协负责人列席常委会,召开地方政协主席座谈会。充分运用《民主协商报》《甘肃政协》等介绍各地政协工作情况和经验。密切同地县政协的工作协作,省政协进行视察调查时,吸收当地政协参加,选择一些全省性问题,省政协和各地政协同时进行,从深度和广度上扩展了与基层政协的联系。

常委会工作报告(1997年1月22日)(摘要) 一、1996年是常委会工作继续开拓前进的一年。(一)学习邓小平建设有中国特色社会主义理论,把讲政治作为政协工作的生命线,把组织和推动委员学习邓小平建设有中国特色社会主义理论和中共十四届五中、六中全会精神放在各项工作的首位。七届四次会议上,强调政协讲政治必须牢固树立正确的政治观点、群众观点和批评、自我批评的观点。使政协工作的方向更加明确,思路更加清晰,从而有力地推动了政协工作向前发展。中共十四届六中全会和省委八届五次全委(扩大)会议后,及时召开了十八次常委会,进行学习讨论贯彻。对全省贯彻六中全会《决议》和省委《实施意见》提出了具体建议。机关进行了学习理论学党章的活动和学习人民政协理论的活动。(二)围绕农业两个根本性转变献计献策,促进农业从粗放型向集约型转变。经历一年时间,先后组织委员多次深入实际调查研究,邀请专家学者、农业部门和地、县的同志座谈,反复征求各方面的意见,分析论证,又经十七次常委会专题讨论,提出了《关于实施千万亩水地粮食丰产工程的建议案》。干旱少雨是制约我省中部地区农业发展的主要矛盾,根据群众长期实践和实地考察,提出了《关于加快我省集雨灌溉工程建设的建议》,经常委会讨论报送省委、省政府,对这项工程的发展起到了积极的促进作用。对大搞有机肥料、甘南州畜牧业发展、河西水资源利用的建议收到了实际效果。(三)对进一步治理"六害"开展调查研究,积极配合严打斗争,促进社会主义精神文明建设。组织委员并建议各地州市县政协,对"六害"进行了全省性的多次的视察调查,又经十六次常委会讨论,提交了《关于进一步治理"六害"为我省社会主义物质文明和精神文明建设营造良好社会环境的建议》,配合了全省开展的严打斗争。(四)反映社情民意,促进疑难问题的解决。甘肃礼县大堡子山是秦始皇先祖的群体墓地,1987 年以来被严重盗掘破坏,珍贵文物大量流失,屡禁不止,省政协专门向省委常委会作了汇报,提出了保护、开发文物的具体建议。省委派一位副书记、一位副省长负责解决文物被盗重大案件,召开全省文物工作会议专题研究礼县文物的保护和管理,使盗掘现象得到制止。兰州市雁滩南河道长期堵塞,污水淤积,污染环境,针对群众的反映,组织委员进行了视察,提出治理的建议,兰州市政府进行了大力整治,环境得到了改善。(五)对经济工作方面的突出问题进行调查,提出意见和建议。税收流失是影响地县财政收入的一个重要原因,针对这一情况,对平凉、庆阳两地税收征管情况进行了调查,提交了《关于税收征管情况的调查报告》,省政府进行了专题研究和落实。对临夏回族自治州和甘南藏族自治州进行视察和调查,对民族经济、文教卫生事业发展、国有小企业解困等提出建议,部分建议很快得到落实。(六)围绕实施"科教兴省"战略调查研究,提出意见和建议。对平凉、庆阳两地区实施"科教兴省"战略进行了调查,对陇南地区农村职业技术教育进行了考察,针对存在的问题提出了相应建议。(七)对外交往、祖统、法制、文史工作取得了新进展。组织委员积极开展了三胞联谊活动,积极参与了立法协商,出版了两期文史资料,511 件提案全部办复。(八)加强自身建设,积极推进政协履行职能的规范化、制度化。制定了《政协甘肃省委员会贯彻〈政协全国委员会关于政治协商民主监督参政议政的规定〉的实施办法》,修订了常委会工作《规则》、专委会《通则》和提案工作《条例》。一年来体会到,要做好政协工作,一是要有敏锐性,二是要有群众性,三是要有务实性,四是要有形式和方法的多样性。二、1997 年是常委会善始善终做好本届政协工作的一年。(一)认真学习邓小平建设有中国特色社会主义理论,进一步提高坚持党的基本路线和基本方针的自觉性。(二)围绕我省国民经济发展进行调查研究,献计献策。(三)围绕思想道德建设,开展调查研究,为促进我省社会主义精神文明建设作贡献。(四)对人才问题进行调查研究,促进我省"科教兴省"战略的实施。(五)加强立法协商和民主监督,积极促进民主法制建设和廉政建设。(六)开好少数民族地区经济发展研讨会,为促进民族团结和共同繁荣献计出力。(七)积极开展"三胞"联谊活动,促进祖国和平统一大业。(八)全面落实全国政协《规定》及省政协《实施办法》,继续推进政协履行职能规范化、制度化。

杨振杰副书记在二十三次常委会上的讲话(1997 年 12 月 21 日)(摘要) 在省政协即将换届之前,召开这次常委会对五年来的工作进行认真总结是非常必要的。省政协七届委员会自 1993 年以来,坚持以邓小平理论和党的基本路线为指导,紧紧围绕经济建设这个中心,正确处理和把握改革、发展、稳定的关系,认真履行政治协商、民主监督、参政议政的职能,在我省的改革开放和社会主义现代化建设及精神文明建设中发挥了十分重要的作用,为促进全省的经济发展和社会全面进步,做出了积极的贡献。七届政协五年来的工作求真务实,勇于创新,开拓奋进,是值得充分肯定的,有这么几个特点:第一,政治上清醒、坚定,旗帜鲜明。第二,紧紧围绕中心任务献计献策,贡献力量。第三,充分发挥政协的职能作用,讲实效,办实事。第四,深入开展调查研究，不断提高参政议政能力、质量和水平。第五，政协自身建设不断加强，有效地保证了各项工作的顺利开展。

【甘肃省各级政协领导人名单】

甘肃省政协

主　席

申效曾

副主席

黄正清(藏族)　韩正卿　朱宣人

贡唐仓·丹贝旺旭(藏族)　王　平

陈剑虹　应中逸　杜大仕

拜玉凤(女,回族)　邓成城

秘书长

徐尚和

兰州市

市政协主席

王振军

县(区)政协主席

城关区　王秀莲(女)

七里河区　王有成

西固区　王兆臣

安宁区　王执绪

红古区　席建陆

皋兰县　杨汉林

榆中县　王维烈

永登县　王锡鹏

白银市

市政协主席

蔡德玉

县(区)政协主席

白银区　杨振安

平川区　马　凯

靖远县　包育正

会宁县　王　价

景泰县　经显儒

天水市

市政协主席

胡正义

县(区)政协主席

秦城区　贾效谊

北道区　阎如林

武山县　郭维政

清水县　王定成

秦安县　冯文虎

张家川回族自治县　杨钧如

甘谷县　潘志强

金昌市

市政协主席

荆长才

县(区)政协主席

永昌县　柳玉桓

金川区　荆长才

嘉峪关市

市政协主席

程万琦

临夏回族自治州

州政协主席

李效祖

县(市、区)政协主席

临夏市　党仁德

临夏县　马　仁(回族)

东乡县　唐占明

永靖县　张延辉

和政县　陈继善

康乐县　白永杰

广河县　马得良(回族)

积石山县　鲁逢贤

甘南藏族自治州

州政协主席

丹正嘉(藏族)

合作市 陈国耀
卓尼县 杨克智(藏族)
夏河县 吴文明
玛曲县 德合拉(藏族)
临潭县 尹建国
碌曲县 万玛道吉(藏族)
舟曲县 全尼西(藏族)
迭部县 召尕次力(藏族)

庆阳地区

县(市)政协主席
西峰市 郑含珍
合水县 王振玉
正宁县 宋兴荣
宁　县 惠庆华
镇原县 郑国升
华池县 刘文举
庆阳县 刘文戈
环　县 刘尚绪

平凉地区

县(市)政协主席
平凉市 关志忠(回族)
泾川县 何立仁
灵台县 周光煜
华亭县 程振中
崇信县 信国勋
静宁县 王守元
庄浪县 吴国治

陇南地区

县(市)政协主席
西和县 艾济贤
成　县 张保华
宕昌县 赵　诚
礼　县 田汝民
文　县 龚怀德
康　县 沈　清(女)
两当县 朱玉章
武都县 刘志义
徽　县 郭建章

定西地区

漳　县 赵玉忠
岷　县 毛文俊(回族)
渭源县 马　敬
通渭县 丁顺昌
陇西县 焦怀瑄
临洮县 张学东
定西县 王明义

武威地区

县(市)政协主席
天祝藏族自治县 孔令明
古浪县 张新民
武威市 周大寿
民勤县 李峰德

张掖地区

县(市)政协主席
张掖市 罗正庆
民乐县 李宏伟
山丹县 朱怀玺
临泽县 程耀录
高台县 雷　训
肃南裕固族自治县 安玉林(裕固族)

酒泉地区

县(市)政协主席
酒泉市 王财善
安西县 孟世勇
敦煌市 徐　寿
金塔县 李春江
玉门市 张遐龄
阿克塞哈萨克族自治县 苏里坦(哈萨克族)
肃北蒙古族自治县 录　宝(蒙古族)

甘肃省各级政协组织和委员数

项目＼级别	省	市、州	县(市、区)	合计
组织数	1	7	86	94
委员数	523	1 419	7 187	9 129

（傅大光　编写）

政协宁夏回族自治区委员会

【全体委员会议】

六届五次会议 1997年3月26日至31日在银川举行。自治区政协主席刘国范主持开幕大会，副主席郝廷藻、吴尚贤、刘闽生、强锷、仝开锦、洪维宗、冯炯华、魏世成出席了会议。会议应到委员339名，出席会议的委员299名。自治区党政军和有关方面的领导应邀出席了会议开幕式和闭幕式。

会议传达了全国政协八届五次会议精神，听取并审议了郝廷藻副主席代表常务委员会所作的工作报告和提案委员会关于六届四次会议以来提案工作情况的报告。委员们对自治区政协常务委员会一年来的工作表示满意，对今后进一步做好政协工作提出了一些意见和建议。列席了自治区七届人大五次会议，听取并讨论了《政府工作报告》和其他报告。会议对过去一年全区各族人民在自治区党委和人民政府领导下取得的改革开放和社会主义现代化建设成就表示满意；对当前自治区经济建设和社会生活中存在的一些突出问题，如农业基础脆弱、扶贫攻坚任务艰巨、国有企业亏损严重、下岗待业人员增多、腐败现象仍然比较严重等问题表示关注，希望政府采取有力措施，切实加以解决。会议深切缅怀邓小平同志，对他的逝世表示沉痛哀悼。会议共收到大会发言材料34篇，有19名委员作了大会发言。会议期间共收到委员提案296件，经审查立案293件。3月31日下午的闭幕大会，通过了自治区政协六届五次会议政治决议。决议指出，1997年是我们国家发展历史上十分重要的一年。我国将恢复对香港行使主权，迈出和平统一祖国的重要一步；中国共产党将召开第十五次全国代表大会，把建设有中国特色社会主义的伟大事业向新世纪全面推进。办好这两件大事，对于实现邓小平同志制定的社会主义现代化发展战略，对于中华民族的前途具有十分重要的意义。决议号召自治区各级政协组织、各参加单位和全体政协委员，继承邓小平同志遗志，更加紧密地团结在以江泽民同志为核心的党中央周围，在自治区党委的领导下，高举邓小平建设有中国特色社会主义理论的伟大旗帜，认真履行政协职能，把握大局，再接再厉，同心同德，开拓前进，为实现《宁夏回族自治区国民经济和社会发展“九五”计划和2010年远景目标纲要》提出的宏伟目标而努力奋斗。

【常务委员会议】

第20次会议 1997年3月17日至18日在银川举行。到会常委50人。会议决定自治区政协六届五次会议于1997年3月26日在银川召开。自治区政协主席刘国范、副主席郝廷藻先后主持了会议。会议传达了全国政协八届五次会议精神；通过了关于召开自治区政协六届五次会议的决定，自治区政协六届五次会议议程（草案）和日程，常务委员会工作报告和报告人名单，提案委员会关于六届四次会议以来提案工作情况的报告，六届五次会议分组办法和召集人名单；通过了自治区政协1997年度工作要点；审议了各专门委员会1996年度工作总结。刘国范主席在会议结束时讲了话。

第21次会议 1997年3月30日自治区政协六届五次会议期间在银川举行。到会常委54人。自治区政协主席刘国范主持会议。会议听取了自治区政协副主席兼秘书长魏世成就六届五次会议各组讨论情况所作的综合汇报；通过了政协宁夏回族自治区第六届委员会第五次会议政治决议（草案）和关于常委会工作报告的决议（草案）以及六届五次会议提案审查情况的报告（草案），提交大会审议通过。

第22次会议 1997年6月23日至24日在银川举行。到会常委52人。自治区政协主席刘国范、副主席郝廷藻先后主持了会议。会议专题讨论了加强农业基础地位,发挥我区农业优势问题。会议传达了钱正英副主席考察宁夏青铜峡灌区后的讲话,听取了自治区农业厅、水利厅负责同志关于宁夏农业生产和水利建设情况的通报。自治区政协副主席吴尚贤及5名常委和委员作了大会发言。会议就如何加强农业基础建设,提高农业产业化水平,增加农业和农业科技投入,加大科技推广力度,保护耕地,加大水利投入,加强水利基础设施建设,搞好节水灌溉,保护水利资源,抓好宁夏扶贫扬黄灌溉工程建设等方面,提出了许多意见和建议。刘国范主席在会议结束时讲了话。

第23次会议 1997年10月14日至15日在银川举行。到会常委46人。自治区政协主席刘国范、副主席郝廷藻先后主持会议。会议学习讨论了江泽民总书记在中共十五大的报告,听取了自治区党委副书记马启智关于中共十五大精神的传达,通过了自治区政协《关于认真学习贯彻中国共产党第十五次全国代表大会精神的决议》。会议还讨论修改并原则通过了《自治区政协第六届委员会工作总结提纲(稿)》。共有6位常委或民主党派负责人在大会上发言,交流了学习十五大报告的体会。刘国范主席在会议结束时讲了话。

第24次会议 1997年12月22日至24日在银川举行。到会常委47人。自治区政协主席刘国范、副主席郝廷藻先后主持会议。会议听取了自治区扶贫扬黄灌溉工程指挥部和农建委负责人关于扶贫扬黄灌溉工程进展情况和全区扶贫工作情况的通报,实地视察了扶贫扬黄灌溉工程工地。与会常委围绕自治区扶贫工作提出了许多建设性的意见和建议。会议还审议通过了《政协宁夏回族自治区委员会常务委员会工作规则》。

【专门委员会工作】

提案委员会 六届五次会议以来,共立案办理提案316件,截止1997年12月底已办复298件。征集民主党派集体提案,召开现场办案会,与政府有关部门联合召开提案督办会,组织部分委员就提案所提问题进行现场考察,研究探索搞好提案工作的新思路,努力提高提案办理质量。组织部分委员深入市县就高效农业发展问题及粮食储销状况进行专题调查,写出调查报告。对六届一次会议以来的40件优秀提案进行了表彰。总结了五年来的工作和经验。一是注重调查研究是保证提案质量的基础;二是提高提案质量和办理质量是搞好提案工作的两个基本方面;三是民主党派集体提案是政协提案工作的重要内容,对搞好提案工作关系重大;四是提案是政协履行民主监督职能的主要形式之一。

学习委员会 组织推动委员和各界人士学习邓小平理论,学习中共十四届六中全会和十五大精神。举行时事政治报告会和情况通报会6次,召开了庆祝香港回归和学习十五大精神座谈会。坚持中心学习组每周半天的学习,做到月月有安排,每次讨论有主题、有重点发言。采取多种形式,把听报告、看录像、参观考察与小组讨论相结合,增强了学习的吸引力和实效。编印《学习参考资料》7期。对五年来的工作进行总结。搞好学习工作,在学习内容上要求"新",增强吸引力;在学习形式上要求"活",以适应新形势发展的需要;在组织工作上要求"细",努力提供热情周到的服务,力求使委员和各界人士满意。

文史资料委员会 完成了《解放军进城以后》、《抗美援朝纪实》、《共和国考古亲历记》三个专题的征稿任务,共12篇,近10万字;完成了《中华百年历史名碑》在宁夏的征稿任务,共9个名碑,稿件11篇;完成了《宁夏文史资料》第21辑的编校工作。

全年共征集各类史料28篇、20万字。参加了西北地区政协文史工作第11次协作会。总结了五年来的工作,体会是:抓好史料的征集,是做好文史资料工作的基础;加强协作是做好文史资料工作的有效途径;编辑出版民族宗教史料,一定要注意把好政治关。

经济科学技术委员会 对南部山区两县扶贫攻坚情况进行调查;与民建宁夏区委会联合就宁夏实施再就业工程情况进行调查,针对加强对再就业工程的领导,保障困难企业职工的生活,建立再就业服务中心,发展非公有制经济和第三产业,发挥劳动力市场机制等问题,提出意见和建议,写出调查报告,送自治区政府参考。组织委员对宁夏灌区水利设施情况进行考察,并和宁夏水利厅有关人员就水利问题进行座谈。参与接待钱正英副主席率领的全国政协考察团来宁考察青铜峡灌区的活动;参与组织全国政协经济委员会组织的沿海地区经济界政协委员对宁夏进行的经贸考察活动,安排考察团与宁夏40多家企业接触、洽谈,草签合作意向和协议11项,协议总投资11 338万元,其中协进资金8 828万元;参与筹组了由全国政协科教文卫体委员会在银川召开的全国政协及部分省区政协科技工作座谈会。总结五年来的工作和经验:围绕大局进行协商监督,是发挥参政议政职能作用的重要途径;选准角度,开展超前性调查研究,是提高参政议政实效的重要方面;建设一支精干得力的委员队伍,是提高参政议政质量的重要保证;调动委员参加活动的积极性,是履行政协职能的前提条件;加强办事机构的建设,是搞好工作的重要环节。

教育文化卫生体育委员会 组织委员就宁夏体育后备人才培养进行了专题调查,对宁夏支援基础教育工作情况进行考察,分别写出调查和考察报告,送自治区党委、政府部门参考。参加了全国政协科教文卫体委员会召开的体育专题研讨会和工作总结研讨会。总结五年来的工作和经验:实行各副主任为主的课题牵头人制度,发挥兼职副主任的作用,对顺利开展工作具有重要作用;与党政对口部门及有关民主党派密切合作,是富有成效地履行职能的重要条件;主动争取领导支持,是做好专委会工作的关键;与全国政协密切配合、争取指导、联合调研,对提高工作质量有很大的促进作用。

法制委员会 就宁夏建立社会保障制度情况进行调查,对宁夏社保工作的现状和存在的问题进行分析,提出了关于深化社会保障制度改革的意见和建议,送自治区党委、政府参考。视察了宁夏劳教戒毒所,听取了自治区公安厅关于禁毒工作的情况通报。安排接待了全国政协社会与法制委员会对宁夏执法中的地方保护主义情况进行的检查活动。参加了全国政协召开的建立社会保障制度情况座谈会和西部11省区政协法制委员会第三次工作座谈会。总结了五年来的工作和经验。做好政协法制委员会的工作,一要认识到位,二要有章可循,三要有一支适应工作的委员队伍和一个精干得力的办事机构,四要与对口部门建立一套行之有效的联系协作制度,五要在难点上有所突破。

民族宗教委员会 对银川地区的宗教团体和活动场所进行了考察,写出考察报告,送自治区党委和政府参考。召开了民族宗教界人士庆祝香港回归座谈会。参加了在昆明召开的部分省市政协民族宗教工作研讨会。接待了四川、安徽、黑龙江省政协民族宗教工作考察团,相互交流了开展民族宗教工作的情况和经验。精心组织,加强联系,广交朋友,互通情况,密切合作,领导重视,是五年来做好政协民族宗教工作的主要经验。

祖国统一联谊委员会 围绕庆祝香港回归这件大事,组织了"三胞"及亲属迎香港回归座谈会、香港知识问答有奖联谊活动;举办了"一国两制"与香港基本法、关于香港问题的报告会;召开了台港澳侨外事政策咨询座谈会,加深了对"和平统一、一国两制"基本方针政策的理解。编印《台港澳侨情摘编》,播放《台情资料片》和香港回归庆典资料片,使委员了解了台情和港情。中秋节组织委员参观新建的银川机场,元旦前走访慰问"三胞"亲属,了解他们的工作和生活,帮助解决一些实际困难,联络了感情,增进了友谊。总结了五年来的工作和经验。认真学习党的对台港澳侨方针政策,领会其精神实质是做好祖统工作的前提;以诚相待,广交朋友,是做好祖统联谊工作的基础;发挥祖统委的优势,积极为经济建设服务,是委员履行参政议政职能的重要内容。

妇女青年委员会 对宁夏农村共青团建设和青年工作情况进行了调查,对《九十年代中国儿童发展纲要》和《中国妇女发展纲要》的贯彻实施情况,对泾源、海原等地希望小学的建设情况进行了视察,写出调查和视察报告,反映了调查视察中发现的问题并就解决存在的问题提出意见和建议,送自治区党委和政府参考。组织在银女委员举办了庆"三八"妇女节联谊活动。总结了五年来的工作和经验:实事求是,一切从实际出发,是做好专委会工作的前提;加强学习和教育,激发委员对参加政协活动的责任感和积极性,是做好专委会工作的基础;深入调查,反映社情民意,是专委会履行职能的主要内容;抓住特点,选好课题,是做好专委会工作的关键。

【重要活动】

沉痛悼念邓小平同志座谈会 1997年2月21日,自治区政协隆重举行各界人士悼念邓小平同志座谈会。自治区政协领导、办公厅及专门委员会负责人,在银的全国政协委员、自治区政协常委、自治区党委统战部及各民主党派、工商联、有关人民团体、黄埔同学会负责人和各族各界代表人士100多人参加了会议。自治区政协主席刘国范在会上讲话,各界代表人士在会上发了言。大家深切缅怀邓小平同志的丰功伟绩和崇高品德,决心化悲痛为力量,继承小平同志遗志,把有中国特色的社会主义事业推向前进。

接待钱正英副主席率团考察宁夏青铜峡灌区 1997年5月6日至9日,以钱正英副主席为首的全国政协国有大中型灌区考察团,在自治区党委书记黄璜、政府主席白立忱和政协主席刘国范等领导同志的陪同下,先后考察了宁夏银川、永宁、青铜峡、贺兰、平罗、惠农、石嘴山等地的引黄灌区和青铜峡水利枢纽工程及国家农业综合开发项目区,看望了水利战线的职工和解放军驻宁某给水团官兵,了解了灌区农民生产生活情况,并听取了水利工作情况汇报。钱正英副主席还就宁夏青铜峡灌区建设提出了重要建议。

六届46次主席(扩大)会议 1997年6月11日召开。会议学习讨论江泽民总书记在中央党校省部级干部进修班毕业典礼上的讲话。自治区政协主席刘国范主持会议并讲话,有六位副主席先后发言。自治区政协副秘书长、办公厅及专门委员会负责人列席了会议。与会同志联系实际,畅谈了学习体会,表示一定要认真学习江泽民总书记重要讲话精神,进一步加强政协和民主党派的自身建设,更好地发挥政治协商、民主监督的职能作用,把宁夏的各项工作搞好。

各界人士庆祝香港回归茶话会 1997年6月27日,自治区政协隆重举行各界人士庆祝香港回归茶话会,自治区党政军及政协领导,在银全国政协委员、自治区政协常委，自治区各民主党派、工商联负责人，自治区党委统战部及外办、台办、侨办、参事室、文史馆等有关部门负责人和自治区政协祖国统一联谊委员会委员参加了会议。与会者畅抒胸怀，纷纷表达对香港回归的无比喜悦之情。自治区政协主席刘国范在会议结束时讲了话。

香港逸挥教育基金会捐资发展宁夏贫困地区教育事业 为发展宁夏贫困地区教育事业，自治区政协领导牵线搭桥，香港逸挥教育基金会向宁夏固原、中宁两县捐资265万元，用于发展当地教育事业。1997年7月19日，捐资助学项目签字仪式在深圳举行，自治区人民政府副主席刘仲、自治区政协副主席魏世成出席了签字仪式。同年10月8日，香港逸挥教育基金会名誉会长洪逸挥先生在自治区政协副主席强锷、魏世成等陪同下，参加了中宁、固原逸挥基金中学奠基仪式。

全国政协社会与法制委员会考察组来宁考察 1997年8月4日至9日，以全国政协常委、社会与法制委员会副主任俞雷为组长的考察组一行13人，就反对和制止执法中的地方和部门保护主义情况来宁考察。考察组在宁期间，分别听取了自治区党委政法委和公、检、法、司及银川市委、市政府负责同志的汇报，与部分政协委员和有关单位负责同志进行了座谈。考察组还视察了自治区监狱和戒毒所。

各界人士学习十五大精神座谈会 1997年9月23日，自治区政协召开各界人士学习中共十五大精神座谈会，自治区政协领导、在银部分常委、中心学习组成员和自治区各民主党派、工商联、参事室、文史馆、伊协、黄埔同学会负责人出席了会议。刘闽生副主席等九位同志先后以个人名义或代表党派、团体发言。大家充分肯定了十五大的重大历史和现实意义，表示要认真学习贯彻十五大精神，努力做好本职工作，为宁夏经济建设献计出力。自治区政协主席刘国范在座谈会结束时讲了话。

全国政协部分省区政协科技工作座谈会 1997年10月27日至31日，全国政协暨部分省区政协科技工作座谈会在银川召开。全国政协科教文卫体委员会常务副主任吴武封出席并主持会议。来自河北、内蒙古、黑龙江、江西、福建、山东、青海及宁夏等省区政协的有关负责人出席了会议。与会同志交流了各地贯彻执行“科教兴国”战略和《中共中央国务院关于加速科学技术进步的决定》的情况，探讨了今后如何进一步发挥政协优势，协助党政部门搞好科技工作的途径。

考察宁夏扶贫扬黄灌溉工程 1997年11月14日，自治区政协主席刘国范及六位副主席，在自治区人大常委会副主任、工程总指挥张位正陪同下，冒着严寒考察了宁夏扶贫扬黄灌溉工程红寺堡镇新址，一、二、三泵站，七星渠扩整工程等工地，听取了工程有关负责人的汇报，详细了解了工程进展情况，并看望了现场施工人员。刘国范主席一行充分肯定工程建设者们取得的成绩，对工程中存在的困难和问题表示关注，同时对工程建设提出了一些意见和建议。

视察宁夏公路建设 1997年12月1日至3日，自治区政协郝廷藻等四位副主席，在自治区交通厅负责人陪同下，先后视察了正在建设中的宁夏第一条（姚叶）高速公路和新建成的银（川）灵（武）吴（忠）一级公路、盐兴公路惠姚段及六盘山公路隧道、中卫黄河大桥等公路建设工程，听取了固原县运输公司企业改革情况的汇报，并看望了公路交通战线的职工。自治区政协领导对公路建设在宁夏改革开放中所起的重要作用给予了高度评价，对宁夏今后公路交通发展提出了希望。

做好六届委员会经验总结工作 根据

李瑞环主席指示，自治区政协认真做好六届委员会经验总结工作，在《自治区政协1997年度工作要点》和六届五次会议上提出明确要求。主席会议和秘书长办公会议多次进行研究，并成立了总结经验工作领导小组。办公厅根据主席会议要求，提出了《关于总结本会六届委员会工作的安排建议》。根据《安排建议》，分别召开了各民主党派、工商联负责人，各专门委员会负责人以及市县（区）政协主席三个座谈会，从不同层次、不同方面回顾、总结本届政协的工作和经验，对进一步做好下一届政协工作提出建议。在此基础上，起草了《政协宁夏回族自治区第六届委员会工作总结》，并先后六易其稿，征求各方面意见后，提交自治区政协六届23次常委会议讨论通过。

【重要文件】

常委会工作报告（1997年3月26日）（要点） 一、六届四次会议以来的主要工作：（一）围绕实施自治区"九五"计划和2010年远景目标纲要，认真履行人民政协职能，积极参政议政。（二）加强专门委员会工作，认真开展专题调查、考察和协商座谈活动。（三）组织学习和视察活动，为委员知情出力创造条件。（四）做好提案和信息工作，积极反映社情民意。（五）继续推进政治协商、民主监督、参政议政规范化与制度化。（六）加强与区内外各级政协、各个方面的联系和交流，不断改进机关工作。二、1997年度工作要点：（一）深入学习邓小平建设有中国特色社会主义理论。（二）紧紧围绕实施"九五"计划和2010年远景目标纲要和加强社会主义精神文明建设《决议》，积极参政议政。（三）进一步推进政协工作规范化、制度化建设。（四）切实做好反映社情民意工作。（五）协助党委、政府巩固和发展安定团结的政治局面。（六）努力做好祖国统一联谊工作。（七）加强与全国政协的联系和对市、县（区）政协工作的指导。（八）继续加强政协自身建设。（九）认真总结经验，做好换届的准备工作。

关于认真学习贯彻中国共产党第十五次全国代表大会精神的决议（1997年10月15日）（提要） 政协宁夏回族自治区六届23次常委会议通过了《关于认真学习贯彻中国共产党第十五次全国代表大会精神的决议》。决议完全拥护江泽民同志在中国共产党第十五次全国代表大会上所作的报告和大会通过的各项决议，衷心拥护以江泽民同志为核心的新的中共中央领导机构，号召全区各级政协组织和广大委员，坚定不移地高举邓小平理论的伟大旗帜，坚持党的基本路线，紧密团结在以江泽民同志为核心的中共中央周围，在自治区党委领导下，团结一致，同心同德，艰苦奋斗，充分发挥政治协商、民主监督、参政议政的作用，为把我区社会主义现代化建设事业全面推向二十一世纪而努力奋斗。

政协宁夏回族自治区第六届委员会工作总结（1997年10月15日）（要点） 一、六届委员会主要工作回顾：（一）围绕经济建设中心，认真履行政协职能，积极参政议政。（二）建立健全规章制度，推进了政协工作规范化、制度化建设。（三）重视发挥专门委员会基础作用，认真开展专题调研、协商和考察活动。（四）积极反映社情民意，进一步改进委员视察工作。（五）提案工作和文史工作进一步加强。（六）积极开展祖国统一联谊工作，加强与海外人士的联系与交流。（七）组织委员和各界人士开展学习，不断提高认识。（八）重视做好新闻宣传工作。（九）加强了同各级政协的联系和对市县（区）政协的指导。（十）加强政协机关自身建设，努力为政协工作服务。二、五年工作的主要体会：（一）坚持以邓小平关于人民政协的重要理论为指导。（二）必须围绕党的中心工作，积极主动地参政议政,政协工作才能有所作为。(三)必须坚持人民政协的特点和优势,才能发挥政协应有的作用。(四)牢牢把握民主和团结两大主题,是做好政协工作的关键。(五)必须进一步推进政协工作规范化、制度化建设。(六)充分发挥委员的作用,是做好政协工作的前提。

政协宁夏回族自治区委员会常务委员会工作规则(1997年12月24日) 为了加强政协宁夏回族自治区委员会常务委员会(以下简称常务委员会)的工作,进一步健全工作制度,根据《中国人民政治协商会议章程》、《政协全国委员会关于政治协商、民主监督、参政议政的规定》和《政协宁夏回族自治区委员会关于政治协商、民主监督、参政议政的规定》,遵照中共中央和中共宁夏回族自治区委员会关于推进政治协商、民主监督、参政议政规范化、制度化的要求,制订本规则。

第一章 总 则

第一条 常务委员会的活动以中华人民共和国宪法为根本准则,以邓小平理论和社会主义初级阶段的基本路线为指导,以中国人民政治协商会议章程为依据,高举爱国主义和社会主义的旗帜,坚持中国共产党领导的多党合作和政治协商制度,进一步巩固和发展爱国统一战线,促进民族团结、社会进步和祖国统一,积极履行政治协商、民主监督、参政议政职能,为实现我区社会主义现代化建设的宏伟目标而奋斗。

第二条 常务委员会主持政协宁夏回族自治区委员会的会务,在政协宁夏回族自治区委员会全体会议闭会期间,行使政协宁夏回族自治区委员会的职权,处理政协宁夏回族自治区委员会的重要工作。

第三条 常务委员会由政协宁夏回族自治区委员会主席、副主席、秘书长和常务委员组成。

第四条 政协宁夏回族自治区委员会主席主持常务委员会的工作,副主席、秘书长协助主席工作。

第五条 常务委员会的职权:

召集并主持政协宁夏回族自治区委员会全体会议;每届第一次全体会议选举主席团主持;

审议提交全体会议的文件;

组织委员履行政治协商、民主监督、参政议政的主要职能,实现中国人民政治协商会议章程规定的任务;

执行政协全国委员会所作的决议和政协宁夏回族自治区委员会全体会议的决议;

政协宁夏回族自治区委员会全体会议闭会期间,审查通过向中共宁夏回族自治区委员会、自治区人大常委会、自治区人民政府提出的重要建议案;

根据秘书长的提议,任免政协宁夏回族自治区委员会副秘书长;

决定政协宁夏回族自治区委员会工作机构的设置和变动,并任免其领导成员;

中国人民政治协商会议章程规定的其他职权。

第六条 常务委员会组成人员要认真执行中国人民政治协商会议章程及政协宁夏回族自治区委员会及常务委员会的规定、决议,积极参加常务委员会的活动,加强同各方面人士的联系,广交朋友,及时反映群众的意见和要求。

第二章 常务委员会会议

第七条 常务委员会会议每季度举行一次,必要时可临时举行。

第八条 常务委员会的议程由主席会议拟订,并于会前10天将会议的有关事项通知常务委员会组成人员;临时举行的会议,可以临时通知。

第九条 常务委员会会议由主席主持,也可由主席委托副主席主持。

第十条　常务委员会会议的主要任务：

讨论决定政协宁夏回族自治区委员会及常务委员会会务和工作中的重大问题；

听取中央和自治区有关重要会议精神的传达；

听取中共宁夏回族自治区委员会、自治区人民政府及有关部门关于党和国家大政方针的贯彻执行，自治区的重大政策措施的制定实施，以及群众生活中普遍关心的重大问题的情况通报，并进行协商讨论，提出建议和意见；

审议提交政协宁夏回族自治区委员会全体会议的文件；

审议重要的建议案、提案、视察报告、调查报告、出访报告和其他报告。

第十一条　常务委员会举行会议时，政协宁夏回族自治区委员会副秘书长，办公厅主任、副主任，各专门委员会主任、专职副主任，派出机构负责人及机关各处级单位负责人列席。

第十二条　常务委员会举行会议时，视会议内容和需要，可邀请在银的全国政协委员，有关的自治区政协委员，专门委员会副主任，政协宁夏回族自治区委员会办公厅巡视员、助理巡视员，各市、县(区)政协负责人和其他有关人员列席；必要时，可邀请有关党政部门负责人参加。

第十三条　常务委员会会议必须有全体组成人员的过半数出席方能举行；会议要发扬社会主义民主，对议题进行充分协商讨论，全面反映各方面的意见和建议；会议的议案或其他需要表决的事项，须经常务委员会全体组成人员过半数通过方能生效。

第十四条　常务委员会会议采取全体会议和分组会议相结合的方式。根据会议议题，按界别混合编组。

第十五条　在常务委员会全体会议上，可由党派、团体、专门委员会和小组推举代表发言，也可由个人或数人联名发言。

第十六条　常务委员会组成人员因病或其他特殊原因不能出席会议时，须请假。

第十七条　根据需要，可举行专题座谈会，就某项专门问题进行协商座谈，提出建议和意见。专题座谈会由有关常务委员和其他有关人员参加。

第三章　主席会议

第十八条　主席会议由主席、副主席、秘书长组成，处理常务委员会的重要日常工作。

第十九条　主席会议一般每月举行一次，必要时可临时召集。

第二十条　主席会议由主席主持，也可由主席委托副主席主持。

第二十一条　主席会议的主要任务：

协商讨论自治区关于党和国家大政方针的贯彻执行，自治区的重大政策的制定实施以及社会生活中的重大问题，提出建议和意见；

审查以政协宁夏回族自治区委员会或常务委员会名义向中共宁夏回族自治区委员会、自治区人大常委会、自治区人民政府提出的重要建议案；

拟订常务委员会会议的议程、日程，审议提交常务委员会会议的文件；

执行常务委员会会议的决议；

审议提交常务委员会会议讨论决定的重要事项；

决定专门委员会委员；

处理常务委员会的其他重要日常工作。

第二十二条　召开主席会议时，政协宁夏回族自治区委员会副秘书长、办公厅正副主任和与议程有关的人员列席。

第四章　文　件

第二十三条　常务委员会或主席会议作出的决定，提出的建议、意见和批评，须经主席、主席委托的副主席或秘书长签发，以政协宁夏回族自治区委员会文件或办公厅文件的形式送达有关方面和部门。

第二十四条 常务委员会会议、常务委员专题座谈会，一般应作新闻报道；主席会议视需要作新闻报道；常务委员会会议、主席会议、常务委员专题座谈会视需要由办公厅编发会议简讯或会议纪要。

第五章 附 则

第二十五条 本规则经常务委员会会议通过后实行，其解释权和修改权属常务委员会。

【宁夏回族自治区各级政协领导人名单】

宁夏回族自治区政协

主 席

刘国范

副主席

郝廷藻(回族) 吴尚贤 刘闽生

强 锷(回族) 仝开锦(回族)

洪维宗(回族) 冯炯华 魏世成

秘书长

魏世成(兼)

银川市

市政协主席

(暂缺)

县(区)政协主席

城 区 姚铁毛

郊 区 何敬才

新城区 何彦斌

永宁县 姜生元

贺兰县 王 林

石嘴山市

市政协主席

梁鸿岳

县(区)政协主席

大武口区 邢兆祥

石嘴山区 杜崇德

石炭井区 魏天寿

平罗县 朱承基

陶乐县 叶英保

惠农县 刘尧书

银南地区

县(市)政协主席

吴忠市 李有禄(回族)

青铜峡市 蔡成林

中卫县 徐振英

中宁县 曹宁安

灵武市 余钦典

盐池县 刘汉治

同心县 马存义(回族)

固原地区

县政协主席

固原县 董庚义(满族)

海原县 周彦奎(回族)

西吉县 罗文瑜

隆德县 杨世忠

泾源县 (暂缺)

彭阳县 周文广

宁夏回族自治区各级政协组织和委员数

项目＼级别	自治区	设区的市	县级市	县	市辖区	合计
组织数	1	2	3	15	6	27
委员数	337	342	256	1 068	382	2 385

(武 深 康占胜 编写)

政协青海省委员会

【全体委员会议】

七届五次会议 1997年1月14日至21日在西宁举行。245名委员出席。会议审议通过了班玛丹增副主席代表常务委员会所作的工作报告，审议了七届四次会议以来提案工作情况的报告，对常委会一年来的工作表示满意。认为，常委会在“九五”开局之年，坚持以经济建设为中心，围绕全省“两个文明”建设，认真履行政治协商、民主监督、参政议政职能，圆满完成七届四次会议确定的任务，各项工作取得了新的进展。常委会1997年工作的指导思想明确，工作重点突出，任务切实可行。要求全省各级政协组织，围绕实施“九五”计划和2010年远景目标纲要，调查研究，切实履行主要职能。继续深入贯彻中共十四届六中全会和中共省委八届五次全会精神，充分发挥人民政协的优势，大力推进全省的社会主义精神文明建设。充分发挥各民主党派、无党派民主人士、人民团体和各族各界代表人士在政协中的作用，努力调动一切积极因素，团结一切可以团结的力量，促进共同目标下的大团结、大联合，协助党和政府巩固和发展安定团结的政治局面。认真总结省政协七届一次会议以来的工作经验，按照省委的部署，积极做好换届的准备工作。

列席了青海省第八届人民代表大会第五次会议。听取并讨论了田成平省长的《政府工作报告》及计划、财政报告和省高级人民法院、省人民检察院工作报告。会议赞同上述报告，认为一年来，我省各族人民在中共青海省委领导下，改革开放、经济建设和各项社会事业都取得了长足进步，为实现“九五”计划和2010年远景目标纲要开了一个好头，必将对全省的“两个文明”建设产生积极的影响。会议对当前我省存在的农牧业经济相对滞后，贫困面大；国有企业经济效益下滑，亏损面增加；财政收入计划完成不理想，资金调度困难；精神文明和民主法制建设亟需加强；某些腐败现象和不正之风尚未得到有效遏制等问题深表关注，并积极提出了中肯的意见和建议。希望省政府在今后工作中采取有力措施，加以解决。会议以无记名投票方式增选张才骏为七届省政协常务委员。同意班玛丹增辞去七届省政协副主席，多杰坚赞、扎喜尼玛、秦青荣辞去七届省政协常务委员。会议审议通过了《中国人民政治协商会议青海省第七届委员会第五次会议决议》，号召全省各级政协组织，人民政协的各参加单位和全体政协委员，在中共青海省委的领导下，更加紧密地团结在以江泽民同志为核心的党中央周围，把握大局，再接再厉，同心同德，开拓前进，为青海的经济发展和社会进步作出新的贡献，以优异的成绩迎接党的十五大胜利召开。韩应选主席在会议闭幕时讲了话。

【常务委员会议】

第20次会议 1997年1月9日至10日在西宁举行。常委50人出席。会议审议通过了省政协常委会工作报告，推举班玛丹增副主席为报告人；审议通过了省政协提案委员会关于七届四次会议以来提案工作情况的报告；审议通过了省政协七届五次会议议程(草案)、日程(草案)；审议通过了省政协七届五次会议分组办法和小组召集人名单；审议通过了人事任免事项，增补张才骏为七届省政协委员。

第21次会议 1997年1月20日在西宁举行。常委52人出席。会议听取胡启江秘书长关于省政协七届五次会议各组讨论情况的汇报；审议通过了增选七届省政协常务委员候选人名单；审议通过了省政协七届五次会议选举办法(草案)和总监票人、监票人建议名单；审议通过了七届五次会议《决议(草案)》。

第22次会议 1997年4月24日至25

日在西宁举行。常委42人出席。会议听取了副省长喇秉礼《关于我省实施再就业工程的情况和意见的通报》,社会·法制和三胞联谊委员会常务副主任扎喜尼玛作了《要高度重视和认真做好我省国有企业下岗职工的再就业工作》的主题发言,与会常委围绕国有企业下岗职工再就业和停产、半停产企业职工生活困难问题参政议政,建言献策。部分常委和州、市政协作了大会发言。会议还听取了省委常委、省纪委书记李有慰,省纪委副书记、省监察厅厅长宋健生关于我省当前反腐败和党风廉政建设情况的通报。韩应选主席在会议结束时讲了以下意见:一、加快资源开发进程,努力深化改革搞活现有企业,从根本上解决下岗职工再就业和生活困难的问题;二、加强对再就业和解困工作的领导,不断完善和落实好各项政策、措施,建立和健全服务、保障体系,改善职工生活,维护社会稳定;三、加大宣传力度,营造良好氛围,动员全社会力量,关心帮助扶持城市贫困人口战胜困难。

第23次会议 1997年8月27日至28日在西宁举行。常委41人出席。主要议题是总结七届省政协的工作经验,进一步推动政协工作的开展,为换届作准备。会议讨论了《第七届青海省政协工作回顾与体会》,一致认为:七届省政协在中共青海省委的领导和全国政协的指导下,围绕中心,服务大局,选准角度,发挥优势,认真履行职能,参政议政的质量、广度和深度都有了新的提高,为全省的改革、发展和稳定做出了积极贡献。五年的工作实践中也积累了一些宝贵的经验,认真总结和分析研究这些经验,将十分有利于指导今后的工作。各专门委员会作了大会发言,韩应选主席讲了话。

第24次会议 1997年10月6日至7日在西宁举行。常委43人出席。会议学习、贯彻中共十五大和中共青海省八届七次全委会议精神,对青海省政协和全省政协系统学习贯彻十五大精神做出了安排部署。省委书记田成平在开幕大会上讲话,部分省政协常委代表省政协专门委员会、各民主党派、工商联、人民团体、无党派爱国人士作了大会发言。韩应选主席在闭幕会上讲话,他指出,我省各级政协组织和全体政协委员,都要把学习贯彻中共十五大和省委八届七次会议精神,作为当前和今后一个时期的重要任务。通过学习,把思想统一到十五大精神上来,把智慧和力量凝聚到实现十五大提出的各项任务上来,齐心协力把青海的事情办好。一、深入学习十五大精神,提高认识,统一思想;二、紧紧围绕十五大精神的贯彻落实,参政议政,建言献策;三、以十五大精神为指导,总结经验,做好换届筹备工作。

第25次会议 1997年12月22日至24日在西宁举行。常委37人出席。会议听取了省委"省政协人事工作小组"关于政协青海省第八届委员会委员名单的说明,协商决定了八届省政协委员;审议通过了关于召开政协青海省八届一次会议的决定;听取了秘书长胡启江关于起草政协青海省七届常委会工作报告的说明,审议通过了常委会工作报告,推举程步云副主席为报告人;审议通过了关于授权主席会议处理政协青海省八届一次会议准备工作中遗留问题的决定。

【专门委员会工作】

提案委员会 七届一次会议以来,共征集提案773件,立案办理723件,办复提案723件,办复率100%。其中,得到解决和基本解决的提案166件,占23%;得到有关部门采纳或纳入计划准备解决的188件,占26%;被有关部门原则肯定,因条件有限需逐步解决的289件,占40%;给予解释性答复的80件,占11%。其中七届五次会议以来征集提案190件,立案185件,已全部办理完毕。七届省政协提案的主要特点:一是数量增多。委员提案比六届增加162件,党派、团体、专委会提案增加18倍。二是提案质量进一步提高。绝大多数提案围绕经济发展、社会进步、精神文明建设和人民群众关心的热点问题提出,其中经济建设方面的提案占到1/3,具有宏观性、超前性和重要参考价值的明显增多,立案率比六届提高10%。三是办理质量有了提高。坚持和省政府联合召开承办单位提案交办会议布置办理工作,加强与承办单位的联系和协调。对承办单位的办案工作进行检查督促,使提案办复率比六届提高2%,采纳和落实率提高9%。政协提案在履行政治协商、民主监督、参政议政职能,为青海省改革开放和经济建设服务,加强社会主义民主政治和精神文明建设中,发挥了应有的作用。

经济委员会 五年来,围绕国有企业改革、资源开发、非公有制经济发展、扶贫开发、稳定物价等重大问题参与协商监督,认真反映社情民意,并力所能及的办实事,努力促进"引大济湟"工程立项上马,为全省改革、发展、稳定做出了积极贡献。共组织33次视察和调查研究,起草调研报告、论文及汇报材料80多篇,发信息、简报、情况反映30多份,上报省委、省政府及有关方面报告25份,共提出意见建议200多条,采纳率达40%左右,提出建议案2份、提案20多份,举办或协办报告会、汇报会及座谈会35次,在省内外报刊杂志上发表28篇文章。如《关于加快海西州资源开发步伐的调查报告》被省政府作为第二次海西工作会议文件印发,《对加快我省民私营经济发展的认识及思路探讨》一文被"中国西部民私营经济研讨会"选为优秀论文。省委、省政府领导对有关报告很重视,给予较高评价并作具体批示。省委、省政府和有关部门对报告中的意见建议都进行了认真研究,采纳了较为可行的意见建议并给予反馈。五年来,调查研究成果显著,不仅发挥了委员的才智,也为企业牵线搭桥、传经送宝,解决了生产中的一些具体问题,受到基层的好评和欢迎。

科教委员会 五年来,围绕省委、省政府的中心工作,为促进青海省科技、教育、文化、卫生、体育事业的改革发展和精神文明建设、进行视察、调查26次,组织座谈会、研讨会16次,会同省委、省政府职能部门开展联合检查活动10次,与政府职能部门交换意见11次,上报专题视察、调查报告和大会发言材料34篇,编发简报、信息、情况反映26期,在省级报刊、电台发表消息、报道10篇,共提出意见、建议300余条。为开创人民政协工作的新局面作了以下新的尝试:一是抓"知情",在"知情"的基础上出力,使委员参政议政有坚实基础;二是选好题目,深入调查研究,在认真选题、注重调查质量、重视调查结果等几个环节上下功夫,形成的调查报告引起了主管部门和社会的较大反响,促进了一些问题的解决;三是注重办实事。为引进资金新建和扩建循化县清水小学,化隆县巴燕镇什吉利村小学和谢家滩乡工扎村小学,海南州共和县倒淌河中心寄校提供服务,受到社会的好评;四是重视反映意见和建议,得到省委、省政府的重视和采纳,促进了一些具体困难问题的解决;五是改进工作方法,积极发挥舆论导向作用。通过报纸、电视台、广播电台向护理工作者、人民教师发贺信,收到了良好效果。

民族和宗教委员会 五年来,紧紧围绕党委和政府的中心工作,发挥特点和优势,为青海省社会稳定、民族团结出力,为经济发展创造良好的社会环境。一、坚持学理论、学政治,提高委员参政议政的整体水平。通过读书班、座谈会、讨论会、报告会等多种形式，加强对党的民族宗教理论和政策的学习。1997年发出《青海省省垣宗教界人士关于积极促进精神文明建设的倡议书》，并以汉藏文印刷，送全省各地宗教场所和宗教界人士，得到全省宗教界的普遍响应。二、协助党委、政府做团结稳定、化解矛盾工作。旗帜鲜明地反对达赖分裂集团祸藏祸教、擅立十世班禅转世灵童等阴谋。认真学习中央文件，统一思想，对达赖集团的分裂行径进行针锋相对的斗争。三、根据自身特点，服务大局，积极开展调查研究。向省委、省政府报送的《关于塔尔寺寺院管理情况的报告》，省宗教局转发全省。推广门源县寺院管理"双五评比"经验的建议，得到有关部门采纳，收到好的效果。1997年撰写《关于我省宗教管理情况的调查报告》，在青海省政协宗教工作座谈会上交流，各方面反映较好。四、努力做好社情民意的反映工作。写出各类调查报告、论文、大会发言等材料30余篇、简报23期、信息19份、委员建议等13份，在各类报刊上登载18份，其中2份获奖。一些重要信息，被全国伊协、全国政协民族和宗教委员会转载，受到重视。五、力所能及的为扶危济困等办一些实事。1997年通过有关方面为黄南州同仁、泽库县引进资金273.6万元用于发展民族教育。

社会·法制和三胞联谊委员会 五年来，围绕省委、省政府的中心工作，在为经济建设服务、促进民主法制建设、维护社会稳定和加强"三胞"联谊等方面，较好地履行了政协职能，发挥了应有的作用。开展视察、调查活动22次，组织学习座谈会、报告会、茶话会、情况通报会等17次，对14部重要法律法规(草案)提出43条修改意见，参与接待、探望从台湾、沙特等地来青客人12人(次)，同海外的20多位青海籍人士保持经常性的通讯联系。工作中有以下几个特点：一是组织和推动委员学习、参加各种活动，帮助委员知情；二是积极参与立法协商和执法监督，配合省法院开展了执法大检查，发挥了民主监督的职能。聘请了4名从事法学、法律工作的专家学者，使立法协商和执法监督得到加强；三是关注人民群众关心的难点和热点问题，开展了反腐倡廉、"三资"企业现状、社会治安综合治理、行业职业道德建设、预防青少年犯罪、下岗职工再就业、加大禁毒力度等专题调研；四是全面、准确、及时地反映委员意见建议，引起党政领导的高度重视，其中适当提高劳教人员、在押犯人生活费标准等建议，省政府领导责成有关部门认真研究办理，很快得到解决，劳教人员生活费在原来的基础上得到适当提高；五是依靠委员做"三胞"联谊工作，利用会见、探望海外来青亲朋故友，或通信、通电话，邮寄报刊杂志、贺年卡、录像带等形式，向海外乡亲宣传党的方针政策，介绍家乡发展变化；六是加强同党政对口部门的联系。

学习和文史委员会 五年来，为推动青海省两个文明建设作出了积极的努力，取得了成绩。学习工作：抓重点、抓核心。坚持以邓小平理论为学习的重点和主线，并贯穿于学习工作全过程。以组织报告会、座谈会、学习讨论会、编印学习资料等，为委员知情出力，更好地发挥职能创造条件。从1994年起恢复编印《学习资料》，已编发28期，印发1.2万余册。1997年订购新华社编发的《音像参考》和《时事报告》两种录像带，为委员及时直观地了解国内外大事提供了条件。坚持理论联系实际，先后组织委员对全省精神文明建设进行了4次全面深入的调查研究，形成的《调查报告》在省委办公厅《青办通报》上全文印发。文史工作：共征集到稿件470篇，近230多万字。在坚持"精选慎编"的原则下，出版各类史料7辑，140余万字，1.7万册。有以下几个特点：一是加强协作，动员社会力量协作征编。既注重政协系统的协作,完成了全国政协牵头的《中华文史资料文库》的供稿任务,与海西州、互助县政协协作征编出版了柴达木开发史料和土族变迁史料,又与民主党派、人民团体和社会有关部门协作。二是坚持"精品"意识,努力把好政治关、史实关和文字关。三是坚持文史资料为巩固民族团结,弘扬民族文化,促进民族地区经济发展服务,充分发挥文史资料在两个文明建设中的积极作用。

【重要活动】

全国政协副主席何鲁丽来青海考察 1997年5月18日至23日,全国政协副主席、民革中央副主席何鲁丽来青海考察,青海省领导田成平、白恩培、姚湘成、李明金、宋秀岩、韩应选、程步云看望并分别陪同前往海南州共和县倒淌河乡访问了牧民家庭,参观塔尔寺,视察了青海铝厂、青海第一毛纺织厂和西宁市水井巷集贸市场。何鲁丽副主席在和省政协领导座谈时,充分肯定了省政协发挥政治协商、民主监督和参政议政职能,为全省的改革开放、经济发展、政治稳定和社会进步所做出的贡献。她强调,政协是最广泛的爱国统一战线组织,对于维护和巩固稳定的政治局面,有着非常重要的作用。在青海这个多民族的地区,各级政协组织要主动地向党委请示汇报工作,在党委的领导下,认真总结经验,并取得政府的支持,进一步发挥政治协商、民主监督的作用,为全省的发展和稳定建言献策,维护全省各民族的大团结,推动全省经济振兴。

迎香港回归座谈会 1997年6月20日,省政协举行迎香港回归座谈会。省委常委、省委统战部部长宋秀岩,省政协主席韩应选,省政协副主席廖霭庭、马元彪、韩生贵、扎喜安嘉、程步云、阿嘉·洛桑图旦,在宁的全国政协委员和省政协委员、省政协老委员联谊会会员、各民主党派和工商联负责同志以及省政协机关干部百余人参加了座谈会。省政协副主席阿嘉·洛桑图旦主持座谈会。座谈会上省民革主委王文、省侨联主席蔡国栋、省民盟主委王丰才、省政协民族宗教委员会副主任多杰坚赞等分别发言。省政协主席韩应选在座谈会结束时作了讲话。他说,香港回归祖国是彪炳中华史册的大事。希望我省各级政协委员以香港回归为契机,充分利用和发挥自身优势,努力作好"一国两制"的学习宣传工作,弘扬爱国主义精神和革命传统,倍加珍惜来之不易的安定团结的大好局面。为香港的回归和长期繁荣稳定,为推进改革开放和现代化建设,作出应有的贡献。

宗教工作座谈会 1997年6月23日至24日在西宁举行。部分在宁宗教界省政协委员,州地市及部分县政协分管宗教工作的领导,省委、省人大、省政府有关部门的负责人等50余人参加会议。省委副书记姚湘成,省委常委、统战部部长宋秀岩到会听取发言。省政协民族宗教委员会为这次会议作了充分的调查研究,在会上就我省宗教管理情况作了主题发言。韩应选主席在座谈会上讲了话。

全国政协委员视察团来青海视察"引大济湟"水利工程 1997年7月16日至27日,团长蒋光化,副团长程连昌、赵喜明、张文正率领驻京全国政协常委、委员和水利部专家等50人,对青海省"引大济湟"水利工程进行了12天视察,受到省委书记田成平,副书记、代省长白恩培,省人大常委会主任宦爵才郎,省政协主席韩应选等党政领导的欢迎。视察团听取了省委副书记姚湘成、省政协主席韩应选、省政协副主席马元彪、副省长刘光和及有关部门关于省情的汇报和"引大济湟"水利工程情况介绍,深入到海东地区和民和、乐都、互助县实地考察浅山地区的干旱情况和农业综合治理工程;视察了青海铝厂和龙羊峡电厂,重点了解了黄河上游水电资源开发情况;视察了省建设厅大墩岭绿化基地,了解了西宁市南北山绿化的进展情况。视察中,全国政协委员同干部群众促膝谈心,问寒问暖,了解群众的生产和生活,询问脱贫致富的思路,关注水利工程建设的经济和社会效益。视察团和省党政领导交换了意见,团长蒋光化,副团长程连昌、张文正,全国政协常委庄逢甘、全国政协委员赵忠贤、李梅芳发言,发表了意见,提出了建议。

第八次州地市政协联系会议 1997年8月5日至8日在民和回族土族自治县举行。会议以邓小平理论和党的基本路线为指导,总结交流了各级政协工作的经验,深入研究和探讨如何发挥优势,进一步做好新形势下的基层人民政协工作。一致肯定的主要经验和作法:一是加强学习,转变观念,统一思想,增进共识,提高参政议政能力;二是以经济建设为中心,紧紧围绕党政中心工作开展各项活动;三是以政协自身主动来争取党委重视、政府支持;四是加强政协间的联络工作,相互交流借鉴先进经验改进工作;五是加强调研力度,寓服务于调研中,力求为基层办实事;六是健全各项制度,促进"两化"建设,提高政协整体水平;七是精心筛选课题,超前调查研究,努力发挥实际效益。省政协主席韩应选,副主席马元彪、韩生贵出席了会议。

优秀提案暨先进承办单位表彰会 1997年11月20日在西宁举行。为了表彰先进、鼓励提提案和办理提案两个方面的积极性,促进政协提案质量和办理质量的提高,从今年5月份开始,省政协在广泛征求意见,充分发扬民主的基础上,经过反复筛选和综合评定,评选出优秀提案31件、先进承办单位11人进行表彰。省委副书记姚湘成,副省长喇秉礼,省政协主席韩应选,副主席松布、韩生贵、扎喜安嘉、程步云、马进孝,秘书长胡启江和优秀提案代表、先进承办单位代表100余人参加了会议。韩应选主席主持会议,优秀提案单位、个人和先进承办单位的代表在会上发了言,喇秉礼副省长、韩生贵副主席讲了话。

【重要文件】

常委会工作报告(1997年1月14日)(要点) 一年来,省政协常委会在中共青海省委的领导和全国政协的指导下,根据全省工作的总体部署和省政协七届四次会议确定的任务,坚持以经济建设为中心,围绕全省"两个文明"建设,精心组织例会,认真履行职能;开展调查研究,发挥专门委员会的基础作用;加强提案和信息工作,反映社情民意;举办重要活动,拓宽联系渠道;加强自身建设,推进履行职能规范化、制度化。经过各参加单位和全体委员的共同努力,各项工作取得了新的进展。1997年是我国历史发展上重要的一年,我国政府将恢复对香港行使主权,还将召开中国共产党第十五次全国代表大会,这是具有历史意义的两件大事。在新的一年里,常委会要坚持以邓小平建设有中国特色社会主义理论和党的基本路线为指导,深入学习贯彻中共十四届五中、六中全会和省委八届五次全委会议精神。继续深入学习建设有中国特色社会主义理论,围绕两个文明建设积极参政议政,维护社会政治稳定,进一步加强自身建设。坚持和完善中国共产党领导的多党合作和政治协商制度,切实履行人民政协的主要职能、为推进青海的改革开放、经济发展和社会主义精神文明建设做出新的贡献。

韩应选主席在省政协宗教工作座谈会上的讲话(1997年6月24日)(摘要) 第一,充分认识正确处理宗教问题对全省大局的重要性。第二,全面正确地贯彻党的宗教信仰自由政策。第三,做好宗教工作的关键在于加强管理。第四,各级政协要为做好全省宗教工作献计出力。主要是积极协助党委、政府全面正确地贯彻党的宗教信仰自由政策,依法加强对宗教事务的管理,引导宗教与社会主义社会相适应,协调各方面关系,努力化解矛盾,增进团结,调动宗教人士和信教群众的积极性,为维护社会稳定,推进改革、发展和社会主义精神文明建设,做出应有的贡献。

田成平书记在省政协七届二十四次常委会议上的讲话(1997年10月6日)(摘要) 一、充分认识十五大的重大历史意义,牢牢抓住世纪之交的历史机遇,把建设有中国特色社会主义伟大事业推向新世纪。二、认真学习贯彻和落实党的十五大精神和省委八届七次全委会议精神,把干部群众的思想统一到十五大精神上来。三、以十五大精神为指导,进一步加强多党合作,加强同一切爱国力量的团结,努力推进社会主义民主政治建设。十五大报告为政协工作的发展进一步指明了方向,提供了新的机遇。改革开放以来,我省政协工作取得了显著成绩,人民政协的性质、地位和作用,已经被越来越多的人所认识,政协的社会影响日益扩大。政协工作坚持以经济建设为中心,委员们深入实际,调查研究,为加快青海改革和建设步伐做出了重要贡献。在新的形势下,各级政协组织要以党的十五大精神为指导,不断提高政治协商、参政议政的水平和效能。把学习十五大精神同学习邓小平理论,特别是关于统一战线和人民政协的论述结合起来,同回顾、总结、推动政协工作结合起来。在我省这样一个多民族地区,人民政协要把维护团结稳定作为自已义不容辞的责任。进一步增强服从、服务于经济建设的意识,积极协助党和政府多做协调关系、化解矛盾、增进团结、维护稳定的工作。

第七届青海省政协工作回顾与体会(1997年8月28日)(摘要) 政协青海省第七届委员会第一次会议以来的五年,是我省国民经济和社会发展进程中十分重要的时期。在此期间,七届政协围绕中心,服务大局,选准角度,发挥优势,扎扎实实地履行职能,参政议政的广度、深度和质量都有了新的提高,为全省的改革开放、经济发展和社会稳定做出了积极贡献。主要作了以下工作:一是加强学习,统一思想,增进共识;二是发挥优势,努力为经济建设服务;三是加强民族团结,维护社会稳定;四是积极参与精神文明建设,为推动社会进步尽力;五是反映社情民意,密切党群关系;六是适应形势发展,加强自身建设;七是加强对基层政协工作的指导。在回顾中也看到一些不足,如,与宁外委员的联系不够;调查研究在分析、研究方面尚待进一步加强;在发挥民主监督作用方面有待进一步探索和实践。本届政协工作各方面取得了新的进展,与中共青海省委的重视和正确领导,省人民政府的大力支持和有关部门的密切协作,广大委员的开拓进取、努力工作和社会各界的关心、理解是分不开的。全国政协卓有成效的工作给予我们以有力的指导。有以下几点主要体会:一、坚持党的领导是做好政协工作的重要保证;二、团结和民主是政协工作的主题;三、民族宗教工作是我省政协工作的一个重要方面;四、专题例会协商是提高参政议政质量的重要环节;五、专门委员会是政协工作的基础。

【组织概况】

副主席辞职名单

(1997年1月21日七届五次会议通过)

班玛丹增(藏族)

常务委员增选名单

(1997年1月21日七届五次会议选举)

张才骏

常务委员辞职名单

(1997年1月21日七届五次会议通过)

多杰坚赞(藏族) 扎喜尼玛(藏族)

秦青荣

委员增补名单

(1997年1月10日七届第20次常委会议通过)

张才骏

【青海省各级政协领导人名单】

青海省政协

主 席

韩应选(撒拉族)

副主席

廖霭庭 松 布(土族)

古嘉赛(藏族) 马元彪(土族)

韩生贵(回族) 扎喜安嘉(藏族)

程步云 阿嘉·洛桑图旦(蒙古族)

李 希 马进孝(回族)

卓 玛(藏族)

秘书长

胡启江

西宁市

市政协主席

苏建议(回族)

区(县)政协主席

城东区 乔生龄(藏族)

城中区 杜 瑾

城西区 任益民

城北区 李 平

大通回族土族自治区 季学银

海东地区

民和回族土族自治县 邓永成(土族)

化隆回族自治县 公保才旦(藏族)

循化撒拉族自治县 陈德昌(回族)

互助土族自治县 哈生林(土族)

乐都县 周璋武

平安县 田文海

湟中县 冶俊武(回族)

湟源县 林培栋

海南藏族自治州

州政协主席

才卜加(藏族)

县政协主席

共和县 杨卓政(藏族)

贵南县 石生贵

同德县 曲莱玛(藏族)

兴海县 孙锡龄

贵德县 刘永璋

海西蒙古族藏族自治州

州政协主席

索南加措(藏族)

县(市)政协主席

格尔木市 安当周(藏族)

德令哈市 李树贵

乌兰县 李志孝

都兰县 周格尔加(蒙古族)

天峻县 宽 卓(藏族)

海北藏族自治州

州政协主席

王忠海(蒙古族)

县政协主席

祁连县 华 藏(藏族)

刚察县 雷维保

海晏县 赵个什吉(女,蒙古族)

门源回族自治县 马应明(回族)

黄南藏族自治州

州政协主席 拉 加(藏族)

县政协主席

同仁县 马硕生(回族)

尖扎县 巴 力(藏族)

泽库县 尖木参(藏族)

河南蒙古族自治县　智　华(蒙古族)

果洛藏族自治州

州政协主席

居·更德(藏族)

县政协主席

玛沁县　贡保才旦(藏族)

甘德县　更登尖措(藏族)

达日县　群　排(藏族)

久治县　洛　周(藏族)

玉树藏族自治州

州政协主席

尕　帕(藏族)

县政协主席

玉树县　桑　秋(藏族)

囊谦县　蒋怀秀

称多县　才巴战斗(藏族)

治多县　昂旺多杰(藏族)

杂多县　公巴德(藏族)

曲麻莱县　才仁朋措(藏族)

青海省各级政协组织和委员数

级别 / 项目	省	自治州(市)	县(市、区)	合计
组织数	1	7	41	49
委员数	290	1 015	2 669	3 974

(杨生滋　编写)

政协新疆维吾尔自治区委员会

【全体委员会议】

七届五次会议 1997年1月17日至22日在乌鲁木齐举行。370名委员出席了会议。

王友三副主席主持开幕式，贾那布尔主席向大会作自治区政协第七届委员会常务委员会工作报告。听取了自治区政协七届四次会议以来提案委员会工作报告和七届五次会议提案审查情况的报告，审议通过了这三个报告和自治区政协七届五次会议政治决议。会议共收到委员提案551件，立案464件。会议期间，委员们听取了自治区主席阿不来提·阿不都热西提所作的《政府工作报告》(草案)的说明，协商讨论了《政府工作报告》(草案)、计划、财政报告及法院、检察院工作报告(草案)。自治区党政军及生产建设兵团领导王乐泉、阿不来提·阿不都热西提等出席了开幕式和闭幕式。自治区党委书记王乐泉和自治区政协主席贾那布尔在会议结束时作了重要讲话。

【常务委员会议】

第16次会议 1997年1月7日至8日举行。会议审议通过自治区政协第七届委员会常务委员会工作报告、提案委员会关于七届四次会议以来提案工作情况的报告，审议通过《关于召开中国人民政治协商会议新疆维吾尔自治区第七届委员会第五次会议的决定》，审议通过自治区政协七届五次会议议程(草案)、日程、分组办法和小组召集人名单，与会常委还围绕两个文明建设，着重就工业、农业、畜牧业、财政、教育、扶贫开发、搞活国有企业、外贸工作、干部队伍建设等问题与自治区主席进行了协商与交流，提出了意见与建议。会议还协商决定戴德勤、若孜·马木提为自治区政协副秘书长，张河育为自治区政协办公厅副主任，杨功臣为自治区政协经济和科技专职副主任、柴泽昌为自治区政协教文卫体专职副主任、依沙米丁·艾依提为自治区政协民族宗教和法制专职副主任、高新梅为自治区政协社团和“三胞”联谊专职副主任、艾力肯·吾守尔为自治区政协文史和学习委员会专职副主任，免去杨功臣、柴泽昌、依沙米丁·艾依提自治区政协副秘书长职务。并协商增补艾力肯·吾守尔、高新梅、买买提明卡日阿吉为第七届政协委员。

第17次会议 1月21日举行。会议听取了七届五次会议分组讨论情况综合汇报，审议通过提案委员会关于七届五次会议提案审查情况的报告(草案)，审议通过自治区政协七届五次会议政治决议(草案)。会议还协商决定王桢、阿不都热合曼·巴海为政协哈密地区工作委员会副主任，免去依不拉音·沙力政协哈密地区工作委员会副主任职务，免去赵中潜政协和田地区工作委员会副主任职务。

第18次会议 5月14日至16日举行。会议传达学习了《中国共产党纪律处分条例》等4个党纪文件和新修订《中华人民共和国刑法》。与会常委结合新疆实际进行了讨论，一致认为，党纪文件的发布和《刑法》的重新修订，对于从严治党、反腐倡廉、健全社会主义法制具有十分重要的意义。会议还协商决定李建新、艾白都拉·阿西木为政协和田地区工作委员会副主任。

第19次会议 8月20日至22日举行。学习讨论了邓小平同志关于人民政协工作的论述，就自治区七届政协5年来的工作进行了回顾和总结，并就进一步做好政协工作提出了意见和建议。会议还协商决定凌世春、吐尔森·索太为政协哈密地区工作委员会副主任；免去阿不都热合曼·巴海政协哈密地区工作委员会副主任职务。

第20次会议 12月15日至19日举行。会议听取了自治区主席阿不来提·阿不都热西提所作的《政府工作报告》(征求意见稿)的说明，并进行了协商讨论，提出了一些修改意见与建议。与会常委听取了自治区党委副书记周声涛关于政协自治区第八届委员会参加单位、委员名额、人选和八届一次会议主席团成员提名情况的说明。经过酝酿讨论,协商通过了自治区八届政协委员名单和八届一次会议主席团建议名单。会议还审议通过了七届政协常委会工作报告和提案工作报告,协商通过了自治区政协八届一次会议的议程(草案)和列席范围。

【专门委员会工作】

提案委员会 1997年共收到提案568件,经提案委员会审查,正式立案474件,转送有关单位参考的94件。在立案的提案中,有关经济建设方面的133件,占28.06%;有关政策法规、劳动人事、民族宗教等方面的189件,占39.87%;有关科技、教育、卫生等方面的152件,占32.07%。截止12月25日,在所交办的提案中已办复439件,占立案提案总数的92.62%。在已办复的提案中,被有关部门采纳、解决或列入工作计划的214件,占已办复提案总数的48.75%;需待今后逐步解决的196件,占已办复提案总数的44.65%;建议合理但因目前条件所限无法办理的29件,占已办复提案总数的6.6%。为了不断深化政协提案工作和提高提案的办理质量,提案委员会在认真总结经验的基础上,积极探索,大胆实践,使全年的提案工作取得了可喜的成绩。

经济和科技委员会 一年来,共组织委员开展较大的活动26次,其中情况通报5次,座谈研讨12次,视察调查和考察8次,形成专题调查报告和情况反映及提案10份。与自治区人民政府及其有关部门联合召开了全国性的塔里木河水资源、环境与管理学术研讨会,分别向国务院和自治区提交了建议书,提出了塔河流域开发与治理的对策建议。参加了全国地方政协经济委员会第5次工作会议和13省市区政协经济委员会第5次联系会议,与兄弟省市区签订经济技术协议17份。在前几年课题研究的成果基础上,编辑出版了约23万字的《新疆农牧产品市场培育与地方政府行为》一书。

教文卫体委员会 召开各专业组组会8次,研讨会2次,听取自治区有关部门的专题工作汇报10次,专题调查、视察6次,应邀派员参加有关部门组织的检查,巡视4次。以委员会名义向自治区党委、人民政府提交专题调查报告及建议书6份,共提出23条意见和建议。组织委员就普及九年制义务教育、职业技术教育、农牧区合作医疗、全民健身活动、企业文化建设和社区文化建设等问题进行了实地调查或视察,向党委、政府及有关职能部门提出了改进工作的建议。

社团和"三胞"联谊委员会 一年来,共召开主任会议1次,委员会会议2次,报告会1次,座谈会2次,专题调查3次,整理调查报告和《情况反映》3篇,接待和处理"三胞"眷属的来信来访7人次。还通过走访"三胞"眷属等形式加强与他们的联系,密切关系,同时还热情接待来新疆考察、探亲访友的台港澳同胞和海外侨胞、向他们宣传新疆。密切与自治区人大民侨委、台办、侨联、外侨办以及兵团侨联等部门的联系,加强团结,协调工作,成效显著。

民族宗教和法制委员会 一年来开展视察、专题调查4次;召开组会5次、情况通报会6次、座谈会1次;参与修改讨论法律、法规(草案)8次,走访宗教界人士118次。

文史资料委员会 全年共征集维吾尔、汉文资料150余篇,约80多万字。出版维吾尔文《新疆文史资料选辑》第41辑约20万字;汉文《新疆文史资料精选》一、二、三、四辑,约100万字。

【重要活动】

自治区政协提案工作总结、表彰会议 1997年12月18日在乌鲁木齐召开。自治区党委、政府有关部、委、厅、局,生产建设兵团领导,自治区政协常委,各民主党派,有关人民团体负责人共180多人参加了会议。会议对在自治区七届政协5年的提案工作中做出显著成绩的团体提案先进集体、优秀提案人、先进承办单位和先进承办工作者进行了表彰。2位代表作了大会发言,介绍了他们通过提案参政议政和办理提案的经验与体会。自治区政协主席贾那布尔、自治区副主席米吉提·纳斯尔分别在会上作了讲话。

毛德华副主席率团赴外地考察 1997年5月22日至6月17日,自治区政协副主席毛德华率领经济和科技委员会学习考察团一行10人赴四川、重庆、湖南、云南等省市考察经济发展情况,并就如何借鉴兄弟省市经验,促进新疆经济发展向自治区党委提出了六条建议:一、从新疆实际出发,制定一些更加优惠的政策,为企业改革创造良好的环境和条件,推动企业深化改革。二、千方百计筹措资金,加大技改力度。应把企业技术改造放在更加突出的位置,提高技改成功率。三、以工带农,促进新疆农牧业经济发展。新疆在实现优势资源转化战略上,可借鉴玉溪卷烟厂"第一车间"的思路,选择纺织、制糖两大行业作实验,走工农结合,以工带农,促进农牧区经济发展的道路。四、就重大问题进行超前研究,如粮棉基地建设,县级经济发展,乌鲁木齐人口、水资源、环境与经济发展,南疆地区经济发展等。五、学习兄弟省区民族工作经验。兄弟省区在贯彻落实党的民族政策,行使民族自治权力方面,有些作法很值得学习、研究和借鉴。六、大力开发新疆旅游资源,增加旅游服务项目,提高旅游经济效益。

自治区政协和政府共同召开塔里木河流域学术讨论会 1997年8月11日至13日,自治区人民政府和自治区政协在乌鲁木齐共同主持召开了"塔里木河流域水资源、环境与管理学术讨论会",来自全国和新疆的近百名专家、学者和有关部门代表参加了会议。会议围绕合理开发利用水资源,保护生态环境,提高管理水平,促进塔里木河流域经济和社会可持续发展问题进行了研讨与交流,分别通过了致国务院和自治区的建议书。建议书建议国家从促进边远民族地区发展高度出发,将塔里木河流域作为一个特别的开发治理重点区,列入国家21世纪江河综合治理规划项目,在以下方面给予大力支持:一是加大对流域水利工程的投资力度。近期对实施干流控制性工程,特别是进行二期项目中应急输水工程国内配套资金上给予照顾安排;远期对源流控制性工程、大型水源地工程和节水工程的规划与建设上给予支持,分期分批立项建设。二是在科技支撑方面给予支持。主要是在流域地表地下水资源、水环境与绿洲——荒漠生态环境监测网络及通信网络的规划建设方面给予重点扶持,立项建立塔里木河流域的资源、环境与灾害的遥感与地理信息系统,立项开展塔里木河流域资源承载力与环境容量研究。

建议书针对目前塔里木河流域在水资源、环境与管理方面存在的问题,呼吁全社会要提高认识,树立可持续发展的观念、大流域观念和法制观念,强化政府行为;赋予塔里木河流域管理局相应的权力,加强统一管理力度;建立健全依法治水、依法用水、依法管水的法制体系;确立水资源的商品观念,通过经济手段有效制止水资源浪费和国有资产的巨额损失。要针对流域管理出现的主要问题,结合以往研究成果,开展以节水为中心的科技工作,坚持科研先行,技术支撑,提高管理水平。

接待韩国客商来新疆考察 1997年3月,自治区政协社团和"三胞"联谊委员会接待韩国客商金哲松来新疆考察,经牵线与昌吉市佃坝乡人民政府初步协商创办食品加工基地,并进行了实地考察。

西部省区政协第三次法制工作座谈会在新疆举行 1997年9月18日至22日西部省区政协第三次法制工作座谈会在乌鲁木齐举行。参加会议的有全国政协社会与法制委员会领导及云南、贵州、四川、西藏、广西、内蒙古、陕西、甘肃、青海、宁夏、新疆等省区政协部分分管副主席、专委会及其办公室负责同志共45人。各省区11名代表作了大会发言,全国政协社会与法制委员会常务副主任王厚德在闭幕会上发表了讲话。会议以邓小平理论为指导,从各省区的实际出发,紧紧围绕政协如何进一步为推动精神文明建设、民主法制建设、促进西部地区经济发展、社会稳定和加强立法协商、民主监督、推进政协法制工作规范化、全面履行职能等方面进行了交流和研讨。会议强调,民主监督是人民政协的主要职能之一,对建设社会主义民主与法制、依法治国有着十分重要的意义。代表们普遍认为,民主监督缺乏手段,缺乏力度,是全国履行职能的薄弱环节。会议认为,随着改革开放和现代化建设的发展,社会主义法制建设面临着许多新情况、新问题,进一步加强相互间的学习和交流十分必要,西部省区政协法制工作座谈会对推动政协法制工作将起到积极的作用。

全国政协文史委员会主任会议在新疆举行 1997年8月13日至18日全国政协文史资料委员会主任会议在乌鲁木齐召开。全国政协和各省、自治区、直辖市以及计划单列市政协文史资料委员会主任、文史办公室主任93人出席了会议。全国政协副主席杨汝岱出席开幕式并讲话,参加讨论听取代表发言。自治区党委书记王乐泉、自治区主席阿不来提·阿不都热西提、政协主席贾那布尔等领导到会祝贺并看望代表。王乐泉书记还向代表介绍了新疆的改革开放经济发展社会政治情况。会议认真总结了全国政协八届委员会成立以来开展文史资料工作的经验,讨论和落实建国后史料专题协作规划,促进了全国文史资料工作的进一步发展。

【重要文件】

常委会工作报告(1997年1月17日)(要点) 《报告》认真回顾了一年的工作,并总结了四点体会:第一,做好政协工作,必须主动争取党委的领导和政府的支持。第二,把服从和服务于自治区改革、发展和稳定的大局作为政协工作的出发点。第三,加强与各方面的联系与合作,充分体现政协组织的特色。第四,加强自身建设,适应新形势、新任务对政协工作的要求。《报告》指出,1997年,自治区政协工作总的指导思想是:坚持以邓小平建设有中国特色社会主义理论和中国共产党的基本路线为指导,继续贯彻落实中共十四届五中、六中全会和中央关于维护新疆稳定的重要指示精神,在自治区党委领导下,认真履行政治协商、民主监督和参政议政职能,积极为自治区的物质文明和精神文明建设献策出力,善始善终地做好本届政协最后一年的工作。主要任务是:一、围绕经济建设这个中心,就自治区改革和发展中的重点和难点问题深入进行调查研究;二、发挥政协优势,做好团结工作,维护社会政治稳定;三、贯彻落实中共十四届六中全会和自治区党委精神文明建设工作会议精神,为推动自治区的精神文明建设多做贡献;四、努力做好换届准备工作;五、继续抓好自身建设,提高政协工作的整体水平。

中共新疆维吾尔自治区委员会书记王乐泉在自治区政协七届五次会议上的讲话(1997年1月22日)(摘要) 王乐泉向各

族委员通报了自治区对敌斗争的重要情况,指出要扎扎实实地落实中央关于维护新疆稳定的重要指示,加强防范与打击力度的措施,坚定不移地开展对敌斗争,掌握对敌斗争的主动权,最大限度地孤立和打击极少数民族分裂主义分子和各种严重犯罪分子,夺取对敌斗争的新胜利,并提出四项具体要求:一要牢固树立民族分裂主义和非法宗教活动是影响新疆稳定主要危险的指导思想。二要充分认识民族分裂主义的反动本质,强化对敌斗争观念。三要充分认识非法宗教活动的危害性,坚决同非法宗教活动作斗争。四要加强基层组织建设,把维护稳定的工作真正落实到基层。

政协新疆维吾尔自治区委员会关于组织乌鲁木齐以外委员参加活动的意见(试行)(1997年7月30日) 一、自治区政协委员视察团、专门委员会专题调查组到各地视察、调查时,可吸收当地相关的全国政协委员和自治区政协委员参加。二、请各州、市政协和政协地区工作委员会组织政协委员视察、专题调研和参观活动时,邀请当地的全国政协委员和自治区政协委员参加。三、应当地党委、政府及有关部门的邀请,各地政协可组织当地的全国政协委员和自治区政协委员进行视察或专题调研,以及听取他们关于"社情民意"的反映,发挥他们在地方两个文明建设中的作用。四、请各州、市政协举行全体会议、常委会议和政协地区工作委员会举行工作会议时,邀请当地有关的全国政协委员和自治区政协委员列席,享有发言权,并及时整理反映其意见。五、请各州、市政协和政协地区工作委员会举行重大纪念活动、委员联谊活动时,邀请当地有关的全国政协委员和自治区政协委员参加。六、请各地政协组织有关文件的阅读、传达和学习活动时,按规定邀请当地的全国政协委员和自治区政协委员参加。七、请各地政协加强与当地全国政协委员和自治区政协委员的联系,为委员搞好服务。八、请各州、市政协和政协地区工作委员会,可将当地全国政协委员和自治区政协委员按人数及专业情况与本级政协委员共同组成活动小组,根据全国政协、自治区政协的工作安排和当地的实际情况,自行选题,开展活动。九、外地全国政协委员和自治区政协委员的活动经费,由自治区政协办公厅按有关标准,拨至各州、市政协和政协地区工作委员会,不足部分建议各地财政予以支持。十、请各州、市政协和政协地区工作委员会指定一位副秘书长或办公厅(室)负责同志分管这项工作,同自治区政协办公厅秘书二处加强联系,将需要提交中央有关部门和自治区领导机关的委员建议和重要信息,及时转给有关部门,并向自治区政协办公厅通报。每年12月上旬,请将当地全国政协委员和自治区政协委员当年开展活动的情况,书面报送自治区政协办公厅。

【组织概况】

委员增补名单(1997年1月8日)

艾力肯·吾守尔(维吾尔族)

高新梅(女)

买买提明卡日阿吉(维吾尔族)

【机关机构概况】

办公厅下设研究室、秘书一处、秘书二处、人事处、保卫处、联络接待处、老干处、翻译处、行政处、机关党委、亚洲中心时报社、机关服务中心。6个专门委员会各设1个办公室,即提案委员会办公室、经济和科技委员会办公室、教文卫体委员会办公室、社团和"三胞"联谊委员会办公室、民族宗教和法制委员会办公室、文史资料委员会办公室。

【新疆维吾尔自治区各级政协领导人名单】

新疆维吾尔自治区政协

主　席

贾那布尔(哈萨克族)

副主席
王友三
依不拉音·肉孜(维吾尔族)
毛德华
迪牙尔·库马什(哈萨克族)
汪师贞(女)
韩有文(撒拉族)
吴佳和
米吉提·库尔班(维吾尔族)
苏来衣曼(柯尔克孜族)
沙　明(回族)
谢志强
阿荣汗阿吉(维吾尔族)
帕夏·依夏(女,维吾尔族)
秘书长
哈斯木·依米提(维吾尔族)

乌鲁木齐市
市政协主席
戴振华
县(区)政协主席
天山区　樊发福
沙依巴克区　霍学海
头屯河区　乌斯曼·瓦斯特(维吾尔族)
水磨沟区　刘治中
新市区　阿不都热扎克(维吾尔族)
东山区　刘功述
乌鲁木齐县　胡保民

克拉玛依市
市政协主席
司马义·托乎提(维吾尔族)
区政协主席
独山子区　肖庆丰
乌尔禾区　依不拉音·木合依提(维吾尔族)

石河子市
市政协主席
何德尔汗·阿合买提(哈萨克族)

伊犁哈萨克自治州
州政协主席
康克俭
奎屯市政协主席
安宪文

伊犁地区
县(市)政协主席
伊宁市　古顺发
伊宁县　(暂缺)
霍城县　李大修
尼勒克县　开仁别克(哈萨克族)
昭苏县　加帕尔(哈萨克族)
特克斯县　艾买提·买买提(维吾尔族)
巩留县　努拉别克(维吾尔族)
新源县　库尔曼(哈萨克族)
察布查尔锡伯自治县　托肯拜·阿斯力别克(哈萨克族)

塔城地区
县(市)政协主席
塔城市　杨伟昌
乌苏市　郭培辉
额敏县　巴扎尔哈里·阿衣旦(哈萨克族)
裕民县　赛衣提别克·居马汉(哈萨克族)
托里县　木沙太·扎肯(哈萨克族)
沙湾县　顾伟伦
和布克赛尔蒙古自治县　斯兰木江·买沙尔(哈萨克族)

阿勒泰地区

县(市)政协主席

阿勒泰市　巴赞·沙哈提汗(哈萨克族)

哈巴河县　哈依沙·吾拉孜别克(哈萨克族)

布尔津县　叶尔肯·托力木(哈萨克族)

吉木乃县　明哈力·吾马尔(哈萨克族)

福海县　李鸿志

富蕴县　库尔图拜·马那合(哈萨克族)

青河县　毕都拉·热木汗(哈萨克族)

博尔塔拉蒙古自治州

州政协主席

郭七六

县(市)政协主席

博乐市　诺嘎依·居马汗(哈萨克族)

精河县　肉斯坦木(维吾尔族)

温泉县　盛茂楼

昌吉回族自治州

州政协主席

程培琪

刘松林(1997 年 2 月 26 日任职)

县(市)政协主席

昌吉市　冯海民

米泉县　屈重民

玛纳斯县　朱秀芳(女)

呼图壁县　姚文斌

阜康市　石俊英

吉木萨尔县　李怀玢

奇台县　李德林

木垒哈萨克自治县　徐永泉

吐鲁番地区

县(市)政协主席

吐鲁番市　卡德尔·库尔班(维吾尔族,已调离)

巴哈一丁·铁木尔(1997 年 11 月任职,维吾尔族)

托克逊县　寇志义(回族)

鄯善县　阿不都热西提·艾合买提(维吾尔族)

哈密地区

县(市)政协主席

哈密市　阿合买提·排祖拉(维吾尔族)

伊吾县　玉努斯·白斯木(维吾尔族)

巴里坤哈萨克自治县　沙德胡鲁·比列力(哈萨克族)

巴音郭楞蒙古自治州

州政协主席

张宗长

县(市)政协主席

库尔勒市　李林堂

和静县　易九渝

和硕县　朱金才

博湖县　方忠贵

轮台县　王玉树

尉犁县　罗敬东

若羌县　郑选林

且末县　刘妙清

焉耆回族自治县　克热木·艾力(维吾尔族)

阿克苏地区

县(市)政协主席

阿克苏市　白振中

温宿县　艾买提·买买塔吾拉（维吾尔族）

拜城县　买买提·依不拉音（维吾尔族）

库车县　何永贵

新和县　刘宗敏

沙雅县　达吾提·肉孜（维吾尔族）

乌什县　李永祯

阿瓦提县　阿不来提·亚库甫（维吾尔族）

柯坪县　徐兴昌（1997年4月病故）

克孜勒苏柯尔克孜自治州

州政协主席

瞿文智

县(市)政协主席

阿图什市　托乎提依明（维吾尔族）

阿合奇县　哈斯马力（柯尔克孜族）

乌恰县　陈建新

阿克陶县　买买提吉力力（维吾尔族）

喀什地区

县(市)政协主席

喀什市　艾则孜·艾沙（维吾尔族）

疏附县　艾尔肯·依明（维吾尔族）

疏勒县　买买提·吾拉音（维吾尔族）

巴楚县　木沙·吐地（维吾尔族）

伽师县　祖农·吾守尔（维吾尔族）

岳普湖县　玉素因·塔依尔（维吾尔族）

英吉沙县　曹尚文

麦盖提县　吐尔洪·包拉克（维吾尔族）

莎车县　沙地克·木马（维吾尔族）

泽普县　束鸿烈

叶城县　李敬法

塔什库尔干塔吉克自治县　司扎克(塔吉克族)

和田地区

县(市)政协主席

和田市　吐尔·赛地（维吾尔族）

和田县　胡吉·肉孜
居玛·司马义（1997年12月任职，维吾尔族）

皮山县　阿里甫·牙合甫（塔吉克族）

墨玉县　阿不都克里木·吐地（维吾尔族）
阿不都克·艾尼买提夏（1997年11月任职，维吾尔族）

洛浦县　艾合买提·托乎提
阿不拉·吐地（1997年12月任职）

于田县　于苏甫·沙来（维吾尔族）
艾沙·托乎提（1997年12月任职，维吾尔族）

策勒县　吾斯曼·艾山（维吾尔族）
买买努尔·艾合买提（1997年12月任职，维吾尔族）

民丰县 苏来曼·吐地
(1997 年 12 月任职，
维吾尔族)

新疆维吾尔自治区各级政协组织和委员数

级别/项目	自治区	设区的市	自治州	县	县级市	市辖区	合计
组织数	1	2	5	69	16	8	101
委员数	444	457	920	5 712	1 547	782	9 862

省级		地级		县级		合计	
组织数	委员数	组织数	委员数	组织数	委员数	组织数	委员数
1	444	7	1 377	93	8 041	101	9 862

(戴德勤　孙砚玲　编写)

地方各级政协组织和委员统计表(截至1997年底)

级别 项目 / 省 自治区 直辖市	省级		副省级		地级		县级		合计	
	组织数	委员数	组织数	委员数	组织数	委员数	组织数	委员数	组织数	委员数
北京	1	734			11	2 712	7	1 035	19	4 481
天津	1	755			13	2 944	5	978	19	4 677
河北	1	777			11	5 142	173	25 525	185	31 444
山西	1	520			6	1 573	118	10 895	125	12 988
内蒙古	1	484			12	2 554	101	9 756	114	12 794
辽宁	1	736	2	1 068	12	4 294	100	16 460	115	22 558
吉林	1	527	1	485	8	2 415	60	10 045	70	13 472
黑龙江	1	685	1	564	10	2 995	134	18 370	146	22 614
上海	1	718			14	4 763	5	812	20	6 293
江苏	1	710	1	472	12	4 260	108	18 338	122	23 780
浙江	1	655	2	1 091	8	3 025	71	13 316	82	18 087
安徽	1	749			11	4 271	105	16 550	117	21 570
福建	1	669	1	401	7	2 309	83	11 841	92	15 220
江西	1	708			6	2 031	100	15 439	107	18 178
山东	1	807	2	1 099	12	4 099	139	27 291	154	33 296
河南	1	759			13	4 523	156	24 077	170	29 359

（续上表）

级别 项目 省 自治区 直辖市	省级		副省级		地级		县级		合计	
	组织数	委员数	组织数	委员数	组织数	委员数	组织数	委员数	组织数	委员数
湖　北	1	616	1	510	10	3 116	100	20 513	112	24 755
湖　南	1	731			12	3 634	122	21 480	135	25 845
广　东	1	926	2	833	19	4 765	112	16 553	134	23 077
广　西	1	621			9	2 429	98	14 260	108	17 310
海　南	1	311			9	1 285	10	1 281	20	2 877
重　庆	1	779			2	799	42	8 511	45	10 089
四　川	1	826	1	608	15	4 040	167	28 797	184	34 271
贵　州	1	578			6	1 810	86	13 648	93	16 036
云　南	1	700			17	2 774	127	21 784	145	25 258
西　藏	1	477			8	1 261	29	900	38	2 638
陕　西	1	520	1	496	6	1 683	107	11 603	115	14 302
甘　肃	1	523			7	1 419	86	7 187	94	9 129
宁　夏	1	337			2	342	24	1 706	27	2 385
青　海	1	290			7	1 015	41	2 669	49	3 974
新　疆	1	444			7	1 377	93	8 041	101	9 862
总　计	31	19 672	15	7 627	302	85 659	2 709	399 661	3 057	512 619

（京）新登字第107号

图书在版编目（CIP）数据

中国人民政治协商会议年鉴 1997/郑万通主编 －北京：中国文史出版社，1998.10
ISBN 7－5034－0941－X

Ⅰ. 中… Ⅱ. 郑… Ⅲ. 中国人民政治协商会议－年鉴－1997 Ⅳ.D664－64

中国版本图书馆CIP数据核字（98）第20020号

出版发行：中国文史出版社
社　　址：100811　北京太平桥大街23号
印　　刷：北京市梨园彩印厂印刷
开　　本：787×1092　1/16
印　　张：37　　字数：800千字
印　　数：4000册　　插页：13
版　　次：1998年12月北京第1版
印　　次：1998年12月第1次印刷
定　　价：80.00元

文史版图书如有印、装错误，本社发行部负责退换。